PAUL ZSOLNAY VERLAG

DAVID MARSH

Deutschland im Aufbruch

Aus dem Englischen von Helmut Neuberger
in Zusammenarbeit mit dem Kollektiv Druckreif

PAUL ZSOLNAY VERLAG
WIEN – DARMSTADT

CIP-Titelaufnahme der Deutschen Bibliothek
Marsh, David:
Deutschland im Aufbruch / David Marsh. Aus dem Englischen von
Helmut Neuberger – Wien; Darmstadt: Zsolnay, 1990
Einheitssacht.: The Germans ⟨dt.⟩
ISBN 3-522-04218-0

Titel der englischen Ausgabe: The Germans. Rich, Bothered and Divided.

Umschlaggestaltung: Buchholz/Hinsch/Hensinger, BRD
Satz: Filmsatz Schröter GmbH, München
Druck und Bindung: Wiener Verlag, Himberg
Printed in Austria
ISBN 3-522-04218-0

Dem Andenken
meines Vaters gewidmet

Inhalt

Vorwort

In guten wie in schlechten Zeiten – Deutschland ist immer faszinierend.

»Die Ausländer stehen erstaunt und angezogen vor den Rätseln, die ihnen die Widerspruchsnatur im Grunde der deutschen Seele aufgibt«, schrieb Friedrich Nietzsche im Jahre 1886.

Und 1950 stellt ein amerikanischer Autor im Vorwort zu seinem Buch fest: »Die Antworten auf die großen Fragen Nachkriegsdeutschlands sind zwangsläufig ebenso paradox wie dieses selbst.«

In einem Zeitraum von weniger als einem Jahr, seit dem Fall der Berliner Mauer im November 1989, hat sich dieses Paradoxon mit immer größerer Geschwindigkeit weiterentwickelt. Mit dem Beitritt der Deutschen Demokratischen Republik zur Bundesrepublik Deutschland am 3. Oktober 1990 wurde der neue, geeinte deutsche Staat gegründet, dem die Welt mit einer Mischung aus Überraschung, Hoffnung und Unbehagen entgegensieht.

Die Wiedervereinigung Deutschlands ist für die Bundesrepublik ein Erfolgserlebnis ohnegleichen – ganz besonders für deren Bundeskanzler Helmut Kohl. Improvisation, Durchsetzungsvermögen und taktisches Geschick haben – in einer ausgeprägten Schwächeperiode der Sowjetunion – ein Ergebnis möglich gemacht, das vor zwölf Monaten noch von den meisten, auch von den Mitgliedern der Bonner Regierung, als schiere Träumerei eingestuft worden wäre.

Auf fast exemplarische Weise sind damit sowohl die Präambel des Grundgesetzes als auch Artikel 7 des von den Alliierten mitunterzeichneten Deutschlandvertrages von 1955 verwirklicht worden, der als gemeinsames Ziel »ein wiedervereinigtes Deutschland, das eine freiheitlich-demokratische Verfassung, ähnlich wie die Bundesrepublik, besitzt und das in die europäische Gemeinschaft integriert ist«, definiert. In der oft zitierten »Konkurrenz der Systeme« auf deutschem Boden hat der Kapitalismus einen K.o.-Sieg über den Kommunismus davongetragen. Die Bundesrepublik hat nunmehr die einzigartige historische Chance, Demokratie und Wohlstand auf den östlichen Teil des Landes zu übertragen. Sie hat damit ihren erfolgreichsten Exportartikel entdeckt: sich selbst.

Doch so widersprüchlich es auch erscheinen mag: Diese Zeit des Triumphes und der Freude ist auch ein krisenhafter Augenblick. Denn Deutschland stürzt sich ungeordnet und ziemlich unorientiert in das Abenteuer der Wiedervereinigung. Trotz des parlamentarischen »Persilscheins« des Einigungsvertrags handelt es sich hier nämlich um eine sehr ungleiche Partnerschaft, und es fällt schwer, hierfür einen anderen Begriff als »Anschluß« zu finden. Der DDR-Staat hat sich ohne Kommunismus als Machtvakuum entpuppt, die oft gepriesene »DDR-Identität« ist ohne Stasi-Kontrolle ein reines Hirngespinst. Die Wiedervereinigung ist für die DDR somit nicht ein Marsch in die Einheit, sondern ein Kollaps.

Die Bundesrepublik wiederum hat nun die Rechnung für vierzig Jahre Mißwirtschaft zu begleichen. Denn nicht nur die nachhaltigen ökonomischen, ökologischen und, vor allem, psychologischen Schäden, die das DDR-System verursacht hat, gehen zu Lasten der Bundesrepublik, sondern auch die hohen Erwartungen der Ostdeutschen, die davon ausgehen, daß diese bislang beispiellose Umwandlung eines politischen Systems und einer Gesellschaftsordnung binnen weniger Jahre erfolgreich abgeschlossen sein wird.

Im Westen ist bestenfalls eine lauwarme, fatalistische Einsicht in die Notwendigkeit der Einigung zu erkennen, doch keine allzu große nationale Solidarität und schon gar keine übermäßige Bereitschaft, den westlichen Wohlstand mit den »Brüdern und Schwestern« im Osten zu teilen.

Für das Ausland freilich ist das Ausbleiben jeglichen deutschnationalen Überschwangs eher eine Beruhigung. Doch drängen sich auch auf internationaler Ebene einige Fragen auf. Deutschland hat seine volle Souveränität wiedererlangt. Was wird es damit anfangen? Das vereinte Deutschland bleibt zwar Mitglied der NATO, aber wird es die NATO in ein paar Jahren überhaupt noch geben? Werden die Deutschen in der Lage sein, die erheblichen politischen und wirtschaftlichen Erwartungen zu erfüllen, die sich aus ihrer neuen Position ergeben, ohne daß dabei das innere politische Gleichgewicht in Gefahr gerät? Oder wäre es nicht denkbar, daß diese gewaltige Anhäufung von Hoffnungen und Erwartungen – von der Wirtschaftshilfe an die Sowjetunion bis zur Unterstützung des westlichen Aufmarschs am Golf, von der Intensivierung der europäischen Integration bis zur umfangreichen Entwicklungshilfe – die Kräfte des Landes und seiner politischen Strukturen ganz einfach übersteigt?

Trotz mancher offenen Fragen – die im Ausland gelegentlich aufkommenden Ängste vor einem »Vierten Reich« sind zwar verständlich, aber ich halte sie für unbegründet. Denn die Geschichte hat gezeigt, daß nicht ein wirtschaftlich starkes, sondern nur ein wirtschaftlich schwaches Deutschland eine Gefahr für Europa darstellt. Ein geeintes und demokratisches Deutschland, das seine Grenzfragen endgültig geregelt hat, wird sich als zuverlässigerer Partner erweisen als ein geteiltes.

Das wiedervereinigte Deutschland wird zunächst nicht reicher, sondern ärmer als die Bundesrepublik sein. Auch wenn Deutschland in den kommenden Jahren seine Wirtschaftsposition innerhalb Europas noch ausbauen kann und wird, so wird doch nicht die Aufsplitterung, sondern die politische und wirtschaftliche Integration das beste Mittel sein, einer vermeintlichen deutschen Dominanz entgegenzuwirken.

Deutschland gewinnt seine nationale Einheit zurück, aber seine Rolle hat es noch nicht gefunden. Die Welt kann sich nicht darauf beschränken, diesem Prozeß einfach zuzusehen. Sie sollte den Deutschen dabei zur Hand gehen.

Viele der an dieser Stelle ausgeführten Gedankengänge haben sich aus der Praxis meiner Arbeit als Deutschlandkorrespondent der FINANCIAL TIMES entwickelt, und diese war es auch, die mich zur Vertiefung meiner Recherchen ermutigt und mir die Zeit zur Verfügung gestellt hat, dieses Buch zu schreiben. Dafür sei ihren Verantwortlichen, ganz besonders aber Sir Geoffrey Owen, Richard Lambert, Jurek Martin und J. D. F. Jones, sehr herzlich gedankt.

Obwohl die deutsche Realität für den Ausländer in mancher Hinsicht undurchschaubar erscheint, ist sie doch aufs Ganze gesehen eher vielschichtig als rätselhaft. Die Bundesrepublik ist für einen Auslandskorrespondenten allemal ein lohnender Aufenthalt. So bin ich zahllosen Deutschen verpflichtet, die mir großzügig Zeit und Unterstützung gewährten. Fast ausnahmslos begegnete man mir mit Höflichkeit, Sachkunde und Humor – im Westen und kaum weniger im Osten, wo ich mich seit dem Sommer 1989 freier bewegen konnte als je zuvor.

Viele meiner wichtigsten Informanten – Beamte, Experten aller Art und »Normalbürger« müssen ungenannt bleiben. Doch sollen an dieser Stelle wenigstens jene namentliche Erwähnung finden, die sich mir für die FINANCIAL TIMES, aber auch für die Recherchen zu diesem Buch zu längeren Interviews zur Verfügung stellten. Aus Politik und öffentlichem Leben waren dies Egon Bahr, Kurt Biedenkopf, Norbert Blüm, Gerhard Boeden, Willy Brandt, Hans Daniels, Jutta Ditfurth, Alfred Dregger, Björn Engholm, Heinz Galinski, Hans-Dietrich Genscher, Hildegard Hamm-Brücher, Volker Hauff, Philipp Jenninger, Petra Kelly, Helmut Kohl, Bischof Martin Kruse,

Otto Graf Lambsdorff, Alfred Mechtersheimer, Wolfgang Mischnick, Johannes Rau, Ludwig Rehlinger, Manfred Rommel, Volker Rühe, Wolfgang Schäuble, Otto Schily, Helmut Schmidt, Rupert Scholz, Lothar Späth, Gerhard Stoltenberg, Klaus Töpfer, Hans-Jochen Vogel, Wolfgang Vogel, Richard von Weizsäcker, und Manfred Wörner; aus Wirtschaft und Industrie Hermann Josef Abs, Klaus Barthelt, Rudolf von Benningsen-Foerder, Ernst Breit, Reiner Gohlke, Eckart van Hooven, Wilfried Guth, Prof. Wolfgang Kartte, Eberhard von Koerber, Manfred Lahnstein, Tyll Necker, Karl Otto Pöhl, Edzard Reuter, Prof. Karl Schiller, Prof. Helmut Schlesinger, Otto Schlecht, Ronaldo Schmitz, Hans Tietmeyer, Hanns Arnt Vogels und Burckhard Wollschläger; aus Medien, Kunst und Wissenschaft Rudolf Augstein, Alfred Biolek, Klaus Bölling, Klaus Bresser, Daniel Cohn-Bendit, Joachim Fest, Michael Friedman, Prof. Ulrich Gabler, Karl-Günther von Hase, Wolfgang Herles, Werner Höfer, Werner Holzer, Josef Joffe, Horst Krüger, Friedhelm Kemna, Robert Leicht, Prof. Elisabeth Noelle-Neumann, Manfred Schell, Dieter Schröder, Bernhard Sinkel, Theo Sommer, Prof. Hans Stiller und Prof. Carl Friedrich von Weizsäcker; von den Kommandanten der Alliierten in Westdeutschland General Jean Louis Brette, General Sir Brian Kenny, Air Marshal Sir Anthony Skingsley, General Ronald Watts, General John Woodmansee.

Manche Anregung gewann ich durch ein inspiriertes Gespräch mit Prinz Louis Ferdinand, und die Professoren Lothar Hönnighausen und Günter Peise haben Treffen mit ihren Studenten vermittelt.

Von den DDR-Bürgern, die sich für mich Zeit nahmen, sei Stefan Heym, Michael Müller, Ines und Manuel Richter sowie Rolf Schneider besonders gedankt.

Großen Dank schulde ich auch Freunden und Helfern, die Teile des Manuskripts prüften, für wertvolle Hinweise und Anregungen, wobei Prof. Michael Stürmer und Claus Duisberg besonders hilfreich waren. Martin Mautner, Robert Flower, Richard Imus, Prof. Robert Strauss und Thomas Kielinger waren mir bei Problemen des Sprachstils, des Inhalts und einiger Fakten eine wertvolle Unterstützung, Ernst Moritz Lipp, Holger Schmieding, Prof. Gerhard Fels, Gerhard Dahlmanns und Prof. Jürgen Donges standen mir in Wirtschaftsfragen zur Seite. Mark Walker, Thomas Roser und Keith Duxbury stellten ihre Sachkunde für das Kapitel über die Atomenergie zur Verfügung.

Dank gebührt auch meinen Kollegen in den Büros der FINANCIAL TIMES in Bonn und Frankfurt. David Goodhart, Haig Simonian und Andrew Fisher ließen es an Tips und aufmunternden

Worten nicht fehlen, Patricia Naatz war eine unermüdliche Hilfe bei Büroarbeit und Recherche.

Mein Bruder Peter war mit einigen wertvollen Hinweisen über die chemische Industrie zur Stelle, und Jan Schling besorgte Informationen aus der F.T.-Bibliothek in London. Hilfreich und entgegenkommend waren auch die Mitarbeiter der Bibliothek des Deutschen Bundestages sowie der britischen und amerikanischen Botschaften in Bonn, ebenso jene des Instituts für Politische Wissenschaften an der Universität Bonn, des Instituts für deutsche Studien und der Botschaft der Bundesrepublik Deutschland in London. Rudolf Lauter und Magda und Carola Hamsher beschafften unerwartet, doch um so willkommener einige wertvolle Ergänzungen zu dem vorhandenen Quellenmaterial. Gedankt sei auch Gerhard Beckmann vom Paul Zsolnay Verlag sowie Helmut Neuberger für seine treffliche Übersetzung.
Veronika machte es möglich.

Bad Godesberg, im Oktober 1990 David Marsh

I
Am Scheideweg

Deutschland ist noch ein kleines Kind
Doch die Sonne ist seine Amme;
Sie säugt es nicht mit stiller Milch,
Sie säugt es mit wilder Flamme.

Heinrich Heine, 1840[1]

Was wir jetzt erleben, ist nicht Deutschland schlechthin, sondern wir müssen uns darüber klar sein, daß zwei oder drei Männer dieses bewunderungswürdige, gelehrte, intelligente, fügsame, mutige Volk in der Hand haben.

Winston Churchill, 1934[2]

Wir sind ein grüblerisches Volk. Das Faustische in uns, das ständige Fragen: »Doch wissen wir, daß wir nichts wissen können« – das ist etwas, was in jedem Deutschen drin ist. Wir machen uns irgendwo jede Frage schwerer.

Hans-Dietrich Genscher, 1987[3]

Deutschland ist ein Energiezentrum, einem Erdbeben vergleichbar, das die Erde aufbricht, in den vergangenen vier Jahrzehnten zwar ruhiger geworden, aber noch keineswegs zur Ruhe gekommen. Nach dem Zusammenbruch des Kommunismus in Osteuropa haben sich nun, zu Beginn der neunziger Jahre, die beiden Hälften wieder aufeinander zubewegt, bringen den ganzen Kontinent in Bewegung, bilden erneut das Epizentrum eines möglichen Bebens. Und wie Siegfried, der vermeintlich unverwundbare Nibelungenrecke der deutschen Heldensagen, dem ein kleines Blatt zum Verhängnis wurde, sind die Deutschen nach 1945 besonders stark, aber auch besonders verwundbar. Sie haben zwar die Schäden des verlorenen Krieges beseitigt, aber die empfangenen Wunden noch nicht geheilt. In den letzten vierzig Jahren haben die Deutschen zunächst überlebt, dann hart gearbeitet und schließlich floriert. In der Bundesrepublik wurden sie zu Demokraten. Dabei haben sie ihr System der Harmonisierung politischer und wirtschaftlicher Interessen bis zu dessen

Erstarrung perfektioniert – denn Ordnung muß sein, und allein der Gedanke an eine Auflösung der gewohnten Ordnung bereitet ihnen Pein. Ihre Häuser scheinen für die Ewigkeit gebaut, ihre Kliniken, ihre Gastronomie, ihre Autos gehören zu den besten der Welt. Und sie haben sogar angefangen, das Leben zu genießen.

Um ihres Wiederaufstiegs willen wurden sie von den Siegern des Zweiten Weltkriegs bewundert und beneidet, und doch haben sie dessen Nachwirkungen schlechter als alle anderen verwunden. Hinter dem Erfolg lauert das Trauma, hinter dem satten Wohlstandslächeln die Angst vor neuerlichem Verlust. Heute, nach dem Zerbröckeln der Mauer, den ersten freien Wahlen in der DDR und der letztendlichen Zustimmung der Sowjetunion beobachten die Deutschen und ihre Nachbarn gebannt, wie aus den Trümmern des Ostblocks die Wiedervereinigung erwachsen ist. Die Entwicklung seit dem Herbst 1989 vollzieht sich in atemberaubendem Tempo, und wie immer in Deutschland setzt sie eine Flut von höchst widersprüchlichen Emotionen frei.

Im Lauf der Geschichte wurden viele Völker von Katastrophen heimgesucht. Manche haben sie überwunden und dann wieder ihren angestammten Platz in der Welt eingenommen. Andere sind daran zerbrochen und untergegangen. Deutschland ist gleichsam beides widerfahren: Es hat seine Großmachtrolle verloren und ist doch ein Dreh- und Angelpunkt der internationalen »Großen Politik« geblieben. Nirgendwo hat die Entspannung zwischen den USA und der UdSSR einschneidendere Auswirkungen gezeitigt als in den beiden Deutschlands, die doch ihrerseits nur Nebenprodukte der großen Konfrontation zwischen Kapitalismus und Kommunismus waren. Und nirgendwo sonst haben die eingetretenen Veränderungen gleichzeitig soviel Hoffnung und Furcht, Sehnsucht und Mißtrauen ausgelöst.

Für Deutschland bedeutet das Ende des Ideologiekonflikts die Chance, die Folgen der Hitler-Diktatur endgültig abzuschütteln. Denn die Teilung war das unmittelbare Ergebnis sowohl des verlorenen Krieges als auch der Unfähigkeit der Sieger, eine neue Friedensordnung für Europa zu schaffen. Die Grenze aus Draht und Beton, die sich wie eine häßliche Narbe quer durch das deutsche Land erstreckte, ist dank der Politik Michail Gorbatschows verschwunden. Nun hat die Bundesrepublik die Möglichkeit, ihr System von Demokratie und Marktwirtschaft – einst von den Westmächten übernommen – auf alle Landesteile auszudehnen. Das ist eine historische Chance – aber gewiß kein reiner Segen.

Einst »Juniorpartner« ihrer jeweiligen Großmächte, schicken sich die Deutschen nunmehr gemeinsam an, die politische, wirtschaftliche und kulturelle Vormacht in Europa zu werden. Sind sie aber auch bereit und fähig, die damit verbundene Verantwortung zu übernehmen?

Denn der Weg zur Einheit ist nicht frei von Gefahren. Sollte nämlich Gorbatschow mit seiner Reformpolitik scheitern, wird es Deutschland am schmerzlichsten zu spüren bekommen, um so mehr als durch die politische Entspannung auch die Bande, die die Bundesrepublik an das westliche Bündnis ketten, schwächer werden. Mit einem Satz: Was Deutschlands Einheit ermöglicht, kann Europas Stabilität ins Wanken bringen.

Denn die Zeit der Teilung war auch eine Zeit unvorhersehbaren Wachstums. So gewannen die Deutschen zwar Märkte, aber keine Sicherheit; sie fanden Freunde, aber kein Vertrauen; sie besaßen große wirtschaftliche Macht, aber nicht das Selbstvertrauen, diese politisch zu nutzen. Fest verankert in zwei feindlichen politischen und wirtschaftlichen Blöcken, schienen sich die Deutschen auch als Volk auseinanderzuentwickeln. Doch nun zeigt sich, daß die historischen und menschlichen Gemeinsamkeiten auch in zwei Generationen der Trennung nicht ausgelöscht werden konnten, sondern sich im Gegenteil durch diese unnatürliche Teilung in mancher Hinsicht eher verstärkt haben. Hüben wie drüben hatten es die Deutschen satt, den Großmächten als Waffenarsenale zu dienen, und seit man in der Sowjetunion eher den Partner als den Feind sah, hatte die Bereitschaft des westdeutschen Wählers, die gewaltigen Verteidigungslasten zu tragen, spürbar abgenommen. Noch nie seit 1949 waren die beiden deutschen Staaten so emanzipiert gegenüber ihrer jeweiligen Supermacht, und noch nie waren sie freier, eine eigenständige Politik zu verfolgen.

Daß keiner der beiden deutschen Staaten in der Lage war, die Geschicke der Nation in die Hand zu nehmen, mag die Bindungen zwischen Ost und West zusätzlich gestärkt haben. Denn der Schlüssel zum Schicksal der Deutschen lag in den Händen der Alliierten, und deren verbliebene Hoheitsrechte sowie die zunehmend als drückend empfundene militärische Präsenz lasteten als zunehmend lästige Bürde des verlorenen Krieges auf den Menschen.

Die Bundesrepublik war somit der einzige Staat im westlichen Bündnis mit quasi eingebautem nationalem Minderwertigkeitskomplex. Dieser fand seinen Ausdruck in der Forderung nach der – gar nicht so leicht zu definierenden – nationalen Wiedervereinigung, wie sie im Grundgesetz verankert ist.

Andere Staaten, allen voran Frankreich, haben ein vereinigtes

Deutschland immer gefürchtet. Nicht weniger aber fürchteten sie die Reaktion der Deutschen, falls sich der Westen einer Wiedervereinigung in den Weg stellen würde. Einen Ausweg aus diesem Dilemma bot über Jahrzehnte der diplomatische Kniff, die deutsche Frage verbal offen zu halten und die ursprünglich provisorische Teilung möglichst auf Dauer festzuschreiben.

Dieser Schwebezustand ist jetzt beendet. Um die Einheit zu erlangen, mußte die DDR dem Machtbereich der Sowjetunion gänzlich entzogen werden, und das hatte seinen Preis. Solange ganz Osteuropa unter kommunistischer Herrschaft stand und die Sowjetunion eine konkrete militärische Bedrohung darstellte, hatten die politischen Eliten in der Bundesrepublik wenig Mühe, ihre Wähler von den Wohltaten der Westintegration zu überzeugen. Doch die Erosion der kommunistischen Macht und die weiter gesteigerte Wirtschaftskraft der Bundesrepublik haben diese Argumentation entwertet. Die Kräfte, die die Bundesrepublik an Europäische Gemeinschaft und NATO binden, werden schwächer. Der Westen wird es hinnehmen müssen, daß die Wiedervereinigung eine grundlegende Neustrukturierung der NATO zur Folge haben wird und im Extremfall sogar deren Zerfall.

Bedingt durch seine Lage im Herzen Europas war Deutschland stets widerstreitenden Kräften und Einflüssen sowohl Westeuropas als auch des slawischen Ostens ausgesetzt. Diese Kräfte, die lange Zeit durch die ideologische Polarisierung der Welt kanalisiert waren, werden jetzt wieder frei und drängen das Land zurück in seine klassische janusköpfige Rolle zwischen den Kulturkreisen.

Tatsächlich ist Deutschland das klassische Land des Dualismus, und auch die Nachkriegsdeutschen haben jedes Problem stets von beiden Seiten betrachtet. War die Kapitulation Hitler-Deutschlands am 8. Mai 1945 nicht Unheil und Segen zugleich?

Tatsächlich ist die bewegte Geschichte der Deutschen in Ursache und Wirkung das Ergebnis einer bemerkenswerten Tatkraft. Aber deren Stärken und Schwächen liegen sehr nahe beieinander. So ist es nur ein kleiner Schritt vom Idealismus zur Realitätsferne, vom Stolz zur Arroganz, von der Disziplin zur Unterwürfigkeit. Ein Hang zu schwer durchschaubarer Sentimentalität ist allen Deutschen eigen - besonders wenn es um ihre eigene Geschichte geht, und was die jüngste Vergangenheit angeht, so spaltet diese die Nation geradezu in zwei Lager: Die einen fürchten, daß das selbstzerfleischende Starren auf die Sünden der Väter den Blick auf die Zukunft verstellt, den anderen geht die Abrechnung mit dem Gestern nicht weit genug. Zwei Generationen nach dem Untergang Hitlers drängt die Auseinandersetzung mit dem Nationalsozialismus wieder vehement an die Oberfläche. In Ost und West wurden auch im politischen Alltag regelmäßig die Dämonen der Vergangenheit beschworen – in der Auseinandersetzung mit dem wiederauflebenden Rechtsradikalismus und in der DDR nach der Auflösung des SED-Staats in der Konfrontation mit den unbewältigten 45 Jahren des Stalinismus.

Die Liste der Widersprüchlichkeiten läßt sich beliebig erweitern: Die Exportorientierung der deutschen Industrie brachte dem Land Wohlstand, aber auch eine höchst unwillkommene Abhängigkeit vom Ausland. Der technologische Fortschritt wird hier mehr als anderswo sowohl als Segen wie auch als Fluch angesehen. Allen Völkern voran lamentieren die Deutschen über die Schädigung der Wälder durch Autoabgase, lehnen aber eine Geschwindigkeitsbeschränkung auf den Autobahnen als naheliegende Gegenmaßnahme ab. Sie schreiben Materialismus und Selbstverwirklichung aufs Panier und wundern sich, wenn dieser Lebensstil zum Verlust des Gemeinschaftsgefühls zwischen den Menschen und zu drastisch sinkenden Geburtenraten führt.

Die Phase der wirtschaftlichen Stagnation in den achtziger Jahren wurde im Interesse einer geringeren Umweltbelastung vielfach begrüßt, hatte aber gleichzeitig eine nervöse Diskussion über die Haltbarkeit des hierzulande besonders dicht gewebten sozialen Netzes zur Folge. Und der neue Wirtschaftsboom 1989/90 weckt wieder die Angst vor einer Steigerung der Inflationsrate. Die Mitgliedschaft in der NATO verspricht Schutz, erhöht aber auch das Risiko eines militärischen Konflikte auf deutschem Boden. Die Vier-Mächte-Verantwortung für Deutschland war eine Klammer der Gemeinsamkeit für die deutsche Nation und hielt deren Teile doch lange Zeit streng auseinander.

Ein wahres Netzwerk von Licht und Schatten überdeckt die Strukturen des neuen Deutschland, und über das Bewußtsein der Gesellschaft scheint ein Schleier gebreitet, der die Spuren der Vergangenheit überdeckt und nur ein sonniges Nachkriegsbild sichtbar werden läßt. Den Besucher mögen die makellos wiederaufgebauten Stadtkerne, die ebenso seriös wie luxuriös gestalteten Warenhäuser, die vielen majestätisch über die Autobahnen gleitenden Nobelkarossen beeindrucken, aber sogar im reichen Hamburg gibt es heruntergekommene Viertel und die damit verbundenen sozialen Probleme. Obwohl in der Bundesrepublik selbst die Armen ein höheres Einkommen haben als im übrigen Europa, wachsen allenthalben die sozialen Randgruppen und damit die Unzufriedenheit. Das wiedervereinigte Deutschland wird eine stärkere Polarisierung aufweisen, die sich zwangsläufig durch den raschen Zusammenschluß zweier verschiedener Systeme ergibt. Die Risse in der deutschen Gesellschaft sind einer der Gründe für die wachsenden Erfolge rechtsextremer und radikaler Parteien.

Weniger auffallend als diese sind die zahlreichen wohlausgestatteten mittelständischen Betriebe, die das Rückgrat der deutschen Wirtschaft bilden. Harmonisch ins Stadtbild eingefügt oder wohlverborgen im Grünen produzieren sie ihre Qualitätserzeugnisse nach handwerklicher Tradition und mit der gleichen Effizienz und Sorgfalt wie vor hundert Jahren. Denn ungeachtet der technologiefeindlichen Parolen der Grünen erliegen die Deutschen der Faszination der Technik in weitaus stärkerem Maße als etwa die Briten oder die Franzosen. Deshalb gehen hier die begabten Leute auch lieber in die Industrie als in die Politik.

Ein weiteres Kuriosum ist, daß in diesem angeblich so geschichtslosen Land die Vergangenheit viel tiefer ins tägliche Leben hineinwirkt als in anderen europäischen Ländern. Im Wohnzimmer des Durchschnittsbürgers steht der Videorekorder neben dem »altdeutschen« Eichentisch. Und mag die Familie in den Ferien auch mit ihrem Ford in Richtung Spanien oder Österreich losbrausen, so zieht sie sich gewöhnlich an Wochenenden doch in die Geborgenheit des nahegelegenen Schrebergartens[4] zurück, wo sie am Bahndamm Dahlien züchtet und Stangenbohnen baut.

Zur Karnevalszeit oder zum Erntedankfest zeigt sich dann die Vielfalt des deutschen Brauchtums, wenn sich festliche Umzüge über die Straßen und Plätze der alten Städte bewegen. Wer es hautnah erleben will, der suche abseits der Großveranstaltungen in all den vielen lokalen Sport-, Gesangs-, Kegel- und Trachtenvereinen oder bei all den kleinen Feiern im Familienkreis. Die vielfältigen nationalen Überlieferungen sind dagegen abgerissen, wurden diskreditiert und in Frage gestellt. So pflegen die Menschen ihre heimatlichen Traditionen, deren sie sich sicher sind.

Der Zusammenbruch 1945 und der Neubeginn unter alliierter Besatzung hat in der Bundesrepublik sicherlich den Anstoß gegeben für eine allgemeine gesellschaftliche Erneuerung von bisher ungekannten Ausmaßen. Der Bruch mit der Vergangenheit wurde noch vertieft durch den Wunsch nach einer neuen Identität, um sich gegen den Osten abzugrenzen. Antitotalitarismus und Antikommunismus verbanden sich nahtlos zu einer neuen politischen Doktrin. Die von Ludwig Erhard, dem ersten Wirtschaftsminister der jungen Bundesrepublik, propagierte Soziale Marktwirtschaft stand nicht nur für das Ende des Wirtschaftsdirigismus und der für Weimarer Republik und

Drittes Reich typischen Macht der Kartelle, sie war auch Hauptunterscheidungsmerkmal gegenüber der Planwirtschaft der kommunistisch beherrschten DDR.

Nichtsdestoweniger gehen in Deutschland Altes und Neues einträchtig Hand in Hand. Ungeachtet aller Erfolge der Parlamentarischen Demokratie haftet dem politischen Leben nach wie vor ein Hauch der alten autoritären Strukturen an, und mögen die Deutschen auf Grund der Exportorientierung ihrer Wirtschaft eines der weltzugewandtesten Völker geworden sein, so gebärden sie sich im Einzelfall immer noch unsäglich provinziell. Deutsche Politiker heißen nicht nur wie Figuren aus Grimms Märchen, oft handeln sie auch so.

Um das gestörte Verhältnis der Deutschen zur Nation wieder ins Lot zu rücken, unternahmen in den achtziger Jahren Politiker aller Couleur einige Anstrengungen zur Wiederbelebung des Patriotismus. Viel Erfolg hatten sie damit nicht. Denn wie soll man sich mit einem »Vaterland« identifizieren, dessen bloße Definition umstritten ist. Kontinuität gibt es vorrangig in der Wirtschaft. Die großen Kapitalgesellschaften, die ihre Tradition meist auf die Gründerzeit zurückführen können, florierten im Kaiserreich, in der Weimarer Republik, und sie florierten im Dritten Reich. Trotz der gewaltigen Kriegszerstörungen und der beträchtlichen Vermögensverluste in den verlorenen Ostgebieten haben sie sich auch in der Bundesrepublik rasch ihren Platz zurückerobert. Zwar spielen die Familienclans der Gründerzeit in den Chefetagen keine Rolle mehr, aber die Firmen, die ihre Namen tragen, durchlaufen zu Beginn der neunziger Jahre eine wahre Blütezeit.

Trotz der Weltoffenheit der Bundesrepublik stützt sich die deutsche Wirtschaft auf Regulative und Körperschaften, die größtenteils noch aus den zwanziger und dreißiger Jahren stammen und die sich unter dem Etikett der Sozialen Marktwirtschaft zählebig weiterbehaupten. Dies erklärt die Vorbehalte mancher Deutscher gegenüber einem rein am Wettbewerb orientierten Europäischen Binnenmarkt, wie er Anfang 1993 Wirklichkeit werden soll. Die Tendenzen zum Korporatismus werden auf Grund der notwendigen wirtschaftlichen Anstrengungen im Zuge der Wiedervereinigung eher verstärkt. Im wesentlichen ist es aber der deutsche Ordnungssinn, der hier Alarm schlägt. Die Deutschen fürchten einfach, daß ihr Leben weniger ruhig, weniger überschaubar, risikoreicher wird, sobald das beengende, aber auch beschützende Korsett von Reglementierungen im Wirtschafts- und Arbeitsleben gelockert wird.

Hinzu kommt die Furcht vor einer allgemeinen Geldentwertung

angesichts der instabilen Währungen mancher Partnerländer im Vergleich zur harten D-Mark. Die Deutschen sind auf diesem Gebiet gebrannte Kinder. Zu frisch ist die Erinnerung an die Zusammenbrüche der Währung im Anschluß an die Niederlagen in den beiden Weltkriegen. Die heutige Stellung der D-Mark als Hauptaktivposten der Bundesrepublik – und deren stärkstes außenpolitisches Instrument – erklärt sich dadurch, daß die Stabilität des Geldwerts im Nachkriegsdeutschland zum Hauptdogma der Wirtschaftspolitik erhoben wurde. Die deutschen Parlamentarier der fünfziger Jahre erkannten hier eine Schwäche der demokratischen Regierungsform und übertrugen die Währungskontrolle – gegen den Widerstand Adenauers - einer unabhängigen Institution: der Bundesbank. Die Deutschen haben schließlich mehr als andere Völker erlebt, wie Politiker eine Währung ruinieren können.[5]

Sehr zum Verdruß der NATO-Partner zeigt sich der deutsche Dualismus am ausgeprägtesten auf dem Verteidigungssektor. Die Bundesdeutschen nehmen jede militärische Initiative auf wie eine Katastrophenmeldung. In den siebziger Jahren starrten sie angstvoll auf die Überlegenheit der Sowjetunion an Mittelstreckenraketen. Als aber die Amerikaner zur Nachrüstung bliesen, um das Gleichgewicht der Kräfte wiederherzustellen, schlug die Stimmung blitzartig um, als stünde damit ein begrenzter Atomkrieg auf deutschem Boden vor der Tür. Nun, da im Zuge der Entspannung die Mittelstreckenraketen beider Seiten abgezogen wurden, hört man allenthalben die Klage, daß damit die Abschreckung vor einem konventionellen Schlag und dem Einsatz der noch verbliebenen Kurzstreckenraketen und atomaren Gefechtsfeldwaffen mehr und mehr unglaubwürdig geworden sei.

Was die Präsenz fremder Truppen angeht, so mag geschehen, was will – die Deutschen sind immer beleidigt. Und zum Zeichen ihrer Unzufriedenheit mit der Nachkriegsordnung entbrannte eine heftige öffentliche Debatte über die Frage, ob und inwieweit die Stationierung von NATO-Truppen die Souveränität der Bundesrepublik beeinträchtigt. Heute wollen die Deutschen zwar keine fremden Soldaten in der Nachbarschaft, das heißt aber nicht, daß sie diese alle nach Hause gehen ließen. Und wenn die Amerikaner in den frühen neunziger Jahren ihre militärische Präsenz in Europa abbauen, werden es die Deutschen sein, die sich bitterlich beklagen werden, daß man sie schutzlos – wem auch immer – preisgibt.

Doch angesichts einer immer enger zusammenrückenden Welt ist der Begriff »Souveränität« ohnehin anachronistisch. Gerade im Europa des Binnenmarktes werden die Einzelstaaten immer mehr

Souveränitätsrechte an die Gemeinschaft abgeben. Und nichts belastet das Verhältnis zwischen der Bundesrepublik und ihren Verbündeten mehr als die ständige Diskussion über Fragen der Stationierung fremder Truppen auf dem Boden des wiedervereinigten Deutschlands oder gar über einen eventuellen Austritt aus der NATO. Noch wird der Gedanke an Neutralität von allen maßgeblichen bundesdeutschen Politiker entschieden zurückgewiesen, für die ostdeutschen Neuwähler mag er aber durchaus verlockend scheinen. Die christdemokratische Regierung in Ostberlin schien jedoch erkannt zu haben, daß ein neutrales Deutschland unweigerlich ganz Europa destabilisieren würde.

Manche der deutschen Gegenwartsprobleme ähneln in erstaunlicher Weise denen der ersten Nachkriegsjahre. Wieder wälzte sich ein gewaltiger Strom von Flüchtlingen aus der Sowjetunion, der DDR, aus Polen und Rumänien ins Land, mit 720000 Aus- und Übersiedlern allein 1989 an Zahl – nicht den Umständen nach – durchaus mit der Fluchtwelle der ersten Nachkriegsjahre vergleichbar. Und wieder hörte man in deutschen Parlamenten die end- und fruchtlosen Debatten über Wiedervereinigung und Abrüstung, Westintegration und Deutschlands traditionelle Bindungen an den Osten.

Die Berliner Mauer ist nur noch eine Ruine. Doch auf vielen Gebieten – von der Verteidigung bis zur Kernenergie und dem Terrorproblem, von der Berlinfrage bis zur endgültigen Regelung der Ostgrenzen – schlagen sich die Deutschen immer noch mit dem Erbe Hitlers herum.

Lebensstil und sozialer Besitzstand der heutigen Wohlstandsdeutschen haben sich seit dem Krieg vollkommen verändert. Nachkriegsdeutschland ist kein Kind mehr. Es tritt in seine fünfte Lebensdekade. Aber gerade diese Jahre sind, um im Bild zu bleiben, angesichts der einsetzenden Midlifecrisis besonders empfänglich für radikale Veränderungen.

Im Leben der Völker freilich sind vierzig Jahre nur eine kurze Zeit, und dies unterstreichen auch jene Kräfte, die auf Wiedervereinigung gedrängt haben. Auf dem langen Weg der deutschen Nation durch die Geschichte bedeutete die Kapitulation von 1945 nicht das Ende, sondern lediglich eine Unterbrechung. Diese Erkenntnis unterstützt die Forderung der Deutschen auf einen gemeinsamen Staat, aber sie erklärt auch das Unbehagen der Nachbarn. Denn wie zwei Generationen nicht ausreichten, die Deutschen ihr Deutschtum vergessen zu lassen, so genügten sie auch nicht, die Erinnerung an die Greuel des Nationalsozialismus auszulöschen. Und weil Deutschlands Geschichte ein Teil seiner Gegenwart ist, müssen die Deutschen nunmehr zeigen, daß sie ihre Lektion gelernt haben. Am Ende des zwanzigsten Jahrhunderts wird Deutschland nunmehr zu beweisen haben, daß seine wiedergewonnene Einheit eine Chance und kein Alptraum für Europa ist.

II
Folgen einer Katastrophe

Wird man die ungeheuerlichen Ereignisse, die uns in den zwölf Jahren des Dritten Reiches beschieden wurden, je vollkommen verstehen?

Friedrich Meinecke, 1946[1]

Im Grunde genommen bleibt dieser 8. Mai 1945 die tragischste und fragwürdigste Paradoxie der Geschichte für jeden von uns. Warum denn? Weil wir erlöst und vernichtet in einem gewesen sind.

Theodor Heuß, 1949[2]

Sechzehn Millionen Bürger der DDR sind schuldig geworden, abgesehen von den Kindern und den Alkoholikern.

Rainer Eppelmann, 1990[3]

Horst Krüger, ein großgewachsener Mann, der eine sympathische Mischung aus Munterkeit und Melancholie ausstrahlt, darf als Experte für das deutsche Trauma gelten. Als bekannter Buchautor und Essayist nimmt er sich der deutschen Teilung mit besonders spitzer Feder an. 1919 in Magdeburg geboren, wuchs er im gutbürgerlichen Berliner Viertel Eichkamp auf. In den dreißiger Jahren konnte er aus der Nähe beobachten, wie der Nationalsozialismus Zug um Zug in den Vorstädten Fuß faßte, stetig an Einfluß gewann, bis sich die stetig geschürten Aggressionen im Inferno des Krieges entluden.

Krüger lebt heute in einem eleganten, wenn auch etwas heruntergekommenen Mietshaus im vornehmen Frankfurter Westend. Es ist dies eines der wenigen leidlich intakt gebliebenen Viertel der Mainmetropole, über Jahrhunderte Krönungsstadt des Heiligen Römischen Reiches. Um dieser Vergangenheit willen wäre Frankfurt beinahe zur Bundeshauptstadt der Bundesrepublik Deutschland erkoren worden. Die Stadt erhob sich rasch aus den Trümmern des Bombenkrieges und stieg auf wenn schon nicht zur politischen, so doch zur Geldmetropole. So ist auch das Stadtbild geprägt von Versicherungspalästen und den Glastürmen der Bankzentralen. Viele Frankfurter klagen, daß die Stadt mit der Kriegszerstörung auch ihre Seele verloren habe, aber Krüger hängt mit einer seltenen

Liebe daran. Die schattige Allee, in der er wohnt, erinnere ihn mit ihren vielen kleinen Läden und den Litfaßsäulen an das Berlin seiner Jugend, meint er, räumt aber gleichzeitig ein, daß die alles überwuchernde klobig-protzige Nachkriegsarchitektur der Stadt ein irgendwie unfertiges Aussehen verleiht, aber »Halbheiten sind typisch für die Deutschen«.[4]

Behaglich ausgestreckt im Sessel seines Wohnzimmers, von Büchern umgeben, ergeht sich Krüger in Betrachtungen über seine Landsleute: »Die Deutschen sind ein romantisches, unpolitisches Volk, das zu Extremen neigt und nicht zwischen Traum und Wirklichkeit unterscheiden kann. Hitler war Kunst und Politik zusammengeschmolzen. Er erschien wie Gott und erwies sich doch als Teufel.« Der Aufbau der Bundesrepublik sei ein Erfolg, den vor vierzig Jahren niemand für möglich gehalten hätte. Aber ob sie es wollten oder nicht: die Deutschen trügen schwer am Erbe Hitlers, litten unter der Frage nach dem Warum, unter der Trauer, dem Schmerz. »Je mehr Jahre darüber vergangen sind, desto dämonischer erscheint uns dieses Dritte Reich. Wir müßten unsere Geschichte heilen können«, erklärt er. »So aber holt sie uns immer wieder ein, weil die Symptome aufs neue auftreten.«

So gilt auch heute noch, was Krüger 1966 in seinem autobiographischen Roman »Das zerbrochene Haus« schrieb: »Dieser Hitler, denke ich, der bleibt uns – lebenslänglich.«[5]

Eine Autostunde nördlich von Berlin liegt die Schorfheide, ein melancholisches Waldgebiet, durchsetzt von Seen, zugleich ein üppiges Jagdrevier. Wo sich das Wild tummelt, stößt man auch auf die Spuren einer finsteren ostdeutschen Vergangenheit. In einem wiedervereinigten Deutschland wird der 200 Quadratkilometer große Nationalpark Schorfheide wohl zu einem Anziehungspunkt für Erholungssuchende, die mit schweren Limousinen aus der Hauptstadt herbeiströmen. Als ich im März 1990 – kurz vor den ersten demokratischen Wahlen in der DDR – die Schorfheide besuchte, schien sie noch unberührt von Kommerz und Umweltverschmutzung. Dieses Land ist voll von Erinnerungen an zwei Diktaturen, von denen die eine erst durch einen totalen Krieg gestürzt werden konnte, während die andere sang- und klanglos vom Kapitalismus überrollt wurde, der durch die Mauer spazierte, als wäre sie kein Hindernis.

Hier schoß die braune wie die rote Prominenz in schöner Eintracht, nur durch ein paar Jahrzehnte getrennt, auf Hirsche und Wildenten, und sie tat dies in der Tradition der Hohenzollern, die hier zu jagen pflegten, als sie noch Kurfürsten von Brandenburg und Könige von Preußen waren. Das feudale Vergnügen demonstrierte den exklusiven Lebensstil der jeweiligen Waidmänner, man gewann dabei ein wenig Abstand von der Bürde der Regierungsgeschäfte – und von der Wirklichkeit.

Der sechzigjährige Leonhard Resch, Oberförster im staatlichen Forstbetrieb Groß Schönebeck, hat die schönen und häßlichen Seiten von vierzig Jahren Kommunismus miterlebt. In ihrem Forsthaus, in der Tiefe des Waldes verborgen, bemüht sich seine Frau Christel, eine ehemalige Lehrerin, ein paar halbvergessene Brocken Englisch wieder auszugraben. Zu einem Zeitpunkt, da das Regime der DDR am Ende ist, ohne daß die Zukunft konkrete Konturen angenommen hätte, zieht sie das Fazit der letzten vierzig Jahre: »Die Nazizeit erlebten wir als Kinder, unsere Eltern wurden betrogen. Wir hatten es nicht leicht. Und jetzt bekommen wir den großen Knacks. Wir sind die verlorene Generation.«[6]

Das Haus der Reschs steht auf einer verschwiegenen Lichtung nahe den Ruinen von Karinhall, dem protzigen Jagdhaus des einstigen »Reichsmarschalls« Hermann Göring, das mitten in der Schorfheide an den Ufern des Döllner Sees stand. Nur zehn Kilometer entfernt steht die weiß ummauerte, trophäengeschmückte »Jagdhütte« Erich Honeckers, des nunmehr entmachteten Parteichefs der SED.

»Es ist hier nicht alles schlecht«, sagt der olivgrün Uniformierte. »Ich hätte nach Westdeutschland auswandern dürfen, aber dann hätte ich meine Mutter nicht mehr besuchen können.« Resch verabscheut die »Rübergemachten«, diese »Großkotzigen aus dem Westen«, die kapitalistischen Wind in die ostdeutsche Flaute bringen.

Im Dämmerlicht führt mich Resch nach Karinhall. »Die Schorfheide ist seit eh und je das Jagdrevier der jeweils herrschenden Klasse«, erzählt er, und die nahegelegene Bahnstation Joachimsthal heiße bei den Einheimischen noch heute »Kaiserbahnhof«. Honekkers »Jagdhütte«, heute unter Polizeibewachung, wird man dereinst wohl weniger respektvoll gedenken. Derzeit sieht es so aus, als solle eine Art »Umweltzentrum« daraus entstehen. Honecker hatte sich 20000 Hektar Wald zur persönlichen Nutzung reservieren lassen. Dieser grenzte an die Latifundien anderer SED-Bonzen wie Günter Mittag, Horst Sindermann und Stasi-Chef Erich Mielke.

Honeckers Jagdrevier war ein Mikrokosmos der DDR. 1962 zum »Militärforst« erklärt, wurde es von einer kleinen Armee aus Volkspolizisten und Angehörigen der NVA bewacht. »Der Kaiser hat hier gejagt, und Göring hat hier gejagt. Aber das war kein Vergleich zu Honecker. Nur er hat einen großen Forstbetrieb aufgebaut, damit drei, vier Leute auf die Jagd gehen konnten.«

Reschs Erkenntnisse beruhen auf eigener leidvoller Erfahrung. Als subalterner Jagdgehilfe war er zwischen 1961 und 1965 vier Jahre inhaftiert – wegen »Hetze« gegen die waidmännischen Gepflogenheiten Honeckers, schon damals Kronprinz des damaligen SED-Chefs Walter Ulbricht, und dessen langjährigen Kumpan Robert Menzel. »Ich beobachtete, wie sie in der Nacht vom Auto aus das Wild abknallten«, erzählt Resch, »und ich fragte, wenn wir ein Arbeiter- und Bauernstaat sind, wozu brauchen die ein Jagdgebiet nur für sich allein? Sie könnten doch zusammen mit dem Volk auf die Jagd gehen! – Ich habe die Machtverhältnisse im Sozialismus wohl nicht richtig eingeschätzt.«

Resch bahnt sich seinen Weg durch das hohe Gras. Görings Jagdhaus, den ganzen Krieg hindurch vollgestopft mit geraubten Kulturgütern, wurde gesprengt, kurz nachdem sich sein fetter Besitzer vor den nachdrängenden Russen nach Berlin abgesetzt hatte. Nachdem die Überreste zum Bau von Nachkriegsstraßen verwendet wurden, ist Karinhall – benannt nach Görings erster Frau – heute nur noch ein wenig Schutt, verstreut an den Ufern des Sees. Ein paar aus den Trümmern hervorstehende rostige Metallteile erweisen sich als die Reste der einstmals so modernen Zentralheizung. Ich bleibe stehen und hebe ein Stück Keramik auf, das Resch als Kachelfragment aus dem Badezimmer der Familie Göring identifiziert. Was noch steht, sind die Holzgehege für die Elche, die sich Göring aus Schweden hat kommen lassen, sowie die Unterkünfte der SS-Wachmannschaften, die heute von Holzfällern bewohnt werden. Und zur Straße hin erheben sich zwei große Torpfosten aus grauem schwäbischem Marmor, die noch die Insignien des Reichsmarschalls – die gekreuzten Marschallsstäbe – tragen.

Im nahegelegenen Dorf ist die siebenundsechzigjährige Ilse Garber eine der wenigen, die sich noch an die Zeiten des Reichsmarschalls erinnern können. Sie ist eine muntere alte Dame, die mir in Ihrem Haus an der Straße nach Karinhall eine Tasse Kaffee anbietet. Sie zeigt mir ein Foto, das sie im Alter von elf Jahren zeigt, wie sie dem Reichsmarschall anläßlich dessen Ernennung zum Ehrenbürger von Groß Schönebeck einen Blumenstrauß überreicht. »Es war ein heißer Tag, und er kam mit Verspätung«, erinnert sie sich. »Damals haben wir noch nicht geahnt, was später passieren würde.« Sie erinnert sich auch noch recht genau, wie der »dicke Göring« sich im April 1945 fluchtartig aus dem Staub machte, und fast automatisch wandern ihre Gedanken in die jüngste Vergangenheit und zu Erich Honecker: »Wenn ich an ihn denke, kommt mir die Galle hoch!«

Göring war im ganzen Ort für seine Jovialität bekannt, berichtet

Bürgermeister Albrecht Gläsel. Im Gegensatz dazu hat sich Honekker von den Dorfbewohnern ferngehalten, wenn er an den Wochenenden zur Jagd kam. »Er war einmal in der Gaststätte und einmal im Einkaufszentrum.«

Wir sitzen in dem bescheidenen Rathaus in einem mit Fotos von Eulen dekorierten Büro, und Gläsel erzählt, daß er 1962 zur SED stieß. Nach der Wende im vergangenen Herbst hat er die Partei verlassen, und mit ihm 1,6 Millionen von insgesamt 2,3 Millionen Parteimitgliedern. »Ohne das Parteibuch wäre ich nicht Bürgermeister geworden«, gesteht er mit entwaffnender Offenheit. Dann erzählt er, wie Honecker mit einer Schar von Freunden und Bediensteten Woche für Woche anzurücken pflegte: in einem Konvoi wohlbewachter Volvos und Citroëns. »Die haben nicht so viel zu tun gehabt.« Sindermanns und Mittags Jagdhäuser seien nun vom staatlichen Reisebüro übernommen worden und würden an interessierte Westdeutsche vermietet – gegen harte DM, versteht sich.

Ein anderer Dorfbewohner, Klaus Buchholz, der in einem Chemiebetrieb arbeitet und intensiv nach Alkohol riecht, begleitet mich auf einem Tagesmarsch um die Honeckerschen Latifundien. Die kommunistische Altherrenriege pflegte die Jagd mit Begeisterung, solange die Pirsch nicht in Arbeit ausartete. Um zu bequemen Abschüssen zu gelangen, ließen sie den Wildbestand aufpäppeln und besonders konstruierte Unterstände nahe den Äsungsstellen aufrichten. Weiterhin gibt es noch Honeckers Bootshaus mit genügend Platz für zwei Motorboote und einem Stück Sandstrand, für den der Sand von der Ostsee herbeigeholt worden war, sowie ein Haus, das er für Schäferstündchen mit seiner Mätresse benutzt haben soll. Buchholz weist auf eine Stelle hin, von der aus der Parteiführer durch ein Erdgeschoßfenster des Jagdhauses auf das Wild zu schießen pflegte. Und damit ich nicht auf falsche Gedanken kommen konnte, fügte er hastig hinzu: »Ich war nicht in der Partei.«

Am Vortag hatte ich die mittelalterliche Stadt Schwerin, die älteste Stadt Mecklenburgs, besucht, die rund 160 Kilometer nordwestlich der SED-Jagdgründe liegt. Umgeben von nebelumwobenen Seen, die eine fast venezianische Atmosphäre vermitteln, sieht man der Stadt ihr Alter in jeder Hinsicht an. Schwerin ist schön – und verfallen. Ein Mann, der ein quasi professionelles Interesse am augenscheinlichen Niedergang der Bausubstanz haben muß, ist Günter Koslowski, der Direktor des aus dem 19. Jahrhundert stammenden Schlosses, das gleichzeitig als Kunstgalerie dient. Im Gespräch in seinem Arbeitszimmer in einem besser erhaltenen Flügel des Schloßkomplexes, erzählt der Siebenundfünfzigjährige, daß er nunmehr die

Partei nach über vierzigjähriger Mitgliedschaft verlassen habe.[7] »Wir stehen heute wieder vor der Stunde Null. Weder das Dritte Reich noch das stalinistische Modell haben sich bewährt. Niemand konnte verstehen, wie diese alten, teilweise senilen Leute an die Spitze des Staates kommen und Macht ausüben konnten. Ich gebe zu, daß ich ein Teil der Schuld zu tragen habe. Bis auf wenige Ausnahmen hat unser Volk stillgehalten.«

Koslowski begrüßt die deutsche Einheit, sieht aber eine Reihe von Problemen auf die DDR zukommen. Die vielen Touristen aus dem Westen, deren Busse sich durch die engen Gassen Schwerins zwängen, überfordern schon heute die Kapazität des Museums. Und er befürchtet, daß sich unter all diesen Besuchern mit ihren Videokameras manch potentieller Kunsträuber verbirgt.

Frühere Stasi-Mitarbeiter, nunmehr arbeitslos, sollen seine Schätze bewachen helfen.

Ähnliche Ratlosigkeit hinsichtlich der Zukunft herrscht in der bescheidenen Rotkreuz-Mission im ausgedehnten Bahnhofsgelände. »Wir wissen nicht, was aus uns, was aus Deutschland wird«, gesteht Renate Hyzyk, eine der beiden wachhabenden Sanitäter, deren Aufgabe es ist, kranken oder unpäßlichen Reisenden beizustehen. »Wir haben schon ein bißchen Angst um unsere Arbeitsplätze.« Ihr Kamerad Kurt Herl, ebenfalls ein »Rotkreuzveteran«, befürchtet Anpassungsschwierigkeiten: »Vorher brauchte man nicht zu denken. Das haben andere für uns gemacht... Man gewöhnte sich daran; wir waren blind... Im Gegenteil, wenn man etwas diskutieren wollte, wurde man schief angeschaut.«

Mit verblüffender Offenheit setzt mir Renate Hyzyk auseinander, warum die meisten Schweriner all den Verfall, die Ungerechtigkeit, die Inkompetenz erst zur Kenntnis nahmen, nachdem einige von ihnen hatten in den Westen reisen dürfen: »Man geht früh zur Arbeit und kommt spät zurück. Man ist beschäftigt. Wir haben nichts bemerkt – uns wurde eingeredet, daß alles in Ordnung war.«

Deutschlands Vergangenheit ist wie eine überschwappende Woge, die sich unaufhaltsam in die Gegenwart verströmt. Ein gutes Beispiel hierfür ist Ludwigsburg, nördlich von Stuttgart im blühenden Bundesland Baden-Württemberg gelegen. Die Stadt beherbergt sowohl die Verkaufszentrale der Porsche-Werke als auch eine weitläufige Schloßanlage aus dem 18. Jahrhundert. Nur ein paar Schritte davon entfernt erhebt sich ein massiver dreistöckiger Bau, ein wenig abgesetzt von den übrigen Häusern, durch ein abweisendes Tor von der übrigen Welt getrennt. Der düstere Eindruck dieses ehemaligen

Frauengefängnisses aus der Kaiserzeit wird auch durch den blaßgelben Anstrich nur wenig gemildert. Der stämmige Pförtner, ein umgänglicher Mann, sortiert gerade die Morgenpost: ein Stapel Briefe, die meisten davon in polnischer Sprache. Jedes Kuvert wird mit einem Papiermesser säuberlich aufgeschnitten, das Schreiben behutsam entfaltet, mit einem dumpf knallenden Eingangsstempel versehen und zur Weiterbearbeitung in einem Aktenfach abgelegt.

Die Briefe enthalten Anfragen zu Kriegsverbrechen, meist in Osteuropa begangen. Die Taten liegen fast fünfzig Jahre zurück, aber die Briefe gehen in dicken Stapeln ein – Tag für Tag. Adressiert sind sie an die »Zentralstelle für die Aufklärung von NS-Verbrechen«, die 1958 von der bundesdeutschen Justiz als Zentralbehörde zur strafrechtlichen Verfolgung von NS-Verbrechen gegründet worden ist. Sie hat ihre Tätigkeit – mit einiger Verspätung – aufgenommen, nachdem das bei Kriegsende beschlagnahmte Aktenmaterial von den Amerikanern an deutsche Behörden übergeben worden und die Verantwortung für die Strafverfolgung deutscher Kriegsverbrechen somit in deutsche Hände übergegangen war. In ihrer Blütezeit beschäftigte die Ludwigsburger Behörde mehr als 120 Mitarbeiter. Heute sind es immerhin noch circa vierzig, rund die Hälfte davon Richter und Staatsanwälte.

In den dreißig Jahren ihrer Wirksamkeit hat diese Behörde an rund 13000 Ermittlungsverfahren mitgewirkt, die zu über 800 Urteilen geführt haben. Insgesamt haben westdeutsche Justizbehörden gegen über 90000 Tatverdächtige ermittelt. Aber nur 6000 davon wurden rechtskräftig verurteilt – davon 12 zum Tode und 160 zu lebenslanger Haft.

Der bescheidene Anteil an erfolgreich abgeschlossenen Verfahren konnte niemanden wirklich überraschen. In den Jahren des Wiederaufbaus hatten die Menschen in der Bundesrepublik andere Sorgen, als NS-Verbrechern nachzujagen. Erwin Schüle, der erste Leiter der »Zentralstelle«, hat für seinen verantwortungsvollen Job selbst reichlich einschlägige Erfahrungen gesammelt: Er war immerhin Mitglied der NSDAP und deren berüchtigter Schlägertruppe, der SA (Sturmabteilungen). Da dieser betrübliche Umstand durch einen indiskreten Artikel in der DDR-Presse vorzeitig bekannt wurde, ließ sich 1966 seine Demission nicht mehr vermeiden.

Es war keineswegs ungewöhnlich für die frühen Jahre der Bundesrepublik, daß Leute wie Schüle in hohe und höchste Positionen in Politik, Wirtschaft und Verwaltung einzogen. Denn bei Kriegsende hatte die Nazipartei mehr als acht Millionen Mitglieder[8]. Weitere Millionen waren in der unüberschaubaren Menge der peripheren

Parteiorganisationen gelistet. Um überleben und die ihr von den Westalliierten zugedachte Rolle eines Bollwerks gegen den Kommunismus spielen zu können, war die junge Bundesrepublik aber auf die Aufbauarbeit aller verfügbaren hochqualifizierten Fachleute angewiesen. Und als der Kalte Krieg ausbrach, stand sie an vorderster Front, um das Übergreifen des Kommunismus auf Westeuropa aufzuhalten.

Angesichts dieser weltpolitischen Situation war es unvermeidlich, daß die USA von einer gründlichen Entnazifizierung Abstand nahmen. Hätte man nämlich versucht, sämtliche alten Nazis auszuschalten, wären nahezu die gesamten bundesrepublikanischen Eliten von der Bildfläche verschwunden. Daß sich ebendiese alten und neuen Eliten nach 1945 nahezu vollzählig an den Schalthebeln der Macht versammelten, war dem Wiederaufbau dienlich, hat aber alle Anstrengungen zur endgültigen Bewältigung der Vergangenheit bis heute zunichte gemacht.

Heute ist der Staatsanwalt Willi Dreßen, ein Mittfünfziger aus Aachen, stellvertretender Leiter der Ludwigsburger Zentralbehörde. 1967 hat er diese Aufgabe eher unwillig in Angriff genommen, »doch dann hat mich die Sache gepackt«.[9]

Die Gründung seiner Dienststelle fiel in eine Zeit, da die skandalös milden Urteile im Ulmer »Einsatzgruppenprozeß« weltweit die Gemüter erregte. Zwei Tage Haft pro Mord – das war die betrübliche Bilanz eines Verfahrens gegen ehemalige SS-Schergen, denen die Tötung von 4000 litauischen Juden zur Last gelegt wurde. In diesem Prozeß wurde die alles entschuldigende Formel vom »Befehlsnotstand« geboren, und die Rechtsauffassung, daß die Mörder in den Einsatzgruppen und Konzentrationslagern lediglich »Beihilfe« für die Verbrechen der NS-Führung geleistet hätten, wurde zur Richtschnur für alle künftigen Verfahren. Und getreu dem deutschen Sprichwort, daß eine Krähe der anderen das Auge nicht aushackt, kamen die Richter des berüchtigten »Volksgerichtshofs«, die zwischen 1933 und 1945 mehr als 32 000 Todesurteile gefällt hatten – die meisten wegen Bagatellen wie Defaitismus und »Wehrkraftzersetzung« – praktisch ungeschoren davon. »Mörder in der Robe« hat man sie genannt – doch in den Augen des Gesetzes waren sie bloße Instrumente des Staates, ohne persönliche Schuld und ehrenwert.

In den fünfziger Jahren hatten die wackeren Schwaben die Nase gestrichen voll von allem, was mit dem Nationalsozialismus zu tun hatte. Das Land solle lieber daran denken, die Zukunft aufzubauen. So stellte sich auch der Stadtrat von Ludwigsburg vehement gegen die Einrichtung der Zentralbehörde. In den Sechzigern sprach der Oberbürgermeister sogar von einem »Schandfleck für die Stadt«, und es soll vorgekommen sein, daß vaterländisch gesinnte Bürger ihrem Nachwuchs verboten, mit den Kindern der Strafverfolger zu spielen. »In unseren Tagen«, meint Dreßen, »sind die Leute aber sensibler geworden.«

Der Ludwigsburger Behörde liegen immer noch einige tausend Fälle zur Bearbeitung vor. Derzeit ist man dabei, eine Liste von rund 30000 Namen mutmaßlicher Kriegsverbrecher zu prüfen, die dem Amt 1986 von den Vereinten Nationen übergeben worden ist, doch nur in »ganz, ganz wenigen Fällen« wird es zur Eröffnung eines Verfahrens kommen. Drei Viertel der Namen seien bereits amtsbekannt und nur noch ein Fall für die Archive. Außerdem würden deutsche Strafverfolgungsbehörden gegen Delinquenten, die vor dem Jahr 1900 geboren sind, nicht mehr aktiv: »Es lohnt den Aufwand nicht!«

Die Zentralbehörde feierte 1986 den dreißigsten Jahrestag ihres Bestehens mit einem Symposium, das weithin zur Selbstbeweihräucherung genutzt wurde. Dabei tönte der Justizminister des Landes Baden-Württemberg, Heinz Eyrich, daß in der Bundesrepublik auch solche Verbrecher verfolgt würden, deren Straftaten »mit Duldung, Billigung oder gar auf Anordnung einer pervertierten Staatsführung begangen worden sind«.

Die Bilanz der Bundesrepublik Deutschland in der Verfolgung von NS-Tätern ist aufs Ganze gesehen sicherlich besser als etwa jene Österreichs. Dennoch bleiben genügend Peinlichkeiten bestehen. So bezeichnete der Direktor der polnischen Kommission zur Untersuchung von NS-Verbrechen, Professor Kazimier Kakol, als Teilnehmer des Symposiums die Verurteilungsquote als »niederschmetternd« und versetzte damit der selbstgefälligen Festversammlung einen schweren Dämpfer.[10]

Die Arbeit der Ludwigsburger wird sich wohl bis ins nächste Jahrhundert fortsetzen. Nichtsdestoweniger wandelt sich die Funktion der Dienststelle: Die Strafverfolgungsbehörde wird Schritt für Schritt zum Archiv. Dort lagern rund eine Million Dokumente auf Mikrofilm, dazu rund 1,4 Millionen Karteikarten mit Namen und Daten von Wehrmachtseinheiten, die in Kriegsverbrechen verwikkelt waren. Im Vergleich zum »Berlin Document Center« einer von Bonn finanzierten US-Behörde, ist das nicht viel. Dort verwaltet man eine Mammutkartei von immerhin 10 Millionen Blättern auf denen der gesamte Mitgliederbestand der NSDAP erfaßt ist – einschließlich jener rund zwei Millionen, die vor Kriegsende verstorben oder aus der Partei ausgeschieden sind.[11] Wie das Document Center, so wird auch Ludwigsburg zunehmend von Wissenschaftlern und Studenten für Forschungsarbeiten herangezogen. »Wenn wir zulassen, daß die Geschichte in Vergessenheit gerät, sind wir dazu verurteilt, deren Erfahrungen zu wiederholen«, meint Dreßen und weist auf eine große Wandkarte, auf der mehr als tausend Konzentrationslager und deren Außenstellen verzeichnet sind, die einst über ganz Europa verteilt waren. Mehrere auch heute noch namhafte deutsche Firmen nutzten die Arbeitskraft der Häftlinge für die Produktion von Rüstungsgütern. Rund 8 Millionen Fremdarbeiter fronten 1944 unter fürchterlichen Bedingungen für das Dritte Reich. Davon waren knapp 2 Millionen Kriegsgefangene und rund 5,7 Millionen Deportierte. Die eigentlichen KZ-Häftlinge machten nur rund eine halbe Million aus.

Norbert Gansel, einer der aktivsten unter den jüngeren SPD-Bundestagsabgeordneten, berichtet, daß die Deutschen heute wieder auf der Suche nach ihrer Vergangenheit sind. Landauf landab bemüht man sich um die Erforschung der Regional- und Lokalgeschichte, und immer wieder tauchen dabei Fragen auf nach den genauen Standorten der KZ, nach den Opfern – und nach den Tätern.[12]

Der Wunsch nach Aufklärung entsteht oft erst nach vielen Jahren der Verdrängung. So wird die Ludwigsburger Behörde zunehmend mit Anfragen von Privatpersonen konfrontiert. Oft seien es die Angehörigen kurz zuvor Verstorbener, meist die Töchter, berichtet Dreßen. Meist finden die Interessenten in Nachlässen Dokumente, die einen Verdacht aufwerfen, den sie zu überprüfen wünschen.

Die Herren von der chemischen Industrie waren alles andere als erfreut, als 1986 eine achtstündige bundesdeutsche Fernsehproduktion in vier zur besten Sendezeit ausgestrahlten Folgen Licht in jene Fragen zu bringen suchte, die die meisten von ihnen am liebsten totgeschwiegen hätten: die Rolle der Großindustrie für Hitlers Kriegswirtschaft. Burt Lancaster, Julie Cristie und Bruno Ganz spielten die Hauptrollen in der Serie »Väter und Söhne«, die mit einem Etat von 18 Millionen DM eine der teuersten Produktionen in der Geschichte des deutschen Fernsehens geworden ist. Die Serie, die auch in Österreich, Frankreich, Italien und den USA ausgestrahlt wurde, kombiniert Fakten und Fiktion in manchmal verwirrender Folge, und dies hat ihr manche herbe Kritik eingetragen.

Der Streifen schildert den Aufstieg der I.G.-Farben, jenes gigantischen deutschen Chemiekonzerns, der im Ersten Weltkrieg durch ein Kartell ins Leben gerufen und 1925 durch den Zusammenschluß der größten deutschen Chemiefirmen institutionalisiert wurde. Unter Führung der »Großen Drei« der deutschen chemischen Industrie, BASF, Bayer und Hoechst erreichte die I.G.-Farben ihre größte Macht im Dritten Reich und wurde so zu einem Paradebeispiel für die unheilige Allianz zwischen der deutschen Industrie und dem Nationalsozialismus. Der Film sollte die Aufmerksamkeit der deutschen Öffentlichkeit in ähnlicher Weise auf die unrühmliche Vergangenheit einiger Wirtschaftsbosse lenken, wie sieben Jahre zuvor die amerikanische Sendereihe »Holocaust« das Gewissen der Deutschen bezüglich der Judenverfolgung wachgerüttelt hatte.[13]

Nach 1945 zerschlugen die Alliierten die großen Kartelle. Im Zuge dieser Maßnahmen wurde auch die I.G.-Farben wieder in ihre ursprünglichen Bestandteile aufgesplittert. Den Aufstieg der »Großen Drei« zu den bedeutendsten Chemiegiganten der Welt hat dies nicht aufhalten können. Jeder der drei Konzerne ist heute größer als es die I.G.-Farben je war.[14] BASF, Hoechst und Bayer haben sich zu Multis entwickelt, deren Jahresumsatz von 133 Milliarden DM (1989) ebensogroß ist wie das Bruttosozialprodukt der EG-Staaten Irland und Portugal zusammengenommen. Allein in den USA erzielen diese drei Giganten mit rund 70 000 Mitarbeitern einen Jahresumsatz von 17 Milliarden Dollar.

Es ist eine Ironie des Schicksals, daß das einstige Verwaltungszentrum der I.G.-Farben, ein monumentaler neunstöckiger und sechsflügeliger Bürobau aus den zwanziger Jahren, seit 1945 den Amerikanern als Hauptquartier dient.

Der Fernsehfilm »Väter und Söhne« wurde von Hermann-Josef, Strenger, dem Vorstandsvorsitzenden der Bayer AG, dessen Vater und Großvater bereits im Dienst des Unternehmens gestanden hatten, als »schlechter Versuch einer Vergangenheitsbewältigung« bezeichnet[15], und BASF Vorstandsmitglied Ronaldo Schmitz, Prototyp eines bundesdeutschen Parademanagers, sah darin nichts als einen Versuch, »Vertrauen zu erschüttern«.[16]

Auch Bundeskanzler Kohl äußerte sich ablehnend. Kohl, der im Dunstkreis der BASF geboren ist, seine Laufbahn in der chemischen Industrie begann und in den sechziger Jahren beinahe in den Vorstand eines Chemieunternehmens aufgerückt wäre,[17] kritisierte auf mein Befragen das »übertriebene Herumschnüffeln« in der Nazizeit, erklärte aber, den Film selbst nicht gesehen zu haben.[18] Die deutschen Fernsehanstalten hätten aber in den dreißig Jahren seit Kriegsende rund 30 000 Programmstunden auf die Aufklärung der Bevölkerung über das Dritte Reich verwandt. Vielen Menschen erscheine das mehr als genug.

Die Männer der I.G.-Farben verkörperten das beste und das schlechteste Deutschland zugleich. Der Wissenschaftler Fritz Haber entwickelte 1909 erstmals ein industriell anwendbares Verfahren zur Gewinnung von Ammoniak aus atmosphärischem Stickstoff und eröffnete damit seinem Unternehmen bisher ungekannte Möglichkeiten für die Produktion sowohl von Kunstdünger als auch von Sprengstoff. Sein Beitrag zur Entwicklung von Kampfgasen, die im Ersten Weltkrieg an der Westfront eingesetzt wurden, brachte ihn beinahe auf die alliierte Kriegsverbrecherliste. Haber war Jude und konvertierte in jungen Jahren zum Protestantismus. 1918 erhielt er den Nobelpreis für Chemie. Als 1933 das Gesetz »zum Schutze des Berufsbeamtentums« in Kraft trat, das jüdische Beamte diskriminierte, trat Haber von seinem Amt am Kaiser-Wilhelm-Institut für physikalische Chemie zurück. Er starb ein Jahr später auf dem Weg nach Palästina in Basel.

Dem Film »Väter und Söhne« liegt die Biographie Habers zugrunde. Der Protagonist erscheint als eine Mischung aus Haber und Carl Bosch, dem langjährigen Vorsitzenden der BASF. Er zeigt auch, wie die I.G.-Farben schon in den dreißiger Jahren Hitlers Kriegspolitik unterstützte, indem sie Verfahren zur synthetischen Herstellung von Gummi und Treibstoffen entwickelte, die das Land im Kriegsfall von Importen unabhängig machen sollten. Obwohl die leitenden Herren des Chemiekonzerns – wie die meisten Führungskräfte der Wirtschaft – dem Nationalsozialismus anfangs ablehnend gegenüberstanden, wurde das Unternehmen schließlich eine entscheidende Stütze der deutschen Kriegswirtschaft.

Während des Krieges preßten rund 200 deutsche Unternehmen Gefangene und Deportierte zur Arbeit in der Rüstungsproduktion. Die I.G.-Farben zog daraus mit den größten Vorteil. Die Firma errichtete sogar ein eigenes Konzentrationslager, um Gefangene aus dem nahegelegenen Vernichtungslager Auschwitz unterzubringen, die zum Bau einer Fabrik für synthetischen Gummi herangezogen wurden. Mehr als 30 000 der I.G.-Farben-Sklaven fanden dabei den Tod – die meisten davon Juden.[19]

Anknüpfend an die »Erfolge« Habers brachte Deutschland auch im Zweiten Weltkrieg einen Giftgasspezialisten hervor. Er hieß Gerhard Schrader und entwickelte im Auftrag der I.G.-Farben 1937/38 die Nervengase Tabun und Sarin[20], die aber aus Furcht vor der Vergeltung der Alliierten nie zum Einsatz kamen. Zusammen mit den Chemieunternehmen Degussa und Goldschmidt hielt die I.G.-Farben auch die Anteile der Firma Degesch, die neben Insektenvertilgungsmitteln auch das zur Menschenvertilgung entwickelte Cyanidgas »Zyklon B« herstellte und den Mördern damit das Mordinstrument lieferte.[21] 1957, sechs Jahre nach Auflösung der I.G.-Farben, leisteten die Nachfolgefirmen eine Wiedergutmachungszahlung in Höhe von 30 Millionen DM an die amerikanische »Konferenz für jüdische Ansprüche gegen Deutschland«. Damit sollten die aus der Zwangsarbeit resultierenden Ansprüche abgegolten werden. Bereits 1951 hatte die Regierung Adenauer beschlossen, den Opfern der Nazi-Herrschaft finanzielle Wiedergutmachung zu leisten. In der Folge zahlte das Bonner Finanzministerium bis 1988 rund 82 Milliarden DM aus – zu achtzig Prozent an jüdische Opfer (einschließlich einer ersten Wiedergutmachungsleistung von 3 Milliarden DM, die in Form von Waren nach Israel geleistet wurde).[22] Noch heute wird der bundesdeutsche Haushalt Jahr für Jahr mit rund 2 Milliarden DM belastet, die meist in Form von Pensionen an Juden in Israel und den USA gehen, und diese Zahlungen werden sich bis ins 21. Jahrhundert fortsetzen.[23]

Die meisten der Industrieunternehmen, die so glänzende Geschäfte mit dem Krieg gemacht hatten, fanden auch im Frieden rasch wieder zu alter Blüte. Doch im Gegensatz zur Bundesregierung hielten es nur wenige für nötig, für ihre Sklavenhalterei Entschädigungen zu zahlen. Der Automobilkonzern Daimler Benz – einst ein Hauptnutznießer der Kriegswirtschaft, heute das Paradepferd der deutschen Industrie, zahlte im Juni 1988, also 43 Jahre nach dem Zusammenbruch Hitler-Deutschlands, 20 Millionen DM an die amerikanische Konferenz für jüdische Ansprüche und andere humanitäre Organisationen – laut Daimler »eine Geste zur Linderung noch bestehender Folgen, die auf die damalige Zeit zurückgehen«.[24]

Die Resonanz auf die Ausstrahlung der Serie »Väter und Söhne« zeigt, wie aktuell das Thema Drittes Reich heute – über vierzig Jahre nach Kriegsende – wieder ist. Für das deutsche Fernsehen, das die Aufarbeitung der jüngsten deutschen Geschichte bislang tunlichst ausländischen Fernsehanstalten überlassen hatte, war diese Thematik ein Novum. Der Produzent Bernhard Sinkel, politisch der Linken zuzurechnen, berichtete, bei einer Diskussion, ob man die Serie dem britischen Fernsehen zum Kauf anbieten solle, sei sarkastisch festgestellt worden, nur die BBC dürfe Filme über das Dritte Reich machen.[25] Als Spätvierziger ist Sinkel ein Produkt der 68er Generation mit ihrem wütenden Protest gegen das »Establishment«. Er erzählt, daß der Film für ihn selbst der Versuch war, mit der Geschichte auch seiner eigenen Familie zurechtzukommen. Sinkels Vater arbeitete während des Krieges für die I.G.-Farben. Sein Großonkel Fritz ter Meer hatte als Verantwortlicher für den Aufbau der Fabrik bei Auschwitz im Vorstand des Konzerns gesessen und war dafür nach dem Krieg zu sieben Jahren Haft verurteilt, aber schon 1951 wieder entlassen worden – wie viele andere führende Kriegsindustrielle, etwa Alfried Krupp oder Friedrich Flick. Und wie viele andere aus der Führungsriege der I.G.-Farben war auch ter Meer in den fünfziger Jahren maßgeblich am Wiederaufbau der deutschen chemischen Industrie beteiligt und stieg dabei zum Aufsichtsratsvorsitzenden der Bayer AG auf.

»Deutschland hat seinen Imperialismus durch die Retorte praktiziert«, meint Sinkel. Menschen wie sein Großonkel hätten sich schuldig gemacht, indem sie Gehorsam übten. »Die Intelligenz, die Elite – wo waren sie in Auschwitz? Ich glaube, wir müssen lernen, ungehorsam zu sein«, sagt er und fügt hinzu, daß ihn seine Erfahrungen bei der Filmarbeit andererseits auch beschämt hätten: »Es ist mir erst in den letzten Jahren aufgegangen, daß ich meiner Familie nicht nur Vorwürfe machen, sondern vielmehr versuchen muß, mich in die damalige Situation hineinzuversetzen. Ich habe meinen Vater sehr geliebt, aber er hat mich auch unheimlich enttäuscht.«

Noch einmal hat die Kontroverse um den angeblichen oder tatsächlichen Einsatz von Giftgas im Krieg zwischen Iran und Irak Erinnerungen an die I.G.-Farben wachgerufen. Die mörderischen Mengen von Tabun, die dort verschossen wurden, so munkelte man, stammten aus alten Wehrmachtsbeständen und seien über die Sowjetunion in den Irak gelangt.

Und als 1988 die US-Regierung in Bonn vorstellig wurde, weil eindeutige Hinweise vorlagen, daß deutsche Firmen Libyen beim Bau einer Giftgasfabrik unterstützten, da drängte sich die Erinnerung an Zyklon B auf – denn gegen wen sollten die dort produzierten Kampfstoffe eingesetzt werden, wenn nicht gegen Israel?

Als der Skandal im Januar 1989 ruchbar wurde, kommentierte ihn die »New York Times« mit folgenden Worten:

»Man sollte meinen, daß die heutige Generation von Deutschen eingedenk der Verbrechen ihrer Väter, die vor nicht allzulanger Zeit Millionen von Unschuldigen vergasten, angesichts einer Komplizenschaft mit einem Terroristenstaat zum Zweck der abermaligen Vergasung von Zivilisten besonders empfindlich reagieren müßten«[26]

Das Gerangel um die deutsche Beteiligung an der libyschen Giftgasfabrik hat das deutsch-amerikanische Verhältnis belastet, auch wenn es nur einer von mehreren Gründen für die wachsende Entfremdung zwischen den USA und ihrem wichtigsten Verbündeten in Europa war. Tatsächlich wurden Unternehmen aus einem halben Dutzend Ländern verdächtigt, die Libyer bei ihrem Vorhaben zu unterstützen, doch auf Grund der Nazi-Vergangenheit stürzten sich die Medien in aller Welt zuvörderst auf die Deutschen. Obwohl die Bundesregierung schon Monate vor der amerikanischen Intervention von ihrem eigenen Bundesnachrichtendienst über gewisse Verdachtsmomente informiert war, vor diesen aber krampfhaft die Augen geschlossen hatte, versuchte sie nunmehr ebenso plump wie unwirksam, die Angriffe von außen als antideutsche Pressekampagne herunterzuspielen. Bundeskanzler Kohl erklärte mir, die Affäre sei aufgebauscht worden, da die Amerikaner über die bundesdeutsche Dominanz auf dem Chemiesektor beunruhigt seien.[27]

Die Firma Degesch, mittlerweile 70 Jahre alt und Anfang 1990 in einem anderen Unternehmen aufgegangen, stellt immer noch die gleichen Grundstoffe für Schädlingsbekämpfungsmittel her. Das Stichwort »Zyklon B« – noch heute produziert, wenn auch unter einer anderen Bezeichnung – findet sich freilich in kaum einem deutschen Lexikon. Eine Ausnahme bildet der »Brockhaus«.[28] Freilich findet man in der Beschreibung aus den sechziger Jahren keinen Hinweis auf die Massenmorde. Das Gift erscheint als wohltätiges Mittel zum Schutz von Obstbaumplantagen. Erst in den achtziger Jahren wird der »Brockhaus« ehrlicher.

Im Dezember 1987 ging ein Raunen durch die bundesdeutschen Wohnstuben. Der »Internationale Frühschoppen«, eine der dienstältesten Institutionen der deutschen Fernsehwelt, flimmerte ohne Werner Höfer über die Mattscheiben. Über 36 Jahre hinweg hatte der mittlerweile 74jährige Moderator Sonntag für Sonntag bei einem Schoppen Wein die Diskussion der geladenen, meist ausländischen Journalisten geleitet. In vielen Familien gehörte er gewissermaßen zum regelmäßigen sonntäglichen Ritual.

Höfer war Mitglied der NSDAP gewesen, das wußte man[29], doch hatte er sich als Paradeliberaler der ARD einen guten Namen gemacht und war somit zu einer Art Leitfigur für den WDR, den größten Sender im Verbund, geworden. Seine Vorliebe für elegante Wendungen uferte gelegentlich zum Wortschwall aus, doch die meisten seiner Zuschauer, vor allem die Älteren, hatten ihn ins Herz geschlossen. Einige, darunter wohl auch Höfer selbst, mögen sich ab und an Gedanken über einen würdigen Abgang des TV-Seniors gemacht haben. Dieser Abgang kam – schlagartig und keineswegs mit der erwarteten Würde.

Was war geschehen? Das Hamburger Nachrichtenmagazin DER SPIEGEL hatte im Dezember 1987 einen Bericht über Höfer gebracht, der drastisch demonstrierte, daß im Umgang mit der Vergangenheit neue Töne angeschlagen wurden. Die Aufregung war groß, und nach einer brüsken Aufforderung des WDR an seinen Moderator, sich zu rechtfertigen, trat der »Frühschoppen-Gastgeber« kurz vor Weihnachten in den endgültigen Ruhestand. In einem Brief an seinen bisherigen Arbeitgeber hatte er sich jede Ehrung zu seinem bevorstehenden 75. Geburtstag sowie jede Würdigung anläßlich seines Ablebens verbeten.

Dabei hatte der SPIEGEL doch nur einen alten Artikel Höfers ausgegraben, erschienen 1943 in einer Berliner Zeitung, die wie alle Medien dieser Zeit im Dienst der Nazipropaganda gestanden hatte. In diesem Beitrag hatte Höfer die Hinrichtung des jungen Pianisten Karlrobert Kreiten bejubelt, der gehängt worden war, weil er angeblich den »geliebten Führer des Großdeutschen Reiches« beleidigt hatte. Kreiten war nur eines unter Tausenden von Opfern des berüchtigten »Volksgerichtshofs«, die, im Schnellverfahren verurteilt wegen »Wehrkraftzersetzung«, ihr Leben lassen mußten.

Der Vorwurf gegen Höfer war nicht neu. Schon in den sechziger Jahren war der besagte Artikel im Zuge einer Diffamierungskampagne der DDR-Presse gegen Höfer bekannt geworden, doch hatte sich niemand sonderlich dafür interessiert. Viele ehemalige Nazis waren ja wieder in Amt und Würden, und Höfer war beileibe nicht der einzige, der sich – aus Feigheit , Opportunismus oder Bequemlichkeit – zum Werkzeug des Bösen hatte machen lassen. Zwanzig Jahre später jedoch war es mit der öffentlichen Nachsicht vorbei: Zwar beteuerte Höfer, daß der fragliche Absatz ohne sein Zutun durch das Propagandaministerium in jenen Artikel geraten sei, zwar verklagte er den SPIEGEL wegen der auf ihn gemünzten Bezeichnung »Schreibtischtäter« auf DM 100000,– Schadenersatz – ein Prozeß, den er später verlor –, aber es half ihm nichts, er mußte gehen.

In seinem letzten Auftritt vor der Kamera, der beinahe einem Inquisitionsverfahren glich, verabschiedete er sich, offensichtlich den Tränen nahe, von seinem Publikum. Über seine Vergangenheit befragt, beklagte er seinen »Mangel an Mut« während der NS-Zeit. Mit seiner Sendung jedoch hätte er dazu beigetragen, das politische Gesichtsfeld der Deutschen zu erweitern.

Für zwei Generationen von Auslandskorrespondenten, die seine regelmäßigen Gäste waren, ist Höfers Sendung zu einer Institution geworden. Terence Prittie, Korrespondent des »Manchester Guardian« und Autor vieler Bücher über Nachkriegsdeutschland, bezeichnete sie 1983 als die »vielleicht populärste Sendereihe in der Bundesrepublik« und meinte, ihr Erfolg wäre der Beweis für ein

»wachsendes politisches Bewußtsein« bei nachlassender »Obrigkeitshörigkeit« in der Bundesrepublik.[30]

Ich selbst hatte ein halbes Dutzend Mal am »Frühschoppen« teilgenommen und war überrascht von der Resonanz dieser Sendung. Unter den Deutschen, die mich nach diesen wenigen Auftritten wiedererkannten, waren unter anderen ein Polizist, mehrere Taxifahrer, ein Zuhörer bei einer politischer Veranstaltung, ein betrunkener Partygast – was im verschlafenen Bad Godesberg sehr unwahrscheinlich ist – und Prinz Louis Ferdinand, der Chef des Hauses Hohenzollern.

Obwohl auch ich glaube, daß sich Höfer schon vor einigen Jahren aus dem Fernsehgeschäft hätte zurückziehen sollen, empfand ich doch die Umstände seines Abgangs als unangemessen hart. Ich traf ihn einige Monate später, im Oktober 1988, in seinem Haus am Rhein südlich von Köln, und er erzählte mir, er habe in jener Angelegenheit über dreitausend Briefe erhalten, und mit wenigen Ausnahmen hätten alle seine Position unterstützt. Darunter seien auch zahlreiche ausländische Journalisten gewesen, viele davon Gäste in seiner Sendung. »Unter tausend Journalisten, die lesen und schreiben können und in Dritten Reich gearbeitet haben«, erregte er sich, »hätte man keine fünf gefunden, die dieses System wirklich mit Herz und Verstand befürworteten. Wir haben doch alle nur auf den Tag gewartet, an dem das alles zu Ende gehen würde.«

Werner Höfer betrachtet den »Internationalen Frühschoppen« als sein journalistisches Lebenswerk. Doch was steckt hinter diesem ungewöhnlichen Erfolg?

»Es gibt kein anderes Land unserer Größenordnung, in dem man sich so für die Meinung der übrigen Welt interessiert. Das erklärt sich auch daraus, daß wir immer wieder feststellen wollen, ob die anderen uns wirklich mögen.«

Höfer erinnert sich, daß er 1945 sechs Monate als Kriegsgefangener verbrachte. 1946 erhielt er dann einen Posten beim Nordwestdeutschen Rundfunk, dem Vorläufer des WDR, nachdem die britische Besatzungsmacht seine Nazivergangenheit gründlich durchleuchtet hatte. Seine Karriere wurde besonders von Hugh Carleton Greene gefördert, dem Verantwortlichen für das britisch gesteuerte Rundfunkwesen in Norddeutschland. »Wenn ich wirklich so schreckliche Dinge geschrieben hätte, wäre dies sicher bereits damals zur Sprache gekommen«, sagt er. Wie erkläre er sich diesen Aufschrei jetzt, da all diese ›Enthüllungen‹ schon weitgehend bekannt wären? Höfer deutet an, daß es im WDR eine Art Verschwörung gegeben habe, um ihn loszuwerden, und bitter setzt er hinzu:

»Wäre ich Kriegsverbrecher gewesen, könnte ich heute unbehelligt leben.«[31]

Als ich Rudolf Augstein, den Begründer und Herausgeber des SPIEGEL, nach seiner Meinung in dieser Angelegenheit befragte, räumte dieser ein, daß er Höfer bedauere und versucht habe, ihn zu warnen: »Ich wußte, daß es ihn persönlich vernichten würde!« Augstein berichtete weiter, daß bereits zweimal Berichte, die Höfer belasteten, gestrichen worden seien. Nun aber habe er dem Drängen jüngerer Journalisten in seiner Redaktion nachgeben müssen, obwohl der Bericht in der Tat nur wenige neue Fakten enthalten habe. »Heute urteilt man härter über die Vergangenheit«, fährt Augstein fort, »da die Hauptschuldigen nicht mehr unter uns sind.«

Könnte es sein, daß sich die Deutschen gern schuldig fühlen?

»Wir sind eine ›Schuldkultur‹«, lacht er und zieht einen sarkastischen Vergleich zu den ehemaligen Verbündeten: »Die Japaner dagegen sind eine Gesichtskultur – sie müssen stets ihr Gesicht wahren. Sie würden nach Auschwitz fahren und sich dort gegenseitig fotografieren.«[32]

Auch Hildegard Hamm-Brücher, altgediente Bundestagsabgeordnete der FDP, glaubt, daß die Menschen heute härter über die Nazizeit urteilen.[33] 1921 geboren, war sie noch persönlich befreundet mit Hans und Sophie Scholl, deren einsamer Protest gegen den Nazi-Terror zu einem Symbol für den deutschen Widerstand schlechthin geworden ist. Nachdem sie beim Verteilen von Flugblättern in der Münchener Universität gefaßt worden waren, wurden sie 1943 zusammen mit einigen Mitverschworenen hingerichtet. Frau Hamm-Brücher warnt davor, die westdeutsche Demokratie allzu selbstgefällig zu betrachten, und meint, die deutsche Nachkriegsjugend habe nur einen Teil der Wahrheit über die Grundlagen ihres Staates erfahren. Die Entnazifizierung sei sehr oberflächlich gewesen. Allein im ersten Bundestag hätten 57 alte Nazis gesessen.[34]

Bundeskanzler Konrad Adenauer, die Symbolfigur der jungen Bundesrepublik, war geradezu dafür bekannt, daß er sich seine Berater bevorzugt unter den Funktionären des Dritten Reiches auswählte, aber das schien niemanden zu stören. Eine der aufsehenerregendsten Metamorphosen von Braun zu Schwarz war der Fall Hans Globke. Dieser hatte sich mit seinem 1935 verfaßten Kommentar zu den Nürnberger Rassengesetzen stramm an die Spitze der braunen Ideologen gesetzt, was den Christdemokratischen Kanzler jedoch nicht davon abhalten konnte, den »verdienten völkischen Kämpfer« zu seinem engsten Vertrauten zu machen und als Staatssekretär im Kanzleramt bis zu seinem eigenen Rücktritt 1963 in Amt und Würden zu halten.

Auch Kurt Georg Kiesinger, von 1958 bis 1966 Ministerpräsident von Baden-Württemberg, dann Kanzler der 1966 bis 1969 amtierenden Großen Koalition, war von 1933 bis 1945 Mitglied der NSDAP gewesen, auch wenn er in der Partei nie eine aktive Rolle gespielt hatte, doch hatte ihm das nur gelegentlich milde Kritik eingetragen.[35]

Bemerkenswerter war da schon die Parteikarriere des Karl Blessing, zwischen 1957 und 1969 Präsident der Deutschen Bundesbank und damit Inhaber einer der höchstgeachteten Positionen der Republik. Dieser war der NSDAP zwar erst 1937 beigetreten, aber rasch zum innersten Zirkel der Industriellen und Wirtschaftsführer um den »Reichsführer SS«, Heinrich Himmler, vorgedrungen. Blessing war jedoch niemals überzeugter Nationalsozialist, und die Verschwörer des 20. Juni 1944 hatten ihn für eine hohe Funktion in einem Deutschland nach Hitler vorgesehen.[36] Wie dem auch immer war, für die einflußreiche Position Blessings während des Dritten Reiches hat sich nach dem Krieg niemand mehr interessiert.

Otmar Emminger, zwischen 1977 und 1979 Bundesbankpräsident und gleichzeitig Deutschlands international renommiertester Zentralbanker in den sechziger und siebziger Jahren, hat es da schon weit besser verstanden, seine Nazi-Vergangenheit aus den Schlagzeilen zu halten. Emminger trat der Partei erst 1937 bei – aus Gründen, die bis heute im dunkeln liegen, vielleicht aber in Verbindung mit seinem Posten als Leiter eines Wirtschaftsforschungsinstituts, den er im Alter von nur 26 Jahren in Wien innehatte. Emminger, der 1986 starb, wußte seine Parteimitgliedschaft sowohl vor seiner Familie als auch vor seinen engsten Kollegen zu verbergen.[37]

Die Deutschen beschreiben das Jahr 1945 gern als ihre »Stunde Null«, den Zeitpunkt des totalen Neuanfangs. Der Terror, der Aberwitz, die Schande der Jahre davor wurden mit dieser bequemen Formel elegant in den Hintergrund gedrängt. Befreit von Hitler, dem »magischen Manipulator«[38], stürzten sich die Deutschen nach 1945 nur allzu bereitwillig auf die Legende, nach der ganz Deutschland im Banne dieses einen Mannes gestanden hätte und somit dieser allein für die Schändung der Zivilisation und der Menschenrechte die Verantwortung trage.

Nachdem der Vorhang hinter dem Dritten Reich gefallen war, arrangierten sich die Deutschen rasch mit den Eroberern. Die unterworfene Nation wurde zum Brennpunkt des ideologischen Zwists zwischen den Siegern, und die Deutschen in Ost und West identifizierten sich so willig mit der jeweiligen Besatzungsmacht, als ob sie schon immer auf deren Seite gestanden hätten.

Im Trubel des Wiederaufbaus habe man die Schuld aus der Nazizeit mit den Trümmern hinweggekehrt, meint Frau Hamm-Brücher. Erst jetzt, mehr als vierzig Jahre später, hätten die Deutschen genügend Abstand gewonnen, um sich noch einmal ihrer Vergangenheit zu stellen. Es beginnt eine neue Periode der Abrechnung, und alte Wunden, die man längst vernarbt glaubte, brechen wieder auf. »Ich weiß, daß es nicht nur die Erblast der großen Verbrechen des Dritten Reiches ist«, fährt sie fort, »sondern daß es mehr die nicht aufgearbeitete Erblast kleiner und kleinster Verstrickungen ist, die wir nach 1945 verharmlost, beschönigt und leider auch verschwiegen haben... Nun erst werden sie an Einzelfällen wieder entdeckt, und die junge Generation beginnt zu fragen: Wie war das eigentlich nach 1945? Was habt ihr – Eltern und Großeltern – dazu beigetragen, um euch äußerlich und innerlich vom Nationalsozialismus zu befreien?«

Die gleiche Seelenbespiegelung hinsichtlich der Vergangenheit findet in der DDR statt. So sprach Hans-Wilhelm Ebeling, Vorsitzender der DSU, im Stile eines Kanzelpredigers: »Hitler hat den Namen Deutschlands heruntergewirtschaftet. 1945 wollten wir eine neue Welt aufbauen. Doch dann kam die zweite Katastrophe: vierzig Jahre Kommunismus.«[39]

Nicht alle Deutschen hegen so apokalyptische Gedanken wie Frau Hamm-Brücher oder Ebeling, und in der DDR gibt es nicht wenige, die der deutschen Einheit scheinbar mit ebensogroßem Unbehagen entgegensehen wie seinerzeit den Folgen des Zusammenbruchs. Anläßlich der Massenversammlung auf dem Erfurter Marktplatz, wo ich Ebeling im Februar 1990 beobachtete, ergriff als Hauptredner Bundeskanzler Helmut Kohl das Wort. Obwohl die überwältigende Mehrheit begeistert hinter ihm stand – eines der Transparente verkündete: »Gott schütze unseren Kanzler, den Wegbereiter der deutschen Einheit« – sah man auch weniger respektvolle Parolen. Eine davon war auf eine Hauswand geschmiert und lautete: »40 Jahre verarscht, jetzt verkohlt!«

Helmut Kohl, der bei Kriegsende erst 15 Jahre zählte und somit zu jung war, um persönlich in Schuld verstrickt zu sein, vertritt einen ganz anderen Standpunkt, der jedoch wiederum für die Gefühle vieler seiner Landsleute steht: »Die Deutschen sind ungewöhnlich friedfertig«, erklärt er. »Das sind ganz normale Leute, wie Sie in Großbritannien auch ganz normale Leute sind. Was wollen sie? Sie wollen in Frieden leben. Sie wollen in Freiheit leben. Sie wollen soziale Gerechtigkeit. Sie wollen ein gutes Auskommen haben. Sie wollen Glück im Leben finden. Sie wollen auch fröhlich sein. Sie wollen nicht dauernd gestreßt herumlaufen und nicht dauernd vom Morgen bis zum Abend mit der Last der Geschichte konfrontiert sein. Aber es gibt natürlich Leute, die uns dauernd was einreden wollen, daß wir angeblich das alles gar nicht dürfen. Es gibt Leute, die sagen: ›Wie kommt es, daß die, die doch die Nazis hervorgebracht haben, jetzt im Export die Nummer Eins sind?‹«

Heute, da zwei Drittel der deutschen Bevölkerung erst nach der Machtergreifung Hitlers geboren wurden, hat es die Mehrheit – wie Kohl – ganz einfach satt, sich ständig für die Nazis entschuldigen zu müssen.[40] Eine Meinungsumfrage anläßlich des 100. Geburtstags Adolf Hitlers im April 1989 ergab sogar, daß stolze 26 Prozent der Befragten eine gute oder zumindest unentschiedene Meinung vom »Führer« hatten. Und die Frage, ob Hitler ohne die Judenverfolgung als einer der größten deutschen Staatsmänner in die Geschichte eingegangen wäre, bejahten 38 Prozent. Das war ein niedrigerer Satz als in den fünfziger Jahren, aber deutlich mehr als 1978.[41] Andererseits vertritt eine beachtliche Anzahl Deutscher aller Altersgruppen die Ansicht, daß es verhängnisvoll wäre, die Dämonen der Vergangenheit jemals ganz aus den Augen zu verlieren. Diese Kluft ist nicht zu überbrücken – aber ist es nicht eine Ironie des Schicksals, daß auch jene, die die Vergangenheit verdrängen wollen, immer wieder darüber reden müssen?

Im Frühjahr 1945 setzte die Läuterung der Deutschen ein. Mitte März, sechs Wochen vor seinem Selbstmord im Berliner »Führerbunker«, erklärte Hitler gegenüber seinem Rüstungsminister Albert Speer: »Wenn der Krieg verlorengeht, wird auch das Volk verloren sein.«[42]

Die Vision des »Führers« war vermutlich noch apokalyptischer als der Plan des US-amerikanischen Finanzminister Henry Morgenthau, der Deutschland in eine Schafweide verwandeln wollte.[43] Für den unaufhaltsamen Rückzug der Deutschen Wehrmacht an allen Fronten befahl Hitler die Taktik der verbrannten Erde. Alle Industrieanlagen, Verkehrsverbindungen, Kommunikationseinrichtungen und Lebensmittelvorräte waren zu vernichten. »Es ist nicht notwendig, auf die Grundlagen, die das deutsche Volk zu seinem primitiven Weiterleben braucht, Rücksicht zu nehmen. Im Gegenteil, es ist besser, selbst diese Dinge zu zerstören. Denn das Volk hat sich als das schwächere erwiesen, und dem stärkeren Ostvolk gehört ausschließlich die Zukunft. Was nach diesem Kampf übrigbleibt, sind ohnehin nur die Minderwertigen, denn die Guten sind gefallen.«

Hitlers wahnsinnige Befehle, schrieb der Historiker Golo Mann, waren die Erfüllung eines innersten Wunsches nach einer »Götterdämmerung aus Tod und Flammen. Dahin hatte er gestrebt, bewußt oder unbewußt, seine ganze unglaubliche Laufbahn hatte letztlich doch nur der Verwirklichung dieses Traumes gedient. Deutschland wollte er mit sich ins Verderben reißen, seine Begräbnisfeier künstlerisch ausgestalten zum Weltuntergang.«[44]

Ungehorsam galt im Dritten Reich gewiß nicht als Tugend, aber in jenen letzten Tagen des Krieges hatte er Hochkonjunktur. Mit Unterstützung vieler Wehrmachtsteile und sogar einiger Gauleiter unterlief Speer Hitlers irrwitzigen Vernichtungsbefehl. Dennoch fühlte sich der britische Luftmarschall Sir (später Lord) Arthur Tedder an Babylon und Karthago erinnert, als er nach Kriegsende das inspizierte, was seine Bomber von den deutschen Städten übriggelassen hatten.[45] Und Alfried Krupp, der Erbe des gigantischen Rüstungsimperiums, das die deutsche Militärmaschine seit 1870 in drei großen Kriegen angeheizt hatte, glaube beim Anblick seiner zerstörten Heimatstadt Essen, es werde fünfzig Jahre brauchen, um all den Schutt wegzuräumen.[46]

Hitler Hinterlassenschaft bestand aus 55 Millionen Toten und der Zerstörung der europäischen Ordnung. In dem Durcheinander von Dokumenten, die als sein Testament gelten, vermachte er seine Gemäldesammlung seiner Heimatstadt Linz; das deutsche Volk verpflichtete er »zur peinlichen Einhaltung der Rassengesetze und zum unbarmherzigen Widerstand gegen den Weltvergifter aller Völker, das internationale Judentum.«[47]

Das Vermächtnis des »Führers« wirkte weit in die deutsche Zukunft hinein – im Guten wie im Schlechten. Aus den Trümmern seines Ehrgeizes erhoben sich zwei deutsche Staaten, ein kapitalistischer und ein kommunistischer. Beiden wurde das Dritte Reich in den kommenden Jahren zum allgegenwärtigen Mahnmal. Kurioserweise haben die meisten der Deutschen, die den Krieg und die ersten Hungerjahre überlebten, von diesem Erbe profitiert. Der Morgenthau-Plan war längst schon vergessen, als die USA sich anschickten, die aus den westlichen Besatzungszonen neu gegründete Republik aufzupäppeln. »Hungrige Menschen sind schlechte Demokraten!« war Präsident Trumans Devise. Hand in Hand vollzog sich der wirtschaftliche und der politische Wiederaufbau. Wachsende Weltmärkte, die Sanierung der ruinierten Währung durch die Währungsreform vom Juni 1948, amerikanische Wirtschaftshilfe, vor allem aber der Schwung und der Unternehmergeist der Westdeutschen sorgten für eine schnelle Besserung der Verhältnisse. Die Bundesrepublik machte sich auf den Weg ins Wirtschaftswunder, während die neuen Herren im Osten den Terror der Nazidiktatur unter geänderten Vorzeichen fortsetzten. Schon im November 1948 wies ein Dokument der Militärregierung der vereinigten amerikanisch-britischen Besatzungszone auf die zu erwartenden wirtschaftlichen Verflechtungen und Abhängigkeiten in Europa hin, die dann tatsächlich in den fünfziger Jahren zu den ersten Ansätzen des Gemeinsamen Marktes führten. Das Schriftstück unterstreicht, daß ein wirtschaftlich schwaches Mitteleuropa den gesamten Westen schwächen würde. Die niedrige deutsche Importrate verursache vielerorts wirtschaftliche wie politische Schäden. Und mit der Feststellung, daß »Europa ohne ein wirtschaftlich starkes Deutschland nicht gesunden kann«, nahm das Dokument die Prinzipien der amerikanischen Europapolitik der kommenden Jahre vorweg.[48]

Nach der Massenflucht- und Vertreibungswelle im Gefolge des kommunistischen Ausgreifens in Osteuropa war die Bundesrepublik 1950 zur Heimat von 70 Prozent aller in deutschen Staaten lebenden Deutschen geworden. Und um zu demonstrieren, daß die Bundesrepublik auch international als Rechtsnachfolger des untergegangenen Deutschen Reiches anzusehen war, übernahm die Bundesregierung feierlich die Auslandsverpflichtungen des Dritten Reiches. 1954 hatten sich die Exporte gegenüber 1949 bereits verfünffacht, und die Bundesrepublik hatte sogar ihren europäischen Handelspartnern gegenüber eine Gläubigerposition aufgebaut.

Henry Wallich, in den siebziger Jahren einer der Direktoren der US-amerikanischen Zentralbank, des Federal Reserve Board, beobachtete diese Entwicklung mit gemischten Gefühlen. Wallich entstammte einer deutsch-jüdischen Bankiersfamilie. Sein Vater hatte eine hohe Position in der jüdischen Dreyfus-Bank innegehabt, bis diese 1937/38 im Zuge der »Arisierung« von dem Münchener Bankhaus Merck, Finck & Co aufgekauft worden war. Unter dem Druck des wachsenden Antisemitismus und die Unwägbarkeiten einer Emigration vor Augen nahm sich Paul Wallich im November 1938 in Köln das Leben. Sein Abschiedsbrief an seinen Sohn – geschrieben angesichts der noch rauchenden Synagogen und der geplünderten jüdischen Geschäfte zwei Tage nach der »Reichskristallnacht«, begann mit den Worten: »Die Zustände in Deutschland sind für mich nicht mehr erträglich.«[49]

Nach seiner Emigration in die USA analysierte Henry Wallich in einem Aufsatz in der »Yale University Review« die Ursachen des deutschen Wirtschaftswunders: »Daß sich die Dinge für Westdeutschland so überaus günstig entwickelt haben, ist in ersten Linie dem Ost-West-Konflikt zu verdanken: der rasche Wechsel vom Feind zum Freund, der Wandel in der Besatzungspolitik von der Unterdrückung zum Wiederaufbau, die Hilfe durch den Marshall-Plan. Dafür aber hat Deutschland den hohen Preis der Teilung zu zahlen. Das ist eine nationale Tragödie und mag der Anlaß für künftige Probleme sein. Im wirtschaftlichen Bereich freilich hat Westdeutschland unter der Teilung erstaunlich wenig gelitten.«[50]

Wallich schloß seine ausgewogene Betrachtung mit einer Prophezeiung, die unter dem Licht seiner Erfahrungen nicht überrascht: »In Deutschland besteht gegenwärtig ein politisches und kulturelles Vakuum, und dies zwingt uns zu der Überlegung, wodurch es gefüllt werden könnte ... Die momentane Situation erscheint instabil und stets in Gefahr, von einer neuen Woge der Begeisterung überrollt zu werden. Gnade Gott Deutschland und der Welt, wenn es wieder die falsche ist.«

Tatsächlich richtete sich die wiedererwachte Begeisterung der Deutschen aber nicht auf die Politik, sondern auf Fabriken und Werkstätten. Um die bösen Erinnerungen zu verscheuchen, krempelte man die Ärmel auf. Theodor Heuss, der liberale schwäbische Journalist, der 1949 erster Bundespräsident der Bundesrepublik Deutschland wurde, erklärte bereits 1946: »Wir sind die Konkursverwalter des grauenvollsten und betrügerischsten Bankrotts in der Geschichte. Wir haben eigentlich nur eine Chance, und die heißt Arbeit.«[51]

Aus wirtschaftlicher Sicht war der Verlust großer Gebiete im Osten – durch die Teilung sowie durch die Annexion der Länder östlich der Oder-Neiße-Linie durch Polen – eher ein Segen denn ein Fluch. Deutschland verlor zwar blühende Agrarregionen, die vor dem Krieg ein Viertel des Gesamtbedarfs an Brotgetreide produziert hatten, gewann durch Flucht und Vertreibung aber Arbeitskräfte, mit deren Hilfe die traditionsreichen Industrien wieder angekurbelt werden konnten. Und es reaktivierte alte Außenhandelsbeziehungen, die durch die Depression Anfang der dreißiger Jahre und die Autarkiewirtschaft des Dritten Reiches verschüttet worden waren.

Die Bundesrepublik wandte sich dem Exporthandel zu, nicht nur um die übernommenen Auslandsschulden zu begleichen, sondern auch um ihren Anspruch auf moralische Erneuerung zu untermauern.

Edzard Reuter, der Sohn des ersten sozialdemokratischen Nachkriegsbürgermeisters von Berlin, Ernst Reuter, ist heute Vorstandsvorsitzender der Daimler Benz AG. 1933 war die Familie ins Ausland geflohen, um den Grausamkeiten zu entgehen, mit denen die SA im Siegesrausch Jagd auf Sozialdemokraten machte. Und ausgerechnet Reuter wurde 1988/89 in eine politische Auseinandersetzung um die zunehmenden Rüstungsgeschäfte seines Konzerns hineingezogen, die Erinnerungen an dessen tragende Rolle bei der Wiederaufrüstung im Dritten Reich wachrief. Anläßlich einer Rede in New York[52] meinte Reuter hierzu: »Nach der Schande, die durch Hitlers Greuel über Deutschland gekommen war, hatte das Motto ›exportare necesse est‹ eine wichtige Rolle gespielt auf dem mühsamen Weg, internationale Achtung und Bewegungsfreiheit wiederzugewinnen.« Durch die wirtschaftliche Läuterung entstand schließlich auch so etwas wie demokratisches Bewußtsein in einem Volk, das bislang weithin in politischer Unmündigkeit gehalten worden war. Trotz immer wiederkehrender Bedenken bezüglich dessen Dauerhaftigkeit zählt doch die westdeutsche Demokratie zu den beeindruckendsten Leistungen des Wiederaufbaus.

Deutschland zu zerstören, sei Hitlers letztes Ziel gewesen, meint der Publizist Sebastian Haffner. Erreicht habe er aber nur, daß »Deutschland sich von ihm lossagte – schneller als erhofft, und auch gründlicher. Dreiunddreißig Jahre nach dem Sturz Napoleons wurde in Frankreich ein neuer Napoleon zum Präsidenten der Republik gewählt. Dreiunddreißig Jahre nach Hitlers Selbstmord hat niemand in Deutschland auch nur die kleinste politische Außenseiterchance, der sich auf Hitler beruft und an ihn anknüpfen will.«[53]

Einer der schärfsten Denker unter den deutschen Diplomaten unserer Tage, Karl-Günther von Hase, sieht im heutigen demokratischen Konsens in ersten Linie eine Reaktion auf die eigene Geschichte: »Wenn wir nicht die Vergangenheit hätten, würde es viel mehr Zweifel über die Bonität der Demokratie geben. Man würde viel mehr nach Ordnung und starken Männern rufen. Wir haben auf die härteste Weise die Wahrheit von Churchills Spruch erfahren, daß Demokratie die schlechteste Regierungsform darstellt, bis auf alle anderen.«[54]

Der Wiederaufbau war natürlich nicht die einzige Folge des Zusammenbruchs. Angesichts ihrer drückenden Lage und der bescheidenen Perspektiven verloren die Deutschen ihr Selbstvertrauen – zum Guten wie zum Bösen –, und dieser seelische Schaden hielt aus zwei zusammengehörigen Gründen lange nach: Hitlers Tyrannei war nicht durch die Deutschen selbst, sondern durch fremde Armeen gebrochen worden, und der Preis dafür war die Teilung der Nation. Zurück blieben verletzter Stolz, Mißtrauen und – Schweigen. Aus nur zu verständlichen Gründen schwiegen die Deutschen über ihre Erfahrung mit dem Dritten Reich – vor sich selbst und vor ihren Kindern.

Das Fehlen eines wirksamen deutschen Widerstands gegen Hitler erwies sich nunmehr als Geburtsfehler für die Bundesrepublik. Aus der Überzeugung, daß es keinen nennenswerten Widerstand gegen Hitler gebe, hatten Churchill und Roosevelt 1943 die bedingungslose Kapitulation zum Kriegsziel der Alliierten erklärt – eine Forderung, der sich Stalin nur allzu bereitwillig angeschlossen hatte. Reichlich zwei Jahre später reichten sich amerikanische und sowjetische Soldaten bei Torgau die Hände.

An ein Wiederaufleben der berüchtigten »Dolchstoßlegende« aus der Weimarer Republik war angesichts der totalen Niederlage nicht zu denken. Ein Land, dem das Rückgrat gebrochen war, bedurfte keines weiteren Dolchstoßes in den Rücken, um in die Knie zu gehen. Andererseits hätte es für Deutschland einen früheren Frieden geben können – vielleicht schon an Rhein und Oder – wenn es für die Alliierten jemanden gegeben hätte, mit dem sie hätten verhandeln können, etwa eine Gegenregierung. Mit dem Zusammenbruch endete ja auch die für den Westen so segensreiche Rolle Deutschlands als Pufferstaat gegen Rußland, hatte es doch, wie Stalin auf der Potsdamer Konferenz richtig bemerkte, einfach aufgehört zu existieren.

Für die nun folgende Teilung Europa tragen viele Staaten Verantwortung, aber ihr eigentlicher Urheber ist Hitler. So sieht auch die katholische Kirche die Teilung als Buße. Kardinal Joachim Meisner, vormals Bischof von Ost- und Westberlin, heute Erzbischof von Köln, pflegt auf die Funktion der Kirchen als Mittler zwischen Ost und West hinzuweisen. In einer Predigt zum vierzigsten Jahrestag der Kapitulation erklärte er: »Die Teilung Europas, ja der Welt, vor allem aber die Teilung unseres Vaterlandes, die in fast jeder Familie leidvoll ertragen wird . . ., gehört zu den traurigsten und tragischsten Folgen. Das trostlose Ergebnis der Sünde ist immer die Trennung; die Trennung von Gott und die Trennung der Menschen.«[55]

DGB-Chef Ernst Breit, ein Sozialdemokrat, der seinen Wunsch nach Wiedervereinigung nicht verhehlt, brachte es sehr viel einfacher auf den Punkt, als er sagte, alles, was man heute beklage, sei »das Ergebnis deutscher Politik«.[56]

Die Diskussion über die Folgen der alliierten Forderung nach bedingungsloser Kapitulation zog sich wie ein roter Faden durch die frühen Jahre der Bundesrepublik. Denn dieses fragwürdige Kriegsziel machte es für jeden deutschen Oppositionellen doppelt schwer, sich gegen Hitler zu stellen, wurde er damit doch nicht nur zum

Hoch-, sondern gleichzeitig zum Landesverräter. Hitler in den Arm zu fallen, bedeutete nach Casablanca nicht mehr die mögliche Rettung, sondern den um so sichereren Untergang der Nation. So war das Attentat vom 20. Juli 1944 kaum mehr als ein Verzweiflungsakt zu einem Zeitpunkt, da das Ende schon abzusehen war.

Der Attentäter, Oberst Claus Schenk Graf von Stauffenberg, wurde zusammen mit seinen engsten Mitverschworenen sofort erschossen, an die fünftausend Menschen, die man – zu Recht oder zu Unrecht – der Teilnahme an der Verschwörung beschuldigte, fielen der Rache Hitlers zum Opfer. Erst lange Jahre nach dem Krieg hat man in der Bundesrepublik begonnen, in Stauffenberg den Helden des deutschen Widerstands zu sehen.[57] Zunächst überwog noch die Mißbilligung über den Bruch des Treueids die Bewunderung des Offiziers, der bereit war, sein Leben für seine Überzeugung hinzugeben. Noch 1964 billigten nach einer Allensbach-Umfrage nur 29 Prozent der Bevölkerung dem Offizier das Recht auf Widerstand in Kriegszeiten zu, 1985 waren es bereits 60 Prozent – so haben sich die Perspektiven geändert.

Von Zeit zu Zeit wurden in der Bundesrepublik Stimmen laut, die den 20. Juli anstelle des mit trüben Erinnerungen belasteten 17. Juni, den »Tag der deutschen Einheit«, zum Nationalfeiertag erheben wollen. Angesichts der kontroversen historischen Bewertung des Widerstands blieben diese Vorstöße stets ohne Ergebnis.[58]

Warum aber konnten sich die Deutschen nicht selbst vom Nationalsozialismus befreien? Es war nicht zuletzt das Unverständnis gegenüber dieser Frage, das den scharfen Generationenkonflikt der sechziger Jahre heraufbeschworen hat, der in APO und 68er-Bewegung gipfelte. Prinz Louis Ferdinand von Preußen, ein Enkel Kaiser Wilhelms II., der am Ende des Ersten Weltkriegs zur Abdankung gezwungen worden war, ist heute ein gütiger alter Herr von über achtzig Jahren mit einer Vorliebe für Pferderennen und Sherry. Die Jahre des Zweiten Weltkriegs verbrachte er überwiegend auf einem hohenzollerschen Familienbesitz in der Nähe von Danzig. Er kannte einige der Verschwörer des 20. Juli, hatte aber mit dem Attentat selbst nichts zu tun. Als ich andeutete, als Mitglied des Widerstands wäre er vermutlich auch nicht mehr am Leben, wurde er – das einzige Mal in einem langen Gespräch – ungehalten und nannte mich »hart und zynisch«.[59]

So rasch sich die Generation der Älteren hinter Schweigen und Selbstmitleid verschanze, so vorschnell sei die junge Generation der bis zu Vierzigjährigen mit ihrer Kritik, meint Manfred Rommel, der Oberbürgermeister von Stuttgart. Der angesehene Liberal-Konservative ist Sohn des legendären Feldmarschalls Erwin Rommel, den Hitler 1944 zum Selbstmord gezwungen hatte, nachdem seine Rolle in der Widerstandsbewegung offenbar geworden war.[60] Die heute vielgeübte Praxis, alle, die den wahren Charakter des Nationalsozialismus nicht erkannt hätten, als ›alte Esel‹ abzuqualifizieren, verkenne die wahre Natur des Totalitarismus. »Im Dritten Reich wurden Systemkritiker geköpft, heute treten sie im Fernsehen auf.« Aber die Deutschen neigten eben zum Moralisieren, fährt Rommel fort. »So viele Autoren stellen fest, die Deutschen hätten nicht genug getrauert, nicht genug gebüßt. Ich muß sagen, ich habe vieles bedauert. Ich kann aber nicht von Morgen bis Abend trauern. Man muß an morgen denken, nicht nur an gestern.«

Die Vergangenheit bleibt gegenwärtig – und dies nicht nur bei jenen, die noch eine aktive Rolle im Dritten Reich gespielt haben. Ein Grund für diese Fortwirkung liegt in der Tatsache, daß der Krieg bei den Meinungsmachern – Politikern, Wirtschaftskapitänen, Topjournalisten, viele davon um die Sechzig – noch als traumatische Kindheitserinnerung gegenwärtig ist. Zu den immer wiederkehrenden Kindheitserinnerungen Helmut Kohls zählen die hundert Bombenangriffe auf seine Heimatstadt Ludwigshafen, die wundersamen Nachkriegs-Care-Pakete aus den USA und die Selbstmordwelle zu Weihnachten 1945. Für Hans-Dietrich Genscher, Außenminister seit 1974 und gebürtiger Sachse aus der Gegend von Halle, war es ein fürchterlicher Schock, erleben zu müssen, wie die Amerikaner im Juli 1945 Thüringen und Sachsen räumten und die Russen als neue Besatzer einrückten.[61]

Ein erfolgreicher Geschäftsmann, mitten im Gespräch über die technologischen Errungenschaften seiner Firma, vergaß über diesen Erinnerungen sein Mittagessen und erzählte von alptraumhaften Erlebnissen auf der Flucht aus der sowjetisch besetzten Zone, als er mitansehen mußte, wie Scharen fliehender Menschen samt ihrer Habe von sowjetischer Kavallerie niedergeritten wurden. Ein hoher Beamter in Bonn führte mit mir ein langes Gespräch über Wirtschaftsfragen und verlor sich dabei in Erinnerungen über seine Vertreibung aus dem deutsch besiedelten Teil der Tschechoslowakei im Januar 1946. Deutschland könne sich keinen Rückfall in den Nationalismus leisten, meint er, und so achte man auch bei Kleinigkeiten darauf, möglicherweise anstößige Symbole zu vermeiden. So gebe es beispielsweise keine Autokennzeichen mit der Buchstabenkombination »SS«. »Wenn ich sehe, wie sich amerikanischen Football-Fans aufführen, kriege ich eine Gänsehaut«, meint er.

Nach dem Sieg der deutschen Elf in der Fußballweltmeisterschaft 1990 erhoben sich die schwarz-rot-goldenen Flaggen wie in einem Freudentaumel über ganz Deutschland. Doch sogleich mischten sich Zweifel und Ängste in den Jubel. Denn während die eine Hälfte wie befreit über dem sportlichen Triumph die Freude an nationalen Symbolen wiederentdeckte, glaubte sich die andere Hälfte für das Verhalten ihrer Mitbürger entschuldigen zu müssen.

Die Deutschen haben sich von allen Demagogen abgewandt. Dennoch bleibt das Gespenst Hitler ein Eckstein der modernen bundesdeutschen Politik. Daraus erklärt sich das beinahe krankhafte Streben, die Schattenseiten des Lebens unter den Teppich zu kehren, was wiederum die rührseligen Äußerungen mancher Politiker verständlich macht. Doch der Nationalsozialismus hat auch die deutsche Sprache vergiftet. Politiker der Rechten wie der Linken beschimpfen sich mit schöner Regelmäßigkeit gegenseitig als Nazis. Christdemokraten rügen die SA-Manieren von Zwischenrufern.[62] Die SPD wiederum wird nicht müde, die Konservativen daran zu erinnern, daß sie 1933 als einzige Fraktion gegen die Ermächtigungsgesetze gestimmt hat. Walter Wallmann, der konservative hessische Ministerpräsident, schoß im Oktober ein kapitales Eigentor, als er die SPD bezichtigte, Hitler im Mai 1933 bei einem Antrag zur Außenpolitik unterstützt und dabei sogar gemeinsam mit den Nazis das Deutschlandlied gesungen zu haben. Denn die Genossen konnten entgegenhalten, daß ihre Fraktion mit Morddrohungen zu diesem Verhalten gezwungen worden war.

Studien zum nationalsozialistischen Sprachgebrauch haben Konjunktur.[63] Dabei zeigt sich Hitlers verheerender Einfluß auf die deutsche Sprache weniger im Einfließen einschlägiger NS-Terminologie in den Alltagssprachgebrauch als in der Diskreditierung von Begriffen, die in den Konzentrationslagern oder auch nur in Sport und Kultur gebräuchlich waren. Solche Begriffe werden entweder krampfhaft vermieden oder durch Fremdwörter ersetzt. So meinte etwa Björn Engholm, man solle in Verbindung mit öffentlichen Ämtern sogar den Begriff »Macht« umgehen.[64]

Und Helmut Kohl geriet Anfang der achtziger Jahre mit seinem Versuch, den Begriff »Vaterland« wieder salonfähig zu machen, in nicht geringe Schwierigkeiten, weil Hitler dieses Wort ständig im Mund geführt hatte. Der Nationalsozialismus hat unachtsamen Politikern eine Unmenge an Fallen hinterlassen. Vergleicht man zum Beispiel Kohls Abrechnung mit dreizehn Jahren sozialdemokratischer Regierung vom Mai 1983 mit entsprechenden Äußerungen Hitlers, so treten peinliche Parallelen zutage. So sagte Kohl:[65]

»Ausgerechnet jene, die die Kälte der modernen Zivilisation besonders heftig anprangern, sind zugleich die schärfsten Kritiker unserer Wertordnung. Mit Begriffen wie Treue und Heimat, Pflichterfüllung und Vaterland, menschlicher Wärme und Familie treiben sie ihren Spott... Deshalb, meine Freunde, ist die Erneuerung der geistig-moralischen Grundlagen in der Politik so wichtig.«

Kurz nach der Machtergreifung verwendete Hitler zur Diffamierung der Weimarer Republik Worte von geradezu verblüffender Ähnlichkeit:

»Angefangen bei der Familie, über alle Begriffe von Ehre und Treue, Volk und Vaterland, Kultur und Wirtschaft hinweg bis zum ewigen Fundament unserer Moral und unseres Glaubens bleibt nichts verschont von dieser nur verneinenden, alles zerstörenden Idee. 14 Jahre Marxismus haben Deutschland ruiniert.«[66]

Kohl hätte gewarnt sein müssen. Einer seiner engsten Berater, Wolfgang Bergsdorf, ein konservativer Professor, der in den achtziger Jahren beachtlichen Einfluß auf die Öffentlichkeitsarbeit des Kanzlers nahm, hat in seiner wissenschaftlichen Arbeit überzeugend dargestellt, daß Begriffe wie »Nation« und »Vaterland« »semantisch immer noch unter der vom Nationalsozialismus aufgebürdeten Hypothek« leiden.[67] Es ist das Problem westdeutscher Politiker, daß sie bei jedem Versuch, traditionelle Werte wiederzubeleben, Gefahr laufen, in den nur allzu bekannten Jargon aus braunen Zeiten zurückzuverfallen.

Einer, der an diesem hochbrisanten sprachlichen Minenfeld aus der Vergangenheit scheiterte, ist Philipp Jenninger, vormals Bundestagspräsident und damit protokollarisch nach dem Bundespräsidenten der zweite Mann im Staat. Jenninger, ein jovialer, um Popularität bemühter Mann und enger Vertrauter Kohls, gehört nicht unbedingt zu den schärfsten Denkern.[68] Im Novemer 1988 hielt er, der sich gern als großen Redner sah, eine denkwürdige Rede anläßlich des fünfzigsten Jahrestages der »Reichskristallnacht«. In einem mißglückten Versuch, Hitlers Volkstümlichkeit zu erklären, zitierte er lange Passagen aus nationalsozialistischen Propagandaschriften, ohne diese Zitate eindeutig als solche zu kennzeichnen und ohne sich in der erforderlichen und dem Anlaß angemessenen Weise davon zu distanzieren.[69] Kohl hatte in den Jahren zuvor einige Anstrengungen unternehmen müssen, um sein durch den Besuch des Bitburger Soldatenfriedhofs – er enthält Gräber von Angehörigen der Waffen-SS – anläßlich des Staatsbesuchs von Präsident Reagan 1985 belastetes Verhältnis zu den Juden wieder zu reparieren. So konnte er angesichts eines allgemeinen Aufschreis der Empörung, der quer durch die Reihen der Parlamentarier ging, nicht umhin, dem Freund den Rücktritt nahezulegen. Jenninger legte 24 Stunden später sein Amt nieder.[70]

Am Tag vor dieser Affäre hatte Kohl wieder einmal die Qualitäten seines Redenschreibers unter Beweis gestellt, als er zum gleichen Anlaß in der Synagoge im Frankfurter Westend eine wirklich gedankenvolle Rede gehalten hatte.

Niemand hat Jenninger vorgeworfen, mit dem Nationalsozialismus zu sympathisieren. Es war allein seine Taktlosigkeit, die weltweites Aufsehen erregte und im Ausland vielerorts – und sehr zu Unrecht – alte Vorurteile bestärkte, wonach die Deutschen unfähig seien, aus ihrer Geschichte zu lernen. Die vielleicht merkwürdigste sprachliche Entgleisung Jenningers war die Bezeichnung der Weimarer Republik als »System« – obwohl gerade diese kaum beachtet worden ist. Denn ebendieser Terminus diente allen rechtsradikalen Oppositionsgruppen während der zwanziger Jahre zur Diffamierung der demokratischen Regierungsform. Es war, als wollte sich Jenninger sechzig Jahre später mit den vielen Deutschen solidarisieren, die seinerzeit in der Demokratie von Weimar nichts anderes gesehen hatten als einen Ausfluß westlicher Dekadenz.

Aus der Sorge auch nüchtern denkender Menschen, daß die alten Dämonen nicht endgültig verscheucht sein könnten, resultiert auch ein latenter Hang zur Vorsicht in der deutschen Wirtschaftspolitik – besonders hinsichtlich der Erhaltung des Geldwerts und eines soliden Staatshaushalts. Das Hauptrisiko bei der im Juli 1990 überraschend schnell vollzogenen Einführung der D-Mark in der DDR liegt freilich darin, daß die deutsche Finanz- und Währungspolitik hier völliges Neuland betritt. Auch wenn die Bundesregierung hier entscheidend vom traditionellen Pfad der Vorsicht abweicht, bleibt die Erinnerung an die verheerende Inflation der zwanziger Jahre in vieler Hinsicht noch lebendig. So wirbt zum Beispiel der Sparkassenverband mit der Abbildung eines 500-Milliarden-Mark-Scheines für Stabilität.

Rudolf von Benningsen-Foerder, der im Oktober 1989 völlig unerwartet verstorbene Vorstandsvorsitzende des Energieriesen VEBA, war eine der Grauen Eminenzen der deutschen Volkswirtschaft. Er war ein Mann mit ausgeprägtem Geschichtsbewußtsein, der seine in Hannover ansässige Familie bis auf das Jahr 1200 zurückführen konnte. Einer seiner Vorfahren, Rudolf von Benningsen, hatte 1866 die nationalliberale Partei gegründet, auf die sich Bismarck bei seiner Politik einer kleindeutschen Reichsbildung nachhaltig stützen konnte.

Benningsen-Foerder war, obgleich CDU-Mitglied, ein geschickter Vermittler zwischen den Parteien. Er erkannte die Angst als Triebfeder der deutschen Gegenwartspolitik. »Die Deutschen haben während ihrer Geschichte eine Serie wahnsinniger Rückschläge erlitten. Durch die Last unseres Schicksals sind wir ängstlicher als andere Völker – und das Sicherheitsstreben ist bei uns ausgeprägter. Ein Zwanzigjähriger, der gerade mit seiner Arbeit anfängt, macht sich zum Beispiel Sorgen über die künftige Höhe seiner Rente.«[71]

Von der Geschichte geprägt sind aber auch die internationalen Beziehungen. Der frühere Bundeskanzler Helmut Schmidt, der 1982 aus dem Amt schied, hat heute die Siebzig überschritten. Er ist Mitherausgeber der Hamburger Wochenzeitung DIE ZEIT und erfolgreicher Buchautor. Unterbrochen nur von der einen oder anderen Prise Schnupftabak – eine Gewohnheit, die er, wie er nicht ohne Selbstironie bemerkt, mit Friedrich dem Großen teilt – verbreitet er sich in seinem vollgestellten Büro im Verlagsgebäude über die weltpolitische Lage. Schmidt ist besorgt über das enorme Haushalts- und Zahlungsbilanzdefizit der USA sowie die entsprechenden Überschüsse in Japan und Deutschland und befürchtet negative Auswirkungen auf die Weltwirtschaft. »Daß die Nationen, die einst den Zweiten Weltkrieg entfacht haben und vernichtend geschlagen wurden, heute ihre größten Gläubiger sind und demnächst vielleicht sogar die Bedingungen diktieren können, wird für die New Yorker etwa nicht leicht zu verkraften sein. Und die Auswirkungen dieser Situation werden weit über New York und die dortigen Juden hinausgehen.«[72]

Der Schlüssel zu den Rätseln der Vergangenheit scheint wieder einmal in dem schon mehrfach angeführten deutschen Dualismus zu liegen: Die ständige Erinnerung an das Dritte Reich überschattet ihr Leben – aber die Deutschen fühlen sich sicher unter diesem Schatten. Er ist wie eine Versicherung gegen mögliche Wiederholungen. Es scheint, als sei ihr Selbstbewußtsein abhängig von der ständigen Erinnerung an die eigene Hinfälligkeit.

Im Zuge einer Feierstunde im Mai 1985 anläßlich des vierzigsten Jahrestages der Kapitulation erklärte Bundespräsident Richard von Weizsäcker vor dem Deutschen Bundestag: »Wir alle, ob schuldig oder nicht, ob jung oder alt, müssen die Vergangenheit annehmen. Wir alle sind von ihren Folgen betroffen und für sie in Haftung genommen. Jüngere und Ältere müssen und können sich gegenseitig helfen zu verstehen, warum es lebenswichtig ist, die Erinnerung wachzuhalten.«

Weizsäckers Rede wurde in einer Auflage von 2,5 Millionen Exemplaren gedruckt, in die meisten europäischen Sprachen und auch ins Chinesische und Japanische übersetzt, und sie fand Eingang in ein Schullesebuch. Der Widerhall war enorm: 60 000 Zuschriften erreichten das Büro des Bundespräsidenten, und symbolisch für die neue Qualität der ost-westdeutschen Beziehungen kündigte nur wenige Wochen nach dem Fall der Mauer im November 1989 ein Ostberliner Verlag eine Ausgabe der gesammelten Reden Weizsäckers an.

Weizsäckers Appell an die Deutschen, sich der eigenen Vergangenheit zu stellen, war sowohl von der Staatsraison als auch von starken persönlichen Motiven getragen: Als junger Infanterist hat er im September 1939 am Polenfeldzug teilgenommen. Sein ältester Bruder ist schon am zweiten Kriegstag gefallen. Sein Vater, Ernst von Weizsäcker, war als Staatssekretär im Reichsaußenministerium unter Joachim von Ribbentrop maßgeblich beteiligt am Zustandekommen des deutsch-sowjetischen Nichtangriffspaktes, der Hitler den Weg freimachte für den Einfall in Polen.

Weizsäcker überlebte die Schrecken der Ostfront und beendete den Krieg als Hauptmann. Bei den Nürnberger Prozessen assistierte er den Verteidigern seines Vaters. Dieser wurde verurteilt, aber schon nach achtzehnmonatiger Haft amnestiert.[73]

Es war wohl nicht zuletzt im Angedenken an seinen Vater, daß Weizsäcker in der erwähnten Gedenkrede erklärte: »Es gab viele Formen, das Gewissen ablenken zu lassen ... Als aber am Ende des Krieges die ganz unsagbare Wahrheit des Holocaust herauskam, beriefen sich allzuviele von uns darauf, nichts gewußt oder auch nur geahnt zu haben.«

Weizsäcker, der dem liberalen Flügel der CDU zugerechnet wird, setzt sich mit seiner Haltung regelmäßig scharfer Kritik seitens der Ultrakonservativen, besonders aber der Rechtsextremen aus, die gegen Ende der achtziger Jahre wieder neuen Zulauf fanden. Sie werfen dem Bundespräsidenten vor, er demütige sich in unwürdiger Weise vor den Siegern.

Weizsäckers Rede wurde zum Auslöser für eine akademische Auseinandersetzung über die Wurzeln des Holocaust, die sich 1986 in einer Flut von Zeitschriftenartikeln, Büchern und Vorträgen niederschlug und als »Historikerstreit« bekanntgeworden ist. Auch dies war wiederum eine typisch deutsche Erscheinung. In keinem anderen Land hätte ein Zwist unter Gelehrten soviel Staub aufgewirbelt. Die Debatte mag sich um vergangene Dinge gedreht haben; sie war aber gleichzeitig ein Versuch, den Weg in die Zukunft abzustecken.

Ausgelöst wurde er durch einen Beitrag des rechtsstehenden Berliner Historikers Ernst Nolte in der konservativen »Frankfurter Allgemeinen Zeitung«. Darin deutete der FU-Professor den Judenmord als Reaktion auf die Massaker der Bolschewiken nach der Revolution von 1917. Stark vereinfacht würde dies bedeuten, daß die Nazis die Juden nur deshalb ermordeten, weil sie fürchteten, daß sich entsprechende Massenmorde durch eine von Moskau gesteuerte und von Juden geführte kommunistische Revolutionsbewegung in Deutschland wiederholen würden.[74]

Noltes These, die deutschen Verbrechen an Juden seien als Folgeerscheinung bolschewistischer Verbrechen zu deuten, stand im Zentrum eines ersten heftigen Schlagabtausches zwischen linken und rechten Historikern. Doch der Historikerstreit sprengte alsbald den akademischen Rahmen. Denn Nolte und seine Mitstreiter versuchten, das deutsche Schuldenkonto neu zu verhandeln und dabei zu reduzieren. Mit dem Argument, Auschwitz sei durch die »asiatischen« Taten des Bolschewismus gewissermaßen vorbereitet worden, versuchten sie die Verantwortung für die Verbrechen des Nationalsozialismus zumindest teilweise abzuwälzen. Nolte beklagte »eine Vergangenheit . . ., die wie ein Richtschwert über der Gegenwart aufgehängt ist«.

Die Debatte, die er ausgelöst hat, wird weitergehen, und zumindest die rechtsextremen Parteien mögen davon profitieren, daß die Auffassung Noltes auch die Meinung weiter Kreise der Bevölkerung widerspiegelt, denen die Beschäftigung mit der Vergangenheit längst zu weit geht.

Joachim Fest, Buchautor und Historiker, dazu Mitherausgeber der FAZ war einer von denen, die sich im Historikerstreit hinter Nolte stellten. Fests umfängliche Hitler-Biographie gilt auch heute noch als das beste einschlägige Werk deutscher Sprache. Nach 25 Jahren intensivster Beschäftigung mit dem Dritten Reich vertritt er die Auffassung, heute gäbe es kaum mehr etwas wirklich Neues darüber zu sagen oder zu schreiben. Dennoch glaubt er, daß die Auseinandersetzung mit dem Nationalsozialismus nicht nachlassen wird.

Fest wuchs vor dem Krieg in Karlshorst auf, einem noblen Villenvorort von Berlin, der im Osten der Stadt liegt und – noch bis zum völligen Abzug der sowjetischen Soldaten im Jahr 1994 – das Hauptquartier der Roten Armee in der nicht mehr geteilten Stadt beherbergt. Als ich ihn 1988 interviewte, sah er in den Bestrebungen der Sowjetunion, die Bundesrepublik aus dem westlichen Bündnis zu lösen, die größte Gefahr für die Gegenwartspolitik: »Ich fürchte manchmal, daß der Antiamerikanismus in Deutschland und der

Isolationismus in Amerika sich gegenseitig in die Hände spielen könnten; das Ergebnis wäre schrecklich.«[75]

Fest meint, daß die Deutschen »den Tönen der Schalmei folgend, eine Zeitlang in der Welt der Seelen wohnen möchten, um die wirkliche Welt hinter sich zu lassen«. Anfang der siebziger Jahre habe er im letzten Kapitel seiner Hitler-Biographie festgestellt, daß die junge Generation der Deutschen realistischer geworden sei. Fest verzieht das Gesicht, als er hinzusetzt, so etwas würde er jetzt, Ende der achtziger Jahre, nicht mehr schreiben, und fatalistisch fügt er hinzu: »Der Schatten Hitlers wird lange bleiben. Er läßt sich nicht beseitigen... Mit dem gleichen Perfektionismus, mit dem sie den Stiefel aus Europa setzten, haben die Deutschen jetzt das Büßerhemd angezogen... Die Deutschen spielen ihre Rolle mit Lust, und alle haben ihren Vorteil davon. Alles hat sich jetzt gut eingespielt und zur Stereotypie verfestigt. Warum sollte es sich ändern?«

III
Das Ost-West-Dilemma

Ich habe nie mehr an unseren Osten gedacht als in der Zeit, wo ich mit dem Westen eine Verständigung suchte.

Gustav Stresemann, 1927[1]

Der nicht von Rußland besetzte Teil Deutschlands ist ein integrierender Teil Westeuropas. Wenn er krank bleibt, wird das von schwersten Folgen für ganz Europa, auch für England und Frankreich sein.

Konrad Adenauer, 1945[2]

Die Sowjetunion ist an der Sicherheit der BRD interessiert. Wenn die BRD nicht gefestigt wäre, könnte es keine Hoffnung auf Stabilität für Europa geben und somit für die ganze Welt.

Michail Gorbatschow, 1987[3]

Mögen in den letzten Jahrhunderten auch Philosophen, Prinzen und Päpste, Staatsmänner, Sturmabteilungen und Stahlbarone das bewegte Schicksal Deutschlands beeinflußt haben – das letzte Wort hatten immer die Kartographen. Als unkonturierte Landmasse im Herzen Europas, durch Gebirge und Waldgebiete in viele Regionen gegliedert, zeigt sich Deutschland nach außen hin offen, nach innen aber oft verschlossen. Das geographische Problem fehlender natürlicher Grenzen hat seine Geschichte mitgeformt. Das einzig Beständige an Deutschlands Grenzen ist ihre Unbeständigkeit, für fremde Heere einladend und abschreckend zugleich. Seine innere Struktur hingegen verbreitet zwar neue Ideen rasch bis in die abgelegensten Winkel, behindert aber die Ausbildung von Zentren.

Vermessungen der Bundeswehr haben ergeben, daß die Rundumsicht auf rund achtzig Prozent der Fläche im westlichen Deutschland auf einen Kilometer begrenzt ist. Diese Erkenntnis ist nicht nur für Militärstrategen und Panzerkonstrukteure von Bedeutung, sie läßt auch Rückschlüsse auf den Volkscharakter zu. Auf der Karte mag Deutschland wie ein schmaler Pfad aussehen, der sich zwischen den Blöcken des Westens und des Ostens dahinschlängelt, in Wirklichkeit aber war dieser Weg schwer zugänglich, endete er doch regelmäßig im Stacheldraht. Mit dem Abbau der häßlichen innerdeutschen Grenze ist dieses Hindernis nun gefallen, die trennende Mauer wurde zum Bindeglied auf dem Weg zur deutschen Einheit.

Im sensiblen Spiel um das Gleichgewicht der Kräfte in Europa spielt Deutschland die Rolle des Jokers. »Wer immer Deutschland hat – er hat Europa«, sagte Lenin und für Churchill war dieses Land »der Eckstein Europas«. In der Geschichte ist es nur selten gelungen, dieses Gleichgewicht der Kräfte über längere Frist zu bewahren. Das Zusammenleben mit den Nachbarn erwies sich vielmehr als eine schier endlose Folge von Reibereien und Zusammenstößen. Deutschlands Rolle als Herzland Europas zwang es dazu, entweder Schwäche und Zersplitterung hinzunehmen oder die eigenen Kräfte zu überfordern.

Die Einheit eines von Preußen dominierten Kleindeutschland, von Bismarck mit Waffengewalt erzwungen und nach dem Sieg über Frankreich 1871 beschworen, währte nur 74 Jahre und endete in einer provisorischen, nur künstlich stabil gehaltenen Phase der Zweiteilung. Denn vom Zeitpunkt der Gründung 1949 war jeder der beiden deutschen Staaten abhängig von »seiner Supermacht« und wurde von dieser als Speerspitze gegen die jeweils andere eingesetzt. Gleichzeitig jedoch erklärte die bundesdeutsche Verfassung – bewußt als Provisorium geschaffen – zum obersten politischen Ziel, »in freier Selbstbestimmung die Einheit und Freiheit Deutschlands zu vollenden«. Den Kräften, die beide Staaten auf Distanz hielten, stemmten sich andere, stärkere, entgegen, die zur Einheit drängten.

Die Entspannung zwischen den USA und der Sowjetunion im Verlauf der achtziger Jahre hat das europäische Kräftefeld weit nachhaltiger beeinflußt, als irgend jemand vorhersehen konnte. Die Wirtschaftsprobleme der USA und die Neubewertung ihrer außenpolitischen Prioritäten verringern unvermeidlich deren Engagement in Westeuropa. Ebenso richtet das unaufhaltsame Auseinanderbrechen des Sowjetimperiums den Blick der Moskauer Führung verstärkt auf interne Probleme. So wird es immer wahrscheinlicher, daß die neunziger Jahre ein wiedervereinigtes Deutschland auf dem Weg zur Vormachtstellung in Europa sehen werden. Denn die Veränderungen zwischen den Machtblöcken werden unvermeidlich einen Strukturwandel im weltweiten Militärbündnissystem nach sich ziehen, das nach dem Zweiten Weltkrieg im Zuge des Wiederaufbaus entstanden ist. Für die Deutschen freilich bewegt sich die NATO entschieden zu langsam. Mit der Erlangung der deutschen Einheit endete die Verantwortung der USA, der Sowjetunion, Großbritanniens und Frankreichs für Gesamtdeutschland. In all den 45 Jahren hat keine der Siegermächte den Deutschen wirklich vertraut. Doch das Nachkriegssystem, das die Deutschen unter Kontrolle halten sollte, mündet nun in ein neues europäisches Sicherheitssystem, in dem die Deutschen - erstmals seit 1945 – eine Schlüsselrolle spielen. Deutschland ist nicht länger Objekt der europäischen Geschichte. Es beginnt wieder eine aktive Rolle zu spielen.

Vierzig Jahre lang hat die Bundesrepublik einen erstaunlichen politischen Balanceakt durchgehalten. Sie hat einerseits die volle politische, wirtschaftliche und militärische Integration in den Westen erreicht, andererseits ihre nach Osten gerichteten Optionen erneuert. Nun scheinen die Möglichkeiten im Osten zunehmend verlokkender zu werden.

Spannungen zwischen Washington und Bonn sind im Prinzip nichts neues, das Verhältnis zueinander war nie ganz unproblematisch. Die USA haben Deutschland 1945 in die Knie gezwungen, dann die westliche Hälfte wieder auf die Beine gestellt, und nun sind sie beunruhigt, daß ihr Kind nach vierzig Jahren Anstalten macht, sich zu seiner vollen Größe zu erheben.

Tatsächlich ist dieses Bild durchaus zutreffend, denn beide Seiten sehen ihre Probleme miteinander in familiären Kategorien. Robert Leicht, stellvertretender Chefredakteur der Hamburger Wochenzeitung DIE ZEIT, sagt dazu: »Im Gegensatz zu den Engländern und Franzosen haben wir Demokratie von Lucky Strike-rauchenden amerikanischen Soldaten gelernt. Das ist nicht nur mit Dankbarkeit, sondern auch mit peinlichen Erinnerungen verbunden. Unser Verhältnis ist so schwierig wie manchmal das von Kindern zu ihren Eltern. Es kann sich fortsetzen, auch wenn die Kinder sechzig und die Eltern achtzig Jahre alt geworden sind.«[4]

1987 schilderte mir ein hoher US-Diplomat die Verhältnisse wie folgt: »Deutschland hat eine gute und eine schlechte Vergangenheit. Es ist ein geteiltes Land. Von allen Ländern der Allianz steht es der ernstesten Sicherheitsbedrohung gegenüber. Ich bin wie ein Psychiater, der ein Kind aus zerrüttetem Elternhaus mit komplizierten Problemen untersucht. Ich nehme mir Zeit für dieses Kind, und dann muß ich nach Washington zurück und es seinen Eltern erklären.«

Schon zu Beginn der achtziger Jahre kam es über der Frage der Stationierung von amerikanischen Mittelstreckenwaffen wie Pershing II-Raketen und Cruise Missiles auf bundesdeutschem Boden zu heftigen Unstimmigkeiten. Gegen Ende seiner Amtszeit sah sich Bundeskanzler Helmut Schmidt gezwungen, Vorwürfe zurückzuweisen, wonach die Bundesrepublik einen neutralistischen Kurs steuere.

Die Beziehungen verbesserten sich ab 1982 unter der Mitte-Rechts-Regierung Kohl, in der zweiten Hälfte des Jahrzehnts begann es zu kriseln, doch unter dem neuen Präsidenten George Bush fand man seit 1989 wieder in alter Freundschaft zueinander. So standen die USA der deutschen Einheit weit positiver und hilfreicher gegenüber als etwa Großbritannien und Frankreich. Nichtsdestoweniger entwickeln sich die politischen Eliten Deutschlands und der USA auseinander – ein Trend, der bereits unter der Präsidentschaft Jimmy Carters einsetzte und der sich als natürliche Folge der politischen Emanzipation Deutschlands wohl auch fortsetzen wird.

Drei gewichtige Gründe sprechen dafür, daß es die USA schwer haben werden, Deutschland in den neunziger Jahren fest ins westliche Lager einzubinden:

- Die Sowjetunion ist im Begriff, den traditionellen Antikommunismus in der Bundesrepublik auszuhöhlen, indem sie anbietet, gemeinsam ein neues Europa der Zusammenarbeit zu schaffen.
- Das Nachlassen der amerikanischen Wirtschaftskraft, das sich in steigenden Handelsbilanzdefiziten abzeichnet, macht die USA zunehmend unfähig, im Ausland starke Militärkontingente zu unterhalten.
- In dem Maße, in dem die Stärkung der eigenen Kräfte durch die Wiedervereinigung mit der Schwächung der Supermächte einhergeht, werden in Deutschland Kräfte an Boden gewinnen, die auf einen Kurs der Äquidistanz zwischen Ost und West hinarbeiten.

Praktisch hat die Sowjetunion den wirtschaftlichen und geistigen Bankrott des Kommunismus stalinistischer Prägung bereits eingestehen müssen. Die gegenwärtige Schwäche des russischen Angstgegners ist jedoch eher geeignet, die Bereitschaft Bonns zur Zusammenarbeit mit Moskau zu stärken als zu schwächen. Angesichts der wachsenden Nationalitätenprobleme innerhalb der eigenen Grenzen hat das Rote Imperium derzeit freilich wenig zu bieten, um die Bundesrepublik zu ködern. Seine Trümpfe liegen fast ausschließlich in der geographischen Lage: In der Bundesrepublik ballte sich die bedeutendste Wirtschaftsmacht Europas auf einem nur 240 Kilometer breiten Landstreifen zusammen – die Sowjetunion erstreckt sich über fast 9000 Kilometer. Zwischen Bonn und der sowjetischen Grenze liegen nur 1100, zwischen Deutschland und den USA jedoch über 6000 Kilometer.

Viele europäische Beobachter gingen noch Mitte der achtziger Jahre davon aus, daß Bundesrepublik und DDR selbst im Falle einer Demokratisierung des Ostblocks als getrennte Staaten weiterexistieren würden. Man nahm an, daß sich ihre Beziehungen zueinander ähnlich entwickeln könnten wie jene zwischen der Bundesrepublik und Österreich. Der Fall der Mauer offenbarte jedoch das ganze Ausmaß der Wirtschaftsmisere in der DDR, der unter dem Druck der wirtschaftlichen Überlegenheit Westdeutschlands gar keine Alternative zur Wiedervereinigung blieb. Und mögen auch Politiker des In- und Auslands mit noch so bewegten Worten die unverbrüchliche Bindung Deutschlands an den Westen beschwören, so wird doch der Druck jener Kräfte zunehmen, die auf einen Totalabzug aller ausländischen Streitkräfte drängen, so wie die Sowjetunion bis 1994 alle ihre Streitkräft aus Ostdeutschland zurückziehen wird. Die wachsenden bilateralen Verflechtungen zwischen Deutschland und der Sowjetunion auf den Gebieten Wirtschaft, Politik und Sicherheit werden irgendwann im Verlauf der neunziger Jahre die NATO obsolet erscheinen lassen. Es bleibt abzuwarten, welches europäische Sicherheitskonzept an ihre Stelle treten wird.

Die Geschichte lehrt uns, daß ein neutraler deutscher Staat die Sicherheit und das wirtschaftliche Gleichgewicht Europa gefährdet. So war es eine ungeschriebene Übereinkunft zwischen den Westalliierten, die Bundesrepublik niemals in eine Situation zu bringen, in der sich diese zwischen Ost und West entscheiden müßte. Dies wird auch weiterhin eine Hauptaufgabe der westlichen Staatskunst bleiben, doch nun ist die Zeit gekommen, an dem Deutschland Farbe bekennen muß.

Kleine Wellen können zur Springflut werden, wenn sie von Deutschland ausgehen. Es ist eine Ironie der Geschichte, daß ausgerechnet das Land, das in der jüngsten Vergangenheit so lange unter der Teilung gelitten hat, im Mittelalter drauf und dran war, den ersten europäischen Nationalstaat zu begründen. Denn mag sich auch das von Karl dem Großen begründete Reich auf die antike Tradition gestützt haben und somit »Heilig« und »Römisch« gewesen sein, so war sein Herr doch unter den Sachsen- und Stauferkaisern der Deutsche König. Doch das nationale Element schwand unter deren Nachfolgern mit dem Erstarken der Territorialfürsten, für die Nationalitätengrenzen keine Bedeutung hatten. So wurde das Kaisertum zu einer Art Schirmherrschaft über die abendländische Christenheit und das Reich zu einem mehr oder weniger lockeren Verband weitgehend souveräner Staaten über alle Nationalitätengrenzen hinweg – von Besançon bis Krakau und von Lübeck bis Turin. Während sich die Nationalstaaten – England, Spanien, Frankreich, Rußland, Polen, Schweden – aus dem europäischen Schmelztiegel herauskristallisierten, blieb das Reich eine in nationaler Hinsicht amorphe Masse.

Ein erstes nationales Erwachen gab es im Zuge der Reformation. Denn als Martin Luther seine 95 Thesen an die Schloßkirche von Wittenberg nagelte, löste er damit – zunächst ohne es zu wollen – eine Bewegung aus, in der sich die Opposition gegen den Römischen Katholizismus mit nationalen Elementen mischte. Dennoch war die Reformation in ihrer politischen Wirkung zu schwach, um eine nationale Einigung der Deutschen herbeizuführen, und während Engländer, Spanier und Franzosen schon für ihr Vaterland kämpften, schlugen sich die Deutschen noch für ihren Glauben. Auch der Dreißigjährige Krieg, die furchtbarste Katastrophe auf deutschem Boden bis 1945, begann als Religionskrieg. Mit der fortschreitenden Intervention der umliegenden Nationalstaaten wandelte er sich jedoch bald zu einem allgemeinen Ringen um die politische Vormachtstellung in Europa, ausgetragen auf deutschem Boden. Das Ergebnis war, wie immer in Deutschland, nicht eindeutig. Weder die katholische noch die protestantische Partei konnte sich durchsetzen, und so ist Deutschland heute noch das einzige Land in Europa, das sich in eine Vielzahl von Regionen mit weitgehender konfessioneller Geschlossenheit gliedert. Auch wenn religiöse Intoleranz in der modernen Gesellschaft keine Rolle mehr spielt, wird in einem wiedervereinigten Deutschland doch die Rivalität zwischen dem protestantischen Norden und dem katholischen Süden wieder aufkommen.

Der Dreißigjährige Krieg verwandelte fast ganz Deutschland in eine Ruinenlandschaft, dezimierte die Bevölkerung um rund ein Drittel – überwiegend durch Hunger und Seuchen –, brachte die Wirtschaft zum Erliegen und schloß das Land vom Aufschwung der großen intellektuellen Bewegung des 18. Jahrhunderts, der Aufklärung, weitgehend aus. Der Westfälische Friede von 1648 hinterließ Deutschland als politischen Flickenteppich aus mehr als dreihundert Staaten und Territorien, von denen jedes mit nahezu vollkommener Souveränität ausgestattet war.

So wurde Deutschland zum allzeit bequemen Aufmarschgebiet für die Truppen Ludwigs XIV., die französischen Revolutionsheere und die Armeen Napoleons. Deren Erfolge waren es auch, die schließlich zur Auflösung des alten Reiches führten, das immerhin tausend Jahre lang die Geschichte Europas geprägt hat. Zwar fanden die deutschen Staaten in der Abwehr Napoleons schließlich zusammen, aber bei der Neuordnung Europas auf dem Wiener Kongreß wurde die Zerstükkelung Deutschlands aufrechterhalten. Immerhin gab es als Ersatz für das untergegangene Heilige Römische Reich nunmehr den Deutschen Bund. Um für das Haus Hohenzollern die Vormachtstellung in Deutschland zu erringen, bekriegte der preußische Kanzler Otto von Bismarck Österreich und dessen süddeutsche Verbündete, zwang die letzteren zu einem Bündnis mit Preußen und schuf im Zuge des nationalen Überschwangs anläßlich des Sieges über Frankreich ein Deutsches Reich nach seinem Geschmack. Im Januar 1871 wurde – wer sonst? – der König von Preußen in Versailles zum Deutschen Kaiser ausgerufen.

Das »Zweite Reich« sah sich einer Flut von Problemen gegenüber. Im Inneren entwickelten sich heftige Machtkämpfe zwischen dem unerfahrenen Parlamentarismus, den alten autokratischen Kräften und den neuen Interessengruppen, der Wirtschaft und der rapide wachsenden Arbeiterschaft, beide entstanden aus dem rapiden Industrialisierungsprozeß dieser sogenannten »Gründerzeit«. Außenpolitisch veränderte Deutschland als neue Großmacht das politische und wirtschaftliche Kräftesystem in Europa und wurde allein deshalb schon von den übrigen Mächten – allen voran dem auf Revanche sinnenden Frankreich – mißtrauisch beobachtet. Bismarck erkannte sehr wohl die außenpolitischen Gefahren, die seinem politischen Geschöpf drohten. Hatte Deutschland unter seiner Führung nach der Reichsgründung eine insgesamt kluge und maßvolle Politik verfolgt, um die Bildung einer schlagkräftigen antideutschen Koalition zu verhindern, so änderte sich dies, nachdem der »Eiserne Kanzler« 1890 aus dem Amt gedrängt worden war. Im Zuge des europäischen Imperialismus verfolgten Bismarcks Nachfolger eine aggressive, aber gleichzeitig planlose Politik, die zum Zerfall des Bismarckschen Bündnissystems führte. Der »Alptraum der Koalitionen« wurde Wirklichkeit, und im Ersten Weltkrieg standen Deutschland und Österreich allein gegen das übrige Europa. Der von Bismarck befürchtete Zweifrontenkrieg konnte trotz des Sieges über Rußland nicht durchgehalten werden, und der plötzliche Zusammenbruch der Mittelmächte Ende 1918 traf die Bevölkerung um so schwerer, als die Führung bis zuletzt Siegeszuversicht verbreitet hatte.

Der Frieden von Versailles war nicht geeignet, die Kriegsparteien auszusöhnen. Zu drückend waren die Bedingungen. Vor allem die Tatsache, daß Deutschland gezwungen war, die Alleinschuld am Krieg auf sich zu nehmen, drückte schwer aufs deutsche Selbstbewußtsein, und so war es kein Wunder, daß man nach Schuldigen für den unglücklichen Ausgang suchte. In diesen düsteren Tagen spukte erstmals in Deutschland die fixe Idee einer »Weltverschwörung« der »überstaatlichen Mächte« durch die Köpfe, die den

»Dolchstoß« in den Rücken des »im Felde unbesiegten Heeres« geführt hätten – eine Vorstellung, die bei der Entstehung des Nationalsozialismus eine entscheidende Rolle gespielt hat.

Die Weimarer Republik hielt die Fassade des Zweiten Reiches aufrecht – eines Reiches freilich ohne Herrscher, der die Loyalitäten hätte an sich binden können, und dieser Mangel an Identifikationsmöglichkeiten hat sich in der Folge als verhängnisvoll erwiesen. Klaren Denkern – denn auch solche gab es im Nachkriegsdeutschland – bot sich als einzige Möglichkeit der Versuch einer Wiederbelebung des Bismarckschen Bündnissystems, wenn auch unter erheblich ungünstigeren Bedingungen. Der erste, der dies erkannte, war Walther Rathenau, ein jüdischer Industrieller, der sich im Krieg größte Verdienste um die Rohstoffversorgung des an sich rohstoffarmen Deutschland erworben hatte. Ab 1922 Außenminister, schmiedete er sofort an einem »Rapprochement« an die nach der kommunistischen Revolution international fast ebenso isolierte Sowjetunion. Der Vertrag von Rapallo brachte dem Deutschen Reich nicht nur politische, sondern auch beträchtliche wirtschaftliche und militärische Vorteile. Unter anderem ermöglichte er es dem Reich, in der Rüstungstechnik den Anschluß an die übrigen Mächte zu halten, was durch die Bestimmungen des Versailler Vertrages hätte verhindert werden sollen. Zwei Monate nach Rapallo wurde Rathenau von nationalistischen Fanatikern ermordet, die damit prahlten, einen »Verräter« liquidiert zu haben.

Der Nationalliberale Gustav Stresemann setzte als Reichskanzler die Politik Rathenaus fort. Er führte Deutschland aus dem Krisenjahr 1923, das mit der Besetzung des Ruhrgebiets durch französische Truppen begann und sich mit der verheerendsten Inflation in der deutschen Geschichte fortsetzte. Schließlich stabilisierte sich die Reichsmark bei einem Dollarkurs von 1:4200 Milliarden. Stresemanns Politik glich einem Seiltanz, aber er hatte Erfolg. Der »Ruhrkampf« endete dank des konsequenten passiven Widerstands der Bevölkerung mit einem Kompromiß, und es gelang, die Währung wieder zu stabilisieren. Dennoch mußte Stresemann im November 1923 als Reichskanzler zurücktreten. Als Außenminister jedoch steuerte er Deutschland bis 1929 geschickt um sämtliche Klippen der europäischen Politik.[5] Im Vertrag von Locarno gelang ihm 1925 nicht nur eine umfassende europäische Friedensregelung, sondern auch die Aufnahme Deutschlands in den Völkerbund. Im Folgejahr erhielt er dafür zusammen mit seinen Verhandlungspartnern Aristide Briand und Austen Chamberlain den Friedensnobelpreis.

In diesen Jahren erkannten die Verantwortlichen auf Seiten der

Entente, der Siegerkoalition des Ersten Weltkriegs, daß sie um einen hohen Preis spielten, und es fielen Sätze, die aus den fünfziger und neuerdings auch aus den neunziger Jahren hätten stammen können. So sagte der britische Außenminister Chamberlain zu seinem französischen Amtskollegen Briand: »Wir kämpfen mit dem sowjetischen Rußland um die Seele Deutschlands ... Je schwieriger unsere Beziehungen mit Rußland werden, desto wichtiger wäre es, Deutschland fest an die westlichen Mächte zu binden.«

Dessen ungeachtet schloß Stresemann im Jahr nach Locarno einen erweiterten Freundschafts- und Neutralitätsvertrag mit der Sowjetunion ab, und hielt damit die deutsche Option nach Osten offen.

Der Börsenkrach von 1929 und die folgende Weltwirtschaftskrise trafen Deutschland weitaus härter als das übrige Europa. Es kam zu einer Welle von Banken- und Firmenzusammenbrüchen, die Arbeitslosenzahlen schnellten in die Höhe: von drei Millionen 1930 auf schließlich sieben Millionen 1932. Mit dem Vertrauen in die Wirtschaft ging auch das letzte Vertrauen in die ohnehin nie geliebte Republik verloren. Diese versuchte noch einmal, dem wachsenden Chaos und dem immer stärker werdenden Radikalismus mit quasidiktatorischen »Notverordnungen« zu wehren, doch vergebens. Am 30. Januar 1933 wurde Adolf Hitler in einem durchaus verfassungskonformen Verfahren zum Reichskanzler ernannt. In den folgenden Neuwahlen am 5. März erhielt die NSDAP nur 43,9 Prozent der Stimmen, doch angesichts der wirtschaftlichen Not und des Drucks der Straße erließ der Deutsche Reichstag am 23. März das »Ermächtigungsgesetz«, das Hitlers Kabinett auf vier Jahre befristet mit diktatorischen Vollmachten ausstattete. Deutschlands Volksvertreter hatten sich selbst in die Diktatur gestimmt.

Eigene wirtschaftliche Probleme und die Hoffnung, Hitler werde zuletzt doch noch einlenken, hielten England und Frankreich davon ab, massiv auf die deutsche Wiederaufrüstung und die territoriale Ausweitung zu reagieren. Namentlich England versuchte mit seiner Politik des »Appeasement«, die Deutschland zugestehen wollte, was ihm auch nach britischer Auffassung zustand und nicht mehr zu verhindern war, Hitler zu beschwichtigen. Nachdem sich Berlin im August 1939 in Form eines Nichtangriffspaktes mit der ähnlich strukturierten Moskauer Führung arrangiert hatte, war der Weg frei für den Überfall auf Polen.

Doch das Bündnis zwischen Teufel und Beelzebub hielt nur bis zum Juni 1941. Schon 1924 in seiner Landsberger Haft hatte Hitler diesem in seinem Buch »Mein Kampf« einen für Deutschland schlimmen Ausgang prophezeit: »So liegt schon in der Tatsache des Abschlusses eines Bündnisses mit Rußland die Anweisung für den nächsten Krieg. Sein Ausgang wäre das Ende Deutschlands.«[6] Und so kam es auch. 1945 stand die Rote Armee 1100 Kilometer westlich der russischen Grenzen im Herzen des Reiches, und für die Sieger gab es keinen Grund mehr, Deutschland in seiner alten Form als Pufferstaat im Gleichgewicht der europäischen Mächte wiederzuerrichten.

Der Zweite Weltkrieg hat Deutschland in zwei Teile gespalten – nicht etwa als Ergebnis eines Friedensvertrages, sondern, im Gegenteil, weil es nie einen solchen gegeben hat. Als die Anti-Hitler-Koalition zerfiel und Westdeutschland nach Ausbruch des Korea-Kriegs in das westliche Lager gezogen wurde, ließ man die deutsche Frage offen. Über alle die Jahrzehnte, die seit dem Krieg vergangen sind, wußten die Sieger ihre Pläne mit Deutschland hinter einer Maske aus Unklarheiten, Irreführungen und Ausflüchten zu verbergen.

Im September 1944 erstellten die USA, die Sowjetunion und Großbritannien ein Protokoll, in dem die Besetzung Deutschlands nach dessen Niederwerfung festgelegt wurde.[7] Danach sollte das Land in den Grenzen von 1937, also vor dem Anschluß Österreichs und der Okkupation der Tschechoslowakei, in drei Besatzungszonen eingeteilt werden. Berlin sollte ebenfalls in drei Sektoren gegliedert und von einer übergeordneten Behörde verwaltet werden. Auf der Konferenz von Jalta ergänzten die Alliierten ihre Vorhaben durch einen gemeinsamen Beschluß zur »Aufgliederung Deutschlands, die sie für den künftigen Frieden und die Sicherheit erforderlich halten«.[8] Gleichzeitig wurde vereinbart, daß Deutschland Reparationen zu leisten haben würde, etwa in Form von Demontagen von Industrieanlagen. Roosevelt verkündete in diesem Zusammenhang, daß die amerikanischen Truppen nicht länger als zwei Jahre in Europa stationiert bleiben sollten.[9] Schließlich wurde den Franzosen aus Teilen der britischen und der amerikanischen Besatzungszone eine vierte Zone zugestanden.

Die vier Mächte errichteten ihre endgültigen Besatzungszonen erst im Juli 1945, zwei Monate nach der Kapitulation. Amerikanische, britische und französische Einheiten übernahmen nach einigen organisatorischen Behinderungen durch die nun schon nicht mehr so entgegenkommenden Russen ihre vereinbarten Sektoren in der völlig zerstörten Hauptstadt, die neun Wochen lang in der Hand der Roten Armee gewesen war.[10] Die Amerikaner, die im April 1945 bis zur Elbe vorgestoßen waren, zogen sich auf ihre vorbestimmten Positionen zurück, und die Rote Armee rückte, außer im Norden, auf breiter Front zwischen 80 und 240 Kilometer nach Westen vor. Damit wurde die Zonengrenze wirksam, die bis 1990 Bundesrepublik und DDR voneinander trennte. Und wie Churchill in einer Botschaft an Präsident Truman im Juni 1945 prophezeit hatte, senkte sich damit ein »eiserner Vorhang« über Europa.[11]

Mitte Juli 1945 trafen sich wiederum und zum letzten Mal die Führer der »Großen Drei«, diesmal an symbolischer Statt in Potsdam, wo einst die Hohenzollernkönige residiert und Hitler den ersten Reichstag des Dritten Reiches eröffnet hatte. In den ersten Tagen der Konferenz führte Churchill noch die britische Delegation, doch wurde er am 28 Juli von dem Labour-Führer Clement Attlee abgelöst, der den Konservativen in den ersten Unterhauswahlen nach dem Krieg eine schwere Niederlage beigebracht hatte. Frankreich, das fest entschlossen war, die Wiedergeburt eines geschlossenen deutschen Staates unter allen Umständen zu verhindern, war nicht vertreten – ein Umstand, der die späteren Bemühungen um eine gemeinsame westliche Politik nicht gerade erleichterte.[12]

Der in Jalta geschmiedete Plan, Deutschland auf Dauer aufzuteilen, wurde in Potsdam nicht weiter verfolgt. Man war übereinstimmend der Meinung, daß ein Deutschland leichter zu kontrollieren sei und auch besser zu Reparationen herangezogen werden könne als deren drei.Ein großes Stück Deutschland aber war bereits abgetrennt. Denn die Russen hatten bereits sämtliche deutschen Gebiete jenseits der Oder-Neiße-Linie an Polen abgetreten – als Entschädigung für die polnischen Ostgebiete, die sich die Sowjets einverleibt hatten. Dies verleitete Truman zu der zynischen Feststellung, daß es nunmehr in Wahrheit fünf Besatzungsmächte gebe statt vier wie in Jalta beschlossen. Churchills Niederschrift eines Gedankenaustauschs zwischen den Führern der »Großen Drei« kurz nach deren Ankunft in Potsdam zeigt deren Ratlosigkeit bezüglich der Zukunft Deutschlands – eine Ratlosigkeit, die lange angehalten hat.

»Was«, fragte ich, »bedeutet jetzt ›Deutschland‹?«

Stalin: »Deutschland ist das, was es nach dem Krieg geworden ist.«

Truman: »Deutschland, wie es im Jahre 1937 war.«

Stalin sagte, man müsse die Kriegskonsequenzen berücksichtigen. Deutschland existiere nicht mehr. Deutschland habe keine bestimmten Grenzen, keine Grenztruppen, keine Streitkräfte, nur vier Besatzungszonen.

Endlich waren wir übereingekommen, Deutschland von 1937 als Ausgangspunkt zu nehmen. Dies hat das Problem beseitigt, und wir wandten uns Polen zu.«[13]

Da sich die latente Zwietracht unter den Siegern auf Dauer doch nicht überspielen ließ, geriet das Schlußkommuniqué der Konferenz nicht gerade zum Muster an Eindeutigkeit.Es wurde festgelegt, daß Deutschland während der Besatzungszeit als »wirtschaftliche Einheit« anzusehen sei und daß einige wichtige deutschen Verwaltungsabteilungen eingerichtet werden sollten, doch »bis auf weiteres keine zentrale deutsche Regierung.«[14]

Das Prinzip der Wirtschaftseinheit wurde jedoch sogleich durch ein Übereinkommen mit der Sowjetunion ad absurdum geführt, das dieser weitgehende Demontagerechte in ihrer Zone einräumte. Als Hauptziele der Besetzung Deutschlands setzten die Sieger fest:

1. Die völlige Abrüstung und Entmilitarisierung Deutschlands und die Ausschaltung der gesamten deutschen Industrie, welche für eine Kriegsproduktion benutzt werden kann ...
2. Das deutsche Volk muß überzeugt werden, daß es eine totale militärische Niederlage erlitten hat und daß es sich nicht der Verantwortung entziehen kann für das, was es selbst dadurch auf sich geladen hat ...
3. Die Nationalsozialistische Partei und ihre angeschlossenen Gliederungen und Unterorganisationen sind zu vernichten; alle nationalsozialistischen Ämter sind aufzulösen; es sind Sicherheiten dafür zu schaffen, daß sie in keiner Form wieder auferstehen können, jeder nazistischen und militärischen Betätigung und Propaganda ist vorzubeugen.
4. Die endgültige Umgestaltung des deutschen politischen Lebens auf demokratischer Grundlage und eine eventuelle friedliche Mitarbeit Deutschlands am internationalen Leben sind vorzubereiten.

Es ist eine weitere Ironie der deutschen Geschichte, daß über den Punkten 2 bis 4 in der Folge rasche Ergebnisse erzielt wurden, während man Punkt 1 fallen ließ, als man die Bundesrepublik in das westliche Militärbündnis integrieren zu müssen glaubte.

In den Potsdamer Beschlüssen wurde weiterhin bestimmt, daß die Umsiedelung deutscher Volksgruppen aus Polen, der Tschechoslowakei und Ungarn »in ordnungsgemäßer und humaner Weise erfolgen« sollte. Tatsächlich scheint den hierfür Verantwortlichen dieser Passus nicht bekannt gewesen zu sein, denn die tatsächlichen Umstände dieser erzwungenen Völkerwanderung waren nicht human, sondern schlicht mörderisch. Allein durch die polnische Annexion im Osten wurden acht bis neun Millionen Deutsche aus ihrer Heimat vertrieben. Bis zu zwei Millionen davon starben unterwegs an Hunger und Mißhandlungen.[15] Zwischen 1945 und 1953 strömten rund 12 Millionen Vertriebene und Flüchtlinge aus den Gebieten östlich der Oder-Neiße-Linie, aus anderen Gebieten Osteuropas und nicht zuletzt auch aus der DDR in die Bundesrepublik – die größte Völkerwanderung der Geschichte.[16]

Gemäß den Potsdamer Beschlüssen übten die Besatzungsmächte in ihren jeweiligen Zonen »die höchste Regierungsgewalt ... durch die Oberbefehlshaber der Streitkräfte ... (aus), und zwar jeder in seiner Besatzungszone sowie gemeinsam ... in Deutschland als Ganzes betreffenden Fragen«. Ein Rat der Außenminister wurde beauftragt, einen Friedensvertrag vorzubereiten sowie andere ungelöste Nachkriegsprobleme zu behandeln.[17] In der Definition seiner Funktionen heißt es sybillinisch: »Der Rat wird zur Vorbereitung einer friedlichen Regelung für Deutschland benutzt werden, damit das entsprechende Dokument durch eine für diesen Zweck geeignete Regierung Deutschlands angenommen werden kann, nachdem eine solche Regierung gebildet sein wird.«

In den folgenden vier Jahren tagte der Außenministerrat sechsmal, aber die Spannungen zwischen Ost und West verschärften sich stetig, und nachdem die Sowjetunion 1948/49 versucht hatte, Berlin auf dem Weg einer Blockade in die Hand zu bekommen, wurden sie unüberbrückbar. Der Außenministerrat wurde funktionsunfähig, seine letzte, ergebnislose Sitzung fand am 23. Mai 1949 in Paris statt – dem selben Tag, an dem das Grundgesetz der Bundesrepublik Deutschland verkündet wurde.

Als Antwort der Russen wurde im Oktober die Deutsche Demokratische Republik aus der Taufe gehoben. Die Siegermächte fanden sich somit als Geburtshelfer zweier spiegelbildlicher deutscher Staaten wieder. Aber sie bewahrten ihre Rechte, gemeinschaftlich über alle Fragen zu entscheiden, »die Deutschland als Ganzes betreffen«, also auch über eine mögliche Wiedervereinigung, und sie bewahrten ihre gemeinsame Oberhoheit über Berlin. Vierzig Jahre Außenpolitik in der Bundesrepublik wie in der DDR haben diese entscheidenden Punkte unangetastet gelassen. So wurde in Potsdam die deutsche Frage nicht gelöst, sondern lediglich auf Eis gelegt.

Die Deutschen wissen nur zu gut, daß ihre Bewegungsfreiheit von ihrem Platz auf der Landkarte definiert wird. Doch seit den achtziger Jahren wird die Sprache, in der bundesdeutsche Regierungen die Interessen ihres Landes vertreten, immer unbefangener.

Noch für Bismarck gab es als Antwort auf die exponierte geographische Lage Deutschlands nur eine starke Armee: »Gott hat uns in eine Situation gesetzt, in welcher wir durch unsere Nachbarn daran gehindert werden, irgendwie in Trägheit oder Verdumpfung zu geraten. Die Hechte im europäischen Karpfenteich hindern uns, Karpfen zu werden.«[18]

Seit Hitler drücken sich deutsche Regierungschefs differenzierter aus, wenn sie ihre Warnungen vor den Tücken der Geographie in Worte fassen. Die Ansprüche klingen nur gedämpft unter den Versicherungen, ihre Ziele seien allein Frieden und Verläßlichkeit. Adenauer meinte dazu: »Ein Sturz in den Abgrund, wie er uns Deutschen widerfuhr, zwingt zu der Einsicht, daß mit dem Gewesenen gebrochen werden muß. Mit verlorenen Illusionen können wir kein fruchtbares Leben führen.«[19]

Willy Brandt, Bundeskanzler von 1969 bis 1974, erhielt 1971 den Friedensnobelpreis für seine »Ostpolitik«, die die Beziehungen zwischen der Bundesrepublik und den Staaten des Ostblocks normalisierte und abgebrochene Brücken wiederaufrichtete. Anläßlich der Verleihung in Oslo erklärte er: »Ein guter Deutscher kann kein Nationalist sein.«[20]

Brandt hat die deutsche Sozialdemokratie 23 Jahre lang geführt und ist erst 1987 vom Parteivorsitz zurückgetreten. Seinen Osloer Ausspruch kommentierte er mir gegenüber: »›Nationalisme‹ im Französischen und ›Nationalism‹ im Englischen ist etwas anders als ›Nationalismus‹ im Deutschen. In unserer Geschichte ist Nationalismus verbunden mit etwas Aggressivem, Expansivem.«[21]

Helmut Schmidt, Bundeskanzler von 1974 bis 1982, pflegte zu sagen, daß die Bundesrepublik zwischen zwei Markierungen – Auschwitz und Berlin – steuern müsse. Das heißt daß die Deutschen weder die Teilung der Nation vergessen dürften noch das, was geschah, als diese zum letzten Mal geeint war. Schmidt vertritt den Standpunkt, daß die Geschichte Deutschland dazu zwingt, sich Westeuropa anzuschließen, aber nicht es anzuführen: »Die deutsche politische Klasse kommt nach Hitler, Auschwitz und Potsdamer Abkommen zur Führung nicht in Betracht.«[22]

In den achtziger Jahren begann dann die Mitte-Rechts-Regierung unter Helmut Kohl dem Westen zu signalisieren, daß die Bundesrepublik nicht länger gewillt sei, eine auch nur unterschwellige Diskriminierung um der Vergangenheit willen hinzunehmen, und daß der Westen weiterhin deren besondere Interessen zu respektieren habe, und dies sowohl in politischen und militärischen als auch in wirtschaftlichen Belangen. Obwohl die Bundesrepublik stets die Priorität ihrer Bindungen an den Westen betont, behält sich doch das Recht vor, interessiert nach Osten zu blicken. Die Löcher, die seit dem

November 1989 in der Mauer entstanden, haben dabei das Gesichtsfeld in für den Westen ungeahnter Weise ausgeweitet.

Eine der erkennbaren Folgen der Detente zwischen den Supermächten war die schwindende Bereitschaft in Deutschland, die engen Bindungen an die USA aufrechtzuerhalten. Immer stärker werden die Kräfte, die nach gleich guten Beziehungen zu beiden Seiten wenn nicht sogar nach Neutralität rufen. Nach einer Umfrage aus dem Jahr 1988 wollten sich nur noch 23 Prozent der Deutschen in starke Abhängigkeit zu den USA begeben gegenüber 47 Prozent im Jahr 1983. Eine Politik gleicher Distanz zu beiden Supermächten befürworteten 1988 70 Prozent gegenüber 41 Prozent drei Jahre zuvor.[23] 1989 fanden neun von zehn Bundesdeutschen Michail Gorbatschow vertrauenswürdig. Das Vertrauen in Präsident Bush war mit 58 Prozent beträchtlich geringer.[24] 1990 erklärten 56,6 Prozent der Bundesbürger, sie würden einen totalen Abzug der amerikanischen Streitkräfte aus der Bundesrepublik begrüßen, während sich 38,6 Prozent dagegen aussprachen. In der gleichen Umfrage plädierten 43 Prozent für den Verbleib eines vereinten Deutschland in der NATO, aber fast 50 Prozent würden die Neutralität bevorzugen.[25]

Gleichzeitig schwand in der Bundesrepublik die Popularität der Europäischen Gemeinschaft. Zwar war auch im Frühjahr 1990 nach wie vor eine Mehrheit von 65 Prozent – gegenüber 71 Prozent im Durchschnitt der Gemeinschaft – von den Vorteilen des Gemeinsamen Marktes überzeugt. Aber viele fürchten, daß der Ende 1992 zu schaffende Binnenmarkt Probleme für einige Bereiche der deutschen Wirtschaft bringen wird, die jetzt noch vor ausländischer Konkurrenz geschützt sind.[26] Außerdem scheint man allgemein zu erwarten, daß die Ausweitung des Gemeinsamen Marktes auf die Länder Südeuropas weitgehend vom deutschen Steuerzahler finanziert würde.[27]

Karl Otto Pöhl, der Bundesbankpräsident, der in den hitzigen Diskussionen um die Einführung einer europäischen Währungsunion im Verlauf der neunziger Jahre eine bedeutende Rolle spielt, stellt bei seinen Landsleuten einen zunehmenden Hang zum Egoismus fest: »Die Deutschen sind stolz auf ihre wirtschaftliche Rekuperation, nachdem wir am Boden lagen. Es gibt eine gewisse Abneigung gegen eine Erweiterung der europäischen Integration, weil die Deutschen befürchten, daß sie dafür bezahlen müssen. Bei der Frage der Währungsunion würde man einen sich daraus ergebenden Souveränitätsverlust eher hinnehmen. Die Hauptängste der Deutschen besteht darin, daß die anderen, weniger leistungsstarken Länder – die Italiener, die Portugiesen, die Spanier – in unsere Taschen fassen wollen.«[28]

In dem Maße, in dem die Skepsis bezüglich der europäischen Wirtschaftspolitik wächst, schwindet die Begeisterung für die politische Einigung Westeuropas. Während nach offiziellen Umfragen der EG 1974 43 Prozent der Bundesdeutschen die politische Einigung »sehr« befürworteten, sank dieser Zustimmungsgrad auf 38 Prozent im Jahr 1987 und gerade noch 27 Prozent Ende 1988,[29] ehe er im Frühjahr 1990 wiederum auf 40 Prozent anstieg.[30]

Jürgen Rufus, vormals bundesdeutscher Botschafter in London, dann Staatssekretär im Auswärtigen Amt, heute Botschafter in Washington, sagte 1987: »In den fünfziger, sechziger und siebziger Jahren konnten wir an ein vereintes Europa glauben. Nun wird die EG immer größer. Es ist kein Zufall, daß wir mehr nach Osten blicken.«[31]

Michail Gorbatschows Vision eines »Europäischen Hauses«, einer Friedensordnung vom Atlantik bis zum Ural, hat in der Bundesrepublik eine besondere Saite zum Schwingen gebracht. In Großbritannien und Frankreich sieht man sie eher mit Mißtrauen, denn in diesem Konzept findet sich zuwenig Raum für die USA. Außerdem steht zu befürchten, daß in diesem "Europäischen Haus« den Sowjets die Hausmeisterrolle zufallen würde. Hans-Dietrich Genscher, langjähriger FDP-Außenminister, teilt derlei Befürchtungen nicht. Genscher hat die »Ostpolitik« der Regierung Brandt/Scheel in die Praxis umgesetzt. 1987 war er der erste europäische Spitzenpolitiker, der Gorbatschows Reformkurs offen unterstützte. Genscher wurde 1927 in Sachsen geboren und begann seine politische Karriere in der ostdeutschen Liberalen Partei. Nach einem Jurastudium in Halle ging er 1952 in den Westen und machte bald Karriere als Bundestagsabgeordneter. Auf die Frage, warum er kein Kommunist geworden sei, antwortet er mit sächsischem Humor: »Weil ich Marx und Engels gelesen habe.« Nun, da sich der Marxismus auch in Moskau auf dem Rückzug befindet, tritt Genscher mit geradezu missionarischem Eifer dafür ein, die demokratischen Werte über ganz Europa zu verbreiten: »Nicht Willkür, sondern die Herrschaft des Rechts und Achtung der Menschenrechte müssen das ganze europäische Haus auszeichnen.«[32] Das Konzept des »Gemeinsamen europäischen Hauses« ist im Juni 1989 in eine von Gorbatschow und Kohl unterzeichnete Erklärung eingegangen und hat damit eine zusätzliche politische Dimension gewonnen. Das deutsch-sowjetische Dokument tritt für das Recht auf Selbstbestimmung »für alle Völker und Staaten« ein – eine Stellungnahme, die wie ein Vorzeichen auf die dramatischen Ereignisse anmutet, die sich in den folgenden zwölf Monaten in Ostdeutschland und im übrigen kommunistischen Europa vollzogen.

Auch Bundespräsident Richard von Weizsäcker hat auf diesem Gebiet seine Visionen, und wie jene Genschers basieren sie auf persönlichen Erlebnissen: »Das alte, das größere Europa gewinnt wieder Gestalt im Bewußtsein der Menschen. Die Zeit ist reif für eine offene Konzeption, die kein europäisches Volk ausschließt.«[33]

Als Soldat der deutschen Wehrmacht hat Weizsäcker einst an der neunhunderttägigen Belagerung Leningrads teilgenommen. Heute wünscht er sich die Bundesrepublik als Friedensmacht. 1987 sagte er in einer Rede in Leningrad: »Ich bin heute hier, um alles in meinen Kräften Stehende beizutragen, daß künftigen Generationen erspart bleibt, was der Krieg an Gewalt, Not und Tod mit sich gebracht hat.«[34] Dann erinnerte der Bundespräsident noch daran, daß Schostakowitsch seine 7. Symphonie, die »Leningrader« in der belagerten Stadt komponiert hatte und die Uraufführung in Reichweite der deutschen Geschütze stattfand – in demselben Konzertsaal, in dem 1824 Beethovens »Missa solemnis« zum ersten Mal erklang.

Genscher, der einen Großteil seiner Zeit im Flugzeug verbringt, hat als Neunzehnjähriger mit knapper Not eine Lungentuberkulose überstanden, und dies erklärt sowohl seine Unrast als auch seine ständig wiederkehrenden Gesundheitsprobleme.[35] Unter allen deutschen Politikern ist Genscher wohl der gewiegteste Taktiker. Keiner beherrscht wie er das Spiel auf mehreren Klavieren. Dies hat er 1982 unter Beweis gestellt, als er geschickt den Koalitionswechsel der FDP von der SPD zur CDU vorbereitete und damit Helmut Kohl zum Kanzler machte. Obwohl entschiedener Verfechter der europäischen Integration, schlägt Genschers Herz doch für Mitteleuropa, also jenes Gebiet, das etwa dem alten »Heiligen Römischen Reich« entspricht. Er hat nie die Bindung an seine sächsische Heimat verloren, und so verlief auch seine Rückkehr im Zuge des Wahlkampfs zu den Märzwahlen in der DDR – er hielt auf dem Marktplatz von Halle eine Wahlkundgebung ab – durchaus gefühlsbetont. Und kurz bevor im Juli 1990 die D-Mark als gesamtdeutsches Zahlungsmittel eingeführt wurde, war er schon wieder dort, um die Wiedereröffnung der Halleschen Niederlassung der Commerzbank feierlich zu begehen.

Anläßlich seiner ersten offiziellen Rede auf DDR-Gebiet unterstrich er die traditionellen deutsch-russischen Bindungen sowohl vor als auch nach der Oktoberrevolution. Gleichzeitig forderte er eine verstärkte Kooperation zwischen Ost und West in Wirtschaft und Technologie und erklärte: »Wir wollen die in der Geschichte so reiche und fruchtbare Verbundenheit zwischen Deutschen und Russen neu beleben.«[36] Mit dieser Feststellung spielte er etwa auf westdeutsche Industriegruppen an, die schon vor hundert Jahren enge Verbindungen mit dem zaristischen Rußland pflegten und nun im Zuge der Reformen Gorbatschows versuchen, die verschütteten Kanäle wieder zu öffnen.

Je fester die Bundesrepublik im Westen verankert ist, desto weiter kann sie die Brücken nach Osten schlagen – so Genschers politisches Credo. Doch er weiß auch, daß es für eine solche Politik, um im Bild zu bleiben, solider Materialien und einer ausgeklügelten Ingenieurskunst bedarf. Seine angeborene Fähigkeit, stets beide Seiten zu sehen, macht ihn für die USA, England und Frankreich bisweilen verdächtig,[37] doch ist sein Bemühen unschwer zu erkennen, sorgfältig jene Klippen zu umschiffen, an denen Deutschland in den vergangenen Jahrhunderten so oft gescheitert ist. Im Gespräch sagte er mir, Deutschland habe aus der Geschichte gelernt, daß sein Schicksal stärker mit dem Schicksal Europas verknüpft sei als das anderer europäischer Völker. Dies habe die deutsche Nachkriegspolitik begriffen. Man müsse sehen, daß alle Probleme, die Europa bedrückten, auf deutschem Boden zusammenkämen.[38]

Gorbatschows »Europäisches Haus« wird offenbar eine Wohngemeinschaft von Nationalstaaten. Würde es darin eine oder zwei deutsche Wohnungen geben? Lange Zeit war dies für Helmut Kohl eine schwierige Frage. Der Kanzler, der seinen Amtsvorgänger Schmidt während des politischen Aufruhrs 1981/82 um die Mittelstreckenraketen schwer kritisierte, da dieser damit die Beziehungen der Bundesrepublik zu den USA belaste, hat diese Nachrüstung schließlich durchgesetzt - gegen starke Opposition im eigenen Land. Die Entwicklung gab ihm recht, denn 1987 wurde seine unbeugsame Haltung durch die INF-Vereinbarung der Supermächte belohnt, nach der alle Mittelstreckenraketen aus Europa verbannt werden. Da aber alles zwei Seiten hat, bedeutet der Beschluß, nur noch Waffensysteme mit einer Reichweite bis zu 500 Kilometern in Europa zu stationieren, daß im Konfliktfall ebendiese Waffen alle in jener Region Europas einschlagen würden, die Kohl so gern als »Vaterland« bezeichnet. Schlimmer noch, geriet Kohl sogleich unter den Druck der USA und Großbritanniens, die auf Nachrüstung bei den Kurzstreckenwaffen drängten, um die NATO-Strategie der atomaren Abschreckung glaubwürdig zu halten. Und diese Raketen wären alle auf den Osten Deutschlands gerichtet. »Ich muß natürlich daran denken, daß ich Politik mache in Deutschland und daß 17 Millionen meiner Landsleute dort unter der Einwirkung des Warschauer Paktes leben ... Und im Hinblick auf die Kurzstreckenraketen ... Natürlich habe ich dabei zu bedenken, daß sie Deutsche treffen«[39], sagte er mir im Februar 1989.

Der Aufstieg Gorbatschows, die Abrüstungsfrage, die Bonner Verlautbarungen und der ernsthafte Wunsch vieler Deutscher, die Spaltung der Nation zu überwinden, haben die deutsche Frage wieder ins Bewußtsein der Weltöffentlichkeit gerückt, lange bevor die Fluchtwelle aus der DDR Schlagzeilen machte. Bonns latentes Streben nach nationaler Einheit hat bei den westlichen Verbündeten schon lange den Verdacht ausgelöst, die Bundesrepublik werde zu einem geeigneten Zeitpunkt ihre westlichen Partner im Stich lassen und auf die nationale Karte setzen. Kohl sieht sich daher ständig gezwungen zu betonen, daß es keinen nationalen Sonderweg der Deutschen geben wird.[40]

Als Adenauer in seiner ersten Regierungserklärung vor dem Deutschen Bundestag betonte, »Wir gehören zur westeuropäischen Welt«, da sprach er aus einer Position der Schwäche.[41] Denn er fürchtete, der amerikanische Isolationismus könnte die Westalliierten verleiten, das wirtschaftlich geschwächte und demoralisierte Westdeutschland in die Arme der Sowjets treiben zu lassen. Als aber Kohl 38 Jahre später die Möglichkeit eines deutschen Sonderwegs verneinte, tat er dies aus einer grundlegend veränderten Position.[42] Denn nunmehr hatte die Bundesrepublik so viel wirtschaftliche Macht, daß sie andere Lösungen zumindest ins Kalkül ziehen konnte. Kohl wollte damit die öffentliche Meinung im In- und Ausland von der Stetigkeit der bundesdeutschen Politik überzeugen, und er ließ daran auch gegenüber Gorbatschow keinen Zweifel: »Wir sind keine Wanderer zwischen den Welten«, erklärte er in Moskau,[43] er wiederholte diesen Satz gegenüber dem amerikanischen Präsidenten Bush, bezeichnete die Bundesrepublik gegenüber der französischen Zeitung »Le Monde« als nicht »einkaufbar« (sic!)[44] und erteilte Anfang 1990 dem »deutschen Sonderweg« abermals eine klare Absage:[45] Als er im Juli 1990 seine Pläne für einen weitreichenden Kooperationsvertrag mit der Sowjetunion im Rahmen seines Abkommens mit Gorbatschow über die deutsche Wiedervereinigung bekanntgab, stellte er fest: »Der Vergleich mit Rapallo ist nicht angebracht. Dies ist kein Sonderweg. Für die deutsche Vereinigung treten die beiden Weltmächte ein.«[46] Angesichts von Geographie und Geschichte ist diese Botschaft nicht so ganz glaubwürdig. Doch was bleibt ihm anderes übrig, als sie ständig zu wiederholen?

Die deutsche Teilung hat das Gleichgewicht der Kräfte in Europa sowohl erhalten als auch bedroht. Die Bundesrepublik ist einerseits der friedlichste, prosperierendste und stabilste Staat in der deutschen

Geschichte, aber das in der Verfassung festgeschriebene Gebot des Strebens nach Einheit zwang sie andererseits, die Axt an die Wurzeln ihres eigenen Erfolgs zu legen. Es ist noch nicht lange her, da schwang bei deutschen Politikern eine Mischung aus Sehnsucht und Furcht in der Stimme mit, sobald die Rede auf diese Frage kam. »Die Wiedervereinigung ist heute nicht auf der Tagesordnung. Sie würde zu Instabilität und der Gefahr einer Neutralisierung Deutschland führen«, sagte mir Wolfgang Schäuble, einer der engsten Berater Kohls, der im April 1989 Innenminister wurde, Anfang 1988. »Aber«, setzte er im nächsten Moment hinzu, »diese Trennung ist so widernatürlich.«[47]

Deutlicher wurde das Dilemma zwischen Ost und West im Frühsommer 1989. Genscher wandte sich entschieden gegen die Aufstellung neuer Kurzstreckenwaffen auf deutschem Boden und erklärte im Bundestag: »Und wenn es wahr ist, daß Ost und West eine Brücke des Vertrauens brauchen, dann müssen wir Deutsche den Hauptpfeiler dieser Brücke des Vertrauens bauen.« Seine, Genschers, Pflicht, alle Kräfte in den Dienst des deutschen Volkes zu stellen, ende nicht an der innerdeutschen Grenze.[48] Und Richard von Weizsäcker sagte in seiner Ansprache zum vierzigsten Geburtstag der Bundesrepublik: »Damit stehen wir im Westen vor einer gewaltigen Probe. Unter den Bedingungen des Kalten Krieges war es leicht, einig zu sein. Es wird unbequemer, wenn die Welt nicht mehr so deutlich Auskunft gibt, wer für uns und wer gegen uns ist.«[49]

Sowohl die Deutschen als auch die vier Siegermächte haben mit der Wiedervereinigung stets sowohl offene als auch verdeckte Ziele verfolgt. Öffentliche Erklärungen zu diesem Thema enthielten nie die ganze Wahrheit. Seit 1945 haben die USA, Großbritannien und Frankreich keinerlei Anstalten gemacht, mit einem der deutschen Staaten zu einem vertraglichen Frieden zu kommen, weil dies die Teilung festschreiben würde. Aber sie waren auch nie bereit, die Wiedervereinigung auf einer Grundlage zu akzeptieren, die die Einbindung der Bundesrepublik ins westliche Bündnis in Frage gestellt hätte.[50]

In den fünfziger Jahren versuchte Moskau auf die Schaffung eines wiedervereinigten Deutschland hinzuwirken, das eine Demokratie nach sowjetischem Muster, also den Kommunismus, verwirklichen sollte. Doch obwohl von dieser Seite später alles unternommen wurde, um die Souveränität der DDR zu stärken, hat Moskau nie den Versuch unternommen, mit Ost-Berlin zu einer separaten Friedensregelung zu kommen. Auch in der Sowjetunion blieb also die Vorstellung von einer deutschen Nation durchaus lebendig.

Komplizierter ist da schon die französische Position, da die unmittelbare Nachbarschaft Frankreichs zur Bundesrepublik eine ambivalentere Haltung hervorrufen muß als die relative Distanz Großbritanniens und der USA zu ihrem mitteleuropäischen Verbündeten. Frankreich hat seit 1870 drei deutsche Invasionen hinnehmen müssen, war aber andererseits auf ein starkes, westlich orientiertes Deutschland als Pufferstaat gegen den Warschauer Pakt angewiesen. So fürchtet Frankreich sowohl die Macht eines vereinigten Deutschland als auch den Dauerfrust einer langfristig geteilten Nation.[51] So hat Paris seinen eigenen politischen Weg eingeschlagen, um ein Abdriften der Bundesrepublik nach Osten zu verhindern. Dieser besteht in einer weitgehenden bilateralen Harmonisierung der Finanz- und Verteidigungspolitik. Hierzu haben Bonn und Paris entsprechende Auschüsse eingerichtet, deren Effizienz sich freilich erst noch herausstellen muß. Ein wiedervereinigtes Deutschland aber wird nicht nur Frankreichs Verteidigungspositionen erschüttern, sondern auch einen verstärkten Druck auf die französische Wirtschaft ausüben. So befindet sich Frankreich bereits heute in einem Stadium spürbarer Besorgnis vor einer Zukunft, in der das Zusammenleben mit dem großen Nachbarn im Osten erheblich schwieriger werden dürfte.

Im Frühjahr 1952 hatte Stalin den drei anderen Siegermächten Noten zukommen lassen, in denen er den Abschluß eines Friedensvertrages vorschlug, der eine Wiedervereinigung und Neutralisierung Deutschlands festschreiben sollte. Sollte etwa Gorbatschow auf die seinerzeit nur allzu klare Strategie der Sowjets zurückgreifen, sich durch Wiederherstellung eines geeinten, neutralen Deutschland Zugriff auf Mitteleuropa zu verschaffen? Lange hat er sich entschlossen gegen jede Veränderung des Status quo gestemmt und erklärt, alle Versuche, die durch die Geschichte hervorgebrachten politischen Realitäten ändern zu wollen, seien unkalkulierbar und gefährlich.[52] Zwei Tage nach diesem Statement anläßlich eines Banketts im Kreml fragte ich Kanzler Kohl während einer Pressekonferenz, ob er die Wiedervereinigung persönlich erleben würde, und er antwortete: »Wahrscheinlich werde ich sie nicht erleben.«[53] Als ich Bundeskanzler Kohl im Februar 1989 fragte, ob er für die nähere Zukunft eine Initiative der Sowjets zur Deutschlandpolitik erwarte, wischte er den Gedanken brüsk vom Tisch: Dies gehöre in den Bereich den Phantasie, Gorbatschows Interessenlage sei eine völlig andere.

Gegenüber den westlichen Mächten genießen die Russen einen entscheidenden Vorteil: Sie können Berlin, das bis 1994 von sowjetischen Truppen umringt bleiben wird, als Faustpfand verwenden, um sich so ihren strategischen Einfluß im künftigen »europäischen Haus« zu sichern. Dies mag ihnen das Einlenken in der Deutschen Frage erleichtert haben. Denn noch 1987 meinte Gorbatschow zum Thema Wiedervereinigung: »Was in hundert Jahren sein wird, das soll die Geschichte entscheiden.«[54] Doch der Geschichte wurde die Zeit zu lang, und schon zwei Jahre später mußte Gorbatschow einräumen, es gebe »ein gewisses Einverständnis darüber, daß die Vereinigung der Deutschen niemals und von niemandem in Zweifel gezogen«[55] werde. Als Kohl wenig später nach Moskau flog, ging der Russe noch ein Stück weiter und erklärte, daß es »das alleinige Recht des deutschen Volkes« wäre zu entscheiden, ob es in einem Staat leben wolle.[56] Die Sowjetunion gab grünes Licht für die Einheit. Im Juli 1990 reiste Kohl abermals in die Sowjetunion, um eine Einigung mit Gorbatschow über die NATO-Mitgliedschaft des vereinten Deutschland zu erzielen, und der Pragmatiker Gorbatschow begründete seine 180-Grad-Wendung wie folgt: »Wir haben Realpolitik gemacht... Wir fühlen, daß wir zusammengehören.«[57] Zu diesem Zeitpunkt war die Zustimmung zur NATO-Mitgliedschaft Gesamtdeutschlands für Gorbatschow weniger ein Rückzieher als ein Entgegenkommen. Schon zwei Monate zuvor hatte ihm Kohl versichert, daß die Sowjetunion von der NATO nichts zu befürchten habe: »Unsere Verteidigungsallianz ist kein Selbstzweck, sondern ein Spiegel der politischen Lage. Ändert sich diese, so ändert sich das Bündnis. Die Allianz von morgen wird deshalb eine andere sein, als wir sie heute kennen.«[58]

Im April 1955, einen Monat vor dem Beitritt der Bundesrepublik zur NATO, hielt der damalige Vorsitzende des Bundestagsausschusses für auswärtige Angelegenheiten und spätere Bundeskanzler Kurt Georg Kiesinger vor der Jahresversammlung der Deutsch-Englischen Gesellschaft in Königswinter eine denkwürdige Ansprache. Unter dem Titel »Im Kraftfeld zwischen Ost und West« führte er aus, daß die von Bundeskanzler Adenauer eingeleitete Politik der Westintegration eine Sogwirkung auslösen würde, der sich auch der andere Teil Deutschlands nicht würde entziehen können und die innerhalb weniger Jahre zu Wiedervereinigung führen müsse. Dabei rief er aus: »Wählt euere Freunde! Das ist tatsächlich etwas, das man meiner Meinung nach meinen Landsleuten nicht oft genug sagen kann. Unsere Geschichte im letzten halben Jahrhundert seit Bismarcks Abgang war diesbezüglich ein Fehlschlag.«[59]

Es kann keinen Zweifel daran geben, daß die Wahl in den Nachkriegsjahrzehnten auf den Westen gefallen ist. Der erste entscheidende Schritt war die Gründung der Montanunion, der europäischen

Gemeinschaft für Kohle und Stahl, in den Jahren 1951–52. Mit den Römischen Verträgen von 1957 zwischen der Bundesrepublik, Frankreich, Italien, den Niederlanden, Belgien und Luxemburg wurden die politischen und wirtschaftlichen Bindungen ausgebaut. Diese sollten die Nachkriegsideale von Frieden und Freiheit sichern helfen – ein Leitmotiv, das wieder beschworen wurde, als die Gemeinschaft um die neu entstandenen Demokratien Griechenland, Portugal und Spanien erweitert wurde. Deutschland stützte die französiche Landwirtschaft und gewann im Gegenzug Märkte für seine aufblühende Investitionsgüterindustrie. Und ungeachtet aller Unkenrufe erwies sich der gemeinsame Agrarmarkt letztlich als Segen auch für die bundesdeutschen Bauern – wenn auch auf Kosten des Steuerzahlers.

Auf dem Militärsektor setzte Adenauer seit den frühen fünfziger Jahren auf eine gemeinsame Europaarmee durch die EDC (European Defence Community). Doch die französichen Nationalversammlung lehnte einen entsprechenden Vertrag 1954 ab. Tatsächlich war die Wiederbewaffnung auch in der Bundesrepublik selbst höchst unpopulär und von einigen Nachbarn wurde sich höchst mißtrauisch beobachtet. Als aber die Bundesrepublik 1955 der NATO beitrat, schritt der Aufbau der Bundeswehr – gedacht als eine Streitmacht von »Bürgern in Uniform« – zügig voran. Schon 1954 hatte Bonn auf die Herstellung nuklearer, chemischer oder biologischer Waffen verzichtet – nicht aber auf deren Erwerb oder Besitz. Die Bundeswehr verfügt über Land-, See, und Luftstreitkräfte, nicht aber über einen eigenen Generalstab. Denn im Konfliktfall soll sie der NATO unterstellt werden. Ihre Höchststärke im Frieden wurde auf 500 000 Mann begrenzt – entsprechend der Stärke der Reichswehr nach Einführung der allgemeinen Wehrpflicht 1936. Dieser Stand wurde jedoch erst in den siebziger Jahren erreicht.

Nachdem General de Gaulle 1958 wieder an die Macht gekommen war, ergaben sich weitere Probleme durch die Differenzen über Verteidigungsfragen zwischen Frankreich und den USA. 1963 besiegelten Adenauer und de Gaulle dann mit dem deutsch-französischen Vertrag die bilaterale Zusammenarbeit zwischen den beiden Staaten – auch wenn Frankreichs Reibereien mit den USA und dessen Widerstand gegen einen EG-Beitritt Großbritanniens die in diesem Vertrag angelegten Möglichkeiten einschränkten. Bonn war seitdem hin- und hergerissen zwischen der Loyalität zu den USA und dem Wunsch nach intensiverem europäischem Zusammenwirken – um so mehr, als Frankreich mehr und mehr zu strategischer Unabhängigkeit drängte, was sich 1966 im Austritt aus dem gemeinsamen

NATO-Oberkommando niederschlug. Adenauers Position wurde dabei zusätzlich erschwert durch den innerparteilichen Machtkampf mit dem »Atlantiker« Ludwig Erhard, der ihn 1963 als Bundeskanzler ablöste.

Daß Adenauer auf die westliche Integration setzte, um die Expansion des Kommunismus einzudämmen, war im Prinzip wohl richtig, aber er hatte dabei mit der massiven Opposition Kurt Schumachers zu rechnen, der nach dem Krieg an die Spitze der SPD getreten war. Schumacher war der Sowjetunion gegenüber zwar nicht weniger mißtrauisch, fürchtete aber, daß die Westalliierten die Bundesrepublik nur als Werkzeug benutzen und daß allzu enge Bindungen an den Westen den Weg zur Wiedervereinigung versperren würden. Unter diesem Druck gelang Adenauer ein diplomatischer Balanceakt von Bismarckschem Format. Er mußte seine westlichen Partner davon überzeugen, daß die Integration der einzige Weg zur Stabilisierung der Bundesrepublik darstellte, aber gleichzeitig keine Gefahr eines neuen deutschen Militarismus bestand. Und er mußte die Tür zur Wiedervereinigung offenhalten.

Hatte Schumacher recht, wenn er Adenauer vorwarf, dessen Beschwörungen der Wiedervereinigung seien nur ein zynischer Bluff, um dem Volk die Wiederbewaffnung und Bindung an den Westen schmackhaft zu machen? Gewiß, Adenauer hatte sich stets nach dem Westen orientiert – schon um dem dominierenden Einfluß Preußens in Deutschland entgegenzuwirken, und seine Nachkriegspolitik setzte in gewisser Weise Tendenzen fort, die er schon in den zwanziger Jahren als Bürgermeister von Köln hatte erkennen lassen, als er sich für ein von Preußen unabhängiges Rheinland eingesetzt hatte. Bereits Ende der vierziger Jahre nahm er im Gespräch Formulierungen vorweg, wie sie vier Jahrzehnte später im Programm der Europäischen Gemeinschaft für den Binnenmarkt standen: »Ich sehe die endgültige Lösung in der Schaffung eines gewaltigen Binnenmarktes in Westeuropa, das heißt eines einheitlichen Marktes, der England, Belgien, Holland, Luxemburg und Deutschland umfassen sollte.«[60]

Schumacher vertrat die These, daß Westintegration und Wiedervereinigung einander ausschlössen. Tatsächlich stand Adenauers harte Linie gegenüber dem Osten der Wiedervereinigung unüberwindlich im Wege, insbesondere die unglückliche »Hallstein-Doktrin«, nach der die Bundesrepublik zu allen Staaten die diplomatischen Beziehungen abbrach, die auch die DDR anerkannten. Zur gleichen Zeit geriet das große Ziel eines föderativ strukturierten Europa außer Reichweite, und unter diesem Umstand litt die Glaubwürdigkeit sowohl des Kanzlers als auch dessen Partei. So wurde der

Weg frei für eine Politik des Dialoges mit der DDR, die schon unter der Großen Koalition einsetzte. Kurt Georg Kiesinger war der erste Bundeskanzler, der ein offizielles Schreiben eines DDR-Politikers – in diesem Fall des DDR-Ministerpräsidenten Willi Stoph, beantwortete. Als dann die sozialliberale Koalition der Regierung Brandt-Scheel an die Macht kam, wurde der Ausbau der »Ostpolitik« zum außenpolitischen Hauptziel. In umfänglichen Vertragswerken mit Polen und der Sowjetunion (1970) sowie der Tschechoslowakei (1973) wurden die Nachkriegsgrenzen anerkannt und die politischen und wirtschaftlichen Beziehungen auf eine solide Basis gestellt. Die deutsch-deutschen Beziehungen regelte der Grundlagenvertrag von 1972. Damit wurde die Eigenstaatlichkeit der DDR formal anerkannt, wenngleich sie gegenüber der Bundesrepublik nicht als Ausland angesehen wurde.

Adenauers Grundprinzip, daß die Bundesrepublik ihre Beziehungen zum Ostblock nur auf der Basis der Westintegration ausbauen könne, wurde von allen nachfolgenden Bundesregierungen stillschweigend übernommen. Der Unterschied lag darin, daß sich alle folgenden Regierungen von Brandt bis Kohl gleichermaßen an den Maximen Egon Bahrs orientierten, die dieser in bemerkenswert weitsichtiger Weise bereits 1963 ausgebreitet hatte. Bahr, der später zum wichtigsten außenpolitischen Berater Brandts aufstieg, hatte ausgeführt, daß die Teilung Deutschlands durch den permanenten Druck, den Bonn auf Ost-Berlin ausübe, nur vertieft werde. Auch die USA hätten erkannt, daß der Kommunismus nicht eliminiert und kaum geändert werden könne. Auch Bonn müsse dies anerkennen. Zwar klänge es paradox, aber die einzige Möglichkeit, den Status quo zu ändern, sei, ihn zunächst anzuerkennen. Die Chance der deutschen Politik liege in einem »Wandel durch Annäherung«.

Die Christdemokraten brandmarkten Bahrs Worte in den sechziger Jahren als Betrug – sie handelten in den achtziger Jahren aber nach seinen Maximen. Auch die Politik der Regierung Kohl mit all ihren finanziellen, ökonomischen und technologischen Hilfeleistungen für die DDR basiert auf diesem Denkansatz.

In jener Rede hat Bahr das Schlüsselproblem für Reformen in der DDR herausgearbeitet: »Nun kann es kaum einen Zweifel geben, daß Änderungen in der Zone besonders schwer zu erreichen sind. Die Zone ist in der politischen Entwicklung zurückgebliebener als Polen, Ungarn und die Sowjetunion. Und das hat seine Gründe. Ulbricht konnte sich halten, nicht obwohl, sondern weil er der letzte Stalinist ist. Die Erfahrungen des Jahres 1953 haben dem Kreml gezeigt, wie gefährlich es in seinem Sinn ist, wenn in der deutschen

Zone Erleichterungen für den Menschen gewährt werden. Denn gerade weil es sich um den Teil eines gespaltenen Volkes handelt, schlagen, anders als etwa in Polen oder der Sowjetunion, soziale und wirtschaftliche Forderungen sofort um in politische und nationale.«[61]

Bahr hat 1972 im Auftrag Willy Brandts den Grundlagenvertrag mit der DDR ausgehandelt. In den achtziger Jahren vollzog er eine Art »Kehrtwende«, als er die offizielle Haltung der Regierung in der Wiedervereinigungsfrage heuchlerisch nannte und vorschlug, beide deutsche Staaten sollten mit den Siegermächten des Zweiten Weltkriegs separate Friedensverträge abschließen. Von den revolutionären Ereignissen in der DDR Ende 1989 wurde er, wie auch der Rest der SPD-Spitze, völlig überrascht. Dabei hätte er nur in seiner Rede aus dem Jahr 1963 blättern müssen. Denn dort heißt es sehr richtig: »Heute ist klar, daß die Wiedervereinigung nicht ein einmaliger Akt ist, . . . sondern ein Prozeß mit vielen Schritten und vielen Stationen.«

Ein Paket von Verträgen, das Rechte und Pflichten in Wirtschaft und Verteidigung genau definiert, bindet die Bundesrepublik an den Westen. In diesen beiden Bereichen jedoch verlagern sich die deutschen Interessen derzeit eindeutig von den USA hin zu Europa. In den westlichen Anstrengungen, den deutschen Drang nach Osten im Zaum zu halten, stehen jetzt die Franzosen an vorderster Front. Dabei stellt die europäische Zusammenarbeit in Währungsfragen einen Hauptertolg der deutsch-französischen Achse dar. Herzstück dieser Kooperation ist das Europäische Währungssystem (EWS), das 1979 auf Initiative des deutschen Bundeskanzlers Helmut Schmidt und des französischen Präsidenten Valery Giscard d'Estaing ins Leben gerufen wurde. Das EWS war ein wesentlicher Teil dessen, was Schmidt später gern seine »große Strategie zur europäischen Einigung« genannt hat.[62] Hinter dieser Politik habe jedoch unausgesprochen die Absicht gestanden, die Bundesrepublik noch fester im westlichen Bündnis zu verankern – ein weiterer Beweis für die Kontinuität der westdeutschen Politik nach Adenauer. Es ist unzweifelhaft, daß Westeuropa und besonders die Bundesrepublik durch das EWS in der internationalen Finanzpolitik erheblich an Gewicht gewonnen haben, und die währungspolitische Abnabelung von den USA lief auffällig parallel zu den Anstrengungen der Bundesrepublik, mit Hilfe der »Ostpolitik« größere außenpolitische Bewegungsfreiheit zu erlangen.

Das EWS, dem als Vollmitglieder die Bundesrepublik, Frankreich, Spanien, Italien, Belgien, Luxemburg, die Niederlande, Irland, Dänemark und seit Oktober 1990 auch Großbritannien angehören, ermöglicht es den jeweiligen Zentralbanken, ihre Währungen innerhalb bestimmter flexibler Grenzen durch finanzpolitische Maßnahmen stabil zu halten. Das Ziel war, in Westeuropa eine Zone weitgehender währungspolitischer Stabilität zu schaffen und nach Abschaffung des Bretton-Woods-Systems der fixierten Wechselkurse 1971–73 auch die Abhängigkeit vom nunmehr frei fluktuierenden Dollar zu reduzieren. Trotz gelegentlicher Kursschwankungen, die periodische Aufwertungen der DM und Abwertungen des französischen Franc erforderlich machten, hat das EWS im letzten Jahrzehnt alle darein gesetzten Erwartungen mehr als erfüllt, hat es doch die Mitgliedsstaaten dazu gezwungen, eine annähernd übereinstimmende antiinflationistische Finanz- und Geldpolitik zu betreiben. Sie konnten somit kaum anders als sich der Politik der deutschen Bundesbank anzuschließen, was zwar in Frankreich und Italien zu einigen Irritationen geführt, insgesamt den wirtschaftspolitischen Einfluß der Bundesrepublik aber spürbar erhöht hat.[63] Insgesamt ist es jedoch ein entscheidender Schritt auf dem Weg zur vollen Wirtschaftsunion nach 1992.

Für die Bundesrepublik hat das EWS entscheidend dazu beigetragen, deren Stellung als führendes Exportland der Welt zu konsolidieren.[64] Seit der Gründung des Gemeinsamen Marktes im Jahre 1957 hat das Land seine Marktpräsenz in Europa massiv ausgebaut. Rund 55 Prozent des Exports gehen in die Europäische Gemeinschaft; rund siebzig Prozent des Handelsbilanzüberschusses, der 1989 auf die Rekordsumme von 135 Milliarden DM anstieg, entfallen auf den Handel mit EG-Mitgliedern.

Der große Schritt in Richtung auf Europa, den das EWS bewirkte, ging einher mit einer Reihe von Differenzen mit den USA über wirtschaftliche, technologische und strategische Frage. Besonders in den siebziger Jahren gab es eine Reihe von Reibereien über Wirtschaftsfragen, doch genügte in der Regel ein Hinweis auf die amerikanischen Sicherheitsgarantien für Berlin, um die Streitpunkte vom Tisch zu wischen. Heute freilich haben die bundesdeutschen Politiker gelernt, daß es durchaus populär sein kann, die Amerikaner in ihre Schranken zu weisen. So konterte man deutscherseits die in den achtziger Jahren laut werdende amerikanische Kritik am Nachlassen des bundesdeutschen Wirtschaftswachstums gern mit wohlmeinenden Ratschlägen zur Reduzierung des chronischen Haushaltsdefizits der USA.

Ein weites Feld für Meinungsverschiedenheiten bietet sich auch im Bereich des Spitzentechnologie-Exports. Um die sowjetischen Fortschritte an militärisch verwertbarem Know how etwa in der Computer- oder Telekommunikationstechnologie einzudämmen, plädierten die USA für rigorosere Beschränkungen im Handel mit dem Ostblock, als den Deutschen lieb sein konnte. Schon 1963 unterband Bonn auf Veranlassung Washingtons ein gigantisches Geschäft mit Mannesmann-Stahlröhren für sowjetische Pipelines. Das Embargo zog sich bis in die siebziger Jahre hin und bewies ein Außmaß bundesdeutscher Willfährigkeit, wie es heute nur noch schwer vorstellbar ist. Ähnliche Differenzen ergaben sich in den frühen achtziger Jahren über den Bau einer Gas-Pipeline zum Export sibirischen Erdgases nach Europa. In der Bundesrepublik hält man solche Maßnahmen für wirtschaftsschädigend, da sie die europäische Industrie zur Selbstbeschränkung beim Osthandel zwingen. So fallen bundesdeutschen Politikern immer neue Argumente für den Abbau der Handelsbeschränkungen ein – schon um Gorbatschow bei seinen Bemühungen um einen Wiederaufbau der sowjetischen Wirtschaft zu unterstützen. Derzeit macht der Osthandel freilich nur etwas über vier Prozent des bundesdeutschen Außenhandels aus. Er dürfte jedoch in den nächsten Jahren zu einem Stützpfeiler für die Wirtschaftsreformen in der Sowjetunion und in Osteuropa anwachsen.

Das größte Zwietrachtpotential zwischen Bonn und Washington tut sich allerdings auf dem Verteidigungssektor auf. Die Politik des Kreml zur Rüstungsbeschränkung zielt auf den Abzug aller nuklearen Waffen von deutschem Boden ab – ein Schritt, in dem Washington, Paris und London eine entscheidende Schwächung der Verteidigungsfähigkeit der NATO sehen. Schon hinter der Krise um die Nachrüstung mit Mittelstreckenwaffen Anfang der achtziger Jahre witterten die US-Strategen ein russisches Komplott, um die Bundesrepublik von der NATO abzuspalten. In der gegenwärtigen Phase wird man mit den Deutschen freilich etwas rücksichtsvoller umgehen müssen. Denn während Breschnew noch säbelrasselnd immer neue Raketen aufstellen ließ, winkt Gorbatschow mit Frieden und Abrüstung.

Gorbatschows Popularität hat die Bundesdeutschen ermutigt, eine Art »Sicherheitspartnerschaft« mit Moskau anzustreben. Hinzukommt, daß der permanente Druck des amerikanischen Kongresses, die in der Bundesrepublik stationierten US-Truppen zu reduzieren, aus Budgetgründen nach der Wiedervereinigung noch zunehmen wird. Schon haben Frankreich und die Bundesrepublik damit begonnen, Möglichkeiten für eine verstärkte militärische Kooperation zu beraten, um die zu erwartende Schwächung der US-Präsenz zu kompensieren. Dem steht jedoch entgegen, daß Frankreich nicht in der militärischen Struktur der NATO vertreten ist und daß für die französischen Nuklearstreitkräfte eine überzeugende Position im gemeinsamen Verteidigungskonzept erst noch gefunden werden muß. Frankreich hat auch keinerlei Absichten, seine Nuklearwaffen für die Bundesrepublik in die Waagschale zu werfen. Statt dessen konzentrieren sich beide Partner auf die konventionellen Streitkräfte. Beide Staaten stellen derzeit in Süddeutschland eine gemeinsame Brigade auf, die Frankreichs Präsenz auch östlich des Rheins symbolisieren soll.

Als überzeugende Vorbereitung auf den »Tag X«, an dem die USA einen großen Teil ihrer Kontingente abziehen werden, kann dies jedoch nicht gelten.

Emotional sind sich die beiden Nachbarn jedoch sehr nahegekommen. Nach einer Umfrage, die in Bonn und Paris gleichermaßen erfreut aufgenommen worden ist, halten 67 Prozent der Bundesdeutschen Frankreich für ihren besten Freund, und 54 Prozent der Franzosen denken ebenso von der Bundesrepublik.[65] Doch aus dem französischen Wunsch nach einer engeren bilateralen Bindung spricht auch die Sorge über die zunehmend interessierten Blicke der Bundesdeutschen in Richtung Osten. Schon 1965 verstieg sich Präsident de Gaulle zu folgender Betrachtung: »Deutschland hat ein Gefühl der Angst, manchmal der Wut, das aus seiner Unsicherheit über seine Grenzen, seine Einheit, seine politische Regierungsform, seine internationale Rolle hervorgerufen wurde. Sein Schicksal erscheint für den ganzen Kontinent um so beunruhigender, weil es unberechenbar bleibt.«[66]

Ein hoher Beamter im Elysée-Palast hat einmal die Rolle Deutschlands in der NATO mit einem unglücklichen Schulkind verglichen, das ständig bezweifelt, daß seine Klassenkameraden es auch mögen. Und ein europäischer Botschafter in Bonn meinte lapidar: »Die Deutschen akzeptieren, daß ihnen die Franzosen nicht trauen. Auf dieser Grundlage gehen sie in die Partnerschaft.«

Präsident Mitterand hat Europa aufgerufen, sich mit dem deutschen »Blick nach Osten« als einer natürlichen Folge der Geschichte und geographischen Lage Deutschlands abzufinden: »Warum sollte es nicht eine besondere Rolle in Anerkennung seiner historischen Realität spielen? Diese verpflichtende Inanspruchnahme darf nicht mit Neutralität verwechselt werden.«[67] Als sich dann Ende 1989 der Umschwung in der DDR vollzog, ließ Mitterand keinen Zweifel daran, daß er die kommende Wiedervereinigung als einen Akt der Selbstbestimmung betrachtet: »Die Hauptsache ist der Wille und die Entschlossenheit des Volkes ... Ich habe vor der Wiedervereinigung keine Angst.«[68] An anderer Stelle wies Mitterand aber auch auf die

Grenzen eines solchen Prozesses hin: »Der Wille des Volkes kann nichts ohne die Zustimmung der Staaten – der deutschen Staaten und der Staaten, die den Status Deutschlands garantieren.[69] Bei einem vorweihnachtlichen Besuch in der DDR befürchtete er angesichts der Ereignisse eine Störung des Gleichgewichts in Europa und befürchtete »Probleme« für die auf deutschem Boden stationierten Streitkräfte der vier Siegermächte, denn »die Vier haben immer noch einiges zu sagen«.[70]

Einige Berater Mitterands äußerten sich weniger zurückhaltend. Einer davon ist Pierre Beregovoy, der französische Finanzminister, ein langjähriger Vertrauter des Präsidenten, der im Zweiten Weltkrieg von den Deutschen deportiert worden war. Beregovoy warnte, daß die Sowjetunion »ein von den Deutschen demontiertes Mitteleuropa nicht akzeptieren werde« und fügte angesichts der deutschen Einheitsbestrebungen mit unverhohlener Skepsis hinzu: »Ich bin einer von denen, die die Folgen des großen deutschen Reiches erlebt haben.«[71] Und Verteidigungsminister Jean Pierre Chevènement stieß ins gleiche Horn, als er sagte: »Die Europäer wollen nicht wieder durch ein sehr großes Deutschland ins Ungleichgewicht gebracht werden.«[72]

Ein gut informierter Deutscher, der volles Verständnis für die französischen Sorgen aufbringt, ist der SPIEGEL-Herausgeber Rudolf Augstein, der wohl als Deutschlands einflußreichster Journalist gelten darf. Augstein hat sich nicht vorbehaltlos für eine Wiedervereinigung eingesetzt. Zwar stand er in den fünfziger Jahren in Opposition zur Politik Adenauers, da er, in Übereinstimmung mit Schumacher, Westintegration und Wiedervereinigung für unvereinbar hielt, aber er war es auch, der mit einer konsequenten Pressekampagne seines Magazins 1972 der Regierung Brandt den Weg bereitete zur Anerkennung der Eigenstaatlichkeit der DDR. Schon im Januar 1952 hatte er die Scheinheiligkeit der offiziellen Bonner Wiedervereinigungspolitik gegeißelt und festgestellt, daß das Ziel der Wiedervereinigung nicht vereinbar sei mit den Plänen zur westeuropäischen Wirtschaftsintegration: »Wenn wir den Schumann-Plan ratifizieren, haben wir uns auf fünfzig Jahre von der Sowjet-Zone separiert.«[73] Ende 1988, fast ein Jahr vor den historischen Ereignissen im November 1989, führte er mir gegenüber aus: »Die Annäherung hat die Teilung verfestigt. Das nehmen wir aber in Kauf. Keine Macht der Welt könnte verhindern, daß die Bevölkerung der DDR sich mit der BRD zusammenschließen würde, wenn die Russen sie verlassen würden.« Die Bürger der DDR hätten sich in der Vergangenheit eher als Kommunisten gesehen. Jetzt seien sie Deutsche, und wenn die

SED-Regierung sie nur ausreisen ließe, gäbe es nicht genügend Treppen für den Exodus über die Mauer.[74]

Diese Worte erscheinen prophetisch. Die Berliner Mauer brach unter dem Gewicht der fliehenden Ostdeutschen, und Deutschland war nicht länger der Brennpunkt des europäischen Magnetfelds – es ist selbst zum Magnet geworden.

IV
Die unsichere Demokratie

Ich spreche nachdrücklich meine Überzeugung aus, daß das deutsche Volk niemals eine Liebe zur Demokratie entwickeln kann, aus dem einfachen Grund, weil es Politik nicht lieben kann; der vielbeschriebene Obrigkeitsstaat bleibt für das deutsche Volk die geeignetste Staatsform. Er ist auch die, nach der es sich sehnt.

Thomas Mann, 1918[1]

Die politische Sozialisierung der Deutschen ist unvollständig ... Die demokratischen Institutionen werden zwar akzeptiert; aber sie bleiben äußerlich, fern, letztlich gleichgültig.

Ralf Dahrendorf, 1965[2]

Nicht ein starkes, sondern ein wirtschaftlich schwaches Deutschland ist eine Gefahr für die Demokratie.

Willy Brandt, 1990[3]

Die Einführung der parlamentarischen Demokratie in Westdeutschland ist das Ergebnis eines der ungewöhnlichsten Vorgänge in der Geschichte: einer Revolution von außen. Dies meinte Theodor Heuss, als er 1949 in seiner Antrittsrede als Bundespräsident erklärte: »Es ist das geschichtliche Leid der Deutschen, daß die Demokratie von ihnen nicht erkämpft wurde, sondern als letzte, als einzige Möglichkeit der Legitimierung eines Gesamtlebens kam, als der Staat in Katastrophe und Krieg zusammengebrochen war.«[4]

Dieses Manko mag in Vergessenheit geraten sein, aber es besteht weiter. Das eigentliche Nachkriegswunder Deutschlands ist allerdings, daß die neuen politischen Institutionen Vertrauen fanden. Allerdings ist der Boden, in dem dieses Vertrauen wurzelt, lockerer als irgendwo sonst, und entsprechend anfälliger erscheint es. »Wir Deutschen bleiben ein gefährdetes Volk, das der Orientierung bedarf«, sagte Helmut Schmidt 1986 in seiner Abschiedsrede vor dem Deutschen Bundestag.[5] Sie ist also immer noch nicht ganz selbstverständlich, diese deutsche Demokratie, auch wenn die Bundesdeutschen soeben im Begriff sind, sie auch im Osten einzuführen.

Auf der Suche nach einem mustergültigen Repräsentanten des modernen parlamentarischen Systems in der Bundesrepublik wäre man noch vor wenigen Jahren nicht an Uwe Barschel vorbeigekommen. Im Alter von nur 38 Jahre übernahm der fähige und gutaussehende CDU-Mann das Amt des Ministerpräsidenten von Schleswig-Holstein, dem nördlichsten Bundesland. Als ich ihn im Frühjahr 1987 in Kiel traf, stand er auf dem Höhepunkt seiner politischen Karriere:[6] ein erfolgreicher Anwalt, verheiratet mit einer Bismarck, der sich unter Großindustriellen wie unter Technokraten gleichermaßen mühelos bewegte. Barschel vereinte alten norddeutschen protestantischen Geldadel mit jugendlichem Schwung und brennendem Ehrgeiz. Sein erklärtes Ziel war, das kleine Agrarland zwischen Nord- und Ostsee in ein Tor zur Welt zu verwandeln. Verglichen mit stark zentralisierten Ländern wie Großbritannien läßt der bundesdeutsche Föderalismus den Landespolitikern verhältnismäßig viel Spielraum, und Barschel war fest entschlossen, diesen zu nutzen.

Bereits mit 16 Jahren engagierte sich Barschel erstmals in der Lokalpolitik, mit 25 war er stellvertretender Landesvorsitzender der schleswig-holsteinischen CDU, mit 27 hatte er seinen Sitz im Landtag. Als ich 1987 mit ihm sprach, war er auf dem Sprung nach Bonn. In seinem Büro im roten Ziegelbau der Landesregierung erläuterte er mir seine Vorstellungen: Schleswig-Holstein sei kein reines Agrarland mehr. Die Zukunft gehöre der Mikroelektronik, der chemischen Industrie und technischen Präzisionsgeräten. Barschel hatte Tokio besucht, sein Wirtschaftsminister führte Gespräche in China. Ein japanisches Unternehmen werde bei Neumünster ein Werk für Telekopierer bauen, erzählte er, und er selbst verhandle mit einer Reihe multinationaler Unternehmen, um ein großes Elektronik-Projekt der EG für sein Bundesland zu gewinnen. Mikrochips, Umwelttechnologie, Atomenergie – das Tor zur Zukunft schien weit offen zu stehen.

Doch Barschels persönliche Zukunft war damals schon fast vorbei. Nur zwei Monate später stürzte sein Privatflugzeug auf dem Rückflug von Bonn beim nächtlichen Landeanflug auf den kleinen Kieler Flugplatz ab. Der Pilot war tot, Barschel kroch schwer verletzt aus den Trümmern. Bald saß er wieder an seinem Schreibtisch, wenn auch unübersehbar körperlich wie geistig beeinträchtigt, schmiedete seine Pläne – und spann seine Intrigen.

Schleswig-Holstein ist ein altes Bauernland, das nach dem Zweiten Weltkrieg eine große Zahl von Flüchtlingen aus dem Osten integrieren mußte. Man ist dort protestantisch und denkt und fühlt konservativ. So war es auch seit 1950 geradezu selbstverständlich, daß die

Landesregierung von der CDU gestellt wurde, und diese Partei verwaltete das Land wie einen Erbhof. Vor der Landtagswahl des Jahres 1987 jedoch wurden die Konservativen nervös, als die oppositionelle SPD mit dem Näherrücken des Wahltermins zusehends an Terrain gewann. Gefährlichster Kontrahent Barschels war ohne Frage der SPD-Landesvorsitzende Björn Engholm, ein nachdenklicher, pfeiferauchender Protégé Willy Brandts, der schon 1981–82 als Bildungs- und Wissenschaftsminister im Bonner Kabinett gesessen hatte.

Schon zu Jahresanfang hatte Barschel eine üble Verleumdungskampagne gegen seinen politischen Gegner begonnen, die in den Monaten vor der Wahl geradezu byzantinische Dimensionen annahm. Eine Detektei wurde beauftragt, Engholms Sexualleben auszuforschen, der SPD-Kandidat in anonymen Briefen der Steuerhinterziehung bezichtigt. Schließlich wurden gar Gerüchte ausgestreut, Engholm sei an AIDS erkrankt und seine Partei wolle den Geschlechtsverkehr mit Kindern legalisieren. Barschels Komplize in dieser Angelegenheit war ein zwielichtiger Journalist namens Rainer Pfeiffer, der sich jedoch schließlich – unter Berufung auf sein Gewissen – an den SPIEGEL wandte und auspackte – gegen entsprechende »Entschädigung« für den zwangsläufigen Verlust seines Jobs, versteht sich.

Just am Wahltag flog die Geschichte auf, zu spät freilich, um die Wahl noch zu beeinflussen, die zu einem Patt zwischen der von Barschel geführten Koalition und der SPD führte. Die SPIEGEL-Geschichte jedoch wirkte wie ein Stich in ein Hornissennest. Zuerst wies Barschel alle Anschuldigungen kategorisch zurück, doch schon Ende September machten ihm seine Parteifreunde unmißverständlich klar, daß sie ihn als Belastung empfänden und zwangen ihn zum Rücktritt. Ein Parlamentarischer Untersuchungsausschuß trat in Kiel zusammen und brachte binnen weniger Wochen die ganze ungeheuerliche Wahrheit an den Tag. Barschel selbst wurde vor den Ausschuß zitiert. Er brach einen Kurzurlaub auf den Kanarischen Inseln ab, doch er kam nie in Kiel an. Am 11. Oktober fand man seine völlig bekleidete Leiche in der gefüllten Badewanne des Zimmers 317 im noblen Genfer Hotel »Beau Rivage«, wo er überraschend Zwischenstation gemacht hatte. Zunächst vermutete man eine natürliche Todesursache, doch ergab die Obduktion, daß Barschel große Mengen von Schlaftabletten und Tranquilizern geschluckt hatte.[7] Die Schweizer Untersuchungsrichterin entschied auf Selbstmord, während die Familie Barschel eine bizarre Mordtheorie aufstellte, die freilich nicht glaubwürdiger war als Barschels frühere Dementis.

Barschels Leiche war von einem STERN-Journalisten entdeckt worden, der nach Genf gereist war, um den Politiker zu interviewen. Ehe dieser die Polizei verständigte, studierte er in aller Ruhe die Unterlagen Barschels und machte einige makabre Fotos von der Leiche. Eines davon zierte die Titelseite der nächsten Nummer des STERN. Damit hatte die Illustrierte ihrem Erzrivalen SPIEGEL in diesem Punkt die Schau gestohlen, und sie brüstete sich dessen in einem selbstgefälligen Editorial unter der Überschrift: »Die Wahrheit kommt zuerst«.

Das mysteriöse Hinscheiden Uwe Barschels löste eine Welle von Emotionen aus. Denn da man in Bonn sehr wohl weiß, wie sehr die junge Demokratie noch der Festigung bedarf, stellt man an die Integrität politischer Persönlichkeiten höchste Ansprüche – freilich nur nach außen. In Wahrheit muß ein deutscher Politiker schon sehr weit vom Pfad der Tugend abkommen, um tatsächlich zu Fall zu kommen. Anders als in England oder den USA stolpern Politiker in Deutschland fast nie über Liebesabenteuer. Das liegt aber nicht daran, daß diese tugendhafter wären, sondern daß die deutsche Presse, die das Liebesleben der Stars aus Sport und Showgeschäft mit Hingabe durchleuchtet, um die Abenteuer von Politikern zumeist einen großen Bogen macht. Auch fragwürdiges Finanzgebaren beendet selten eine politische Karriere. Hätte Barschel nur gegen die Prinzipien der persönlichen Ehrenhaftigkeit verstoßen, so wäre ihm wahrscheinlich vergeben worden und vielleicht hätte es nicht einmal einen Skandal gegeben. Verhängnisvoll und letztlich tödlich für ihn war, daß er in eklatanter Weise gegen den Grundsatz verstieß, der im politischen Wertesystem der Deutschen ganz oben steht, weil er im Dritten Reich am schamlosesten verletzt wurde: Der Staat muß ein Rechtsstaat sein und durch das Gesetz handeln.

In Hamburg und Schleswig-Holstein beteten die Pastoren im Gottesdienst um Versöhnung, und Bundestagspräsident Philipp Jenninger erklärte kurz nach Entdeckung der Leiche im Ton eines Kanzelpredigers: »Die schrecklichen Ereignisse um den schleswig-holsteinischen Ministerpräsidenten Uwe Barschel haben unsere Republik bis ins Mark aufgewühlt... Unsere Demokratie erlebt derzeit eine der schwersten Glaubwürdigkeitskrisen in ihrer Geschichte... Wir haben nur diesen demokratischen Rechtsstaat... Wir dürfen ihn uns von niemandem kaputtmachen lassen!« Kaum ein Jahr später stürzte Jenninger selbst über seine taktlose Bundestagsansprache zum Gedenken der »Kristallnacht«.[8]

Im November 1987, dem Folgemonat, wurden in Frankfurt bei einer gewalttätigen Demonstration zwei Polizisten erschossen – das erste Mal in der Geschichte der Bundesrepublik, und zahlreiche Politiker nahmen dies zum Anlaß, sich öffentlich um die Stabilität der Republik zu sorgen. So erinnerte der CDU-Rechtsaußen Alfred Dregger daran, daß »die Weimarer Republik an den ständigen Straßenkämpfen zwischen den paramilitärischen Organisationen der Nazis und der Kommunisten gescheitert ist. Das darf sich nicht wiederholen!«[9]

Und der über siebzigjährige CSU-Veteran Richard Stücklen – der einzige Parlamentarier, der seit Gründung der Republik ununterbrochen seinen Sitz im Bundestag innehatte, klagte mir gegenüber, daß Barschels Taten die »Standfestigkeit unserer Demokratie erschüttert« hätten. Und sorgenvoll fügte er hinzu: »Wenn die politische Moral sinkt, wissen wir, wohin die Reise geht.«[10]. Einer Meinungsumfrage zufolge hielten im Herbst 1987 65 Prozent der Bevölkerung Politik für ein schmutziges Geschäft.[11]

Zwei Jahre später wurde die bundesdeutsche Demokratie von einem anderen Schock erschüttert, als im November 1989 Alfred Herrhausen, der Vorstandssprecher der Deutschen Bank, von Terroristen ermordet wurde. Nur zwei Tage, bevor sein gepanzerter Mercedes in Bad Homburg in die Luft gejagt wurde, nannte Herrhausen, der mächtigste Mann der deutschen Wirtschaft, die Wiedervereinigung »wünschenswert und unvermeidlich«.[12] Beim ergreifenden Gedenkgottesdienst in der wiederaufgebauten Frankfurter Dom nannte der Bundeskanzler den verstorbenen Banker, mit dem ihn eine tiefe Beziehung verbunden hatte, einen »deutschen Patrioten . . Alfred Herrhausen hat sich um das Vaterland verdient gemacht.«[13] Dann beschwor er die Trauergäste unter Hinweis auf den Straßenterror der zwanziger Jahre, die zweite deutsche Demokratie nicht an »Sattheit, geistiger Trägheit und moralischer Gleichgültigkeit« ersticken zu lassen. Freiheit und Wohlstand seien es wert, gegen die »Feinde der Republik« verteidigt zu werden, die ja schon eine Reihe von Wirtschaftsführern auf dem Gewissen hätten. Und zum Abschluß fragte Kohl beinahe verzweifelt: »Was ist los mit den Deutschen in der Bundesrepublik?«

So wie das Attentat auf Herrhausen die latente Lebensgefahr verdeutlichte, in der gerade die Symbolfiguren des Kapitalismus an der Spitze der Wirtschaft schweben, so lenkte das Barschel-Drama die Aufmerksamkeit auf die wachsende Kluft, die sich zwischen der neuen Nachkriegsgeneration professioneller Politiker und den Realitäten des Lebens auftut. Barschel hatte seit früher Jugend für die Politik gelebt. Engholm hingegen hatte frühzeitig die Schule verlassen müssen und eine Schriftsetzerlehre gemacht, ehe er mit einem

Gewerkschaftsstipendium studieren konnte. Er hat auf diese Weise zumindest einigen Einblick in andere Lebensbereiche gewonnen.

Einige Monate später sagte mir Engholm auf einer Fahrt durch Schleswig-Holstein im Zuge des Wahlkampfes zur neuerlichen Landtagswahl im Mai 1988, daß er an einem bestimmten Punkt der Barschel-Affäre ernsthaft daran gedacht habe, die Politik aufzugeben. Er habe diesen Gedanken aber wieder verworfen, denn »sonst hätten die Christdemokraten recht behalten«.[14] Engholm errang einen überwältigenden Wahlsieg und verfügt heute über eine komfortable Mehrheit im Kieler Parlament. Zusammen mit Oskar Lafontaine repräsentiert Engholm die Hoffnungen der SPD für die neunziger Jahre. Beide vereinen Pragmatismus in der täglichen Politik mit seltener rhetorischer Begabung.

Engholm behauptet zumindest, daß die Politik nicht das Wichtigste in seinem Leben sei. Sein vordringlichster Wunsch sei vielmehr, gut Klavier spielen zu können. Außerdem betätigt er sich gern als Kunstsammler. Seiner Frau, selbst Künstlerin, hat er versprochen, sich vor seinem sechzigsten Lebensjahr aus der Politik zurückzuziehen. Den Gedanken an eine Rückkehr nach Bonn schiebt er beiseite. Sollte Engholm auf seiner Absicht beharren, so bleiben ihm freilich weniger als zehn Jahre, um der deutschen Sozialdemokratie neue Impulse zu geben.

Die Barschel-Affäre hat sogar jenen Skandal in den Schatten gestellt, der bis dato als der düsterste in der Geschichte der Bundesrepublik gegolten hatte: die Parteispendenaffäre, in der es um illegale Zahlungen in Millionenhöhe an politische Parteien gegangen war. Der Skandal offenbarte die geradezu byzantinistischen Verflechtungen zwischen Politik und Industrie und deren Kontinuität auch über die Katastrophe von 1945 hinweg.

Anfang der achtziger Jahre war die Flick-Gruppe einer der größten Industriekonzerne Deutschlands mit Beteiligungen in der Stahl-, Chemie-, Papier- und Automobilindustrie. In den Jahren 1981/82 geisterte eine Vielzahl von Meldungen über die dubiose Rolle des Unternehmens bei der Parteienfinanzierung durch verdeckte Zahlungen durch die Presse, wobei sich besonders der SPIEGEL hervortat. Das Magazin brachte auch den dritten großen Skandal der achtziger Jahre an den Tag, in den die gewerkschaftseigene Wohnungsbaugesellschaft »Neue Heimat« verstrickt war und der das Vertrauen der Öffentlichkeit in die Gewerkschaftsbewegung nachhaltig erschütterte.

Die Flick-Affäre zog sich über sechs lange Jahre hin und erreichte in den Jahren 1986-87 ihren Höhepunkt, als sich mit den früheren FDP-Wirtschaftsministern Hans Friderichs und Otto Graf Lambsdorff zwei der prominentesten politischen Persönlichkeiten der Bundesrepublik vor Gericht zu verantworten hatten.

Der Name Flick stand dabei für einen ganzen Block von Unternehmen, die jahrelang große Summen an politische Parteien – vor allem an CDU und FDP, aber auch an die SPD gespendet hatten, wogegen im Grunde nichts einzuwenden gewesen wäre, hätten die Unternehmen dies nicht in aller Regel über unbekannte und oft als Stiftungen getarnte Randorganisationen getan. Auf diese Weise nämlich verpflichteten sie sich zum einen die Politiker und hinterzogen zum anderen gewaltige Steuersummen. Die wichtigste dieser »Verschleierungsorganisationen« trägt den merkwürdigen Namen »Staatsbürgerliche Vereinigung«. Sie hat ihren Sitz in Köln, und man nimmt an, daß sie seit den fünfziger Jahren Summen bis zu 200 Millionen DM in alle wichtigen politischen Parteien geschleust hat. Die Verdachtsmomente führten zu einer Flut von Verfahren, von denen noch 1990 einige anhängig waren.

Die Parteispendenaffäre, bei der es um rund 25 Millionen DM ging, die zwischen 1969 und 1980 geflossen sein sollen, hat wohl nur deshalb soviel Staub aufgewirbelt, weil sie mit dem Namen Flick verbunden war, bei dem die deutsche Öffentlichkeit aus zwei Gründen hellhörig wird: Einmal ist damit eine der spektakulärsten Karrieren der deutschen Wirtschaftsgeschichte verbunden. Denn der legendäre Firmengründer Friedrich Flick häufte in den zwanziger und dreißiger Jahren ein gigantisches Vermögen an. Zweitens steht der Name Flick für eine der sensationellsten Aktientransaktionen der Nachkriegszeit, als Friedrich Karl Flick, Sohn und Erbe des Firmengründers, 1975 29 Prozent der Anteile an dem Automobilgiganten Daimler Benz an die Deutsche Bank verkaufte.

Friedrich Flick hatte in den zwanziger Jahren ein Stahl- und Kohleimperium geschaffen und war zum wichtigsten Finanzier für die vielen politischen Parteien jener Epoche geworden. Zwar hatte er zunächst vorwiegend die bürgerlichen Parteien unterstützt, seine Konten in den dreißiger Jahren aber in zunehmendem Maße der NSDAP geöffnet, der er auch als Mitglied beitrat.[15]

Flicks Herkunft – er war der Sohn eines einfachen Holzhändlers aus der Provinz – unterschied ihn von den übrigen Industriebaronen, die den Aufstieg der NSDAP gefördert haben. Doch wie sie profitierte Flick in gigantischem Umfang von der Kriegswirtschaft, und sein Konzern stand unter den Firmen, die Sklavenarbeit einsetzten, um größere Gewinne zu machen, mit an der Spitze.

1947 in den Nürnberger Prozessen zu einer siebenjährigen Haftstrafe verurteilt, wurde Flick schon 1950 amnestiert, jedoch unter der Bedingung, daß er seine Kohle- und Stahlanteile verkaufte. Was als Strafe gedacht war, erwies sich als entscheidender Vorteil für das Unternehmen, denn Flick investierte seine Erlöse geschickt in Zukunftsbranchen und wurde so zu einem der reichsten Männer in der Bundesrepublik. Sein Name steht symbolisch für die vielen Industriellen, die Ihre Erfolge unter den Nazis errangen und nahtlos in der Bundesrepublik fortsetzten. Flicks bedeutendste Beteiligung waren 39 Prozent am Aktienkapital von Daimler Benz, die er Mitte der fünfziger Jahre erwarb und die nach seinem Tod 1972 an seine Erben fiel.

Die Leitung der Firmengruppe übernahm der dritte Sohn des Firmengründers, Karl Friedrich Flick, und dieser beschloß, den weitverzweigten Aktienbesitz neu zu strukturieren. Bis auf einen Rest von 10 Prozent verkaufte er sein Daimler Benz-Aktienpaket für zwei Milliarden DM an die Deutsche Bank – in Abstimmung mit Bonn, wo man verhindern wollte, daß ein so großer Anteil an dem bundesdeutschen Renommierunternehmen an den damaligen Schah von Persien fiel, der sich höchst interessiert zeigte.[16]

Der junge Flick investierte die Erlöse seines »Superdeals« in eine Anzahl verschiedener Beteiligungen und übernahm auch die Tradition seines Vaters, verschiedene politische Parteien mit Spenden zu unterstützen. Vor allem die Freien Demokraten profitierten in beträchtlichem Umfang von der Flickschen Spendenfreudigkeit. So war auch der Vorwurf, Flick habe die Regierung bestochen, um für seine Gewinne aus dem Daimler Benz-Verkauf Steuerfreiheit zu erlangen, Hauptgrund für die Eröffnung der Verfahren gegen Friderichs und Lambsdorff. Zwar wurde dieser Hauptanklagepunkt wieder fallengelassen, aber beide Angeklagte wurden für schuldig befunden, durch die Annahme illegaler Spenden für ihre Parteien Steuerhinterziehung in erheblichem Umfang ermöglicht zu haben, und beide wurden zu hohen Geldstrafen verurteilt.

Friderichs und Lambsdorff waren nicht die einzigen bundesdeutschen Politiker, an denen etwas hängenblieb. Anfang 1986 wurde selbst Bundeskanzler Kohl unter dem Verdacht, er habe den parlamentarischen Untersuchungsausschuß belogen, von der Bonner Staatsanwaltschaft vernommen, und eine Zeitlang schien sogar der Rücktritt des Kanzlers möglich – doch nach einiger Zeit legte sich die Aufregung wieder.

Otto Graf Lambsdorff, von altem preußischem Adel, Bewunderer Bismarcks und Großneffe eines russischen Außenministers der Zarenzeit, gilt als das Stehaufmännchen der deutschen Politik. Ungeachtet seiner Verstrickung in die Parteispendenaffäre wurde er 1988 Vorsitzender der FDP. Bei den Linken ist er verhaßt, gilt er doch als Hauptinitiator des Koalitionswechsels von 1982. Lambsdorff genießt es zwar, daß er schließlich über jene Gegner triumphierte, die seinen Fall erwarteten,[17] geschadet hat ihm die Verurteilung aber in jedem Fall – und nicht nur ihm allein. Da alle politischen Parteien von diesem System illegaler Spendenverteilung mehr oder weniger ausgiebig profitiert haben, schadete die Affäre dem Ansehen der deutschen Politik schlechthin und förderte gleichzeitig das Protestwählerpotential.

Die Flick-Saga hat ein ironisches Postskriptum: 1985 wurde Friedrich Karl Flick des ehrabschneiderischen Presserummels um seine Person endgültig überdrüssig und verkaufte auf einen Schlag das gesamte Firmenimperium – immerhin gut für 10 Milliarden Jahresumsatz. Und wieder war es die Deutsche Bank, die den Handel abwickelte. Sie kaufte dem frustrierten Erben das ganze Paket für sechs Milliarden DM ab, zerlegte es in seine Einzelteile und verscherbelte es mit einem Gewinn von einer Milliarde DM weiter. Friedrich Karl Flick, der mit einem geschätzten Privatvermögen von 2,4 Milliarden DM als viertreichster Bundesbürger gilt,[18] lebt heute in wohlbewachter Zurückgezogenheit. Die Deutsche Bank freilich, deren beide Glastürme in der Frankfurter Skyline glitzern, ist sichtbarer denn je. Denn wieder einmal in ihrer 120jährigen Geschichte hat sie bewiesen, daß sie ungeachtet aller politischen Wechselfälle normalerweise auf der Seite der Sieger zu finden ist.

Die politischen Skandale der achtziger Jahre hatten eine weitgehende Staatsverdrossenheit zur Folge. Zwar scheinen die Bundesdeutschen im internationalen Vergleich mit ihrem politischen System immer noch zufriedener als anderswo.[19] Aber in den späten achtziger Jahren gerieten die Wählerpotentiale in Bewegung wie nie zuvor seit den Gründerjahren der Bundesrepublik. Immer mehr entzogen den großen Parteien ihre Gunst und wandten sich Splittergruppen zu.

Die Aufgabe der Wiedervereinigung wird zum Härtetest für die junge deutsche Demokratie werden. Mit ihrem Verhältniswahlrecht, den föderativen Strukturen und ihren zahlreichen Sicherungen gegen unliebsame Machtkonzentrationen (so etwa die unabhängige Bundesbank) ist die Bundesrepublik ein in vieler Hinsicht demokratischeres Land geworden als Großbritannien. Dennoch stellt sich die Frage, ob und in welcher Weise die Wiedervereinigung an den Strukturen rütteln wird, die über vierzig Jahre Stabilität und gedeihliche Entwicklung der Bundesrepublik garantiert haben.

Denn die Einheit wird mit Sicherheit das politische Bild in Deutschland verändern. Ein wiedervereinigtes Deutschland kann ja nicht einfach heißen: Bundesrepublik plus 25 Prozent mehr Bevölkerung. Vielmehr werden sich die Wähler weitaus unabhängiger von EG und NATO fühlen. Am deutlichsten werden die Veränderungen wohl in der Regierungspartei des Bundeskanzlers Kohl nach der Verschmelzung mit der Ost-CDU zutage treten. Dort werden sich die Gewichte verschieben: hin zum Protestantismus, hin zum Osten, weg von der transatlantischen Gemeinschaft – kurzum: Es wird eine andere CDU entstehen.

Insgesamt wird Deutschland jedoch eher einen Linksruck vollziehen. Körperschaften und Interessenvertretungen werden bei der Lösung von Wirtschaftsproblemen in den Vordergrund rücken, die Polarisierung in sozialen Fragen wird sich verschärfen. 57 Jahre Totalitarismus östlich der Elbe werden sich auch bei redlichem Bemühen der DDR-Bevölkerung um die demokratischen Spielregeln nicht einfach überspielen lassen. Die meisten DDR-Bürger kennen den Westen nur durch Rundfunk und Fernsehen. Wie sollten sie über Nacht zu Demokraten werden?

In seinem Bemühen, zwei grundverschiedene politische und wirtschaftliche Systeme zu vereinen, muß sich Deutschland auch mit all dem Frust, der ganzen Unzufriedenheit auseinandersetzen, die sich in der DDR-Bevölkerung angestaut haben. Denn während sich die Lasten des Wiederaufbaus im Westen mehr oder weniger gleichmäßig auf alle verteilten, wird sich das wiedervereinigte Deutschland noch auf geraume Zeit als Zweiklassengesellschaft darstellen. Hier kollidiert der verständliche Wunsch der Bundesdeutschen nach Wahrung ihres Besitzstandes mit dem ebenso verständlichen Wunsch der DDR-Bürger, das westliche Wohlstandsniveau so rasch wie möglich zu erreichen.

In keinem Industriestaat sind die Menschen mit ihrem demokratischen System wirklich zufrieden, und es ist gewiß der lebendigen Erinnerung an den Totalitarismus zuzuschreiben, daß die bundesdeutschen Wähler bislang weniger Unzufriedenheit bekundet haben als jene in anderen Ländern. So weist die sinkende Wahlbeteiligung in den späten achtziger Jahren darauf hin, daß die Politik auch in den Augen der Bundesbürger mehr in das Alltagsleben integriert worden ist. Mit 84 Prozent bei der Bundestagswahl 1987 erreichte die Bundesrepublik zwar die niedrigste Wahlbeteiligung seit der allerersten Wahl im Jahr 1949 und liegt damit deutlich unter den 90 Prozent der siebziger Jahre, aber immer noch weit über den Quoten der Nachbarländer.[20] Andererseits läßt sich die Bundesrepublik nicht so einfach mit Ländern vergleichen, die auf eine lange demokratische Tradition zurückblicken. Die Verwirrung und Enttäuschung um den plötzlichen Zusammenbruch des sozaldemokratisch geführten Kabinetts Schmidt und die Unfähigkeit Helmut Kohls, sein Versprechen einer »geistigen und moralischen Erneuerung« einzulösen, haben auf breiter Ebene zu einem Gefühl der Desillusionierung geführt. Vielleicht macht der bundesdeutsche Parlamentarismus nur eine Pubertätskrise durch – oder gibt es doch Anlaß zur Sorge?

Das beunruhigendste Element ist ohne Frage das Wiedererstarken des Rechtsextremismus, zumal da es in einer Phase des langsamen, aber stetigen wirtschaftlichen Aufschwungs stattfindet. Gewiß ist der Zulauf, den die rechtsextremen Parteien gefunden haben, zunächst einmal Ausdruck der Frustration über die etablierten politischen Kräfte, Verbitterung über Arbeitslosigkeit und Wohnungsnot, Enttäuschung über die Europäische Gemeinschaft, Besorgnis über das Aussiedler- und Asylantenproblem und Unzufriedenheit über die Auswirkungen den deutschen Teilung. Der betont konservative Habitus eines Franz Josef Strauß, des Langzeitvorsitzenden der CSU, mag viele Wähler davon abgehalten haben, sich rechtsextremen Gruppierungen zuzuwenden. Obwohl er schon in den achtziger Jahren bundespolitisch eher eine Außenseiterrolle spielte, war Strauß doch einer der wenigen wirklich populären Politiker Deutschlands. Sein Tod 1988 beraubte die Mitte-Rechts-Parteien einer Integrationsfigur für potentielle Protestwähler. Dadurch wurden auf dem rechten Flügel Kräfte freigesetzt, die es zuvor mit den konservativen Parteien gehalten hatten. Andererseits hat die rasche Entwicklung hin zur Wiedervereinigung fraglos die Stellung Helmut Kohls gestärkt. Der für die CDU so bitter notwendige »Kanzlerbonus« brachte gleichzeitig einen herben Rückschlag für die Rechtsextremen. Schienen die Republikaner im Juni 1989 noch gute Chancen auf einen Einzug in den Bundestag zu haben, so sind diese inzwischen fast bis auf den Nullpunkt gesunken – ein hochwillkommener Nebeneffekt. Es würde jedoch nicht verwundern, wenn das rechtsextreme Wählerpotential angesichts rapide steigender Arbeitslosenzahlen in der früheren DDR wieder zunähme.

Dem möglicherweise künftig wieder wachsenden Zulauf zum Rechtsextremismus entspricht auf der anderen Seite die Aufsplitterung der linken Wähler seit dem Aufkommen der Grünen. Hervorgegangen aus der Friedensbewegung Ende der siebziger Jahre, setzt sich diese Bewegung für radikale Abrüstung und konsequenten

Umweltschutz ein. 1983 zogen sie zum ersten Mal in den Bundestag ein, und allen periodisch auftretenden internen Querelen zum Trotz erscheinen sie heute als ein fester Faktor in der politischen Landschaft der Bundesrepublik.

Demnach besteht die große Veränderung wohl in erster Linie in der wachsenden Unfähigkeit der großen Parteien – der SPD wie der CDU/CSU – die Bedürfnisse einer wachsenden Zahl politischer Randgruppen wahrzunehmen. Die Christlich Demokratische Union, 1945 aus Teilen des alten Zentrums gegründet, und die in den sechziger Jahren des vergangenen Jahrhunderts entstandene Sozialdemokratische Partei Deutschlands sind die beiden »Volksparteien«, also Sammelbecken, die versuchen, ein möglichst breites Wählerspektrum abzudecken. Heute freilich schwindet ihre Anziehungskraft. Zwar sind die Kräfte, die auf der extremen Rechten um Wähler buhlen, quantitativ bei weitem nicht so stark wie zum Beispiel die Nationale Front Le Pens in Frankreich, aber die dauernde Beschwörung der Weimarer Republik durch die Politiker bestätigt doch, daß die Bundesrepublik sensibel reagiert: Sie ist durch die Geschichte belastet und kann dem Extremismus nicht mit Gleichmut begegnen.

Dabei hat das politische System der Bundesrepublik durchaus schon bewiesen, daß es keine Schönwetterdemokratie ist. Seit 1949 hat es keine einzige Regierung gegeben, die nicht voll hinter der Westintegration gestanden hätte, und Parteien des extremen rechten oder linken Flügels haben im Bundestag nie Fuß fassen können. Vielmehr wurde die Bundesrepublik mit einer Unterbrechung von vier Jahren stets von Koalitionen aus der politischen Mitte regiert.[21] Sollte man für die Wahlen der Nachkriegszeit ein Motto suchen, so müßte man auf Adenauers Slogan für die Bundestagswahl 1957 zurückgreifen, der da lautete: »Keine Experimente«. Dieses Schlagwort brachte den christlichen Parteien die absolute Mehrheit - die einzige Bundestagswahl, bei der eine Partei über 50 Prozent der Stimmen erhielt. Aber Deutschlands stürmischer Weg zur Wiedervereinigung hatte 1990 zur Folge, daß der Adenauersche Leitsatz außer Kraft gesetzt wurde.

Deutsche Politiker bekommen Herzklopfen, wenn sie nur an das Jahr 1929 denken, und stets plagt sie die Befürchtung, daß die Demokratie einer schweren Wirtschaftskrise nicht standhalten könnte. So verursachte schon die erste Nachkriegsrezession, die in den Jahren 1966/67 die Zahl der Arbeitslosen auf bescheidene 459 000 hinauftrieb, allenthalben heftiges Unbehagen. Vor allem auf dem rechten Flügel fühlten sich viele Wähler durch das Zusammenwirken von CDU/CSU und SPD in der Großen Koalition brüskiert, und davon profitierte besonders die Nationaldemokratische Partei (NPD), eine Gruppierung, deren nationalistische Thesen jenen der frühen NSDAP nicht unähnlich klingen, obgleich sie derartige Assoziationen stets heftig zurückweist. Sie profitierte so stark, daß sie Mitte der sechziger Jahre in mehrere Länderparlamente einziehen konnte.

In diesen Jahren schrieb John Le Carré ein Buch unter dem Titel: »Eine kleine Stadt in Deutschland«.[22] Er zeichnet darin das apokalyptische Bild einer Bundesrepublik, die von einer messianischen Führerfigur aus dem Bündnis mit dem Westen herausgelöst und der Sowjetunion in einer Art Handelsallianz verbunden wird. Auf diese Weise erleidet sie ein Schicksal ähnlich dem der Weimarer Republik.

Die Realität verlief anders. Die NPD scheiterte bei den Bundestagswahlen 1969 knapp an der Fünf-Prozent-Klausel und verschwand in den siebziger Jahren fast ebenso schnell, wie sie aufgetaucht war. Immerhin drückte sie durch die Aufsplitterung der Stimmen auf der Rechten das Ergebnis der Unionsparteien so weit, daß der Weg für die erste sozialdemokratisch geführte Regierung nach dem Zweiten Weltkrieg frei wurde.

Auch in den Folgejahren erwies sich die bundesdeutsche Demokratie als äußerst strapazierfähig: Die wilden Studentenproteste in den späten Sechzigern, den Terrorismus der siebziger Jahre, den Anstieg der Arbeitslosigkeit auf schließlich über zwei Millionen, die massiven und oft gewalttätigen Proteste gegen die Kernenergie in den Achtzigern – die Bundesrepublik schien mühelos jeder Belastung standzuhalten. Und doch denken die Kommentatoren noch immer darüber nach, ob nicht unter dem beruhigenden Deckmantel eines beeindruckenden Bruttosozialprodukts grundlegende demokratische Defizite fortbestehen – ein Verdacht, der durch das Wiederaufleben des Rechtsextremismus neue Nahrung erhält. Wie so oft in der Geschichte der Bundesrepublik ist die Sorge ein natürlicher Begleiter der Stabilität – und vielleicht deren Voraussetzung.

Vielleicht war gerade die totale politische Entwurzelung der Hauptgrund für die erfolgreiche Einführung des Parlamentarismus. Denn 1949 waren die Deutschen für einen völligen politischen Neuanfang offener als je zuvor. Und möglicherweise war auch der westliche Teil des Landes, dem die Demokratie bestimmt war, besser darauf vorbereite als der östliche. Denn bei den Reichstagswahlen im November 1932 konnten die demokratischen Kräfte nur in den westdeutschen Ländern besser abschneiden als die radikale Rechte.

»Die historischen Voraussetzungen für die parlamentarische Demokratie (waren) in den westdeutschen Provinzen und Ländern offenbar besser als in denen Mittel- und Ostdeutschlands«[23], hat Ralf Dahrendorf geschrieben.

In der Vergangenheit war die Abneigung gegen die Veränderung bewährter Strukturen stets stärker als der Wunsch nach Veränderung. So proklamierten die Sozialdemokraten 1919, Rot sei zwar richtig, aber Ordnung müsse sein. Über den Hang der Deutschen, Disziplin als höchste Tugend anzusehen – heute sicher nicht mehr ganz aktuell, aber wohl auch noch nicht ganz ausgestorben, machte sich Stalin in Form einer Anekdote über einen Besuch in Leipzig lustig. Er hatte dort als junger Mann mit zweihundert deutschen Kommunisten an einer Tagung der Internationale teilgenommen und berichtete:

»Ihr Zug kam pünktlich in der Station an, aber da war kein Beamter, um ihre Fahrkarten einzusammeln. Alle deutschen Kommunisten warteten geduldig zwei Stunden lang, bis sie den Bahnhof verlassen durften. So konnte keiner von ihnen an dem Treffen teilnehmen.«[24]

Nach dem Zusammenbruch des Dritten Reiches wurde die typisch deutsche Disziplin eingebunden in die Bravourleistung des Wiederaufbaus, und die Bundesdeutschen wurden Musterdemokraten. Das Grundgesetz, ein eindrucksvoller Versuch, die Lehren der Vergangenheit in praktisches Recht umzusetzen, wurde 1948–49 von einem parlamentarischen Rat unter Vorsitz Konrad Adenauers erarbeitet. Zu diesem Zweck waren Delegierte aus den Länderparlamenten zusammengetreten, die von den Alliierten bereits früher wiederzugelassen worden waren. Das Grundgesetz geht von der Charta der Menschenrechte aus und verbindet die positiven Elemente sowohl der Weimarer Verfassung als auch der gescheiterten Verfassung der Frankfurter Paulskirche mit den Prinzipien der westlichen Aufklärung.

Das Grundgesetz zieht einen Schlußstrich unter den Mißbrauch staatlicher Gewalt und mogelt sich um die alten autokratischen Prinzipien herum, ohne sie gänzlich aufzugeben. Tatsächlich erwies es sich nach Hitler als besonders schwierige Aufgabe, die richtige Balance zwischen den beiden gleichermaßen notwendigen Tugenden des zivilen Ungehorsams und des nötigen Respekts vor dem Staat zu finden. Durch die Stärkung der Position des Bundeskanzlers und die Beschränkung des Bundespräsidenten auf die Rolle eines Repräsentanten ohne die Befugnisse eines »Königsmachers« legte die verfassunggebende Versammlung den Grundstein für Kabinettsregierungen nach westlichem Muster. Damit sollten die Instabilität und Überdemokratisierung der Weimarer Republik vermieden werden. Der Bundestag sollte den Bundeskanzler nur dann seines Amtes entheben können, wenn er gleichzeitig mit der Mehrheit seiner Mitglieder einen Nachfolger wählen konnte. Das Grundgesetz bestimmt, daß alle »Staatsgewalt« vom Volk ausgeht. Zu Trägern der »politischen Willensbildung« werden jedoch ausdrücklich die politischen Parteien benannt.

Die Wahlgesetzgebung fördert eine Konsenspolitik auf der Basis von Koalitionsregierungen. Nach der ersten Bundestagswahl 1949 wurde das Verhältniswahlrecht durch eine »Fünf-Prozent-Klausel« ergänzt, nach der jede Partei zum Einzug in das Parlament mindestens fünf Prozent aller abgegebenen Stimmen benötigt. Dadurch sollte verhindert werden, daß sich übermächtige Mehrheiten bilden, aber auch daß Splitterparteien die Bildung regierungsfähiger Mehrheiten verhindern können, wie dies in der Weimarer Republik immer wieder der Fall gewesen war.

Bisher hat das bundesdeutsche Wahlrecht dieses Ziel erreicht. So konnten die konservativen Parteien, obwohl sie bei jeder Bundestagswahl seit 1953 zwischen 44 und 50 Prozent der Stimmen erhielten, nur in einer kurzen Periode unter Adenauer ohne Koalitionspartner regieren, und zwischen 1969 und 1982 fanden sie sich auf den Oppositionsbänken wieder. Vergleicht man dies mit dem britischen Mehrheitswahlrecht, so wird man feststellen, daß Margaret Thatchers Konservativen bei drei Unterhauswahlen durchschnittlich 42,7 Prozent der abgegebenen Stimmen reichten, um über eine komfortable Parlamentsmehrheit zu verfügen. Helmut Kohl, immer auf der Suche nach geistreichen Anekdoten, pflegt seine Gäste aus Großbritannien – einmal auch den Herzog von Edinburgh – mit der Schilderung der Wahl von 1976 zu erfreuen, bei der er 48,6 Prozent gewann und dennoch Oppositionsführer blieb.

Bis in die frühen achtziger Jahre bildeten CDU/CSU, SPD und FDP die konkurrierenden Blöcke in einer stabilen politischen Landschaft. Die Liberalen fungierten dabei mehr oder weniger automatisch als Zünglein an der Waage zwischen den großen Volksparteien, und abgesehen von sieben Jahren Regierungsabstinenz bildeten sie immer den Koalitionspartner der jeweiligen Regierungspartei. Seit dem Einzug der Grünen 1983 in den Bundestag und das Wiedererstarken rechtsextremer Kräfte ist das Kräftespiel zwischen den Parteien erheblich komplizierter geworden. CDU wie SPD versuchen sich gleichermaßen nach der Mitte wie nach dem jeweiligen Flügel zu profilieren, um sowohl eine möglichst große Zahl von Wechselwählern an sich zu ziehen als auch Stimmenverluste an die Radikalen zu begrenzen.[25]

Mit der Veränderung des Wählerverhaltens schwinden auch die Unterschiede zwischen den Parteien. In ihrem Bestreben, ihre Politik immer breiteren Bevölkerungsschichten anzudienen, haben die beiden großen Parteien zwangsläufig sowohl an Profil als auch an Glaubwürdigkeit verloren. Nach Meinungsumfragen 1988/89 können sie zusammen nur noch mit rund achtzig Prozent der Stimmen rechnen gegenüber durchschnittlich neunzig in den letzten drei Jahrzehnten, und das Verhältniswahlrecht vergrößert beträchtlich das politische Gewicht dieser zehn Prozent. Wenn bei gesamtdeutschen Wahlen der Trend zu Splitterparteien anhält, wird das Deutschland von morgen einen höheren Grad an Polarisierung und einen geringeren an Stabilität aufweisen als in der Vergangenheit, und Erinnerungen an Weimar werden sich aufdrängen.

Wenn es ein Ziel des Grundgesetzes war, einer Wiederholung des Weimarer Parteienwirrwarrs vorzubeugen, so war das andere die Verhinderung der Zentralisierung. Dabei kommt dem Föderalismus die entscheidende Rolle zu, der zum einen auf die Traditionen der einzelnen deutschen Länder zurückgreifen, zum anderen einen tragfähigen politischen Überbau garantieren soll. Bei der Festlegung der Ländergrenzen war das Hauptanliegen der Alliierten, sowohl Preußen und dessen dominanten Einfluß in Deutschland von der Landkarte zu tilgen als auch die Konzentration wirtschaftlicher Macht in den Industrierevieren an Rhein und Ruhr zu verhindern. Dabei ist nur das alte Königreich Bayern unversehrt geblieben, während andere Bundesländer wie Nordrhein-Westfalen oder Niedersachsen willkürlich neu gebildet worden sind.

Die Wiedererrichtung der traditionellen fünf mitteldeutschen Länder Brandenburg, Mecklenburg, Sachsen, Sachsen-Anhalt und Thüringen im Herbst 1990 ist ein positiver Schritt hin zur Ausprägung eines regionalen Zugehörigkeitsgefühl auch in der Bevölkerung der DDR. Für die Zukunft wird das neue Deutschland aber wohl eine Reform der Ländergrenzen ins Auge fassen müssen, schon um einige der kleinen norddeutschen Länder zu lebensfähigen größeren Einheiten zusammenzuschließen. Denn die zunehmende Zahl der Länder wird dem Bund zunehmend lästig werden, da er dadurch noch mehr als bisher schon gezwungen sein wird, auf regionale Sonderinteressen Rücksicht zu nehmen. Die Wohltaten von vierzig Jahren Föderalismus in der Bundesrepublik könnten sich rasch ins Gegenteil verkehren, wenn der alte deutsche Partikularismus wieder Auferstehung feiert.

Die föderative Ordnung hat mehrere Ziele in eindrucksvoller Weise erreicht: Sie hat das traditionelle deutsche Prinzip der Selbstverwaltung wiederaufgegriffen, und sie hat dabei sowohl übermäßige Machtkonzentration als auch übermäßige Machtaufsplitterung vermieden. Nach dem Westfälischen Frieden 1648 bestand das Heilige Römische Reich aus mehr als 300 Territorien. Der Deutsche Bund von 1815 umfaßte nur noch 39 Staaten, darunter die europäischen Großmächte Preußen und Österreich, aber auch winzige Fürstentümer. Das 1871 errichtete Kaiserreich teilte sich in 25 Staaten und das sogenannte »Reichsland« Elsaß-Lothringen, und 25 Wahlkreise hatte auch die Weimarer Republik. Das von den vier Siegermächten besetzte Nachkriegsdeutschland wurde in 16 Teile zerlegt, davon je vier Länder für Amerikaner, Briten und Franzosen, fünf für die Sowjets, dazu Berlin.

Bei ihrer Gründung wurde die Bundesrepublik aus elf Ländern gebildet. Seitdem ist das Saarland – nach dem Krieg unter französischer Verwaltung – beigetreten, und drei Länder haben sich zusammengeschlossen. Die Bundesrepublik bestand zuletzt aus zehn Ländern und Westberlin, das einen Sonderstatus genoß.[26] Im vereinigten Deutschland hat sich die Zahl der Länder wieder auf 16 erhöht. Im Sinne einer effektiven Verwaltung mag dies eher ein Hindernis als eine Hilfe sein.

Daß die Länder von ihren weitreichenden Kompetenzen durchaus Gebrauch zu machen wissen, zeigt sich am Beispiel Bayerns. Hier nutzte Franz Josef Strauß seinen Einfluß als führender Politiker der CSU, um Bayern von einem Agrarland zum führenden Bundesland auf den Luftfahrt und High-Tech-Sektor zu verwandeln. Auch der Zigarren schmauchende Unionspolitiker Lothar Späth gewann beträchtlich an Popularität, indem er sich als Ministerpräsident von Baden-Württemberg für die Ansiedlung von Spitzentechnologie-Betrieben stark machte. Sein lapidarer Kommentar: »Wettbewerb zwischen den Ländern erzeugt Dynamik.«[27]

Späth pflegt freundschaftliche Beziehungen zu Edzard Reuter, dem Vorstandsvorsitzenden von Daimler Benz, doch verbindet ihn auch ein gutes Verhältnis mit pragmatischen Sozialdemokraten wie Oskar Lafontaine. Daß er mit Wirtschaft wie Medien gleichermaßen umgehen kann, hat seinen Ruf als geschickter Taktiker begründet. Der Föderalismus bedeutet für Deutschland eine wichtige Stärkung der Demokratie, da er es den Menschen ermöglicht, auch auf regionaler und lokaler Ebene Identifikationsfiguren zu finden. So hat seine Beliebtheit in den letzten Jahren auch ständig zugenommen. Nach einer Langzeituntersuchung des Allensbach Institutes befürworteten 1952 60 Prozent der Befragten einen zentralistischen Staat, 1988 aber sprachen sich 71 Prozent für eine föderative Ordnung aus.[28]

In Wahrheit geht die Dezentralisation auf administrativem, legislativem und finanziellem Gebiet zugunsten der Länder sogar weiter, als dies die Väter des Grundgesetzes beabsichtigt hatten. Mitunter haben die Rivalitäten der Länder auch schon die politische Bewegungsfreiheit des Bundes beeinträchtigt – Reminiszenzen an die traditionelle deutsche Kleinstaaterei.

Ein weit ernsteres Warnsignal für die deutsche Demokratie bedeutet das Ausufern der Parteibürokratien. Zwar sind die Parteien vom Grundgesetz mit der Vertretung des politischen Willens der Bevölkerung betraut, in Wahrheit aber haben sie sich von diesem Ziel durch die Entfremdung von der Wählerbasis und die Tendenz der jeweiligen Regierungsparteien, ihr Interesse mit dem des Staates zu vermengen, bereits ein gutes Stück entfernt. In den letzten zwanzig Jahren wurden die Spitzenränge des öffentlichen Dienstes und der öffentlich-rechtlichen Medien zunehmend politisiert. Anders als etwa in Großbritannien hat sich hier ein innerparteiliches Versorgungssystem entwickelt, indem neue Regierungen nach dem Machtwechsel jeweils durchgreifende Umbesetzungen unter der Spitzenbeamtenschaft durchführen. Als Indikator für die Schwierigkeiten der großen Parteien mit der Basis können die Mitgliederzahlen herangezogen werden, die bis in die späten siebziger Jahre anstiegen und gegen Ende der Achtziger stark abfielen. So haben die Christdemokraten seit ihrem Mitgliederhöchststand von 734 000 im Jahr 1983 an die 30 000 Mitglieder verloren. Die SPD, die ihren Höchststand mit 920 000 Mitte der siebziger Jahre erreichte, ging um knapp 100 000 Mitglieder zurück, und die FDP sank im vergangenen Jahrzehnt von 80 000 auf 67 000 Mitglieder. Die einzige Zuwachspartei waren auf diesem Gebiet die Grünen, die es gegenwärtig auf rund 42 000 Mitglieder gebracht haben.

Politik sollte eigentlich ein freies Spiel der Kräfte bei gegensätzlichen Interessen ermöglichen, aber die Restbestände des deutschen Autokratismus haben dazu geführt, daß die Parteien in diesem Spiel unverhältnismäßig viel Macht gewonnen haben. Dieser Zwiespalt setzt sich bis in Bereiche der Sprachregelung fort. So haben sich Parteienvertreter der Rechten wie der Linken angewöhnt, die Demokratie als Ganzes, also einschließlich der Parteien, als »Staatsordnung« zu bezeichnen.[29] Auch rangiert in der Bundesrepublik der Oppositionsführer in der Rangordnung deutlich hinter dem Regierungschef, während in Großbritannien diese beiden Funktionen zumindest protokollarisch gleichgestellt sind, und Richard von Weizsäcker meinte: »Manchem Bürger erscheint das Geschäft der Opposition gelegentlich geradezu als ehrenrührig«.[30] Bei Wahlveranstaltungen oder sonstigen Gelegenheiten, bei denen der Normalbürger mit der politischen Prominenz in Kontakt kommt, kann man beobachten, daß man Ministern mit der gleichen Ehrerbietigkeit entgegenkommt wie anderswo nur dem Monarchen. Zählt man die Länderregierungen hinzu, so gibt es in der Bundesrepublik über hundert Minister, im vereinigten Deutschland wohl um die 150, dazu eine wahre Flut von Staatssekretären, und sie alle umgeben sich mit der Aura der Macht in Form chauffeurgesteuerter Mercedes- oder BMW-Limousinen und Leibwächtern. Merkwürdigerweise scheint ihre Vielzahl das Gewicht des einzelnen eher noch zu steigern. Ein Fernsehjournalist erzählte mir, wie er von einem älteren Zuschauer zurechtgewiesen worden sei, weil er den hessischen Landesminister Joschka Fischer im Interview zu derb angefaßt habe.

Obwohl der Zuschauer konservativ gesinnt und keinesfalls ein Anhänger des grünen Fischer gewesen sei, habe er doch erzürnt festgestellt, das sei »keine Art, einen Minister zu behandeln«.

Auch Lage und Situation der Bundeshauptstadt sind nicht dazu angetan, den Kontakt zwischen Bürgern und Politikern zu fördern. Bonn erhielt 1949 den Vorzug gegenüber Frankfurt, um den Wünschen Adenauers gerecht zu werden.[31] Fast ein Vierteljahrhundert lang wurde Bonn stets als »Provisorium« angesehen, dessen Rolle als Hauptstadt nach der Wiedervereinigung an Berlin zurückfallen sollte. John Le Carré schrieb schon in den sechziger Jahren: »Die Wahl Bonns als Wartesaal für Berlin war lange Zeit eine Anomalität, nun ist es ein Mißbrauch«[32], und er hatte recht. Erst mit dem Abschluß des Grundlagenvertrags zwischen der Bundesrepublik und der DDR 1973 wurde dieser provisorische Status aufgegeben.

Auch die meisten der Parlamentarier, die unter der Woche zu ihren Sitzungen im Plenum, in den Fraktionen oder den Ausschüssen strömen, haben nur die wenigsten eine Beziehung zu dieser Stadt aufgebaut, und ebenso gleichgültig steht Bonn den Parlamentariern gegenüber. Auch wenn fast alle Abgeordneten versuchen, möglichst viel Zeit in ihren Wahlkreisen zu verbringen, ist doch die unvermeidliche Konzentration auf das kleine Bonn nicht dazu angetan, ihren Horizont zu erweitern.

»Ich hätte Frankfurt gewählt«, erklärte Helmut Schmidt bestimmt. »Man braucht einen Ort, wo Politiker mit Intellektuellen am Abend sprechen können.«[33] Und Friedhelm Kemna, Chefredakteur des Bonner »General-Anzeigers«, der wichtigsten lokalen Zeitung, meinte 1988, die echten Bonner würden eigentlich nichts vermissen, wenn die Hauptstadt über Nacht nach Berlin oder in die Lüneburger Heide transportiert worden wäre.[34]

Zu seinem Glück hat sich Bonn noch ein wenig vom rheinischen Charme bewahrt, und auch in der ausufernden Verwaltungsmaschinerie findet man noch allenthalben Spuren des Provisorischen. So residieren das Finanz-, Innen-, Sozial- und Wirtschaftsministerium in ehemaligen Kasernen, und dies galt auch für das Verteidigungsministerium, ehe dieses sein neues Quartier auf der Hardthöhe beziehen konnte. Gebäudeteile des heutigen Finanzministeriums dienten einst der preußischen Kavallerie als Stallungen, und die Beamten der Geld- und Kreditabteilung schwören darauf, daß es in ihren Büros an heißen Tagen heute noch nach Pferden rieche. Das Auswärtige Amt, ein trister Bau mit kleinen Fenstern und endlosen Fluren, einst als Krankenhaus konzipiert, und viele der Botschaften und Botschafterresidenzen tragen immer noch den Stempel der Besatzungszeit. So wurde die US-Botschaft in den fünfziger Jahren aus Fertigteilen zusammengesetzt – eine behelfsmäßige Konstruktion, ausgelegt auf eine Lebensdauer von 25 Jahren. Im Fall einer Verlagerung der Hauptstadt nach Berlin sollte der Bau als Krankenhaus genutzt werden.

Gegenwärtig versucht man mit einem Aufwand von rund drei Milliarden, der Bundeshauptstadt ein etwas ansprechenderes Gesicht zu geben, unter anderem mit dem Bau eines neuen Bundestagsgebäudes, das zusammen mit modernen Konferenzzentren, Hotels und Museen in den frühen neunziger Jahren fertiggestellt werden soll. »Eine Hauptstadt ohne Triumphbogen«, meint Oberbürgermeister Hans Daniels und fügt hinzu, man strebe danach, der Bundeshauptstadt einen repräsentativeren Anstrich zu verleihen, ohne ihr den Charme der Kleinstadt zu nehmen. Aber Daniels räumt auch bereitwillig ein, daß Bonn, obwohl schon lange kein Provisorium mehr, keineswegs allgemein als Hauptstadt akzeptiert werde. »Bonn ist die Hauptstadt der Bundesrepublik, nicht von ganz Deutschland. Es fehlt an symbolischer Identifikation, wenn die Konzepte des Staates und der Nation auseinandergehen.«[35] Paradoxerweise mehren sich gerade Anfang 1990, da der Bauboom seinen Höhepunkt erreicht und Bonn tatsächlich wieder wie ein Provisorium aussieht, die Stimmen, die für Berlin als künftige Hauptstadt und Regierungssitz plädieren.

Sollte Bonn tatsächlich seine Hauptstadtfunktion verlieren, wären die wirtschaftlichen Folgen für die Stadt natürlich einschneidend. So begann Daniels eine Kampagne, in der er dafür eintrat, die Hauptstadtfunktion zu teilen, da dies den Unterschied zwischen dem neuen und dem Vorkriegsdeutschland symbolisch veranschaulichen würde.[36]

Andere schlugen in die gleiche Kerbe. So hebt Thomas Kielinger, Chefredakteur der in Bonn erscheinenden Wochenzeitung »Rheinischer Merkur«, hervor, daß eine Verlegung der Hauptstadt nach Berlin Deutschland des »notwendigen Understatements« berauben würde.[37] Ein solcher Schritt würde zwar hauptstädtischen Glanz bringen, könnte aber sowohl die Ausgewogenheit des Gleichgewichts zwischen den Ländern stören als auch Deutschland verleiten, wieder die Muskeln spielen zu lassen.

Obwohl sich in den größeren Ländern Widerstand gegen die Verlegung der Hauptstadt nach Berlin regt, haben sich doch zahlreiche Spitzenpolitiker – Genscher, Brandt, Lambsdorff – nachdrücklich dafür ausgesprochen. Der Bundeskanzler vertritt die Auffassung, man könne die Hauptstadt nach Berlin verlegen, Bonn aber als Sitz der Regierung beibehalten – eine Vorstellung, die sich längerfristig als nicht praktikabel erweisen dürfte. Die auffälligste Kehrtwendung in dieser Frage vollführte Bundespräsident Richard von Weizsäcker. Noch im Mai 1989 – einige Monate, bevor der Wiedervereinigungsprozeß ins Rollen kam – hatte dieser anläßlich der Verleihung der Ehrenbürgerwürde ein Loblied auf die rheinische Hauptstadt gesungen. Bonn sei der »Mittelpunkt des politischen Willens und Lebens in unserem Lande«, und in keiner anderen Stadt habe er eine »solche Vielfalt der Berufe und Lebenstätigkeiten angetroffen.«[38] Als jedoch die Wiedervereinigung ins Blickfeld rückte, besann sich der Bundespräsident rasch seiner Berliner Wurzeln, und als er aus gleichem Anlaß – der Verleihung der Ehrenbürgerwürde nämlich – im Juni 1990 Gelegenheit hatte, vor Berliner Publikum zu sprechen, zog er sich mit einem ungewöhnlich deutlichen Plädoyer für Berlin den Unmut aller deutschen Föderalisten zu: »Hier ist der Platz für die politisch verantwortliche Führung Deutschlands«, rief er aus und fügte hinzu, Berlin sei einfach näher an der Wirklichkeit des gegenwärtigen Deutschland. Es sei »ganz gewiß keine menschliche oder politische Herabsetzung der Bonner Atmosphäre, sondern eine nüchterne Lagebeschreibung, ... daß man dort dieser so notwendigen Begegnung zweier Realitäten unvergleichlich viel weiter entzogen ist als in Berlin«.[39]

Bonn weiß nur zu gut um seinen Mangel an Anziehungskraft. Kaum einen Deutschen zieht es in diese Stadt, es sei denn, er wäre Politiker, Funktionär oder Lobbyist. Um dem allgemeinen Desinteresse entgegenzuwirken, steckt das Bundespresseamt jährlich 17 Millionen Mark in ein »Popularisierungsprogramm«, das jährlich 70 000

Bundesbürger nach Bonn holt und dort drei Tage lang kostenfrei unterbringt und versorgt – immerhin 20 Prozent der Bonner Hotelbuchungen.

Allein aus der Zusammensetzung des Bundestages läßt sich ersehen, wie sehr dieser aus dem Elfenbeinturm heraus agiert. Mehr als die Hälfte der Parlamentarier sind Funktionäre und Angehörige des Öffentlichen Dienstes, die meisten davon Beamte. Nur ein Drittel kommt aus der Industrie, der Landwirtschaft oder den freien Berufen, und deren Anteil hat in den letzten Jahren weiter abgenommen.[40]

So sind auch die meisten Bundestagsdebatten zu würdevollen Ritualen ohne jegliche Spontaneität verkommen. Wehmütig erinnert sich Chefredakteur Kemna vom »General-Anzeiger« früherer Legislaturperioden, da die Themen interessant, die Redner glänzend und die Zuschauertribünen gerammelt voll gewesen seien. Heute könne man sich das Bundestagsspektakel gar nicht mehr anschauen, so langweilig sei es geworden.

Dies bereitet auch der langjährigen FDP-Abgeordneten Hildegard Hamm-Brücher einige Sorgen. Die Vorkämpferin für eine Parlamentsreform beklagt, daß der Bundestag weit weniger Vollversammlungen abhalte als die Parlamente anderer Staaten und daß die Bundestagsordnung unnötig bürokratisch sei. Die Abgeordneten hätten beträchtlich weniger Möglichkeiten, die Minister zu befragen. Sie empfiehlt, auch Ausschußsitzungen des Bundestages öffentlich abzuhalten, wie dies in Großbritannien und den USA üblich ist.[41]

Die politische Szene in Deutschland bedarf der Blutauffrischung. Der vormalige CDU-Parteisekretär Kurt Biedenkopf – der in die Schlagzeilen kam, als er 1990 eine Gastprofessur an der Universität Leipzig annahm, spottete, daß sich die bundesdeutschen Politiker zu einer besonderen Spezies entwickelt hätten, die sich der Politik nicht mehr um der Ehre des Amtes, sondern um der Sicherheit der Einkünfte willen verschreiben würden. Oft sei es ein Mangel an Erfahrungen in anderen Lebensbereichen, der die Entscheidungsfähigkeit der Mandatsträger einenge und sie zwinge, sich an wohlerworbene Rechte zu klammern: »Sie sind nicht sehr risikofreudig, sondern sehr vorsichtig!«[42]

In Industriekreisen mokiert man sich offen über den Mangel an volkswirtschaftlichen Grundkenntnissen bei den Politikern aller Couleur. So ist auch die Begeisterung, mit der Handel und Industrie 1982 den Regierungswechsel begrüßten, einem eher abgekühlten Verhältnis zu den bürgerlichen Parteien gewichen, und besonders der Flick-Skandal hat das Seine dazu beigetragen. Angesichts der peinlichen Untersuchungen und noch peinlicheren Urteile sind die großen Unternehmen mit ihren einst so üppigen Zuwendungen an die Parteien sehr zurückhaltend geworden. Die Zeche zahlt wieder einmal der Steuerzahler, denn da die Parteien das durch den Rückgang der nicht immer so ganz legalen industriellen Spendenfreudigkeit entstandene Loch in ihrem Budget allein über die Mitgliederbeiträge nicht stopfen können, bedienen sie sich zwangsläufig aus öffentlichen Töpfen. Im Rahmen eines Gesetzespakets zur Parteienfinanzierung genehmigten sich die Parteien einen tiefen Griff in die Staatskasse. Von 1983 bis 1987 wandten die fünf im Bundestag vertretenen Parteien fast eine Milliarde Mark aus öffentlichen Mitteln für ihre Finanzierung auf, wodurch ein Drittel der Kosten gedeckt wurde.[43] Hinzu kommen die großzügig ausgestatteten Parteistiftungen, die für die Kosten von Reisen, Recherchen und anderen Hilfeleistungen für die Politiker aufkommen und ebenfalls aus öffentlichen Mitteln schöpfen.

Teuer wird für den Wähler auch der Gang zu den Urnen, denn die Parteiengesetzgebung sieht eine Rückerstattung der Wahlkampfkosten an die Parteien vor, deren Höhe sich nach der Zahl der erzielten Stimmen richtet. Nach den Bundestagswahlen von 1987 konnten die Parteien immerhin die stattliche Summe von 225 Millionen Mark untereinander aufteilen.[44]

Auch die Parteienlandschaft der DDR profitierte von dem warmen Regen. Anläßlich der ersten freien Volkskammerwahlen erhielten sie durchweg erhebliche finanzielle Unterstützung von den jeweiligen bundesdeutschen Schwesterparteien Davon wurde ein rundes Drittel indirekt vom bundesdeutschen Steuerzahler aufgebracht.

Das einzige Unternehmen, das weiterhin regelmäßige Parteispenden über 100000,– DM aufweist, ist die Deutsche Bank, die seit Beginn der sechziger Jahre mehr als dreißig Millionen Mark zur Parteienfinanzierung beigetragen hat.[45] Andere Branchen lassen noch beträchtliche Mittel über die Industrieverbände an die Parteien fließen, doch vermeiden sie es infolge der gesetzlichen Veröffentlichungspflicht in aller Regel, selbst als Spender aufzutreten.

Grundsätzlich ist die größere Unabhängigkeit der Politischen Parteien von privaten Spenden sicherlich zu begrüßen, zeigt doch das Beispiel der Weimarer Republik, wie kurz der Weg von der finanziellen zur politischen Abhängigkeit ist.[46] Nicht weniger ungesund ist freilich auch die Abhängigkeit von öffentlichen Mitteln. Die Parteien haben für sich eine zentrale Rolle in der bundesdeutschen Gesellschaft erkämpft – eine Rolle, die ihre tatsächlichen Möglichkeiten bereits übersteigt. Wenn es ihnen nicht gelingt, finanzielle Unterstützung auf einer breiten Basis zu erhalten, laufen sie Gefahr, zu reinen Anhängseln der Staatsgewalt zu verkommen.

Eine der kuriosen, aber sicherlich notwendigen Erscheinungen der bundesdeutschen Politik ist die nachrichtendienstliche Erfassung rechter wie linker Extremisten in einem jährlich erscheinenden Report. Das Bundesamt für Verfassungsschutz hält sämtliche radikalen Parteien unter ständiger Beobachtung, um festzustellen, ob sie eine Gefahr für die Demokratie bedeuten können. Das Bundesamt für Verfassungsschutz hat seinen Sitz in Köln. Es untersteht dem Bundesinnenministerium, unterhält aber ein Netz von halbautonomen Ablegern unter Länderaufsicht. Ihm obliegt auch die Gegenspionage. Denn ebenso wie Extremisten werden auch Spione als Gefährdung der inneren Sicherheit eingestuft. Die vom Bundesverfassungsgericht als »verfassungswidrig« eingestuften politischen Gruppierungen werden verboten, während man die »verfassungsfeindlichen« nur beobachtet. Soweit Mitglieder dieser Organisationen im öffentlichen Dienst stehen, werden sie genau überprüft. Falls ihre politische Betätigung als staatsgefährdend eingeschätzt wird, können sie entlassen werden. 1989 erfaßte der Verfassungsschutz 222 rechte und 2003 linke Extremisten, meist Kommunisten, im öffentlichen Dienst.

Traditionell nimmt die Deutsche Kommunistische Partei (DKP) den breitesten Raum im Verfassungsschutzbericht ein. Es sieht jedoch so aus, als ob sich das in Zukunft ändern würde. Hatte der Verfassungsschutz 1988 noch 35 000 Parteimitglieder gemeldet, so sank diese Zahl mittlerweile auf 15 000 (Mitte 1990). Die DKP wurde 1968 ins Leben gerufen, nachdem ihre Vorgängerorganisation, die KPD, 1956 für verfassungswidrig erklärt und verboten worden war. Herbert Mies, ein freundlicher Mann mit wirrem Haarschopf und weinrotem Pullover, ist seit 1973 DKP-Bundesvorsitzender. In seinem engen Düsseldorfer Büro beteuerte er mir gegenüber, daß die DKP gewiß kein Feind der Republik sei. Nichtsdestoweniger hinge die Gefahr, daß sie wie ihre Vorgängerin aufgelöst werde, »wie ein Damoklesschwert« über ihr.[47] Heute klingen seine Worte wie eine Prophezeiung: Nur ein Jahr später begann sich die Partei im Zuge der Götterdämmerung des Kommunismus aufzulösen.

Doch zuvor schon hatte die DKP, traditionell die moskauhörigste aller »K-Gruppen«, durch die Spaltung über den Reformkurs Gorbatschows eine empfindliche Schwächung hinnehmen müssen. Eine DKP-unterstützte »Friedensliste« erreichte 1987 bei den Bundestagswahlen nur 0,5 Prozent, 0,1 Prozent weniger sogar als die NPD. Nur einmal in der Geschichte der Bundesrepublik, von 1949 bis 1953, gelang kommunistischen Abgeordneten der Einzug in den Bundestag. »Wir hatten früher das Monopol auf die Friedensbewegung«, seufzte Mies wehmütig und gestand, daß durch die Ost-West-Annäherung das Interesse an seiner Partei, namentlich die Unterstützung durch die Industriearbeiter, noch weiter geschwunden sei. Wie aber finanziert sich dieser verlorene Haufen? Während Mies selbst jeden Verdacht auf verdeckte finanzielle Unterstützung durch die DDR entschieden zurückweist – »Fragen Sie die Wirtschaftsprüfer« – behauptet der Verfassungsschutz, daß sich die DKP auf jährlich 65 Millionen Mark stützen konnte, die ihr über geheime Kanäle aus der DDR zuflossen. Nach dem Sturz des SED-Regimes im Dezember 1989 fielen diese Mittel als erste dem Rotstift zum Opfer. Seitdem hat sich die Funktion des Vorsitzenden Herbert Mies auf die Rolle eines Konkursverwalters reduziert. Was ihm noch zu tun bleibt: Er entläßt die Mitarbeiter und schließt die Büros – einschließlich der Parteizentrale.

Am anderen Ende des politischen Spektrums – und ebenso als »verfassungsfeindlich« eingestuft – rangiert die Deutsche Volksunion, die bizarrste unter den deutschen Rechtsparteien. Sie steht unter der Führung des Münchener Verlegers Gerhard Frey, der von sich selbst behauptet, er sei ein deutscher Patriot und wirke nur für Deutschlands größtmöglichen Vorteil. Bei der bloßen Erwähnung des Wortes »Verfassungsschutz« treibt es ihm vor Zorn die Augen aus den Höhlen. Frey ist ein massiger, aufgeschwemmter Mittfünfziger, der sein Hauptquartier in einer gutbewachten Villa in einem Münchener Vorort aufgeschlagen hat. Als ich ihn aufsuchte, patroullierte ein großer Schäferhund im schneebedeckten Garten.[48] Frey, der sich von Mitarbeitern und Anhängern gern »Doktor« nennen läßt, ist schon viele Jahre im politischen Geschäft. Schon 1965 beschrieb der israelische Journalist Amos Elon, was er auf einer seiner Veranstaltungen in einem Münchener Bierkeller beobachtete:

»Er gebraucht kurze, deutlich formulierte Sätze. Die Worte sprudeln schnell und leicht aus seinem schmalen Mund; er unterbricht regelmäßig für Applaus. Seine Standardphrasen beginnen mit ›Ich sage ...‹, ›Ich sage euch, Freunde ...‹, und mit sanftem, intimem Tonfall enthüllt er ›Frevel‹, schreckliche Beleidigungen, die von der Regierung ›geheimgehalten‹ werden. Dann erhebt er plötzlich seine Stimme; hysterisch – entweder wirklich oder beabsichtigt – kreischt er: ›Ich fürchte um den Lohn der Geschichte ... Ich zittere ... Ich bin besorgt, daß unsere Politik nicht von nationalen Anliegen, sondern von der Erpressung des internationalen Judentums bestimmt wird.«[49]

Seitdem sind über zwanzig Jahre vergangen, doch der Stil hat sich nicht wesentlich geändert. Während ich darauf warte, in Freys großem, bücherbestandenen Büro empfangen zu werden, fällt mir auf dem Kaminsims im Vorzimmer eine Büste des Hitler-Stellvertreters Rudolf Heß auf. Heß starb 1987 in seinem Spandauer Gefängnis, offenbar durch Selbstmord, doch die Behauptung, er sei von den Alliierten ermordet worden, gehört zum Credo eines jeden deutschen Rechtsradikalen.

Ich blättere in einigen Publikationen des Verlags. Frey gibt drei rechtsradikale Wochenzeitungen mit einer angeblichen Auflage von 150 000 heraus. Die größte davon, die »National-Zeitung«, erfreut die Gesinnungsgenossen mit regelmäßigen Proben antisemitischer Propaganda und beklagt heftig die Schikanen, mit denen das deutsche Volk nach wie vor von den Siegern des Zweiten Weltkriegs traktiert werde.[50] Der große rot-schwarze Schriftzug sticht an jedem Zeitungskiosk ins Auge, doch verbergen sich dahinter nur die sattsam bekannten, unsäglichen Weltverschwörungstheorien. »Plan zur Vernichtung der Deutschen«, lautete eine Schlagzeile im November 1987, und im Januar 1990 wußte das Blatt gar zu berichten, »Wie Kohls Wiedervereinigungsplan sabotiert wird«.

Jahrzehntelange Erfahrungen mit der Presse haben Frey vorsichtig gemacht. Er begrüßt mich und schaltet demonstrativ ein Tonbandgerät neben dem Sofa ein – für den Fall, daß ich ihn falsch zitieren sollte. Zwei junge Männer, von denen sich einer als sein Sohn herausstellt, bilden ein ehrfurchtsvolles Auditorium. Frey berichtet, daß die 1971 gegründete DVU nunmehr 16 000 Mitglieder umfasse, während der wahlkämpferische Teil der Organisation, die sogenannte Liste D, 6000 Mitglieder stark sei. Der Verfassungsschutz bezifferte die Mitglieder der DVU im Jahr 1989 auf 12 500, die Zahl der Anhänger der Liste D habe sich aber auf 25 000 mehr als vervierfacht. Nach einer Phase der Rivalität auf Rechtsaußen hat sich die DVU nun mit der NPD arrangiert. 1987 gewann sie einen Sitz im Bremer Stadtsenat.

Frey und seine Bewegung haben die Unterstützung des britischen Sachbuchautors und Naziforschers David Irving, der sich durch seine These, der Holocaust sei ohne Wissen Hitlers inszeniert worden, einen zweifelhaften Ruf erwarb.[51] Irving ist regelmäßiger Gast auf Freys Versammlungen, wobei er unter anderem kunstvoll die These von der Ermordung Rudolf Heß' ausbreitet. 1988 durchkämmte er im Auftrag Freys im amerikanisch geleiteten Berlin Document Center die Personalakten der NSDAP, um die Nazi-Vergangenheit prominenter Bundesbürger aufzudecken. Doch obwohl ihm für jeden Namen 1000,– DM geboten wurden, wechselte keine Mark den Besitzer, denn die Amerikaner verwehrten dem »Historiker« kurzerhand den Zutritt.[52]

Für die Wahlen zum Europaparlament im Juni 1989 füllte Frey seine »Kriegskasse« auf mehr als 12 Millionen Mark auf. Die Beiträge bettelt er vor allem bei kleinen Geschäftsleuten zusammen, die sich von der EG »betrogen« fühlen. Er und die NPD sprächen alle jene an, die sich von der Gesellschaft »ausgeschlossen« fühlten – zum Beispiel arbeitslose Stahlarbeiter. Dann springen seine Gedanken zu den abgedroschenen Standard-Themen: die Bombardierung Dresdens, die Nürnberger Prozesse, die Ausrottung der nordamerikanischen Indianer. »Ist es gefährlich, seine Heimat zu lieben?« Dies ist seine ständig wiederkehrende Floskel. Frey breitet seine Pläne aus zur Wiedervereinigung Deutschlands in »Neutralität, Frieden und Freiheit.« Er spricht von der Notwendigkeit, den Anschluß Österreichs herbeizuführen, und seufzt schließlich verdrossen über die anhaltenden Nachwirkungen des verlorenen Krieges: »Unser Schuldkomplex ist überstrapaziert!«

Für die extreme Rechte war der Tod von Franz Josef Strauß ein Glücksfall. In seinem düsteren Hauptquartier in einer Stuttgarter Seitenstraße frohlockt der bullige NPD-Vorsitzende Martin Mußgnug, daß seine Parteiversammlungen seitdem weitaus besser besucht seien. Mußgnug ist ein 52jähriger Rechtsanwalt, der in seiner Kanzlei nach eigenen Angaben acht Mitarbeiter beschäftigt.[53] An den Wänden seines Parteibüros hängt ein kleines Foto eines Schäferhundes inmitten schwarz-rot-goldener Wahlplakate. Alles andere erscheint relativ normal. Mußgnug, der seiner Partei seit 1971 vorsteht, erweckt den Eindruck gezwungener Leutseligkeit. Natürlich sei er kein Nazi, sagt er. »Leute, die den Hitler-Gruß leisten, schmeißen wir aus der Partei raus!« Ebenso strikt distanziert er sich von jeder Form des Antisemitismus: »Wer jüdische Friedhöfe beschmiert, gehört in eine Irrenanstalt oder ins Gefängnis.«

Auf diese Weise möchte die NPD Abstand wahren zu einer Gruppe weitaus rechtsextremistischerer Parteien mit wesentlich nazistischerem Unterton. Diese werden angeführt von der »Freien Deutschen Arbeiterpartei«, einer Bewegung mit kümmerlichen 500 Mitgliedern, die immer dann aus dem Schatten tritt, wenn es sich um Angriffe gegen Ausländer und um Veranstaltungen handelt, auf denen Hitler lautstark gefeiert wird.

Das, so scheint es freilich, ist nicht Mußgnugs Linie. Er möchte Deutschland zurückführen zu seiner traditionellen Rolle als Mittler zwischen Ost und West, stellt aber immer wieder heraus, daß viel zu viele Ausländer in Deutschland lebten: »Die sind vollständig frei, ihre Volksidentität zu entwickeln – aber nicht auf deutschem Boden.« Die ständige Rückschau der Deutschen in die eigene Vergangenheit und die vielen Gedenktage aus düsterem Anlaß lehnt er ab: »Wir blicken zuviel auf unsere eigenen Verbrechen. Es ist, als ob man uns ständig an unsere Jugendsünden erinnern will. Das kann zu einer Trotzreaktion führen.«

Mußgnug hat allen Grund, der neuen demokratischen Großzügigkeit gegenüber den Parteien dankbar zu sein. Die 0,6 Prozent der NPD bei der letzten Bundestagswahl waren dem Steuerzahler immerhin 1,4 Millionen Mark wert. Die Mitgliederzahl seiner Partei beziffert der Vorsitzende auf mehr als 10 000 – der Verfassungsschutz kommt nur auf 6400 – gegenüber 18 000 auf dem Höhepunkt der Partei in den sechziger Jahren. Sichtlich bewegt berichtet er, daß viele 18 bis 20jährigen seiner Partei betreten, die der »Mangel an Perspektive« bei den anderen Parteien abstößt. »Unsere Stärke liegt in der jungen Generation«, fügt er stolz hinzu – für Deutschland keine erfreuliche Perspektive.

Die dritte und stärkste Kraft der extremen Rechten bilden die in München ansässigen Republikaner. Diese Partei wurde 1983 gegründet und ist inzwischen bemüht, sich in Ost und West gleichermaßen dauerhaft einzunisten. Jahrelang hat man die Republikaner für so gemäßigt gehalten, daß sie den Verfassungsschutz nicht interessierten. Doch einige sozialdemokratisch geführte regionale Abteilungen dieser Behörde beschlossen Anfang 1990, die Partei unter Beobachtung zu stellen. Zunächst oft als vorübergehendes Ärgernis unterschätzt, machten die Republikaner spätestens mit ihrem bemerkenswerten Erfolg von 7,1 Prozent bei der Europawahl im Juni 1989 klar, daß man mit ihnen rechnen muß, errangen sie damit doch das beste Ergebnis einer rechtsextremen Partei bei einer bundesweiten Wahl seit Bestehen der Bundesrepublik.

Ihr alter und neuer Vorsitzender ist Franz Schönhuber, ein schwerer Mittsechziger. Im Krieg war er Angehöriger der Waffen-SS, dann Zeitungs-, schließlich Fernsehjournalist - einer der populärsten beim Bayerischen Rundfunk. Mit beredten Worten weist Schönhuber jede geistige Verbindung zum Nationalsozialismus weit von sich – schließlich sei er mit einer Jüdin verheiratet gewesen. Seinen Erfolg erklärt er mit seiner Fähigkeit, die Verdrossenheit des Durchschnittsdeutschen über die nationale Teilung in Worte zu fassen. »Mein Verdienst ist es, die Unbehagen der Deutschen rückhaltlos zu artikulieren. Das ist ein sehr deutsches Gefühl. Die Deutschen neigen zu Neurosen.«[54] Er hat eine Tochter, die in den USA lebt, und meint scherzhaft: »Sie hält nicht viel von den Deutschen.«

Schönhubers Veranstaltungen sind eher deprimierende Angelegenheiten, bei denen er die gesunkene Arbeitsmoral und den mangelnden Familiensinn der Bundesdeutschen beklagt. Das krause Bild dieses Mannes wird komplettiert durch seine Bewunderung für Margaret Thatcher, die immer wieder aufscheint, und selten versäumt er eine Möglichkeit, seine Verbundenheit mit der BBC und der britischen Demokratie zu bekunden. Eindringlich beschreibt er, wie »haßerfüllt« große Teile der jungen Generation heute seien – sicher vor allem jene Linken, die den Rep-Vorsitzenden mit hartnäckigen Gegendemonstrationen verdrießen – und vergißt nie festzustellen, daß diese im Dritten Reich alle Nazis gewesen wären.

Schönhuber kehrt gern seine seriöse Seite nach außen, bekennt sich aber auch zu seinem Hang zur Bierhallen-Demagogie. »Es gibt zwei Schönhubers«, sagt er mir in seinem Parteihauptquartier in einem bescheidenen Münchener Wohnblock. »Ich kann mich mit Ihnen ruhig und gelassen unterhalten, aber ich kann auch in der Arena auftreten.« Die Eingangstür zu seinen mit verstreutem Wahlkampfmaterial erfüllten Büroräumen, besetzt von liebenswürdigen älteren Damen, hat er gerade mit einer massiven Stahlplatte und modernsten Sicherheitsschlössern gegen Angriffe bewehren lassen.

Eine von Schönhubers stehenden Redewendungen lautet, daß er Heinz Galinski, den Vorsitzenden des Zentralrats der Juden in der Bundesrepublik, »nicht mögen muß«. Zum Ausgleich bezeichnet er das Dritte Reich als »verbrecherisch«. »Die Niederlage hatte einen Preis. Aber ich sage nicht, es wäre besser gewesen, wenn wir den Krieg gewonnen hätten. Dann hätten wir einen europäischen Sklavenstaat gehabt. Und die Deutschen wären die Sklaventreiber gewesen.«

Zuversichtlich meint Schönhuber den derzeit bei 18 000 liegenden Mitgliederbestand seiner Partei auf 30 000 steigern zu können. (Die Rechnung ging nicht auf; Mitte 1990 lag die Zahl bei 15 500.) Viele seiner Gefolgsleute, so sagt er, seien Soldaten, Polizisten oder andere Angehörige des Öffentlichen Dienstes. Obwohl ihm unter dem Vorwurf des »Faschismus« von den DDR-Grenzbeamten die Einreise verwehrt wurde, bemüht sich Schönhuber, gerade dort eine Gefolgschaft aufzubauen: »Es ist ein Stück Normalität, eine rechte Partei zu haben.« Im übrigen stehe er für jene patriotischen Tugenden, deren Wiederbelebung Kohl versäumt habe.

Wie viele andere Rechte (und auch einige SPD-Anhänger) glaubte Schönhuber, daß die westeuropäische Integration der Wiedervereinigung im Weg stehe, und erklärte: »Die EG führt zu einer Schwächung der deutschen Wirtschaft; sie wird nur stark, wenn Deutschland wirtschaftlich ausblutet.« Und unter Hinweis auf die Kontroverse über steigende Zahlen sowohl an Flüchtlingen aus der Dritten Welt als auch an Aussiedlern aus Osteuropa prophezeit er: »Wir werden den Bürgerkrieg importieren. Der Volkszorn hat ein Ausmaß erreicht, wo wir uns mit einem echten Ausländerhaß konfrontiert sehen.«

Schönhubers Partei hat drei große Schwächen. Zum einen ist sie eine Ein-Mann-Partei, die in erster Linie von Proteststimmen abhängt – wie sich erst im Sommer 1990 erwiesen hat, als ihn eine schwere Parteikrise zum Rücktritt vom Amt des Vorsitzenden zwang, ehe man ihn wenige Wochen später wieder holte. Alle Versuche, die Partei zu »intellektualisieren«, sind gescheitert. Peinliche Fälle von Extremismus und Gewalt in lokalen Parteiorganisationen – etwa in Berlin – haben dem Ansehen der Gesamtpartei schwer geschadet. Eine Sektion der nordrhein-westfälischen Republikaner löste sich im Oktober 1989 selbst auf, nachdem ihr bei einer lokalen Wahl Wahlfälschung nachgewiesen werden konnte.

Wie alle anderen Politiker, so ist auch Schönhuber von der plötzlichen Aussicht auf Wiedervereinigung völlig überrumpelt worden. Die Partei, die die Grenzen zum Osten aufbrechen wollte, muß nun um ihre wichtigsten Wählerpotentiale bangen, jene Menschen nämlich, die sich durch den Aussiedlerstrom in ihrer Existenz bedroht fühlen, die um ihre Jobs und ihre preiswerten Wohnungen fürchten. Auf dem Weg zur Einheit sind manche der Feindbilder Schönhubers unglaubwürdig geworden, andere werden es noch werden – wer soll ihm jetzt noch abnehmen, daß EG und Wall Street die nationalen Interessen Deutschlands hintertreiben? Denn, wie er stolz verkündet, »Im allgemeinen sind wir eine Partei der armen Leute«, die ihre Anhängerschaft überwiegend in den Großstädten hat. Wie fast alle rechtsextremen Gruppierungen sprechen die Republikaner in erster Linie die Masse der Zu-kurz-Gekommenen an, jene Menschen, die glauben, den Zug verpaßt zu haben, wie es sie auch in Wohlstandsgesellschaften reichlich gibt. Es ist sowohl Stärke als auch Schwäche der bundesdeutschen Demokratie, daß der Wiederaufstieg rechtsextremer Parteien allenthalben zumindest vage Schuldgefühle auslöst – sogar bei denen, die diese Parteien wählen.

V
Das deutsche Puzzlespiel

Die Deutschen wie die Juden lassen sich wohl unterdrücken, aber nicht vertilgen. Sie lassen sich entmutigen und bleiben stark geeint, selbst wenn es ihnen beschieden wäre, kein Vaterland mehr zu besitzen.

Johann Wolfgang von Goethe 1807[1]

Die Geschichte lehrt, daß die Hitler kommen und gehen, aber das deutsche Volk, der deutsche Staat bleibt.

Sowjetische Wandplakate in Berlin 1945
mit einem Zitat von Josef Stalin aus dem Jahr 1942[2]

Der erreichte Wohlstand in der Bundesrepublik Deutschland ist das Ergebnis von vierzig Jahren harter Arbeit von Millionen Menschen. Dies läßt sich in der DDR sicher nicht über Nacht erreichen.

Helmut Kohl 1990[3]

Hörte Deutschland nach der Katastrophe von 1945 auf zu existieren? Das in New York erschienene »Random House Dictionary of the English Language« definiert Deutschland als »eine ehemaliges Land in Zentraleuropa mit Berlin als Hauptstadt«.[4] Eine ähnliche Aussage findet man in der »Großen Sowjetischen Enzyklopädie: »Ein Staat in Europa, der bis zum Zweiten Weltkrieg existierte«.[5]

In Diplomatenkreisen drückt man sich da schon etwas präziser aus. Der Britische Botschafter in der Bundesrepublik Deutschland, Sir Julian Bullard, wählte seine Worte mit Bedacht, als er 1986 sagte: »Angesichts der Tatsache, daß es keine friedensvertragliche Regelung gibt, ist die britische Interpretation der Rechtslage – ich wiederhole: der Rechtslage –, daß Deutschland als Staat innerhalb der Grenzen von 1937 weiterexistiert.[6]

Als sie 1949 gegründet wurden, legten beide deutsche Staaten Wert darauf, für ein besseres Deutschland zu stehen, wobei beiden durchaus klar war, daß jeder nur ein Teil des Ganzen war. Beide Staaten entstanden mit dem selben Geburtsfehler, jeder verunglimpfte den anderen als Bastard, jeder beanspruchte für sich das Recht, das gesamte deutsche Volk zu vertreten, und jeder rief nach

Wiederherstellung der Einheit – wenngleich sich die Ost-Berliner Haltung zur Einheit in der Folge als eine sehr wandelbare Größe erwiesen hat. Jeder der beiden Staaten vollzog auch den gleichen sehr ordentlichen und sehr deutschen Wirtschaftsaufbau, wenn auch unter sehr unterschiedlichen Vorzeichen. In vieler Hinsicht haben sich die beiden deutschen Staaten vierzig Jahre lang auseinanderentwikkelt, und doch sind die menschlichen Bindungen zwischen ihnen stark und ausdauernd geblieben, wie die Ereignisse seit dem Herbst 1989 gezeigt haben.

Meßbare Unterschiede ergeben sich jedoch schon in der Bevölkerungsdichte. Diese ist heute im Westen um 60 Prozent höher als in der DDR, während dieser Unterschied 1950 nur 18 Prozent betrug.[7] In den einundvierzig Jahren ihres Bestehens hat die DDR nicht weniger als 3,8 Millionen Menschen eingebüßt, die vor dem Kommunismus in den Westen flohen, das ist mehr als ein Fünftel seiner Bevölkerung zur Zeit der Staatsgründung. Dieses schlichte Rechenexempel beweist besser als alle Argumente das totale Scheitern des Kommunismus in Deutschland. Die meisten der Flüchtlinge – 2,69 Millionen – verließen das Land vor dem Bau der Mauer im August 1961. In den folgenden 27 Jahren bis Ende 1988 überschritten weitere 616 000 die deutsch-deutsche Grenze – die meisten von ihnen unter Lebensgefahr. Und als sich 1989 die ersten Lücken im Todesstreifen auftaten, da war dies wie ein Dammbruch: In der Zeit von der Öffnung der ungarischen Grenzen bis zum Fall der Mauer strömten 344 000 DDR-Bürger in die Bundesrepublik – ein historischer Exodus – und in den ersten Monaten des Jahres 1990 registrierte man immer noch 192 000 Übersiedler.

Um die innerdeutsche Diplomatie zu handhaben oder auch nur zu begreifen, bedurfte es stets eines gewissen Grades an Schizophrenie. Denn die Deutschen in Ost und West sitzen nicht nur historisch gesehen in einem Boot. Was sie besonders nach dem Fall der Mauer verband, war auch das gemeinsame Interesse, den für beide Seiten destabilisierenden Exodus in Richtung Westen zu stoppen. Die Rufe nach Wiedervereinigung sind vor allem im Osten immer lauter geworden. Doch auch nach dem formellen Beitritt der DDR zur Bundesrepublik wird es schwierig sein, das deutsche Puzzle zusammenzusetzen. Denn der Osten und der Westen Deutschlands, vereint in ihrer Trennung, sind wie die Blätter des Gingo-Biloba-Baumes in Goethes berühmtem Gedicht:

Ist es ein lebendig Wesen,
Das sich in sich selbst getrennt?

Sind es zwei, die sich erlesen,
Daß man sie als eines kennt?

Solche Fragen zu erwidern
Fand ich wohl den rechten Sinn:
Fühlst du nicht an meinen Liedern,
Daß ich eins und doppelt bin?

Helmut Kohl ist gewiß kein großer Redner; aber am 19. Dezember 1989 hielt er die Rede seines Lebens. Beim dritten offiziellen Besuch eines bundesdeutschen Kanzlers in der DDR[8] hatte sich Kohl im dämmerigen Zentrum der sächsischen Hauptstadt durch eine begeisterte Menge von 100 000 Menschen durchzukämpfen, ehe er sein Rednerpult erreichte, und für einen Tag wurde die berühmte Barockstadt mit ihren zahllosen Sehenswürdigkeiten, teils restauriert, teils immer noch im Stadium des Verfalls, zur Hauptstadt der deutschen Träume.

Abgeschirmt von Helfern und Sicherheitsbeamten, hatte Kohl alle Mühe, zur 1945 im alliierten Bombenhagel vernichteten Frauenkirche vorzudringen, um an den unkrautüberwucherten Trümmern einen Kranz niederzulegen. Dann bestieg er vor dieser bittersten unter allen deutschen Ruinen ein improvisiertes Podium. Nur wenige Stunden zuvor hatten sächsische Arbeiter letzte Hand an diese unüberdachte Plattform gelegt. Gutmütig hatten sie die Anweisungen zweier Bonner Spitzenbeamten aus der Umgebung Kohls ausgeführt. Die Arbeiter schienen zu erkennen, daß dies die neuen Autoritäten waren, und nicht mehr die abgehalfterten Kommunisten in Ost-Berlin. Flankiert von einem Rudel bundesdeutscher Minister – von denen später mehrere mit typisch deutschem Pathos behaupteten, sie hätten sich ihrer Tränen nicht erwehren können –, hielt Kohl eine kraftvolle Rede, wobei er sich nur auf ein paar handgeschriebene Zettel stützte. Hier gab es endlich einmal nicht die glatten, ausgefeilten Formulierungen seiner Redenschreiber. Viele seiner Phrasen – die Ankündigung, daß das Jahrhundert sich dem Ende zuneigt, ist in der Tat nicht mehr sehr originell – klangen nur allzu vertraut, doch hier wirkten sie wie ein Triumph. Kohls Worte kamen aus dem Herzen – und sie fanden Widerhall. Aber wie hätte Kohl, wie hätte irgendein deutscher Politiker vor dieser begeisterten Menge, vor diesem Wald von Fahnen in Schwarz-Rot-Gold, auch versagen können?

»Liebe Freunde, liebe Landsleute«, rief der Kanzler aus, »wir wollen und wir werden niemanden bevormunden. Wir respektieren das, was Sie für die Zukunft des Landes entscheiden.« Und aus tausend Kehlen kam es zurück: »Deutschland, Deutschland!«

Kohl sprach daraufhin seine Absicht aus – die er zuvor mit Ministerpräsident Hans Modrow abgestimmt hatte –, einen formellen Vertrag zur Begründung ›konföderativer Strukturen‹ zwischen den beiden deutschen Staaten abzuschließen. Doch seinen Zuhörern, von denen manche noch die Bombennacht des Jahres 1945 erlebt haben mögen, ging das noch nicht weit genug: »Einheit! Einheit!« kam es donnernd zurück.

Und mit brüchiger Stimme verkündete Kohl sein Ziel: »Wenn es die Stunde der Geschichte erlaubt ... die Einheit der Nation!« Und wieder hüllte brausender Jubel den Kanzler ein: »Deutschland! Deutschland!«

Nachdem die neuesten Enthüllungen die ganze wirtschaftliche Misere des Landes offenbart und die Sehnsucht der DDR-Bürger nach Wiedervereinigung gesteigert hatte, erkannte Kohl sehr wohl, daß er die Emotionen nicht weiter aufheizen durfte. Ein paar Stunden zuvor hatte sich der kleine, spitzbärtige Bonner Informationsminister Hans Klein der Menge gestellt, die das Hartwährungs-Hotel »Bellevue« belagerte, in dem die beiden Regierungschefs verhandelten, und um Geduld gebeten. Als ich in diesen Stunden einen Fabrikarbeiter aus der Menge ansprach und ihm erklärte, daß ich aus England käme, griff der Sachse im Blaumann sofort den Faden auf und rief mir unter Anspielung auf die Äußerungen Margaret Thatchers zur deutschen Wiedervereinigung zu: »Sagen Sie Ihrer Lady, daß wir die Einheit wollen – und wir wollen sie sofort!«

Vor der Frauenkirche mahnte Kohl dann zu »Vernunft und Augenmaß« auf dem Weg zum »deutschen Haus«. »Viele beobachten uns mit Sorge auf unserem Wege und manche auch mit Ängsten«, meinte er im Hinblick auf die Nachbarn in Ost und West. Den Bürgern der DDR aber wünschte er zur Weihnacht »Solidarität, Gemeinsamkeit, Frieden«, und seine letzten Worte hätten noch wenige Wochen zuvor jeden unverzüglich hinter Gitter gebracht, der es gewagt hätte, sie auszusprechen: »Gott segne unser deutsches Vaterland!«

Schon zwölf Stunden, bevor Kohls Maschine auf dem Dresdener Flughafen zur Landung ansetzte, hatte sich die Stadt in Schwarz-Rot-Gold präsentiert. Und aus Protest gegen den Ost-Berliner Zentralismus hatten sich einige besonders Mutige sogar mit den grün-weißen Farben Sachsens gezeigt, obwohl Sachsen als Staat schon 1952 zusammen mit den anderen mitteldeutschen Ländern aufgelöst worden war. Denn wie überall in Deutschland sind gewachsene, bewährte Strukturen nicht so leicht totzukriegen.

Schon 1988 war Kohl bei einem privaten Besuch in Dresden ein begeisterter Empfang bereitet, war er mit den Gesuchen Ausreisewilliger geradezu überhäuft worden.[9] Die Reise im Dezember 1989 bestätigte den bundesdeutschen Kanzler endgültig in seiner Überzeugung, daß die deutsche Einheit nun zuoberst auf der Tagesordnung der Weltgeschichte stehe. Und um die vielen Zweifler, die da behauptet hatten, die DDR-Bürger würden die Wiedervereinigung allenfalls halbherzig anstreben, Lügen zu strafen, meinte er nach seiner Rückkehr gehässig: »Viele Leute dachten, sie könnten sagen, wieviele (DDR-Bürger) für die Wiedervereinigung wären und wieviele dagegen. Als ich ankam, auf der Treppe vom Flugzeug, wußte ich, daß dies alles anders war.«[10] Und doch – suchten die Dresdener in der Wiedervereinigung nicht eher den Ausweg aus ihren traurigen Lebensbedingungen als die Vision einer wiedererstandenen Nation?

Getreu der deutschen Tradition hatten die Dresdener Stadtväter auf dem »Altmarkt« einen Weihnachtsmarkt errichten lassen, um den Menschen ein wenig Abwechslung von der Öde des Alltags zu bieten. Schauspieler in Tierkostümen erzählten den Kindern die Märchen der Gebrüder Grimm, dicke Frauen standen Schlange um eine Tüte gebrannter Mandeln für fünf Mark und die aufgestellten Weihnachtsbäume sahen entschieden schäbiger aus als ihre dichten und saftigen Gegenstücke auf westlichen Weihnachtsmärkten.

Am Nachmittag fragte ich Passanten, wie sie sich die Zukunft vorstellten. Nur zwei von zehn Befragten hegten überhaupt irgendwelche Zweifel an der kommenden Wiedervereinigung, doch fast alle interessierten sich weit mehr für die Wirtschaft als für die Einheit.[11] »Die erste Priorität hat die wirtschaftliche Hilfe. Sonst wird das Land leer sein«, sagte Klaus Liebe, ein junger Mann mit einem Säugling auf dem Arm.

Ein anderer junger Dresdener, Johannes Nawratir, wischt die vielfach beschworenen Sorgen über einen möglichen »Ausverkauf« der ostdeutschen Wirtschaft an den Westen mit einer verächtlichen Handbewegung vom Tisch: »Wenn Sie hier vierzig Jahre gelebt hätten, würden Sie sich vor einer Übernahme nicht sorgen. Wir wurden bereits ausverkauft – es kann nur noch aufwärts gehen.«

Heinz Hennid, ein Rentner, der klagte, seine Altersversorgung betrage nur 440,– Ostmark im Monat – ein Bruchteil der Rente, die er im Westen erhalten würde –, klagte: »Ohne Hilfe ist der Staat kaputt!« Er ist von der Aussicht auf Wiedervereinigung begeistert, denn die DDR brauche »Marktwirtschaft, Wettbewerb und das Gesetz von Angebot und Nachfrage«.

Ines Schlager, eine junge Mutter, die ein dickes Kleinkind mit rosa Wollmütze an der Hand führt, meint, die Wiedervereinigung sei sehr gut, aber »wir müssen uns zuerst erholen«. Weniger zuversichtlich ist da eine ältere Dame – bezeichnenderweise die einzige, die ihren Namen nicht nennen wollte. Sie hält nicht viel von der deutschen Einheit und fürchtet die Gefahren durch Rechtsextremisten. »Ich habe den Krieg erlebt«, fügt sie düster hinzu.

Frank Rehwein, Vater eines dreijährigen Kindes, schwärmt: »Westdeutschland ist wie ein Traum ... Wir werden in den nächsten fünf Jahren zusammenwachsen.«

In ihrer geräumigen und hellen Wohnung nahe dem Dresdener Hauptbahnhof wägt Ines Richter, eine attraktive junge Ärztin, die im Gesundheitsdienst der Stadt angestellt ist, Vor- und Nachteile der Aussiedlung in den Westen gegeneinander ab. Ihr Mann Manuel ist Physiker und hatte mit einigen beruflichen Schwierigkeiten zu kämpfen, da er sich nicht linientreu im Sinne der SED zeigte. Sie haben zwei kleine Söhne, und Ines sagt, daß sie in Dresden bleiben möchte – bei ihrer Familie, ihrem Heim, ihrem Beruf. Im allgemeinen Exodus sieht sie keine Lösung. Sie glaubt, daß die Bande, die zwischen den Deutschen in Ost und West bestehen, »stärker hier vielleicht als im Westen«[12] empfunden werden. Denn auf zwei kurzen Besuchen in der Bundesrepublik hätten ihr die »Künstlichkeit« und »Verschwendung« des dortigen Lebensstils nicht behagt.

Obwohl sie noch im Mutterschutz ist, weiß Ines sehr wohl um die Probleme, die durch die Abwanderungswelle des medizinischen Personals entstanden sind. Hundert Ärzte und siebenhundert Krankenschwestern hätten sich allein in Dresden seit dem Sommer 1989 nach dem Westen abgesetzt.[13] Das seien zehn Prozent des gesamten medizinischen Personals. Freiwillige und Krankenschwestern aus der Sowjetunion füllen die Lücken. »Die Ärzte gehen, aber die Patienten bleiben«, seufzt Ines und berichtet, daß sich die Lage durch ein rapides Ansteigen der depressiven Erkrankungen noch verschärft habe. Der Motivationsschwund der Arbeitskräfte in der DDR sei zurückzuführen auf die »endlosen Lügen« der Regierung. Wenn endlich die Wahrheit auf den Tisch käme, würden die Menschen auch wieder Leistung bringen, doch skeptisch fügt sie hinzu: »Manchmal glaube ich, daß es einfacher wäre, mit nichts zu beginnen, als aus dieser Wirtschaft etwas zu machen. Die Schlamperei ist unglaublich.«

Diese Feststellung bestätigt Andreas Schwenke, ein junger Dresdener, der mit seinen Eltern gerade von der traditionellen antikommunistischen Montagsdemonstration zurückkommt. Wir sitzen an einem schäbigen, mit gelbem Tuch bedeckten Tisch in einem Dresdener Bierkeller.[14] Wegen Personalmangels kommt kein Kellner und kein Bier.

Andreas beklagt Bürokratie und Korruption in dem Volkseigenen Betrieb, in dem er die städtischen Busse und Straßenbahnen wartet. Man arbeite zwar offiziell 8 ¾ Stunden täglich, doch seien Nachlässigkeit und Ineffizienz so groß, daß bestenfalls vier Stunden produktive Tätigkeit herauskommen würden. Seine Mutter Waltraud, die als Floristin in den Tagen vor dem Totensonntag Hochkonjunktur hat, wirft ein, es gebe hier »viel dringendere Probleme als die Wiedervereinigung«.

Vater Bernd, auch Fabrikarbeiter, nickt zustimmend. »Wir sind auf unsere Heimat hier in Dresden stolz!« Sachsen solle wieder ein unabhängiger Staat werden, dann würde es schon besser. Wie viele andere Sachsen sieht Andreas Schwenke in der Bundesrepublik in erster Linie den Helfer und Initiator neuer Ideen, aber keinen Ersatz für den eigenen Staat. Auf die Chancen die Wiedervereinigung befragt, meint er ausweichend: »Zuerst müssen wir freie Wahlen haben. Und dann muß das Volk entscheiden.«

Erich Honecker, einst mächtigster Mann im anderen Deutschland, geruhte 1981 seine Vision vom Ende der deutschen Teilung zu entwickeln: »Und wenn heute bestimmte Leute im Westen großdeutsche Sprüche klopfen und sich verhalten, als ob die Wiedervereinigung beider deutscher Staaten ihren Herzen näherläge als ihren Geldbörsen, dann möchten wir ihnen sagen: Seid vorsichtig, der Sozialismus klopft eines Tages auch an euere Tür, und wenn der Tag kommt, an dem die Werktätigen der Bundesrepublik an die sozialistische Umgestaltung der Bundesrepublik Deutschland gehen, dann steht die Frage der Vereinigung beider deutscher Staaten vollkommen neu.[15]

Es war dies eine der wenigen Gelegenheiten, bei der Honecker andeutete, daß die DDR nicht in alle Zukunft ein selbständiger Staat bleiben könnte. Ironie des Schicksals, daß just zu der Zeit, da Honecker mit Schimpf und Schande davongejagt wurde, sich der Sozialismus anschickte, in ganz Osteuropa einen ungeordneten Rückzug anzutreten, und der Kapitalismus es war, der an die Türen des Nachbarn klopfte, die ihm denn auch willig aufgetan wurden. Doch dieser Honecker war nur noch ein starrköpfiger, kranker alter Mann, als er durch die seit 1953 erstmals wieder aufflammenden öffentlichen Proteste zunehmend unter Druck geriet. Damals hatten die Panzer der Roten Armee eingegriffen, um das Regime an der Macht zu halten, doch nach dem Zusammenbruch der kommunistischen Herrschaft in Ungarn und Polen, nach seiner selbstverschuldeten Isolation gegenüber der Sowjetunion, da er sich standhaft geweigert hatte, Gorbatschows Reformkurs mitzugehen, nun, im Herbst 1989, stand Erich Honecker allein. Doch noch immer predigte er seine weltfremden Parolen. Bei seiner gewundenen Eloge im Palast der Republik anläßlich des vierzigsten Jahrtages der Staatsgründung klang seine Stimme bereits dünner und schriller als sonst und verriet sein angegriffene Gesundheit. Und in dem weinerlichen Tonfall, in den die ostdeutschen Führer immer dann verfielen, wenn es um die Beschreibung ihres eigenen Landes ging, faßte er die Erinnerung an den Überlebenskampf nach dem Krieg zusammen: »Nichts, aber auch gar nichts wurde uns geschenkt oder ist uns in den Schoß gefallen. Zudem waren hier nicht nur mehr Trümmer wegzuräumen als westlich der Elbe, sondern auch noch die Steine, die uns in den Weg gelegt wurden.[16] Und in offenkundigem Wahn glaubte er aufstehen zu müssen gegen die »zügellose Verleumdungskampagne, international koordiniert« gegen Ostdeutschland, obwohl doch gerade die DDR »ein Wellenbrecher gegen Neonazismus und Chauvinismus« wäre. Es klang schon fast rührend, als er das Weiterrollen der sozialistischen Welle verkündete: »Vorwärts immer, rückwärts nimmer... Wir werden auf jede Frage eine Antwort finden ... uns gehört die eine, bessere Welt!«

Gorbatschow, der sich ebenfalls zur Geburtstagsfeier eingefunden hatte, war der zweite Redner nach Honecker, und er war um diese Aufgabe nicht zu beneiden. Er mußte sich sozusagen zwischen Scylla und Charybdis hindurchschlängeln, also ein Regime stärken, das seiner Reformpolitik hartnäckig die Gefolgschaft verweigerte, um nicht einen Staat zu destabilisieren, der bis dato ein Angelpunkt der Nachkriegsordnung gewesen war. Gorbatschows Problem ähnelte damit verzweifelt dem Bonner Dauerdilemma, nämlich die DDR kurzfristig stabilisieren zu müssen, um sie langfristig unterminieren zu können.

In seiner Grußbotschaft wiederholte Gorbatschow die wohlvertraute Phrase, daß der Westen die »Realitäten« der Teilung Europas anerkennen müsse und daß Ost-Berlin seine Probleme selbst würde lösen können. Am Abend standen Gorbatschow und Honecker dann Seite an Seite Unter den Linden, um einen Fackelzug der FDJ abzunehmen. Und als sie gemeinsam eine Handvoll angewelkter Nelken hochhielten, brachen viele der normalerweise gutgedrillten Jungkommunisten anstelle der befohlenen »Genosse Honecker« Grüße in begeisterte »Gorbi! Gorbi«-Rufe aus. Von meinem Aussichtspunkt unter dem Podest der beiden Staatsmänner konnte ich genau beobachten, wie die Emotionen hochschlugen, und einige der weiblichen Jungkommunisten – Mädchen mit Augen so hell wie in einem Film von Leni Riefenstahl – schien der Anblick Gorbatschows in wahre Hysterie zu versetzen.

Am nächsten Tag machte der sowjetische dem DDR-Parteichef unter vier Augen klar, daß er von dessen reformfeindlicher Haltung bitter enttäuscht war und warnte: »Wer zu spät kommt, wird vom Leben selbst bestraft.«[17]

Der größere Druck kam jedoch von der Straße, und dies just an dem Tag, der als Jubelfeier anläßlich des Geburtstages der DDR gedacht war. Vielleicht sprach Honecker sogar die Wahrheit, als er später erklärte, er sei über das Ausmaß der Unzufriedenheit im Land überrascht gewesen. Denn abgeschirmt hinter der Mauern der Politbüro-Wohnsiedlung in Wandlitz, fand der Parteichef eigentlich keinerlei Kontakt mehr zur Bevölkerung, und wenn, dann nur über den eigenen Propagandaapparat.[18]

Gorbatschow flog noch am Nachmittag jenes 7. Oktober 1989 zurück nach Moskau, und nur Stunden später kam es in Ost-Berlin, Dresden, Leipzig, Magdeburg, Potsdam und mehreren anderen Städten zu Zusammenstößen zwischen reformwilligen Demonstranten und den Sicherheitskräften. In Dresden, wo sich bereits zu Anfang jener Woche die Proteste an der Schließung der Grenzen zur Tschechoslowakei entzündet hatten, beobachtete ich am Abend, wie ganze Kolonnen junger Menschen unerschrocken durch die Straßen zogen. Es war bereits die fünfte unruhige Nacht – eine Tatsache, die in der Bundesrepublik weitgehend unbekannt geblieben ist, da sich ausländische Reporter nur in Berlin bewegen durften. Die Demonstranten riefen »Gorbi! Gorbi!« und »Neues Forum!«, den Namen der noch ziemlich unorganisierten Oppositionsbewegung. Und anders als frühere Demonstranten, die für eine Ausreisegenehmigung nach dem Westen auf die Straße gegangen waren, skandierten sie immer wieder »Wir bleiben hier!«

Ein knüppelschwingender Volkspolizist, der zusammen mit einer Phalanx nervös dreinblickender Polizeibeamter und Soldaten den Weg zum Bahnhof blockierte, meinte grimmig: »Das Volksfest ist vorbei!« Ich sah die Wasserwerfer, die bereitstanden, um die Demonstranten zurückzudrängen, und hörte das Bellen der Polizeihunde. Ich vernahm auch die umherschwirrenden Gerüchte, daß Polizei und Armee scharfe Munition geladen hätten.

Pastor Michael Müller, Pfarrer an der Kreuzkirche im Zentrum und einer jener Kirchenmänner, die sich unablässig um Vermittlung bemühten, erzählte mir, daß die jungen Wehrpflichtigen mit fünf Jahren Haft bedroht worden seien für den Fall, daß sie sich weigerten, Demonstranten niederzuknüppeln. »Die Polizei wurde jeden Abend brutaler«, sagte er hilflos. »Polizei und Stasi haben sehr viel Macht in diesem Staat.«[19]

Gorbatschows vage Warnung an die Adresse Honeckers war sicher auch als Signal gedacht, daß die DDR-Führung nicht auf sowjetische Hilfe würde bauen können, falls die Lage im Land außer Kontrolle geriete. Die Montagsdemonstration in Leipzig am 9. Oktober endete ohne die befürchtete Eskalation. Lokale Parteifunktionäre, vor allem aber der populäre Dirigent des Gewandhausorchesters, Kurt Masur, bewogen die Sicherheitskräfte zur Mäßigung. Doch war es wohl vor allem der sowjetischen Armeeführung, die sich weigerte, die DDR-Kräfte bei der Niederschlagung der Demonstration zu unterstützen, zu verdanken, daß Leipzig Szenen wie die auf dem Platz des Himmlischen Friedens in Peking erspart geblieben sind.[20]

Als sich der Druck der Straße weiter steigerte, wurde Honecker in einer dramatischen Sitzung des Politbüros am 18. Oktober von seinem Amt als Parteichef abgelöst. Sein Nachfolger war Egon Krenz, ein 52jähriger ehemaliger FDJ-Führer, der erst seit sechs Jahren Mitglied des Politbüros war. Krenz war freilich nicht der richtige Mann, um das Vertrauen der Bevölkerung in die SED zurückzugewinnen, hatte er doch der Pekinger Führung im Sommer zuvor offiziell zu den Massenmorden gratuliert, mit denen sie die Studentenrevolte niedergeschlagen hatte. Wolf Biermann, DDR-Liedermacher im bundesdeutschen Exil, nannte Krenz den »miesesten aller möglichen Kandidaten«[21] – eine Meinung, die von den DDR-Emigranten in der Bundesrepublik, die ich tags darauf befragte, einhellig geteilt wurde.

»Krenz ist nicht beliebt. Er soll ein Alkoholiker sein. Er ist nicht glaubwürdig – er versucht nur die Macht zu erhalten.«, sagt Andrea Hofmann, alleinstehende Mutter eines Dreijährigen, die nicht verhehlt, daß sie ihre Heimat und ihre Freunde vermißt.[22]

»Er ist ein weiterer harter Stalinist«, empört sich Cornelia Grätz, Sängerin und Schlagzeugerin aus Ost-Berlin, die mit ihrem Mann auf die Zuweisung einer Wohnung wartet. »Er redet davon, daß die SED die Führung behält. Die Leute wollen das nicht. Sie werden weiter auf die Straße gehen.«

Und so war es auch. Mehr als eine halbe Million Menschen demonstrierten Anfang November in Ost-Berlin für Reformen, 400 000 waren es in Leipzig. Als dann Tausende weiterer Ausreisewilliger über die Tschechoslowakei in die Bundesrepublik strömten, schätzten Bonner Regierungsbeamte verdrießlich, daß die DDR eine weitere Million an Bürgern verlieren werde, wenn es der Regierung nicht endlich gelänge, wieder Vertrauen zu bilden. In einer Art Verzweiflungstat hob Krenz am 9. November die restriktiven Ausreisebestimmungen auf. Es folgten die Jubelszenen am Brandenburger Tor.

Dabei war es keine zehn Monate her, daß Honecker im Tonfall des Kanzelpredigers verkündet hatte, daß die Mauer, falls notwendig, »in fünfzig und auch in hundert Jahren bestehen bleiben (würde), um unsere Republik vor Räubern zu schützen,... vor denen, die gern bereit sind, Stabilität und Frieden in Europa zu stören«.[23]

Nun wurde die Mauer tatsächlich abgebaut – freilich nicht zu einer Zeit, da die DDR, wie erhofft, das Niveau des Westens erreicht hatte, sondern in einer Situation, da ihre Mängel wie nie zuvor offenbar wurden. Zwei Nächte später konnte ich gegen zwei Uhr morgens beobachten, wie ein Trupp NVA-Soldaten anrückte, um am Potsdamer Platz, dem historischen Herzen Berlins, ein neues Loch in die Mauer zu schlagen. Der Lärm ihrer Preßlufthämmer lockte auf westlicher Seite eine übermütige Menge an, die johlte und Feuerwerkskörper abbrannte. Ein junger Volkspolizist erläuterte mir stolz die Einzelheiten der Eröffnungszeremonie, die um 8 Uhr morgens durch die Bürgermeister beider Teile der Stadt vollzogen werden sollte. Ein junger NVA-Offizier, der die Abbrucharbeiten überwachte, erklärte mir achselzuckend, daß er keinen emotionalen Bezug zu dieser Mauer habe, da sie nicht älter sei als er selbst. »Es ist ein Experiment«, meinte er und fügte hinzu: »Ich weiß nicht, welches System das bessere ist, das kapitalistische oder das sozialistische.«[24] Welch erstaunliches Bekenntnis aus dem Munde eines Mannes, der für ein Land sprach, das für sich beanspruchte, auf alle Fragen eine Antwort zu finden.

Einige Tage später reiste ich nach Schwarzenberg, ein kleines Bergarbeiterstädtchen im Erzgebirge, geprägt von Tradition und Ruß. Der Ort hat eine kleine, aber kuriose Rolle in der deutschen Geschichte gespielt, als 1945 sowohl die Amerikaner als auch die Sowjets buchstäblich darauf vergaßen, ihn zu besetzen. Dadurch entstand ein Machtvakuum, das sechs kurze Wochen lang durch einen aus Kommunisten und Antifaschisten gebildeten Rat ausgefüllt wurde, der Schwarzenberg als unabhängigen Staat zu regieren versuchte.

Paul Korb, ein 85jähriger ehemaliger Metallarbeiter, ist der letzte Überlebende dieses Rates. Korb, ein kleiner Mann mit faltigem Gesicht, seit 1920 Mitglied der Kommunistischen Partei, wurde verantwortlicher Funktionär für das Polizeiwesen. Damit oblag ihm auch die Jagd auf ehemalige Nazis. Doch die Träume des Rates, Schwarzenberg als unabhängige, demokratisch-sozialistische Enklave behaupten zu können, wurde rasch zerstört, als die Russen im Juni 1945 einmarschierten.[25]

Im überheizten Wohnzimmer seines scheunenartigen Hauses – sein Großvater, ein Zimmermann, hat es vor über hundert Jahren erworben – erzählt Korb die Geschichte seines Lebens – es ist eine Geschichte zerbrochener Illusionen.[26] Korb erzählt, er sei stolz auf die bescheidene Rolle, die er beim Wiederaufbau des Landes habe spielen dürfen. Als eines der Vermächtnisse des provisorischen Rates besitze Schwarzenberg keine Leninstraße. Die Gegenwartsereignisse würde er am liebsten unter den Teppich kehren. Die SED habe einen Kardinalfehler begangen, räumt er ein. Sie habe den Kontakt zu den Massen verloren und es so versäumt, die aufkeimenden Gefühle der Unzufriedenheit rechtzeitig zu erkennen. Nach den freien Wahlen 1990, dessen ist er sicher, würde die SED in die Opposition gehen.

Gibt es einen besseren Ort, um Antworten auf die Frage nach der zukunft des deutschen Kommunismus zu finden, als Karl-Marx-Stadt, das vormalige Chemnitz? Vierhundert Jahre lang war die Stadt ein blühendes Textilzentrum, und im letzten Jahrhundert wurde sie zu einem Zentrum der industriellen Revolution in Sachsen. Die Umbenennung nach dem geistigen Vater des Kommunismus erfolgte zum denkbar unpassendsten Augenblick, nämlich wenige Wochen, bevor russische Panzer den Arbeiteraufstand vom Juni 1953 niederwalzten. Die Vorstädte von Chemnitz scheinen sich seit dem Krieg kaum verändert zu haben: schwärzliche Mietskasernen, Schutthalden auf den Straßen, geschlossene Geschäfte, zittrige Rentner im Sonnenschein. Im wiederaufgebauten Zentrum die Öde sozialistischer Hochhäuser in Einheitsbauweise. Eine junge Buchhändlerin hat über ihrer Kasse demonstrativ ein Marx-Zitat aufgehängt, in dem die Arbeiterklasse aufgefordert wird, »Mut« und »Würde« zu zeigen. Sie will damit ihre Landsleute auffordern, sich nicht durch die erleichterten Ausreisemöglichkeiten zum Verlassen des Landes verleiten zu lassen.[27]

Aus der volkseigenen Fleischfabrik – daneben steht ein Hotel mit dem charmanten Namen »Hotel am Schlachthof« – hört man andere

Töne. Die Gebäude stammen noch aus der Zeit um die Jahrhundertwende und sehen entsprechend aus. Auf dem Hof picken die Hühner auf, was an tierischen Resten so alles anfällt. Kombinatsleiter Hartlieb Haas-Zens trägt einen adretten grünen Anzug mit Parteiabzeichen am Revers. Im einstudierten Brustton der Überzeugung murmelt er wenig einleuchtende Phrasen von neuen sozialistischen Führungsmethoden – »mehr Flexibilität ist dringend notwendig«.

Deutlicher drückt sich da schon der Portier aus, ein Mann im weißen Mantel mit dicken Wurstfingern. Als er mich aus dem Gebäude führt, kommen wir an einem der üblichen Jubelplakate zum vierzigsten Geburtstag der Republik vorbei – eine peinliche Lobpreisung der SED aus dem Munde Erich Honeckers:
»Das Unterpfand der bisherigen wie der künftigen Erfolge ist die zielklare, eng mit den Massen verbundene und von ihrem Vertrauen getragene Führung durch die Partei, eine sich täglich bewährende politisch-ideologische und organisatorische Tätigkeit, die mobilisierend wirkt, die entsprechend unseren siebzig Jahren Erfahrung als Partner der entscheidende Hebel ist, die hohen und zugleich realen Ziele des Volkswirtschaftsplanes mit Unterstützung der Volksmassen zu verwirklichen.«

Der Portier kann nicht anders – selbst mir, dem Fremden gegenüber – als sich von diesem Unfug zu distanzieren. Als wir weitergehen, bricht es aus ihm heraus: »Diese Verbrecher! Die haben uns vierzig Jahre lang verarscht! Die müssen alle weg! Und Karl-Marx-Stadt soll wieder Chemnitz heißen.«

Doch es ändert sich mehr in der DDR als nur Städtenamen. Denn die wahre Triebfeder der Vereinigung sind vierzig Jahre Enttäuschung und Wut.

Nur zwei Jahre zuvor hatte Honecker noch in Gefühlen ganz anderer Art gebadet. Im September 1987, beim ersten Besuch eines Staatsoberhaupts der DDR in der Bundesrepublik, da hatte man ihm noch einen roten Teppich ausgerollt. In den Augen der Welt war dies der beste Beweis, daß die Bundesrepublik nunmehr gesonnnen war, die DDR künftig als souveränen Staat zu behandeln. Als man 1984 erstmals über die Möglichkeit eines solchen Besuches gesprochen hatte, wollte der Bundeskanzler seinen DDR-Kollegen noch in Bad Kreuznach abfertigen, um unliebsame Protokollfragen zu umgehen. Nun aber war Honecker in der Bundeshauptstadt selbst – dem Ort, von dem aus ein Kanzler Kiesinger zwanzig Jahre zuvor die DDR noch als vorübergehendes »Phänomen« bezeichnet hatte, das im Zuge der Wiedervereinigung bald verschwinden werde.

Honecker stammt selbst aus dem Westen. Geboren wurde er im Saarland, dem westlichsten aller Bundesländer. Und doch war er es gewesen, der 1961 als Politbüromitglied, verantwortlich für nationale Sicherheit, den Bau der Mauer angeordnet hatte.

Nun also war er seit dem Ende der vierziger Jahre zum erstenmal wieder im Westen. Für ihn ware es die siegreiche Krönung eines langen Tauziehens um Anerkennung. Bei der Begrüßungezeremonie vor dem Bonner Kanzleramt spielte eine Bundeswehrkapelle nacheinander die Nationalhymnen des kommunistischen und des kapitalistischen Deutschland. Der verkniffene Honecker und der alle überragende, unbeholfen wirkende Kohl standen in steifer Eintracht nebeneinander, als zuerst die wie ein munteres Weihnachtslied klingende Hymne der DDR »Auferstanden aus Ruinen«[28] erklang, gefolgt von der martialischen Schönheit des Deutschlandliedes. Sechzehn schwarz-rot-goldene Flaggen flatterten über den Köpfen, unterscheidbar nur durch das Hammer-und-Zirkel-Emblem der DDR.

In ihrem ängstlichen Bemühen, den Gedanken einer einheitlichen deutschen Nation wachzuhalten, betonten die bundesdeutschen Beamten immer wieder, daß es sich dabei nur um »Hymnen«, aber keineswegs um »Nationalhymnen« handele. Nachdem die Musik verklungen war, mischten sich die Delegationen zwanglos, Deutsche unter Deutschen, um die anberaumten Gespräche über grenzüberschreitende Subventionen und die Verschmutzung der Elbe zu beginnen.

Die typisch deutsche Ambivalenz zeigte sich wieder einmal im Zweiklang der Hymnen. Denn der Text der DDR-Hymne, verfaßt von dem kommunistischen Schriftsteller Johannes R. Becher, enthält einen Hinweis auf die Einheit der Nation. Darin kam die Politik der deutschen Kommunisten in den frühen Nachkriegsjahren zum Ausdruck, einschließlich Walter Ulbrichts, den Honecker 1971 im Parteivorsitz ablöste. In den frühen siebziger Jahren verengte sich dann das Vaterland des linientreuen Kommunisten auf die DDR – und die entsprechenden Worte verschwanden aus der Hymne. Im Zuge der neuen Abgrenzungspolitik änderte Ost-Berlin 1974 sogar die Verfassung und strich den Hinweis auf eine »Deutsche Nation«. Die DDR definierte sich neu als »ein sozialistischer Staat der Arbeiter und Bauern«. Nach der Zeremonie fragte ich einen Funktionär aus der Umgebung Honeckers nach dem Text seiner Nationalhymne. Der schaute mich verlegen an, lächelte und meinte, er habe ihn nicht parat.

Honeckers Septemberreise war wie eine Pilgerfahrt. Es war eine

Zeit der aufwallenden Emotionen und des Widerspruchs. Die Reise war mehrere Jahre lang erwogen und immer wieder abgesagt worden – vor allem, weil die Sowjets bei der Terminplanung gefragt werden wollten. Im Herbst 1987, als die Supermächte im Begriff standen, ihren Vertrag zur Abschaffung der Mittelstreckenwaffen in Europa abzuschließen, war ihnen der Zeitpunkt genehm. Und die Bundesdeutschen fanden es angemessen, die Reiseerleichterungen zu honorieren, die Honecker unter dem Druck seiner Bevölkerung gewährt hatte, so daß nun wenigstens zeitlich begrenzte Verwandtenbesuche zu bestimmten Gelegenheiten generell möglich waren. Ex-Kanzler Helmut Schmidt, der durch seinen DDR-Besuch 1981 den Weg für den nunmehrigen Gegenbesuch geebnet hatte, begrüßte Honecker in einem Pressebeitrag gar als »einen unserer Brüder«.[29]

Tatsächlich war der Empfang, der Honecker bereitet wurde, gedämpft, aber nicht unfreundlich. Es gab keine Massenaufläufe, aber im kleinen Bonn hatte das auch niemand erwartet. Auf dem offiziellen Festbankett in der Bad Godesberger Redoute zu Ehren des Gastes erteilten Kohl und Honecker einander die nötigen Pflichtlektionen – Kohl: »Wir wollen . . ., daß an der Grenze die Waffen für immer zum Schweigen gebracht werden . . . Die Menschen leiden unter der Trennung«, worauf Honecker antwortete, » . . .daß Kapitalismus und Sozialismus sich ebensowenig vereinigen lassen wie Feuer und Wasser«[30] – aber ansonsten kamen die beiden Staatschefs sichtlich gut miteinander aus. Jedenfalls war Kohl, der keine einzige Fremdsprache spricht, sichtlich erfreut, einen deutsch sprechenden Staatsgast begrüßen zu können.

Dieter Schröder, Chefredakteur der Süddeutschen Zeitung, der auf dem Bankett unter den Gästen war, erzählte mir Monate später, worüber sich der Saarländer Honecker und der Pfälzer Kohl unterhalten haben: »Sie haben gesprochen über Leute, die sie aus der Gegend kannten – den Leiter einer Jugendherberge und so weiter. Für Kohl ist dieses Wurzelwerk der Verbindungen sehr wichtig. Kohl ist kein deutscher Nationalist, aber er hat gesamtdeutsche Emotionen. Die Menschen drüben bedeuten ihm mehr als die Franzosen oder die Engländer.«[31]

Zwei Tage später war Honecker in der Ruhr-Metropole Essen zu Gast bei bundesdeutschen Spitzenindustriellen, die darauf drängten, den Handel über den Eisernen Vorhang hinweg auszubauen. Schauplatz dieses denkwürdigen Treffens war die Villa Hügel, das ehrwürdige Familiendomizil des Hauses Krupp, dessen Stahlimperium in den frühen dreißiger Jahren eines der bevorzugten Ziele der klassenkämpferischen Unternehmungen Honeckers gewesen war. In Erinnerung an sein Treiben in Essen, wo er als junger kommunistischer Agitator Flugblätter gegen die Nazis verteilt hatte, schrieb Honecker in seiner Autobiographie: »Für mich war Essen nicht die Stadt der Krupps, sondern der kämpfenden Arbeiterklasse.«[32] Bei seiner Rückkehr freilich sah er keinen Arbeiter, sondern nur die Bosse.

Am vierten Tag seines Aufenthalts besuchte Honecker das Geburtshaus von Karl Marx in Trier. Es gelang mir, durch den Sicherheitskordon zu schlüpfen und mich unter die Funktionäre zu mischen, die ihn durchs Haus führten, das heute ein Museum ist. Ich sprach ihn an, als er beiläufig die Ausstellungsstücke betrachtete, und er schien hocherfreut, einen Gesprächspartner zu haben. Als ich ihm sagte, daß ich aus England käme, wußte er sofort zu berichten, daß Marx ja schließlich in London begraben liege, und quäkte pathetisch: »Eine Welt ohne Marx ist undenkbar.«

Auf ausdrückliche Einladung des bayerischen Ministerpräsidenten Franz Josef Strauß reiste Honecker schließlich auch nach München. Dabei legte er auf dem Gelände des ehemaligen Konzentrationslagers Dachau einen Kranz nieder. Dort hielten die Nazis vor allem ihre politischen und »weltanschaulichen« Gegner in Gewahrsam, darunter sehr viele Kommunisten. Die wuchtigen Betonmauern und Wachtürme zeigten eine verzweifelte Ähnlichkeit mit Honeckers eigenen Bauten entlang der deutsch-deutschen Grenze, aber das schien dem Staatsgast nicht bewußt zu werden. Danach heiterte sich die Stimmung wieder auf, als die Wagenkolonne in das barocke Zentrum Münchens einfuhr, wo Grußadressen ausgetauscht wurden und ein festliches Essen mit dem bayerischen Ministerpräsidenten stattfand.

Noch 1963 hatte Honecker Strauß wutentbrannt einen »Militaristen« genannt, der am liebsten durchs Brandenburger Tor marschieren würde, um Berlin zu erobern. Doch in den achtziger Jahren schlossen die beiden eine ungleiche Freundschaft und gingen sogar gemeinsam in Honeckers Prominenten-Revier in der Schorfheide auf die Jagd. 1983 war es Strauß dann gelungen, die DDR-Machthaber gegen Kredite in harten Devisen zur Demontage der mörderischen Selbstschußanlagen an der innerdeutschen Grenze zu überreden. Als Strauß und Honecker nach dem Essen Witze und Anekdoten austauschten, lag sogar so etwas wie Kameraderie in der Luft.

Gefühlsbetonter Höhepunkt des Aufenthalts war jedoch Honeckers Besuch in seinem Geburtshaus in Wiebelskirchen, heute ein Stadtteil von Neunkirchen, mitten im heruntergekommen Kohle- und Stahlrevier des Saargebietes. Dort lebt noch immer – wohl unter den wachsamen Augen sämtlicher deutschen Geheimdienste aus Ost und West – seine Schwester Gertrud, über siebzig, aber immer noch lebhaft. Diese hatte mir einige Monate zuvor über den Zaun ihres gepflegten Gartens neben der katholischen Kirche erzählt, daß sie wenig Verbindung mit ihrem Bruder Erich habe, da er sehr »schreibfaul« sei. Sie hoffte aber, daß der Besuch des Bruders »die Leute zusammenbringen« würde.[33]

Als Honecker in seinem schweren gemieteten Mercedes ankam, legte er zuerst einen Kranz am Grab seiner Eltern nieder. Der Friedhof liegt auf einem Hügel, von dem aus man über die stillgelegten Zechen blicken kann. Unten säumte die Menge in Sechserreihen die schmalen Straßen, und die Presse umringte das grün getünchte einstöckige Haus, das Honeckers Großvater gebaut hatte. Einige »Erich! Erich!«-Rufe wurden laut. Gegenüber den wenigen Demonstranten, die auf Transparenten den Abbruch der Mauer forderten, waren die örtlichen Kommunisten eindeutig in der Überzahl. Die katholische Gemeinde hatte Chorgesänge einstudiert und ein Zelt aufgebaut, in dem Erfrischungen angeboten wurden. Hans Thul, ein Gemeindemitglied, kommentierte diesen Aufwand mit den Worten: »Honecker hat Heimweh und durfte nach Hause kommen. Nun sollen die einfachen Leute in Ost-Berlin, die in den Westen kommen wollen, das auch dürfen.«

Auf dem abendlichen Empfang im Rathaus von Neunkirchen fügte ein sichtlich bewegter Honecker seiner einstudierten Rede noch ein paar spontane Sätze hinzu: Als »alter Neunkirchener« hoffe er, daß »dann auch der Tag kommen (wird), an dem uns Grenzen nicht mehr trennen, sondern uns vereinen«. Es war dies ein unübersehbarer Hinweis, daß es auch ihn über alle ideologischen Grenzen hinweg zu den anderen Deutschen zog. Sollten Feuer und Wasser wirklich so unvereinbar sein?

»Wo und was ist das Vaterland?« Auf diese Frage hat es in Deutschland nie eine eindeutige Antwort gegeben. Als das Allensbach Institut 1986 eine Umfrage zum Thema »Deutsche Nation« startete, definierten diesen Begriff 37 Prozent als die Bundesrepublik, 35 Prozent als Bundesrepublik und DDR zusammen, 12 Prozent nahmen noch die ehemaligen deutschen Ostgebiete dazu und 11 Prozent meinten alle deutschsprachigen Gebiete. Am ehrlichsten waren vielleicht jene 5 Prozent, die feststellten, diese Frage wäre unmöglich zu beantworten.[34]

Schon 1813 hat sich der Dichter Ernst Moritz Arndt dazu seine Gedanken gemacht:

Was ist des Deutschen Vaterland?
Ist's Preußenland, ist's Schwabenland?
Ist's wo am Rhein die Rebe blüht?
Ist's wo am Belt die Möwe zieht?
O nein! nein! nein!
Sein Vaterland muß größer sein
Das ganze Deutschland soll es sein! ...

Das war recht leidenschaftlich, aber nicht sehr hilfreich. Eine weitere Antwort versuchte drei Jahrzehnte später der Breslauer Deutschprofessor August Heinrich Hoffmann mit seinem »Deutschlandlied«. Er, der zuvor über einige Kinderreime nicht hinausgekommen war, dichtete es anläßlich eines Aufenthalts auf Helgoland. Diese Nordseeinsel war damals britisch und wurde später gegen Sansibar eingetauscht. Hoffmann dichtete drei Verse, deren erster später wiederholt die Welt erschüttert hat:

Deutschland, Deutschland über alles
Über alles in der Welt
Wenn es stets zum Schutz und Trutze
Brüderlich zusammenhält
Von der Maas bis an die Memel
Von der Etsch bis an den Belt –
Deutschland, Deutschland über alles
Über alles in der Welt

Hoffmanns patriotische Dichtung erwies sich als vielseitig verwendbar. Gesungen zu einer Melodie Joseph Haydns erklang sie häufig in den Jahren vor der Revolution des liberalen Bürgertums im Jahr 1848. In den neunziger Jahren des vorigen Jahrhunderts wiederentdeckt, sangen es die jungen deutschen Soldaten, die im Ersten Weltkrieg in Flandern in den Tod zogen. 1919 sangen es die Reichstagsabgeordneten der neuen Republik, und 1922 wurde es vom damaligen SPD-Reichspräsidenten Friedrich Ebert zur deutschen Nationalhymne erhoben. Nach 1933 erklang es zusammen mit dem Horst-Wessel-Lied aus den Kehlen rauher Nazi-Rabauken, und nachdem das Dritte Reich zusammengebrochen war, wurde es von der Alliierten Kontrollkommission auf den Index der verbotenen Nazi-Lieder gesetzt.

In den frühen Jahren der Bundesrepublik war man darob in großer Verlegenheit, und so spielte man bei Fußballänderspielen und ähnlichen Gelegenheiten, bei denen es gemeinhin einer Hymne bedarf,

Beethovens Ode »An die Freude«. Der erste Bundespräsident, Theodor Heuß, machte den Versuch, die Vertonung einer »Hymne an Deutschland«, die ein befreundeter Dichter, Rudolf Alexander Schröder, geschrieben hatte, als neue Nationalhymne einzuführen, doch er fand damit nur weng Anklang. Adenauer freilich hielt nichts von allen diesen Experimenten. Er setzte von Anfang auf das Deutschlandlied und behielt am Ende recht. Im Mai 1952 wurde Hoffmanns Dichtung wiederum zur Nationalhymne erklärt.

Diese Entscheidung ist nach wie vor nicht ganz unumstritten, da sie nie in Gesetzesform gekleidet wurde.[35] Adenauer verfügte weiter, daß anstelle der vor dem Krieg üblichen ersten bei staatlichen Anlässen nunmehr die dritte Strophe zu singen sei:

Einigkeit und Recht und Freiheit
Für das deutsche Vaterland
Danach laßt uns alle streben
Brüderlich mit Herz und Hand!
Einigkeit und Recht und Freiheit
Sind des Glückes Unterpfand;
Blüh im Glanze dieses Glückes
Blühe Deutsches Vaterland.

Die martialischen Assoziationen, die man heute mit der ersten Strophe verbindet, sind das Ergebnis des deutschen Militarismus im Kaiserreich und im NS-Staat. Zu Hoffmanns Zeiten war die darin abgesteckte Grenzziehung für eine deutsche Nation zwar ein wenig ehrgeizig, aber durchaus vertretbar. Die Maas, die in Burgund entspringt, fließt auf ihrem Weg in die Nordsee durch den Norden von Limburg, das heute zu den Niederlanden gehört, seinerzeit aber ein Mitglied des Deutschen Bundes war. Die in die Ostsee mündende Memel bildete die traditionelle Grenze zwischen Ostpreußen und Litauen. Auf ihren letzten hundert Kilometern fließt sie durch damals rein deutsche Gebiete – heute freilich Teil der Sowjetunion.

Die Etsch ist nach dem Po der zweitgrößte Fluß Italiens und mündet in die Adria. In ihrem Oberlauf fließt sie durch Südtirol, das damals Bestandteil der K.K. Monarchie und somit ebenfalls ein Teil des Deutschen Bundes war. Der Belt bildete die Nordgrenze des Herzogtums Schleswig, das zu Hoffmanns Zeiten allerdings dänisch war. Ironie der Geschichte, daß diese Gewässer als Folge des deutschen Kampfes um »mehr Lebensraum« in der ersten Hälfte unseres Jahrhunderts nunmehr weit außerhalb des stark verkleinerten deutschen Staatsgebiets liegen.

Als Adenauer und Heuß die Hymnenfrage diskutierten, hatten die Erfahrungen des Nationalsozialismus die erste Strophe vollends unverwendbar gemacht, der dritten aber unversehens eine neue symbolische Bedeutung gegeben. Heuß gestand,daß seine Suche nach einer neuen Hymne ein Irrweg war, und schrieb an Adenauer: »Ich habe die Kräfte der Tradition unterschätzt.«[36]

Elemente traditionsverhafteten Denkens waren auch in der 1949 ausgewählten Hymne der DDR gegenwärtig. Bechers zu einer Melodie von Hanns Eisler gedichteter Text spiegelt den Anspruch der DDR wieder, eines Tages alle Deutschen in einem sozialistischen Staat zu vereinen. Die erste Strophe lautet:

Auferstanden aus Ruinen
Und der Zukunft zugewandt
Laß uns dir zum Guten dienen,
Deutschland, einig Vaterland.
Alte Not gilt es zu zwingen,
Und wir zwingen sie vereint.
Denn es muß uns doch gelingen,
Daß die Sonne schön wie nie
Über Deutschland scheint.

Diese Beschwörung des einigen Vaterlands in der DDR-Hymne macht verständlich, warum bis zum Bau der Berliner Mauer im August 1961 in der DDR-Propaganda Formulierungen verwendet wurden, die fast bis ins Detail den bundesdeutschen Forderungen nach Wiedervereinigung entsprachen. So forderte der DDR Staatsratsvorsitzende Walter Ulbricht noch 1960 die US-Regierung feierlich auf, »der westdeutschen Bevölkerung das Recht auf freie Selbstbestimmung über ein Leben in Friede und Sicherheit, Freiheit und Demokratie nicht länger vorzuenthalten«. Und anklagend fügte er hinzu:

»Was aber geschieht in Deutschland im Jahre 1960? Die Bonner Regierung hat offensichtlich jede friedliche Wiedervereinigung abgeschrieben. Sie bereiten den Krieg und – für den Fall, daß das nicht klappen sollte – die Verewigung der Spaltung vor . . . Publizisten und Philosophen werden mobilisiert, um nachzuweisen, daß eine Wiedervereinigung Deutschlands in Demokratie und Freiheit weder notwendig noch erwünscht sei.«[37]

Das sind Worte, wie man sie – bei entsprechendem Austausch der die Richtung definierenden Begriffe – wohl eher von einem streitbaren Bonner Christdemokraten erwartet hätte. Nur ein Jahr später erhob sich die Mauer durch die ehemalige Reichshauptstadt und unterbrach den Flüchtlingsstrom, der sich in konstantem Fluß von rund 20 000 Menschen pro Monat nach Westen wälzte. Dieser Punkt markiert in der Politik der DDR die Wende zur Abgrenzung. Doch die unter dem Vorwand einer geplanten westlichen Aggression errichteten Grenzbefestigungen konnten die Fluchtwelle nur verlangsamen, aber nie ganz stoppen. Immerhin sank dadurch die Zahl der Flüchtlinge um rund neunzig Prozent auf durchschnittlich 22 500 pro Jahr zwischen 1961 und 1987. Das Jahr 1988 zeigte wieder ansteigende Tendenz, als 40 000 DDR-Bürger ihren Staat verließen – davon 30 000 mit behördlicher Erlaubnis, der Rest illegal, meist gelegentlich einer genehmigten Auslandsreise. So bewies der konstante Flüchtlingsstrom schon vor dem Exodus des Jahres 1989, daß sich in einem Vierteljahrhundert in dieser DDR deprimierend wenig geändert hatte.

Die immer wieder gehörte Argumentation von DDR-Offiziellen, die Mauer halte eher die Bundesbürger vom Gebiet der DDR fern als daß sie die eigenen Bürger in ihren Grenzen festhalte, wird somit von den Tatsachen Lügen gestraft. Lügen gestraft wurde diese Lesart übrigens auch von Honecker selbst, der in seiner 1980 erschienenen Autobiographie eine andere Rechtfertigung für den Bau der Mauer versucht:

»Konnten wir tatenlos zusehen, wie unter Ausnutzung der offenen Grenze, in einem Wirtschaftskrieg sondergleichen, unsere Republik ausgeblutet wurde? Konnten wir tatenlos bleiben, da im Herzen Europas eine Situation entstanden war, die mit kaum noch verheimlichten Mobilmachungen und gesteigerter Kriegshysterie auf westlicher Seite dem Vorabend des Zweiten Weltkriegs glich? ... Hätte das Volk der Deutschen Demokratischen Republik, hätten die friedliebenden Völker Europas und der Welt es uns verziehen, wenn wir die Aggressoren nachgerade durch Tatenlosigkeit ermuntert hätten? Am Ende des Zweiten Weltkriegs hatten wir geschworen, alles daranzusetzen, daß von deutschem Boden niemals mehr ein Krieg ausgeht. Wir waren gewillt, diese Verpflichtung unter allen Umständen einzulösen.«[38]

Der Mauerbau stabilisierte die DDR-Wirtschaft, dämmte gleichzeitig den Übersiedlerstrom, der längst die Eingliederungsmöglichkeiten der Bundesrepublik überstieg, und war somit auch der Regierung Adenauer keineswegs unwillkommen. Die drei Westalliierten verloren zwar ihre Einflußmöglichkeiten im Ostsektor Berlins, festigten dafür aber ihre Position in den westlichen Sektoren. Gleichzeitig bedeutete der Mauerbau das Ende der östlichen Propaganda, die versuchte, die DDR als wahren Hort der deutschen Freiheit anzupreisen. Denn solange die Mauer stand, würde sie vor der ganzen Welt als Bankrotterklärung des Kommunismus angesehen werden.

Eine der vielen Änderungen, die durch die Umwälzungen des Jahres 1989 herbeigeführt wurden, betraf auch die Nationalhymne. Dietmar Keller, der neue Kultusminister der DDR, beeilte sich zu erklären, von nun an werde man die Hymne wieder mit dem alten Text einschließlich des Hinweises auf das einige Vaterland singen.[39]

Bei den Herbstdemonstrationen im ganzen Land zeigte sich, daß die Bevölkerung diese Worte nicht vergessen hatte. War anfangs noch die Parole »Wir sind das Volk« vorherrschend, so sah und hörte man gegen Ende des Jahres zunehmend das Schlagwort vom »einigen Vaterland« – auf Plakate gemalt, auf Flaggen gestickt und in die kalte Luft gebrüllt. Hinter den flatternden Bannern freilich stehen im Osten und Westen höchst unterschiedliche Interessen, und hüben wie drüben mögen manchem bange Zweifel kommen, ob die Wiedervereinigung wirklich eine gute Idee ist.

Da keiner der beiden deutschen Staaten eine Nation bildete, hatten sie beide mit den gleichen Identitätsproblemen zu kämpfen. Die Bundesrepublik mochte ihr System mit dem Schlagwort »Freiheit« rechtfertigen, während andere Parolen wie »Westintegration« oder die Freundschaft mit den USA mittlerweile an Anziehungskraft verloren hatten. Linke bundesdeutsche Intellektuelle wie Jürgen Habermas haben versucht, dieses Vakuum mit abstrakten Begriffen wie »Verfassungspatriotismus« aufzufüllen, um die Loyalität der Menschen auf die in der Verfassung festgeschriebenen Grundwerte festzulegen. Aber abgesehen davon, daß kaum jemand diese Nationalstolzprothese begriffen hatte, war sie auch eher geeignet, die nationale Frage zu stellen als sie zu lösen, war doch die bundesdeutsche Verfassung bis zu dem Tag ihrer Anwendbarkeit auf ganz Deutschland ohnehin nur als Provisorium gedacht.

In der DDR erwies sich das Problem der nationalen Identifikationsmöglichkeiten als noch unlösbarer. Denn alle anderen Länder, die nach 1945 unter die Herrschaft der Kommunisten fielen – Ungarn, Polen, auch die Tschechoslowakei – sind Nationen, die DDR jedoch nicht. Den deutschen Kommunisten gelang es denn nicht einmal, für den Begriff »DDR-deutsch« ein passendes Adjektiv zu finden. Die vergebliche Suche offenbart sich am besten in der Wiederentdeckung und Vereinnahme lange Zeit verpönter deutscher Nationalhelden wie Martin Luther, Friedrich II. von Preußen, teilweise auch Bismarck, für den kommunistischen Teilstaat. Eine sichere Identität ließ sich nur aus dem marxistischen Glaubensbekenntnis und der nicht nachlassenden Opposition zum »imperialistischen« Westen aufbauen. Sowohl Ulbricht als auch Honecker wußten sehr wohl, daß die Fundamente des Staates ins Wanken geraten würden, sollte einer dieser Pfeiler brüchig werden. Zwei Monate vor dem Fall der Mauer hat der SED-Ideologe Otto Reinhold dieses Prinzip auf den Punkt gebracht:

»Die DDR ist nur als antifaschistischer, als sozialistischer Staat, als sozialistische Alternative zur BRD denkbar. Welche Existenzberechtigung sollte eine kapitalistische DDR neben einer kapitalistischen BRD haben? Natürlich keine.«[40]

Bereitwilliger als die Deutschen im Westen räumten jene im Osten ein, daß die Wiedervereinigung nicht ohne einschneidende Änderungen in den Bündnissystemen ablaufen würde. Aus manchen Verlautbarungen von DDR-Sprechern ließ sich ablesen, daß man sich der Schlüsselrolle wohl bewußt war, die der DDR im Nachkriegseuropa zukam. Sollte sich im derzeit ausgewogenen europäischen Kräftespiel dieser Stein verschieben oder im Fall der Wiedervereinigung gar weggenommen werden, so lautete die Warnung aus Ost-Berlin, könnte der ganze Spielaufbau ins Rutschen kommen.

Stefan Heym, der »Altmeister« der DDR-Literatur, verdient im Westen beträchtliche Summen mit seinen Büchern, in denen er die stalinistische Prägung seines Staates heftig angegriffen hat. Seiner jüdischen Herkunft wegen verließ der gebürtige Chemnitzer 1933 das Land und kehrte erst 1945 als Angehöriger der US-Streitkräfte zurück. Er hat immer die Vorstellung vertreten, man müsse den Sozialismus in Osteuropa »attraktiv« machen. Doch als ich ihn im August 1989 sah, seufzte er resigniert: »Je länger man wartet, die Veränderungen anzugehen, desto schwieriger wird es werden.«[41]

Beim Umsturz spielte Heym eine gewisse Rolle, indem er Künstler und andere Kulturschaffende für die Protestbewegung gewann. Als Honecker jedoch davongejagt war, befürchtete er, daß das Pendel nun vielleicht zu stark in die andere Richtung ausschlagen werde, und so war er einer der prominentesten Unterzeichner einer in gewissem Sinne verzweifelten Denkschrift »für unser Land«, in der Intellektuelle vor einem »Ausverkauf« der DDR und deren bloßer Absorbtion durch den Westen warnten.[42]

Angesprochen drei Monate nach dem Fall der Mauer auf die Befürchtungen des Auslands hinsichtlich einer möglichen Wiedervereinigung, meinte Heym, die DDR solle als Garant der Stabilität in Europa bestehen bleiben. Mit einer Leidenschaft, die sich nur aus seinen eigenen traumatischen Erfahrungen erklären läßt, beschwor Heym die Gefahren der Einheit »wegen Deutschlands wirtschaftlicher Stärke und wegen möglicher nationalistischer Tendenzen«. Zwar räumt er ein, daß sich auf Grund »historischer Trends« ein bestimmtes Maß der Annäherung nicht werde vermeiden lassen, aber »es wird Veränderungen in Ost- und Westdeutschland geben müssen, bevor sie eins werden können.« Auf die Frage, welche Voraussetzungen denn gegeben sein müßten, erklärte er bestimmt, daß »sie (die beiden deutschen Staaten) aufhören sollten, auf dem politischen Schachbrett die Bauern ihrer jeweiligen Supermacht zu sein«. Heym müßte gewußt haben, daß die Erfüllung gerade dieser Bedingung sich bereits abzeichnete.

Egon Krenz vertritt eine ähnliche Position. Im Gespräch in seinem Büro im massigen Bau des Berliner SED-Hauptquartiers, vierzehn Tage nach Öffnung der Mauer und nur zehn Tage vor seinem eigenen Rücktritt, betonte er: »In der nahen Zukunft sehe ich die Notwendigkeit zweier deutscher Staaten.«[43]

Möglichkeiten für eine deutsch-deutsche Konföderation sah er nur für den Fall, daß NATO und Warschauer Pakt aufgelöst würden: »Die Frage der Wiedervereinigung ist im Moment nicht auf der Tagesordnung ... Doch im Hinblick auf den Bau eines europäischen Hauses sage ich, daß wir warten und sehen müssen, wie sich die deutsche Frage entwickelt.«

Der Makrobiologe Jens Reich ist einer der Begründer des Neuen Forums. Wie Heym sprach er hoffnungsvoll von einem »neuen sozialistischen System, das für jeden akzeptabel ist«. Auch wenn die DDR den Stalinismus aufgegeben habe, meint er, sei eine Wiedervereinigung keineswegs die notwendige Folge:

»Ich glaube nicht, daß dieses Land kein Recht hat zu existieren. Ich denke, dieses Land ist lebensfähig. Es gibt eine lange historische Tradition – die Länder Sachsen, Brandenburg und Mecklenburg könnten zusammen ein politisches Gebilde formen und überleben, wie es viele solcher Verbindungen in der Vergangenheit getan haben. Es ist ein Denken des 19. Jahrhunderts zu sagen, daß es keine Alternative zu einem Großdeutschland gibt. Großdeutschland existierte nur 74 Jahre, Mecklenburg, Sachsen, die sind tausend Jahre alt.«[44]

Tatsächlich träumten viele Intellektuelle in der DDR von einer Weiterführung der vielfältigen föderalen Traditionen Deutschlands, von einer Wiederbelebung der Länder und der Erhaltung des mitteldeutschen Staates als einer Art antikapitalistischen Utopias. Aber mit einer Bevölkerungszahl, die mit 16 Millionen nicht größer ist als die Nordrhein-Westfalens als des volkreichsten Bundeslandes – und mit beträchtlich geringerem Bruttosozialprodukt –, hätte eine auf sich gestellte DDR wenig Aussicht, allein auf der Karte Europas zu bestehen. Einige Monate vor den Herbstunruhen erklärte mir Hans-Otto Furian, Sprecher der evangelisch-lutherischen Kirche in der DDR, die grundlegenden Überlebensprobleme seines Staates:

»Es gibt einen grundlegenden Unterschied zu den Polen und Ungarn: Das sind Völker mit einem ungebrochenen Nationalbewußtsein. In der Deutschen Demokratischen Republik aber gibt es kaum welches. Die Menschen fühlen sich als Deutsche, die in diesem Teil Deutschlands leben. Die Deutsche Demokratische Republik ist eine Erfindung des Kalten Krieges. Was wird aus ihr werden, wenn der Kalte Krieg nachläßt und die Konfrontation abnimmt?«[45]

In der Bundesrepublik dachte man im allgemeinen weit weniger intensiv über die Wiedervereinigung nach als im Osten – die Sache eilte nicht. Allzulang galt die Beschäftigung mit diesem Thema als faszinierend, aber unrealistisch. Hatten Umfragen zufolge in den fünfziger und sechziger Jahren noch zwischen dreißig und fünfzig Prozent in der Wiedervereinigung die wichtigste politische Herausforderung gesehen, so sank diese Zahl in den achtziger Jahren auf weniger als ein Prozent. Auch in den letzten Jahren erklärten noch zwischen siebzig und achtzig Prozent, daß sie eine Wiedervereinigung grundsätzlich befürworteten, aber weniger als zehn Prozent erwartete sie innerhalb der nächsten zehn Jahre.[46]

Indessen sind die menschlichen Bindungen auch vierzig Jahre nach der Trennung noch überraschend stark. Man schätzt, daß rund ein Drittel der Bevölkerung der Bundesrepublik Verwandte in der DDR hat, während dort vermutlich rund die Hälfte verwandtschaftliche Verbindungen zum westlichen Teilstaat pflegt.[47] Schon vor der Aufhebung aller Reisebeschränkungen im November 1989 hatte die DDR diesem Umstand Rechnung tragen müssen und in den Jahren 1987 und 1988 jeweils rund fünf Millionen Besuchsanträge genehmigt, darunter mehr als eine Million von Personen im erwerbsfähigen Alter. Für diesen Personenkreis waren in den Jahren zuvor Anträge auf Verwandtenbesuche in der Bundesrepublik fast ausnahmslos abschlägig beschieden worden. Fast alle Haushalte in der DDR konnten westliche Sender empfangen, und sie konsumierten fast ausschließlich deren Programme. Tatsächlich hat die Berichterstattung in den westlichen Medien für die Ereignisse im Herbst 1989 keine geringe Rolle gespielt. Und schon vor dem Fall der Mauer sandten die Bundesbürger Jahr für Jahr rund 75 Millionen Briefe in die DDR – mehr als in alle übrigen Staaten Europas zusammengenommen.[48]

Wenn im Gespräch mit bundesdeutschen Durchschnittsbürgern die Rede auf die DDR kommt, so schleichen sich oft moralistische Töne ein. Eine Bonner Bürokraft ohne Angehörige in der DDR meinte, daß sie sich für die Menschen verantwortlich fühle, die das Pech hätten, auf der falschen Seite der Mauer zu leben. Ein fünfzigjähriger Manager der mittleren Führungsebene sagte mir beim Mittagessen auf einem Seminar: »Es ist ein Teil unserer Kultur. Ich will nach Dresden fahren können, wann immer ich mag.«

Für die Jüngeren freilich ist die DDR schon weitgehend Ausland. Ich befragte eine Gruppe von Studenten der Fachhochschule in Münster nach ihrem Verhältnis zu DDR. Dies waren die Antworten: Sie habe zur DDR »keine emotionale Bindung«, erklärte eine junge Studentin. Einer ihrer Kommilitonen pflichtete ihr bei und meinte, daß sie »langsam von uns wegtreiben«. Ein junges Mädchen erzählte, daß es drei Jahre zuvor in Leipzig gewesen wäre: »Sie haben mit uns nichts außer der Sprache gemeinsam!«

Sie studieren Wirtschaftswissenschaften bei Professor Dr. Günter Peise, einem lebhaften Mittfünfziger, der in Leipzig geboren wurde und nach dem Krieg in die Bundesrepublik übersiedelte. Er faßt seine Gedanken in ein paar kurze Sätze:

»Ich habe den Schmerz der Teilung erlebt. Wir waren eines Teils der Nation beraubt. Die Menschen waren verletzt. Doch die emotionalen Bindungen werden schwächer, die familiären Verbindungen sterben aus. Mein Sohn sagt, daß ich leicht verrückt bin, darüber zu reden. Wir sprechen dieselbe Sprache wie die Menschen im Osten, aber wir verwenden sie verschieden. Wir haben unterschiedliche Lebensstandards. Wir können nicht behaupten, wir werden durch die Wiedervereinigung Europa stabiler machen. Im Gegenteil: Die Teilung ist der Preis der Stabilität.«[49]

Solche nüchternen Analysen konnte man von bundesdeutschen Politikern kaum hören. Im Gegenteil: Wann immer von der Teilung der Nation die Rede ist, schwelgten sie in pathetischen Formulierungen. In den fünfzehn Regierungserklärungen bundesdeutscher Kanzler seit 1949 wurde mit einer Ausnahme unerbittlich die Einheit der Nation beschworen. Diese Ausnahme war Helmut Schmidt, als er 1974 das Amt von seinem Vorgänger Willy Brandt übernahm. Angesichts der Tatsache, daß Brandt über einen DDR-Spion im Kanzleramt gestolpert war, kann diese Zurückhaltung kaum überraschen.

Obwohl diese nationalen Absichtserklärungen mit der Gleichförmigkeit einer Schallplatte abliefen, waren sie doch wenig mehr als bloße Lippenbekenntnisse. Denn vor 1989 hatte kein bundesdeutscher Kanzler die Absicht, sie zum Inhalt seiner praktischen politischen Arbeit zu machen. Schon 1949 freute sich Adenauer auf den Tag, an dem »nichts der Wiedervereinigung mit unseren Brüdern und Schwestern in der Ostzone und Berlin im Wege steht.«[50] Acht Jahre später klagte er: »Ohne die Wiedervereinigung Deutschlands (ist) der Frieden Europas und der Welt nicht gesichert.«[51] 1965 lamentierte Ludwig Erhard: »Das lag... allein an der Tatsache, daß die Sowjetunion die Wiedervereinigung des deutschen Volkes in Freiheit bisher nicht gewollt hat.«[52]

1969 änderte Willy Brandt den bislang üblichen Sprachgebrauch insofern, als er auf das Ziel der Wiedervereinigung zwar verzichtete, aber nach wie vor auf der »Einheit der Nation« und dem »Recht auf Selbstbestimmung« festhielt.[53] Noch zurückhaltender gab sich Helmut Schmidt 1976. Ihn schmerzte nur noch »die Grenze, die mitten durch Deutschland geht«,[54] und vier Jahre später war es gar nur noch »das Bewußtsein von der Einheit der deutschen Nation«, das er erhalten wissen wollte.[55] Kohl ging wieder einen Schritt weiter, als er 1982 erklärte: »Mauer, Stacheldraht und Schießbefehl sind und können nicht das letzte Wort zwischen Ost und West sein.«[56] und 1987 bekräftigte er: »Unser Ziel bleibt: Freiheit und Einheit für alle Deutschen!«[57]

Rhetorisch verfolgte Kohl dieses Ziel mit mehr Kraft und Kontinuität als seine SPD-Vorgänger. Gemäß den von Brandt gesetzten Richtlinien machte Helmut Kohl in den ersten sieben Jahren seiner Kanzlerschaft keinerlei Anstalten, den Begriff »Wiedervereinigung« erneut in den politischen Sprachgebrauch einzuführen. Und wie mein Gespräch vom Februar 1989 mit ihm beweist, hatte er auch keinerlei konkrete Vorstellungen, wie diese aussehen sollte.

Frage: Politiker sollten Visionen haben und nicht nur in Vier-Jahres-Horizonten denken. Deswegen meine Frage: Wie soll die Wiedervereinigung – oder vielleicht besser – die Vollendung der staatlichen Einheit aussehen?

Kohl: Erstens weiß ich, was das Ergebnis des Zweiten Weltkrieges ist und daß die verbrecherische Politik Hitlers dazu geführt hat, daß die Sowjetunion mit ihren Truppen heute mitten in Deutschland steht. Sie dürfen nicht vergessen: Von dem Platz, wo Sie jetzt sitzen, sind es nur sieben oder acht Tank-Stunden bis zur nächsten sowjetischen Panzerdivision in Weimar. Und Weimar ist nicht irgendeine

Stadt in Deutschland. Das ist eine politische Realität. Und ich weiß auch, daß die Frage der Wiederherstellung der deutschen Einheit nicht auf der Tagesordnung der Weltpolitik steht.

Frage: Warum benutzen Sie nicht das Wort »Wiedervereinigung«? Adenauer, Kiesinger, Ehrhard – die haben immer das Wort Wiedervereinigung benutzt?

Kohl: Ich sage »Einheit der Nation«. Das ist das Gleiche.

Frage: Klingt das ein bißchen anachronistisch, vielleicht – Wiedervereinigung?

Kohl: Nein, überhaupt nicht. Unter Wiedervereinigung hat man damals – natürlich in einer anderen politischen Lage – praktisch verstanden die Angliederung der DDR an die Bundesrepublik Deutschland.

Frage: Ist das nicht die Idee?

Kohl:Die Idee ist für uns – das ist die Vision –, daß wir die politische Einigung Europas wollen. Und daß die Freiheit wichtiger ist als Grenzen . . .

Frage: Aber ich beharre auf meine Frage. Wie soll das aussehen? Man sagt: Wir werden die Teilung überwinden . . . Mir genügt das nicht. Ich möchte eine Idee haben. Soll das wie eine Konföderation aussehen?

Kohl: Der Unterschied ist, daß Sie ein Prophet sind, und ich bin nur ein Bundeskanzler.[58]

Es war der Fall der Mauer, der Kohl veranlaßte, sich endlich etwas klarer auszudrücken. In seiner Zehn-Punkte-Erklärung zur deutschen Einheit vom November 1989 hat er dann »konföderative Strukturen« als Zwischenstufe auf dem Weg zur deutschen Föderation vorgeschlagen.[59] Seine ehemalige Unsicherheit in dieser Frage beruhte einfach auf der Überzeugung, daß die Wiedervereinigung auf absehbare Zeit nicht zur Debatte stehen würde. Der November 1989 machte die Straße frei zur nationalen Einheit – doch weder die Bundesdeutschen noch die Alliierten verfügten über die richtige Straßenkarte.

Im Sommer 1990 war endgültig klar, daß die DDR gar keine andere Wahl hatte als sich unter die Fittiche des großen Bruders Bundesrepublik zu begeben. Die D-Mark, das bundesdeutsche Wohlstandssymbol, wurde zur alleinigen Leitlinie für den Weg des einstmals kommunistischen Teilstaats auf dem Weg in die Zukunft. Am 2. Juli 1990, dem ersten Werktag nach Einführung des neuen Zahlungsmittels, beobachtete ich auf dem Marktplatz von Luthers Heimatstadt Wittenberg, wie sich die DDR-Bürger mit der neuen Situation vertraut machten. Die tags zuvor noch gähnend leeren Geschäfte waren mit einem Mal wohlgefüllt mit ansprechend präsentierten Waschmitteln, Zahncremes und Spielzeugen, dazu mit allen möglichen Sorten von Whisky und Kaffee, und die Menschen standen davor Schlange.[60]

»Ist's Gottes Werk, so wird's bestehen.
Ist's Menschen Werk, wird's untergehen.«

So steht es auf dem Sockel des Luther Denkmals. Doch unter den gestrengen Blicken des großen Reformators ging es an diesem Tag nur um den schnöden Mammon. Ein Westberliner Möbelhaus verteilte Luftballons, während ein mit einem schweren Fernsehgerät aus südkoreanischer Fertigung beladener Mann an einer westlichen Limousine vorbeiwankte, auf der für Rothmans Zigaretten geworben wurde. Und Gertrud Olschewski, eine ehemalige Serviererin, zog in ihrem von einer Bielefelder Firma gemieteten mobilen Pizza-Verkaufsstand eine Show ab, die jedem Alleinunterhalter Ehre gemacht hätte. Zur Mittagszeit, berichtete sie kopfschüttelnd, habe sie bereits tausend Portionen dieser neuartigen Köstlichkeit verkauft, das Stück für DM 3,50. »Alle Zutaten – Käse, Salami, Schinken, Tomaten – sind aus dem Westen«, erklärt sie mir, »wo alle guten Sachen herkommen.«

An einer Hausecke prangt unübersehbar das neue blaue Signet der Deutschen Bank – an einem Gebäude, das von der kommunistischen Staatsbank übernommen wurde. Ralf-Rüdiger Hoffmann, ein nervöser Banker von der Kreditbank, der ostdeutschen Partnergesellschaft der Deutschen Bank, erzählte mir, daß die Bürger der Stadt mit eher gemischten Gefühlen in seine Bank kämen, um sich ihre D-Mark abzuholen. Man fürchte um die Arbeitsplätze, da die staatlichen Kombinate auf die Marktwirtschaft zuerst mit Personalabbau reagieren würden. »Natürlich sind wir alle froh über das Ende des alten Systems«, sagt er. »Aber jetzt, da das neue anfängt Gestalt anzunehmen, wächst die Unsicherheit.« Sein Kollege, Wilfried Brettschneider von der Deutschen Bank und eindeutig die treibende Kraft im Wittenberger Büro, scheint ein guter Psychologe zu sein. Er meint, die DDR-Bürger würden die Veränderungen generell begrüßen, schräken aber vor der erforderlichen Anpassung noch zurück. »In gewisser Weise finden sie sich plötzlich in einer fremden Umgebung wieder. Einige wagen es immer noch nicht, etwas zu kaufen. Das Warenangebot in den Geschäften erscheint ihnen unwirklich. Es ist fast so, als ob die Fensterscheiben sie ausschließen würden.«

Ähnliche Gefühle überkommen Hans-Jochen Weler, einen kleinen Einzelhändler in Potsdam, angesichts seines neuen Sortiments, das sich mit Ausnahme einiger weniger Artikel wie Mehl nur aus westlichen Produkten zusammensetzt. Er fühlt sich in seinem eigenen Geschäft wie ein Fremder: »Man ist zu Hause und doch nicht zu Hause. Aber das neue Angebot werde sehr gut angenommen. »Verkaufen macht jetzt Spaß!«

Optimistisch zeigt sich auch Harald Berndt, der stellvertretende Verwaltungsleiter des Potsdamer Rokoko-Schlosses Sanssouci: »Es ist eine großartige Gelegenheit. Ich bin bereit, härter zu arbeiten« sagt er mir mit Überzeugung. Aber er vergißt auch nicht – quasi als Vorgeschmack auf den Neid, der in den kommenden Monaten in vielen DDR-Bürgern aufsteigen wird, wenn sie ihre Gehaltsabrechnungen mit denen westlicher Kollegen vergleichen – hinzuzufügen, daß sein Einkommen von derzeit DM 850,– netto im Monat natürlich angehoben werden müsse. In der West-Berliner Schlösserverwaltung würden die Hausmeister mehr verdienen.

Probleme ganz anderer Art kommen auf zwei hartgesottene Kombinatsmanager zu, mit denen ich an diesem Tag zusammentraf. Bernd Nicklisch, Beauftragter für Sanierungsprobleme bei der VEB Waggonbau in Dessau an der Elbe, erklärte mir seine Schwierigkeiten beim Verkauf von Kühlwagen an die Sowjetunion nun, da die DDR ein Hartwährungsland sei. Über seinem Kopf hängt eine Aufforderung an die Werktätigen, »hohe Leistungen zum Wohle der Völker und für den Frieden« zu erbringen. Nicklisch führt aus, daß man sich von 600 der insgesamt 3500 Mitarbeiter werde trennen müssen. Die Firma sei zwischen siebzig und neunzig Prozent abhängig von Exporten in die Sowjetunion. Nun, da man sich dem Wettbewerb anderer Hartwährungsländer zu stellen habe, müsse man versuchen, die Kosten um fünfzig Prozent zu senken.

Wolfgang Sonntag, Direktor für Absatz und Außenwirtschaft bei der VEB Apparate- und Chemieanlagenbau in Reinsdorf, einem Dorf an der Straße nach Wittenberg, hat mit ähnlichen Problemen zu kämpfen. Sonntag seufzt, er habe noch nicht einmal die Zeit gehabt, seine D-Mark bei der Bank zu holen. Schließlich habe er am Vortag nach Hamburg reisen müssen, um sich mit dem dortigen Steuerberater der Firma bezüglich der Modalitäten für den Umtausch der Firmenguthaben in D-Mark zu beraten. Die Firma bereitet die Entlassung von 250 ihrer 800 Mitarbeiter vor. »Wir sind der größte Arbeitgeber in der Gegend«, erklärt Sonntag, aber wir haben keine Wahl. Wenn wir nicht handeln, ist das ganze Unternehmen beim Teufel.« Die »Umstellung der Mentalitäten« werde beträchtlich schwieriger werden als die Umstellung der Währung. Viele Bürokräfte, die ihre Arbeitsplätze verloren hätten, schlügen sich als

Taxiunternehmer durchs Leben. »Aber nicht alle werden überleben.« Nichtsdestoweniger gibt sich Sonntag, ehemaliges SED-Mitglied wie fast alle Kombinatsleiter, durchaus hoffnungsfroh: »Ich gehe mit Optimismus in die Zukunft. Es ist der richtige Weg – auch wenn es ein schmerzlicher ist.«

Wahrscheinlich ist der Prozeß der Vereinigung nur deshalb so schmerzlich, weil niemand darauf vorbereitet war. Zwischen 1986 und 1989 fragte ich eine Anzahl einflußreicher bundesdeutscher Persönlichkeiten nach ihrer Meinung zur Wiedervereinigung. Ihre Antworten bestätigen die allgemeine Überraschung angesichts der Revolution in der DDR.

Willy Brandt, 1986
Ich bin seit langem gegen das »Wieder«, weil das Wieder suggeriert, als ob man glaube, so was ähnliches wie das Bismarcksche Reich oder auch die Weimarer Republik herstellen zu können. Das ist beides illusionär. Wenn die Teilung Europas, was ich für möglich halte, in den nächsten Jahrzehnten in einen Prozeß des näheren Zusammenwachsens hineinkommt, dann ist eine Lage gegeben, in der auch die Teile Deutschlands vielleicht in ein engeres Verhältnis treten als andere. Ich will dafür jetzt nicht eine Gestalt nennen; manche würden das Konföderation nennen, aber ich lasse die Gestalt völlig offen.[61]

Joachim Fest, Mitherausgeber der FRANKFURTER ALLGEMEINEN ZEITUNG, 1988
Ich glaube nicht an die Wiedervereinigung, ich fahre aber oft in die DDR. Nachdem ich zurückkomme, finde ich, daß ich ein leidenschaftlicher Anhänger der Wiedervereinigung geworden bin. Ich sehe den Haß und die Unzufriedenheit der Leute gegenüber dem Regime drüben. Wir können nicht einfach sagen, daß die Menschen dort einfach Pech gehabt haben und sie aufgeben. Das muß nicht ein wieder zusammengeschlossenes Deutschland sein, aber es muß sich zu einem System entwickeln, das Menschenrechte zuläßt.[62]

Ernst Breit, Vorsitzender des Deutschen Gewerkschaftsbundes, 1989
Es wäre wünschenswert, daß sie kommen würde, damit Schwestern, Brüder, Kinder und ihre Eltern sich besuchen können. Wir möchten normale Verhältnisse haben, und was wir haben, ist nicht normal. Es wäre normal, gemeinsam in einem Staat zu leben.[63]

Werner Holzer, Chefredakteur der FRANKFURTER RUNDSCHAU, 1988
Wir haben die Wiedervereinigung als Lösung vor dreißig Jahren aufgegeben. Das wird auf diese Weise nicht geschehen. Wir sollten mit den Sonntagsreden aufhören. Ob wir nun das politische System in der DDR mögen oder nicht, wir brauchen eine normal funktionierende Beziehung mit ihnen.[64]

Manfred Rommel, Oberbürgermeister von Stuttgart, 1988
Vaterland? Das Wort wurde während meiner Jugend sehr mißbraucht. Für mich fängt das Vaterland in Stuttgart an. Politisch sind wir weit mehr mit Frankreich, England, Holland verbunden als mit der Regierung der DDR. Gegenüber dem Schicksal der Menschen in der DDR können wir nicht gleichgültig bleiben. Aber die Idee der Wiedervereinigung ist völlig aussichtslos.[65]

Karl Otto Pöhl, Bundesbankpräsident, 1989
Als eine historische Entwicklung hoffe ich, daß der Ostblock sich im Laufe der Zeit auflösen wird, daß das System sich demokratisiert, damit für Menschen, Güter, Kapital die Grenzen nicht mehr bestehen, so daß die Grenze zwischen der Bundesrepublik und der DDR sich von der mit Belgien, zum Beispiel, nicht mehr unterscheiden würde. Es könnte lange dauern – vielleicht fünfzig Jahre – ein solches System entwickeln zu können. Aber wenn die Entwicklung auf diese Art und Weise verlaufen würde, wäre ein deutscher Einheitsstaat - der das Gleichgewicht in Europa verändern würde – eher im Wirtschaft- als im Militärbereich – überflüssig.[66]

Philipp Jenninger, Bundestagspräsident, 1987
Ich glaube, obwohl man träumen muß, daß der Traum realistisch sein muß. Man könnte sich vorstellen, daß in einem allmählichen Prozeß von Kontakten und Treffen, der wirtschaftlichen, technologischen und kulturellen Kooperation, der Bildung gemeinsamer Komitees auf bestimmten Gebieten, wir uns zu etwas, das eine lose Konföderation zwischen den zwei Staaten werden könnte, hinarbeiten könnten. Es liegen viele Möglichkeiten vor uns, und das Wort »Einheit« deckt ein breites Spektrum der Bedeutung ab.[67]

Daniel Cohn-Bendit, ehemaliger Studentenführer, Herausgeber des grünen Magazins »Pflasterstrand«, 1988
Ich kann mir eine Annäherung der beiden deutschen Staaten als eine kulturelle Einheit vorstellen.Ich kann mir vorstellen, daß die beiden

Staaten sich wie die Bundesrepublik und Österreich entwickeln können oder daß die DDR im Jahr 2000 der Europäischen Gemeinschaft beitreten wird – im Rahmen einer mitteleuropäischen Föderation. Aber an ein wiedervereinigtes Deutschland kann ich nicht denken.[68]

Bischof Martin Kruse, Vorsitzender des Rats der evangelischen Kirche in Deutschland, 1988
Was aus all diesem wird, bleibt der Geschichte und Gottes Hand überlassen. Ich bin weder ein Prophet noch ein Politiker, aber ich glaube, daß wir zusammenwachsen und nicht auseinander.[69]

Edzard Reuter, Vorstandsvorsitzender der Daimler Benz AG, 1988
Wenn das »Experiment Gorbatschow« gelingt, wofür wir alle nur beten können, dann wird es im mittleren Teil Europas eine Situation geben, wo sehr viele Probleme, die wir hatten, erleichtert werden. Niemand kommt auf die Idee der staatlichen Wiedervereinigung, sondern unser Ziel ist, die Grenze (zwischen der Bundesrepublik und der DDR) wegzubringen.[70]

Helmut Schmidt, 1988
Die deutsche Nation ist, wie die polnische oder die ungarische, tausend Jahre alt. Ein paar Generationen stören diese fundamentalen Identitäten nicht. Ich würde sagen, daß zu irgendeinem Zeitpunkt im nächsten Jahrhundert die Deutschen unter einem Dach leben werden. Ich drücke mich unklar aus – ich habe das Wort »Wiedervereinigung« dreißig Jahre lang nicht benutzt.[71]

Wie gesagt, die Bundesrepublik war auf die nationale Herausforderung, die mit den Ereignissen des November 1989 auf sie zugekommen ist, völlig unvorbereitet. Doch in der Folge rückte die Einheit rasch in den Mittelpunkt der Aktivitäten gleichermaßen von Politikern und Kommentatoren – auch solchen, die zuvor einen weiten Bogen um diese Thematik gemacht hatten. Linke wie Rechte warnten vor tatsächlichen und vermeintlichen Bestrebungen der Alliierten, die Einheit zu hintertreiben. Dieser Wunsch nach Einheit ist nur zu berechtigt, doch hat es die deutsche Politik bisher in sträflicher Weise versäumt, ihn dem Rest der Welt plausibel zu machen, und der Rest der Welt hat sich in dieser Hinsicht auch nicht als sehr aufgeschlossen erwiesen.

Daß sich 1989/90 die Möglichkeit zur Wiedererlangung der nationalen Einheit auftat, war das Ergebnis eines vierzigjährigen erfolgreichen Bemühens um Wohlstand und Demokratie. Doch just zu dem Zeitpunkt, da das Ziel nach all den Jahren des Wartens in greifbare Nähe gerückt war, kamen – typisch deutsch – Ungeduld und Furcht wieder hoch.

VI
Aufstieg und Fall des Wirtschaftswunders

In abgründiger Verzweiflung, zu Boden gedrückt durch wirtschaftliches Elend, blickten Millionen deutscher Menschen in eine trübe und graue Zukunft. Es ist ein Fehler zu glauben, daß eine Regierung allein das Wunder der Wiederauferstehung bewirken kann . . . Denn es gibt kein Wunder, mag es von oben oder anderswoher kommen, das dem Menschen etwas gibt, das er nicht verdient hat.

Adolf Hitler, 1934[1]

Das, was sich in Deutschland in den letzten sechs Jahren vollzogen hat, war alles andere als ein Wunder. Es war nur die Konsequenz der ehrlichen Anstrengung eines ganzen Volkes, das nach freiheitlichen Prinzipien die Möglichkeit eingeräumt erhalten hat, menschliche Initiative, menschliche Freiheit, menschliche Energien wieder anwenden zu dürfen.

Ludwig Erhard, 1954[2]

Es kann nicht genug betont werden: Unsere Soziale Marktwirtschaft ist der dritte Weg zwischen dem Laissez-faire-Kapitalismus und dem Sozialismus.

Wilfried Guth, 1990[3]

In diesem stürmischen Jahrhundert hat die deutsche Wirtschaft einen Zick-Zack-Kurs eingeschlagen. Man wechselte oft die Linie, kehrte aber immer wieder zur gleichen Grundrichtung zurück. Ob nationale Einigung oder Industrialisierung – Deutschland war jeweils unter den Spätaufstehern. Doch ungeachtet aller historischen Wechselfälle, von denen das Land von der Reichsgründung 1871 bis zur Zerstückelung 1945 gebeutelt wurde, sorgten Tüchtigkeit und Einfluß der deutschen Wirtschaft für eine gewisse Kontinuität. Vollends in der Nachkriegszeit erregte die deutsche Wirtschaftsleistung nahezu uneingeschränkte Bewunderung.

In den achtziger Jahren freilich hat das deutsche Wirtschaftsmodell etwas an Glanz verloren. Während das Land daran geht, sich der unerwarteten Herausforderung durch die bevorstehende Wiedervereinigung zu stellen, wird sich seine wirtschaftliche Orientierung wahrscheinlich von den westlichen Märkten ab und der Aufgabe des Wiederaufbaus im Osten zuwenden.

Während und seit dem »Wirtschaftswunder« der fünfziger und sechziger Jahre hat der wirtschaftliche Erfolg der Bundesrepublik wesentlich zur Stabilität und zum Wohlstand ganz Europas beigetragen. Nach den USA und Japan ist die Bundesrepublik die drittgrößte Industriemacht der Welt, und sie erbringt rund ein Viertel der Gesamtproduktion Westeuropas. Dieser Nachkriegserfolg war möglich, weil man die Wirtschaft internationalisiert hat. Seit 1951 sind die bundesdeutschen Exporte höher als die Importe,[4] und in der zweiten Hälfte der achtziger Jahre stieg der Handelsbilanzüberschuß in bislang unbekannte Dimensionen. Die Bundesrepublik wurde zum größten Exportland der Welt[5] und zum zweitgrößten Gläubiger nach Japan.[6]

Das Land ist noch immer das wirtschaftliche Kraftwerk Europas. Durch die Wiedervereinigung wird Deutschlands wirtschaftliche Dominanz mittelfristig sogar noch zunehmen. Doch die Integration der DDR, deren Wirtschaftskraft ungefähr ein Achtel von jener der Bundesrepublik beträgt – also ungefähr soviel wie Hessen – wird Zeit, Kapital, Energie und Schweiß kosten. Das bundesdeutsche Bruttonationalprodukt liegt pro Kopf um vierzig Prozent höher als das britische[7], doch wird sich der Reichtum automatisch durch die Integration eines Landes reduzieren, dessen Lebensstandard und Produktivität nur halb so hoch sind wie in der Bundesrepublik.

Der bundesdeutsche Industriearbeiter verdient im Durchschnitt zwanzig Prozent mehr als sein Kollege in Großbritannien, der dafür außerdem noch rund ein Sechstel mehr Arbeitsstunden ableisten muß. Dabei konzentriert sich die westdeutsche Wirtschaft weit mehr auf die verarbeitende Industrie als andere Volkswirtschaften. So ist auch die Gesamtproduktion der bundesdeutschen Industrie nur geringfügig kleiner als die der französischen und britischen Industrien zusammengenommen.[8] Doch nach dem gewaltigen Nachholbedarf der Nachkriegszeit ist das Wirtschaftswachstum in den siebziger und achtziger Jahren ins Stocken geraten, und obwohl die Zuwachsraten am Ende der achtziger Jahre immer noch höher ausfielen als erwartet, sank das Wachstum unter den Durchschnitt der industrialisierten Welt. Die gewaltigen Handelsbilanzüberschüsse der achtziger Jahre waren bis zu einem gewissen Grade auch Ergebnis schwächerer Konjunktur. Die westdeutsche Industrie entwickelte sich nach außen und sprengte so das Korsett eines eher beschränkten Inlandsmarktes.

Nachdem das jährliche Wirtschaftwachstum in den Jahren 1989 und 1990 erneut auf vier Prozent angestiegen ist, wächst bei den Nachbarn erneut die Furcht von einem wirtschaftlich übermächtigen Deutschland. Doch sollte man sich deshalb nicht zuviel Sorgen machen. Befürchtungen, es könnte ein »Viertes Reich« emporwachsen, sind absolut unbegründet. Seitdem das bundesdeutsche Wirtschaftswachstum seit der zweiten Ölkrise 1979 unter den westeuropäischen Durchschnitt gesunken ist, ist auch der bundesrepublikanische Anteil an den gemeinsamen Bruttosozialprodukten der Zwölfergemeinschaft von 26,4 Prozent 1970 auf 24,7 Prozent 1989 zurückgefallen. Die hinzukommende Wirtschaftskraft der DDR wird diesen Anteil nur auf 27,8 Prozent emportreiben – kaum mehr als vor zwanzig Jahren.

Nachdem die materiellen Bedürfnisse in der Bundesrepublik weitgehend befriedigt sind und der Babyboom der Nachkriegszeit einem eklatanten Geburtenmangel nach dem Pillenknick gewichen ist, hat der Mut zum Risiko abgenommen. Zwar werden die neuen Märkte im Osten wieder für Anreize sorgen, aber in weiten Teilen der Wirtschaft hat der Expansionshunger einem allgemeinen Bedürfnis nach Komfort und Sicherung des Erreichten Platz gemacht. Das Verlangen nach höherer Lebensqualität, nach Arbeitszeitverkürzung und Umweltschutz rückt zunehmend in den Vordergrund. Allerdings dürften die neunziger Jahre wieder einen Aufschwung bringen, da die geburtenstarken Jahrgänge ins Erwerbsleben eintreten. Beim Wiederaufbau der Wirtschaft in der vormaligen DDR dürfte der Jugend eine besondere Rolle zukommen. Obwohl die Jugend in den USA und Großbritannien nach wie vor mehr Unternehmergeist entwickelt als die bundesdeutsche, haben auch hier die Existenzgründungen durch junge Unternehmer zugenommen.[9] Ausgestorben ist jedoch der Typ der unabhängigen, dynamischen Unternehmerpersönlichkeit, wie sie in der Nachkriegszeit etwa von Max Grundig oder Heinz Nixdorf verkörpert wurde. In beiden Fällen sind die Firmengründer tot, wurde ihr Lebenswerk von multinationalen Konzernen übernommen – Grundig von der niederländischen Philips, Nixdorf erst Anfang 1990 von Siemens.

Ein Hauptproblem der neunziger Jahren wird die Bevölkerungsentwicklung nach den großen Verschiebungen im Zuge der Wiedervereinigung darstellen. Wird die Geburtenrate wieder auf ein vertretbares Niveau ansteigen, oder setzt sich der Überalterungsprozeß in der gesamtdeutschen Bevölkerung fort? Zwar wird die Wiedervereinigung wohl in jedem Fall einen Wachstumsimpuls auslösen, die Prognose eines neuen Wirtschaftswunders könnte sich allerdings als voreilig erweisen. Im Gegenteil wird der Verschmelzungsprozeß der Bundesrepublik mit der Gesellschaft eines Landes, das rund sechzig Jahre Diktatur hinter sich hat, wirtschaftliche und soziale Belastungen mit sich bringen, die bislang unterschätzt oder noch gar nicht erkannt worden sind. Unter diesem Aspekt erscheint das Wort des Bundeskanzlers, man werde die DDR innerhalb von fünf Jahren in ein blühendes Land verwandeln, als reiner Zweckoptimismus. Denn der wirtschaftliche Erholungsprozeß wird schwieriger als nach der Währungsreform 1948. Kohl unterschätzt dabei sowohl die psychologischen Probleme, die so viele Jahre der Mißwirtschaft zwangsläufig mit sich bringen, als auch die katastrophale Umweltzerstörung. Die DDR machte erste Anstalten, aus einer ökonomischen Unterwelt aufzutauchen, aber es wird noch eine Weile dauern, ehe Ostdeutschland an die Oberfläche kommt.

Angesichts der Notwendigkeit, ihre wirtschaftlichen Ressourcen in erheblichem Maße nach dem Osten zu verlagern, werden die bundesdeutschen Exporte in die Märkte der westlichen Welt zurückgehen – ein weltwirtschaftlich gesehen hochwillkommener Nebeneffekt der Wiedervereinigung. Dabei wird sich die Internationalisierung der deutschen Wirtschaft noch steigern. Denn die hinzugekommenen mitteldeutschen DDR-Industrien werden ihre traditionellen Wirtschaftsbeziehungen mit einbringen, und so haben zumindest die größten deutschen Industrieunternehmen die Chance, zu den führenden Multis der neunziger Jahre zu werden. Wohlgeübt in der Kunst, in allen politischen Turbulenzen auf Erfolgskurs zu bleiben, könnten Firmen wie Daimler-Benz, Siemens und Volkswagen weltweit die neuen Botschafter deutscher Leistungsfähigkeit werden.

Die Jahre des Wirtschaftwunders sind unwiderruflich vorbei. Daran kann auch der 1989 eingelegte Zwischenspurt von vier Prozent Wirtschaftswachstum nichts ändern – seit 1979 das erste Jahr, in dem das bundesdeutsche Wachstum wieder über dem Durchschnitt der OECD-Länder lag.[10]

Seit 1983 bewegt sich die Zahl der Arbeitslosen um die zwei Millionen. Selbst die starke Ausweitung der Beschäftigung unter der Regierung Kohl konnte daran nichts ändern, denn in nahezu dem gleichen Umfang stieg auch das Angebot an Arbeitskräften – nach 1989 zusätzlich durch die Flut der Aussiedler aus Osteuropa. So stieg die Arbeitslosigkeit in der Bundesrepublik zwischen 1979 und 1989 um 120 Prozent – eine höhere Rate als in allen anderen OECD-

Ländern mit Ausnahme von Island, Irland und Griechenland. In den neunziger Jahren darf hier eine Entspannung erwartet werden, bedingt durch den Bevölkerungsrückgang, der vorwiegend die arbeitsfähigen Jahrgänge betrifft. Zunächst aber wird die Arbeitslosigkeit in der früheren DDR, wo man bisher stolz auf eine imaginäre Vollbeschäftigung verwies, im Zuge der marktwirtschaftlichen Umstrukturierung beträchtlich ansteigen. Tatsächlich dürften sich die ostdeutschen Länder in den frühen neunziger Jahren zum wirtschaftlichen Krisengebiet Nummer eins in Europa entwickeln, und ein vereinigtes Deutschland könnte bald mit Arbeitslosenzahlen um die drei Millionen konfrontiert werden.

In den achtziger Jahren machten die Bundesdeutschen eigentlich nur durch zwei wirtschaftliche Glanzleistungen von sich reden: Zum einen senkten sie die durchschnittliche Inflationsrate auf beneidenswerte 1,2 Prozent jährlich seit 1986, zum anderen steigerten sie ihre Handelsbilanzüberschüsse in Rekordhöhen.[11] Diese Überschußsteigerungen ergaben sich freilich mehr durch die weltweit gesunkenen Rohstoffpreise als durch eine reale Steigerung der Exporte. Zwischen 1987 und 1989 wurden die bundesdeutschen Exporte in EG-Länder zusätzlich durch die anhaltende Unterbewertung der DM im europäischen Währungssystem begünstigt, die der deutschen Wirtschaft beträchtliche Wettbewerbsvorteile verschaffte.

War die Bundesrepublik in den ersten Nachkriegsjahren gezwungen zu exportieren, um Auslandsschulden begleichen und den Wiederaufbau finanzieren zu können, so sind die heutigen Außenhandelsüberschüsse ein Beweis für die hohe Spezialisierung und Leistungsfähigkeit der bundesdeutschen Betriebe sowie für die Qualität ihrer Produkte. Gemessen am Wirtschaftswachstum, das von 8 Prozent in den fünfziger Jahren, 4,5 Prozent in den Sechzigern und 2,7 Prozent in den Siebzigern auf nur noch 1,9 Prozent in den achtziger Jahren zurückgefallen ist, relativieren sich freilich diese Zahlen. Andere Länder haben hier mehr zu bieten, so Japan mit 4,2 Prozent, die USA mit 2,7, Großbritannien mit 2,1 und Frankreich mit 2,0 Prozent, jeweils im Durchschnitt der achtziger Jahre.[12]

Die Verlangsamung des Wirtschaftswachstums gibt zu denken. Gewiß, eine Wirtschaftsentwicklung wie unter Ludwig Erhard, dem legendären bundesdeutschen Wirtschaftsminister der Jahre 1949–1963, ist nur unter den Ausnahmebedingungen des Wiederaufbaus denkbar. Doch nun bestehen in der Ex-DDR Voraussetzungen, die in gewisser Weise ähnlich sind – hier sei daran erinnert, daß die Bundesrepublik 1950 mit 1,9 Millionen Arbeitslosen ins Wirtschaftswunder aufbrach. Im Gegensatz zur unmittelbaren Nachkriegszeit jedoch gibt es heute ein Modell, doch könnte paradoxerweise ebendieses bewährte Modell eine Lösung nach bundesdeutschem Vorbild eher erschweren. Denn der Wirtschaftsliberalismus ist in Deutschland nicht mehr so populär wie ehedem. Es wird eine Weile dauern, bis das Pendel wieder in die andere Richtung schwingt.

Nachdem Erhard von den Amerikanern 1948 zum Wirtschaftsdirektor in der gemeinsamen britisch-amerikanischen Besatzungszone eingesetzt worden war, hob er zugleich mit der Währungsreform eine Reihe von Preis-, Lohn- und Zuteilungskontrollen auf. Trotz hoher Arbeitslosigkeit und den begründeten Zukunftsängsten der Bevölkerung widerstand er allen Rufen nach staatlichen Interventionen.[13] Zusammen mit der Nachkriegserweiterung der Auslandsmärkte, der moralischen Wirkung des Marshall-Plans, billigen Arbeitskräften durch den Flüchtlingszustrom und viel, viel harter Arbeit ebnete Erhards »Soziale Marktwirschaft« den Weg ins Wirtschaftswunder.[14]

Erhard spielte auch eine entscheidende Rolle bei der Gründung der satzungsgemäß autonomen Bundesbank. Diese wacht – bisher durchaus erfolgreich – über die Stabilität der Währung und ist somit eine der tragenden Säulen des wirtschaftlichen Wohlstands.[15] Der kugelrunde, Zigarren paffende Erhard hat sich mit seinem Motto »Wohlstand für alle« dem Bewußtsein der Bundesbürger eingeprägt – auch wenn er in der Nachfolge Adenauers ein eher schwacher Kanzler war. Erhards Wirtschaftswunder hatte freilich nichts Magisches an sich. Denn ohne die besondere Gunst der Umstände hätte seine Politik weder so schnelle noch so gute Ergebnisse gezeitigt.

Erhard legte die Bundesrepublik zwar auf eine marktwirtschaftliche Ordnung fest, aber bei der Organisation der sozialen Sicherungen behielt der Staat eine starke Position. Das soziale Element gewann in den sechziger Jahren im Zuge einer allgemeinen Hinwendung zu eher korporativen Tendenzen zunehmend an Boden. Diese Entwicklung wurde sowohl von den politisch bis dahin dominierenden christlichen Parteien als auch von den Sozialdemokraten mitgetragen, die erstmals in der Großen Koalition von 1966 Anteil an der Macht gewannen und schließlich 1969 eine eigene Regierung bilden konnten.

Anders als die englischen Tories sind die bürgerlichen Parteien in der Bundesrepublik keine Befürworter des »Laissez faire« oder gar Parteigänger des Big Business. Ihre politischen Wurzeln haben sie vielmehr zum großen Teil in der Zentrumspartei der Vorkriegszeit, die der katholischen Soziallehre verpflichtet war.[16] Und da deutsches Wirtschaftsdenken immer eine eklektische Mischung aus den verschiedensten Philosophien war, konnte sich niemals eine Wirtschaftsdoktrin in Form einer »reinen Lehre« etablieren – weder als Liberalismus noch als Planwirtschaft. Dies gilt auch für den Nationalsozialismus. Zwar griff die Diktatur mit rigorosen Lohn- und Preisstops in den Wirtschaftsablauf ein, aber sie förderte auch das private Unternehmertum – wenn auch unter zunehmender Kontrolle durch Parteiorganisationen.

In den frühen achtziger Jahren spürte der Liberalismus einen kräftigen Aufwind, der jedoch schon zum Ende des Jahrzehnts wieder gedämpft wurde durch die immer stärker auflaufende Subventionsflut, die sich schließlich auf über 120 Milliarden pro Jahr summierte. Erhebliche Teile der Wirtschaft wie Landwirtschaft, Wohnungsbau, Bergbau, Telekommunikation, die Verwaltung, Teile der Schwerindustrie und der Schiffbau bleiben in hohen Maße der staatlichen Lenkung unterworfen. Ein hoher OECD-Funktionär kritisiert offen: »Für ein Land, das sich öffentlich zum Wirtschaftsliberalismus bekennt, sind die westdeutschen Subventionen ein Skandal.«

Gerhard Fels, Direktor des Institutes der deutschen Wirtschaft, eine Art wirtschaftswissenschaftlicher Vordenker mit guten Verbindungen zur Industrie, sagt: »Deutschland ist immer das klassische Land der Kartelle und Kollektivisten gewesen. Nach Erhard sind wir jetzt wieder Korporatisten geworden.«[17]

Die Erinnerung an die Wirtschaftskrise der Jahre 1980–82, in der die Bundesrepublik erstmals mit dem gleichzeitigen Auftreten von Erscheinungen wie einer schwachen Währung, steigender Inflation und Rezession konfrontiert war, hat in der Folge nicht gerade dazu beigetragen, die Risikofreudigkeit der Wirtschaftspolitiker zu steigern. Die Regierung Schmidt stürzte über diesen Einbruch, ausgelöst durch ein zum falschen Zeitpunkt lanciertes Ankurbelungsprogramm und steigende Rohölpreise, und seither ist »Safety first« die Devise der Bundesregierung – eine Leitlinie, die freilich außer Acht gelassen wurde, als sich die Bundesrepublik am 1. Juli 1990 in das Abenteuer der Währungsunion mit der maroden DDR stürzte.

Ungeachtet der offensichtlichen Wettbewerbsfähigkeit seiner Exportindustrie plagt sich die Bundesrepublik mit ständigen Sorgen hinsichtlich der komplizierter werdenden Weltwirtschaftslage. So wird auch der ab 1992 geplante europäische Binnenmarkt von weiten Teilen der Bevölkerung mit größtem Mißtrauen betrachtet, weil er einige protektionistische Maßnahmen zum Schutz schwächerer Branchen abschaffen wird. Otto Schlecht, der dienstälteste Staatssekretär im Wirtschaftsministerium, der in den fünfziger Jahren noch unter Ludwig Erhard gearbeitet hat, amüsiert sich über das Paradoxon, daß die Bundesregierung unter Erhard alle Brüsseler Maßnahmen mißtrauisch beäugte, die irgendwie nach »Planwirtschaft« rochen, während die EG mit ihrem Binnenmarktprogramm einen Schritt zur freien Marktwirtschaft vollziehe, den die Bundesrepublik allein nicht wagen würde.[18]

Noch in den sechziger Jahren war jeder fünfte Bewohner der Bundesrepublik Flüchtling. Heute hingegen haben die Bundesbürger das Herumziehen satt – ganz im Gegensatz zu den Aus- und Umsiedlern, die eine hohe Mobilität beweisen. Selbst aus beruflichen Gründen packt man nur noch ungern die Koffer, und der durchschnittliche Eigenheimbesitzer bewegt sich 28 Jahre nicht aus seinen vier Wänden.[19]

Bundeskanzler Helmut Kohl erklärt diesen Umstand mit Erfahrungen aus seinem persönlichen Umfeld: Seine Frau Hannelore, die drei Jahre jünger ist als er, ist in Leipzig aufgewachsen und hat die fürchterlichen letzten beiden Kriegsjahre in der kleinen Provinzstadt Döbeln verbracht. Dort hat sie als Elfjährige mithelfen müssen, in den von der Ostfront kommenden Verwundetentransporten die Toten auszusortieren. Unmittelbar nach der deutschen Kapitulation ist die Familie vor der anrückenden Roten Armee in den Westen geflohen und 1946 schließlich in der Nähe von Ludwigshafen untergekommen. Die erste Wohnung ist ein 15 Quadratmeter großer Waschkeller gewesen. Erfahrungen wie diese hätten viele gemacht, sie wirkten in den Menschen bis heute nach, und dies sei auch der Grund für die geringe horizontale Mobilität der bundesdeutschen Gesellschaft: »Die Menschen erlangen wieder das Gefühl, zu Hause zu sein. Dies kann ebenso wichtig sein wie die materiellen Verhältnisse. Nach dem Krieg haben 13 Millionen Menschen Haus, Habe, Gut und Heimat verloren. Als Kind hatte meine Frau dreizehnmal den Wohnsitz wechseln müssen. Man will jetzt endlich Wurzeln schlagen.«[20]

Im gleichen Zeitraum verschob sich der Schwerpunkt des Interesses vom Erwerb zum Genuß des Wohlstands – und dessen Umverteilung unter der Bevölkerung durch ein allumfassendes Steuer- und ein großzügiges Rentensystem. Die Bundesrepublik erhebt die höchsten Körperschaftssteuern in der industrialisierten Welt[21] und fordert den Beschäftigten die kürzesten Arbeitszeiten ab.[22] Dafür liegen auch die Produktionsausfälle durch Arbeitskampfmaßnahmen international am Ende der Statistik.[23] Der soziale Frieden hat freilich seinen Preis: Die Kosten der Arbeitsleistung sind dramatisch angestiegen, was weniger an hohen Tarifabschlüssen als an den gewaltigen Arbeitgeberabgaben für das umfassende Sozialversicherungsnetz liegt.[24]

Logische Konsequenz höherer Lohnkosten ist eine sinkende Gewinnerwartung der Unternehmen, und so sind die Investitionen – trotz der 1989/90 zu verzeichnenden Erholung – seit dem Höchststand Ende der sechziger Jahre stark zurückgegangen. Gleichzeitig gerät damit auch die konsensorientierte Wirtschaftpolitik unter zunehmenden Druck. Das dichtgewebte Netz der Zusammenarbeit zwischen Arbeitgebern und Arbeitnehmern entstand zum Teil aus der Erinnerung an die wirtschaftliche Zerrüttung in der Folge zweier Weltkriege und das daraus resultierende allgemeine Harmoniestreben. Damit entstand ein im allgemeinen gut funktionierender Konsens, der sich bislang als entscheidender Stabilisator der bundesdeutschen Nachkriegsgesellschaft bewährt hat. Das Zusammenwirken beider Seiten in den Betrieben hilft Arbeitskämpfe vermeiden und ermöglicht gemeinsame innerbetriebliche Maßnahmen wie eine Lehrlingsausbildung, um derer Qualität die Bundesrepublik allgemein beneidet wird. Dieses betriebliche Ausbildungssystem, dessen Wurzeln bis in das mittelalterliche Zunftwesen zurückreichen, ermöglicht rund 1,8 Millionen Auszubildenden eine Lehrzeit unter auskömmlichen Bedingungen. Das Ergebnis ist nicht nur eine niedrige Jugendarbeitslosigkeit, sondern auch die langfristige Sicherung der Produktqualität, auf die der Erfolg der bundesdeutschen Industrie aufbaut.

Andererseits freilich räumt dieses Konsenssystem den Interessenvertretungen außerordentliche großen Einfluß ein. Notwendige Veränderungen können mit Korrektur- und Gegenmaßnahmen blockiert werden, die in der Praxis fast ein Veto-Recht darstellen. Außerdem scheint die Fähigkeit der Gewerkschaften, eine konstruktive Rolle im kapitalistischen System zu spielen, in den achtziger Jahren abgenommen zu haben – nicht zuletzt als Ergebnis von Vertrauensverlusten durch den Wohnungsbauskandal um die gewerkschaftseigene »Neue Heimat«. Zusätzlich scheint sich der Einfluß privater und öffentlicher Lobbies verstärkt zu haben. Rund 1300 verschiedenartige Vereinigungen sind akkreditiert, Vorschläge an die Bonner Regierung zu richten.

Die Wurzeln dieses Konsenssystems reichen weit zurück in die deutsche Geschichte. Die Grundlagen des bundesdeutschen Tarifsystems, in dem Arbeitgeber und Arbeitnehmer über ihre jeweiligen Interessenvertretungen Tarifabschlüsse für ganze Branchen aushandeln, stammt aus dem Jahr 1918.[25] Auch die »Mitbestimmung«, die den Arbeitnehmervertretern Sitze in den Aufsichtsräten der großen Kapitalgesellschaften einräumt, reicht bereits weit zurück. Eingeführt wurde sie erstmals 1947 unter britischer Besatzung in der Kohle- und Stahlindustrie. In den fünfziger Jahren wurde sie auf alle großen und mittleren Unternehmen ausgedehnt, und heute umfaßt sie nach einem Gesetz aus dem Jahr 1976 alle Unternehmen mit über 2000 Mitarbeitern. Über die Mitbestimmung gewinnen die Gewerkschaften Einfluß auf die Unternehmensführung. Denn der Aufsichtsrat einer Kapitalgesellschaft bestimmt den Vorstand, der die täglichen unternehmerischen Entscheidungen trifft. Er tritt zwei- bis viermal jährlich zusammen, um die Geschäftsführung zu kontrollieren. Dieses System erlegt den Gewerkschaften Verantwortung für die Leistung des jeweiligen Unternehmens auf und zwingt sie auf diese Weise zur Disziplin.

Andere Elemente dieses Konsenssystems, zum Beispiel der beträchtliche Einfluß der Banken auf die Unternehmen, wurzeln in der Gründerzeit vor der Jahrhundertwende. Noch weiter zurück reicht die deutsche Tradition, Handel und herstellende Berufe im Rahmen fester Normen und Standards ablaufen zu lassen. Sie basiert auf dem mittelalterlichen System von Gilden und Zünften, mit dem einst das gesamte Erwerbsleben reguliert war und die sich zum Teil bis weit in die Neuzeit erhalten haben. Noch 1840 verfügte ein Gesetz in Sachsen, daß in jeder Ortschaft nur je ein Schneider, Schuster, Bäcker, Metzger usw. tätig sein durfte.[26]

Obwohl die Notwendigkeit wirtschaftlicher und sozialer Reformen für den Weg in die neunziger Jahre durchaus erkannt wurde, hat es die Bundesregierung bislang versäumt, wachstumshemmende Regulative abzubauen, wie dies in Großbritannien, Japan und des USA geschehen ist. Zwar hat die christdemokratische Regierung Kohl bei ihrem Amtsantritt im Jahr 1982 Reformen im Sinne Erhards versprochen, um die Kräfte des Marktes anzuregen und sie vermochte auch tatsächlich dank kontrollierterer Staatsausgaben einige Steuersenkungen durchzuführen, aber auf vielen Gebieten blieben Starrheit und wirtschaftlicher Dirigismus erhalten. Und obwohl einige Privatisierungsmaßnahmen durchgeführt wurden, scheiterten mehrere Versuche, Beteiligungen aus der öffentlichen in private Hände überzuführen, am Widerstand der einzelnen Länderregierungen.[27] Auch in den achtziger Jahren hatten die Institutionen, die traditionell die Macht ausüben – Großkapital, Banken, Gewerkschaften und Arbeitgeberverbände – die deutsche Wirtschaft fest im Griff.

Unter allen Ministern, die seit Erhard das Wirtschaftsressort innehatten, war Karl Schiller zweifellos der bedeutendste. Der frühere Sozialdemokrat hatte dieses Amt von 1966 bis 1972 inne – in den letzten beiden Jahren auch das Finanzministerium. Mit seiner »konzertierten Aktion«, der Durchführung wachstumsfördernder Maßnahmen in Abstimmung mit den Gewerkschaften – führte er nach der

Rezession von 1967 eine neues Instrument der Wirtschaftslenkung ein. Er trat 1972 zurück, nachdem es ihm nicht gelungen war, Bundeskanzler Willy Brandt von der Notwendigkeit antiinflationärer Maßnahmen zu überzeugen. Schiller, der sich auch mit über siebzig Jahren noch etwas vom Charme des Enfant terrible bewahrt hat, lebt heute mit seiner vierten Frau in einem eleganten Hamburger Haus nahe der Alster. Er glaubt, daß die Regierungen in Bonn heute komplexere politische Probleme zu lösen haben, als dies zu seiner Zeit der Fall war:

»Die Aufsplitterung in verschiedene Interessengruppierungen ist viel stärker als vor zwanzig Jahren. Die Wirtschaftpolitik ist schwieriger geworden, weil bei jedem Schritt irgendeine Gruppe auftritt und protestiert. Da die Christdemokraten mit dem Mittelstand und den Bauern verbunden sind, besteht eine der Schwierigkeiten einer CDU-Regierung darin, daß sie viel stärker mit solchen Gruppierungen verquickt ist ... Die CDU scheint nicht mehr die Partei Ludwig Erhards zu sein.«[28]

Die Quellen der bundesdeutschen Wirtschaftskraft liegen im Export. Pro Kopf der Bevölkerung führt das Land viermal mehr aus als die USA und immerhin noch mehr als doppelt soviel wie Japan. Als in den achtziger Jahren eine sinkende Inlandsnachfrage mit einer Phase des weltweiten Wirtschaftswachstums zusammenfiel, verstärkten die bundesdeutschen Unternehmungen ihre Bemühungen um die Erschließung neuer Auslandsmärkte. Auf diese Weise übt die Bundesrepublik dank ihrer großartigen Technik, ihrer erfolgreichen Automobil-, Maschinenbau- und Chemiekonzerne heute eine Art friedlicher Hegemonie auf vielen Sektoren der Exportmärkte aus.

Aber der Export ist keineswegs eine Domäne nur der Großkonzerne. Auch der Mittelstand, die vielen, meist in Familienbesitz befindlichen Klein- und Mittelbetriebe, die sich in der Regel auf bestimmte Nischen in Produktentwicklung oder Fertigung spezialisiert haben, spielen dabei eine zum Teil herausragende Rolle. Diese über das ganze Land verstreuten Betriebe tragen immerhin die Hälfte zur gesamten Wirtschaftsleistung der Bundesrepublik bei und beschäftigen zwei Drittel der Arbeitnehmer in der Privatwirtschaft. Dabei sind sie noch dazu wesentlich flexibler und anpassungsfähiger als die Großindustrie.

Der Zuwachs des Exportanteils schuf Wohlstand, machte die Bundesrepublik aber auch anfällig gegen wirtschaftliche Erschütterungen von außen. Ende der achtziger Jahre betrugen die Exporte rund ein Drittel des Bruttosozialprodukts – das Doppelte wie in den fünfziger Jahren und erheblich mehr als die zwanzig Prozent in den Siebzigern.[29] Dank der Konzentration auf Investitionsgüter partizipiert das Land in überdurchschnittlicher Weise am weltweiten Wirtschaftsaufschwung seit Mitte der achtziger Jahre. Sollten freilich die neunziger Jahre wieder eine Periode des konjunkturellen Abschwungs einläuten, so würde die Bundesrepublik in ebenso überproportionaler Weise darunter zu leiden haben.

Nicht zuletzt um sich vom Auf und Ab des Exportgeschäfts unabhängig zu machen, setzen viele der bedeutendsten bundesdeutschen Unternehmen auf Produktionsstätten im Ausland – vor allem in den USA –, die sie entweder aufbauen oder aus vorhandener Substanz erwerben. In den achtziger Jahren, einer Periode eher zögerlicher Inlandsentwicklung, betraten die bundesdeutschen Unternehmen mit nie gekanntem Schwung die internationale Bühne. Zwischen 1986 und 1988 investierten sie die gewaltige Summe von 55 Milliarden DM in Auslandsniederlassungen, davon 18 Milliarden in der EG und nicht weniger als 26 Milliarden in den USA. Damit haben die bundesdeutschen Unternehmen in einem einmaligen Kraftakt ihre Rückstand an Auslandsinvestitionen nach dem Krieg aufgeholt. Ende 1988 überstiegen die bundesdeutschen Auslandsinvestitionen das in der Bundesrepublik angelegte Auslandskapital um fast 40 Milliarden DM.[30] Vorreiter waren die »Großen Drei« der Chemischen Industrie, wobei der Kauf der Chemiefabrik CELANESE durch die Hoechst AG 1988 das meiste Aufsehen erregte. Siemens übernahm amerikanische Firmen im Bereich des Fernmeldewesens und der Automobilelektronik, und der Medienriese Bertelsmann schluckte den Buchverlag Doubleday und den Musikverlag RCA. Die Reihe reicht von der Heidelberger Druckmaschinen AG bis zur rasch expandierenden Bekleidungsgruppe von Hugo Boss.

Dennoch läßt man auch auf diesem Gebiet Vorsicht walten; Denn in der Vergangenheit mußten die deutschen Firmen in dieser Hinsicht manch herben Verlust hinnehmen. So kostete der Erste Weltkrieg Siemens 40 Prozent des Firmenvermögens – größtenteils durch den Totalverlust überseeischer Produktionsbetriebe. Am Ende des Zweiten Weltkriegs verlor das Unternehmen sogar 80 Prozent seines Vermögens und mußte die Demontage seines Nervenzentrums »Siemensstadt« in Berlin hinnehmen.[31] Bei Siemens gibt man zu, daß man mit Rücksicht auf bleibende Erinnerungen an die jüngste Vergangenheit bei derartigen Auslandsinvestitionen sehr vorsichtig auftreten müsse.[32] So läßt Siemens heute nicht mehr die Muskeln spielen, sondern verbirgt sich eher hinter entsprechenden Partnern. So war der Konzern bei der Übernahme von Plessey 1989 sorgsam darauf bedacht, nur gemeinsam mit der englischen General Electric Company aufzutreten.

Das eigentliche Symbol bundesdeutscher Wirtschaftsmacht aber ist die Deutsche Mark. Diese ist die Leitwährung im Europäischen Währungssystem EWS. Global bildet sie die zweitgrößte Währungsreserve nach dem US-Dollar. Durch das EWS kann die Bundesbank faktisch die Währungspolitik der übrigen Mitgliedsländer bestimmen. Dies erweitert den Einfluß der Bundesrepublik in der Gemeinschaft, doch weist die strikte Anti-Inflationspolitik auch auf die Verwundbarkeit des Landes. So birgt die Währungsunion mit der DDR ebensoviele Gefahren wie Chancen.

Die auf Geldwertstabilität abzielende Wirtschaftspolitik der Bundesrepublik diente mehreren miteinander verknüpften Zielen: Eine starke Währung schafft Wohlstand im Inneren und Gewicht nach außen. So unterstreicht der Vergleich der harten DM mit der unkonvertierbaren DDR-Mark wie kaum ein anderes Kriterium den Triumph des Kapitalismus über den Kommunismus. Denn mehr als alles andere ist eine harte Währung auch ein Garant für politische Stabilität, und was eine weiche Währung politisch anrichten kann, haben gerade die Deutschen hinlänglich erfahren. So haben sie mehr als andere Nationen verinnerlicht, was John Meynard Keynes lehrt:

»Es gibt keinen schleichenderen, sichereren Weg, die bestehende Grundlage einer Gesellschaft umzuwälzen, als durch die Entwertung der Währung. An diesem Prozeß sind alle unsichtbaren Kräfte der Wirtschaftsgesetze an der Seite der Zerstörung beteiligt und das auf eine Art und Weise, die keiner unter einem Million Menschen in der Lage ist zu diagnostizieren.«[33]

Während des Ersten Weltkriegs und in den Jahren 1939 bis 1945 stiegen die Schulden der Regierung jeweils um das Dreißigfache.[34] Daß Hitler noch 1942 prahlen konnte, »Die Reichsmark muß eine unangreifbare, eiserne Währung sein, die stabilste Währung der Welt«[35], verdeutlicht nur seine wirtschaftspolitische Ignoranz. Freilich war sowohl im Ersten als auch im Zweiten Weltkrieg eher die Druckerpresse als unzureichende Steuergesetze Ursache der Misere. Denn die Deutschen hofften darauf, die Schulden durch Reparationen und die Einverleibung eroberter Territorien decken zu können, aber diese Rechnung ging nicht auf. Da Schulden und Geldmenge bei weitem die Tilgungsmöglichkeiten des Landes überstiegen, war der Zusammenbruch der Währung in beiden Fällen nicht aufzuhalten.

In den ersten Jahren der Weimarer Republik erreichten sowohl die Geldumlaufmenge als auch die Staatsschulden astronomische Höhen – Ende 1923 waren insgesamt 497 Trillionen Mark in Umlauf, und nicht weniger als 1783 Gelddruckerpressen liefen rund um die Uhr. Der Lebenshaltungsindex übertraf den Wert von 1913 um nicht weniger als das 1250 Milliarden-fache[36], und die Mark fiel gegenüber dem Dollar um das tausend Milliarden-fache.[37] Um eine Ein-Pfennig-Briefmarke zu kaufen, mußte man einen Betrag hinlegen, für den man wenige Jahre zuvor eine Villa erhalten hätte. Die Selbstmordrate – die in der Weimarer Republik annähernd gleich hoch war wie in der Bundesrepublik der achtziger Jahre – begann zu steigen, erreichte ihren Höchstwert jedoch erst im Dritten Reich.[38]

»Anstatt die Reichen zu besteuern, bezahlte sie Deutschland und finanzierte die Kriegsschulden mit den Ersparnissen der Armen und der Mittelschicht«, schrieb A. J. P. Taylor.

»Die sparsame, investitionsbereite Mittelschicht, Säule der Stabilität und Solidität in jeder Nation, gab es in Deutschland noch nicht so lange wie in Frankreich oder Großbritannien, und sie war nun völlig zerstört . . . Die ehemaligen Rentiers, die alles verloren hatten, verloren die Hoffnung auf eine Wende. Ihre ganze aufgestaute Wut – unreflektiert und gewalttätig – richtete sich gegen die Republik, der sie ihr Elend anlasteten, und so waren sie bereit, dem erstbesten Demagogen zu folgen, der ihnen Rettung versprach und dabei nicht vom proletarischen Paradies faselte.«[39]

Hitlers Traum von einer eisernen Reichsmark wurde am 20. Juni 1948 endgültig zu den Akten gelegt, als die Alliierten die abgewirtschaftete alte Reichsmark durch die neue D-Mark ersetzten. Der Umtauschkurs in den drei westlichen Besatzungszonen betrug 6,5 DM für 100 RM. Im Vergleich zur Katastrophe von 1923 konnte man fast von einer Schadensbegrenzung sprechen, doch der Verlust von 93,5 Prozent aller Ersparnisse war eine weitere bittere Folge der Katastrophe.[40] Darüber hinaus war die Einführung der D-Mark, ein weiterer sichtbarer Schritt zur Zementierung der deutschen Teilung, wurde doch gleichzeitig in der sowjetischen Besatzungszone eine andere, konkurrierende Währung eingeführt. Nur Tage später, am 24. Juni 1948, begann die sowjetische Blockade Berlins, die mit der alliierten Luftbrücke beantwortet wurde – und der Countdown zur Gründung der Bundesrepublik im Mai 1949.

Das Zentralbanksystem der Nachkriegszeit brach mit mancher Tradition, führte aber auch einige weiter. Sowohl der Präsident des Direktoriums der Bank deutscher Länder, Wilhelm Vocke, als auch der erste Präsident der Deutschen Bundesbank, Karl Blessing, hatten vor 1939 im Vorstand der Reichsbank gesessen. Der hatte im Januar 1939 unter Federführung des Präsidenten Hjalmar Schacht ein berühmt gewordenes Memorandum an Hitler gerichtet, in dem er vor den Folgen inflationärer Staatsausgaben gewarnt hatte. Die meisten der Reichsbankdirektoren waren daraufhin umgehend entlassen worden.[41]

Die Bank deutscher Länder wurde gemäß dem Wunsch der Amerikaner, die deutsche Wirtschaft zu dezentralisieren, nach föderativen Grundsätzen konzipiert. So war auch die in ihrem Gründungsstatut von 1957 festgelegte Unabhängigkeit der Bundesbank grundsätzlich nichts Neues. Auch die Reichsbank war zwischen 1922 und 1937 formal unabhängig gewesen – eine Bedingung der Siegermächte des Ersten Weltkriegs, die sich von einer solchen Konstellation die Sicherstellung ihrer Reparationszahlungen erwartet hatten.[42] Schon in den fünfziger Jahren gab es mehrere Versuche, den Einfluß der Bundesregierung auf die Bundesbank auszudehnen,[43] und diese setzen sich bis heute fort. Kernpunkt der Auseinandersetzung ist dabei stets die Frage der richtigen Balance zwischen Inflationsbekämpfung und Konjunkturförderung.[44]

Die Macht der Bundesbank liegt nicht einfach nur in ihrer Unabhängigkeit, sondern ebenso im Format ihrer Spitzenbeamten – und in dem Umstand, daß diese noch mehr als die anderen Deutschen ihre Lektion aus dem leichtfertigen Umgang mit der Währung in der Vergangenheit gelernt haben. Karl Otto Pöhl, seit 1980 Bundesbankpräsident, bezeichnet das Vertrauen der Öffentlichkeit als das wichtigste Kapital seiner Institution. Tatsächlich ist die Bundesbank für Politik und Medien geradezu tabu, seit der Glaube an die Währung für die Bundesdeutschen zu einem Ersatz für den Glauben an die Nation geworden ist. Heute ist Ex-Bundeskanzler Helmut Schmidt die einzige Persönlichkeit des öffentlichen Lebens, die es wagt die Bundesbank anzugehen – aber es ist ein einsamer Kampf.[45]

Mancher bundesdeutsche Banker, Kaufmann und Wirtschaftsexperte mag heute Inspirationen vom Großbritannien Margaret Thatchers erhoffen. Doch obwohl die bundesdeutsche Wirtschaft fraglos ihre Probleme hat, so sind diese doch nicht annähernd gravierend genug, um jene Art von Radikalkur zu rechtfertigen, die Frau Thatcher Ende der siebziger Jahre dem maroden Großbritannien auferlegt hat. Darüber hinaus stimmen fast alle Experten in der Auffassung überein, daß der »Thatcherismus« in der Bundesrepublik nicht funktionieren würde. Hans Tietmeyer, der altgediente Staatssekretär im Finanzministerium, der Anfang 1990 in die Bundesbank wechselte, erklärte mir, daß der Thatcherismus wegen des »Traumas der Vergangenheit« nicht praktikabel sei. Die bundesdeutsche Gesellschaft dürfe nicht so belastet werden. Als Christdemokrat, der seine Fähigkeiten aber auch unter den Sozialdemokraten eindrucksvoll unter Beweis gestellt hat, räumt Tietmeyer ein, daß durch das Harmoniestreben der Konsenspolitik »Spontanität und Pioniergeist« leiden würden. Er glaubte jedenfalls nicht, daß die bundesdeutsche Gesellschaft Härten und soziale Konflikte, wie sie in der Folge der Politik Margaret Thatchers in Großbritannien auftraten, ebenso ungerührt durchstehen würde wie die britische.[46]

Wolfgang Kartte, der langjährige Präsident des Bundeskartellamtes in Berlin, hält seine Landsleute für grundsätzlich konservativ und vermutet, daß diese Haltung aus einer Mischung von »Geschichte, Tradition, bitteren Erfahrungen, Volkscharakter und Angst« resultiert. »Die öffentliche Meinung in der Bundesrepublik fordert Sicherheit, nicht Experimente«, stellt er fest. Kartte, ein freundlicher Mann mit einem Hang zu respektlosen Seitenhieben, ist für die Einhaltung der Kartellgesetze verantwortlich, die 1957 eingeführt wurden, um wirtschaftlichen Machtzusammenballungen wie in der Weimarer Republik vorzubeugen. Seinen bisher schwersten Kampf führte er 1989 gegen die Fusion der beiden Giganten Messerschmitt-Bölkow-Blohm und Daimler Benz zur gewaltigsten Waffenschmiede des Landes. 1990 hat er auch gegen eine Reihe deutsch-deutscher Zusammenschlüsse Front gemacht, unter anderem gegen die angestrebte Beteiligung der Lufthansa an Interflug. Sein eher unansehnliches Amtsgebäude nahe dem Flughafen Berlin-Tempelhof berherbergte früher das Reichsluftfahrtministerium. Kartte kennt sich aus in der deutschen Psyche, und so beurteilt er (1987) die Möglichkeiten für eine mutigere Wirtschaftspolitik eher skeptisch: »Natürlich erwarten wir mehr Deregulierung, mehr Privatisierung. Aber dann wird man mit den Sicherheitsbedürfnissen konfrontiert. Die Menschen fürchten sich zu verlangen, daß der Staat aussteigen soll, weil der Staat der gute Vater ist, er muß immer dastehen... Die Suche nach Harmonie ist gut. Aber wenn Harmonie die erste Priorität ist, dann können Sie weder einen Staat noch eine Firma führen. Wir sind mitten im Prozeß des Strukturwandels. Wir haben mit neuen Märkten, neuen Produkten, zurückgehenden Geburtenzahlen, Sorgen über Gesundheits- und Rentensysteme zu tun. Etwas mehr Innovation wäre da sehr schön. Wir können uns nicht nur darauf verlassen, daß der Konsens alles regelt.«[47]

Karttes Sicht der Dinge ist in der Bundesrepublik alles andere als populär. Als ich Hans-Jochen Vogel auf die wachsende Erstarrung der bundesdeutschen Wirtschaft ansprach, bestritt er, daß es grundlegende Mängel gäbe, und meinte: »Wir könnten den Leuten eine

Menge zumuten, wenn wir ein armes Land wären. Aber im Vergleich zu den fünfziger Jahren sind wir steinreich.«[48]

In der Tat war die Wirtschaftsentwicklung über vierzig Jahre lang mehr als erstaunlich – vergleichbar nur mit den vier hektischen Jahrzehnten der industriellen Revolution zwischen 1870 und 1910. Das einst vom Krieg gebeutelte Land transferiert heute Dollarbeträge in Milliardenhöhe über den Atlantik, um die hohen amerikanischen Budget- und Handelsdefizite auszugleichen. Die Bundesdeutschen, die nach der Währungsreform für vierzig Deutsche Mark Schlange standen, haben heute 2400 Milliarden DM auf der hohen Kante – im Durchschnitt DM 91 000 pro Haushalt.[1] Das durchschnittliche Einkommen pro Familie aus Zinsen und Dividenden liegt bei DM 4000,– pro Jahr gegenüber DM 70,– im Jahre 1950.[50]

Ein Blick auf die deutsche Geschichte führt jedoch immer wieder zu der Erkenntnis, daß die guten Zeiten nicht von Dauer sind. Und während die Deutschen sich noch ihrer wirtschaftlichen Errungenschaften erfreuen, verschlafen sie die notwendige Vorbereitung auf die neunziger Jahre? Nicht zuletzt, um in Regierungskreisen eine positivere Haltung gegenüber der Wirtschaft zu erzeugen, erhoben sich Ende der achtziger Jahre mahnende Stimmen aus den Wirtschaftsverbänden. So warnt Tyll Necker, der Präsident des BDI, vor dem zunehmenden »Wachstumsdefaitismus«: »Wir denken zuviel an unseren Wohlstand und nicht genug an die Zukunft.«[51]

Noch schwärzer sah Martin Bangemann, vormals liberaler Wirtschaftsminister in Bonn, ehe er Ende 1988 die Regierung verließ, um in die Europäische Kommission zu wechseln. Er kleidet seine Prognose in die Form eines Zitats aus Thomas Manns großem Roman »Buddenbrooks«, der den Niedergang einer reichen und vornehmen norddeutschen Familie schildert: »Ich weiß, daß oft die äußeren, sichtbaren und greifbaren Zeichen und Symbole des Glücks und Aufstiegs erst erscheinen, wenn in Wahrheit alles schon wieder abwärts geht. Diese äußeren Zeichen brauchen Zeit, anzukommen, wie das Licht eines solchen Sternes dort oben, von dem wir nicht wissen, ob er nicht schon im Erlöschen begriffen, nicht schon erloschen ist, wenn er am hellsten strahlt.«[52]

Nach dem Krieg mag der deutsche Hang zur Grübelei ein wichtiges Stimulans für die bundesdeutsche Industrie gewesen sein. Der frühere BMW-Manager Eberhard von Koerber, heute Vorstandsvorsitzender der bundesdeutschen Tochter des Schweizer Elektroriesen Brown-Boveri, heute mit der schwedischen ASEA verschmolzen, führte einschneidende Rationalisierungsmaßnahmen durch, um sein Unternehmen für die neunziger Jahre zu wappnen. Aber er muß einräumen, daß sein Konzern auf Grund der hohen Produktionskosten in der Bundesrepublik weitere Investitionen in Fertigungsanlagen eher in anderen Ländern der Gemeinschaft tätigen wird. Doch hebt er hervor, daß die pessimistische Komponente in der deutschen Mentalität in der Praxis auch ihre Vorteile hat:

»Wir Westdeutschen klagen immer darüber, wie schrecklich die Welt doch ist. Die Amerikaner verkünden, daß die Dinge glänzend stehen, selbst wenn sie sich in Wirklichkeit nicht so gut entwickeln. Unsere Haltung ist positiv, weil sie Arroganz und Gleichgültigkeit vermeidet. Die Menschen bleiben in Bewegung, wenn sie glauben, daß ein Unglück um die Ecke lauert. Man weiß, daß es Möglichkeiten zur Vermeidung gibt, vorausgesetzt, man tut seine Pflicht und arbeitet hart.«[53]

Die Bundesdeutschen von heute würden gern ein wenig auf ihren Lorbeeren ausruhen und die Früchte ihrer wirtschaftlichen Leistung genießen. Statt dessen stehen sie nun vor der Aufgabe, bei denkbar kürzester Vorbereitungszeit aus zwei Ländern mit unterschiedlicher Gesellschaftsordnung eine Nation zu formen.

Zwischen den Industrien der beiden Länder wird sich wohl am schnellsten eine Brücke schlagen lassen. Deren Grundpfeiler nämlich wurden in den vier Jahrzehnten der Teilung nicht abgebrochen – sie reichen immerhin über hundert Jahre zurück in die Geschichte. Im Goldenen Zeitalter des industriellen Aufbaus vor dem Ersten Weltkrieg war England der Wegbereiter für die ganze Welt. Deutschland fand den Anschluß erst spät, holte den britischen Vorsprung dann aber in einem beispiellosen Sturmlauf auf. Im viktorianischen England lebten um 1870 bereits sechzig Prozent der Bevölkerung in den Städten, und zwei Drittel der heute existierenden Eisenbahnstrecken waren bereits in Betrieb. Deutschland war zu dieser Zeit noch ein Agrarland. Nur 36 Prozent der Bevölkerung lebte 1871 in Städten, doch stieg dieser Anteil bis 1910 auf ebenfalls sechzig Prozent.[54] Im gleichen Zeitraum stieg die Bevölkerungszahl um über fünfzig Prozent von 41 auf 65 Millionen Menschen, das Eisenbahnnetz wurde auf das Dreifache ausgebaut, die Kohleförderung stieg um das Sechsfache, die Eisen- und Stahlproduktion gar um das Achtfache – dabei hatte Deutschland in den Jahren nach 1840 zum Beispiel in der Kohleförderung nicht nur hinter England, sondern auch hinter Frankreich und sogar Belgien gelegen. Doch die Senkung der Binnenzölle im Deutschen Bund, die nationale Einigung, der Ausbau des Eisenbahnnetzes und eine Serie bahnbrechender Erfindungen in den Bereichen Stahl, Elektrotechnik und Chemie gaben den Anstoß zu einer Industrialisierungswelle, die das Erscheinungsbild Deutschlands und in der Folge ganz Europas änderte.

Schon 1910 übertraf Deutschland die britische Konkurrenz sowohl hinsichtlich der Stahlproduktion als auch bezüglich des Eisenbahnnetzes um sechzig Prozent,[55] und obwohl Großbritannien einstweilen das wohlhabendere Land blieb, holte Deutschland dank einer mit 4,2 Prozent pro Jahr doppelt so hohen Wachstumsrate in der verarbeitenden Industrie verhältnismäßig schnell auf.[56]

Die erste Phase der Industrialisierung Europas war von britischem Unternehmertum und Erfindergeist geprägt und konzentrierte sich auf die Textilindustrien, den Bergbau, das Hüttenwesen, Eisenbahnen und Schiffbau. In der zweiten Phase verlagerten sich die Schwerpunkte auf Schwer- und chemische und Elektroindustrie, auf optische Geräte und Verbrennungsmaschinen, und Deutschland übernahm die Führungsrolle – in Forschung und Entwicklung ebenso wie in der gewerblichen Ausbildung und im sozialen Bereich. Zwischen 1883 und 1888 entstanden die wichtigsten Gesetzeswerke für die Kranken-, Unfall-, Renten- und Invaliditätsversicherung.

Überzeugt von der überlegenen Qualität seiner Produkte, versuchte Großbritannien 1887 der wachsenden deutschen Konkurrenz auf Drängen der Sheffielder Messerschmiede mit einer Verordnung zu begegnen, die eine Kennzeichnung von Exportartikeln mit dem Ursprungsland vorschrieb. Aber selten ist eine wirtschaftliche Kampfmaßnahme so auf ihren Urheber zurückgefallen. Weit entfernt, Käufer abzuschrecken, wurde die Aufschrift »Made in Germany« bald zum international anerkannten Gütesiegel. Von 1880 bis 1930 fiel der britische Anteil an Fertigprodukten auf dem Weltmarkt von 38 auf 27 Prozent, während der deutsche von 17 auf 22 Prozent anstieg. So begingen die Bundesdeutschen den hundertsten Jahrestag dieses Gesetzes nicht ohne eine gewisse Selbstgefälligkeit. Denn am inzwischen gewaltig gewachsenen Weltmarkt für Fertigprodukte lag der deutsche Anteil immerhin noch bei fünfzehn Prozent, während der britische auf sechs Prozent zurückgefallen war.

Ab 1870 gingen die Gründungen der wichtigsten Kapitalgesellschaften und der Aufbau eines modernen Bank- und Finanzsystems Hand in Hand. Daher war damals auch die Allianz zwischen der Wirtschaft und den Banken in Deutschland enger als in irgendeinem anderen Industrieland. Die Deutsche und die Dresdner Bank, 1870 bzw 1872 gegründet, spielten dabei die herausragenden Rollen. So konnte Johann Jakob Schuster, einer der führenden Vorstandsmitglieder der Dresdner Bank vor dem Ersten Weltkrieg, voll Stolz vermelden: »In Deutschland sind unsere Banken weitgehend für die

Entwicklung des Reiches verantwortlich.«[57] Aus einer Reihe von Fusionen in den Krisenjahren 1929-1931 gingen schließlich die Deutsche-, die Dresdner- und die Commerzbank als Hauptsäulen des deutschen Finanzwesens hervor – eine Struktur, die sich über den Zweiten Weltkrieg hinweg erhalten hat.

Durch den Zusammenbruch und dessen Begleitumstände erlitten die drei großen Banken gewaltige Vermögensverluste, und auch politisch gerieten sie unter heftigen Druck. Ein Team von Wirtschaftsexperten, das 1945 und 1946 im Auftrag der US-Besatzungsmacht die Rolle der Banken bei der Ausplünderung Europas untersuchte, empfahl die Liquidierung der Deutschen und der Dresdner Bank. Der Vorschlag blieb zwar unbeachtet, aber gemäß dem amerikanischen Prinzip zur Aufsplitterung der deutschen Wirtschaftsgiganten wurden auch die drei Großbanken 1947/48 in mehrere kleinere Institute zerlegt und den einzelnen Ländern zugeteilt.[58] Nach Gründung der Bundesrepublik durften sich ab 1952 auch die Banken wieder neu etablieren. Die drei Großbanken wurden als Einzelinstitute wieder gegründet und hatten ihre vormalige Machtstellung bald wieder erreicht.

Die übrigen großen Kapitalgesellschaften zeigten eine ähnliche Zählebigkeit. Acht der zehn größten Industrieunternehmen der Bundesrepublik lassen sich auf das vorige Jahrhundert zurückführen. Siemens wurde 1847 gegründet, BASF 1865, Bayer und Hoechst 1863 und Thyssen 1871. Der Automobilriese Daimler Benz entstand aus einer Fusion der Firmen von Gottlieb Daimler und Carl Benz, die, 1890 und 1883 gegründet, unabhängig voneinander die ersten funktionstüchtigen Automobile entwickelt hatten. Die Bosch-Gruppe wurde 1886 gegründet, das Rheinisch-westfälischen Elektrizitätswerk (RWE), das größte Stromversorgungsunternehmen der Bundesrepublik, 1889. Sogar die beiden »Newcomer« unter den »großen Zehn« der Bundesrepublik, Volkswagen und der Energie- und Chemiekonzern VEBA, sind älter als fünfzig Jahre.[59] Jedes der bedeutendsten Wirtschaftsunternehmen der Bundesrepublik ist also älter als die DDR, und dies ist mit ein Grund, warum die meisten dort sogleich zu Hause sein werden, sobald sie ihre Geschäftstätigkeit aufnehmen. Mit den Automobilherstellern BMW (1916) und Opel (1862) und den Schwerindustrieunternehmen Krupp (1811), MAN (1908) und Mannesmann (1890) finden sich auf der Liste der zwanzig größten bundesdeutschen Unternehmen weitere fünf, die vor dem Ende des Ersten Weltkriegs gegründet wurden. Unter den zehn größten Unternehmen Großbritanniens dagegen läßt sich mit Unilever (1894 gegründet) nur ein Konzern bis ins 19. Jahrhundert zurückverfolgen, während die General Electric Company erst 1900 entstand. In den USA stammen immerhin vier der zehn größten Unternehmen – Exxon und Mobil Oil (beide 1882), American Telephone and Telegraph (1885) und General Electric (1892) aus der Zeit vor der Jahrhundertwende. Betrachtet man die zwanzig führenden Unternehmen dieser drei Länder, so lassen sich in Großbritannien sechs, in den USA zehn, in Deutschland aber dreizehn Firmen auf die Zeit vor dem Ersten Weltkrieg zurückverfolgen.

Somit ist die deutsche Wirtschaftsstruktur zumindest auf Großfirmenebene in erheblich stärkerer Weise von der Tradition geprägt als die britische oder die amerikanische – zwei Länder, die mit ungleich größerer politischer Stabilität gesegnet waren. Mehrere der größten Konzerne wurden bis zum Ende des Zweiten Weltkrieges von Familienplutokratien beherrscht, und von deren Mitgliedern büßte manch einer in den Gefängnissen der Alliierten.

Die großen Industriellenfamilien sind längst abgetreten. Die modernen Aktiengesellschaften bieten größtenteils das Erscheinungsbild multinationaler Unternehmen. Aber die Namen sind geblieben – Symbole der Beständigkeit in einem ansonsten vom Umbruch geprägten Land.

Kontinuität zeigt sich auch in den Verbindungen mit der DDR. Allein die bundesdeutsche Maschinenbaubranche weit an die vierhundert Unternehmen auf, die nach Kriegsende von Flüchtlingen oder DDR-Übersiedlern gegründet worden sind. Die Zentren der chemischen Industrie in Leuna und Buna wurden von der I.G.-Farben gegründet, und BMW produzierte vor dem Krieg einige Modelle auf demselben Gelände in Eisenach unter der Wartburg, wo nach 1945 die zweitakternden Wartburg-Automobile gebaut wurden. Die Siemens AG, die beim Aufbau eines funktionsfähigen Kommunikationsnetzes in der früheren DDR eine beträchtliche Rolle spielen wird, besaß einst mindestens zehn Fertigungsbetriebe im nachmaligen DDR-Territorium. Dies gilt nicht weniger für andere bundesdeutsche Großfirmen: Krupp besaß mehrere Anlagen, ebenso Mannesmann, südlich von Berlin ließ Daimler Benz Flugmotoren bauen – ein Werk, das später von den Sowjets demontiert wurde –, und AEG besaß ausgedehnte Anlagen zum Bau von Lokomotiven, Kabeln und Elektrogeräten.

Der VEBA-Konzern – wie Siemens einst in Berlin beheimatet – pflegte von allen bundesdeutschen Großfirmen die engsten Geschäftsbeziehungen mit der DDR – im Wert von immerhin 1,5 Milliarden DM pro Jahr. Die VEBA kehrt nur zu ihren Wurzeln zurück, wenn sie nunmehr ihre Aktivitäten auf dem Chemie- und

Energiesektor zurück in die alten preußischen Provinzen im Norden der DDR verlagert.

Der Volkswagen AG gehört auch die Marke Audi, heute im bayerischen Ingolstadt ansässig, doch zu Beginn des Jahrhunderts im sächsischen Zwickau gegründet, wo die DDR jahrzehntelang fast unverändert das stinkende Plastikgefährt »Trabant« baute. Carl Hahn, der Vorstandsvorsitzende der Volkswagen AG, ist in Chemnitz geboren – und er verkündet bereits, daß das Volkswagenwerk dort mittels eines Joint Venture Fuß fassen und moderne Personenwagen bauen wird. Hahn frohlockte schon Anfang 1990, die Wiedereröffnung dieses Marktes sei »ein unvorstellbares Geschenk des Schicksals«.[60]

Die letzten Jahrzehnte des vergangenen Jahrhunderts erlebten auch die Entstehung mächtiger Industrieverbände, deren Wirken die deutsche Wirtschaftsgeschichte geprägt hat. In der Rezessionsphase, die dem Superboom der frühen siebziger Jahre des vergangenen Jahrhunderts folgte, insistierten Interessenvertretungen der deutschen Schwer- und Textilindustrie bei der Reichsregierung erfolgreich um protektionistische Maßnahmen. Das »Kartell«, eine deutsche Wortschöpfung, die unter anderem auch in die englische Sprache eingegangen ist, wurde nach 1880 erfunden. Grundsätzlich waren Vereinbarungen zwischen Produzenten zur Wettbewerbskontrolle in Form von Preisabsprachen und Marktbarrieren nichts Neues. Derartige Absprachen wurden zuerst in England getroffen, und auch im französischen Handel mit Stahl und Produkten der chemischen Industrie waren sie durchaus an der Tagesordnung. In Deutschland waren sie jedoch nach Meinung eines Experten »eindeutiger entwickelt, weitaus allgemeiner und rückhaltloser als Teil einer vernünftigen wirtschaftlichen Organisation der Gesellschaft akzeptiert als bei irgendeinem anderen Volk.«[61]

In Deutschland nahmen diese Absprachen im Bergbau und in der Schwerindustrie ihren Anfang, und zum Ende des Jahrhunderts waren rund 275 Kartelle in praktisch jeder Branche tätig. In diesen Jahren bemühten sich deutsche Unternehmen auch recht erfolgreich um die Bildung internationaler Kartelle, wobei die prominentesten Namen vertreten waren. So wurde das 1893 gegründete Rheinisch-Westfälische Kohlesyndikat 1903 mit Kartellen für Koks und Briketts verschmolzen. Nachdem die Elektroindustrie zur Jahrhundertwende von Krisen geschüttelt wurde, verbanden sich die Marktführer Siemens und AEG mit jeweils konkurrierenden Firmengruppen, um die ganze Branche in zwei dominanten Säulen zusammenzufassen, die sich 1908 schließlich zu einem Kartell zusammenschlossen. Die Stahlindustrie bildete 1904 aus dem Zusammenschluß von nicht weniger als vier Kartellen die »Stahl-Union«, einen Giganten der Schwerindustrie, der 1911 dreißig Stahlwerke, überwiegend im Westen, zwei aber auch in Niederschlesien umfaßte. Dabei bildete die an sich schon durchaus beachtliche Krupp-Gruppe nur einen Baustein in der gewaltigen Organisation. 1904 bildeten sich aus dem Zusammenschluß von Agfa, BASF und Bayer auf der einen, Cassella und Hoechst auf der anderen Seite zwei Chemiekartelle, die sich 1916 mit drei weiteren Firmen zum Zweck der Zusammenarbeit auf dem Farbensektor zusammenschlossen. Ein Beobachter »vom anderen Ufer«, der den Kapitalismus in Deutschland und den USA sorgfältig studiert hat, Wladimir Iljitsch Lenin, stellte im gleichen Jahr fest: »Die Behauptung, daß Kartelle Krisen verhindern können, ist ein Märchen, das bürgerliche Ökonomen verbreiten.«[62]

Nach dem Ersten Weltkrieg steigerte sich die Konzentration der deutschen Wirtschaft in bislang nicht gekannte Dimensionen. Die Zahl der Kartelle wuchs von rund 1500 im Jahr 1925 auf etwa 2200 im Jahr 1933, ehe sie im Dritten Reich leicht zurückging. Hatte man 1907 geschätzt, daß rund 25 Prozent der Produktion von Kartellen kontrolliert wurden, so stieg dieser Satz während des Dritten Reiches auf an die fünfzig Prozent.[63]

1925 bildete sich aus den geschilderten Chemiekartellen die I.G.-Farben. Aus diesem Zusammenschluß bildete sich der größte Konzern Europas – weltweit nur übertroffen von General Motors, US Steel und Standard Oil of New Jersey. 1926 bildeten sich durch die Fusion dreier Stahlkonzerne die Vereinigten Stahlwerke – nach United Steel der größte Stahlproduzent der Welt. Nur auf dem Automobilsektor waren die Bemühungen um Zusammenschlüsse weniger erfolgreich: Der von Emil von Stauss, dem dominierenden Vorstandsmitglied der Deutschen Bank in den zwanziger Jahren, verfolgte Plan, BMW, Adler, NSU und Magirus zu einem gigantischen Automobilkonzern zusammenzuschließen, um mit Opel konkurrieren zu können, scheiterte.

Das Wachsen der Kartelle wurde von Intrigen begleitet, je mehr sich der Himmel über der Weimarer Republik verdüsterte. Denn im Gegensatz zum kleinen und mittleren Bürgertum stand das Großkapital den Nazis äußerst reserviert gegenüber, bevor Hitler Reichskanzler wurde. Walter Funk, Hitlers Wirtschaftsminister und Nachfolger Hjalmar Schachts in Amt des Reichsbankpräsidenten, sagte vor dem Nürnberger Tribunal aus, daß zu Beginn der dreißiger Jahre der größte Teil des für politische Zwecke bestimmten Spendenaufkommens aus Industriekreisen noch immer an die bürgerlichen Parteien gegangen sei.[64] Nach der Machtergreifung freilich folgte die Industrie wie auch das übrige deutsche Volk willig dem Ruf seines Verderbers.[65] Dabei kam die Hauptunterstützung aus der rheinischen Schwerindustrie, angefürt von Emil Kirdorf, dem sogenannten »Kohle-Bismarck«, der in den neunziger Jahren des vergangenen Jahrhunderts eine Schlüsselrolle beim Aufbau des Rheinisch-westfälischen Kohlesyndikats gespielt hatte. Weitere Vorreiter waren Fritz Thyssen, der 1926 nach dem Tod seines Vaters August Thyssen dessen Stahlimperium geerbt und sogleich mit den Vereinigten Stahlwerken zusammengeschlossen hatte, sowie Albert Vögler, der Generaldirektor ebendieser Vereinigten Stahlwerke. Das Großkapital profitierte später zwar gewaltig von der Kriegswirtschaft Hitlers, spielte aber bei dessen Machtübernahme eine geringere Rolle als weithin angenommen.

Hitler wiederum hegte die Aversionen aller Revolutionäre gegenüber dem großen Kapital, verstand es jedoch vortrefflich, dieses für seine Zwecke zu benutzen. Seinen Auftritt vor dem Düsseldorfer Industrieklub im Januar 1932, den Fritz Thyssen organisiert hatte, begann er mit der Bemerkung, daß die Nationalsozialisten vielfach als »antiwirtschaftlich« angesehen würden.[66] Es war dies sein wichtigstes Zusammentreffen mit Industrieführern, ehe er an die Macht kam. Ein Hauptgrund für den Erfolg des Diktators bei den Industriellen lag zweifellos in dessen Geschick, die Wirtschaftsführer ständig über das ihnen zugedachte Geschick im Unklaren zu lassen. So würzte er die meisten seiner Reden mit markigen Parolen, daß Gemeinnutz vor Eigennutz stehe.[67]

Schon in den zwanziger Jahren hatte Hitler wiederholt gegen die Macht des Kapitals im Kaiserreich gewettert, gegen den freien Handel und die zunehmende Urbanisierung der Gesellschaft polemisiert. Die großen Kapitalgesellschaften würden die Existenzgrundlage kleinerer Unternehmen zerstören. Der allmählich Übergang der gesamten Wirtschaft in die Hände der Giganten sei »eine schwere wirtschaftliche Verfallserscheinung«[68] Nichtsdestoweniger schlug sich Hitler nie auf die Seite des dezidiert antikapitalistischen linken Flügels der NSDAP um Gregor Strasser. Im Gegenteil war Hitlers Entscheidung, im März 1933 Hjalmar Schacht, einen entschiedenen Verfechter kapitalistischer Werte, wieder an die Spitze der Reichsbank zu berufen, ein unmißverständliches Signal an die Industrie, daß es keine sozialistischen Experimente geben werde.

Als volkswirtschaftlicher Laie, der er war und immer geblieben ist, glaubte Hitler, daß die Wirtschaftslenkung nur eine Frage der Willenskraft sei. »Inflation ist mangelnde Disziplin!« soll er während seines letzten Wahlkampfs zu einem Vertrauten gesagt haben. »Ich werde dafür sorgen, daß die Preise stabil bleiben. Dafür habe ich meine SA!«[69] 1939 behauptete er: »Wir haben ein neues Wirtschaftssystem aufgebaut, und seine Grundlage ist, daß Kapital Arbeitskraft ist.«[70]

Später drückte er sich in dieser Sache weniger verschwommen und mit brutaler Deutlichkeit aus: »Inflation entsteht nicht dadurch, daß mehr Geld in den Handel kommt, sondern nur dann, wenn der einzelne für eine gleichbleibende Leistung plötzlich mehr an Zahlung verlangt. Hier muß man eingreifen. Das habe ich auch Schacht erst klarmachen müssen, daß die erste Ursache des Gleichbleibens unserer Währung das KZ ist. Die Währung bleibt, wenn jeder gepackt wird, der mehr fordert.«[71]

Zug um Zug wurde die Schwerindustrie in das System des Dritten Reiches eingebunden. Schon im September 1933 erhielt die I.G.-Farben staatliche Subventionen zur Entwicklung synthetischer Kraftstoffe für Verbrennungsmotoren in ihrem Werk in Leuna. Auch das Know how des Konzerns in der Herstellung synthetischen Gummis, der Leichtmetallverarbeitung und der Sprengstoffproduktion wurde unverzüglich in den Dienst des NS-Staates gestellt.[72] Unter zunehmender staatlicher Reglementierung, Kartellisierung und Zentralisierung verlagerten sich die Investitionen mehr und mehr zugunsten der Rüstungsindustrie, der Rohstoffproduktion und der Kraftfahrzeugtechnik. Ziel war die weitgehende Autarkie und damit Unempfindlichkeit des Reiches gegenüber Handelsblockaden. Einige Versuchsreihen zur industriellen Nutzung landwirtschaftlicher Produkte, die Ende der achtziger Jahre in der Bundesrepublik durchgeführt wurden, basieren auf Vorarbeiten aus dem Dritten Reich.[73]

Die wirtschaftlichen Impulse, die aus diesen Bestrebungen erwuchsen, senkten die Arbeitslosigkeit und machten Deutschland zur ersten Nation, die die Weltwirtschaftskrise überwand. Viele, insbesondere exportorientierte, Branchen taten sich schwer in diesen Jahren, doch aufs Ganze gesehen sah die Industrie ihre Hoffnungen in Form fetter Staatsaufträge und üppig fließender Dividenden erfüllt, und schließlich erreichte die Verflechtung von Wirtschaft und totalitärem Staat verblüffende Dimensionen. Das 170 Seiten starke Programm zum Nürnberger Reichsparteitag 1936 war zu mehr als der Hälfte mit Anzeigen von Wirtschaftsunternehmen gefüllt – von Daimler Benz bis zu lokalen Schokoladefabriken. Und in den vierziger Jahren erschloß die Kriegswirtschaft nicht nur unerschöpfliche

Märkte, sondern versorgte die Fabriken auch mit einer Flut von billigen und schutzlosen Arbeitskräften aus den Konzentrationslagern.

Freilich bekamen auch die Spitzenkräfte der Wirtschaft sehr schnell Hitlers Willkür zu spüren, sofern sie es sich einfallen ließen, den »Führer« in irgendeiner Weise zu reizen. So wagte es Carl Bosch, der Vorstandsvorsitzende der I.G.-Farben, im Sommer 1933 bei Hitler zugunsten der vielen Wissenschaftler jüdischen Glaubens zu intervenieren. Der machte ihm drastisch klar, daß das Reich nötigenfalls hundert Jahre ohne Physik und Chemie auskommen könne, und ließ ihn kurzerhand hinauswerfen.[74]

Auch Gustav Krupp zu Bohlen und Halbach, der 1906 die Krupp-Erbin Bertha geheiratet hatte und den Konzern von 1909 bis 1943 leitete, hatte seine Probleme mit Hitler. Vor der Machtergreifung hatte der Konzernchef aus seiner Abneigung gegen die Nazis kein Hehl gemacht, doch später wurde er zu einem der bevorzugten Industriellen des »Führers«. Zu seinem siebzigsten Geburtstag erhielt er 1940 das Goldene Parteiabzeichen.[75] Krupp war bereits der bevorzugte Waffenschmied des Kaisers gewesen – nun spielte er die gleiche Rolle im Dritten Reich. Doch Gustav Krupp bezahlte schwer für diese Auszeichnung. Nachdem zwei seiner Söhne an den Fronten gefallen waren und die Gestapo seine Schwägerin und deren Ehemann verhaftet hatte, verfiel er in Schwermut und übergab das Unternehmen seinem Sohn Alfried, der sich nach dem Krieg in Nürnberg vor einem amerikanischen Militärtribunal verantworten mußte und wegen Beschäftigung von Zwangsarbeitern aus den Konzentrationslagern und mehreren Fällen von Plünderung in den besetzten Gebieten zu einer mehrjährigen Freiheitsstrafe verurteilt wurde.

Alfried Krupp, der sowohl der NSDAP als auch der SS angehört hatte, war schon 1951 wieder auf freiem Fuß. Mit neuen Slogans wie »Kinder statt Kanonen« führte er die frühere Waffenschmiede zu neuen Erfolgen im Stahlgeschäft. Zu seinem Generaldirektor und engsten Mitarbeiter wählte er Berthold Beitz, einen Mann, der bei Kriegsende erst 31 Jahre alt war und dennoch schon eine erstaunliche Laufbahn hinter sich hatte. Während des Krieges hatte er als Verwalter eines von der deutschen Wehrmacht genutzten polnischen Ölfelds erstaunliche Umsicht und Selbständigkeit bewiesen, indem er mithalf, Tausende von Polen dem Holocaust zu entziehen. Beitz nutzte seine hervorragenden Kontakte in Ost und West, um den Namen Krupp mit neuem Glanz zu umgeben, und als Alfried Krupp 1967 starb, nahm er die Geschicke des Konzerns allein in die Hand.

Fritz Thyssen, der lange Jahre versucht hatte, Hitlers Position an Rhein und Ruhr zu stärken, fiel dagegen bald in Ungnade. Thyssens Klage über seine, des »Führers« Undankbarkeit, wischte Hitler mit einer barschen Bemerkung vom Tisch: »Ich machte Ihnen nie irgendwelche Versprechungen. Ich muß Ihnen für nichts danken.«[76] 1939, am Vorabend des Zweiten Weltkriegs, floh Thyssen aus Deutschland und klagte öffentlich das NS-Regime an. Doch von den Vichy-Franzosen an die Deutschen ausgeliefert, fand er sich plötzlich in einem Konzentrationslager wieder. Das Entnazifizierungsverfahren überstand er als »geringfügig Belasteter«. Er wurde mit einer Geldstrafe belegt und durfte nach Argentinien auswandern, wo er 1951 starb. Seine Witwe führte das Unternehmen noch durch die ersten Nachkriegsjahre, doch dann spielten die Thyssen – ebenso wie die Siemens und die Krupp – keine Rolle mehr in den Unternehmen, die ihre Namen tragen.

So wie die großen Kapitalgesellschaften Macht und Einfluß über den Krieg hinweg retten konnten, feiert auch eine andere liebgewordenen Tradition der deutschen Wirtschaft heute wieder fröhliche Urstände, nämlich das umfassende System von Kontrollen und Regulativen. Nach Auskunft des Kieler Wirtschaftsinstituts, das unter den fünf Wirtschaftsforschungsinstituten der Bundesrepublik am entschiedensten für die Marktwirtschaft eintritt, ist allenfalls die Hälfte der deutschen Wirtschaftsaktivitäten frei von staatlichen Regulativen und Subventionen. »Die Deutschen sind für Ordnung in allem«, sagte mir Juergen Donges, der Vizepräsident des Instituts.[77] Vielleicht in Erinnerung an die frühe Nachkriegszeit, in der die Ruhrkohle dafür sorgte, daß in Deutschland nicht alle Lichter ausgingen, sprachen sich anläßlich einer Umfrage im Jahr 1987 78 Prozent der Befragten für eine Beibehaltung der staatlichen Subventionen für die deutschen Zechen aus.[78] Das mangelnde Interesse der Deutschen am Markt zeigt sich auch daran, daß Verbraucherschutzorganisationen angelsächsischen Musters in der Bundesrepublik kaum eine Rolle spielen. Denn generell mißtraut der Deutsche billigen Produkten, da er sie für minderwertig hält.

Die meisten der Reglementierungen werden mit der Notwendigkeit von Qualitäts- und Sicherheitskontrollen erklärt. So gibt es rund 26 300 DIN-Normen und an die 45 000 weitere technische Vorschriften, die bei der Produktion fast aller Güter beachtet werden müssen. Ausländische Exporteure, die den bundesdeutschen Markt beliefern wollen, müssen bürokratische Zulassungsprozeduren über sich ergehen lassen. Ein belgischer Hersteller von Zapfpumpen für Faßbier, so die Anekdote, soll 35mal ein und dasselbe Formular ausgefüllt haben, ehe die mit dem Zulassungsverfahren beauftragte Frankfurter Dienststelle ihre Tätigkeit aufnahm. Doch mögen die technischen Vorschriften für ausländische Exporteure auch hart erscheinen – für die Verschmelzung der beiden deutschen Wirtschaftssysteme werden sie von Vorteil sein. Denn beide bauen auf demselben System von Normen, Produktvorschriften und Ausbildungsgängen auf, und beide haben somit – bei allen sonstigen Unterschieden – eine breite gemeinsame Basis.

Jürgen Schwericke, der Vorsitzende eines Ausschusses, der für den Chemieriesen Bayer Investitionspläne für die DDR prüft und erarbeitet, betonte schon im Januar 1990 die »gemeinsame Sprache, Mentalität, Geschichte« und folgerte: »Die politische Konvergenz wird sehr rasch erreicht werden.«[79]

Ein gutes Beispiel für die Kontinuität in der deutschen Wirtschaft ist das Gesetz zur Regelung der Stromversorgung, das die Grundlage der gesamten deutschen Energiewirtschaft bildet. Es stammt aus dem Jahr 1935 und wurzelt noch in der Weimarer Republik. Nach diesem Gesetz sind die Versorgergesellschaften zur Garantie einer praktisch lückenlosen Versorgungssicherheit verpflichtet, und daraus resultieren wiederum die gegenwärtigen Überkapazitäten in den bundesdeutschen Netzen bei gleichzeitig fehlendem Wettbewerb – kein Wunder, daß die Franzosen in ihrem Bestreben, ihren billigen Atomstrom über den Rhein an den Nachbarn zu verkaufen, so wenig Erfolg hatten. Auch die strenge Reglementierung des Transportwesens – eine der Branchen, in denen der Bundesrepublik nach Einführung des Binnenmarktes Schwierigkeiten ins Haus stehen – reicht bis in die dreißiger Jahre zurück. Hohe Tarife für Straßentransporte, vor dem Krieg zum Schutz der Reichsbahn eingeführt, stellen eine wachsende Gefährdung des freien Warenaustauschs dar. Denn eine noch immer angewandte Vorschrift aus dem Jahre 1931 begrenzt nicht nur die Zahl der zugelassenen Speditionsfirmen, sondern schränkt durch feste Gesamttarife auch noch den Wettbewerb ein. Auch Transporte auf dem Wasserweg kosten innerhalb der Bundesrepublik oft um ein Vielfaches mehr als zwischen gleich weit entfernten ausländischen Häfen. So sind etwa bundesdeutsche Kiesproduzenten mitunter dazu übergegangen, ihre Lastkähne auf dem Rhein auf der französischen Seite fahren zu lassen, um den hohen deutschen Gebühren zu entgehen.

Ein noch nicht so alter Vorschriftenkatalog regelt die Geschäftszeiten. Durften die Kaufleute zu Beginn des Jahrhunderts ihre

Geschäfte noch von morgens sieben Uhr bis abends 21 Uhr geöffnet halten, so zwingt sie seit 1956 das Ladenschlußgesetz, ihre Geschäftslokale an Werktagen spätestens um 18.30 Uhr und an Samstagen mit Ausnahme des ersten Samstags im Monat spätestens um 14.00 Uhr zu schließen. Dieses Gesetz steht seit langem unter schwerem Beschuß, wird aber von der Gewerkschaft HBV sowie von einigen Handelsketten erbittert verteidigt. Um einen Kompromiß zu finden, gestattete die Regierung 1989, die Läden einmal pro Woche am sogenannten »Dienstleistungsabend« bis 21.00 geöffnet zu halten, doch sogar diese vorsichtige Liberalisierung löste Proteste und Warnstreiks aus. Doch kaum ein Mensch in Deutschland würde auf die naheliegende Frage kommen, warum es überhaupt eines Gesetzes bedarf, um den Einzelhändlern vorzuschreiben, wann sie öffnen dürfen und wann nicht.

Die Wirtschaftsstruktur der Bundesrepublik ist schwerfällig, aber verläßlich. Dies fällt am meisten bei den Finanzmärkten ins Auge, die relativ wenig entwickelt sind und auf denen unangefochten die Banken regieren. Trotz des riesigen angesparten Vermögens wird nur wenig privates Kapital in Aktien angelegt. Nur 6 Prozent der Bundesbürger investieren in Aktien gegenüber 20 Prozent in den USA, 16 Prozent in Japan, 15 Prozent in Großbritannien und 11 Prozent in Frankreich.[80]

Mit Blick auf die große Konkurrenz in London und angesichts des unerbittlich näherrückenden Jahres 1992 versucht die Bundesrepublik nunmehr, die Struktur ihre Finanzmarktes zu verbessern. Banken expandieren in die Versicherungswirtschaft, und Beschränkungen zwischen den regionalen Börsen, wo Frankfurt mit Düsseldorf, Hamburg, München und Berlin konkurrierte, wurden aufgehoben. Dessen ungeachtet bleibt das Fehlen eines Finanzzentrums ein Handicap für das deutsche Geschäftsleben. Diese Aufsplitterung des bundesdeutschen Finanzmarktes erklärt auch, warum so wenige deutsche Wirtschaftsjournalisten in der Lage sind, qualifiziert über die komplexen Zusammenhänge von Industrie, Politik und Wirtschaft zu schreiben.

Dieser provinzielle Kapitalmarkt erleichtert nicht nur das Leben der großen Kapitalgesellschaften, sondern erklärt auch deren enge Verflechtung mit den Banken, die beträchtliche Aktienpakete halten, einen Großteil des Aktienhandels abwickeln und meist auch ihre Vertreter in den Aufsichtsräten sitzen haben. Dabei beruht die Macht der Banken über die Konzerne nicht nur auf den Anteilen, die sie selbst halten, sondern auch auf den Wertpapierdepots, die sie für ihre Kunden verwalten. So sind die deutschen Unternehmen traditionsgemäß weitaus abhängiger von den Banken als in Großbritannien, den USA oder anderen Ländern mit großen Wertpapiermärkten.

Andererseits verhindert die enge Partnerschaft mit den Banken aber auch, daß Unternehmen durch große Transaktionen in unliebsame Hände fallen, und sie ermöglicht den Firmenleitungen eine zuverlässige Planung auf längere Sicht. Daß in den Aufsichtsräten Vertreter der Banken neben solchen der Gewerkschaften sitzen, schafft einerseits Stabilität, verleitet aber andererseits mitunter zur Nachlässigkeit und ungenügender Vorsorge. So versäumte es zum Beispiel die Firma Krupp, seit 1974 zu 25 Prozent in iranischem Besitz, sich rechtzeitig vom Stahl unabhängig zu machen. Das Unternehmen erlitt eine Reihe finanzieller Rückschläge und mußte mehrfach die Hilfe der Deutschen Bank in Anspruch nehmen.

Um den Bestand des Hauses Klöckner – einer der ehrwürdigsten Namen in der Geschichte der deutschen Industrie – zu retten, das im Ölgeschäft schwere Verluste erlitten hatte, mußte 1988 abermals die Deutsche Bank einspringen. Durch dieses Mißgeschick verlor die Familie Klöckner ihre letzten Anteile an dem Unternehmen, das später an die VIAG-Gruppe verkauft wurde.

Alfred Herrhausen, der im November 1989 von Terroristen ermordete Vorstandssprecher der Deutschen Bank, machte nie ein Hehl daraus, daß er seine Position als Nummer eins unter den Bossen der Bundesrepublik genoß. Sein gewaltsamer Tod gewinnt eine besondere Tragik, als dieser in eine Phase intensiver Vorbereitungen auf den Tag fiel, an dem die Deutsche Bank wieder an ihre ehemaligen Niederlassungen in Mitteldeutschland zurückkehren sollte. Noch ehe am 1. Juli 1990 die Währungsunion in Kraft trat, waren die Deutsche und die Dresdner Bank präsent, um die Hauptsäule des staatlichen Bankenwesens der DDR zu übernehmen. Mit dem üblichen Selbstbewußtsein hatte Herrhausen kaum einen Monat vor seinem Ende öffentlich verkündet, daß die Deutsche Bank vor 1945 über dreißig Zweigstellen auf dem Gebiet der DDR verfügt habe,[81] und nur zehn Tage vor dem Attentat erklärte er: »Deutschland, ein wiedervereinigtes Deutschland, wird eine bedeutende, starke Wirtschaftsmacht sein . . . und wenn man als Bank in diesem Land stark positioniert ist, dann glaube ich, daß man in der Lage ist, eine wichtige Rolle im globalen Banking zu spielen.«[82]

Die Deutsche Bank ist es gewöhnt, sich der zahlreichen Kritiker an ihrer Machtposition zu erwehren, und Herrhausen pflegte in solchen Fällen zu bemerken: »Es ist falsch zu sagen, daß wir keine Macht hätten. Wir sollten mit unserer Macht verantwortungsvoll umgehen.«[83]

Die Beteiligungen der Deutschen Bank reichen von 28 Prozent an Daimler-Benz über 35 Prozent an der Maschinenfabrik Holzmann bis hin zu je 25 Prozent an den Kaufhausketten Karstadt und Horten, und ihre Vertreter sitzen in rund vierhundert Aufsichtsräten quer durch alle Branchen der bundesdeutschen Wirtschaft vom Energie- bis zum Computersektor, von Nahrungsmittelketten bis zur Elektrotechnik. Herrhausen selbst war Aufsichtsratsvorsitzender von Daimler-Benz und Aufsichtsratsmitglied in mehreren anderen erstklassigen Unternehmen. Die Verbindung mit Daimler-Benz hat Tradition: Seit der Fusion der Firmen Daimler und Benz 1926 hatte ununterbrochen ein Vertreter der Deutschen Bank den Vorsitz im Aufsichtrat inne.

In der Wirtschaftgeschichte der Bundesrepublik gibt es nur einen Mann, der sich an Machtfülle mit Alfred Herrhausen messen konnte, und das war Hermann Josef Abs. Heute ein alter Herr jenseits der Achtzig, der den verfeinerten Typus des englischen Landedelmannes darstellt, wußte sich Abs unter der Diktatur wie in der Demokratie gleichermaßen sicher zu bewegen. Im Alter von nur 36 Jahren stieg er 1938 in den Vorstand der Deutschen Bank auf, und seitdem spielt er eine führende Rolle in der deutschen Wirtschaft. Von sprödem und stolzem Charakter, ist Abs immer noch Ehrenvorstandsvorsitzender der Deutschen Bank und wird als einer der Väter des Wirtschaftswunders verehrt. Doch schon im Dritten Reich stand er im Zentrum des deutschen Finanzmanagements.

In einem Sessel auf der Veranda der elterlichen Villa in Bonn sitzend, erinnert er an die Zeit des Wirtschaftswunders: »Erhard war zu dieser Zeit der richtige Mann im Wirtschaftsministerium. Heute könnte er dort nicht mehr überleben.«[84] Mehr als ein Jahr vor den Umwälzungen in der DDR vertrat Abs die Ansicht, daß Bonn als Hauptstadt der Bundesrepublik ein Provisorium sei und bleibe. »Die Bonner sagen, daß Bonn als Hauptstadt nur eine vorübergehende Erscheinung sein wird.«

Als Vertrauter des Reichsbankpräsidenten Hjalmar Schacht führte Abs vor dem Krieg die Verhandlungen über die Einfrierung der Auslandsschulden der deutschen Banken. Später übertrug man ihm die Verantwortung für alle Auslandsgeschäfte der Bank, und in dieser Funktion wurde er bekanntesten Vorstandsmitglied – und dies in einer Zeit, da die Deutsche Bank ihre Macht über weite Teile des besetzten und ausgeplünderten Europa ausübte. Abs war auch intensiv mit der deutschen Kriegswirtschaft befaßt und saß 1941–42 in über vierzig Aufsichtsräten. Er war gewiß kein Anhänger der Nazis, hat sich aber auch nie als Widerstandskämpfer bezeichnet. Im Gegenteil bekennt er mit entwaffnender Ehrlichkeit: »Ein Mensch, der von den Nazis nicht eingesperrt oder gehängt oder erschossen wurde, kann nicht behaupten, gegen Hitler gewesen zu sein.«

Nach Kriegsende wurde Abs kurzfristig von den Briten interniert, erwies sich jedoch bald schon als unentbehrlich. 1948 organisierte er die kurzfristig ins Leben gerufene Kreditanstalt für Wiederaufbau, ein Institut, das über die Verteilung der Marshallplangelder an Industrie, Bauwirtschaft und andere Branchen wachen sollte. Nach Gründung der Bundesrepublik wurde er einer der engsten Berater Adenauers und stand bald im Ruf des Ersten Diplomaten seines Landes in Finanzangelegenheiten. Abs stand auch an der Spitze der Delegation, die 1952/53 erfolgreich über eine Umschuldung der deutschen Auslandsverbindlichkeiten von 14 Milliarden DM verhandelte, und als die Deutsche Bank 1957 wiedergegründet wurde, war es ganz selbstverständlich, daß Hermann Josef Abs an ihrer Spitze stand. Als deren Vorstandssprecher sammelte er nicht weniger als 25 Aufsichtsratsmandate an – soviel, daß sich die Bundesregierung 1965 gezwungen sah, ein Gesetz zu verabschieden, das die Kumulation von Aufsichtsratsposten in den Händen von Bankern begrenzte. Die Maßnahme habe seine Gesundheit erhalten und ihm ein wenig mehr Zeit zum Orgelspielen verschafft, schmunzelt Abs.

Weniger erfolgreich war er mit seinen politischen Manövern. Zweimal ließ er sich von seinen Freunden in der Großindustrie, die keine zu hoch bewertete DM wünschten, dazu verleiten, bei der Bundesregierung gegen eine geplante Aufwertung der deutsche Währung zu intervenieren. Doch sein gewiß beträchtlicher Einfluß bei den Christdemokraten kam nicht zum Tragen, und beide Male erlitt er Schiffbruch.[85]

Abs ist ein entschiedener Befürworter der bundesdeutschen Konsenswirtschaft. Die Schaffung von Einheitsgewerkschaften und die Mitbestimmung der Arbeitnehmer, wie man sie zuerst in der britischen Zone eingeführt habe, seien wichtige Instrumente zur Erhaltung des sozialen Friedens gewesen. Die Gründung von Gewerkschaften, die Mitverantwortung für das ganze Unternehmen tragen, sein eine großartige Sache, die in ihrem eigenen Land einzuführen die Briten versäumt hätten.

Mit dem leidenschaftslosen Blick des Bankers, dem der reibungslose Produktionsablauf am Herzen liegt, betont er, daß es die Flüchtlinge und Vertriebenen gewesen seien, die in den ersten Nachkriegsjahren die Löhne niedrig gehalten hätten: »Wir hatten 12 oder 14

Millionen Vertriebene und Flüchtlinge. Sie arbeiteten sehr hart. In den Jahren vor 1948 wollten die Leute nicht für lächerlich niedrige Löhne arbeiten. Sie wurden oft durch Flüchtlinge ersetzt. Die angespannte Notlage war für den Wiederaufbau wichtig.«

Wenn Abs sich den heutigen Bundesdeutschen zuwendet, schwingt Verachtung in seiner Stimme mit: »Wir machen eine Phase der Unflexibilität durch – alle haben sie Appartements, kleine Häuser. Sie haben alle in der Nähe ihrer Wohnungen ein kleines Grundstück . . .« Außerdem mißfällt ihm, daß seine Landsleute zuviel in der Welt herumreisen. »Sie wollen weniger arbeiten und mehr Freizeit. Sie geben mehr als vierzig Milliarden Mark jährlich im Ausland aus. Sie fliegen weg, sie wissen nicht, was sie tun sollen – und so schicken sie Postkarten.«

Das Wunder ist vorbei, und die Deutschen wollen auf Urlaub gehen. Statt dessen finden sie sich auf einem schwankenden Pfad zur Einheit wieder.

VII
Deutschlandbilder

In einem Reich, das seit Jahrhunderten zersplittert ist, und wo, fast immer durch fremden Einfluß bewogen, Deutsche gegen Deutsche kämpften, kann keine große Vaterlandsliebe existieren, und auch die Liebe zum Ruhm kann nicht sehr lebhaft sein in einem Land, wo es kein Zentrum, keine Hauptstadt, keine Gesellschaft gibt.

Germaine de Staël, 1813[1]

Der Deutsche hat an und für sich eine starke Neigung zur Unzufriedenheit. Ich weiß nicht, wer von uns einen zufriedenen Landsmann kennt. Ich kenne sehr viele Franzosen, die mit ihrem Geschick, mit ihren Erlebnissen zufrieden sind . . . Ihr ganzer Ehrgeiz (ist), sich als Rentier bis zu ihrem Lebensabend zurückzuziehen. Vergleichen Sie damit den Deutschen – dessen Ehrgeiz ist von Hause aus nicht auf eine nach fünfzig Jahren zu genießende Rente gerichtet. Sein Ehrgeiz ist schrankenlos

Otto von Bismarck, 1878[2]

Daß Wohlstand Schattenseiten hat, ist wohlbekannt, und daß er nicht zufrieden macht, ist ein alter Hut.

Ludwig Erhard, 1961[3]

Nach einer 1987 veröffentlichten internationalen Umfrage bezeichneten sich nur zehn Prozent aller Bundesdeutschen, aber durchschnittlich 21 Prozent der übrigen Europäer und sogar 33 Prozent aller Amerikaner als »sehr glücklich«. Die Bundesdeutschen stehen auch ihrem körperlichen Wohlbefinden am kritischsten gegenüber. Nur 14 Prozent bezeichneten ihren Gesundheitszustand als »sehr gut« gegenüber 22 Prozent im europäischen Durchschnitt und 40 Prozent in den USA.[4] Daraus darf man zwar nicht folgern, daß die Bundesdeutschen trübseliger wären als andere Völker, aber daß sie mehr als andere über das Wesen und die Inhalte des Glückes nachdenken, darf wohl daraus geschlossen werden. Die Deutschen erleben diese Welt bewußt, und sie leiden an ihren Mängeln. In der heutigen Bundesrepublik sind die menschlichen Grundbedürfnisse befriedigt. Wohlstand und Freizeit schaffen ausreichend Gelegenheit, über die Unvollkommenheiten des Lebens nachzusinnen.

Die Deutsche Bundesbahn ist eine der wenigen nationalen Einrichtungen, die, wenn auch in verschiedenen Gewändern, die Wechselfälle der deutschen Geschichte überstanden haben. Aus ihren Waggons hat man die besten Ausblicke auf Flüsse und Wälder, aber ebenso auf Schrottplätze und in die Hinterhöfe von Mietskasernen. Die Eisenbahn gewährt auch Einsichten in Zusammenhänge, die von der Straße aus nicht sichtbar sind. Allein die Art, wie die Menschen in Züge ein- und aussteigen, enthüllt nationale Wesenszüge. In der Bundesrepublik begeben sich die Passagiere schon zehn Minuten vor dem Halten des Zuges nervös zu den Türen, als fürchteten sie, die Situation könnte außer Kontrolle geraten.

Das deutsche Eisenbahnzeitalter begann 1835, und künftige Jubiläen wird man gemeinsam feiern können. Denn die erste Strecke – nur 6 Kilometer – verband Nürnberg und Fürth, der erste Güterverkehr aber wurde zwischen Leipzig und Dresden eingerichtet. Widersinnigerweise lebte der alte Name der 1920 gegründeten »Reichsbahn« ausgerechnet in der staatlichen Eisenbahnorganisation der DDR weiter – als ob dort das Reich noch immer auf dem Abstellgleis warten würde. Die westdeutsche Bundesbahn war technisch wie finanziell besser ausgestattet als ihre ostdeutsche Schwestergesellschaft und unterstützte diese im Rahmen der komplizierten bilateralen Zahlungsvereinbarungen mit indirekten Subventionen.

Ost-west-deutsche Gemeinsamkeiten zeigen sich auch auf den Bahnsteigen. Die Lautsprecherdurchsagen in DDR-Bahnhöfen – »Bitte einsteigen, Türen schließen, der Zug fährt ab« – verwenden nicht nur die gleichen Worte, sondern auch die gleiche Betonung, wie man sie im Westen hören kann. Der einzige Unterschied ist, daß die Anweisungen im Osten autoritärer klingen, aber auch das wird sich vermutlich bald ändern. Reisenden aus der DDR gegenüber zeigte sich die Bundesbahn generös: Da man davon ausgeht, daß sie es ohnehin schwer haben, wird ihnen der ansonsten übliche Intercityzuschlag von DM 6,– erlassen.[5]

Während Bundes- und Reichsbahn somit friedlich koexistieren, herrscht unter den Modelleisenbahnern heftige Konkurrenz. Der unangefochtene Marktführer Märklin hat seinen Sitz in der schwäbischen Stadt Göppingen. Dort glaubt man sich dem Rivalen Piko aus dem thüringischen Spielzeugzentrum Sonneberg deutlich überlegen. Deutschland ist das Dorado der Modelleisenbahner und weist ungefähr die Hälfte aller in Europa aufgebauten Anlagen auf. Als Reaktion auf den Pillenknick stimmt Märklin seine raffinierten und teueren Produkte zunehmend auf eine erwachsene Kundschaft ab. Eine kleinere Zuggarnitur dieses Herstellers kann bis zu 600,– DM kosten.

Wolfgang Huch, der eher aus dem Hintergrund agierende Geschäftsführer, erklärt den Erfolg seines Unternehmens mit der Argumentation eines Psychoanalytikers. Er glaubt, daß sich die Erwachsenen nicht nur der ständig wachsenden Freizeit, sondern auch des wachsenden Drucks im Alltag wegen zunehmend Hobbys wie der Modelleisenbahn zuwenden werden. »Eine Modelleisenbahn kann gesteuert werden – man kann sich erholen von einer Außenwelt, die nicht so leicht zu kontrollieren ist.«[6] Märklin bietet historische Zuggarnituren bis in die Zeit um 1840. Bundesdeutsche Eisenbahnliebhaber sind Traditionalisten, und so bieten die Bahnhofskioske neben den üblichen Softpornomagazinen auch Nachdrucke von Fahrplänen aus der Vorkriegszeit.

Die Bundesbahn selbst verbindet Vergangenheit und Gegenwart, Plüsch und Funktionalität. Den bundesdeutschen Steuerzahler kostet sie Jahr für Jahr um die 14 Milliarden Mark – einschließlich der Pensionen für die 260 000 Eisenbahner im Ruhestand – was aber ihrem Selbstbewußtsein keinen Abbruch tut. Die Bahnhöfe der bundesdeutschen Großstädte sind angefüllt mit Delikatessen-, Zeitschriften-, Tabakwaren- und anderen Geschäften – denn sie sind praktisch die einzigen, die nach 18.30 Uhr geöffnet haben dürfen, und aufmerksame Bahnpolizisten durchstreifen die Hallen auf der Suche nach Betrunkenen. Computergesteuerte Fahrkartenautomaten, die man gern als »verbraucherfreundliche Verkehrssysteme« bezeichnet, werden als Zugeständnis an die neunziger Jahre allenthalben aufgestellt. Die in dezentem Braun ausgestatteten Intercity-Waggons strahlen aristokratische Solidität aus, und die blau bemützten Schaffner auf den Gängen agieren mit der Großartigkeit eines mittelalterlichen Majordomus. In den wohldesinfizierten Waschräumen werden jährlich drei Millionen Rollen Toilettenpapier verbraucht, und auch die sanft dahingleitenden Speisewagen besucht man mit Behagen. Dort serviert man pro Jahr eine Million Frühstücke, 170 000 Steaks und 180 000 Fleischbrühen. Die Mahlzeiten werden auf Porzellan und nicht aus Plastiknäpfen gereicht, Sonderwünsche – etwa ein Müsli mit heißer Milch – nach Möglichkeit erfüllt. Ein Sauerbraten auf der spektakulären Strecke den Rhein entlang zwischen Koblenz und Mainz kann in jeder Hinsicht zum Genuß werden.

Es gibt 11 000 Schaffner, die allesamt Beamte, aber – welch

angenehme Überraschung – überwiegend sehr freundlich und ganz und gar nicht arrogant sind. Die meisten Schaffner sind Männer, deren Leibesumfang, Alter und Würde mit Größe und Geschwindigkeit des ihnen anvertrauten Zuges steigen. Noch vor wenigen Jahren trug der Oberschaffner zum Zeichen seiner Autorität eine rote Brustschärpe – eine preußische Tradition. Heute verweist eine Armbinde in, wie die Bundesbahn verlautet, eher »pragmatischer« Weise auf diese Autorität. Dennoch – an türkischen Schaffnern würde man wohl noch Anstoß nehmen. Solche sind jedoch auch nicht zu erwarten, denn da die Schaffner ja Beamte sind, müssen sie auch Bundesbürger sein. Dennoch haben sich in ein oder zwei Ausländer als naturalisierte bundesdeutsche Staatsbürger in diese Funktion eingeschlichen. In Niedersachsen soll es unter 1300 Schaffnern einen Italiener geben, im Bereich der Bundesbahndirektion Köln soll ein einzelner Pakistani in der gleichen Funktion Dienst tun. Das Personal der Schlaf- und Speisewagen besteht dagegen zu rund fünfzig Prozent aus Ausländern, überwiegend Jugoslawen – wahrscheinlich ist das eine andere Berufsgruppe.

Deutsche Schaffner stellen immer die gleiche routinemäßige Frage: »Ist noch jemand zugestiegen?« die aus einem behördlichen Fragebogen stammen könnte. Und wer wirklich zu spät gekommen ist, um seine Fahrkarte zu lösen, kann sie nun gegen einen geringen Aufschlag beim Schaffner kaufen. Dieser wird nie über fehlendes Wechselgeld klagen, er wird nicht einmal seufzen. Es handelt sich vielmehr um eine absolut normale Dienstleistung – ein lobenswertes Zeichen von Flexibilität.

Die Konversation während der Fahrt folgt ebenfalls einem festen Ritual: Wer das Abteil betritt, wünscht guten Tag und bleibt dann zwei Stunden wortlos sitzen. Beim Aussteigen folgt ein ebenso lapidares »Auf Wiedersehen«; denn wer grußlos aufsteht und geht, würde für sehr unhöflich gehalten werden.

Ein typisches Merkmal der Bundesbahn ist auch die ständige Anwesenheit lebhafter älterer Damen mit Filzhüten und Taschen voller belegter Brote. Üblicherweise tragen ihnen die Schaffner ihre Koffer ohne besondere Aufforderung. Je routinierter und selbstbewußter die Schaffner sind, desto eher lassen sie sich auf eine kleine Unterhaltung ein, manchmal erzählen sie sogar Witze, und einige demonstrieren vor amerikanischen Touristen stolz ihre Englischkenntnisse. Nach jeder größeren Station begrüßt die Bundesbahn ihre Fahrgäste, und manchmal erklingt sogar Musik.

Seit 1985 servieren die Schaffner den Reisenden der Ersten Klasse sogar Getränke und andere Erfrischungen. Reiner Gohlke, ein ehemaliger IBM-Spitzenmanager, der von 1982 bis 1990 Vorstandvorsitzender der Bundesbahn war, berichtete, es sei sein größtes Erfolgserlebnis gewesen, Beamte zum Kaffeeservieren überredet zu haben. »Das war ein unglaubliches Gefühl!« erzählte er.[7] Die erforderlichen Handgriffe lernen sie in modernen, mit Videoanlagen ausgestatteten Trainingszentren.

Mit einem Jahresgehalt von 450000,– DM verdiente Gohlke fast um die Hälfte mehr als der Bundeskanzler, dessen Bezüge an die 350000,– DM jährlich betragen (demgegenüber verdienen Vorstandsmitglieder in bundesdeutschen Spitzenunternehmen über eine Million). Gohlke, ein Bär von einem Mann mit zerzaustem Haar, den man nur in Hemdsärmeln sieht, bekennt, daß er keine Ahnung von der Eisenbahn hatte, als er den Job antrat. Für gewöhnlich sei er mit dem Auto gefahren. Heute aber mache ihn der Verkehr auf den Autobahnen »kaputt«.

Auf den Autobahnen zeigt sich die Reiselust der Bundesdeutschen. Oft sind sie verstopft mit glänzenden Blechlawinen, und sollte mit weniger als 130 km/h dahingetrödelt werden, blitzen sogleich die Lichthupen auf. Auf den Flughäfen stehen die Sonnenhungrigen Schlange, die Bundesdeutschen sind die eifrigsten Touristen der Welt – ein Zeichen ihrer Rastlosigkeit. Wer jemals Ostberliner über die Preise in Leningrad, Havanna oder der Schwarzmeerküste hat fachsimpeln hören, wird keinen Augenblick daran zweifeln, daß dieses Reisefieber eine gesamtdeutsche Eigenschaft ist – einer der Gründe, warum den DDR-Bürgern der lange Stacheldrahtzaun gegen Westen solchen Verdruß bereitet hat.

In der Bundesrepublik sind 30 Millionen Autos zugelassen, eingepfercht in ein Land von der Größe des US-Bundesstaates Oregon. Das Auto ist ein Teil der bundesdeutschen Seele. Viele der Fahrer sind einfach auf dem Weg zur Arbeit. Einige Fahren täglich zwanzig, dreißig Kilometer von ihrem Wohnort zur Arbeitsstelle. In einer großen Volkswirtschaft ohne echtes Wirtschaftszentrum sind die Führungskräfte praktisch immer auf Reisen. Der Löwenanteil der Kraftfahrer ist jedoch unterwegs, um die immer reichlichere Freizeit zu genießen. Neunzig Millionen Urlaubsreisen machen die Bundesdeutschen jedes Jahr, davon die Hälfte ins Ausland.[8] Die Reiselust der Deutschen ist ein Teil ihres Nationalcharakters, symptomatisch für ein Volk, das nie in sicheren Grenzen gelebt hat. Wo die Briten ihre Läden gehütet haben, waren die Deutschen auf der Wanderschaft. »Die beste Bildung findet ein gescheiter Mensch auf Reisen«, erklärte Goethe, und der Schriftsteller Gustav Freytag meinte vor über hundert Jahren: »Die deutsche Liebe zum Wandern drückt letztlich die Suche nach einem idealen Land aus.«

Überflüssig zu bemerken, daß die Deutschen noch immer suchen – und sie schweifen dabei weiter denn je in die Ferne. Die »Sternstunde« ist im deutschen Sprachgebrauch ein schicksalhafter Höhepunkt des Lebens, und wer »die Sterne vom Himmel holt«, vollbringt Übermenschliches, erfüllt Träume. Fahrende Ritter eroberten einst große Teile Osteuropas, im mittelalterlichen Zunftsystem mußte der Handwerksbursche nach Abschluß seiner Lehre mindestens ein Jahr auf Wanderschaft gehen, um Erfahrungen zu sammeln, ehe er sich in seinem Gewerbe niederlassen durfte. Obwohl Vagabunden und Träumer in der Volksdichtung aller Nationen eine Rolle spielen, präsentiert die deutsche Überlieferung in Lied und Märchen doch eine auffallend große Zahl an wandernden Handwerksgesellen, Rittern und Prinzen. Hänschen, Hauptperson des wohl bekanntesten Kinderlieds, ist ein kleiner Junge, der seine Mutter verläßt, um »in die weite Welt hinein« zu gehen. Tief verwurzelt scheint das unterschwellige Gefühl, der Mensch müsse in der Fremde sein Glück suchen. Kennzeichnend für diese Haltung sind Begriffe wie »Heimweh« oder »Fernweh«, von denen etwa im Englischen nur der erstere eine Entsprechung hat. Eines der berühmten Märchen, die die Gebrüder Grimm im 19. Jahrhundert sammelten, beginnt mit den Worten: »Ein Schneider hatte einen Sohn, der war klein geraten und nicht größer als ein Daumen. Darum hieß er auch der Däumling. Er hatte aber Mut im Leibe und sagte zu seinem Vater: ›Vater, ich soll und muß in die Welt hinaus.‹« Auf der ersten Station seiner Wanderschaft arbeitet der Däumling für einen Schneidermeister, aber dort behagt ihm das Essen nicht: »Kartoffel zuviel, Fleisch zuwenig!« Auch die Bundesdeutschen legen auf Reisen großen Wert auf die vertraute Küche. Auf diese Weise haben sich Schnitzel und Schwarzwälder Kirschtorte über fünf Kontinente verbreitet. Aber nicht nur beim Essen, auch sonst gibt sich der Bundesdeutsche unterwegs ganz unteutonisch furchtsam. Dies gilt in übertragenem Sinne auch für die DDR, wo man – welch schöne Symbolik – einsturzgefährdete Brükken und Eisenbahnüberführungen mit wohlmeinenden Anzeigen der staatlichen Versicherungsgesellschaften zu dekorieren pflegte.

Die Bundesregierung kennt das notorische Fernweh ihrer Bürger und verteilt unter dem flapsigen Titel »Tips für Globetrotter« eine zwölfseitige Broschüre mit Ratschlägen zu Vermeidung jeglicher Art von Unbill – vom Sonnenbrand bis hin zu Aids. Dort findet man neben dem Rat, asiatische Krabbencocktails zu meiden, eine Anleitung zum Anbringen von Moskitonetzen, dazu den Hinweis, daß bei eventuellem Verlust eine Ersatzbrille von Vorteil ist und daß im Fall der Diarrhöe ein Liter abgekochtes Wasser, mit Salz und Zucker angereichert, den Körper vor gefährlichen Flüssigkeits- und Mineralstoffverlusten schützt. Versicherungsgesellschaften bieten einen sogenannten Rückflugservice aus dem Urlaub an. Wer also in Las Palmas ernsthaft erkranken sollte, kann damit rechnen, kostenfrei nach Hamburg oder sonstwohin geflogen zu werden. Die Versicherungsgesellschaften suggerieren ihren Kunden, daß sie für diese Leistung im Bedarfsfall bis zu 35 000,– DM zu berappen hätten, und so verkaufen sie – ein verdorbener Urlaub ist schon schlimm genug, rote Zahlen auf dem Konto wären eine Tragödie.

Das Reisen ist für die meisten eine Möglichkeit, der täglichen Plackerei zu entgehen. Denn – überraschend für ein Land, dessen Bewohner weltweit im Ruf besonderen Fleißes stehen – die Bundesdeutschen scheinen ihre Arbeit nicht sonderlich zu mögen. Dies hat zumindest Elisabeth Noelle-Neumann, die Altmeisterin der bundesdeutschen Meinungsforschung, ebenso festgestellt wie die Tatsache, daß ihre Landsleute im Vergleich mit anderen Völkern zur Depressivität neigen. Sie führt dies auf das Trauma der deutschen Geschichte zurück.

Frau Noelle-Neumann, jenseits der Siebzig, aber schlank und lebhaft, leitet noch heute das Allensbacher Institut für Demoskopie, das sie 1947 zusammen mit ihrem Mann Erich Peter Neumann gründete. Als Vertraute Helmut Kohls hat sie eigentlich kein Interesse daran, ein negatives Bild von ihren Landsleuten zu zeichnen. Doch muß sie zähneknirschend einräumen: ». . . die Deutschen sind verwundbar, weil sie schon verletzt sind . . . Die Deutschen heben sich so eigentümlich ab von ihren europäischen Nachbarn und erst recht von den Amerikanern, da bei den Deutschen, fehlt etwas wie Wärme, Unternehmungsgeist, Lebensfreude, und dennoch ist das Fallen von einem Extrem ins andere, das schon immer als typisch deutsch galt, weiter erkennbar . . .«[9]

Nach vergleichenden Meinungsumfragen in elf Ländern sind die Bundesdeutschen nicht nur weniger arbeitsfreudig als erwartet, sie finden auch sehr wenig Befriedigung in ihrem Beruf. Nur 15 Prozent sind »sehr stolz« auf ihre Arbeit gegenüber 83 Prozent in den USA, 79 Prozent in Großbritannien, 71 Prozent in Irland und 42 Prozent in Spanien. Mit nur 13 Prozent hält sich freilich der Stolz der Franzosen auf ihren Beruf noch mehr in Grenzen. Die Bundesdeutschen beharren auch mehr als andere Völker auf ihrem arbeitsfreien Wochenende – die Arbeit scheint sie auszulaugen.

Frau Noelle-Neumann hat selbst eine wechselvolle Karriere hinter sich. Im Dritten Reich arbeitete sie zusammen mit ihrem Ehemann in der dem Reichspropagandaminister höchstselbst unterstehenden Wochenzeitung »Das Reich« . Sie sei jedoch keine Anhängerin der NSDAP gewesen und aus diesem Grunde 1943 aus der Redaktion geworfen worden.[10] Ihr Meinungsforschungsinstitut habe sie zum Teil auch deshalb gegründet, um ein »Frühwarnsystem« gegen Tendenzen zu schaffen, die zu einer Wiederkehr der Diktatur führen könnten. Denn, so meint sie, Deutschland sei durch diesen Hitler immer noch traumatisiert. Die gebürtige Berlinerin hält Bonn für eine armselige Hauptstadt. Doch kaum ein Bundesbürger würde darüber klagen – »sie sind so introvertiert«.

Der Pessimismus der Deutschen ist sprichwörtlich. Aufmunternde Redewendungen gibt es kaum und wenn, dann klingen sie eher wie Durchhalteparolen. Wenn man einen Bundesdeutschen fragt, wie es ihm geht, so wird er dies nicht als bloße Höflichkeitsfloskel auffassen, sondern einem schlimmstenfalls seine ganze Krankengeschichte erzählen. Mitunter gibt es freilich auch gute Gründe, die Tatsachen zu dramatisieren. So hat die Geschichtsforschung herausgefunden, daß manche Bezirksämter am Ende des Dreißigjährigen Krieges mehr Ortschaften als zerstört meldeten. als der jeweilige Bezirk überhaupt besaß. So darf man heute auch davon ausgehen, daß die Verluste an Menschen und Gut, wiewohl schrecklich genug, weit geringer waren als bislang angenommen.[11]

Wenn Ihnen jemand mit verbindlichem Lächeln eine makabre Geschichte oder eine apokalyptische Prophezeiung erzählt, können Sie mit hoher Wahrscheinlichkeit davon ausgehen, daß es sich um einen Deutschen handelt. Und wenn Sie entsetzt reagieren, wird er ihnen erklären, dies sein nicht Pessimismus, sondern Realismus. Taxifahrer in Großstädten wie Berlin oder Köln berichten bevorzugt von tödlichen Verkehrsunfällen, und kleinere Fahrfehler anderer Verkehrsteilnehmer kommentieren sie mit den Worten: »Schon wieder einer auf dem Weg zum Friedhof!« Und in Mönchengladbach, dem Hauptquartier der britischen Rhein-Armee, definierte ein Taxifahrer ungefragt den Patriotismus seiner Landsleute mit folgendem deftigem Vergleich: »In Deutschland könnte man die Flagge auf die Straße legen, und die Leute würden draufpissen. In England würde jemand, der das mit dem Union Jack macht, gelyncht.«

Die Allensbacher Untersuchungen scheinen diese drastische Aussage zu unterstützen. Nur 21 Prozent der Bundesdeutschen gaben an, »sehr stolz« auf ihr Land zu sein gegenüber 79 Prozent in den USA, 66 Prozent in Irland, 55 Prozent in Großbritannien, 49 Prozent in Spanien, 41 Prozent in Italien und 35 Prozent in Frankreich. Nur 35

Prozent der Bundesdeutschen wären bereit, für ihr Land in den Krieg zu ziehen, was immerhin 69 Prozent der US-Amerikaner und 62 Prozent der Briten auf sich nehmen würden. Daß der Militarismus in Deutschland mausetot ist, bestätigt auch eine kleine Anekdote am Rande: Ein Postbediensteter, der in meinem Heim in Bad Godesberg ein neues Telefon installierte, entschuldigte sich für dessen dunkelgrüne Farbe. »Sieht es nicht zu militärisch aus?« fragte er fürsorglich.

Autorität fasziniert die Deutschen – aber inzwischen mißtrauen sie ihr auch. Der Machtmißbrauch hat tiefe Zweifel an der Staatsgewalt hinterlassen, besonders bei den Nachkriegsgenerationen. Als man – wiederum in verschiedenen Ländern – Menschen, die sich vor Gericht verantworten mußten, mit der Frage konfrontierte, ob den Autoritäten im allgemeinen künftig nicht mehr Respekt entgegengebracht werden solle, antworteten in den USA 84 Prozent spontan mit Ja, 85 Prozent waren es in Irland, 73 Prozent in Großbritannien, 76 Prozent in Spanien, 64 Prozent in Italien und 56 Prozent in Frankreich. Von den größeren und kleineren Gaunern in der Bundesrepublik waren nur 44 Prozent dieser Ansicht. Nichtsdestoweniger scheint den Deutschen eine gewisse Autoritätsgläubigkeit angeboren zu sein, besonders natürlich in der DDR. Ich war immer betroffen über die große Zahl junger Deutscher, auch gemäßigter Linker, die sich bei jeder Begrüßung automatisch verbeugen – vermutlich weil sie dazu erzogen worden sind. Die Deutschen fürchten eine Gesellschaft ohne Organisation und Ordnung, und so halten sie an überkommenen Unterwerfungsritualen fest. Dies ist auch der Grund für ihr mitunter geradezu sklavischens Verhalten gegenüber Hierarchien bzw. Regeln und Vorschriften ganz allgemein.

Anschlagtafeln und Straßenschilder ersticken alle Ansätze zu spontanem Verhalten im Keim. »Parken auf eigene Gefahr« schreckt ebenso ab wie die auf jedem Baustellenzaun angebrachte Aufschrift: »Betreten verboten – Eltern haften für ihre Kinder« – als ob die Kinder nichts besseres zu tun hätten als über den Maschendraht zu klettern. Die Bekanntgabe der Gewinnzahlen im Lotto wird von Rundfunk- wie Fernsehanstalten regelmäßig mit dem Hinweis »ohne Gewähr« versehen – vermutlich um der notorischen deutschen Prozeßwütigkeit vorzubeugen.

So verklagte Anfang 1990 ein völlig gesundes Münchener Kind den Freistaat Bayern auf Schadenersatz, da es nach dem Unfall von Tschernobyl beim Spielen an der frischen Luft erhöhten Konzentrationen an Radioaktivität ausgesetzt war. Und einmal beobachtete ich in Berlin-Tegel einen Fluggast, der, sichtlich erbost über eine organisatorische Verzögerung beim Besteigen des Flugzeugs, laut zu seiner ältlichen Mutter sagte: »Verklagen, Mutter, verklagen!«

Nachgelassen hat der Respekt gegenüber Titeln , aber er ist immer noch gegenwärtig. Ein »Herr Doktor« oder »Herr Professor« putzt nach wie vor, und die Vortäuschung eines akademischen Titels, obschon mit Strafe bedroht, hat schon manchem materielle Vorteile verschafft. Auch der alteingesessene Dr. Oetker Nahrungsmittelkonzern, der vom Backpulver bis zur Dosensuppe beinahe alles führt, was eßbar ist, beharrt auf dem Doktortitel, um seine Seriosität zu unterstreichen. Ähnliches gilt für die Sex-Shop-Kette »Dr. Müller's«, die damit wohl darauf hinweisen will, daß ihre Lustprodukte wissenschaftlich getestet sind. Ein deutscher Arzt heißt automatisch »Herr Doktor« und genießt damit erheblich mehr Ansehen als etwa ein bundesdeutscher Polizist, der nicht im entferntesten den natürlichen Respekt genießt, der etwa einem britischen Polizeibeamten automatisch zuteil wird – und dies trotz regelmäßiger Korruptionsaffären in Scotland Yard. Und mag auch der Polizeichef einer Kleinstadt zu den örtlichen Honoratioren zählen, so sieht man die übrigen Polizeibeamten in der Öffentlichkeit kaum anders als in ihren Streifenwagen oder mitunter auch hinter ihren Plexiglasschilden verborgen – anonyme Werkzeuge der Staatsgewalt. Andererseits werden selbst bedeutende öffentliche Gebäude – ob in Bonn oder in anderen Städten, die schließlich lohnende Ziele für Terroristen sein könnten, oft erstaunlich nachlässig bewacht, was erfreulich menschlich wirkt. Die jungen Beamten, die auf Wache stehen, fingern zwar nervös an ihren Maschinenpistolen herum, haben aber die eingefahrenen Hierarchien so verinnerlicht, daß sie jeden passieren lassen, der in Anzug und mit Aktenkoffer erscheint und ihnen entschlossen genug ins Auge blickt. Die Polizei will keine Reminiszenzen an den Totalitarismus aufkommen lassen. Als Erich Honecker im September 1987 Bonn besuchte, staunte ich, wie leicht und unbehelligt ich mich seinem Wagen, einem großen, für derartige Anlässe vom Werk gemieteten Mercedes, nähern konnte. Als ich dies gegenüber einem bundesdeutschen Sicherheitsbeamten erwähnte, entgegnete dieser schlicht: »Wir sind kein Polizeistaat.«

Im Alltag ist diese Art von Liberalismus freilich eher selten. Ein unüberschaubarer Wust von Vorschriften regelt fast alle Lebensbereiche von der Führung eines Bordells bis zum Brotbacken, und selbst die Stunde des täglichen Bades wird noch bestimmt, wenn man das Pech hat, in einer Mietskaserne zu wohnen. »Wir haben unsere Vorschriften!« Die ist eine der meiststrapazierten Redewendungen in Deutschland. Einige dieser Regeln mögen durchaus vernünftig sein, andererseits sind sie aber auch dazu angetan, den Menschen das Denken abzugewöhnen. Wenn Sie nämlich eine Norm übertreten und beispielsweise eine Fußgängerübergang bei Rot betreten, kann es geschehen, daß Sie einen Schwarm älterer Damen, die mit Ihnen am Straßenrand warten, in höchste Lebensgefahr bringen, weil sie Ihnen in blindem Vertrauen auf Ihre Vorschriftentreue folgen werden, aber heranbrausenden Autos möglicherweise nicht ebensoschnell ausweichen können wie Sie.

Die Verkäuferin einer Bäckerei, bei der ich einen einige Minuten zuvor gekauften Laib Brot umtauschen wollte, erklärte mir, daß sie dies gern tun würde, doch leider untersage ein Gesetz den Umtausch von unverpackten Lebensmitteln, sobald diese den Laden verlassen haben. Busfahrer dürfen Fahrgäste nur unmittelbar an den bezeichneten Haltestellen einsteigen lassen, da die Verkehrsbetriebe Gefahr laufen, verklagt zu werden, sollte sich ein Fahrgast beim Einsteigen abseits der Haltestelle verletzen. Gerade Hausmeister, Fahrer, Platzwarte auf Sportplätzen und andere Leute in untergeordneten Positionen werden Ihnen zwar meistens freundlich begegnen, sich aber sofort hinter Argumenten wie »fehlender Versicherungsschutz« oder »Öffnungszeiten« verschanzen, wenn sie einfache Anliegen nicht erfüllen wollen oder können. Einmal bat ich einen Taxifahrer zu hupen, um mich einem Kollegen im Nachbarfahrzeug bemerkbar zu machen. Der aber schüttelte nur den Kopf und meinte, wenn es nach ihm ginge, würde er mir den Gefallen gern tun, aber es gäbe da eine Vorschrift gegen unerlaubtes Hupen, und der Spaß könne ihn zwanzig Mark kosten.

Mißtrauen gegenüber der Autorität begegnet man am häufigsten in den Eltern-Kind-Beziehungen. Daß der Generationenkonflikt in der Bundesrepublik besonders tief geht, ist nicht zuletzt auch eine Folge der nach dem Zweiten Weltkrieg immer wieder gestellten Schuldfrage und der damit verbundenen Standortbestimmung. »Eine neue Generation wächst normalerweise mit den Erzählungen ihrer Eltern auf«, erklärt Prof. Dr. Christian Meier, Historiker an der Universität München. »Doch nach dem Krieg blieb eine ganze Generation von Eltern stumm – sich selbst und den Kindern gegenüber«.[12]

Die bereits herangezogene internationale Umfrage sagt hierzu aus, daß nur 48 Prozent der Bundesdeutschen der Feststellung zustimmen würden, Kinder sollten ihre Eltern ohne Rücksicht auf deren Eigenheiten und Fehler respektieren und lieben. Demgegenüber bejahten diesen Satz 69 Prozent der Amerikaner und 63 Prozent im Durchschnitte der übrigen Europäer. Nur 18 Prozent der Bundesdeutschen über 18 Jahren gaben an, in ihrer Kindheit sehr enge Beziehungen zu ihren Eltern gehabt zu haben, während sich die Briten mit 37 Prozent, die Italiener mit 45 Prozent und die Franzosen mit 34 Prozent offenbar glücklicherer Kindheiten erfreuten. Und während in den USA 84 Prozent und in Großbritannien immer noch 76 Prozent die Moralvorstellungen ihrer Eltern übernommen haben, sind es in der Bundesrepublik nur ganze 49 Prozent.

Gelegentlich entlädt sich der Generationenkonflikt in Ausbrüchen von urbanem Vandalismus, manchmal sogar Terrorismus, wie er seit den sechziger Jahren immer wieder die Gesellschaft erschüttert, und in den wütenden Massendemonstrationen gegen die Kernenergie, die zu einer deutschen Spezialität der achtziger Jahre geworden sind. Dagegen pflegen sich deutsche Jugendliche in Fußballstadien, Bars oder Restaurants im allgemeinen besser zu benehmen als britische, und wenn sie schon auf Randale ausgeht, wie dies gelegentlich in Berlin-Kreuzberg der Fall ist, zeigt die deutsche Jugend weniger blinde Zerstörungswut als eine beeindruckende Organisation. Ohne die Hunderttausende junger Menschen, die friedlich durch die Städte der DDR zogen, hätte die Revolution im Herbst 1989 wohl in eine Spirale der Gewalt geführt.

Doch was ist aus all den »Achtundsechzigern« geworden? Zwanzig Jahre nach der Studentenrevolte ist das auffälligste Merkmal dieser Jahrgänge ihre tiefe Resignation. Die Gesellschaft hat sich nicht geändert – nur die Gesellschaftsveränderer haben sich angepaßt, und dafür fühlen sie sich schuldig. Bundesdeutsche Psychologen haben sie, die in den ersten Nachkriegsjahren zur Welt kamen, als die »traurige Generation« bezeichnet. Sie neigen mehr als andere zu psychischen Störungen und leiden als Enddreißiger und frühe Vierziger an Symptomen wie permanenter Müdigkeit, geringem Selbstbewußtsein und diffusen Unzufriedenheitsgefühlen. Als Ursache gilt vielfach die Unfähigkeit gerade dieser Generation, starke emotionale Bindungen zu ihren mit dem Makel der Vergangenheit behafteten Eltern einzugehen. Die Frankfurter Psychologin Christiane Behrendsen weist in diesem Zusammenhang auf folgendes Paradoxon hin: »Wie ist es möglich, daß die revoltierende Nachkriegsgeneration trotz ihrer Fähigkeit, um Autonomie zu ringen, zugleich durch eine selbstbehindernde Symptomatik der Schwäche, Angst und Kontaktstörung belastet ist?« Sie erblickt hinter diesen Erscheinungen Anzeichen einer »revolutionären Neurose«.[13]

Die heutige junge Generation unter 25 Jahren ist weniger idealistisch und sehr viel nüchterner als es die Achtundsechziger zu ihren wilden Zeiten waren – wohl in erster Linie, weil die Möglichkeiten zur Weltveränderung heute noch begrenzter sind als vor zwanzig

Jahren. Protestdemonstrationen wie jene im September 1988 gegen die Jahresversammlung des Internationalen Währungsfonds in Berlin bleiben Einzelaktionen. Wie ihre Kommilitonen in anderen westeuropäischen Ländern denken und fühlen die bundesdeutschen Studenten heute überwiegend konservativ. Ihre Sorgen sind die überfüllten Hörsäle und Übungen an manchen Universitäten, der Wohnungsmangel, das Geld und der künftige Job, nicht mehr irgendwelche Ungerechtigkeiten am anderen Ende der Welt.

Daniel Cohn-Bendit, 1945 in Südwestfrankreich als Sohn eines jüdischen Arztes geboren und als der »Rote Dany« allenthalben bekannt geworden, war 1968 einer der Anführer der Studentenunruhen in den Boulevards von Paris, und schuf sich auch in der Bundesrepublik einen entsprechenden Ruf. Heute ist er Agitator für die Grünen und leitet das »alternative« Frankfurter Magazin »Pflasterstrand«. Seinen Witz und seinen roten Haarschopf hat er sich bewahrt, doch ein wenig resigniert verweist er auf die Tatsache, daß die ganze Gesellschaft in den letzten zwanzig Jahre ihre Ziele niedriger gesteckt hat: »Die 68er Generation hatte einen falschen Idealismus. Für uns war die Welt zu erobern. Jetzt gibt es mehr Pessimismus über die Ausgangslage. Die revolutionäre Bewegung geht jetzt den Weg des Alltagspragmatismus. Es macht schon einen Unterschied, wenn man sich über die Zukunft Sorgen machen muß. Damals existierte sie nicht.«[11]

Die Bundesdeutschen erwarten viel, ohne jedoch leichtgläubig zu sein. Deshalb kann man sie schnell enttäuschen. Ihre Fähigkeiten zur Selbsterkenntnis sind mitunter erstaunlich, und sie verstehen es besser als die meisten anderen Völker, die Kluft zwischen dem Erstrebenswerten und dem Erreichbaren zu erkennen. Ihre Lebensängste sind somit, wie Freud meint, nur eine Art seelischer Rückversicherung.

Furcht ist etwas, womit die Westdeutschen leben müssen. Man schätzt, daß etwa ein Viertel der Erwachsenen in der Bundesrepublik einmal in ihrem Leben an einer psychischen Krankheit leidet.[15] Doch die Sorgen haben sich von den rein materiellen Problemen in andere Bereiche verlagert. Obwohl 3,1 Millionen Menschen, also rund fünf Prozent, in irgendeiner Form Sozialhilfe beziehen, das sind doppelt soviele wie 1965, stieg der Lebensstandard in den achtziger Jahren in bisher nicht gekannte Dimensionen. Die Meinungsumfragen zeigen auch, daß die allgemeine Kriegsangst nachgelassen hat. Dafür steigt die Furcht vor allen möglichen Katastrophen.

»Ja, das Klischee des von einer Angst zu anderen vagabundierenden

Deutschen ist schon wahr«, bestätigte ein STERN-Journalist vergnügt, hat sich sein Magazin doch auf alle möglichen, vorwiegend aber ökologischen Horrorgeschichten spezialisiert – und prompt hat Allensbach registriert, daß die Zahl der Menschen, denen die zunehmende Umweltverschmutzung Sorgen bereitet, von 57 Prozent 1979 auf 73 Prozent 1987 angestiegen ist. In der gleichen Zeit stieg die Zahl der Bundesbürger, die sich Sorgen um ihre Gesundheit machen, um 12 auf 72 Prozent. Die Bedrohung durch Kriminalität wird demgegenüber als nicht mehr ganz so gravierend empfunden: Nur noch 54 Prozent, also drei Prozent weniger als 1979, fürchten Opfer eines Verbrechens zu werden. Aufsteigende Tendenz zeigen dagegen die Aids-Ängste, Mittlerweile fürchten 30 Prozent, daß die tödliche Krankheit sie selbst oder ihnen Nahestehende treffen könnte.

Die übertriebenen Ängste vor einer Umweltkatastrophe mögen zum großen Teil auf das Konto der Medien gehen. Als Beispiel für den paranoiden Stil des STERN hier ein Zitat aus einem Beitrag zur Ölpest in Alaska, die möglicherweise durch die Trunkenheit eines Tankerkapitäns verursacht worden ist:

»Es gibt noch viele besoffene Kapitäne auf dem Raumschiff Erde, und sie steuern uns torkelnd dem Jahr 2000 entgegen. Das Schiff halb gesunken, aber hell erleuchtet. Unentwegt spielt das Streichorchester den Titanic-Song. Bordärzte pflegen lächelnd unsere Allergien mit immer neuen Salben, in der Küche gibt's frische Pfifferlinge aus Tschernobyl und Three Mile Island, die Rettungsboote sind aus Tropenholz, und die Maschine wird leise von Atomstrom betrieben. Alles wie gehabt.«[16]

Warum auch immer – die Angst vor der ökologischen Katastrophe breitet sich epidemisch aus und macht inzwischen auch vor den Kindern nicht halt. Nach einer 1989 durchgeführten Umfrage fürchten 75 Prozent der bundesdeutschen Kinder zwischen 8 und 12 Jahren, daß alle Bäume sterben werden.[17]

Gibt es einen »German Look«? Fast sieht es danach aus. Denn eine kleine Gruppe bundesdeutscher Couturiers, die einige erfolgreiche Modehäuser leiten, sind im Begriff, auch das Ausland mit ihren Kreationen zu erobern. In einer Branche, die längst keine Domäne der Italiener und Franzosen mehr ist, hat sich Mode made in Germany in den achtziger Jahren einen Ruf für kühlen und teueren Chic erworben. Ein hoher Qualitätsstandard ist der Hauptgrund für das rasche Wachstum von Firmen wie Hugo Boss, Escada, Jil Sander, Wolfgang Joop und Mondi. Ihre klassisch geschnittenen Modelle kann man an modebewußten Damen und Herren von Turin bis Tokio bewundern.

Jil Sander, ein munteres Ex-Mannequin aus Hamburg, hat ihre Produktpalette um Acessoires für Damen und Herren wie Brillengestelle und Parfums erweitert. Die attraktive, jünger aussehende Anfangsvierzigerin, die ihr Unternehmen nunmehr an die Börse gebracht hat, nimmt für sich in Anspruch, den bundesdeutschen Modeboom der achtziger Jahre ins Rollen gebracht zu haben. Hugo Boss aus Baden Württemberg bewirbt seine Modelle in amerikanischen Fernsehserien wie »Miami Vice«, während die Münchener Firma Escada mit äußerst farbenprächtiger Damenmode auch international Fuß gefaßt hat.

Trotz ihrer Erfolge stimmen die deutschen Modeschöpfer in der Ansicht überein, daß es schwierig ist, einen dezidiert bundesdeutschen Stil zu entwickeln. Bezeichnenderweise wurde Boss Ende 1989 von einer japanischen Gruppe gekauft. Wolfgang Joop aus Hamburg hebt spöttisch die stilistische Perfektion der Nazis hervor »Wir haben ein unglaubliches Gestaltungsproblem, weil der letzte deutsche Stil so machtvoll war.«[18]

Allgemein klagen die Modeschöpfer darüber, daß man sie nicht ernst genug nimmt. Klaus Steilmann, Geschäftsführer des größten europäischen Herstellungsbetriebes für Damenkonfektion, glaubt, daß seine Branche ein Stiefkind sowohl der Politik als auch der Medien ist. In seinem Büro in einem Einheitsindustriegebiet an der Ruhr fordert er:« Wir müssen Meinungsbildner für den Mode-Lifestyle interessieren, dann können wir neue Modeschöpfer aufbauen.«[19]

Wohlstand und hohes Freizeitangebot sind auch die Antriebskräfte hinter der Blüte, die der bundesdeutsche Sport derzeit erlebt. Zwei der reichsten jungen Leute des Landes sind Tennisstars. Die Deutschen nehmen auch ihre Hobbys äußerst ernst, und so ist es kein Wunder, daß ihre Superstars Steffi Graf und Boris Becker aus dem für den Fleiß seiner Bewohner berühmten Baden-Württemberg kommen. Beide haben das Ansehen des Tennissports in ungeahnte Dimensionen befördert, und mittlerweile ist es im wohlsituierten Bürgertum schon fast ein Muß, den eigenen Nachwuchs in einen sündteueren Tennisklub zu schicken.

Doch wie Trainingsfleiß und Disziplin einen Spieler ganz nach oben bringen können, so kann es ihm die unmäßige Erwartungshaltung seiner Fans schwer machen, oben zu bleiben. Die Bundesdeutschen machen es ihren Helden nicht leicht. Becker, der 1985 im Alter von erst 17 Jahren das prestigeträchtige internationale Turnier in

Wimbledon gewann, lebt heute in Monaco, um der Steuer, aber auch der Klatschpresse zu entkommen, die hinter jeder Einzelheit seines Liebeslebens her ist. Es heißt, daß er allein 1986, seinem bisher besten Jahr, in dem er den zweiten Sieg in Wimbledon erreichen konnte, 10 Millionen Dollar verdient hat. Doch zeitweilige Formschwankungen nagten an seinem Ruf als Tennis-Wunderkind. Angesichts nachlassender Leistungen – und eigener finanzieller Schwierigkeiten – löste der Sportartikelproduzent Puma 1988 einen lukrativen Werbevertrag. Doch nach dem dritten Sieg in Wimbledon 1989 leuchtet Beckers Stern wieder in altem Glanz, und ein hochdotierter Werbevertrag mit einer renommierten amerikanischen Herstellerfirma für hochwertige Rackets war die logische Folge. Doch da hatte Becker schon längst keine finanziellen Sorgen mehr.

Steffi Graf, die unter den Argusaugen ihres Vater-Managers Peter im Brühler Elternhaus lebt, ist da schon aus anderem Holz geschnitzt. 1987 im Alter von achtzehn Jahren Weltranglistenerste bei den Damen, scheint sie allein ihrem Sport zu leben. Ihr Liebesleben gibt mangels Masse auch für den penetrantesten Klatschkolporteur wenig her. Im Umgang locker und natürlich, ist sie auf dem Platz volle Konzentration. Kaum daß ihr im Spiel ein Lächeln auskommt. Es ist nicht ganz leicht, sie zu vermarkten, denn während die Industrie den frischen, jugendlichen Jacht-Klub-Stil kultiviert, stehen Steffis Kraft und Präzision eher für die Tugenden der Maschinenindustrie. Die Deutschen sind stolz auf sie, und bislang ist ihre Heldin noch nicht in Ungnade gefallen.

Auf der Liste der 130 reichsten Menschen der Erde, die das Magazin »Fortune« regelmäßig herausgibt, finden sich nur zehn Deutsche, und nur einer oder zwei von diesen haben Flair.[20] »Leider gelten bei uns Wohltätigkeitsveranstaltungen nicht als chic«, klagt Werner Rudi, der immer geschniegelt wirkende frühere BILD-Chefredakteur. Deshalb bezieht die Bundesrepublik ihre Klatschsensationen auch überwiegend aus Übersee – à la Joan Collins oder Rambo. Denn die hausgemachten Stoffe sind eher dünn gesät – die Deutschen zeigen ihren Reichtum nicht. In dieser Hinsicht schielt er neidisch auf Großbritannien: »Die englische Königsfamilie ist wie ein Traum – das ist Dallas, nur ist es wahr.«[21]

Als reichste unter den Deutschen gilt Johanna Quandt, die Witwe des Industriemagnaten Herbert Quandt. Zusammen mit ihrer Familie besitzt sie 70 Prozent der seit vielen Jahren höchst erfolgreichen Bayerischen Motoren-Werke. Ihr Vermögen wird auf 3,6 Milliarden Dollar geschätzt. Die Quandts führen ein zurückgezogenes Leben. Herbert Quandts Stiefmutter heiratete den Reichspropagandaminister Joseph Goebbels und starb mit ihm im Mai 1945 im Führerbunker in Berlin. Ansonsten bietet die Familiengeschichte wenig Bemerkenswertes.

Der zweite unter den Superreichen ist Konrad Henkel. Sein Großvater gründete einst die gleichnamige Chemische Fabrik, die als Hersteller des Waschmittels »Persil« zu Ruhm gelangte. Der Enkel, selbst in den Siebzigern, verfügt über ein Vermögen von ca. 2,7 Milliarden Dollar und investiert ein paar davon in elegante Gesellschaften in seiner Villa nahe Düsseldorf.

Auch die Nummern drei und vier sind kein Thema für die Presse. Erivan Karl Haube, der Eigentümer der Tengelmann-Lebensmittelkette, 2,6 Milliarden Dollar schwer, verbringt die meiste Zeit in den USA, Friedrich Karl Flick, mit 2,4 Milliarden Dollar nur geringfügig ärmer, verbirgt sich ängstlich vor der Öffentlichkeit. Der einzige, der den Maßstäben der BILD-Zeitung leidlich gerecht wird, ist Prinz Johannes von Thurn und Taxis, ebenso wohlhabend wie Flick, diesem aber an Geldtradition wie an persönlichem Stil weit überlegen. Seine Vorfahren bauten ab 1490 ein umfassendes europäisches Postsystem auf, das die Familie bis ins 19. Jahrhundert mit üppigen Einkünften versorgte. Der Prinz ist ein vom Playboy zum Ehemann gereifter Sechziger, der 1980 zur Freude der gesamten Regenbogenpresse eine exzentrische junge Gräfin heiratete, die seither – sei es mit Motorradtrips durch Bayern oder extravagantem Outfit – für Schlagzeilen sorgt. Auf seinem Besitz geschah es, daß Franz Josef Strauß anläßlich einer Prominentenjagd im Herbst 1988 zusammenbrach und später starb. Bei den Trauerfeierlichkeiten an einem trüben Oktobertag in München erregte Fürstin Gloria einiges Aufsehen, als sie den Schaulustigen beim Verlassen des Domes in unziemlicher Weise zuwinkte.

Auch der Chef des Hauses Hohenzollern steht gern im Blickpunkt der Öffentlichkeit, auch wenn ihm fast nur noch die älteren Leute ihre Aufmerksamkeit zuwenden. Louis Ferdinand Viktor Edward Albert Michael Hubert Prinz von Preußen, der Enkel des letzten Kaisers, ist ein lebhafter Achtziger, der seine angeborene Noblesse mit Würde zu tragen versteht. Auf Fragen nach seiner Vermögenssituation reagiert er mit einer abwehrenden Handbewegung. »Wir sind nicht ganz arm«, räumt er ein, doch auf der »Fortune«-Liste steht er nicht. Ich besuchte ihn im neugotischen Hohenzollern-Schloß südlich von Stuttgart, wo einst die Stammburg seines Geschlechts stand,[22] und auf meine Frage, warum die Familie der Könige von Preußen immer noch recht hoch geachtet werde, lacht er leise: »Weil wir völlig harmlos sind.« Die Hohenzollern verloren nach dem Zweiten Weltkrieg praktisch alle ihre Besitzungen im Osten. Louis Ferdinand glaubt nicht, daß seine Familie jemals etwas davon zurückerhält, ist aber dennoch ein Anhänger der Politik Gorbatschows: »Ich hoffe, daß er sich vom Saulus zum Paulus wandelt.« Ehefrau und Großmutter des Preußenprinzen waren Russinnen, und im Gedenken an die alten deutsch-russischen Verbindungen vor 1914 würde er den sowjetischen Präsidenten gern in der Vorkämpferrolle für eine Wiederaufnahme dieser Beziehungen sehen: Eine freie Regierung in Rußland und die Einführung der Marktwirtschaft wäre eine Segen für die ganze Welt.«

Die Hohenzollern sind ein altes schwäbisches Grafengeschlecht und stiegen im späten Mittelalter zu Kurfürsten von Brandenburg auf. Mit dem Erwerb des alten Deutsch-Ordenslandes Preußen und damit der weiten Ebenen, die der Orden und die deutsche Ostkolonisation Jahrhunderte zuvor Slawen und Pruzzen abgerungen hatten, legte das Haus den Grundstein für das 1701 begründete Königreich Preußen. Die Hohenzollern bauten ihre Macht auf die Genügsamkeit, die Disziplin und die Opferbereitschaft ihrer Untertanen – und die Vergötzung des Militärs.

Heute ist das Hohenzollersche Stammschloß ein beliebtes Ausflugsziel, in dem es von Besuchern wimmelt, und an warmen Sommerabenden erklingen zuweilen Violinkonzerte zu karitativen Zwekken. In der Schloßkapelle haben die sterblichen Überreste der größten Hohenzollern, Friedrich Wilhelm I., der »Große Kurfürst«, und König Friedrich II. der Große nach mancher Irrfahrt ihre – vorläufig – letzte Ruhe gefunden. Während des Zweiten Weltkriegs hatte man die Sarkophage aus dem bedrohten Potsdam in einen thüringischen Salzstock überführt, wo sie 1945 amerikanische Soldaten entdeckten. Louis Ferdinand war einer der vielen Flüchtlinge, die sich im Westen niederließen – in einem Dorf nahe Bremen. Den Sommer verbringt er in der Urheimat des Geschlechts in Südschwaben. Als er mit mir zum Mittagessen das bürgerliche Schloßrestaurant betrat, spendeten einige ältere Bürger an den Nachbartischen spontan Applaus. Die Geschäftsführerin des Restaurants küßte ihn zur Begrüßung auf beide Wangen und sprach ihn mit »Kaiserliche Hoheit« an – nur ein Ehrentitel, wie er bemerkt. Unter den deutschen Politikern schätzt der Prinz Helmut Kohl – nicht zuletzt, weil auch der ihn mit »Kaiserliche Hoheit« anspricht. Helmut Schmidt hingegen mag er nicht, seit dieser die Tatsache hochspielte, daß einige Mitglieder der Familie Preußen zu den frühen Förderern Hitlers zählten. Unter den Sozialdemokraten ist ihm Willy Brandt der liebste, seit ihm dieser als Regierender Bürgermeister von Berlin 1965 gestattete, das – nunmehr städtische – Charlottenburger Schloß für die Hochzeit seiner Tochter zu benutzen.

Seinen Anspruch auf die Krone hat Prinz Louis Ferdinand nie aufgegeben, meint jedoch, daß dieser nur in einem vereinigten Deutschland zum Tragen kommen könnte, und das, fügte er – damals, 1988 – hinzu, werde er wohl nicht mehr erleben. Als ich ihn im August 1990 wiedersah, bekräftigte er nochmals, daß er nicht erwartet habe, den Fall der Mauer mit eigenen Augen zu sehen. Das Ereignis vom 9. November 1989 fiel auf seinen 82. Geburtstag: »Wir feierten bis 4 Uhr morgens – mit viel Alkohol.« Im Sommer 1990 erklärte mir Louis Ferdinand, Helmut Kohl sei der zweite Bismarck – »nein, größer als Bismarck, der hat keinen Krieg geführt.«

Trotz der Wiedervereinigung sind die Chancen der Hohenzollern, wieder ins Familiengeschäft einzusteigen, äußerst gering. »Die Frage ist nicht aktuell«, sagte mir Louis Ferdinand mit noblem Understatement. Eine Allensbach-Umfrage ergab 1976, daß nur 7 Prozent der Bevölkerung eine Restauration der Monarchie befürworten.[23] Daraufhin beschloß das Institut, dieses Thema mangels Interesses nicht mehr zum Gegenstand von Umfragen zu machen.

Die Bundesdeutschen haben Humor, doch bevorzugen sie dabei den organisierten Frohsinn gegenüber der spontanen Heiterkeit. Da sie zur Schadenfreude neigen, lieben sie es, wenn ihre Pointen treffen, sind aber nur selten souverän genug für jene Form der Selbstironie, die naturgemäß – und vielleicht sogar etwas zu naturgemäß – den Briten auszeichnet. Rolf Breitenstein, ein Diplomat, der das für seinen Stand denkbar ungewöhnliche Steckenpferd des Satirikers reitet, erklärte mir, daß der Deutsche ernste und humorige Aktivitäten üblicherweise sorgfältig zu trennen pflegt.[24] Der Scherz ist in der Regel mit Alkoholgenuß, mit Entspannung und Vergnügen verbunden, also kein Bestandteil des Alltags. So kann Bundesaußenminister Genscher, dem Breitenstein manche Rede schrieb, in der richtigen abendlichen Runde ein lebendiger und witziger Unterhalter sein, doch vermeidet er bei offiziellen Anlässen jede Form von Lockerheit – wohl in der Annahme, dies sei unangemessen. Helmut Schmidt dagegen bestand darauf, daß seine Redenschreiber spätestens am Ende der zweiten Seite eine Pointe einstreuten, um die Aufmerksamkeit des Publikums wachzuhalten.

Betriebsausflüge, Geburtstagsfeiern, Kirchenfeste und – natürlich – der jährlich wiederkehrende Karneval sind die typischen Anlässe für bundesdeutschen Frohsinn, und den dazugehörigen Spaßvogel beschreibt Johannes Groß sarkastisch: »Er muß den Nachbarn ›Prosit‹ zurufen; wer oft genug ›Prost‹ sagt, hat ohnehin Humor.«[1] Es ist schon ein kompliziertes Problem mit dem deutschen Humor, und Groß spottet nicht zu Unrecht: »Unter Deutschen muß also ein Deutscher Humor haben, und meist hat er ihn auch, aber es ist ein Humor von der Art, der die Behauptung, die Deutschen hätten keinen Humor, nicht ausschließt.«

So empfinden es im rheinischen und nicht nur im rheinischen Karneval erwachsene Männer und Frauen als abendfüllend, wochenlang in historischen Uniformen nachempfundenen Kostümen herumzulaufen. Sie wählen Prinzen und Prinzessinnen und nehmen in ritualisierten Karnevalssitzungen in mehr oder weniger geistreicher Form nationale und lokale Politiker aufs Korn. Der Karneval kulminiert in einer vier oder fünftägigen Orgie der organisierten Heiterkeit mit allen möglichen Umzügen, während der man in einigen Gegenden in Firmen und Behörden kaum einen nüchternen Menschen mehr antrifft, und er endet ebenso abrupt am Aschermittwoch, wenn die jeweilige Stadt wie ein Uhrwerk auf die normale, ernsthafte Gangart zurückschaltet.

Ähnlich ritualisierte Verhaltensmuster gibt es an Geburtstagen. Feiert der Chef sein Wiegenfest, schließt das Büro, und fast täglich kolportiert das Bonner Pressebüro die überschwenglichen Glückwunschtelegramme des Kanzlers an irgendwelche Achtzigjährige, die weder der Kanzler noch irgendwer sonst kennt. Auch die Zeitungen – namentlich in der Provinz – sind voll von Lobeshymnen auf ältere Persönlichkeiten, und wenn sie erst einmal Sechzig geworden sind, hält man sie allein aus diesem Grunde schon alle fünf Jahre einer Erwähnung wert.

Diese Art von Geburtstagskult blüht auf beiden Seiten der Grenze, und Geburtstagswünsche waren es auch, die zur Aufdeckung des bis dato größten Spionageskandals der Bundesrepublik und in der Folge zum Rücktritt Willy Brandts als Bundeskanzler führten. Denn Günter Guillaume, der »Spion im Kanzleramt«, wurde nur deshalb entdeckt, weil es sich seine Auftraggeber in Ost-Berlin nicht verkneifen konnten, ihrem Staragenten verschlüsselte Geburtstagsglückwünsche zu senden.[26]

Der populäre Fernsehmoderator Alfred Biolek meint, daß der deutsche Perfektionismus das größte Hindernis für den deutschen Humor sei. »Die Deutschen wollen immer die Dinge am besten machen«, sagt Biolek. »Es gibt kein Land auf der Welt, das so gut ist beim Organisieren von Nacktbadestränden. Vor ein paar Jahren, auf dem Höhepunkt der sexuellen Revolution in Hamburg hat man Sex-Shows auf den Bühnen sehen können, die es in Paris nicht gab.«[27]

Und auf den deutschen Mangel an Selbstironie angesprochen, antwortet Biolek mit einer Gegenfrage: »Wie kann ich mich über die eigene Küche lustig machen, wenn ich gleichzeitig die besten Restaurants der Welt haben will?«

Im humoristischen Bereich erschließt Biolek gegenwärtig Neuland mit einer Puppenshow im englischen »Spitting-Image-Stil«, die im bundesdeutschen Fernsehen läuft. Dabei sollen insgesamt sechzig Politiker und Personen des öffentlichen Lebens ihr Fett abbekommen. Dabei gäbe es keine Tabus, meint Biolek. Nicht einmal vor dem Papst werden man haltmachen. Allerdings werde es keine Puppe von Adolf Hitler geben. Er gibt zu, daß die Show zahmer sein wird als das englische Vorbild – und daß er Probleme hat, Autoren mit ausreichend Biß und Witz zu finden. Tatsächlich erschienen die ersten Folgen der Show, die 1989 ausgestrahlt wurden, ziemlich kümmerlich.

Dennoch ist das Fernsehen das Schaufenster für die mannigfaltigen Erscheinungsformen deutschen Frohsinns. Zwar wirken Farce und Slapstick irgendwie verbiestert und die Talkshows steif, aber dafür überträgt das Fernsehen bayerischen, kölschen und berlinischen Humor in die ganze Republik, und als Familienunternehmen geführte Volksbühnen wie das Hamburger Ohnsorg-Theater wurden zu kulturellen Institutionen der Nachkriegszeit, die ein Millionenpublikum ansprachen.

Auch das politische Kabarett ist im bundesdeutschen Fernsehen gut repräsentiert, und doch wird ebendieser Umstand mit gewisser Wahrscheinlichkeit einen der betrüblichsten Verluste im Zuge der deutsch-deutschen Annäherung verursachen, nämlich den absehbaren Niedergang des für seine Bissigkeit gegenüber dem DDR-Regime bekannten und beliebten Ost-Berliner Bühnen-Kabarett »Die Distel« – auf dem Bildschirm nämlich würde die »Distel« vermutlich ihren Stachel verlieren.

Obwohl die Ironie im alltäglichen Sprachgebrauch kaum eine Rolle spielt, ist sie doch für bissige Bühneneffekte beliebt. Der 1927 geborene Schlesier Dieter Hildebrandt, der heute in München lebt, gilt als der Altmeister des politischen Kabaretts in der Bundesrepublik Deutschland. Er gehört zu den Gründern der »Münchner Lach- und Schießgesellschaft«, die jahrelang mit den Berliner »Stachelschweinen« um den Rang des besten bundesdeutschen Kabaretts wetteiferte. Hildebrandt hat viele Epigonen, und unter diesen fällt vor allem der beißend komische Schwabe Mathias Richling auf.

Seit nunmehr dreißig Jahren führt Hildebrandt auf der Bühne wie vor der Kamera seinen satirischen Kreuzzug gegen die Scheinheiligkeit der bundesdeutschen Gesellschaft. Über das Dritte Reich pflegt er zu sagen: »Ein paar Tausend Überzeugungsnazis haben Millionen von deutschen Widerstandskämpfern in Angst gehalten.«[28] Seine Galle verspritzt er bevorzugt in Richtung der rechten Parteien, er ist ein unerschrockener Gegner der Kernenergie, gerät regelmäßig mit dem konservativen Fernseh-Management aneinander und konnte doch noch nie längerfristig vom Bildschirm ferngehalten werden. Seine Kritiker beklagen seinen Mangel an Patriotismus, doch sie übersehen dabei, daß man sich mit solcher Leidenschaft nur mit etwas auseinandersetzt, das man liebt ...

VIII
Politik und Medien

Wie auf militärischem Gebiet das Flugzeug, so ist auf geistigem Gebiet die Presse zu einer schlagkräftigen Waffe geworden. Oft mußten wir im Verlauf von nur wenigen Tagen eine Kehrtwendung durchführen und bei der Veröffentlichung von Nachrichten eine völlig neue Richtung einschlagen ... Diese Behendigkeit wäre ganz unmöglich gewesen, wenn wir nicht dieses außergewöhnliche Instrument, das man Presse nennt, fest im Griff gehabt hätten.

Adolf Hitler, 1941[1]

Wahrscheinlich gibt es in allen Parteien kurzsichtige Leute, die für ihre Partei die Vorherrschaft im Rundfunk wünschen.

Hugh Carlton Greene, Generaldirektor des Nordwestdeutschen Rundfunks, 1948[2]

Die Beschaffenheit des Staates ist eine wichtige Angelegenheit. Wir müssen ihn in Ordnung halten, wir müssen ihn kritisieren.

Werner Holzer, Chefredakteur der Frankfurter Rundschau, 1988[3]

Der Journalismus in der Bundesrepublik profitiert von der Erfahrung des Dritten Reiches, aber er leidet auch darunter. Nach zwölf Jahren totaler Medienkontrolle wurden nach dem Krieg Presse und Rundfunk gemäß der Vorstellungen der westlichen Besatzungsmächte wiederaufgebaut – auf den Fundamenten, die die Weimarer Republik und die Nazis hinterlassen hatten. Diese sehr unterschiedlichen Wurzeln ließen die Medien neu erblühen. Sie wurden zu einem wichtigen Begleitinstrument der neuen Demokratie, obwohl auch bei ihnen die alten Unsitten gelegentlich wieder zum Vorschein kommen.

Im Gegensatz zur DDR, wo die Kommunisten die schon von den Nazis praktizierte zentrale Steuerung von Information und Propaganda fortführten, gewann die Bundesrepublik im Zuge des politischen und wirtschaftlichen Wiederaufbaus auch die Pressefreiheit zurück. Die West-Alliierten forcierten ganz bewußt eine Dezentralisierung der Medien, um dadurch einen Schutzwall gegen jeglichen

Totalitarismus zu errichten. Dies führte zu einer breiten regionalen Vielfalt in der Medienlandschaft – eine der Stärken des Landes. Wenn das Verhältnis zwischen Politik und Medien in der Bundesrepublik für gewöhnlich recht kompliziert ist, so ist dies, jedenfalls zum Teil, historisch bedingt: keiner der beiden Kontrahenten weiß so recht, wo er eigentlich steht.

Es herrscht in der Tat eine gesunde Wachsamkeit gegenüber jeglicher Einflußnahme von oben. Die Versuche des Staates, den Rundfunk zu kontrollieren, konnte man zwar abwehren, doch etwas fast ebenso Unangenehmes schlich sich ein: Besitzansprüche der politischen Parteien. Da die Tradition journalistischer Unabhängigkeit kaum ausgeprägt ist, kursiert unausgesprochen die Meinung, daß der Rundfunk durch Parteibürokratien kontrolliert werden müsse. Andernfalls, so glaubt man, würde er geradezu zwangsläufig durch Einflüsse von außen korrumpiert werden und sich zu dem entwickeln, was die Deutschen am meisten fürchten – zu einer »Gefahr für die Demokratie«. Um dem Pluralismus genüge zu tun, haben die Parteien die Machtpositionen innerhalb des Rundfunks unter sich aufgeteilt. Dadurch entstanden innerhalb der Sender konkurrierende Interessengemeinschaften unterschiedlicher politischer Provenienz.

Politiker und Medienschaffende finden sich nur schwer damit zurecht, daß sie von Natur aus Widersacher sind. Die eine Seite neigt fast immer zu Überreaktionen auf tatsächliche oder vermeintliche Feindseligkeiten der anderen. Kritik an der Partei, die gerade an der Macht ist, wird zuweilen noch immer als Angriff auf den Staat erachtet. Den bundesdeutschen Medien fehlt es an dem fast schon instinktiven Selbstbewußtsein, das man im anglo-amerikanischen Sprachraum findet. Die deutschen Journalisten stehen in geringerem Maße als ihre amerikanischen und britischen Kollegen unter dem Druck, Nachrichten zu liefern. Statt dessen erwartet man von ihnen oft eine Art politischer Stellungnahme.

Folge davon ist, daß in den Medien gerne mit erhobenem Zeigefinger moralische Belehrungen abgegeben werden, anstatt offen und einfach über die Fakten zu berichten. Dieses Moralisieren, das in angelsächsischen Ländern völlig fehl am Platze wäre, ließe sich an vielen Beispielen demonstrieren. Klaus Liedtke, Chefkorrespondent der populären Illustrierten STERN, der zu den meisten Themen einen betont linksliberalen Standpunkt vertritt, sagte einmal zu mir: »Wir müssen die Schuld anerkennen und daraus die richtigen Konsequenzen ziehen. Dadurch werden wir stärker.[4] In einem Atemzug verknüpfte er damit das Bemühen des STERN, aus der spektakulären Affäre des Jahres 1983 um die gefälschten »Hitler-Tagebücher[5] zu lernen, mit der unbestreitbaren Notwendigkeit, daß das deutsche Volk aus dem Dritten Reich Konsequenzen ziehen muß.

Die Journalisten glauben – und die Leser vermutlich ebenso –, ihre Rolle bestehe darin, der Öffentlichkeit nicht nur mitzuteilen, was geschieht, sondern auch, was davon zu halten sei. In einer Untersuchung über die Einstellung britischer und bundesdeutscher Journalisten bezeichneten es 63 Prozent der deutschen Journalisten als für ihr Handwerk entscheidend, einen Artikel so abfassen zu können, daß der Leser erkennt, wie bestimmte Ereignisse zu interpretieren sind. Von ihren britischen Kollegen stimmten dagegen nur 37 Prozent dieser Auffassung zu. Die Mehrzahl war der Ansicht, daß ein Journalist vor allem Fakten mitzuteilen habe.

Die bundesdeutschen Journalisten wissen, daß sie wichtig, aber unbeliebt sind. Weil man findet, daß die Bezeichnung »Journalist« irgendwie minderwertig klinge, nennen sich alte Hasen des Metiers gerne »Publizist« oder »Redakteur«. Eine regelmäßig durchgeführte Umfrage des Allensbacher Instituts ergab, daß der Berufsstand Journalist nur bei 17 Prozent der Bevölkerung positiv angesehen wird, während Ärzte, Priester und Universitätsprofessoren weitaus besser abschneiden.[7]

Traditionsgemäß genießt in Deutschland einer, der andere belehrt, Vorrang vor dem, der nur berichtet. Sogar die qualitativ hochwertigen überregionalen Blätter greifen bei der Berichterstattung über Inlandsereignisse in beträchtlichem Umfang auf Nachrichtenagenturen zurück. Dies zeigt, daß die Verbreitung von Meinungen der Recherche von Neuigkeiten vorgezogen wird. Die leitenden Redakteure konzentrieren sich auf Leitartikel oder Hintergrundberichte. Ähnlich verhält es sich bei den Abendnachrichten im Fernsehen: Einer der Hauptbeiträge besteht im Kommentar eines ausgewählten Journalisten – normalerweise ein Mensch mit ernster Miene und schütterem Haar –, der zu den Ereignissen des Tages Stellung nimmt. Dadurch soll vermutlich dem Artikel 5 des Grundgesetzes genüge getan werden, der in gutgemeinter Langatmigkeit festlegt:

»Jeder hat das Recht, seine Meinung in Wort, Schrift und Bild frei zu äußern und zu verbreiten und sich aus allgemein zugänglichen Quellen ungehindert zu unterrichten. Die Pressefreiheit und die Freiheit der Berichterstattung durch Rundfunk und Film werden gewährleistet. Eine Zensur findet nicht statt.«

Doch die Aussage des jeweiligen Fernsehkommentators kann sehr wohl durch seine Verbindungen zu einer bestimmten politischen Partei gefärbt sein. Dies und ähnliche Praktiken machen das Fernsehen unbeweglich und langweilig. Unbeweglich, weil es hier – sogar nocht weniger als bei der Presse – keine Tradition des objektiven und investigativen Journalismus gibt; langweilig, weil sich die Fernsehjournalisten allesamt bei der Befragung von Autoritätspersonen außerordentlich zahm verhalten. Deutsche Journalisten scheinen grundsätzlich unfähig zu sein, dem Redefluß eines Politikers Einhalt zu gebieten. Natürlich warten sie, bis am Ende des langen deutschen Satzes, den der Befragte von sich gibt, endlich das Verbum kommt – und sie kennen ihre Grenzen. Vor allem sind sich die Journalisten normalerweise ihrer untergeordneten Stellung viel zu sehr bewußt, als daß sie auf der Beantwortung ihrer Frage bestehen würden.

Im Bereich der Printmedien scheint in den letzten zehn Jahren der direkte Parteieneinfluß abgenommen zu haben, doch viele Zeitungen sind der allgegenwärtigen Gefahr der Küngelei ausgesetzt. Im allgemeinen bleiben die Journalisten viel zu lange in ihren jeweiligen Spezialbereichen, pflegen einen übertrieben vertraulichen Kontakt zu Politik und Wirtschaft – und sind gelegentlich nichts anderes als deren Sprachrohre. Die nah verwandten Welten von Politik und Journalismus wirken beide auch erstaunlich engstirnig. Die Bundesrepublik ist zwar nicht das einzige Land, in dem Politiker und Journalisten in einer ungesunden Symbiose leben, doch diese Tendenz wird in der Bundesrepublik noch dadurch verstärkt, daß es keine richtige Hauptstadt gibt. Deswegen findet man auch die besten westdeutschen Journalisten in Hamburg, München und Frankfurt. Von einigen ehrenwerten Ausnahmen abgesehen, sind in Bonn die Journalisten mit den Politikern wie in einem nach außen abgedunkelten, sterilen Treibhaus zusammengepfercht.

Einige dieser Verkrustungen werden durch eine jüngere und kritischere Generation von Journalisten, die sich nach oben gearbeitet haben, aufgebrochen. Aber schon haben neue Rangeleien um Macht und Einfluß begonnen. Die Printmedien erleben einen verstärkten Konkurrenzdruck mit Auswirkungen auf die Leserzahlen. Schuld daran ist die Liberalisierung im Bereich der elektronischen Medien: Immer mehr private Fernsehsender präsentieren sowohl Unterhaltung als auch Tagesereignisse auf neue Art und treten dadurch in Konkurrenz zu den alteingesessenen Medien. Angesichts dieser neuen Herausforderung überlegt die Qualitäts- ebenso wie die Sensationspresse – von beiden Gattungen findet man in der Bundesrepublik einige der besten wie der schauderlichsten Vertreter ihrer Zunft –, wie sie reagieren soll. Die Medienlandschaft ist ein Paradebeispiel für Vielfalt, und genau darin liegt ihre Stärke; jeder Schritt zu mehr Uniformität wäre ein Verlust.

Im Mittelpunkt des bislang heftigsten Scharmützels zwischen Presse und Politik stand ein häßliches zwölfstöckiges Gebäude, das im Zentrum der Hansestadt Hamburg zu finden ist. In diesem Gebäude nämlich hat Der SPIEGEL seinen Sitz, das größte Nachrichtenmagazin Europas, das wie keine andere westdeutsche Zeitung oder Zeitschrift Einfluß auf die politischen Geschicke des Landes ausübt. Das Magazin wurde gemeinsam mit der Bundesrepublik groß und war auch daran beteiligt, sie zu formen. Im Januar 1947 wurde Der SPIEGEL in Hannover gegründet: Die britischen Besatzungsbehörden übertrugen drei jungen Männern, denen die Entnazifizierungsbehörde eine weiße Weste bescheinigt hatte, die provisorische Herausgeberlizenz. Einer dieser drei, ein blaßgesichtiger junger Mann von dreiundzwanzig Jahren, der an der Ostfront gekämpft hatte, setzte sich selbst bald als alleiniger Herausgeber und Chefredakteur durch. In einem Schulaufsatz, in dem er angezweifelt hatte, daß Hitler den Krieg gewinnen würde, hatte Rudolf Augstein bereits eine Kostprobe seiner polemischen Schärfe gegeben, durch die er später zwei Generationen von Nachkriegspolitikern in Verlegenheit bringen würde. Heute ist Augstein der bekannteste Journalist im Lande. Nach wie vor dirigiert er den SPIEGEL, nach wie vor ist er ein ausgesprochener Non-Konformist. Er residiert in einem geräumigen, mit beigefarbenen Teppichen ausgelegten Arbeitszimmer im obersten Stock des Hamburger Bürohochhauses. Sich selbst bezeichnet er gern als einen »positiven Zyniker«. Hinter der getönten, goldgerahmten Brille ist noch immer ein Anflug vom Elan des jugendlichen Reporters zu spüren – aber auch der barsche Durchsetzungwille des Pressemagnaten. Die Intelligenz und Boshaftigkeit des SPIEGEL und seine Lust an der Aufdeckung von Skandalen – was sich vor allem, aber nicht nur gegen die konservativen Parteien richtet – haben das Magazin zu einer Institution und Augstein zum mehrfachen Millionär gemacht. Er bestreitet, eine bestimmte Partei zu favorisieren, pflegt aber zu sagen, daß er im Zweifelsfalle »auf der Seite der Linken« zu finden sei. Obwohl er seinen sechsundsechzigsten Geburtstag bereits hinter sich hat und sichtlich nicht bei bester Gesundheit ist, vermittelt er keineswegs den Eindruck, als wolle er sich auf das Altenteil zurückziehen. Die im Winter 1989/90 plötzlich ausgebrochene Begeisterung für die deutsche Einheit verlieh Augstein neuen Schwung. Er berichtete mir, daß seine Artikel, in denen er für die Wiedervereinigung plädierte, Auseinandersetzungen mit Mitgliedern der Redaktion provoziert hätten. »Aber je mehr die Leute einsahen, daß die Einheit kommt, desto weniger kontrovers wurden meine Kommentare aufgefaßt.«

Der SPIEGEL war ursprünglich nach dem Vorbild des amerikanischen Time-Magazin konzipiert. Ich frage Augstein, warum sein Blatt eigentlich das einzige in der Bundesrepublik ist, das investigativen Journalismus betreibt. »Weil ich von Anfang an bis heute an der Spitze bin«, antwortet er. »Wir hatten nicht das Problem, daß ständig der Verleger und damit die Richtung des Blattes wechselte. Das einzige, worum wir uns kümmern müssen, ist, daß das Anzeigengeschäft und die Auflage stimmen. Selbst wenn wir mit gerichtlichen Auseinandersetzungen rechnen müssen, brauchen wir uns wegen des Geldes keine Sorgen zu machen.« Augstein räumt ein, daß er beunruhigt war, als 1988 die Auflage auf rund 950000 Exemplare sank, doch 1989 stieg sie wieder auf knapp über eine Million – ein Zuwachs, der teilweise auf das Interesse der Leser an der dramatischen Entwicklung in der DDR zurückgeht. Augstein hatte den Gedanken verworfen, für den ostdeutschen Markt eine eigene Ausgabe zu starten, doch hegte er den Plan, mit einem Einsatz von zehn Millionen Mark den SPIEGEL in der DDR präsent zu machen. Die mittelfristigen Erwartungen an den dortigen Absatz lagen bei etwa 50000 Exemplaren.

Das Magazin, an dem Augstein noch immer einen Anteil von knapp unter 25 Prozent hält, macht einen Jahresumsatz von rund 350 Millionen DM. Zu den Hauptbeschäftigungen von Augstein gehört es, an der Kapitalstruktur des SPIEGEL herumzutüfteln. Zwischen ihm und den Mitarbeitern, die mittels einer 1973 gegründeten Holding 50 Prozent des Kapitals innehaben, entstanden Spannungen, als Pläne bekannt wurden, die eine Erweiterung des Unternehmensbereichs vorsehen. Es ist sogar möglich, daß Augstein die volle Kontrolle über das Magazin zurückkaufen will, um wieder uneingeschränkt das Sagen zu haben.

Der SPIEGEL ist bekannt für seine politischen Enthüllungen, aber auch für seine fundierten Berichte über die verschiedensten Themen aus den Bereichen Wissenschaft, Wirtschaft und Kunst. Er pflegt einen ganz eigenen Sprachstil, ein erfindungsreiches, radikal modisches Deutsch, wofür ihm immer wieder einmal vorgeworfen wird, daß dies Mord an der deutschen Sprache sei. Nachricht und Kommentar wird auf eine Weise vermischt, die, wie Augstein augenzwinkernd einräumt, während der britischen Besatzung verboten war. Die größten Fehler des Magazins sind, daß es oft übertreibt, daß seine Titelgeschichten häufig unangemessen lang sind und daß seine ablehnende Haltung gegenüber dem »Establishment« mitunter den Blick auf die Tatsachen verstellt.

Was denkt der Herausgeber über die politische Stabilität der

Bundesrepublik? »Die parlamentarische Demokratie in unserem Lande hat sich bewährt. Es gibt aber die Tendenz, daß sie hier, mehr als irgendwo sonst, zur Routine wird – und auch leichter korrumpiert werden kann. Vielleicht hat es damit zu tun, daß dies hier ein Land mit katholischer Tradition ist.« Augstein ist Katholik, stammt aus einer Familie im Rheinland und wuchs in Hannover, im protestantischen Norden der Bundesrepublik, auf. 1972 entfesselte er unter Theologen einen Sturm der Entrüstung, als er in einem Buch behauptete, daß die Person Jesus Christus, so wie sie in der Bibel beschrieben wird, niemals existiert habe. Ich fragte ihn, ob auch er korrumpierbar sei. Er antwortete lakonisch:

»Wenn nur der Preis hoch genug ist, dann kann man jeden korrumpieren – und es muß sich dabei nicht immer um Geld drehen. Wenn man mir 1953 eine Tageszeitung angeboten hätte, hätte ich mich vielleicht korrumpieren lassen. Mein Vorteil ist, daß ich immer mehr Geld hatte, als ich brauchte.«

Zu Beginn seiner Kariere machte sich Augstein einen Spaß daraus, die britische Besatzungsmacht mit hinterhältigen Angriffen zu attakkieren. »Ich war gegen die Engländer. Wenn man nicht gegen die Engländer gewesen wäre, hätte man nicht gegen die Deutschen sein können.« Doch gibt er lächelnd zu, daß er die Gründung des SPIEGEL »der englischen Vorstellung von Pressefreiheit« zu verdanken hat. Unter General Lucius Clay, dem Militärgouverneur der amerikanischen Besatzungszone, »wäre das Magazin nicht möglich gewesen. Dasselbe gilt für die Franzosen – ganz zu schweigen von den Russen.«

Augstein war der erste prominente Journalist nach dem Krieg, der mit Konrad Adenauer Bekanntschaft machte. Im Oktober 1948 beschrieb er ihn in einem Portrait als den Mann, der am ehesten Präsident des, wie Augstein prophezeite, »amerikanisch inspirierten westdeutschen Staates« werden könnte. Der SPIEGEL führte in den fünfziger Jahren eine heftige Kampagne gegen die Politik des ersten Bundeskanzlers, die auf Westintegration und Wiederbewaffnung abzielte, weil – wie das Magazin richtig voraussah – dies die Tür zur deutschen Wiedervereinigung versperren würde. »Nach dem Krieg war es wichtig, mit dieser unbekümmerten jugendlichen Frechheit loszuschießen«, meint Augstein. »Ich konnte dadurch auch andere ermutigen.«

Weniger zu Augsteins radikalem Image paßt, daß er – wie kaum jemand wußte – Anfang der fünfziger Jahre daran beteiligt war, eine neue Nationalhymne zu verhindern. Nachdem Bundespräsident Theodor Heuss und er in seinem Büro gemeinsam die neue, wenig mitreißende Melodie gesungen hatte, überredete er Heuss, an der bisherigen Hymne festzuhalten. Augstein nennt sich selbst einen »Patrioten«. Als ich ihn frage, welche Bedeutung das Wort »Vaterland« für ihn habe, verweist er ironisch auf den Verlust der deutschen Ostgebiete nach dem Ersten Weltkrieg. »Als kleiner Junge betrachtete ich oft die Landkarte und sah mir an, wie viel sie uns weggenommen hatten.«

Augstein unterstützt enthusiastisch die Reformen in der Sowjetunion und landete im Oktober 1988 einen Überraschungscoup, als er nach Moskau reiste, um Michail Gorbatschow zu interviewen. Im Dezember 1988 überwies er dem Hilfsfonds für die Erdbebenopfer in Armenien eine Million Mark. In die militärische Präsenz der Amerikaner in Europa setzt er kein großes Vertrauen: »Die Amerikaner praktizieren eine doppelte Buchführung. Eine Spalte für Deutschland und das übrige Europa, die andere Spalte für die USA. In Kriegszeiten hätten die USA die Priorität.«

Quälende, aber auch ruhmreiche Stunden erlebte Augstein im Oktober 1962, im Verlauf von Ereignissen, die den Wendepunkt in den Beziehungen zwischen Presse und Politik in der Bundesrepublik markierten. Der SPIEGEL hatte in der Zeit zuvor eine Reihe fragwürdiger Maßnahmen von Franz Josef Strauß, dem damaligen Verteidigungsminister, kritisch unter die Lupe genommen. Im Oktober 1962 schließlich veröffentlichte das Magazin einen detaillierten Bericht über die Position der Bundeswehr innerhalb der NATO, in dem zu lesen war, daß die Vorliebe von Strauß für taktische Atomwaffen die Einsatzbereitschaft der Armee geschwächt habe. Unter dem Vorwand, in dem Artikel seien militärische Geheimnisse verraten worden, stürmte die Polizei die Büros des SPIEGEL und verhaftete mehrere Redakteure; Augstein stellte sich der Polizei und verbrachte vierzehn Wochen in Untersuchungshaft, ehe die Anklage fallengelassen wurde. Es kam zutage, daß Strauß über die bundesdeutsche Botschaft in Madrid die spanische Polizei ersucht hatte, den Autor des inkriminierten Artikels, Conrad Ahlers (der unter Kanzler Brandt Regierungssprecher wurde), in seinem dortigen Urlaubsdomizil zu verhaften. Im Bundestag beschuldigte Adenauer den Spiegel, »aus Geldgründen Landesverrat zu begehen«. Nach einem mißglückten Versuch, alles zu vertuschen, wurde Strauß zum Rücktritt gezwungen. Durch die Affäre war die zunehmende Selbstherrlichkeit der Regierung Adenauer deutlich geworden, und die halsstarrigen Versuche des Kanzlers, an der Macht zu bleiben, fruchteten schließlich nicht mehr; 1963 mußte auch er zurücktreten. Augstein glaubt, daß die Bundesrepublik im Vergleich zu 1962 demokratischer geworden ist. »Eine ähnliche Aktion, in der der Justizminister durch seine Kabinettskollegen ausgeschaltet wird, wäre heute nicht mehr möglich.« Adenauer und Strauß sind tot; als Gegner waren sie für Augstein ganz nach seinem Geschmack, und ihm wurde die Genugtuung zuteil, in seinem Magazin die Nachrufe auf die beiden zu verfassen. Kanzler Kohl hingegen spielt eindeutig nicht in derselben Liga. »Ich wollte sowohl Adenauer als auch Kohl stürzen. Aber was Kohl angeht, so leistet er selbst seinen eigenen Beitrag. Ihn anzugreifen wäre unsinnig.«

Seit den fünfziger Jahren ist Augstein Mitglied der Freien Demokratischen Partei (FDP); 1972/73 war er zwei Monate lang Bundestagsabgeordneter. Er sagt, sein »wichtigster politischer Freund« sei Hans-Dietrich Genscher, der FDP-Außenminister. Zugleich betont er aber, daß das Magazin Genscher für die Art kritisierte, wie dieser 1982 die Koalitionsregierung Schmidt zu Fall brachte. Augstein bestreitet, daß Der SPIEGEL nur die Rechten attackiere. Tatsächlich haben die Enthüllungen des SPIEGEL in den letzten Jahren auch der Sozialdemokratischen Partei schwer zu schaffen gemacht, besonders 1982, als der Skandal um die »Neue Heimat« ruchbar wurde. »Angenommen, Schmidt wäre noch Kanzler, und wir würden vierzehn Tage vor der Bundestagswahl herausfinden, daß er völlig korrupt ist, dann würden wir die Geschichte veröffentlichen, selbst wenn er dadurch die Wahl verlieren würde« versichert Augstein, fügt jedoch schnell noch hinzu: »Die CDU hat mehr Schwachstellen. Es ist schon erstaunlich, wie Heuchelei in der Religion zum selben Raster in der Politik führt.«

Einer der größten Knüller des SPIEGEL war die Aufdeckung der von Uwe Barschel, dem christdemokratischen Ministerpräsidenten von Schleswig-Holstein, gesteuerten Schmutzkampagne im September 1987. Einen Monat später wurde Barschel in einem Genfer Hotel tot aufgefunden; er hatte sich mit einer Überdosis Tabletten das Leben genommen. Augstein erklärt, er sei »schockiert« gewesen, als Barschel behauptet hatte, die Geschichte des SPIEGEL sei unwahr: »Wir hatten nicht geglaubt, daß jemand so gut lügen kann.« An jenem Sonntag, als Barschel starb, hielt Augstein sich gerade in New York auf. »Ich war erschüttert«, meint er mit boshaftem Lächeln. Zunächst hatte es irrtümlich geheißen, Barschel habe sich erschossen. »Ich sagte mir, das wird sehr schlimm für den SPIEGEL werden. Barschels Ehrenwort, sein Auftreten als Ehrenmann – er hat sich verhalten wie ein Kavalier der alten Schule.« Ich frage Augstein, ob er sich für den Selbstmord verantwortlich fühle: »Überhaupt nicht«, gibt er zur Antwort. Für Barschel habe nur die Politik gezählt; wäre er am Leben geblieben, meint Augstein, hätte er die Konsequenzen nicht ertragen können. »Wenn es Lambsdorff gewesen wäre, der wäre nach Australien gegangen und hätte dort eine Firma gegründet. Barschel aber hatte nur die Politik. All die Prozesse, die auf ihn zugekommen wären! Vielleicht hätte man ihn gar nicht ins Gefängnis gesteckt, sondern in eine Anstalt.«

Was die Zukunft betrifft, so ist Augstein der Ansicht, daß »für Bonn die Jahre gezählt sind. Bis 1995 wird Berlin wieder Hauptstadt sein, und es wird dort ein gesamtdeutsches Parlament und ein gemeinsames Staatsoberhaupt geben. Das ist nicht sehr sinnvoll – aber der Druck ist zu groß.«

Die »SPIEGEL-Story« ist nur eine der Erfolgsgeschichten aus den Gründerjahren des bundesdeutschen Journalismus. Die westlichen Besatzungsmächte hatten bald erkannt, daß die Demokratie nur funktionieren würde, wenn sie die Presse wieder in deutsche Hände legten. Die erste von Deutschen, unter Kontrolle der Alliierten produzierte Zeitung erschien in Aachen, noch vor Beendigung des Krieges. Nachdem die Amerikaner im Oktober 1944 die Stadt eingenommen hatten, wurden im Januar 1945 die vierseitigen AACHENER NACHRICHTEN in einer Auflage von 19 000 Stück von dem arbeitslosen Drucker Hans Holland mit Hilfe eines Teams von amerikanischen Presseoffizieren publiziert. Es wurde damals als ungeheure Majestätsbeleidigung aufgefaßt, daß amerikanische Journalisten sich der Zeitung bedienten, um die amerikanische Besatzungsmacht zu kritisieren. Denn diese hatte zugelassen, daß auch ehemalige Nazis in den neugebildeten Stadtrat berufen wurden. Der Bericht löste einen heftigen Wirbel aus, und mehr als zwei Dutzend Ex-Nazis wurden daraufhin entlassen. Der Zeitung jedoch wurde nicht erlaubt, über die von ihr ausgelöste Säuberungswelle zu berichten.[9]

Die AACHENER NACHRICHTEN waren bei Kriegsende die einzige von Deutschen produzierte Zeitung auf besetztem Gebiet. Bis 1949 erschienen in der amerikanischen, der britischen und der französischen Zone insgesamt 149 lizensierte Zeitungen. Durch die Politik der Lizensierung wollte man die westdeutsche Presse wiederbeleben. Die Amerikaner unterzogen die Lizenzbewerber einer strengen Auswahlprozedur, in der sie auf ihre charakterliche Tauglichkeit und auf ihren Werdegang während des Krieges hin überprüft wurden. Da aber so viele Journalisten im Dritten Reich der NSDAP angehört hatten, war es nicht immer möglich, zu verhindern, daß auch ehemalige Nazis als Herausgeber oder Chefredakteure eingesetzt wurden. In der russisch besetzten Zone indes gab die Lizenzpolitik kommunistischen Parteizeitungen den Vorrang. Von Ende 1947 an wurden die Zeitungen der Ostzone – ähnlich wie unter der Nazi-Herrschaft – nach und nach unter zentrale kommunistische Kontrolle gestellt und »gleichgeschaltet«.

In den westlichen Zonen genoß die »lizensierte Presse« in vielen Regionen eine Monopolstellung, und ihre Herausgeber wurden schnell reich. Das änderte sich, als 1949 mit der Gründung der Bundesrepublik die Alliierten die Lizensierung aufhoben und die Herausgabe von Zeitungen für jedermann freigaben. Bis Jahresende stieg dadurch die Zahl der Zeitungen auf fast 500, 1950 kamen weitere 80 hinzu. In der Mehrzahl wurden Blätter wiederbelebt, die es schon vor dem Krieg gegeben hatte, doch langfristig erwies sich die vormals »lizensierte Presse« als stärker. Die großen Qualitätszeitungen, die es heute in der Bundesrepublik gibt, wurden alle in der Lizenzperiode ins Leben gerufen.

Die im August 1945 gegründete FRANKFURTER RUNDSCHAU war das erste nach dem Krieg lizensierte Blatt. Heute ist sie die wichtigste linksorientierte Tageszeitung mit einer Auflage von etwa 194 000. Innerhalb der amerikanischen Zone wurden nach der Rundschau die SÜDDEUTSCHE ZEITUNG in München und die FRANKFURTER ALLGEMEINE ZEITUNG (die aus der MAINZER ALLGEMEINEN ZEITUNG hervorging) gegründet. Die liberale SÜDDEUTSCHE ZEITUNG hat eine Auflage von 380 000, die konservative FAZ liegt bei 360 000. Die WELT, die ursprünglich in Hamburg angesiedelt und erstmals im April 1946 erschienen war, verfügt heute über eine Auflage von 222 000. Sie war ursprünglich nach dem Vorbild von THE TIMES konzipiert und das Sprachrohr der britischen Besatzungsbehörden, gegründet mit dem Ziel, der Propaganda aus der sowjetischen Besatzungszone etwas entgegenzusetzen. Die Briten genehmigten 1946 auch die Gründung der Hamburger Wochenzeitung DIE ZEIT. Sie wurde zum führenden liberal-intellektuellen Blatt im Lande und hat eine Auflage von etwa 495 000.[10] Die Zahlen beziehen sich auf das vierte Quartal 1989 – eine Periode, in der die Berichterstattung über die Ereignisse in der DDR den Verkauf aller bundesdeutscher Zeitungen steigerte.

Die einzige große überregionale Tageszeitung, die nach 1949 ins Leben gerufen wurde, ist die seit 1952 erscheinende BILD-Zeitung. Sie war das Geistesprodukt von Axel Springer, einem Hamburger Verleger, der sich während der Lizenzperiode mit der 1946 gegründeten HÖR ZU!, einer Programmzeitschrift mit sehr hohen Verkaufszahlen, einen Namen gemacht hatte. Mit ihrer täglichen Mischung aus grellen Schlagzeilen und Abbildungen von spärlich bekleideten Frauen, aufgebauschten Trivialitäten, echten Knüllern und unerhörten Falschmeldungen konnte sich BILD in den Jahren des »Wirtschaftswunders« in der Medienlandschaft fest etablieren. 1953 kaufte Springer DIE WELT und machte aus ihr ein eher seriöses, auf den geistigen Normalverbraucher zugeschnittenes Gegenstück zu dem marktschreierischen Massenblatt BILD. Auf der soliden Grundlage dieser beiden Zeitungen konnte Springer danach sein Imperium stetig erweitern, sowohl im Presse- wie im Verlagssektor.

In den frühen fünfziger Jahren tendierte Springer zwar eher zur SPD, doch später trimmte er seine Zeitungen entschlossen auf die Linie der christdemokratischen Regierung in Bonn. Er nahm eine kompromißlose Haltung gegenüber dem Kommunismus ein und plädierte unnachgiebig für Recht und Ordnung. In den Jahren nach dem Bau der Berliner Mauer brachte er in seinen Zeitungen noch mehr Schmähartikel gegen die ostdeutsche Regierung. Im Gegenzug weckte Springers radikale Haltung den Unmut der Linken. Die gesellschaftskritischen Studenten, die 1968 auf die Straße gingen, sahen im Verleger der BILD-Zeitung einen der schlimmsten Buhmänner und befehdeten ihn heftig. Anhänger der terroristischen Baader-Meinhof-Gruppe verübten eine Serie von Anschlägen auf Springer-Einrichtungen. Das folgenreichste Attentat ereignete sich im Mai 1972: Durch eine Bombenexplosion im Hamburger Springer-Hochhaus wurden siebzehn Menschen verletzt.

1977 erlitt BILD einen erheblichen Prestigeverlust, als dem linken Schriftsteller und Journalisten Günther Wallraff der Coup gelungen war, drei Monate lang unter falschem Namen in der Hannoveraner Redaktion der Zeitung zu arbeiten. In seinem Enthüllungsbuch, das zum Bestseller wurde, schilderte Wallraff die tragikomischen Manipulationen von Lesern und BILD-Journalisten.[11] Eine 1981 durchgeführte Umfrage ergab, daß 41 Prozent der BILD-Leser eine negative Meinung über die Zeitung hatten. Das stetige Anwachsen des Springer-Imperiums war nur ein Teil der allgemein zu beobachtenden Konzentration auf dem Presse- und Verlagssektor. Obwohl die Anzahl der Zeitungen nicht wesentlich zurückging, verloren viele ihre Unabhängigkeit, indem sie von Konzernen wie dem von Springer übernommen wurden oder sich zu Gruppen zusammenschlossen, die dann unterschiedliche Regionalausgaben ein und desselben Blattes herausgaben. 1954 gab es 624 Zeitungsverlage, und obwohl damals die Gesamtzahl der Zeitungen 1500 betrug, waren darunter nur 225 Zeitungen mit einer selbständigen Redaktion. 1987 produzierten 375 Verlagsgruppen 1260 Zeitungen, von denen nur 121 selbständig waren.[12]

In den achtziger Jahren, als sich das Wirtschaftswachstum verlangsamte, stagnierte die Gesamtauflage von Tages-, Wochen- und Sonntagszeitungen. 1988 lag sie bei insgesamt 25,8 Millionen Exemplaren, wenig mehr als die 25 Millionen Exemplare zehn Jahre zuvor. Die Auflage von BILD sank während der achtziger Jahre von einem zuvor erzielten Spitzenwert von über fünf Millionen auf rund 4,3 Millionen. Obwohl der Springer-Konzern seinen Marktanteil bei Tageszeitungen von rund 28 Prozent halten konnte[13], hatte das rechtsgerichtete Verlagsimperium Ende der achtziger Jahre einiges von seiner Bedrohlichkeit eingebüßt. Nach Axel Springers Tod im Jahre 1985 ging der Konzern an die Börse und bot 49 Prozent des Aktienbestandes zum freien Verkauf. Danach durchlief der Konzern eine unruhige Phase interner Querelen. Das Unternehmen mußte auch einige geschäftliche Rückschläge hinnehmen, darunter den kostspieligen Mißerfolg mit einem neuen, frech aufgemachten Wochenmagazin und Auflagenprobleme bei WELT und BILD.

Einer der Gründe für den schwindenden Erfolg des Springer-Konzerns war der Regierungswechsel Anfang der achtziger Jahre, als die Christdemokraten wieder an die Macht kamen und es von da an für BILD viel schwieriger wurde, Ziele für seine politischen Attacken zu finden. In den siebziger Jahren konnte Chefredakteur Peter Boenisch, der berüchtigt war für seine »Schüsse aus der Hütte«, mit Wonne losfeuern auf die »Roten Kommandos« in der SPD-Regierung, wenn diese angeblich gegenüber Terroristen Nachgiebigkeit zeigten, Steuern erhöhen oder Geschwindigkeitsbegrenzungen auf Autobahnen einführen wollten. Aber als die Kohl-Regierung bald schon in die Flaute segelte, mußte BILD sich zurückhaltender ausdrücken.

Boenisch selbst war gleichsam das beste Symbol für die Enttäuschung der Rechten. Der schlagkräftige BILD-Kolumnist und spätere Chefredakteur der WELT ging 1983 als Regierungssprecher nach Bonn. Dies veranlaßte den Nobelpreiträger Heinrich Böll, der sich lange Jahre mit BILD Gefechte geliefert hatte, zu einer heftigen Attacke. In den siebziger Jahren hatte Böll einen seiner bekanntesten Romane geschrieben: die Geschichte der jungen Haushälterin Katharina Blum, die der geifernden Lüsternheit eines Skandalblattes zum Opfer fällt, das Böll eindeutig der BILD-Zeitung nachempfunden hatte.[14] Nach dem Regierungswechsel in Bonn veröffentlichte Böll ein Buch, in dem er die Ernennung von Boenisch kritisierte. Außerdem entschuldigte er sich darin, daß er die Hühner beleidigt habe, als er einige Jahre zuvor die BILD-Zeitung »Hühnerfutter« genannt hatte.[15] Der anspruchsvollen Aufgabe als Chef des Presseamtes der Regierung war Boenisch kaum gewachsen. Seine Zusammenarbeit mit Kohl scheiterte, und 1985 trat er nach einem kleinen Skandal um seine Steuererklärung unter blamablen Umständen zurück. Seinem Nachfolger Friedhelm Ost – ein auf Wirtschaftsthemen spezialisierter Fernsehjournalist – gelang es ebensowenig, dem Amt des Regierungssprechers Glanz und Gloria zu verleihen. Dennoch hielt Ost vier Jahre auf dem Posten durch. Laut Rudolf Strauch, einem langjährigen Bonner Korrespondenten und inzwischen Chefdakur der HANNOVERSCHEN ALLGEMEINEN ZEITUNG, war Ost »schwach und flach« und einer der farblosesten Akteure als Regierungssprecher seit den fünfziger Jahren.[16] 1989 wurde Ost durch Hans Klein, einem wortgewandten CSU-Abgeordneten, abgelöst, für den eigens ein Informationsministerium geschaffen wurde. Aber auch Klein hatte schon bald Schwierigkeiten damit, Kohl öffentlichkeitswirksam zu präsentieren. Ost fand inzwischen eine neue, zeitlich befristete Aufgabe als Medienberater der ostdeutschen CDU im Wahlkampf um die Volkskammer-Wahlen vom März 1990.

Als der Springer-Konzern in die Flaute geriet, übernahm die Bertelsmann-Gruppe die Führung im Wettbewerb um die Anteile auf dem Medienmarkt. Dieses Medien-Konglomerat mit einem Umsatz von 11,5 Milliarden DM ist rund viermal so groß wie Springer. Bertelsmann besitzt den Verlag Gruner und Jahr, der den STERN herausgibt, ebenso wie eine wachsende Zahl von Anteilen an ausländischen Zeitschriften innerhalb Europas. Seinen Sitz hat Bertelsmann in der westfälischen Stadt Gütersloh, einem etwas verschlafen und altmodisch wirkenden Ort. Durch Anteile am privaten Fernsehsender RTL-plus eröffnete sich Bertelsmann auch Zugang zum Kabel- und Satellitenfernsehen. Mit einer 15-Prozent-Beteiligung am Konkurrenzsender SAT 1 wurde auch Springer auf dem neuen Mediensektor aktiv; außerdem versuchte Springer in Spanien, Österreich und Ungarn neue Unternehmungen zu starten. Trotzdem wirkt im Vergleich zu der immer mehr auf internationaler Ebene agierenden Bertelsmann-Gruppe der Springer-Konzern recht provinziell.

Bei der Suche nach einer Antwort auf die Frage, wie die Springerzeitungen wieder mehr Dynamik gewinnen könnten, scheint man auf Jugendlichkeit zu setzen. Zum neuen Chefredakteur von BILD wurde 1988 der damals siebenunddreißigjährige Werner Rudi ernannt. Er sollte den Niedergang aufhalten. Aber schon 1989 wurde Rudi wieder gefeuert und die Funktion des Chefredakteurs zu gleichen Teilen zwei anderen relativ jungen Journalisten, Hans Hermann Tiedje (40) und Peter Bartels (46) übertragen. Bei der WELT übernahm 1985 der damals vierzigjährige Manfred Schell die Chefredaktion. Seither haben sich die Auflagenzahlen leicht erholt. Alle Newcomer sprechen in einer zumindest bei Springer ungewöhnlichen Weise von der Notwendigkeit einer »Erneuerung«. Sie befürworten ein größeres Engagement in Umweltfragen – und sie haben auch dazu beigetragen, daß die unerbittliche Feindseligkeit der Springer-Zeitungen gegenüber der DDR abnahm.

Werner Rudi kleidet sich gern salopp; er trägt Jeans und türkisfarbene Hemden mit offenem Kragenknopf, hat langes schwarzes Haar und würde als Mitglied einer x-beliebigen Pop-Gruppe nicht weiter auffallen. Beim Gespräch in seinem mit Sofas ausgestatteten Büro in Hamburg erzählt Rudi, daß er BILD eine »revitalisierende Spritze« geben möchte, und fügt hinzu, er fürchte, daß das Durchschnittsalter der Leser zu hoch werde.[17] Nach ersten Erfahrungen als Sportjournalist und Reporter verdiente sich Rudi bei Springer als Redakteur von AUTO BILD die Sporen. Als ich das Thema anschnitt, daß BILD den Ruf habe, Geschichten aufzubauschen, bestritt er, daß seine Zeitung glatte Lügen verbreitet habe. Er gestand jedoch ein, daß das Blatt unter einem »Mangel an Glaubwürdigkeit« leide. Rudi verspricht, in Zukunft die Storys genauer zu überprüfen. »Vereinfachung« von Nachrichten sei legitim, doch die Wahrheit sollte nicht verfälscht werden, sagte er. Als das Interesse an Umweltthemen in der Bundesrepublik einen Höhepunkt erreichte, entdeckte auch Rudi seine Begeisterung für die Ökologie. Er lancierte Serien, die sich damit befassen, welche gesundheitsfördernden Lebensmittel und umweltschonenden Waschmittel die Leute kaufen sollten und warum die Konsumenten zum Beispiel Körbe statt Plastiktüten verwenden könnten. »Die Umwelt fängt in der Küche an«, meinte er dazu. Eines der Lieblingsprojekte von Rudi war die Sommeraktion, bei der die Leser aufgefordert wurden, die in den verseuchten Küstengewässern gegen den Tod kämpfenden Nordsee-Robben für jeweils 1000 DM zu »adoptieren«.

Tiedje, einer der beiden neuen Chefredakteure des Blattes, sucht sein Heil nicht darin, anrührende Bilder von Robben zu präsentieren, er setzt vielmehr auf das alles beherrschende Thema der deutschen Einheit. Das eigentliche Ressort des schlaksigen Journalisten ist die Politik. Seine Krawatte sitzt schief, und immer wieder fallen ihm Strähnen seines schwarzen Haares über die Brille, als er mir erzählt, er sei »sehr stolz«, BILD durch solch dramatische Zeiten zu steuern.[18] Tiedje und Bartels – »Ich bin der Kopf, er ist der Bauch«, kommentiert Tiedje – halten Werner Rudi in gewisser Weise für ein

Leichtgewicht. Dies hinderte sie aber nicht, Rudis 15 000 DM teure cremefarbenen italienischen Ledersofas in der Hamburger Chefredaktion zu übernehmen. »Rudi ist ein Mann mit gutem Geschmack«, erklärt Tiedje. Er selbst habe weniger missionarischen Drang als Rudi, was die Überprüfung des Wahrheitsgehalts von Storys angehe. Aber er räumt ein, daß Fehler einen »pädagogischen Wert« hätten. BILD glückten während der Revolution in der DDR zwei erstaunliche Knüller, als das Blatt den Rücktritt von Erich Honecker als Parteichef und seine zeitweilige Inhaftierung korrekt vorhersagte. Das machte die ähnlich spektakuläre (Falsch-)Meldung wieder wett, Honecker sei tot.

Seit dem Fall der Berliner Mauer schmückt fast jeden Tag das patriotische Schwarz-Rot-Gold die Titelseite von BILD. Tiedje betont, daß dies den Verkauf belebt habe – im Verlauf des Jahres 1990 stieg die Gesamtauflage von 4,3 Millionen auf 5 Millionen –, und erklärt, daß sich BILD für die wichtigste Leitlinie von Axel Springer besonders einsetze: für »Freiheit und Einheit«. Jeder, der meint, Berlin werde nicht die zukünftige Hauptstadt sein, »liegt nicht richtig«, sagt er.

Mit Blick auf die deutsche Einheit erklärt Tiedje, der offensichtlich eine Vorliebe für anatomische Begriffe hat: »Wir spüren, daß wir das Herz, den Bauch und den Nabel der Leser ansprechen.« Im Herbst 1989 sammelte BILD unter seinen Lesern 700 000 DM für die Verpflegung und Unterbringung von potentiellen Übersiedlern, die vor der bundesdeutschen Botschaft in Budapest kampierten. In den letzten sechs Monaten hat der Springer-Konzern an die 100 000 Zuschriften – hauptsächlich von BILD-Lesern – zum Umbruch in Ostdeutschland erhalten. BILD hat in Kampagnen um Arbeitsplätze für Übersiedler aus der DDR geworben und seine Leser ersucht, nicht die billigen Waren in ostdeutschen Geschäften aufzukaufen. Das Blatt unternahm auch einen Kreuzzug für die Einführung der D-Mark im Osten. »Wir sind hier, um die Dinge geschehen zu lassen«, betont Tiedje. »Nun machen die Menschen selbst die Politik; es ist nicht mehr die Politik, die die Menschen steuert.« Tiedje glaubt sehr fest an die Macht von BILD. »Wenn BILD sagt, daß Mister Marsh das Hauptthema des Tages ist, dann sind Sie es auch.« Er tadelt die Bundesbank wegen ihrer Zurückhaltung gegenüber einer gemeinsamen Währung und schlägt vor, daß die Gewinne der Bundesbank in Milliardenhöhe, erzielt durch »Währungsspekulationen«, den 16 Millionen DDR-Bürgern zugute kommen sollten.

Tiedje erklärt, daß die Forderung von BILD, die Westdeutschen mit höheren Steuern zu belasten, um so den Ostdeutschen zu helfen, bei »... Leuten im Westen, die auf ihren fetten Ärschen sitzen«, unbeliebt sei. »Wir haben die Taschen voller Geld ... und die armen Kerle drüben haben gar nichts.« Und er fügt hinzu: »Das hat nichts mit Nationalismus zu tun – sondern damit, daß die Leute drüben vierzig Jahre lang für dumm verkauft worden sind.« BILD erkundet – wie viele andere große Zeitungen der Bundesrepublik auch – bereits Möglichkeiten, nach Ostdeutschland zu expandieren. »Die Leute drüben wollen BILD. Sie ist dort sehr populär – die Menschen glauben, daß BILD auf ihrer Seite steht.«

Die WELT hat ihre Zentrale in einem flachen Bürobau an der Straße von Bonn nach Bad Godesberg. Vor 1949 war dies eine von Bäumen gesäumte Landstraße; heute ist es eine verstopfte Verkehrsader, an der sich Botschaften, merkwürdig gestaltete Ministeriumsbauten, Residenzen von Lobbyorganisationen, Parteizentralen und Tankstellen aneinanderreihen. Die Zeitung siedelte 1974 von Hamburg nach Bonn um und ist nach wie vor das einzige überregionale Blatt mit Zentrale in der Bundeshauptstadt. Chefredakteur Schell hält seine Redakteure zu größerer Dynamik an und betont die Notwendigkeit von »Selbstdisziplin«, die Journalisten vor einem zu engen Kontakt mit Politikern bewahren soll.[19] Er kritisiert den Hang vieler Pressevertreter in Bonn, sich gerne zu manipulativen »vertraulichen« Treffen mit Politikern einladen zu lassen. »Wir müssen die Leute informieren. Wir sind für die Leser da«, sagt er.

Obwohl sie eindeutig konservativ ausgerichtet ist, nimmt die WELT in ihren Leitartikeln die Christdemokraten unverkennbar stärker ins Gebet als in früheren Zeiten. Schell sagt, er tendiere zur CDU, sei aber kein Parteimitglied, und weist darauf hin, daß der stellvertretende Chefredakteur der WELT der SPD nahestehe. Er meint, daß die Konservativen früher der Umwelt zu wenig Aufmerksamkeit geschenkt haben, und erzählt stolz, wie die Zeitung von der Regierung verlangte, dafür zu sorgen, daß Autos mit Katalysatoren ausgestattet werden. Ende 1988 erzählte mir Schell, wie unzufrieden er sei mit der bei Springer langgehegten Praxis, die Abkürzung »DDR« in feindselig gemeinte Anführungszeichen zu setzen. Während des Kalten Krieges führte Axel Springer diese optische Markierung ein, um damit seine Skepsis über das zweite »D« – für »demokratisch« zum Ausdruck zu bringen. »Ich bin dafür, dies streichen zu lassen«, meinte Schell. »Der beste Zeitpunkt für die Abschaffung wäre 1972 gewesen« (als die beiden deutschen Staaten den Grundlagenvertrag unterzeichneten). Das Weglassen der Anführungszeichen wäre auch notwendig gewesen, um für die Korrespondenten der Springer-Zeitungen in Ostberlin die volle Akkreditierung zu erlangen. Gerade noch rechtzeitig im August 1989 beschloß der Springer-Konzern, die symbolisch gemeinte Markierung endgültig aufzugeben – nur drei Monate vor dem Fall der Berliner Mauer. Die unfreiwillige Ironie, die darin liegt, gesteht Tiedje ein, fügt aber in loyaler Weise hinzu: »Wenn Axel Springer noch am Leben wäre, hätte auch er diese Maßnahme gutgeheißen.«

Der kleinstädtische Charakter der Stadt Bonn, dem Dreh- und Angelpunkt des politischen Lebens der Bundesrepublik, ist ein beträchtliches Hindernis für die westdeutsche Presse. Die Zusammenballung von Politikern und Journalisten in einer Stadt ohne urbane Kultur und fast ohne Kontakt zu Handel und Industrie erzeugt Engstirnigkeit und spießige Geselligkeit.[20] Obwohl in Bonn der Informationsfluß ungehindert zirkuliert, ragt die Qualität des Journalismus selten über das Mittelmaß hinaus. Aufgrund der angenehmen Lebens- und Arbeitsbedingungen, großzügiger Steuererleichterungen (ein Freibetrag bei der Einkommenssteuer von 35 Prozent für Mitglieder der Bundespressekonferenz, der allerdings 1990 abgeschafft wurde) und der hohe Status, den sie innerhalb ihrer jeweiligen Redaktion genießen, sind die in Bonn ansässigen Journalisten ausnahmslos in hohem Maße unbeweglich. Die dienstälteren Korrespondenten ziehen nur weg, wenn sie sich zur Ruhe setzen oder einen Auslandsposten angeboten bekommen – oder wenn sie in der Zentralredaktion zum Chefredakteur oder dessen Stellvertreter befördert werden. Im Sommer 1988 waren die Bürochefs der großen Zeitungen und Fernsehanstalten durchschnittlich bereits sechzehn Jahre in Bonn. Ihr Durchschnittsalter lag bei 55 Jahren.[21] Die Immobilität führt bei den älteren Journalisten zu Lustlosigkeit und bewirkt Frustration bei den jüngeren, die im Konkurrenzkampf auf ihre Chance warten. An Kritik an diesen Zuständen herrscht kein Mangel. Wolfgang Herles, der 1987 im Alter von 37 Jahren Leiter des Bonner Büros des Zweiten Deutschen Fernsehens wurde, sagt, es sei in Bonn von Vorteil, relativ jung und ein Neuling zu sein. »Man darf aber nicht zu lange in Bonn bleiben. Die Neugier läßt sonst nach, und man fängt an, die gleiche Sprache zu sprechen wie die Politiker. In diesem Raumschiff namens Bonn muß man mobil bleiben – sonst kriegt man die Raumkrankheit.«[22]

Klaus Bölling, ehemaliger Fernsehjournalist, danach Pressesprecher von Kanzler Schmidt und während der sozialdemokratischen Regierung Leiter der Ständigen Vertretung in Ostberlin, bezeichnet die enge Verbindung von Politikern und Journalisten als »eine Art schleichende Korruption«.[23] Der in Potsdam geborene und heute in Berlin lebende Bölling erinnert an die Stärke des Journalismus in

Berlin während der Weimarer Republik. Heute ist die einzige überregionale Zeitung des Landes, die in Berlin herausgegeben wird, die TAGESZEITUNG, ein linksgerichtetes, »alternatives« Blatt, das dem Establishment gegenüber ausgesprochen respektlos auftritt und nach dem Vorbild der französischen LIBÉRATION gestaltet ist; seine Auflage beträgt etwas über 50 000.

Bölling sagt, daß das stillschweigende Übereinkommen der Presse mit den Politikern zu einer »gemeinsamen Front« führt, die anderen – den Medienkonsumenten – den Zugang zu den wirklichen Nachrichten versperre. Obwohl ihm selbst während seiner Zeit als Pressesprecher von Schmidt öfter vorgeworfen wurde, er mißbrauche seine engen Kontakte zu SPD-nahen Publikationen (insbesondere dem SPIEGEL), sagt er heute: »Die Journalisten in Bonn kommen mit den Politikern täglich zusammen, sie gehören zu ein und derselben Familie. Sie bilden sich ein, selbst Teil der Exekutive zu sein. Dies verkürzt die notwendige kritische Distanz. Journalisten und Politiker sollten Gegner sein, nicht Partner.« Andere äußern sich ähnlich über die in Bonn herrschende geistige Enge. Friedhelm Kemna, Chefredakteur der wichtigsten Bonner Zeitung, dem GENERAL-ANZEIGER, sagt: »Die veröffentlichte Meinung, die aus Bonn stammt, ist sehr kleinkariert. Provinzialität gehört zum Bonner Schicksal.« Mit Blick auf den hohen Stellenwert, der dem heimischen politischen Geschehen eingeräumt wird, fügt Kemna hinzu: »Das große Primat hat die Innenpolitik. Außer bei Auslandsreisen mit dem Kanzler oder einem seiner Minister sehen die deutschen Kollegen oft nicht über den Tellerrand hinaus.«[24] Theo Sommer, seit 1973 Chefredakteur der Hamburger Wochenzeitung DIE ZEIT, ergänzt: »In Bonn ist es schwierig, sich abseits zu halten. Es gibt nur einige wenige, die über den Inzest erhaben sind.«[25] Thomas Kielinger, Chefredakteur des in Bonn ansässigen liberal-konservativen RHEINISCHEN MERKURS plädiert trotz des wachsenden Druckes, die Hauptstadt wieder nach Berlin zu verlegen, dafür, daß Bonn ein »Medienzentrum« bleiben soll. Kielinger meint außerdem, daß dank des Schauspiels der deutschen Wiedervereinigung die westdeutsche Presse plötzlich um einiges weniger kleinkariert und provinziell geworden sei; für ihn ist Ostdeutschland, in journalistischer Hinsicht, ein »neues Ufer«.[26]

Insgesamt haben sich die Medien in der Bundesrepublik – sowohl die Presse als auch der Rundfunk – in ihrer Berichterstattung über den Osten den neuen Herausforderungen gestellt; doch von Unternehmungslust ist noch immer wenig zu spüren. Auf dem Höhepunkt der Anti-Honecker-Demonstrationen Anfang Oktober 1989 veröffentlichte die FAZ einen Artikel einer ihrer Korrespondentinnen in Ostberlin. Darin schilderte diese, wie das Außenministerium der DDR die Journalisten angewiesen hatte, nicht nach Leipzig oder Dresden zu fahren. Obwohl sich die FAZ voller Stolz »Zeitung für Deutschland« nennt, scheint ihr die einfache Idee, nämlich einen Korrespondenten mit der Bahn dorthin zu schicken, nicht eingefallen zu sein. Trotz des hohen Interesses in der Bundesrepublik an der Welle von Revolutionen in ganz Osteuropa griffen alle wichtigen Zeitungen bei ihrer Berichterstattung über die blutigen Ereignisse in Rumänien zu Weihnachten 1989 auf Agenturmeldungen zurück und schickten ihre Korrespondenten erst später. Die FAZ, voller Eigenlob für ihr journalistisches Interesse an den Vorgängen in Osteuropa, brachte zwischen dem 23. und dem 29. Dezember Tag für Tag Agenturberichte aus Rumänien – Ausdruck journalistischer Zaghaftigkeit und weihnachtszeitlicher Trägheit in einem.

Große Teile des journalistischen Lebens in Bonn werden nach altehrwürdigen Ritualen abgewickelt. Nach 1949 kehrten die Journalisten, als Zeichen der neuen Offenheit nach der Steuerung durch das Propagandaministerium der Nazis, zu der alten Weimarer Tradition zurück, die jeweiligen Regierungssprecher zu regelmäßigen Pressekonferenzen einzuladen. Seit Gründung der Bundesrepublik werden solche Konferenzen gewissenhaft jeden Montag, Mittwoch und Freitag abgehalten. Aus den Fragen ihrer Kollegen können sich die Korrespondenten einen guten Eindruck verschaffen, welche Neuigkeiten auf der Tagesordnung stehen. Dennoch ergeben diese Rituale selten mehr als wohlformulierte Verlautbarungen, und oft sind die ministeriellen Sprecher und Sprecherinnen kaum besser informiert als die Journalisten selbst. Das immergleiche Muster des »dreimal pro Woche« ist einer der Gründe für die herdenähnliche Natur des Bonner Pressecorps. Im allgemeinen zeigen die Journalisten erstaunlich wenig Neigung, sich um »Scoops«, exklusive, gut recherchierte Sonderberichte, zu bemühen. Selten auch haben sie Zeit zum Mittagessen. Da bei den meisten westdeutschen Zeitungen bereits am frühen Nachmittag Redaktionsschluß für den Nachrichtenteil ist, muß der Großteil der Schreibarbeit vor fünfzehn Uhr erledigt werden.

Tradition herrscht auch bei anderen Gepflogenheiten. Ein eigentümliches »teutonisches« Kodierungssystem mit den Zahlen von 1 bis 3 kennzeichnet, welchen Grad an Vertraulichkeit eine Presseinformation genießt; dieses System stammt noch aus der Zeit der Weimarer Republik. Es gibt kein deutsches Wort für »on« oder »off the record« (am ehesten wäre es noch mit »offiziell« bzw. »inoffiziell /

nicht zitierfähig« zu übersetzen). Der Presseclub, eine 1952 nur für deutsche Journalisten ins Leben gerufene Institution, hat nach wie vor eine starke Position. Er wurde gegründet, um Adenauer und seinen Ministern die Möglichkeit für informelle Kontakte zu der heimischen Presse zu verschaffen, ohne daß die Besatzungsmächte dies beaufsichtigen konnten. Stolz auf seine über hundert Mitglieder und auf ein überteuertes Restaurant, das teilweise von der Regierung subventioniert wird, ist der Presseclub nach wie vor das wichtigste Forum für solche Zusammenkünfte.[27] Nach dem Muster der informellen »Teegespräche«, die in den fünfziger Jahren zwischen Adenauer und ausgesuchten Journalisten stattfanden, gründeten Bonner Journalisten im Laufe der Jahre rund ein Dutzend »Kreise« oder Clubs, wo mit Gästen aus der Politik Klatsch und Informationen ausgetauscht werden. Diese irrigerweise als »vertraulich« bezeichneten Zusammenkünfte erschließen äußerst selten wirklich Neuigkeiten – da aber ohnehin eher Geselligkeit als Information das Ziel ist, macht das nicht allzu viel aus.

Wie die wichtigen Tageszeitungen, so geht auch das westdeutsche Rundfunksystem auf Entscheidungen zurück, die die Alliierten im Laufe der Jahre 1945 bis 1949 getroffen hatten. Die föderative Struktur des Rundfunks entwickelte sich direkt aus den regionalen Sendenetzen, die in den westlichen Besatzungszonen errichtet wurden. In der Weimarer Republik unterstand der gesamte Rundfunk der Kontrolle durch die Postbehörde, der die Sendeanlagen gehörten und die Lizenzgebühren erhob. Diese zentrale Steuerung erleichterte den Nazis nach 1933 die Übernahme der Rundfunksender. Daher war nach 1945 die Dezentralisierung des Rundfunks einer der wichtigsten Schritte auf dem Weg zur Demokratie.

Die Amerikaner gründeten in ihrem Sektor vier Rundfunkanstalten: Radio Frankfurt, Radio Stuttgart, Radio München und Radio Bremen. Die Briten und die Franzosen richteten zentrale Anstalten ein: Den Nordwestdeutschen Rundfunk (NWDR) in Hamburg, mit Nebenstellen in Köln und Berlin, und den Südwestfunk in Baden-Baden, wo sich das Hauptquartier der französischen Militärregierung befand. In den Jahren 1948/49 übertrugen die Alliierten die rechtliche Aufsicht über den Rundfunk nicht der Bundesregierung – die es zu dieser Zeit auch noch gar nicht gab –, sondern den Ländern. Auch heute noch sind die Länder für den Rundfunk zuständig – dies stützt zwar die Dezentralisierung, verleiht dem Rundfunk aber auch zwangsläufig einen Hauch von Provinzialität.

Aus den öffentlichen Sendeanstalten, die die Besatzungsmächte hinterließen, entstanden in der amerikanisch besetzten Zone der Hessische Rundfunk, der Süddeutsche Rundfunk und der Bayerische Rundfunk; die Namen der übrigen Sender blieben unverändert. 1955 teilte sich der NWDR in den Westdeutschen Rundfunk (WDR) und den Norddeutschen Rundfunk (NDR). Den Anstalten wurde Unabhängigkeit gegenüber der Regierung und dem Parlament garantiert. Im Gegenzug verpflichteten die Landesregierungen die Sender per Gesetz, daß sie für Freiheit, Recht, Wahrheit und Völkerverständigung einzutreten haben. Die zur Kontrolle der Sender und ihrer Intendanten eingesetzten Rundfunkräte sollten die Öffentlichkeit, nicht aber politische Interessen vertreten. Das klang gut in der Theorie, doch in der Praxis – wie Hugh Carlton Greene schon 1948 in seiner bereits zitierten Rede warnte – hatten die Politiker bald erkannt, daß das Fernsehen zu wichtig ist, als daß man es den Fernsehleuten überlassen könnte.

Weil Adenauer der Ansicht war, die regionalen Sender stünden mehrheitlich unter dem Einfluß der SPD, versuchte er, ein zweites Fernsehnetz zu installieren – einen Regierungssender als Konkurrenz zur ARD, dem bestehenden Gemeinschaftsprogramm der Landesrundfunkanstalten. Doch 1961 wies das Bundesverfassungsgericht dieses Vorhaben der Regierung zurück. Das Gericht entschied, daß die Senderechte – wie von den Alliierten festgelegt – unter die Kompetenz der Länder und nicht der Regierung in Bonn fallen. Der neue Sender ZDF nahm deshalb 1963 als eine von den Ländern genehmigte Anstalt in Mainz seine Arbeit auf. Kontrollieren sollten ihn vor allem »öffentliche Interessengruppen«, nicht aber politische Parteien. Doch wieder einmal gewannen die Politiker – wie bereits bei der ARD – schnell die Oberhand und verteilten die Sitze in dem maßgebenden ZDF-Fernsehrat nach Parteieninteresse.

Aus zwei Gründen ist der Rundfunk heute parteipolitisch verfilzt. Erstens: Bis in die siebziger Jahre hinein konnten die steigenden Programmkosten auf eine stets größer werdende Zahl von Gebührenzahlern umgelegt werden. Als der Markt für Fernsehgeräte schließlich gesättigt war, wurden folglich immer neue Gebührenerhöhungen notwendig, und diese konnten nur mit Zustimmung der Landesparlamente beschlossen werden. Zweitens: Die Politiker erkannten, daß das Fernsehen die Printmedien als wichtigstes Mittel zur Beeinflussung der Wähler abgelöst hatte. Der Bundesbürger verbringt durchschnittlich zwei Stunden täglich vor dem Fernsehapparat, liest jedoch nur dreißig Minuten lang Zeitung.[28]

Der lange Arm der Parteibürokratie erfaßt die Rundfunkanstalten auf vielfältige Weise. Die für die neun regionalen Sendenetze verantwortlichen Rundfunkräte sind zunehmend unter den Einfluß der politischen Parteien geraten, wobei in diesen Gremien die Christdemokraten zumeist die Mehrheit stellen. Die zahlreichen anderen Gruppierungen und Vereinigungen, wie die Sportverbände, die Religionsgemeinschaften und die Wirtschaftsverbände, die in den Rundfunkräten vertreten sind, um Pluralismus zu gewährleisten, erwiesen sich in vielen Fällen als Ableger der Parteien. Die Intendanz ist in der Regel zu einem durchwegs politischen Posten geworden, wobei die CDU die meisten Intendanten stellt, was ab und zu durch einen SPD-Stellvertreter ausgeglichen wird.[30] Am verhängnisvollsten wirkt sich jedoch aus, daß die Stellen im Verwaltungs- wie im journalistischen Bereich sämtlicher Sender nach Parteienzuordnung verteilt werden. Die Rundfunkanstalten sind zu gigantischen Koalitionen geworden, in denen Politiker mit Hilfe des berüchtigten Proporz-Systems den Bewerbern ihre Gunst zuteil werden lassen – wodurch das ursprüngliche Ziel, nämlich die Interessen der Öffentlichkeit zu wahren, fast völlig verfehlt wurde.

Ein kritischer Beobachter des Verhältnisses von Politik und Medien ist Karl-Günther von Hase, der unter den Kanzlern Adenauer, Erhard und Kiesinger fünf Jahre lang Regierungssprecher war. Danach wurde er Staatssekretär im Verteidigungsministerium, Botschafter in Großbritannien (1970–77) und Intendant des ZDF (1977–82). Der heute über Siebzigjährige hält das Proporz-System im Rundfunk für ein »Krebsgeschwür« und fügt hinzu: »Das kann nur durch Qualität wettgemacht werden.« Er behauptet von sich, liberalkonservativ zu sein, ohne der CDU anzugehören, und meint: »Die Journalisten hier sind in einer Weise politisiert wie in keinem anderen europäischen Land.« Von Hase bringt dies in Verbindung mit dem Einfluß, den die Parteien innerhalb des öffentlichen Dienstes ausüben: »In England kommt es fast einer Beleidigung gleich, einen Beamten oder Angestellten im öffentlichen Dienst nach seiner politischen Einstellung zu fragen. Er ist ganz einfach ein ›Diener der Krone‹. Hier, bei uns, ist sie (die Parteizugehörigkeit) zur Norm geworden.«[31]

Viele Zeitungsjournalisten äußern sich abschätzig über die Unterwürfigkeit, die so mancher Interviewer im Fernsehen an den Tag legt. Einer der servilsten ist Reinhard Appel, ein altgedienter ZDF-Mann, der jahrelang ein Programm leitete, in dem Journalisten Politikern harmlose Fragen unterbreiten. »Er pflegte die Journalisten anzuweisen, daß sie ihre Fragen nach den Antworten der Politiker ausrichten«, erzählt Theo Sommer.[25] »Im Fernsehen sind westdeutsche Journalisten windelweich«, meint dazu Werner Holzer, langjähriger

Chefredakteur der FRANKFURTER RUNDSCHAU. »Die deutschen Politiker glauben, harte Fragen seinen ein Zeichen für Unfreundlichkeit.«[32]

Dieses ängstliche Herangehen an Politiker wurde auch innerhalb der Sender kritisiert. Klaus Bresser, der im Frühjahr 1988 Appel als ZDF-Chefredakteur ablöste, provozierte noch vor seinem Amtsantritt einen Aufschrei der Entrüstung. Er hatte nämlich zwei prominenten Fernsehjournalisten des Bayerischen Rundfunks vorgeworfen, durch Kungelei mit der CSU »das Fernsehen kaputt zu machen«. Nach Bressers Vorstellung sollte das ZDF schneller auf aktuelle Geschehnisse reagieren. Er ließ deshalb sogar die Programmfolge ändern, um Sondersendungen zu wichtigen Ereignissen des Tages, wie etwa die Katastrophe bei der Flugschau in Ramstein, oder zu aktuellen Vorgängen in der Sowjetunion und der DDR bringen zu können. Bresser sieht seine Aufgabe darin, zur ». . . Erweiterung der journalistischen Souveränität« beizutragen.[33] Er sagt, daß seine öffentlich geäußerten Überlegungen zur Notwendigkeit von »Distanz« zwischen Politikern und Journalisten bei den Kollegen auf breite Zustimmung stießen. »Ich habe eigentlich nur Binsenweisheiten von mir gegeben. Daß dies eine solche Reaktion hervorgerufen hat, ist ein Zeichen, daß mit dem Verhältnis zwischen Politikern und Journalisten etwas nicht stimmt.«

IX
Die Konsensritter

Wir sind der Meinung, daß die Wohlfahrt jedes Einzelnen abhängt von der Wohlfahrt des Ganzen ... Erst dann wird das deutsche Unglück beseitigt sein, wenn jeder Einzelne im Gesamtwohl auch die beste Bürgschaft für sein Eigenwohl sieht.

Joseph Goebbels, 1932[1]

Die Geschichte der Deutschen ist eine Geschichte der Extreme. Sie enthält alles außer Mäßigung ... Der normale Mensch, nicht besonders gut, nicht besonders böse; gesund, vernünftig, gemäßigt – er drückte der deutschen Geschichte nie seinen Stempel auf.

A. J. P. Taylor, 1942[2]

Es ist immer leicht, nach starken Männern zu rufen. Aber man sollte die Schwierigkeiten, vor denen Politiker stehen, nicht unterschätzen.

Karl Otto Pöhl, 1988[3]

In der Bundesrepublik ist die Ausübung wirtschaftlicher und politischer Macht eine hochorganisierte Angelegenheit. Deutschlands Geschichte, eine Geschichte von Kleinstaaterei und Uneinigkeit, hat dem nach dem Krieg entstandenen Staat das Erbe der Angst vor inneren Konflikten mitgegeben. Entscheidungen gelten erst dann als legitimiert, wenn zuvor ausufernde Beratungen stattgefunden haben. Es handelt sich hierbei um einen Prozeß mit dem Ziel, alle Beteiligten, das heißt Regierung, Wirtschaft, Gewerkschaften und andere gesellschaftlichen Gruppen, zum Wohle aller zusammenzuschweißen.

Dieser Prozeß hatte sich dreißig Jahre lang bewährt. In den achtziger Jahren aber wollte er nicht mehr so reibungslos funktionieren – eine Folge der Abschwächung des Wachstums. Der abrupte Anstieg der Arbeitslosenzahlen verunsicherte Regierung, Gewerkschaften und Arbeitgeber, wodurch wiederum ihre Beziehungen zueinander schwieriger wurden als in den sechziger und siebziger Jahren. Die Bereitschaft, sich zu einigen, ging zwar nicht verloren, aber die Stimmung wurde etwas frostiger. Kann ein Land, in dem die

Harmonie allererste Priorität genießt, die richtigen Antworten auf die sozialen und wirtschaftlichen Herausforderungen der neunziger Jahre finden? Die DDR praktizierte ihre eigene Methode einer zentralistisch erzwungenen Konsensfindung: wie schnell werden sich dort die Mechanismen der wirtschaftlichen und sozialen Problemlösung, die man in der Bundesrepublik anwendet, durchsetzen? Das Konsenssystem bezieht seine Stärke aus einer Schwäche: der Angst vor den unvermeidlichen Turbulenzen im Falle, daß es jemals zerbricht. Radikale Veränderungen im wirtschaftlichen und politischen Management würden unweigerlich mit einer größeren Krise einhergehen. Und eben dies will das Konsenssystem vermeiden.

Eines der Wahrzeichen der Bundesrepublik ist ein dreiflügeliges, dreizehnstöckiges Bürogebäude im Nordwesten Frankfurts, das aussieht wie ein riesiger Grabstein. Hier residiert die Bundesbank, die nach dem Gesetz unabhängige Notenbank, die mit antiinflationärem Eifer über die Währungspolitik des Landes wacht. Karl Otto Pöhl, Bundesbank-Präsident seit 1980, definiert die Rolle seines Hauses innerhalb des Konsenssystems folgendermaßen: »Die Bundesbank ist Teil des bundesdeutschen Systems wechselseitiger Kontrolle. Sie ist eine Art Staat im Staate, der nach seinem eigenen Konsenssystem funktioniert und ein Gegengewicht zur Wirtschaftspolitik der Regierung darstellt.«[4] Die Bundesbank ist angeblich frei vom Einfluß durch Interessengruppen, doch als kollegial verfaßte Institution, die mit der Verbände-Gesellschaft der Bundesrepublik verwoben ist, kann sie es kaum verhindern, in politische Händel hineingezogen zu werden. Das wirtschaftliche Gewicht der Bundesrepublik und der internationale Status der Deutschen Mark machen die Bundesbank zu einer der einflußreichsten und zugleich aber auch am wenigsten verstandenen Notenbanken der Welt. Der Chef der Bundesbank hat seine Hände an den Schalthebeln der wirtschaftlichen Macht, aber er regiert nicht alleine. Der Präsident muß nicht nur ein Wirtschaftsfachmann sein, sondern er braucht auch ein ausgezeichnetes politisches Gespür. Wie jeder andere hat auch er durch die Untiefen des Konsenssystems zu steuern, was von Jahr zu Jahr komplizierter zu werden scheint. Pöhl steht heute vor seiner bisher schwierigsten Aufgabe: Er muß seinen Teil dazu beitragen, daß die Segnungen einer stabilen Währung, die sich die Westdeutschen über vierzig Jahre hinweg behutsam erarbeitet haben, auch dem Osten zuteil werden.

Pöhl fehlt es nicht an Erfahrungen, wie man den Widrigkeiten des wirtschaftspolitischen Lebens trotzt, mögen diese im eigenen Lande oder im internationalen Finanzgeschehen eintreten. Pöhl, ein Mann von untersetzter napoleonischer Statur, übernahm den Posten im verhältnismäßig jungen Alter von 50 Jahren und rangiert heute als der erfahrenste Zentralbank-Präsident der Welt. Hinter dem weltmännischen Charme dieses scharfsinnigen, aufgeschlossenen und erstaunlich einfühlsamen Mannes verbirgt sich eine melancholische Ader. Egal wie der Dollarkurs steht, Pöhl ist stets braungebrannt. Außerdem erzählt er gerne Witze, die sich keineswegs immer um Geld und Banken drehen. So ist er dafür bekannt, daß er seine Reden im Ausland – wenn er sie in Englisch hält – mit witzigen Bemerkungen einleitet, in denen er ökonomische Fragen mit erotischen Anspielungen garniert. Aber im eigenen Land würde er sich dies nie erlauben; man würde ihn als »unseriös« einstufen. Dummheit macht ihn ungeduldig, und im Privaten fällt Pöhl gerne schonungslose Urteile über Minister, Funktionäre und Banker, die seine Wege kreuzen. Doch im komplizierten politischen Umfeld der Bundesbank braucht man viel Fingerspitzengefühl, um mit Erfolg zu agieren, und Pöhl muß ein Meister im diplomatischen Nahkampf sein. Seine zweite achtjährige Amtsperiode in der Bundesbank begann 1988. Pöhl kann also davon ausgehen, daß er bis weit in die neunziger Jahre hinein die Entwicklung der Währung steuern wird. Bezeichnenderweise erschreckt ihn der Gedanke, daß er eine Art »elder statesman«, ein großer alter Mann der Politik, werden könnte.

Der 1929 in Hannover geborene Pöhl ist seit 1948 SPD-Mitglied, doch der Partei und ihren Funktionsträgern entfremdet. Er lebt mit seiner Frau und zwei Kindern in einem Haus vor den Toren Frankfurts, von wo aus er über die hügelige Landschaft blicken kann. In den sechziger Jahren arbeitete Pöhl als Wirtschaftsjournalist bei der Wochenzeitung WIRTSCHAFTSWOCHE, bevor er dem Bundesverband der Deutschen Banken beitrat und dann als hoher Beamter für Wirtschaftsfragen in Bonn Dienst tat. Von 1972 bis 1977 war er in den Regierungen von Willy Brandt und Helmut Schmidt Staatssekretär im Finanzministerium. Als Schmidt noch Finanzminister war (bevor er 1974 Kanzler wurde), arbeitete Pöhl fünfzehn entscheidende Monate lang als dessen rechte Hand. Damals trug er dazu bei, die internationale Währungskrise zu überwinden, die im März 1973 zur Auflösung des Abkommens von Bretton Woods, dem System feststehender Wechselkurse, führte. Pöhl ist nicht der erste Wirtschaftsjournalist, der Präsident der deutschen Zentralbank wurde. Auch Walter Funk, von 1939 bis 1945 Präsident der Reichsbank und 1946 vom Nürnberger Tribunal zu lebenslanger Haft verurteilt, hatte in den zwanziger Jahren als Wirtschaftsredakteur bei einem konservativen Berliner Finanzblatt gearbeitet,[5] und auch Hjalmar Schacht hat seine Karriere als Journalist begonnen.

Wird er zur Macht der Bundesbank befragt, so zitiert Pöhl gerne das berümte Wort von Stalin: »Wie viele Divisionen hat der Papst?« Er sagt, die größte Stärke der Zentralbank liege in dem Rang, den die Öffentlichkeit der Währungsstabilität einräumt. Im Gegensatz zu vielen deutschen Politikern versteht es Pöhl außerordentlich gut, das, was er zu sagen hat, medienwirksam mitzuteilen. Aufgrund seiner journalistischen Erfahrung schenkt er der Presse große Beachtung – und er hütet sich vor unüberlegten Äußerungen. Nachdem er 1977 zum Stellvertreter des damaligen Präsidenten Otmar Emminger in die Bundesbank berufen worden war, befand sich Pöhl anfangs in der Defensive. Man warf ihm vor, er sei »Schmidts Mann« und außerdem zu jung für den Posten. Heute jedoch versieht er sein Amt mit der angemessenen Würde, wenn auch seine angeborene Respektlosigkeit immer wieder zum Vorschein kommt. Die intellektuelle Herausforderung und den öffentlichen Status, den ihm seine Position verleiht, genießt er sichtlich. Sein jährliches Einkommen beläuft sich angeblich auf etwa 500 000 DM. Doch die hierarchiebewußte westdeutsche Finanzwelt – einschließlich der steifen Atmosphäre formeller Empfänge, bei denen ganze Konvois von Mercedes-Limousinen mit Chauffeur vor dem Portal warten – kann ihn auch frustrieren. Manchmal scheint es fast, als sehne er sich insgeheim wieder ins journalistische Metier zurück.

Pöhl spielt gezwungenermaßen ein heikles Spiel: Er muß zugleich nach außen wie nach innen mit Macht und Einfluß jonglieren. Die Bundesbank steht nämlich vor einem ständig wiederkehrenden Dilemma; wohin sich der Kurs der Deutschen Mark auch bewegt, die Zentralbank wird von der einen oder von der anderen Seite unter Druck gesetzt. Ist die Währung stark, fangen Regierung, Industrie und Gewerkschaften an, sich Sorgen zu machen über die möglichen Schäden, die der exportabhängigen deutschen Wirtschaft dadurch erwachsen könnten. Wird aber die Deutsche Mark schwächer, so dauert es ebenfalls nicht lange, bis die Alarmglocken schrillen und vor der Gefahr einer importierten Inflation warnen. Schließlich predigt die Bundesbank selbst immer wieder und mit Erfolg die Tugenden der Geldwertstabilität. Die Beziehungen zwischen der Bundesbank und dem Bonner Finanzministerium sind immer sehr delikat. Pöhl wurde von Bundeskanzler Schmidt 1977 zum Vize-Präsidenten berufen und 1980 zum Präsidenten ernannt. Aber ironischerweise wurde sein Verhältnis zur

Bundesregierung eher harmonischer, als 1982 die sozialdemokratisch geführte Regierung abtreten mußte und Kohl Bundeskanzler wurde.

Pöhl ist ein wenig betrübt darüber, daß sich seine gute Beziehung zu Schmidt verschlechterte. Schmidt warf der Bundesbank vor, durch ihre zurückhaltende Kreditpolitik während der schwierigen Rezessionsjahre 1981/82 indirekt zum Sturz seiner Regierung beigetragen zu haben.[6] Der frühere Bundeskanzler hegt einen tiefen Groll gegen die Zentralbank und spricht heute von seinem ehemaligen Stellvertreter als von einem reinen »Techniker«.[7] Pöhl hatte aber auch Auseinandersetzungen mit Gerhard Stoltenberg, der unter Kohl sechseinhalb Jahre Finanzminister war. (Im April 1989 wurde Stoltenberg zum Verteidigungsminister ernannt.) Gegen Ende der achtziger Jahr hat der Zentralbankchef die Regierung Kohl zwar diskret, aber stets dafür kritisiert, daß sie nicht couragiert genug Steuersenkungen beschloß, um so das Wirtschaftswachstum anzukurbeln. Überhaupt hält er die Ausrichtung der Wirtschaftspolitik in Bonn für ein wenig provinziell. Obwohl Stoltenberg 1988 Pöhls Ernennung für eine zweite Amtsperiode unterstützte, litt in den Jahren 1987/88 das Verhältnis der beiden unter der Bonner Politik. Diese zielte nämlich auf eine Stützung des Dollars ab, während Pöhl es als Zumutung empfand, daß die Bundesbank unter Druck gesetzt wurde, damit sie die Talfahrt der US-Währung durch Interventionen auf den Devisenmärkten abbremste. 1988 widersetzte sich die Bundesbank der geplanten Erhebung einer Quellensteuer auf Sparguthaben und Wertpapiere. Die Zentralbank machte geltend, daß diese Steuer die Deutsche Mark schwächen würde. Tatsächlich wurde sie später wieder abgeschafft.

Neue Spannungen zwischen Bonn und Frankfurt entstanden 1989, als Kohl dem Druck der Franzosen nachgab und versprach, die Vorbereitungen zur Europäischen Währungsunion schneller voranzutreiben, als es der Bundesbank lieb war. Pöhl hat nie einen Hehl daraus gemacht, daß er der raschen Errichtung einer europäischen Zentralbank, die die Macht der Bundesbank beschränken würde, ablehnend gegenübersteht. Ihm ist es lieber, wenn es bei der Dominanz bleibt, die die Bundesbank aufgrund der gegenwärtigen Regelungen des Europäischen Währungssystems de facto ausübt. »Die Bundesbank kann mit dem Status quo sehr gut leben«, meint er dazu.[8]

Der Umbruch in der DDR und der wachsende Druck, die Deutsche Mark auch östlich der Elbe einzuführen, um die Abwanderung unzufriedener Ostdeutscher einzudämmen, barg ein noch größeres Potential an Unstimmigkeit. Pöhls Beziehung zum CSU-Vorsitzenden Theo Waigel, der im April 1989 im Rahmen von Kohls Regierungsumbildung Finanzminister wurde, war schon vorher nicht immer ungetrübt. Waigel verfügt – so Pöhl – im Unterschied zu Stoltenberg über Humor. Der Chef der Bundesbank hat aber nicht vergessen, daß Waigel sich gegen ihn aussprach, als gegen Ende 1987 die Frage diskutiert wurde, ob Pöhl für eine zweite Amtsperiode vorgeschlagen werden sollte. Waigel engagierte sich sehr für die deutsche Wiedervereinigung, ein Thema, das Pöhl nie sonderlich interessierte. Anders als viele Prominente in der Bundesrepublik trug Pöhl in Hinsicht auf die DDR keine falsche Rührseligkeit zur Schau. Als er 1990 in einer Fernsehsendung gefragt wurde, was ihn an Ostdeutschland am meisten beeindrucke, antwortete er offenherzig: »Die Armut, der Rückstand, die schlechte Luft.«[9]

Im Februar 1990 wurde Pöhl von Kohls Kehrtwendung überrascht, der plötzlich eine baldige Währungsunion mit Ostdeutschland favorisierte. Geschmückt mit seiner roten Lieblingskrawatte trat Pöhl in Bonn vor die Presse und betonte, daß die Bundesbank den Plan unterstütze. Zugleich machte er jedoch eine ganze Reihe von Einwänden geltend. Er wies darauf hin, daß nach der Einführung der D-Mark ein Großteil der ostdeutschen Industrie ihre Wettbewerbsfähigkeit verlieren würde, weil ihr dann der Schutz fehlen würde, den ihr eine weiche, nicht konvertible Währung bot. Eine Warnung, die sich als allzu berechtigt erwies: Tatsächlich erschütterte nach der Errichtung der Währungsunion eine Flut von Konkursen die ostdeutsche Wirtschaft. Pöhl nannte die Bonner Vorschläge »kryptisch« – seine bevorzugte Art auszudrücken, daß sie nicht genügend durchdacht waren. Auf die Frage, ob Kohl ihn seiner Ansicht nach ausreichend in den Entscheidungsprozeß einbezogen habe, antwortete er lakonisch: »Ich rate den Politikern immer, zuerst die Bundesbank zu konsultieren.«[10]

Es hätte nicht viel gefehlt, und Pöhl wäre am 6. Februar zurückgetreten, als Kohl – ebenso zum Erstaunen der Bundesbank wie der internationalen Finanzmärkte – in Bonn vor die Fernsehkameras trat und sein Angebot unterbreitete, mit der Regierung in Ostberlin sofortige Gespräche über eine Währungsunion aufzunehmen. Pöhl hielt sich zu dieser Zeit gerade in Ostberlin auf und führte dort Unterredungen mit Horst Kaminsky, dem Chef der ostdeutschen Staatsbank. Gegenüber diesem hegte Pöhl ein beträchtliches Maß an Abneigung, und zwar bereits seit den siebziger Jahren, als Pöhl – damals Staatssekretär – Kaminsky anläßlich der deutsch-deutschen Verhandlungen kennengelernt hatte. Im Gespräch mit Reportern in Ostberlin wies Pöhl die These, eine Währungsunion stünde nahe bevor, entschieden zurück. Kurz darauf erhielt er im Hotel Kempinski in Westberlin, wo er wohnte, einen Telefonanruf von Kohls Kanzleramtsminister Rudolf Seiters, dem die Sache offensichtlich sehr peinlich war. Seiters berichtete ihm vom Vorstoß des Kanzlers. Pöhl war darüber so aufgebracht, daß er einen Moment lang an Rücktritt dachte. Doch bald darauf verwarf er den Gedanken, »wie eine beleidigte Leberwurst zu reagieren« wieder und machte sich statt dessen auf den Weg nach Bonn, um an einer eilig einberufenen Kabinettsitzung zur Frage der Währungsunion am nächsten Tag teilnehmen zu können.[11]

Das Zerwürfnis zwischen Pöhl und Kohl war nicht zuletzt darin begründet, daß der Bundeskanzler seine Wiedervereinigungspolitik sehr spontan und beinahe von einem Tag auf den anderen entwikkelte. Am Tag zuvor, dem 5. Februar, hatte Pöhl noch ein außergewöhnlich langes, halbstündiges Telefongespräch mit dem Kanzler geführt und zwei Stunden lang mit Waigel in Bonn konferiert. Doch keiner der beiden Politiker hatte Pöhl darüber informiert, daß baldige Gespräche über die Währungsunion geplant seien. Kohl fällte seine Entscheidung erst am Dienstagmorgen in Bonn, nachdem er sich mit den Spitzen der Koalitionsparteien getroffen hatte. Daß Pöhl nicht unterrichtet worden war, entschuldigte Theo Waigel später mit der nicht ganz ernst gemeinten Bemerkung, die Telefonleitungen zwischen Bonn und Ostberlin seien ständig überlastet gewesen.

Die SPD hatte sich bereits vor Kohl für eine deutsche Währungsunion ins Zeug gelegt. Da Pöhl keine enge Bindung mehr an die SPD unterhält, bereitete es ihm keine Probleme, in dieser Sache seine Ablehnung kundzutun. 1988 verstrich das Jubiläum von Pöhls vierzigjähriger Zugehörigkeit zur SPD ohne jegliche Feier. Gerade in Deutschland, wo Jahrestage sehr hochgehalten werden, wäre dies normalerweise Anlaß zu irgendwelchen Ehrungen gewesen, aber kein einziger von Pöhls ehemaligen Genossen nahm auch nur Notiz. Pöhl gehörte immer dem gemäßigten Flügel der SPD an, und er sagt, sein Parteibeitritt sei vor allem eine Reaktion auf die Nazizeit gewesen. (Es ist schon Ironie der Geschichte, daß zwei der drei Vorgänger Pöhls im Amt des Bundesbankpräsidenten, Blessing und Emminger, Mitglied der NSDAP gewesen waren.) »Nach dem Krieg war die Verbitterung über die Konservativen sehr stark. Das gab den Ausschlag bei meiner Entscheidung, 1948 der SPD beizutreten. Ich war nie besonders linksorientiert, schon gar nicht, was Wirtschaftsfragen anging, aber die Konservativen hatten mit den Nazis zusammengearbeitet, und die SPD war die einzige Partei, die

1933 gegen das Ermächtigungsgesetz gestimmt hatte. Die SPD hatte nie die Chance gehabt, sich als Regierungspartei zu etablieren – ich war der Auffassung, daß sie eines Tages diese Möglichkeit haben sollte.« Der nach dem Krieg verbreitete Wunsch nach einem gesellschaftlichen Konsens, so Pöhl, wurde 1966 mit der Großen Koalition von Christdemokraten und Sozialdemokraten Wirklichkeit. Das führte 1969 zur Regierung von Willy Brandt – »ein Ereignis von historischer Bedeutung«.

Es gibt ein Faktum, das Pöhls Leben schwieriger macht, als oftmals angenommen wird: Er ist nicht immer Herr im eigenen Haus. Die Bundesbank ist in besonders komplizierter Weise Ausdruck des politischen Konsensbestrebens. In den letzten Jahren wurden die Zentralbank und ihre obersten Funktionäre stärker in die Parteipolitik verstrickt. Obwohl die formale Unabhängigkeit nicht angetastet wurde, beeinträchtigte die zunehmende Politisierung den inneren Zusammenhalt und den »Korpsgeist« der Notenbank – und scheint auch ihr Gewicht, in Bonn politischen Rat zu erteilen, vermindert zu haben. Gelegentlich vermittelt Pöhl den Eindruck, daß er so sehr von taktischen Fragen beansprucht wird – sowohl in der heimischen wie auch in der internationalen Arena –, daß ihm kaum mehr Zeit für strategische Probleme bleibt. Karl Schiller, der frühere SPD-Wirtschaftsminister, der die Kontroversen zwischen Bonn und der Bundesbank lange genug beobachtet hat, meint dazu lakonisch: »Der Einfluß der Bundesbank auf die Regierung scheint schwächer geworden zu sein. Sie macht ihre Stabilitätspolitik – und das war's dann auch schon.«[12]

Pöhls engste Mitarbeiter sind die Mitglieder des Direktoriums, die von der Regierung gemäß ihrer Kompetenz und politischen Zugehörigkeit ausgewählt werden.[13] Als eine Art Ausgleich zu Pöhls Mitgliedschaft in der SPD ist sein Stellvertreter Helmut Schlesinger, der ehemalige Chefökonom der Bundesbank, ein Konservativer, der in der Geldpolitik eine mehr orthodoxe Linie verfolgt als Pöhl. Entgegen seinem Ruf, ein sehr strenger und nüchterner Mensch zu sein, ist Schlesinger ein leutseliger Mann, der die deutsche Szene genau beobachtet. Die beiden ergänzen sich sehr gut und haben seit dem Beginn von Pöhls Amtszeit ihre Partnerschaft verbessert. Um seinen Einfluß im wichtigsten Gremium der Bundesbank zu sichern und die Zahl der von außen Berufenen zu reduzieren, versucht der Präsident, das Direktorium so klein wie möglich zu halten. 1989 hatte es sieben Mitglieder, obwohl Pöhl sechs lieber gewesen wären. Anfang 1990 hat die Berufung des ehemaligen Staatssekretärs im Finanzministerium, Hans Tietmeyer, ins Direktorium das Gleichgewicht der Macht innerhalb der Zentralbank auf unterschwellige Weise verändert.[14] Tietmeyer, ein eigensinniger Westfale, der bekannt ist für sein Verhandlungsgeschick, seine Zähigkeit und seinen wachen Sinn für Details, verfügt über breite internationale Erfahrungen; Pöhl sieht in ihm einen Rivalen. Vermutlich wird Tietmeyer 1992 Nachfolger Schlesingers im Amt des Vizepräsidenten. Obwohl er beteuert, sein ganzer Ehrgeiz liege darin, der Bundesbank zu dienen, hat er alle Aussichten, Ende 1995, nach Ablauf von Pöhls zweiter achtjähriger Amtszeit, dessen Posten zu übernehmen.

Das oberste Gremium der Bundesbank, das politische Entscheidungen trifft, ist im Vergleich zum Direktorium noch schwerfälliger. Der Ausschuß tritt alle vierzehn Tage zusammen, jeden zweiten Donnerstag, um wichtige Fragen der Kreditpolitik zu erörtern. Wird hier eine Veränderung des Zinssatzes beschlossen, so verbreitet sich diese Nachricht innerhalb weniger Minuten wie ein Lauffeuer in den Börsen der ganzen Welt. Entscheidungen werden per Abstimmung gefällt; und der Vorsitzende hat dasselbe Stimmrecht wie alle anderen. Der gegenwärtig mit 18 Mitgliedern besetzte Ausschuß vereint die sieben Bundesbankdirektoren mit den elf Präsidenten der Landeszentralbanken, von denen die meisten durch die Bundesländer ernannt werden. Die Bundesbank beschäftigt in Westdeutschland 15700 Mitarbeiter, wovon nur 2800 in der Frankfurter Zentrale arbeiten – ein Zeichen dafür, wie aufgebläht das System der Landeszentralbanken ist. Die Einführung der neuen ostdeutschen Länder wird nach Pöhls Wunsch zu einer Straffung des Zentralbankrats führen – mit 16 Landeszentralbanken zusammenarbeiten zu müssen, wäre ihm unmöglich.

Pöhl muß gelegentlich hart für seine Sache streiten und sich gegen Ratsmitglieder durchsetzen, die zuweilen den komplexen internationalen Aspekten nur wenig Beachtung schenken. Er versucht jedoch den Ausschuß mit mehr »Fingerspitzengefühl« zu leiten als der manchmal sehr hitzige und egozentrische Emminger es tat. Weil Emminger seine Kollegen gerne belehrte, kam es unter seinem Vorsitz immer wieder zu Feindseligkeiten.[15] Ein langjähriges Mitglied des Ausschusses sagt über Pöhl: »Er leitet die Sitzungen meisterhaft – mit einem außerordentlich großen Geschick, Kompromisse herbeizuführen.« Nach Meinung von Hans Apel, dem früheren sozialdemokratischen Finanzminister, der Pöhl aus seiner Zeit in Bonn her kennt, besitzt der Zentralbankchef ein besonderes Talent für geschicktes Lavieren: »Pöhl ist keine Kämpfernatur«[16] Pöhl weiß: Wenn er sich die Unterstützung des Zentralbankrats sichern will, muß er zuerst einmal Schlesinger für sich gewinnen. Eine von ihnen beiden befürwortete Sache wird fast immer von den Vertretern der Bundesländer akzeptiert.

Während seiner Jahre als Staatssekretär in Bonn saß Pöhl als Regierungsvertreter in Aufsichtsräten von Unternehmen wie dem Volkswagen-Konzern. Das gab ihm reichlich Gelegenheit, das Konsenssystem kennenzulernen. Er hält es zwar eindeutig für berechtigt, steht aber einigen seiner Aspekte ungewöhnlich kritisch gegenüber:

»Die Vorteile liegen auf der Hand. Das Zusammenwirken von Gewerkschaften und Arbeitgebern hat große Bedeutung für die Bewahrung des sozialen Friedens, zum Beispiel, wenn es darum geht, den Abbau von Arbeitsplätzen in einer Atmosphäre des gegenseitigen Einverständnisses vorzunehmen. Auf der anderen Seite bedeutet es schon ein gewisses Maß an intellektueller Korruption, wenn die Gewerkschaften Vertreter in die Aufsichtsräte entsenden, die dort ihre Privilegien genießen. Die Kosten sind ungeheuer – ein rein kapitalistisches System wäre gewiß effizienter. Aber ich glaube nicht, daß ein solch kapitalistisches System notwendigerweise besser wäre. Das Konsenssystem ist, wie ich glaube, unserer Gesellschaft das einzig zuträgliche. Wir sind eine reiche Gesellschaft, und wir sind bereit, den Preis für den sozialen Frieden zu bezahlen. Das Problem ist natürlich, daß nur diejenigen, die Teil des Systems sind, in dessen Genuß kommen. Die Arbeitslosen, zum Beispiel, bleiben außen vor.«

Zu der Unbeweglichkeit im ökonomischen Denken, das manchmal die Verhandlungen mit Gewerkschaften und Arbeitgebern prägt, meint Pöhl: »Ich bin mir nicht sicher, ob die Tarifverhandlungen zwischen Gewerkschaften und Arbeitgebern für die Beschäftigten immer von Vorteil sind. Für die Arbeitslosen sind sie es sicherlich nicht.« Pöhl äußert auch sein Erstaunen darüber, wie diszipliniert sich die Gewerkschaften verhielten, als der Skandal um das Wohnungsbauunternehmen »Neue Heimat«, das dem Deutschen Gewerkschaftsbund (DGB) gehörte, aufgedeckt wurde. 1982 wurden Unregelmäßigkeiten an der Spitze des Konzerns bekannt. Die Skandalgeschichte um Korruption und Mismanagement, die immer breitere Kreise zog, erreichte schließlich 1986 ihren Höhepunkt, als der Konzern finanziell zusammenbrach. Die Verluste wurden auf vier Milliarden DM geschätzt. »Der Konkurs der ›Neuen Heimat‹ hat jedes Gewerkschaftsmitglied den Gegenwert von mehreren Jahresbeiträgen gekostet«, erklärt Pöhl. »Es hätte eine Revolution geben müssen! Aber die Mitglieder haben es mehr oder weniger geschluckt.«

Pöhl hegt Zweifel, ob die Harmonie in der westdeutschen Gesellschaft anhalten wird: »Wir werden in Zukunft mehr Konflikte bekommen. Teilweise erklärt sich dies dadurch, daß politische Randgruppen an Bedeutung zu gewinnen scheinen. Die Politik im allgemeinen hat unter dem schlechten Image der Politiker gelitten, unter Skandalen wie der Flick-Affäre.« Für Pöhl wird die entscheidende Stunde in seinem Kampf mit den Politikern dann kommen, wenn Berlin wieder deutsche Hauptstadt wird. Die Statuten der Bundesbank schreiben fest, daß die Zentralbank nur provisorisch ihren Sitz in Frankfurt hat und in die ehemalige preußische Hauptstadt zurückkehrt, wenn Berlin wieder Regierungssitz ist. Pöhl hält aber gerne kritische Distanz zu den Politikern. Die Bundesbank hat schon eine Kampagne gestartet, um in Frankfurt zu bleiben.

Die Politiker spüren, daß es schwieriger wird, Konsens zu erzielen. Als ich Helmut Kohl Anfang 1989 fragte, was er nach sechseinhalb Jahren als Kanzler am meisten bedauere, antwortete er:

»In diesen sechs Jahren hätte ich keine der politischen Grundsatzentscheidungen nachträglich anders getroffen. Was ich jedoch völlig anders angefaßt hätte, wäre die Frage gewesen, wie man die Akzeptanz gegenüber unserer Politik verbessern kann. Das ist das eigentliche Problem einer modernen Demokratie – und nicht nur in Deutschland –, daß zu wenige Menschen in der Lage sind, über ihren Tellerrand zu blicken.«[17]

Was die Kunst betrifft, Menschen für die eigene Sache einzunehmen, wird Kohl in der politischen Geschichte der Bundesrepublik als ein Kanzler ohne großes Kommunikationstalent verzeichnet werden. Er verdankt seinen Aufstieg in politische Spitzenpositionen weder Autorität noch Brillanz, sondern fachkundigem Parteimanagement und der instinktiven Fähigkeit, Rivalen rechtzeitig auszuschalten. Sein Talent, Zustimmung zu erzielen – sei es innerhalb oder außerhalb der Christlich Demokratischen Union – ließ jedoch gegen Ende der achtziger Jahre in gefährlicher Weise nach. Ein Botschafter in Bonn formuliert es so. »Er versteht es gut, einem Komitee vorzusitzen, solange alle einer Meinung sind. Wenn aber Uneinigkeit herrscht, fällt ihm nichts besseres ein, als die Leute aus dem Raum zu schicken und sie zu ersuchen, sich draußen zu einigen.«

1990 aber gewann Kohl aufgrund seiner Erfolge im deutsch-deutschen Einigungsprozeß erheblich an Selbstvertrauen, was auch seiner Fähigkeit, seine Botschaft an den Mann zu bringen, sehr zugute kam. Wie Helmut Schmidt hat Kohl den Medien gegenüber immer eine feindselige, ja teilweise verächtliche Haltung an den Tag gelegt. Im Unterschied zu Schmidt jedoch entwickelte Kohl kein Gespür dafür, wie er Presse und Rundfunk zu seinem Vorteil nutzen könnte. Nach der schier endlosen Reihe von internationalen Gipfeltreffen, bei denen es Kohl gelang, breite Zustimmung zur deutschen Wiedervereinigung zu erzielen, war, was seinen Umgang mit der Presse betrifft, mit einem Mal ein ganz neuer Mensch aus ihm geworden. Den größten Erfolg verzeichnete er im Juli 1990 nach seiner Rückkehr aus dem Kaukasus, wo er Gorbatschow die Einwilligung abgerungen hatte, daß das vereinigte Deutschland Mitglied der NATO bleiben könne: das Bonner Pressecorps begrüßte ihn – was nicht oft geschieht – mit Applaus. Trotz der Anspannung, die ihn die die Vorbereitung der Wiedervereinigung abverlangte, hatte Kohl an diesem Tag seinen bisher besten Auftritt bei einer Pressekonferenz. Er wirkte gelöst und humorvoll zugleich. Kohls Persönlichkeit entfaltet sich am besten in kleinen, zwanglosen Gruppen, wo er dank seines Hangs zu anheimelnden Anekdoten sehr einnehmend wirken kann. Doch vor größerem Publikum, zumal, wenn er es mit Intellektuellen zu tun hat oder sich seiner Sache nicht ganz sicher ist, wirkt er steif und befangen. Er ist ein schlechter Zuhörer. Wenn er es wirklich will, kann Kohl auf sehr brüske Weise deutlich sein; doch oft genug stolpert er in seinem schwerfälligen Pfälzer Dialekt unkontrolliert durch einen Dschungel von belanglosen, nebensächlichen Sätzen. In solchen Fällen wäre es oft besser, wenn er einfach nichts sagen würde. Kohls rhetorische Schwächen zeigen sich am schonungslosesten im Fernsehen und im Bundestag – obwohl er sich gegen Ende 1989 bewußt zu bemühen schien, seine Auftritte vor den Kameras zu verbessern. Von seiner gewundenen Ausdrucksweise läßt Kohl auch in privaten Unterhaltungen nicht ab. Seine Gespräche mit Margaret Thatcher in den achtziger Jahren sind inzwischen schon beinahe legendär. Trotz ihrer gemeinsamen rechts-konservativen Haltung ist Thatcher von Kohls Langatmigkeit immer wieder irritiert. »Sie kommt gerne rasch zum Kern des Problems; bei Kohl bleibt alles Einleitung«, meint hierzu ein Diplomat. Andererseits redet laut der Gesprächsprotokolle der beiden Thatcher für gewöhnlich länger als er. Kohls Weitschweifigkeit ist besonders problematisch, wenn seine Beiträge übersetzt werden müssen, wie das bei den Gesprächen mit der britischen Premierministerin der Fall ist. Der Zuhörer muß dann hilflos den Redefluß zweimal über sich ergehen lassen. Bei früheren Aufenthalten in London, als Kohl noch Oppositionsführer war, hatte sich sein Dolmetscher so sehr an Konversationsfloskeln gewöhnt, daß er zuweilen Standard-Phrasen von Kohl wiedergab, die dieser – zumindest an dieser Stelle – gar nicht benutzt hatte.

Trotz seiner langen Amtsperiode als Bundeskanzler, die seine

Selbstsicherheit eigentlich gestärkt haben sollte, kann Kohl erstaunlich dünnhäutig reagieren. Er hat auch ein merkwürdiges Talent dafür, die Aufmerksamkeit auf seine Schwachstellen zu lenken. Weil er vom SPIEGEL jahrelang als Hanswurst dargestellt wurde, liest er das Magazin angeblich nicht. Kohls Assistenten geben aber zu, daß er seine Pressebeamten angewiesen hat, jeden Artikel über ihn genau auszuwerten. Manchmal erkundigt sich der Kanzler sogar am Wochenende telefonisch bei seinem obersten Medienberater Eduard Ackermann danach, was in der neuesten Ausgabe drinsteht. Im Gespräch erteilt Kohl oft den Rat, man solle nicht darauf achten, was über ihn in »linkslastigen Publikationen« gesagt wird – ein deutlicher Hinweis, daß er sich über die immer neuen Sticheleien des Magazins ärgert. Rudolf Augstein, Herausgeber des SPIEGEL, kannte Kohl in den siebziger Jahren, als er Oppositionsführer war, recht gut. »Jetzt spricht er nicht mehr mit mir«, sagt Augstein. »Aber ich könnte nicht sagen, daß mir das besonders fehlen würde.«[18] Auch der ZEIT gegenüber, als deren Mitherausgeber Helmut Schmidt fungiert, fühlt Kohl sich in der Defensive. Theo Sommer, der Chefredakteur, sagte Ende 1988 über Kohl:

»Er haßt mich. Er hält mich für einen Gefolgsmann von Helmut Schmidt. Er meint, daß ich ihn verachte. Er ist sehr empfindlich. In Wahrheit aber habe ich eine realistischere Auffassung von ihm als viele meiner Kollegen – er ist kein Mann, der Ideen formuliert, aber er kann Probleme lösen. Bei Tisch kann er viel geselliger sein als Helmut Schmidt. Wäre er nicht so langweilig, schwerfällig, dumpf – er wäre ein angenehmer Begleiter für den Abend.«[19]

Es gibt noch ein weiteres Ereignis, das dem Verhältnis des Kanzlers zur Presse sehr förderlich war, auch wenn Kohl dies nie zugeben würde: der ungewöhnlich große Beifall, der ihm 1990 seitens des SPIEGELS und seines Herausgebers Augstein widerfuhr. Im Juli 1990, nachdem Kohl aus dem Kaukasus die Zustimmung zur Deutschen Einheit mit nach Hause gebracht hatte, schrieb Augstein: »Glückwunsch, Kanzler«. Nach dem Sieg der CDU bei den Wahlen im März 1990 zur Volkskammer der DDR war auf der Titelseite des Magazins zu lesen: »Kohls Triumph«. Einer von Kohls Referenten sagte damals zu mir: »Es sind zwei Wunder geschehen. Das eine ist das Wahlergebnis. Das andere ist der SPIEGEL.«

Auch Sommer hat seine Meinung inzwischen revidiert. Als ich ihn im Sommer 1990 fragte, ob Kohl inzwischen »Staatsmann« geworden sei, antwortete er: »Auf gewisse Weise schon.«[20]

Vor allem in seiner Einstellung sich selbst gegenüber wurde deutlich, daß Kohl zu einer neuen Gelassenheit gefunden hat. Er war sogar in der Lage, eigene Fehler einzugestehen und über sie zu lachen – ein Zeichen, daß Kohl im Laufe des Jahres 1990 von seiner Persönlichkeit her zunehmend ausgeglichener wurde. Als ich ihn im Februar 1989 interviewte und ihn zu seinem unglücklich formulierten indirekten Vergleich zwischen Gorbatschow und Joseph Goebbels befragte, zeigte er sich verärgert. Erst nach langem Hin und Her gab er zu, daß der Vergleich »nicht klug« gewesen sei. Siebzehn Monate später, bei der Bonner Pressekonferenz nach seiner Kaukasus-Reise, schien Kohl in einer weitaus stabileren Gemütsverfassung zu sein. Als ich ihn auf die kurz zuvor bekanntgewordenen anti-deutschen Äußerungen des britischen Industrieministers Nicholas Ridley (der daraufhin zurücktreten mußte) ansprach, antwortete er mit ungewöhnlicher Großzügigkeit. Zur Überraschung seiner Zuhörer kam er von sich aus auf den Goebbels-Vergleich zu sprechen, der ihn vier Jahre zuvor in eine solch peinliche Lage gebracht hatte: »Wissen Sie, da wir Deutsche ja auch nicht immer gleich gescheit daherreden – ich übrigens auch nicht; ich brauche ja nur an das Stichwort Gorbatschow zu erinnern – finde ich, muß man da ›fünf gerade sein lassen‹.«[21]

Danach wandte er sich – mit Recht – gegen bestimmte, in England gängige Klischeevorstellungen über Deutschland. Er kleidete seinen scharfen Tadel nicht in wohlklingende oder geistreiche Worte, sondern bezog sich auf eher abgelegene Bereiche und auf das Leben der einfachen Leute. Und er nutzte die Antwort, um ganz deutlich zu sagen, daß ein Europa der offenen Grenzen notwendig sei:

»Das sind doch alles Vorurteile . . . Wenn ich in meine Heimatstadt – und das ist eine Arbeiterstadt – gehe und die Zahl der italienischen Restaurants betrachte, dann kann man doch nicht übersehen, daß wir unser Küchenverständnis verändert haben. Das ist doch nicht von Nachteil. Die Deutschen singen jetzt plötzlich Lieder, die sie früher überhaupt nicht gesungen haben, und vieles andere mehr. Das stimmt doch alles in diesem Pauschalurteil überhaupt nicht. Deswegen finde ich, sollten wir am Ende dieses Jahrhunderts wenigstens wieder die Kultur des ersten Jahrzehnts dieses Jahrhunderts aufbringen, als wir noch viel offener waren, als es keine Pässe gab, als Studenten quer durch Europa wanderten.«

Der (bis Frühjahr 1990) amtierende Vorsitzende des Deutschen Gewerkschaftsbundes (DGB) ist ein ehemaliger Postbeamter mit einer Vorliebe für Ferien im Wohnwagen. Wenn er eine Rede hält, kann er die Zuhörer in Trance versetzen, weil er die schwierige Kunst beherrscht, zu sprechen, ohne dabei erkennbar die Lippen zu bewegen. Ernst Breit, der seit 1982 an der Spitze des DGB stand, ist jedoch selbst der erste, der zugibt, daß seine Person nicht besonders wirkt. »Still, zurückhaltend, kein Charisma – das ist völlig richtig«, stimmt er zu, als wir in der in gedämpften Farben gehaltenen Zentrale des DGB am Stadtrand von Düsseldorf zusammen beim Kaffee sitzen. Auf die Frage nach seinen wichtigsten Stärken antwortet er: »Genauigkeit und Zuverlässigkeit. Das sind die Eigenschaften, die wir in den letzten Jahren gebraucht haben. Es war nicht ganz so wichtig, Leute zu haben, die nur gut reden können.«[22]

Breit ist Mitglied der SPD. Seine Aufgabe als DGB-Chef bestand darin, in Europas stärkster Volkswirtschaft den Arbeitnehmern Gehör zu verschaffen. Er leitete eine Organisation, die siebzehn große Einzelgewerkschaften mit insgesamt 7,8 Millionen Mitgliedern umfaßt. Er war für die Koordination hinter den Kulissen zuständig: Verhandlungen mit Arbeitgebervertretern sind Angelegenheit der Einzelgewerkschaften. Der 1949 gegründete DGB ist die größte – wenn auch nicht die einzige – zentrale Gewerkschaftsorganisation.[23] Nachdem er die Postgewerkscaft zehn Jahre lang geleitet hatte, übernahm Breit mit dem Chefsessel des DGB zugleich die vordringliche Aufgabe, das nach dem Skandal um die »Neue Heimat« erschütterte Vertrauen in die Gewerkschaft wiederherzustellen. In seiner achtjährigen Amtszeit hat er mit unbestrittenem Erfolg manche Wunden geheilt und ein weiteres Absinken der Mitgliederzahlen verhindert. Er konnte es sich schließlich sogar leisten, sich ein wenig zu entspannen. Bei aller Ungerührtheit, die seine öffentlichen Auftritte kennzeichnen, überrascht es, daß er als Privatmann Wärme und einen Anflug von Selbstironie zeigt. Er gehört zu der Sorte Mensch, die eher in sich hineinlächelt als offen lacht.

Breits bedächtige Zurückhaltung sollte nicht als Mangel an Durchsetzungsvermögen mißverstanden werden. Er legt seine Prinzipien gerne mit einer Mischung aus Korrekheit und Pedanterie dar – ganz der Schulmeister aus einem Dorf namens Rickelshof in Schleswig-Holstein, wo er 1924 geboren wurde. Solidität war sicherlich nötig nach der »Neuen Heimat«-Affäre, die innerhalb der Gewerkschaften heftige Auseinandersetzungen hervorrief und ihrem öffentlichen Ansehen sehr schadete. »Es steht außer Zweifel, daß uns diese Entwicklung Sympathie, Vertrauen und Zustimmung gekostet hat«, räumt Breit ein. »Es ist schwer zu beurteilen, ob wir uns davon schon wieder erholt haben.« Er betont, daß der Skandal um die »Neue Heimat« mit schmerzvoller Regelmäßigkeit aufgetischt wird, wann immer die Regierung einen Prügel sucht, mit dem sie auf die Gewerkschaften einschlagen kann. Dennoch lobt er ohne Einschränkung den

SPIEGEL, daß dieser die Affäre ans Tageslicht brachte. »Das Magazin ist seiner demokratischen Pflicht nachgekommen. Wenn es den SPIEGEL nicht geben würde, müßte man ihn erfinden.«

Mit einem relativ bescheidenen Gehalt von 160000 DM jährlich trug Breit die Verantwortung für die Geschicke des DGB zu einer Zeit, als das Konsenssystem sich veränderte. Der Regierungswechsel 1982, die gleichbleibend hohe Arbeitslosenrate und die strukturellen Probleme der Schwerindustrie hatten alle etwas mit dieser Veränderung zu tun. Die Gewerkschaften begannen, ihre Rolle und ihre Verantwortung als Teilhaber am Kapitalismus zu überdenken. Die Gesetzgebung nach dem Krieg hatte die Mitbestimmung gebracht, wodurch die Gewerkschaften ihre Vertreter in die Aufsichtsräte der Unternehmen entsenden konnten, und ihnen einen deutlichen Anteil am Wohlstand verschafft. Doch als gegen Ende der siebziger Jahre die Arbeitslosenzahlen zu steigen begannen, wurde den Gewerkschaften klar, daß sie ihre Unabhängigkeit verloren hatten. Während sie einst Entlassungen hatten bekämpfen können, waren sie nun zum Teil dafür mitverantwortlich. Diese Entwicklung machte es den Gewerkschaftsführern schwerer, weiterhin die Kontrolle über die Mitglieder zu behalten, und verschärfte die Gefahr, daß die eine oder andere Einzelgewerkschaft ihren eigenen Weg einschlägt. Breit hat während der letzten Jahre seine ganze Überzeugungskraft aufbieten müssen, um die Solidarität innerhalb des DGB aufrechtzuerhalten.

Die Affäre um die »Neue Heimat« und ihre Nachwirkungen haben das Selbstverständnis noch weiter erschüttert. Um die Verluste zu finanzieren, war der DGB gezwungen, sich vom »Familienschmuck« zu trennen: Verkauft wurde sowohl die gewerkschaftseigene Bank, die »Bank für Gemeinwirtschaft«, als auch die Versicherungsgesellschaft »Volksfürsorge«.[24] Diese Veräußerung von Vermögenswerten war von hoher Bedeutung, symbolisch wie auch finanziell. Ein einzigartiges, deutlich sichtbares Verbindungsglied zwischen den Gewerkschaften und der Marktwirtschaft wurde dadurch gelöst. Breit erkennt, daß dieser Rückzug eine Zäsur markiert. Die Gewerkschaften sind heute der Meinung, daß ihre Rolle als privatwirtschaftliche Anteilseigner »nicht optimal« sei. In einer Krisenperiode – wie etwa bei Schwierigkeiten auf dem Wohnungsmarkt, die die »Neue Heimat« unterminierten – geraten die Gewerkschaften in einen Interessenkonflikt zwischen kommerziellen Zwängen und der Verpflichtung gegenüber ihren Mitgliedern, erklärt Breit. »In schwierigen Zeiten sind die Gewerkschaften dann überfordert.«

Die Beziehungen der Gewerkschaft zur Regierung sind ebenfalls schwieriger geworden. Obwohl Kohl und Breit den Ritus formeller

Treffen beibehielten, um so den Anschein von Partnerschaftlichkeit zu wahren, hat Breit dem Kanzler nicht verziehen, daß dieser in den achtziger Jahren die Gewerkschaftskampagne für Arbeitszeitverkürzung nachdrücklich kritisierte. Dies verstieß laut Breit gegen die Abmachung, wonach sich die Regierung aus Tarifkonflikten, sofern sie nicht die Beschäftigten im öffentlichen Dienst betreffen, herauszuhalten hat. (Laut Gesetz ist dies Sache der Arbeitnehmer- und Arbeitgebervertreter.) Die Gewerkschaften waren zudem aufgebracht, als die Regierung versuchte, das Streikrecht zu verschärfen. »Wir sind nicht dazu verurteilt, den Konsens zu wahren«, sagt Breit. »Konsens kann nur dann aufrechterhalten werden, wenn man fähig ist, Konflikte auszutragen. Die Leute müssen wissen, daß die Gewerkschaften auch Zähne haben.« Dennoch war Breit sehr daran gelegen, daß dies nicht zu einer Konfrontation ausartete. Er rügte Kohl öffentlich, als dieser im Sommer 1988 behauptete, die Gewerkschaften zeigten gegenüber der Regierung »Feindschaft«. Der DGB-Chef versicherte mir, er sei ernstlich schockiert gewesen. »Ich halte das für unangemessen. Sie wissen, wohin uns Feindschaft in der Weimarer Republik geführt hat. Man kann uns als Gegner der Regierung bezeichnen, aber nicht als Feinde.«

Die westdeutschen Gewerkschaften überlegen sehr gründlich, bevor sie es zu einem Konflikt kommen lassen. Streiks sind vergleichsweise selten, doch wenn sie stattfinden, dann sind sie peinlich genau organisiert und gut finanziert. Normalerweise, zumindest in den letzten Jahren, endeten sie mit einem Erfolg der Gewerkschaft. Die letzte große Auseinandersetzung fand 1984 statt, als die mächtige Metallarbeiter-Gewerkschaft I. G. Metall einen siebenwöchigen Streik durchführte und eine Arbeitszeitverkürzung von 40 auf 38,5 Stunden erzwang. Dies betraf vor allem die tonangebende Automobilbranche, die als Schrittmacher gilt. Indem sie bei den Lohnforderungen zurückhaltend blieb, schaffte es die I.G. Metall später sogar, die 37-Stunden-Woche durchzusetzen. Damit bereitete sie den Weg zu Arbeitszeitverkürzungen auch in anderen Industriezweigen. Das endgültige Ziel ist die 35-Stunden-Woche in den neunziger Jahren. Breit sagt, daß die Arbeitszeitverkürzung das beste Mittel zur Schaffung von Arbeitsplätzen sei und daß der Versuch des Kanzlers, den Trend zu stoppen, »absurd« gewesen sei. Ohne die erfolgreiche Durchsetzung der Arbeitszeitverkürzung, so schätzt Breit, wäre die Arbeitslosigkeit in Westdeutschland – Ende der achtziger Jahre lag sie konstant bei etwa 2,25 Millionen – um 200 000 bis 400 000 höher.

Beim Schlagabtausch mit der Regierung steht der DGB offen auf seiten der Sozialdemokratie. Breit glaubt aber nicht, daß die SPD noch »große Versprechungen« zum Abbau der Arbeitslosigkeit machen kann. Den großen Hoffnungsträger der SPD für die neunziger Jahre, den saarländischen Ministerpräsidenten Oskar Lafontaine, betrachtet er mit Skepsis. 1988 warb Lafontaine um die Stimmen der Wähler aus der Mittelschicht, indem er forderte, die Arbeitszeitverkürzung an entsprechende Einkommenskürzungen zu koppeln. Daraufhin warfen ihm die Gewerkschaften vor, daß er die Politik der Arbeitgeber fördere und die Interessen der Arbeitnehmer verrate. Würde der Vorschlag des saarländischen Ministerpräsidenten verwirklicht werden, so würde dies nach Breits Ansicht dazu führen, daß die Nachfrage gedämpft und die Kaufkraft vermindert wird. Breit äußert auch die Vermutung, daß der publicitybewußte Lafontaine einfach nur sein Profil aufbessern wollte.

Wie problematisch das westdeutsche Konsenssystem auch immer sein mag, Breit lehnt von ganzem Herzen die radikale Alternative ab, die das England der Margaret Thatcher bereithält. »Mrs. Thatchers Rezepte wollen wir nicht. Wir haben eine ganz andere Struktur, eine andere Art, unsere Differenzen auszutragen.« Breit erinnert daran, daß die Gewerkschaften und das Management der westdeutschen Kohleindustrie zum Beispiel eine Verminderung der Arbeitsplätze aushandelten, ohne daß solche Erschütterungen eintraten wie beim britischen Bergarbeiterstreik von 1984/85. Großbritannien, sagt er, entwickle sich zu einer »Zweidrittelgesellschaft«, in der ein Drittel der Bevölkerung vom Wohlstand und sozialen Fortschritt weitgehend ausgeschlossen ist. »Das ist genau das, was wir hier nicht wollen.« Die Vorbehalte der Gewerkschaften gegenüber der Europäischen Gemeinschaft sind zum Teil Ausdruck der Angst, daß gewisse Bestandteile der westdeutschen Sozialpolitik, etwa die Mitbestimmung, verwässert werden könnten. »Die Menschen sind skeptischer geworden, sie sehen Europa jetzt nüchterner«, meint Breit. »Europa eröffnet neue Chancen – für die Arbeiter und für die Arbeitslosen.« Doch mit Hinweis auf die Gefahr, daß westdeutsche Arbeitsplätze in Billiglohnländer »emigrieren« könnten, fügt er hinzu: »Aber wann diese Chancen kommen, und in welchem Land – das sind noch offene Fragen.«

Breit glaubt, daß die bundesdeutsche Gesellschaft immer mehr an Zusammenhalt verliert – und ist besorgt über die möglichen Auswirkungen dieses Trends. Die Klage über wirtschaftliche Unflexibilität weist er zurück und bezeichnet sie als Propaganda der Arbeitgeber, die damit versuchen würden, die Produktionskosten zu senken. »Wir sind nicht verkrustet und unbeweglich«, betont er. Er erzählt, daß sein Vater täglich vier Kilometer mit dem Fahrrad zur Arbeit fuhr, und weist darauf hin, daß die Arbeiter heute nichts dabei fänden, wenn sie täglich 50 Kilometer mit ihrem Auto zum Arbeitsplatz zurücklegen müssen. Die Stabilität der Bundesrepublik beruht auf einer, gemessen an Großbritannien oder Frankreich, größeren Einkommensgleichheit und auf höherem Wohlstand. Doch Breit meint, daß heute die Gesellschaft immer mehr vom Gleichheitsprinzip abweicht. Er kritisiert die von der Regierung Kohl durchgeführten Reformen im Steuer- und im Sozialbereich, weil sie seiner Meinung nach die Schlechtergestellten unverhältnismäßig hoch belasten. »Bei der Kostensenkung im Gesundheitswesen hätte die Regierung mehr der Pharmaindustrie, den Krankenhäusern und den Ärzten in die Tasche greifen sollen. Sie darf nicht die ganze Last den Patienten aufbürden – sie sind die Schwächsten.«

Die hohe Arbeitslosigkeit hatte bis jetzt noch keine großen Auswirkungen auf die westdeutsche Politik, räumt Breit ein. Doch mit Blick auf die steigende Zahl von Protestwählern und den Aufschwung rechtsradikaler Parteien sagt er: »Ich glaube, daß die Arbeitslosigkeit allmählich ihre Auswirkungen zeigt.« Langzeit-Arbeitslosigkeit sei ohne Zweifel eine Belastung für die Gesellschaft. »Die Leute leben in Unsicherheit – und fangen an, nach Sündenböcken zu suchen. Arbeitslosigkeit ist nicht nur für den Betroffenen sehr schlimm, sie hat auch politische Folgen. Hitler hätte nie so viele Wählerstimmen bekommen, wäre die Zahl der Arbeitslosen nicht so hoch gewesen.«

Tyll Necker äußert sich ein wenig besorgt darüber, daß das Konsenssystem bisher vielleicht zu gut funktioniert hat – und daß die Bundesdeutschen zu bequem werden. Der sehr redselige Necker besitzt in Schleswig-Holstein eine Fabrik für landwirtschaftliche Maschinen. Seit 1987 fungiert er als Präsident des Bundesverbands der Deutschen Industrie (BDI), der 80000 Unternehmen aus dem ganzen Land vereint. Necker wurde 1930 in Köpenick geboren, das heute zu Ostberlin gehört. Nach dem Krieg übersiedelte er nach Norddeutschland. Wie Breit übernahm er den Vorsitz seiner Organisation in einer schwierigen Periode: der Ruf des BDI hatte in den achtziger Jahren unter den Folgen des Flick-Parteispendenskandals argen Schaden genommen. Der vormalige Präsident, Hanns Martin Schleyer, Vorstandsmitglied von Daimler-Benz, war 1977 von Terroristen ermordet worden. Um sich vor möglichen terroristischen Anschlägen zu schützen, fährt Necker zusammen mit zwei Leibwächtern in einer gepanzerten Limousine, ohne seinen Beschützern zu verheimlichen, daß er ihnen manchmal liebend gerne entwischen würde. 1990, nach

Beendigung seiner Amtszeit, wird er vielleicht wieder auf einen Volkswagen umsteigen.

Necker ist sehr darauf bedacht, seine Kritik am Wirtschaftssystem des Landes nicht zu hart zu formulieren. Die im Fernsehen oft zu hörenden Klagen der Unternehmer über hohe Lohnkosten oder die gesetzliche Regelung der Mitbestimmung werden von Gewerkschaftern wie Ernst Breit stets mit dem Vorwurf zurückgewiesen, daß dieses Gejammere nur ausländische Investoren abschrecke. Necker, ein tatkräftiger und redegewandter Mann, meint jedoch, daß die Bundesrepublik es versäumt habe, die günstigen Bedingungen der achtziger Jahre zu nutzen und dafür zu sorgen, daß die Wirtschaft erstklassig gewappnet in die neunziger Jahre gehe. Nach den revolutionären Veränderungen in der DDR spielte Necker eine bedeutende Rolle. Er versuchte nämlich die Ostberliner Behörden dazu zu bringen, das bundesdeutsche Modell der sozialen Marktwirtschaft zu importieren, und er war nicht überrascht, daß dies zur schnellen Vereinigung führte.

Beim Gespräch in der Zentrale des BDI in Köln in einem Büro mit Blick über den Rhein erklärt er, daß die Bundesrepublik vom internationalen Aufschwung in den achtziger Jahren profitiert habe. »Aber die Sonne wird nicht ewig scheinen.« Und unter Hinweis auf die westdeutsche Abhängigkeit vom Export sagt er: »Wenn die internationale Konjunktur sich abschwächt, werden wir in die Situation geraten, daß die Nachfrage nach unseren Investitionsgütern sinkt. Das ist der wunde Punkt der Bundesrepublik. Man sollte das Dach reparieren, solange das Wetter noch schön ist.«[25] Manches, was Necker fordert, etwa Steuersenkungen für Unternehmen und Abbau von wachstumshemmenden Gesetzen und Verordnungen, darf als Teil der normalen Lobby-Tätigkeit des BDI gewertet werden. Insgesamt erzielte die Industrie Ende der achtziger Jahre ansehnliche Gewinnsteigerungen, und der westdeutsche Handelsbilanzüberschuß wird zunehmens größer. Die Mitglieder des BDI vermitteln nicht den Eindruck, als stünden sie vor dem Ruin, und die Bundesrepublik insgesamt kann sehr gut im internationalen Wettbewerb bestehen. Dessen ungeachtet weist Necker auf einen Sinneswandel hin, der der Industrie zukünftig Probleme bereiten könnte. »Wenn Sie die seit Kriegsende erfolgreiche Zusammenarbeit zwischen Unternehmen und Gewerkschaften anschauen, so stellen Sie fest, daß wir uns viele Streiks erspart haben. Wir arbeiten besser zusammen, als dies in den meisten anderen Ländern üblich ist. Aber es entstehen Probleme, wenn Strukturen eingeführt werden, die sich nur schwer wieder verändern lassen. Das ist, als habe man eine Wahlperiode von fünfzehn Jahren, die notwendige Korrekturen verhindert.«

Necker verweist auf die schleppenden Investitionen in den letzten Jahren, um zu betonen, daß die Risikobereitschaft der Unternehmer zurückgeht. Er klagt über die Unnachgiebigkeit der Gewerkschaften, die Unternehmen daran hindern, Arbeitskräfte zu entlassen, wenn die Zeiten härter werden. Und er beschwert sich über die Steuersätze für Unternehmen, die doppelt so hoch sind wie etwa in Großbritannien. Die Arbeitszeiten werden immer kürzer und sind heute schon deutlich niedriger als in den meisten der konkurrierenden Ländern. Necker meint, er hege wenig Hoffnung, daß sich bald ein für die Wirtschaft günstigeres Klima einstellt. In Großbritannien, sagt er, habe Margaret Thatcher eine Revolution vollbracht. »Aber wegen unseres Verhältniswahlrechts ist es bei uns viel schwieriger, eine Revolution von oben nach unten durchzuführen.« Wie Breit verweist auch Necker auf den britischen Bergarbeiterstreik und sagt, daß solch ein Zusammenbruch des Konsenses in Westdeutschland weder wünschenswert noch möglich sei. »In England hat die Demokratie eine längere Tradition«, meint er lächelnd. »Es kann sich ruppigere Wendemanöver leisten als wir.«

Necker erklärt, daß er seine Zeit nicht damit verschwende, Cocktailparties zu besuchen, auch wenn man dort auf wichtige Persönlichkeiten trifft. Er fügt aber gleich hinzu, daß die Möglichkeiten des BDI, einem breiten Spektrum von Menschen seine Standpunkte zu erläutern, »größer denn je zuvor« seien. Daß er die praktische Arbeit in einem Unternehmen kenne, helfe ihm, seine Botschaft zu verbreiten, sagt er. »Es gibt eine Vielzahl von Möglichkeiten, Menschen zu beeinflussen. Man muß die Menschen kennenlernen, sie überzeugen, mit ihnen diskutieren.« Necker gehört keiner politischen Partei an, doch steht er den Christdemokraten nahe. Das hindert ihn aber nicht – wie auch andere Industrielle –, den Weg zu kritisieren, den die CDU in den achtziger Jahren eingeschlagen hat. Zwischen Politik und Wirtschaft herrscht kein Mangel an Kontakten. Aber die deutschen Unternehmer beginnen sich allmählich darüber zu beschweren, daß die Politiker – gleich welcher Partei – ihre Sprache nicht mehr verstehen. Nur sehr wenige Unternehmer, sagt Necker, gehen in die Politik. »Die Politik hat hierzulande noch nie einen sehr guten Ruf gehabt. Die besten Leute suchen sich respektablere Stellen.«

Einer der bekanntesten politischen Amtsträger, der die parlamentarische Arena verließ, um in die Industrie zu gehen, ist Manfred Lahnstein, heute Vorstandsmitglied des Medienkonzerns Bertelsmann. Lahnstein, unter Helmut Schmidt Staatssekretär im Finanzministerium und Chef des Kanzleramtes, fungierte am Ende der sozialdemokratisch geführten Koalition 1982 fünf hektische Monate lang noch selbst als Finanzminister.[26] Er sagt, daß er nach der Wende in die Wirtschaft ging, um mehr Geld zu verdienen.[27] Lahnstein glaubt, daß heute zwischen Politik und Industrie ein größerer Mangel an Verständnis herrscht als in der Zeit unmittelbar nach dem Krieg. Bereits damals, als er noch Mitglied von Schmidts innerem Führungszirkel war, fand er die sporadisch abgehaltenen »informellen Plauderstunden« zwischen dem Kanzler und einem auserwählten Kreis von Industriellen zu förmlich, als daß sie einen wirklichen Meinungsaustausch erlaubt hätten. Er meint, daß Bonn viel zu sehr auf das Zusammentreffen mit den Chefs der Großunternehmen bedacht sei, als auf das Gespräch mit Vertretern der klein- und mittelständischen Betriebe, die eigentlich das Rückgrat der bundesdeutschen Industrie bilden. Er zieht das Fazit: »Politik und Wirtschaftskreise haben keinen wirklichen Kontakt zueinander.«

Ähnliche Klagen über die Dürftigkeit des Dialogs mit Politikern kann man auch von anderen Industriellen vernehmen. Daß die Bundesrepublik keine richtige Hauptstadt hat, erhöht die Schwierigkeiten nur noch. Necker zum Beispiel war bis zu seinem dreiundvierzigsten Lebensjahr noch nie in Bonn gewesen. Renaldo Schmitz, Finanzdirektor der BASF, heute bei der Deutschen Bank, meint dazu: »Bonn ist eine rein politische Hauptstadt. Diese Stadt ist für einen Dialog zwischen Politik und Wirtschaft nicht geeignet. Die Wirtschaft begegnet der Politik eigentlich nur, wenn sie als Bittsteller auftritt. Bei Vorstandstreffen von ICI in England werden gelegentlich Politiker eingeladen, um mit ihnen einen informellen Meinungsaustausch zu führen. Hier passiert das nicht.«[28] Ein Jahr vor seinem Tod lieferte der Vorsitzende der VEBA, Rudolf Bennigsen-Foerder, der der CDU angehörte, den schärfsten Kommentar zu diesem Thema: »Weder die Christdemokraten noch die Sozialdemokraten verstehen etwas von Geld, aber die SPD ist sich dessen wenigstens bewußt.«[29]

Trotz der Klagen der Industrie hat das bundesdeutsche Konsenssystem als wirtschaftliches Sprungbrett und soziales Sicherheitsnetz gut funktioniert. Am Beginn seiner Brückenfunktion zwischen Ost und West dürfte Deutschland wohl kaum eine bessere Methode finden, um im Gleichgewicht zu bleiben.

X
Deutschland und die Juden

Was wollen wir Christen nun mit diesem verworfenen, verdammten Volk der Juden tun ... Wir müssen mit Gebet und Gottesfurcht eine scharfe Barmherzigkeit üben, ob wir doch etliche aus der Flamme und Glut erretten können ... Ich will meinen treuen Rat geben. Erstens daß man ihre Synagogen und Schulen mit Feuer anstecke und, was nicht verbrennen will, mit Erde anhäufe und beschütte, daß kein Mensch einen Stein oder Schlacke sehe ewiglich.

Martin Luther, 1543[1]

Der Jude muß, um sein Dasein als Völkerparasit führen zu können, zur Verleugnung seiner inneren Wesensart greifen ... Ja, es kann soweit kommen, daß große Teile des Wirtsvolks endlich ernstlich glauben werden, der Jude sei wirklich ein Franzose oder Engländer, ein Deutscher oder Italiener.

Adolf Hitler, 1925[2]

Die Juden werden entweder als die Auserwählten oder als Untermenschen gesehen. Daß wir ganz normal so wie die anderen sind, wird nicht akzeptiert.

Charlotte Knobloch, Präsidentin der
Münchener Jüdischen Gemeinde, 1988[3]

Die Geschichte der deutschen Judentums erzählt nicht nur vom Genozid, sondern auch von Genius, der heute verloren ist. Nach den Verfolgungen durch den Nationalsozialismus, haben sich die Juden in der Bundesrepublik – in zwangsläufig bescheidener Anzahl – wieder eingerichtet. Die meisten leben zurückgezogen aus Furcht vor der Vergangenheit, mitunter abgeschottet durch neue Tabus. Nur wenige unter den Bundesdeutschen wissen um den Beitrag der Juden zu ihrer eigenen Geschichte und deren besondere Rolle bei der Entstehung des modernen deutschen Staates in den Jahren zwischen 1871 und 1933. Obwohl ihnen die Spitzenränge in Armee und Verwaltung weithin verschlossen blieben, wurden sie in dieser Phase doch weitgehend in die Gesellschaft assimiliert. Im Glauben, sie hätten damit ihre Außenseiterrolle abgelegt, wiegten sich die meisten Juden in trügerischer Sicherheit. Die Juden fühlten sich einer Nation zugehörig, die sich im Dritten Reich gegen sie wandte und danach trachtete, sie zu vernichten.

Doch Hitlers Absichten wurden durch seine Politik in ihr Gegenteil verkehrt: Statt die nationale Identität der Deutschen zu stärken, schwand diese dahin, und die Juden bildeten eine eigene. Ohne Auschwitz wäre Israel nicht gegründet worden.

Nach dem Krieg unternahm die Bundesrepublik bemerkenswerte Anstrengungen, um das Leid der Vergangenheit wenigstens zu lindern. Bonn baute enge politische Beziehungen zum jüdischen Staat auf und zahlte mehr als 60 Milliarden DM an Kompensationsfonds für die Überlebenden. Demgegenüber hat Ost-Berlin stets einen großen Bogen um die Verantwortung geschlagen und statt dessen für sich selbst einen Platz unter den Opfern beansprucht. Erst 1988 erklärte man sich bereit, eine symbolische Wiedergutmachungszahlung an in den USA lebenden Juden zu leisten. Diese Kurskorrektur diente zwar vor allem dem Zweck, angesichts der Entspannung zwischen Ost und West den Anschluß an mögliche amerikanische Unterstützung nicht zu verpassen, aber sie ist doch auch als eine Art Eingeständnis einer Mitverantwortung anzusehen.

Die deutschen Juden brachten ein wenig Nonkonformismus in diese so geordnete Gesellschaft. Deutschland ist ohne sie ärmer, langweiliger, berechenbarer. In beiden Teilen der Nation war der Antisemitismus mit Strafe bedroht, Vertreter der Jüdischen Gemeinden treffen sich offiziell mit Regierungsvertretern, und zumindest in der Bundesrepublik nimmt die Zahl der Bücher, Filme und Diskussionen über den Holocaust von Jahr zu Jahr zu. Und doch sind die traurigen Auswirkungen des Nationalsozialismus immer noch spürbar: Die Juden in Deutschland führen noch immer ein Leben in Abgrenzung.

Der noch aus dem vergangenen Jahrhundert stammende jüdische Friedhof an der Schönhauser Allee am Prenzlauer Berg in Ost-Berlin ist in keinem Reiseführer zu finden. Und doch sind diese mit 22 800 Gräbern überfüllten fünf Hektar Land eine Gedenkstätte an die dynamischste Epoche in der Geschichte des deutschen Judentums. Sie war ein ebenso glanz- wie unheilvolles Vorspiel zu jenen düsteren Zeiten, in denen sogar ein schlichtes Grab zum Luxus wurde.

An der Schönhauser Allee ruhen die deutsch-jüdischen Honoratioren des 19. Jahrhunderts – an die 160 Bankiers, einige Hundert Goldmark-Millionäre. Die rastlosesten und brillantesten Geister des deutschen Judentums ruhen freilich in fremder Erde: Karl Marx, Albert Einstein und Heinrich Heine, jener deutsche Patriot, dessen subtiler Witz von aufrechten Deutschen als Mangel an Tiefe und Empfindsamkeit abgelehnt wurde, und der doch 1824 geschrieben hat: »Ich liebe im Grunde das Deutsche über alles auf der Welt.«[4]

Auf dem Prenzlauer Berg sind hingegen jene Juden begraben, die sich in der Hauptstadt des Königreichs Preußen zu Hause und in Sicherheit fühlten. Sie hatten einen hervorragenden Anteil an der erfolgreichen Wandlung Deutschlands vom Agrarland zur Industrienation, sie machten sich einen Namen als Finanziers, in Wirtschaft, Medizin, Rechtspflege, Journalismus, Verlagswesen und in den Künsten – und durch ihren Erfolg machten sie sich auch Feinde.

Hier stehen die Grabmäler der Parlamentarier Eduard Lasker und Ludwig Bamberger, hier ruhen Bismarcks Bankier Gerson von Bleichröder, Josef Mendelssohn, Mitgründer der Mendelssohn Bank, einst eine der bedeutendsten Privatbanken Deutschlands, die im Dritten Reich »arisiert« wurde, außerdem der Maler Max Liebermann und der Verleger Leopold Ullstein.[5] Dessen florierendes Verlagshaus wurde im Zuge der Arisierung 1935 von einem Bankenkonsortium übernommen. Nach dem Krieg verkauften die Ullstein-Erben die Gruppe einschließlich der 1898 gegründeten »Berliner Morgenpost« an die Springer-Gruppe. Die Konzernzentrale, deren Gebäude dominierend auf westlicher Seite die Mauer überragte, überwies regelmäßig die nötigen Mittel zur Erhaltung des Ullstein-Grabes nach Ost-Berlin.[6]

Auf dem Friedhof an der Schönhauser Allee gibt es aber auch bescheidene Grabstätten, einige aus den letzten Jahrzehnten. So findet sich in einer langen Reihe von Steinen aus schlesischem Marmor das Grabmal eines jüdischen Mädchens, das im Zweiten Weltkrieg von alliierten Bomben getötet wurde, weil es mit seinem gelben Judenstern nicht in den Schutzraum durfte.

Als der Friedhof 1827 eröffnet wurde, bildeten die Juden immer noch eine Randgruppe in der deutschen Gesellschaft. Als der Rabbiner bei der Einweihung eine Predigt in deutscher Sprache hielt, wurde dies von der Polizei noch als unstatthaft angesehen und als »Nachahmung christlicher Sitten« scharf gerügt. Zur Jahrhundertwende wurde es dann eng auf dem alten jüdischen Friedhof, denn die Berliner Juden hatten eine beispiellose Entwicklung hinter sich. Doch ihr Aufstieg aus den Ghettos war nicht nach jedermanns Geschmack.

Der überhitzte Spekulationsboom auf Eisenbahnaktien, die der jüdische Unternehmer Bethel Henry Strousberg ausgegeben hatte, führte 1873 zu einem formidablen Börsenkrach, der zahllose kleine Anleger um ihre Ersparnisse brachte. Auf der unvermeidlichen Suche nach den Schuldigen wurde man bei der Gier der jüdischen Finanziers fündig, und nicht zum ersten Mal in der deutschen Geschichte machte die Mär von einer jüdischen Verschwörung die Runde. Der Begriff »Antisemitismus«, der um die Jahrhundertmitte in Frankreich aufgekommen war, verbreitete sich in diesen siebziger Jahren erstmals in nennenswertem Umfang auch in Deutschland,[7] und als die weit überzogenen Erwartungen des Kaiserreichs in Versailles zusammenbrachen, kehrte er mit unglaublicher Bösartigkeit zurück.

Kein deutscher Jude exponierte sich in so gefährlicher Weise wie Walter Rathenau, der älteste Sohn des AEG-Gründers Emil Rathenau. Von 1912 bis 1921 stand er dem Aufsichtsrat der AEG vor und baute die Firma zu einem der führenden Elektrokonzerne aus. Acht Monate nach dem Ausbruch des Ersten Weltkriegs stand er an der Spitze der Abteilung für Kontingentierung der Rohstoffe im Reichskriegsministerium, wo er zwangsläufig das Mißtrauen sowohl der Militärs als auch seiner Industriepartner auf sich zog. Rathenau war sich des Dilemmas der deutschen Juden wohl bewußt, als er 1916 schrieb: »Je mehr Juden in diesem Krieg fallen, desto nachhaltiger werden ihre Gegner beweisen, daß sie alle hinter der Front gesessen haben, um Kriegswucher zu treiben. Der Haß wird sich verdoppeln und verdreifachen.[8]

Rathenau gestand einmal, daß er sich von einem »beunruhigenden Gefühl der Einkreisung und Auslieferung« nicht befreien könne. Nach dem Krieg, in den unsicheren Jahren der Weimarer Republik, stand er abermals im Kreuzfeuer und wurde von den Linken als Kapitalist, von den Rechten als Landesverräter angegriffen. 1922 zum Reichsaußenminister ernannt, wurde er bald zur Zielscheibe für alle rechtsradikalen »Patrioten«, die ihn für die demütigenden Friedensbedingungen verantwortlich machten. Rathenau ahnte, daß sein Leben in Gefahr war. Im Juni 1922, nur zwei Monate, nachdem er den Vertrag von Rapallo mit der Sowjetunion abgeschlossen hatte, der das Reich aus seiner internationalen Isolierung befreite, wurde er auf der Fahrt ins Außenministerium von drei jungen Rechtsradikalen ermordet. Er ruht in der Familiengruft auf dem Friedhof Wuhlheide im Bezirk Schönweide im Osten Berlins – nicht weit vom Vorort Karlshorst entfernt, wo in der Nacht des 8. Mai 1945 die Kapitulation der Deutschen Wehrmacht unterzeichnet wurde.

Der Fall Rathenau ist ein bleibendes Symbol für die bedrohliche Ambivalenz, der die deutschen Juden nicht entkommen können –

nicht einmal im Tod und schon gar nicht im seinerzeitigen totalitären Ost-Berlin, wo der Antisemitismus als charakteristische Begleiterscheinung des Faschismus definiert wurde. Doch nur wenige Wochen vor meinem Besuch in der Schönhauser Allee im Frühling 1988 war der jüdische Friedhof von ein paar Vandalen aus einer der umliegenden Schulen geschändet worden. Der darauffolgende Prozeß wurde von den DDR-Medien breit publiziert, und natürlich machten die DDR-Kommunisten für diese Form des Fehlverhaltens das Wiederaufleben neonazistischer Tendenzen in der Bundesrepublik und deren Ausstrahlen auf die DDR durch das Westfernsehen verantwortlich.

Ost-Berlin rühmt sich des größten jüdischen Friedhofs in Deutschland, ein hundert Morgen großes Gelände in Weißensee im Nordosten der Stadt. Ende der siebziger Jahre des vorigen Jahrhunderts angelegt, lag er damals weit außerhalb der Stadtgrenzen im Berliner »Friedhofsgürtel«. Heute hat der geschäftige Vorort im DDR-typischen Grau in Grau mehr als ein halbes Dutzend Friedhöfe, und wenn auch die vermögendsten Juden die Noblesse der Schönhauser Allee wählten, so hatte doch auch Weißensee eine Menge wohlhabender Einwohner. Einige ihrer Grabmäler sind grandios, wirken aber in ihrem übertriebenen Pomp neureich.

Rund 115 000 Grüfte sind unter den Bäumen verteilt, doch nur etwa tausend davon werden regelmäßig gepflegt. Auf den Familienepitaphen sind viele der für Inschriften vorgesehenen Flächen frei geblieben – ein Zeichen dafür, daß der Tod unvorhergesehen und in der Fremde kam. 1927 wurde hier ein Mahnmal errichtet für die 12 000 jüdischen Soldaten, die im Ersten Weltkrieg »für Kaiser und Vaterland« fielen. Nahe dem Friedhofsausgang liegt das Grabmal Herbert Baums, eines kommunistischen Widerstandskämpfers, der 1942 von der Gestapo zu Tode gefoltert wurde. Die Ost-Berliner Stadtväter ließen das Denkmal 1949 zum Beweis ihrer antifaschistischen Gesinnung errichten.

Eines der Familiengräber in Weißensee trägt den Namen der Familie Tietz – auch sie Opfer der Arisierung. Der Name Tietz lebt in den Einkaufsstraßen vieler bundesdeutscher Städte weiter, doch die wenigsten wissen, daß der Name der Kaufhauskette »Hertie« ein Kürzel des Namens »Hermann Tietz« darstellt. Der Firmengründer eröffnete sein erstes Geschäft 1882 in Gera, und seine Nachfolger schufen daraus die größte Einzelhandelskette ganz Europas in Familienbesitz. Die Weltwirtschaftskrise und der von den Nazis propagierte Boykott der jüdischen Warenhäuser ließen den Umsatz zwischen 1930 und 1933 um fünfzig Prozent zurückgehen. Das Unternehmen wurde in »Hertie« umbenannt und von einem Bankenkonsortium übernommen. Der Vorstandsvorsitzende Georg Tietz verlor nicht nur seinen Posten, sondern auch fast das gesamte Familienvermögen. Er mußte die Firma verlassen und emigrierte mit seiner Familie nach einer wahren Odyssee, die ihn über Ungarn, Jugoslawien und Liechtenstein führte, in die USA, wo er 1953 starb. In einer Festschrift zur Hundertjahrfeier des Unternehmens im März 1982 beschönigte die Firma die Vorgänge aus den dreißiger Jahren und schob den Eigentümerwechsel auffallend einsilbig auf »die miserable Konjunktur und die Arbeitslosigkeit« sowie die »politische Situation«.[9]

Schätzungen zufolge waren bis 1937 rund 30000 jüdische Unternehmen »arisiert«, und viele bundesdeutsche Firmen, die in den achtziger Jahren ihr fünfzigstes Firmenjubiläum begingen, schlitterten dadurch von einer Verlegenheit in die andere. In einer Festschrift aus dem Jahr 1986 fälschte die Kaufhausgruppe Horten sogar das Faksimile einer Anzeige von 1936, um zu verschleiern, daß das Unternehmen aus der Arisierung der jüdischen Firma Alsberg hervorgegangen ist, und viele andere Unternehmen arbeiteten mit ähnlichen Tricks, um ihren Ursprung aus jüdischen Firmen zu verbergen.[10]

Die Arisierungen der dreißiger Jahre begünstigten das Wachstum großer deutscher Konzerne wie Flick, Mannesmann und Hoesch. Die Entwicklung nützte nicht minder den großen deutschen Banken, verhalf sie ihnen doch zu weiteren Anteilen an der deutschen Industrie und ermöglichte sie ihnen, einst florierende jüdische Privatbanken zu kommoden Bedingungen zu übernehmen. So schluckte die damals größte deutsche Bank, die Dresdner nämlich, 1930 die Berliner Bankhäuser Bleichröder und Hardy, während sich die Deutsche Bank des Hauses Mendelssohn bemächtigte.[11] Von den 1350 Privatbanken – viele davon in jüdischem Besitz – die Ende 1932 in Deutschland registriert waren, existierten 1939 nur noch ganze 520. Die meisten der anderen waren Opfer der Arisierung geworden.[12] Die Geschichte der Arisierung der jüdischen Banken ist noch nicht geschrieben worden – nicht zuletzt wegen der unüberwindlichen Schwierigkeiten, Zugang zu den einschlägigen Akten der drei bundesdeutschen Großbanken zu erhalten.

Wie diese »freiwilligen« Eigentumsübertragungen in der Praxis aussahen, sei am Beispiel der Mendelssohn Bank kurz so dargestellt, wie es mir der einstige Spitzenmanager der Deutschen Bank, Hermann Josef Abs, schilderte: Die Deutsche Bank übernahm die Vermögenswerte und die Verbindlichkeiten sowie über hundert

Mitarbeiter. Abs berichtet, daß Rudolf Loeb, der ranghöchste Partner Mendelssohns, ihn im März 1938 »sehr aufgeregt« besucht und um Übernahme gebeten habe, nachdem die Reichsbank angedeutet hatte, das Haus Mendelssohn möge sich auf Schließung oder Zwangsliquidierung vorbereiten. Die Verhandlungen zur Übernahme hätten sich die nächsten 18 Monate hingezogen. Über seine eigenen Tätigkeiten während der Nazi-Zeit befragt, erklärte mir Abs, daß er nichts zu bedauern habe. Der Kunstsammler von Rang betont: »Ich nahm nichts«, als das beschlagnahmte jüdische Eigentum ausverkauft wurde.[13]

Bei dieser Gelegenheit lüftete Abs auch ein Stück des Geheimnisses, das bis heute über der Geschichte der seit 1921 mit ihm bekannten Industriellenfamilie Petschek lag. Abs half der Familie nach dem Krieg, Wiedergutmachungszahlungen für den Verlust ihres Vermögens zu erhalten. »Wenn man einem Juden im Dritten Reich helfen konnte, sein Eigentum oder sein Leben zu retten, so habe ich niemanden in meinem Leben getroffen, der dankbarer gewesen wäre. Ich durfte dies persönlich erfahren«, bekennt Abs. Die »Petschek-Operation« habe »heikle Cleverness«erfordert, deutet er an, ohne sich auf Details einzulassen.[14]

Die Arisierung, der erzwungene Verkauf jüdischer Firmen zu einem Bruchteil ihres wahren Wertes, war ein essentieller Teil des staatlich verordneten Antisemitismus im Dritten Reich. Doch diese Maßnahmen wirkten auf den deutschen Normalbürger ebensowenig wie auf das Ausland wie der Auftakt zum Holocaust. Der Schriftsteller Horst Krüger war dreizehn, als Hitler an die Macht kam. Von seinem stillen Berliner Vorort Eichkamp erzählt er: »Jeder Eichkamper hatte zumindest einen guten Juden ... Meine Mutter bevorzugte jüdische Ärzte. ›Sie sind so sensibel‹, sagte sie.« Keiner schien wirklich zu bemerken, wie die Juden allmählich fortzogen, und in einer ganz geringfügigen und absolut unbeabsichtigten Weise waren die Juden sogar Handlanger ihrer eigenen Vernichtung. Krüger schreibt: ».. da ging meine Mutter zu Hermann Tietz, der war noch jüdisch, und kaufte den ersten Hakenkreuzwimpel.«[15]

Doch der Druck wuchs unbarmherzig. Eine Woche nach einem von der Reichsregierung initiierten Boykott jüdischer Firmen, Ärzte und Rechtsanwälte erließ die nationalsozialistische Regierung am 7. April 1933 ihre erste antijüdische Verordnung, die fast alle Juden aus dem öffentlichen Dienst ausschloß. Weitere Bestimmungen drängten die Juden aus den wissenschaftlichen, medizinischen, juristischen, journalistischen und kulturellen Berufen. Allein die deutsche Physik verlor ein Viertel ihrer besten Köpfe. Jüdische Wissenschaftler verließen in Scharen das Land – und verschafften der britischen und amerikanischen Kernphysik den kriegsentscheidenden Vorsprung. Im Sommer 1935 erschienen dann die ersten Tafeln mit der Aufschrift »Juden unerwünscht« in Restaurants, Cafés und verschiedenen öffentlichen Gebäuden, und mit der Verkündung der »Nürnberger Rassengesetze« zog sich die Schlinge weiter zu.

Ab April war dann jüdisches Vermögen über RM 5000,– meldepflichtig, und dies war der erste Schritt zur systematischen Konfiszierung. In der Nacht zum 9. November 1938 kam es dann zu einer ersten Welle von Gewalt, Brandstiftung und Plünderung. Die NS-Regierung hatte die Ermordung des deutschen Gesandten Ernst vom Rath in Paris durch den jungen polnischen Juden Herschel Grynszpan, dessen Familie aus Deutschland ausgewiesen worden war, zum Vorwand genommen, schwere antisemitische Ausschreitungen zu inszenieren. Dabei wurden über 250 Synagogen angezündet und 7000 jüdische Geschäfte geplündert. An die hundert Juden wurden ermordet, rund 26 000 verhaftet und in Konzentrationslager verschleppt.

Der britische Botschafter in Berlin, Sir Nevile Henderson – der unglückselige Förderer und Handlanger von Chamberlains »Appeasement-Politik« – war ein Mann von bestem Willen, der stets versuchte, den Nazis gerecht zu werden. In seinen 1940 erschienenen Memoiren beschreibt er die Vorgänge als »abstoßendes Schauspiel«, doch in einer Passage, die demonstriert, wie das Gift der Goebbelsschen Propaganda auch in das Bewußtsein ausländischer Diplomaten eindrang, sucht er nach den Gründen für diese »Orgie gewaltsamen Fehlverhaltens« und kommt zu dem Schluß, daß »die deutschen Autoritäten ernsthaft alarmiert waren aus Furcht, daß ein anderer Jude, ermutigt durch den Erfolg von Grynszpan, seinem Beispiel folgen und entweder Hitler oder einen anderen von ihnen ermorden würde.«[16]

Niemand, auch der britische Botschafter, durfte nunmehr daran zweifeln, daß die deutschen Juden in tödlicher Gefahr schwebten, und Hitler bestätigte dies ganz offen, als er 1939 vor dem Reichstag verkündete, daß das Ergebnis eines vom »internationalen Finanzjudentum« ausgelösten Weltkriegs die »Vernichtung der jüdischen Rasse in Europa« sein würde.[1] Vom September 1941 an mußten alle Juden im Alter von über sechs Jahren den gelben »Judenstern« tragen, und aus der Richtung des Reichspropagandaministeriums ertönten die ersten Vernichtungsparolen. So schrieb Joseph Goebbels höchstpersönlich in seiner Wochenzeitung »Das Reich«, die

Juden legten sich »wie faulender Schimmel auf die Kulturen gesunder Völker... Dagegen gibt es nur ein Mittel: einen Schnitt machen und abstoßen.« Auf seine paranoide Weise in seine eigene Propaganda verliebt, wunderte sich Goebbels, daß man es im Ausland und »sogar in England« wagte, seine antisemitischen Tiraden zu zitieren – er glaubte allen Ernstes, mit seinen Phrasen die Juden in aller Welt bedrohen zu können.[18]

Was nun bevorstand, hatte Hitler bereits eineinhalb Jahrzehnte zuvor angedeutet: In seinem Buch »Mein Kampf« hatte er geschrieben: »Hätte man zu Kriegsbeginn und während des Krieges einmal zwölf- oder fünfzehntausend dieser hebräischen Volksverderber so unter Giftgas gehalten, wie Hunderttausende unserer allerbesten deutschen Arbeiter aus allen Schichten und Berufen es erdulden mußten, dann wäre das Millionenopfer an der Front nicht vergeblich gewesen.«[19]

Für die bundesdeutschen Politiker ist es nie leicht gewesen, im Gedenken an den Holocaust den rechten Ton zu treffen. Adenauer hielt stets an der Auffassung fest, daß es »eine überwältigende Mehrheit des deutschen Volkes (gab), die die gegen die Juden verübten Verbrechen verabscheuten«, daß sie aber im Namen des deutschen Volkes« begangen worden wären – als ob die Deutschen selbst nicht dabeigewesen wären.[20] Helmut Schmidt war da schon wesentlich realistischer, als er zum Gedenken des vierzigsten Jahrestages der Reichskristallnacht unverblümt feststellte: »Die Wahrheit ist..., daß sehr viele Deutsche die Verbrechen und Vergehen mißbilligt haben..., daß gleichwohl sich dies alles vor den Augen einer großen Zahl deutscher Mitbürger ereignet hat.«[21]

Noch ehrlicher waren die Redenschreiber Helmut Kohls, der zum fünfzigsten Jahrestag dieses Ereignisses in einer Frankfurter Synagoge eine wohlaufgenommene Ansprache hielt, in der er die an Juden begangenen Verbrechen als »... einzigartig von deutscher Hand verübten Völkermord« bezeichnete und fortfuhr: »Die Pogromnacht... bleibt uns gegenwärtig. Mit Schmerz und Scham ist sie Teil unserer Gegenwart.«[22]

Wie sehr diese Ereignisse noch gegenwärtig sind, wurde am nächsten Tag dramatisch deutlich, als Bundestagspräsident Philipp Jenninger eine stundenlange, aber sehr schlecht vorbereitete Rede hielt, in der er unfreiwillig, aber überdeutlich aufzeigte, warum der deutsche Antisemitismus so furchtbare Blüten getrieben hat:

»Und was die Juden anging: Hatten sie sich nicht in der Vergangenheit doch eine Rolle angemaßt – so hieß es damals –, die ihnen nicht zukam? Mußten sie nicht endlich einmal Einschränkungen in Kauf nehmen? Hatten sie es nicht sogar verdient, in ihre Schranken gewiesen zu werden? Und vor allem: entsprach die Propaganda – abgesehen von wilden, nicht ernstzunehmenden Übertreibungen – nicht doch in wesentlichen Punkten eigenen Mutmaßungen und Überzeugungen?«[23]

Nur vierundzwanzig Stunden später wurde Jenninger nach einer stürmischen Kontroverse zum Rücktritt gezwungen – und es gab einige Hinweise darauf – auch von jüdischer Seite – daß die deutschen Juden irgendwie hinter dieser Auseinandersetzung standen.[24]

Emigration und Massenmord haben unter den deutschen Juden einen hohen Tribut gefordert. Schätzungen zufolge leben heute nur noch um die 40 000 Juden in der alten Bundesrepublik. Davon sind rund 28 000 in einer der jüdischen Gemeinden organisiert, die übrigen sind nicht religiös.[25] In der früheren DDR gibt es nur noch wenige Tausend Juden, und die acht jüdischen Gemeinden haben nur noch ganze 380 Mitglieder. Dem steht eine jüdische Bevölkerung von 525 000 Köpfen gegenüber, die 1933 in den zahlreichen Gemeinden des Deutschen Reiches registriert waren. Die in Deutschland verbliebene jüdische Bevölkerung wird an Zahl nicht nur von den USA – fast sechs Millionen –, sondern auch von Frankreich (über 500 000), Großbritannien (340 000) und Ungarn (100 000) übertroffen. Rund eine Million Juden lebten 1933 in den deutschsprachigen Gebieten Mitteleuropas. Heute gibt es in diesem Raum noch ganze 60 000 – eine Verminderung um 94 Prozent.

Berlin war 1933 die fünftgrößte jüdische Stadt der Welt mit einer jüdischen Bevölkerung von 160 000. Von diesen starben an die 55 000 in den Gefängnissen und Konzentrationslagern der Nazis. Die frühere Hauptstadt ist noch immer ein Zentrum jüdischen Lebens in Deutschland, doch die einstige Geschlossenheit ist dahin. Immer mehr der in Deutschland lebenden Juden kommen aus Osteuropa oder der Sowjetunion. Dieser Zustrom in den letzten Jahren brachte neues Leben in die überalterten Gemeinden – das Durchschnittsalter fiel um sechs auf vierzig Jahre seit 1970. Eine neue Generation deutscher Juden ist herangewachsen – Nachkriegszuwanderer oder die Nachkommen der Opfer. Viele der Älteren – ihrerseits wiederum Flüchtlinge – blieben nicht aus freiem Willen in Deutschland, sondern weil es ihnen aus den verschiedensten Gründen nicht gelang, Einwanderungspapiere für Israel oder die USA zu erhalten. Im Vergleich zu ihren Eltern haben die Juden der jüngeren Generation weniger Vorbehalte gegen ein Leben in Deutschland, und sie sind auch eher bereit, die Dinge beim Namen zu nennen, wenn sie auf wirklichen oder vermeintlichen Antisemitismus stoßen. Einige haben Karriere gemacht, bevorzugt in der Rechtspflege, aber nur wenige sind in die frühere jüdische Hochburg, das Bankgeschäft, zurückgekehrt. Sie fragen entschiedener als ihre Eltern nach ihrer Identität, ob sie nun Juden oder Deutsche oder beides sind.

Heinz Galinski ist der Mann, der berufen ist, die deutschen Juden zusammenzuhalten. Er ist Vorsitzender der 6000 Seelen zählenden jüdischen Gemeinde in West-Berlin und Vorsitzender des Zentralrats der Juden in Deutschland. Das Gemeindehaus, in dem er sein Büro hat, steht in der Fasanenstraße an der Stelle der 1912 errichteten und 1938 niedergebrannten Synagoge, die bis 1958 als Ruine stehenblieb. Galinski, ein leidenschaftlicher und verbitterter Mann, stammt aus Marienburg im heute polnischen Westpreußen. Er überlebte Auschwitz und Bergen-Belsen, doch seine Eltern und seine erste Frau wurden Opfer des Holocaust. Galinski ist über Siebzig, sieht jünger aus, macht aber ständig einen gehetzten und streitsüchtigen Eindruck. Er steht im Ruf, die Deutschen ständig belehren zu wollen, und ist aus diesem Grunde nicht sehr beliebt.

1988 ist für ihn ein Jahr, das er am liebsten aus seiner Erinnerung streichen würde. Denn in diesem Jahr entdeckte der Zentralrat, daß Galinskis Vorgänger, der im Januar 1988 verstorbene Werner Nachmann, an die dreißig Millionen Mark an deutschen Wiedergutmachungsgeldern veruntreut hat. Der Skandal wirkte wie eine Bombe. Zu einer Zeit, da Israel wegen der Unterdrückung der Palästinenser in den besetzten Gebieten ohnehin international eine schlechte Presse hatte, bewirkten die breitgetretenen Enthüllungen eine beträchtliche Schwächung des Rückhalts der jüdischen Sache in der öffentlichen Meinung der Bundesrepublik.

Nachmann, der den Christdemokraten nahegestanden hatte, war von den bundesdeutschen Politikern hochgeschätzt worden – nicht zuletzt deshalb, weil er nicht allzuviel Wirbel um die Vergangenheit gemacht hatte. So hatten es auch sowohl der Jüdische Rat als auch die Rechnungsprüfer der Bundesregierung versäumt, ein kritisches Auge auf sein Geschäftsgebaren zu werfen. Galinski bezeichnet den Nachmann-Skandal als den größten Rückschlag für das deutsche Judentum seit 1945.

Zum Interview empfängt er mich ohne Handschlag und ohne Wärme,[26] und er beschreibt sich selbst als einen »guten Juden und guten Bürger« (der Bundesrepublik). Die Frage, warum er in Deutschland lebt, beantwortet er, ehe ich sie stellen kann – heftig und gereizt: »Ich muß hier nicht leben!« Seine Aufgabe sieht er zum Teil auch darin, die Wissenslücken der bundesdeutschen Bevölkerung über die Vergangenheit zu schließen: »Ich lasse Warnungen laut werden, so notwendig. Ich kann nicht schweigen.« Das Verhältnis zwischen den deutschen Juden und der Bundesrepublik sieht er jedoch insgesamt positiv. Galinski verweist in diesem Zusammenhang auf seinen regelmäßigen Meinungsaustausch mit Bundeskanzler Helmut Kohl, und er lobt den Bundespräsidenten. Im Zentrum von Galinskis Warnungen stand zum Beispiel ein von linken Hausbesetzern okkupiertes Gebäude in der Hamburger Hafenstraße, das mit deutlich erkennbaren Wandschmierereien verunziert war. Man konnte dort Aufschriften lesen wie »Zerstört den internationalen Währungsfonds« oder »Boykottiert Israel – Waren, Kibbuzzim und Strände«. Galinski protestierte und postulierte, dies seien Parolen, die an den Nationalsozialismus erinnerten – und die anstößigen Aufschriften wurden entfernt.

Auf der anderen Seite der Berliner Mauer, nur etwa fünf Kilometer von der Fasanenstraße entfernt, sitzt Galinskis Ost-Berliner Gegenstück Peter Kirchner. Sein Büro liegt in der Oranienburger Straße, nahe der Spree – eine deprimierende Stadtlandschaft, die noch immer Spuren des verlorenen Krieges zeigt. Gleich neben seinem Büro stehen die Reste der Synagoge, die einst der Stolz des deutschen Judentums war. 1866 als Gotteshaus für 3000 Gläubige erbaut, sollte der Tempel in der Kristallnacht angezündet werden, doch wurde der Übergriff von der Polizei verhindert – einer der wenigen Fälle, in denen reguläre Ordnungskräfte gegen den braunen Mob einschritten. Was die Fackeln der SA verschonten, holte der Bombenkrieg nach. 1943 brannte das Gebäude völlig aus. Von dem einst so stolzen Ziegelbau steht nur noch die Fassade, Tauben nisten in den geborstenen Türmen, und auf einem byzantinischen Bogen sprießt ein kleines Bäumchen. Eine Schrifttafel erzählt die traurige Geschichte des Bauwerks. Jahrelang hat man über den Wiederaufbau diskutiert. 1989 endlich wurde wenigstens ein Gerüst aufgestellt, und man hat mit ersten Arbeiten begonnen.

Kirchner, ein lebhafter Fünfziger in einem kurzärmeligen blauen Hemd, erzählte mir, daß er nun neue Hoffnung geschöpft habe. Ob er dies nur mir zuliebe sagte?[27] Er berichtete, daß ein neuer Plan zum Wiederaufbau der Synagoge – Zeichen für das wiedererwachte Interesse Ost-Berlins an seiner jüdischen Gemeinde – an die vierzig Millionen Ostmark kosten werde, und daß eine internationale Stiftung gegründet worden sei, um das Geld aufzutreiben. Als weiteres Zeichen ihres guten Willens hatte die Ost-Berliner Regierung ihren Plan, eine Straße durch den jüdischen Friedhof Weißensee zu bauen, einstweilen zurückgestellt. Außerdem habe die SED-Führung nicht nur Wiedergutmachungszahlungen, sondern sogar die Aufnahme diplomatischer Beziehungen zu Israel in Aussicht gestellt.

Ich fragte ihn nach den Gründen für dieses plötzliche Wohlwollen, und Kirchner meinte, Honecker und die Ost-Berliner Altherrenriege hätten wohl erkannt, daß das Judentum in der DDR vom endgültigen Aussterben bedroht sei, und die Vorstellung, sie würden Hitlers Werk vollenden, bereite ihnen Unbehagen. »Sie wissen, daß es in hundert Jahren hier noch immer eine christliche Gemeinde geben wird. Sie wollen dasselbe auch über die Juden sagen können.«

Die Ost-Berliner Gemeinde ist auf nur noch 190 Seelen geschrumpft, doch Kirchner meint hoffnungsvoll, daß die Geburtenrate wieder zunehme und daß 140 bislang nicht religiöse junge Juden wieder den Weg in ihre Gemeinde gefunden hätten, die sich nunmehr bemühten, in Kulturabenden und durch das Studium jüdischer Literatur ihre Wurzeln wiederzuentdecken. Indessen scheint es eine schier übermenschliche Aufgabe zu sein, der Ost-Berliner Judengemeinde wieder neues Leben einhauchen zu wollen. Denn hin- und hergerissen zwischen dem Wunsch, der Religion treu zu bleiben, und dem Muß, erträgliche Beziehungen zur autoritären Staatsführung aufrechtzuerhalten, haben die Juden so gut wie keinen Spielraum.

Ein erster Versuch der Wiederbelebung des Gemeindelebens endete mit einem Fiasko. Im Herbst 1987 kam mit dem in Polen geborenen amerikanischen Rabbi Isaac Neuman erstmals seit 22 Jahren wieder ein Geistlicher in die Gemeinde. Dieser versuchte einige neue Ideen einzubringen, resignierte aber schon nach neun Monaten und verließ die Stadt im Unfrieden. Neuman hatte die traditionalistischen und äußerst vorsichtigen jüdischen Führer mit seinem Drängen nach Reformen und einer härteren Haltung gegenüber dem Staat gründlich verschreckt. Er wollte etwas schaffen, was er eine »lebendige jüdische Gemeinde« nannte, eine aktive Organisation mit erweiterten Büroleistungen, einer eigenen Schule, Bibliothek und freien Universität, Doch für Ost-Berlin waren das eindeutige Utopien. Siegmund Rotstein, der Gemeindevorsteher, fühlte sich durch Neumans Herausforderung der bestehenden Ordnung brüskiert und warf dem Rabbi vor, er nehme seine Amtspflichten nicht ordnungsgemäß wahr. Im Gegenzug beschuldigte Neuman die staatlich gelenkte Presse des Antisemitismus.

Neuman ist selbst ein Überlebender des Holocaust. Seine Eltern, sechs Schwestern und ein Bruder wurden ermordet.

Er erzählte mir, daß man ihm im Konzentrationslager das orthodoxe Judentum ausgetrieben habe.[28] »Ich wurde verprügelt, als ich versuchte, meinen Kopf beim Beten zu bedecken«, berichtet er. Die älteren Ost-Berliner Juden würden sich zu sehr auf das Niederlegen von Kränzen konzentrieren und aus Angst vor dem kommunistischen Regime nicht wagen, Maßnahmen zur Verbesserung ihrer Lebensumstände zu fordern, kritisiert er und fügt ahnungsvoll hinzu, man könne sich nach seinen Erfahrungen in Ost-Berlin durchaus vorstellen, daß es wieder einmal einen verordneten Antisemitismus in Deutschland geben wird. Nur würde der Judenstern diesmal eine andere Farbe haben.

Neuman hatte auch ganz einfach Heimweh nach Amerika. Er vermißte amerikanische Schokolade und die gewohnten Zeitungen. Außerdem war er verstört über das Ausmaß der Luftverschmutzung in Ost-Berlin. Dabei war er von einigen der jüngeren Gemeindemitglieder durchaus beeindruckt, doch »sie wissen alles über Marx, aber nichts über Moses«. Immerhin gab es für ihn ein persönliches Happy-end seines Ost-Berliner Aufenthalts. Er heiratete eine Frau aus der dortigen Gemeinde, und diese folgte ihm in ein entschieden spannungsfreieres Dasein nach Champaign, Illinois.

In Frankfurt ist die Verjüngung der jüdischen Gemeinde weiter fortgeschritten. Viele ihrer 5000 Mitglieder sind nach dem Krieg aus den Ländern Osteuropas zugewandert und vierzig Prozent wurden bereits in die Nachkriegszeit geboren. Rund fünfzehn Prozent junger Gemeindeglieder bis zu einem Alter von zwanzig Jahren bilden die dritte Nachkriegsgeneration des deutschen Judentums. 1986 wurde im mondänen Westend, nahe den Banken- und Versicherungspalästen, ein neues Gemeindezentrum eröffnet, das 30 Millionen Mark gekostet hat – freilich wurden zwei Drittel dieser Kosten aus Mitteln der Stadt Frankfurt und des Landes Hessen bestritten.

Das Zentrum ist stolz auf seinen Kindergarten und bietet eine Fülle von kulturellen Veranstaltungen vom Filmabend bis zur öffentlichen Diskussion. 35 000 Besucher kann man jedes Jahr dazu begrüßen, die meisten davon Nichtjuden. Aber auch hier sind die Schatten der Vergangenheit nicht ganz geschwunden: Das Zentrum wird durch Türen aus Panzerglas und ein aufwendiges Video-Überwachungssystem gesichert, auf der Straße parkt demonstrativ ein Polizeiwagen, Wachmannschaften sind rund um die Uhr verfügbar.

»Wir brauchen keinen Schutz vor arabischen Terroristen, sondern von deutschen Links- und Rechtsextremisten«, erklärt Michel Friedman, der Kulturreferent des Zentrums.[29] Zehn Prozent seines Budgets müsse das Zentrum für die Sicherheit ausgeben, erklärt er. Man erhalte regelmäßig Bombendrohungen, und bei einer Explosion im Frühjahr 1988 hat es tatsächlich großen Sachschaden, aber zum

Glück keine Verletzten gegeben. Friedman ist froh darüber, daß die Überwachung des Zentrums dank einer ausgeklügelten Elektronik relativ diskret vonstatten geht. Denn ihm graut vor der Vorstellung, das Gemeindezentrum mit Stacheldraht umgeben zu müssen. Die jüdische Gemeinde müsse ihre Identität wahren, ohne dabei nach außen hin wie eine Festung auszusehen: »Wir versuchen ein Teil dieser Stadt und dieser Gesellschaft zu sein – nicht im Ghetto zu sein, aber auch nicht assimiliert zu werden«, sagt Friedman, ein junger Anwalt Anfang Dreißig, dessen Eltern Ghetto und Auschwitz überlebt haben. Er wurde in Paris geboren und zog anfang der sechziger Jahre mit seiner Familie nach Frankfurt. Mit achtzehn erwarb er die bundesdeutsche Staatsbürgerschaft. Heute ist er Mitglied der CDU, kritisiert aber heftig die auf dem rechten Flügel seiner Partei virulenten Tendenzen, die unerfreulichen Aspekte der deutschen Geschichte zu beschönigen: »Man kann nicht nur Bach und Beethoven ohne Goebbels, Himmler und Hitler aufzählen!«

Die Frankfurter Gemeinde ist bekannt dafür, daß sie energisch für ihre Rechte eintritt. So war es eine Gruppe Frankfurter Juden, die 1985 gegen den Besuch Kohls und Reagans auf dem Bitburger Soldatenfriedhof protestierten, nachdem sich herausgestellt hatte, daß dort auch Angehörige der Waffen-SS begraben liegen. Im gleichen Jahr gelang es der Gemeinde auch, die Aufführung des Fassbinder-Stückes »Der Müll, die Stadt und der Tod« zu verhindern. Die Frankfurter Juden fühlten sich brüskiert, da es von einem skrupellosen jüdischen Grundstücksspekulanten und dessen Verbindungen zur Prostituierten-Szene handelt. Unlängst hat die Gemeinde gegen den Plan der Stadt Frankfurt demonstriert, die Ausgrabungen des mittelalterlichen jüdischen Ghettos zuzubauen.

Friedmann glaubt, daß die deutschen Schulen ungeachtet der Aufmerksamkeit, die Gedenktage wie jene zur Reichskristallnacht in den Medien finden, der jüngsten deutschen Vergangenheit im Unterricht zu wenig Platz einräumen. Viele junge Leute stehen auf dem Standpunkt: »Quäl mich nicht!« Er hat das Gefühl, daß die Deutschen nach dem Ende der Nazi-Epoche nun gern ihre Hände in Unschuld waschen würden, doch »der Holocaust war eine jüdische Tragödie, aber ein deutsches Problem. Es ist genauso ihre Geschichte.« Besorgt über die Anziehungskraft, die rechtsradikale Gruppierungen besonders auf junge Menschen ausüben, klagt er: »Wir spüren mehr Polarisation.« Der Zustrom zu den Ultrarechten werde künftig eine zunehmende Belastung für die Demokratie darstellen.

Ignatz Bubis, der Vorsitzende der Frankfurter jüdischen Gemeinde, ist ein prominenter Grundstücksmakler. Viele glauben in ihm die Figur des reichen Juden aus dem Fassbinder-Stück wiederzuerkennen. In jüdischen Kreisen wird er als der mögliche Nachfolger Heinz Galinskis gehandelt. Bubis, ein energischer Sechziger mit kleinen, klaren Augen, sieht die Zukunft der jüdischen Gemeinden optimistisch: »Die Juden haben sich hier in den letzten zehn, zwölf Jahren geändert. Eine aktivere Generation ist hervorgetreten.«

Bubis Familie stammt aus Breslau. Den Vater, die Schwester, den Bruder samt Familie und den Großvater haben die Nazis auf dem Gewissen. Trotzdem bemüht er sich um Objektivität: »Vor 1933 waren die Deutschen weniger antisemitisch als in anderen Ländern. Aber hier kommen Dinge vor, wie sie in anderen Ländern nicht denkbar wären. Die Deutschen sind eine obrigkeitshörige Gesellschaft und haben eine Neigung zum Spießbürgertum. Das ist der Unterschied.«[30]

Das Paradoxe am deutschen Antisemitismus ist, daß er auch ohne Juden fortbesteht. In Form von Hakenkreuzschmierereien auf jüdischen Friedhöfen tritt er am augenfälligsten in Erscheinung. Hin und wieder sorgen auch andere Vorkommnisse für Schlagzeilen, so etwa die Äußerung eines hohen Verwaltungsbeamten der Bundeswehr, der den geradezu aberwitzigen Satz prägte, die Massenvergasung der Juden sei »ein Sieg des Wirtschaftlichkeitsprinzips« gewesen und der noch dazu anschließend leugnete, ein Antisemit zu sein.[31] Ein anderes Beispiel: der jüdische Arzt in einer hessischen Kleinstadt, dessen Patienten von Rechtsextremen mit dem Tod bedroht wurden.[32]

Nach einer Allensbacher Umfrage aus dem Jahr 1988 vertraten 15 Prozent der Bundesdeutschen antisemitische Ansichten.[33] Wenige Jahre zuvor hatte eine andere Umfrage ergeben, daß 20 Prozent der Bundesdeutschen eine Rückkehr aller Juden nach Israel befürworteten – gegenüber 24 Prozent in Österreich, 17 Prozent in Frankreich und 9 Prozent in den USA. Indessen scheinen die antisemitischen Emotionen im Lauf der Zeit nachgelassen zu haben, denn 1952 hatten nach Allensbach noch 37 Prozent die Ansicht vertreten, es wäre besser, keine Juden im Land zu haben.

Doch warum kommen die Deutschen mit den Juden nicht aus? Ein Grund ist zweifelsohne, daß sie einander so ähnlich sind. Schon Heinrich Heine vertrat die These, daß der deutsche Antisemitismus aus der Geistesverwandtschaft von Juden und Deutschen stamme: »Beide Völker sind sich ursprünglich so ähnlich, daß man das ehemalige Palästina für ein orientalisches Deutschland ansehen könnte.«[34]

Der Schriftsteller Rudolf Walter Leonhard schrieb: »Der ›Typ des

Juden‹ wird in Deutschland wohl auch davon ein bißchen in Mitleidenschaft gezogen, daß der ›Typ des Intellektuellen‹ hierzulande nicht allzuhoch geschätzt wird, . . . jedoch auf der anderen Seite eine Hochachtung des Akademikers besteht«[35] Oberrepublikaner Franz Schönhuber zählt sich jedenfalls nicht zu den Antisemiten und verweist darauf, daß er mit einer Jüdin verheiratet war und eine halbjüdische Tochter hat. Doch sieht er zwischen Deutschen und Juden eine gewisse Rivalität hinsichtlich des deutschen Perfektionismus: »Zwischen den Deutschen und den Juden gab es immer einen Zweikampf um den Rang des Klassenbesten. Die Deutschen wollen immer die Klassenbesten sein. Sie sind die besten Schüler – und die besten Mörder.«[36]

Da die meisten Deutschen keine Juden persönlich kennen, neigen sie zu außerordentlich unsinnigen Vorstellungen über das Judentum. Ich erinnere mich in diesem Zusammenhang an einen Taxifahrer, der mich mit einer ebenso albernen wie ernstgemeinten Theorie amüsierte, wonach man die Juden an der Struktur ihrer Nasenlöcher erkennen könne. So wird auch ein Mann wie der SPIEGEL-Herausgeber Rudolf Augstein immer wieder wegen seines jüdisch klingenden Namens von wütenden Lesern als Jude bezeichnet und darob heftig beschimpft. Augstein erzählt, er habe aus bloßem Interesse die Familiengeschichte erforscht, aber keine Spur eines jüdischen Vorfahren entdecken können.[37]

Herbert Strauss, ein in Würzburg geborener amerikanischer Jude, der das Zentrum zur Erforschung des Antisemitismus an der FU Berlin leitet, hält den Antisemitismus in Deutschland für nicht stärker als etwa in Frankreich oder Großbritannien. Sein Institut vertritt die Auffassung, daß der Antisemitismus als Folge des sozialen Drucks und der Bedrohung antijüdischer Äußerungen mit strengen Strafen nach dem Krieg in den Untergrund abgedrängt wurde. Von dort könne er jedoch in unkontrollierter Form wieder auftauchen.[38]

Dieser juristische Schutzwall besteht aus Gesetzen gegen die »Gefährdung des demokratischen Rechtsstaats«, die die Fortführung einer »für verfassungswidrig erklärten Partei« verbieten. Dies bedeutet in der Praxis, daß zum Beispiel Buchhandlungen, die Neuauflagen von Titeln wie Hitlers »Mein Kampf« anbieten, belangt werden können. Dagegen dürfen Antiquariate vor 1945 erschienene Exemplare dieses inzwischen selten gewordenen Titels anbieten. Mit einer Gesamtauflage von rund zehn Millionen Exemplaren zählt dieser Titel zu den meistgedruckten der Geschichte. Nach 1936 erhielt jedes neuvermählte Paar ein Exemplar quasi als staatliches Hochzeitsgeschenk. Dennoch behaupten die meisten Deutschen auch jener Jahrgänge, das Buch nie gelesen zu haben. Der größte Teil der gewaltigen Auflage dürfte bei Kriegsende aus Angst vor den einmarschierenden Alliierten verbrannt worden sein.

Eine weitere Handhabe zur Bekämpfung des Antisemitismus bietet das 1985 erlassene Gesetz zur Bekämpfung der sogenannten »Auschwitz-Lüge«. Danach wird jeder Versuch, die NS-Verbrechen zu leugnen oder in Umfang und Bedeutung herunterzuspielen, als Verbrechen verfolgt. Dieses Gesetz wird allgemein als Werkzeug zur Abschreckung verstanden. In den ersten drei Jahren seines Bestehens wurde in rund zwanzig Fällen Anklage erhoben.

Anhaltende Unsicherheiten gibt es auch in den diplomatischen Beziehungen zwischen der Bundesrepublik und Israel. Der ehemalige Botschafter Israels in Bonn, Jitzhak Ben-Ari, pflegte Gespräche zu diesem Thema mit den Worten zu eröffnen: »Die Beziehungen mit Westdeutschland haben sich gefestigt und sind normal.« Anschließend begann er zu erklären, warum sie gerade nicht normal sind.[39] Nach den USA ist die Bundesrepublik der zweitgrößte Handelspartner Israels, und Jahr für Jahr besuchen rund 160 000 bundesdeutsche Touristen den Judenstaat. Nichtsdestoweniger erzählt Ben Ari in seinem bunkerartigen Bonner Botschaftsgebäude immer wieder von seinen Erfahrungen als kleiner Junge in Wien, wo er beobachtete, wie ältere jüdische Menschen mit Zahnbürsten das Pflaster säubern mußten. Und um zu veranschaulichen, wie sich die Deutschen um ihre unbequeme Vergangenheit zu drücken versuchen, schildert er gern seine gespenstische Eisenbahnfahrt im Jahr 1938 nach Dachau, wo sein Vater interniert war. Die Deutschen, die er damals nach dem Weg gefragt habe, hätten ihm alle bereitwillig Auskunft gegeben. Als er jedoch 1953 zurückgekommen sei und nach dem Weg gefragt habe, müsse den Leuten die Erinnerung auf merkwürdige Weise abhanden gekommen sein: »Sie wußten nicht, wo es war«, sagt er mit sarkastischem Lächeln und fügt hinzu: »Dafür, daß die Deutschen wieder in die Völkergemeinschaft aufgenommen worden sind, wird etwas von ihnen erwartet, nämlich daß sie sich dessen erinnern, was sie taten – nicht um alte Wunden offen-, wohl aber um die Erinnerung wachzuhalten.«

Als sich 1990 alles auf die Wiedervereinigung Deutschlands zubewegte, mußte dies den Juden unvermeidlicherweise einiges Unbehagen bereiten. So schrieb der Frankfurter Michel Friedman über seine Vorahnungen, die Deutschen würden nunmehr ihre Vergangenheit gänzlich verdrängen wollen: »Der 9. November 1938, der Tag der Synagogenbrände und der Pogromnacht ist ein Datum, das die deutsche Öffentlichkeit gern vergißt... Seit dem Fall der Mauer am 9. November 1989 ist die Gefahr noch größer, daß die Pogromnacht einfach vergessen wird.«[40]

Und mit ungewöhnlicher Deutlichkeit sprach Benjamin Navon, der neue israelische Botschafter, in Berlin seine Sorge aus, der Antisemitismus könnte im neuen deutschen Staat als Vermächtnis der DDR-Propaganda wiederum sein Haupt erheben: »Siebzehn Millionen Deutsche kommen in diesen Staat, die vierzig Jahre lang einer antiisraelischen Kampagne ausgesetzt waren.«[41]

Höchst vorsorglich signalisierten die Bundesdeutschen den Israelis, sie sollten sich von der Klimaverbesserung zwischen Israel und der DDR nicht allzuviel versprechen. Und Wilhelm Haas, der bundesdeutsche Botschafter in Tel Aviv, riet den Israelis im Juli 1990 davon ab, mit den Ostdeutschen noch irgendein Wiedergutmachungsabkommen zu unterzeichnen, »weil die DDR bankrott ist«.[42]

Vierzig Jahre nach dem Holocaust sind die Wunden immer noch nicht geschlossen – und eine wachsende Zahl von Bundesbürgern hat es satt, sich immer wieder um der Sünden ihrer Väter und Großväter willen an die Brust schlagen zu müssen. Der israelische Staatspräsident Chaim Herzog, ein Mann, der nach Kräften für die Völkerverständigung wirkt, stattete 1987 dem Gelände des ehemaligen Konzentrationslagers Bergen-Belsen einen Besuch ab, der die Emotionen hochschlagen ließ. Herzog, der im Zweiten Weltkrieg als Offizier in der britischen Armee gedient hatte, war dabeigewesen, als diese im April 1945 das Konzentrationslager besetzt und die Greuel aufgedeckt hatte. Heute ist das Lager, in dem 50 000 Menschen starben, längst zerstört und verfallen, doch das schwarze Heideland, auf dem es einst stand, ist noch immer eine Gedenkstätte und das Ziel trauriger Pilgerfahrten.

»Ich bringe weder Vergeben noch Vergessen«, rief Herzog bei seiner Wiederkehr aus. »Der Schmerz über eueren Tod wird ewig mit uns sein.«[43] Und auf der Feierstunde zum Gedenken der »Reichskristallnacht« erklärte Heinz Galinski 1988 in Frankfurt, daß die Juden die Erinnerung an die Vergangenheit wachhalten würden: »Unsere Kinder – die Kinder der Opfer – (werden) aus eigenem emotionellen Antrieb den Auftrag auf sich nehmen.«[44] Galinskis Mahnung mag notwendig sein, einen Weg zur Aussöhnung öffnet sie nicht.

»Das jüdische Volk wird vermutlich nie wieder eine Rolle in der deutschen Kultur spielen«, stellte Ex-Bundeskanzler Helmut Schmidt fest. Erst vor wenigen Jahren ließ er bekannt werden, daß sein Großvater Jude war. Er habe diesen Umstand geheimgehalten, um seinen Vater, der Anfang der achtziger Jahre starb, vor dem Makel der Illegitimität zu schützen.[45] Der eigentlich Grund dürfte indessen weit vielschichtiger sein: Das Wort »Jude« ist im deutschsprachigen Sprachgebrauch problematisch geworden. Es wird im Deutschen – wie auch in anderen Sprachen – zum Teil als Schimpfwort gebraucht, zum Teil aber auch ganz einfach als unangenehm empfunden.

Eine der ganz wenigen jüdischen Politikerinnen, die es heute in der Bundesrepublik gibt, ist die Grüne Bundestagsabgeordnete Jutta Oesterle-Schwerin, die 1962 aus Israel in das Land ihrer Vorfahren zurückgekehrt ist. Die Deutschen, so stellt sie fest, würden Begriffe wie »jüdische Mitbürger« oder »Israeli« bevorzugen, weil sie diese für höflicher hielten. »Die Vermeidung des Wortes ›Jude‹ ist Ausdruck eines verkappten, nicht überwundenen Antisemitismus«, klagt sie.[46]

Edgar Bronfman ist Vorstandsvorsitzender der »Seagram's« Getränkegruppe und gleichzeitig Präsident des Jüdischen Weltkongresses. Als solcher ist er mit allen Fragen des Antisemitismus wohlvertraut. Im Sommer 1988 führte ihn eine ausgesprochen unangenehme Mission in die Bundesrepublik, hatte er doch mit bundesdeutschen Politikern über die Folgen der Nachmann-Affäre zu sprechen. Als er sich anschließend in einer stundenlangen Pressekonferenz den Journalisten stellte, zeigten die bundesdeutschen Pressevertreter große Befangenheit und überließen die Befragung fast ausschließlich ihren ausländischen Kollegen – eine Erscheinung, die Bronfman mit den Worten kommentierte: »Man stellt einem Juden hier keine unangenehmen Fragen.«

Unter der Oberfläche gestalten sich die deutsch-jüdischen Beziehungen mitunter immer noch ziemlich nervenaufreibend. So bekannte sich der Vorstandsvorsitzende eines der großen deutschen Konzerne in privater Runde als Jude, bat jedoch, diese Äußerung diskret zu behandeln, da ein Bekanntwerden seiner jüdischen Herkunft seine Geschäftsbeziehungen stören könne. Josef Joffe, Auslandsredakteur der SÜDDEUTSCHEN ZEITUNG, ist einer der wenigen Juden, die in der Bundesrepublik vergleichsweise herausragende Positionen innehaben. Er hält es für heilsam, daß nunmehr wieder zunehmend jüngere Juden in die Schlüsselstellungen der bundesdeutschen Gesellschaft drängten, glaubt jedoch, daß sich das Verhältnis zueinander immer noch nicht entkrampft hat: »Viele Juden leben in einem Ghetto, dessen Mauern aus deutschen Schuldgefühlen bestehen.«[47]

Michael Fürst, Anwalt in Hannover und Vorsitzender des Landesverbandes der jüdischen Gemeinden in Niedersachsen, sagt, daß die Juden in Deutschland Flagge zeigen müßten und demonstrieren, »daß sie da sind – um die Fähigkeit zu überleben zu zeigen«. Obgleich er unter den jüdischen Führern als Gemäßigter gilt, dem die Schärfe, mit der Heinz Galinski wirkliche oder vermeintliche antisemitische Erscheinungen in der Bundesrepublik geißelt, entschieden zu weit geht, ist auch Fürst besorgt über den wachsenden Fremdenhaß. Es wäre schließlich nur ein kleiner Schritt von Parolen wie »Türken raus« zu ähnlichen Aggressionen gegen die deutschen Juden – eine Warnung, deren Berechtigung durch die wachsende Agitation der Rechten gegen die Ausländer nachdrücklich unterstrichen wird.[48]

Eine weitere Facette deutsch-jüdischen Unbehagens beschreibt der jüdische Schriftsteller Henryk Broder: »Die Begeisterung für tote Juden (wie Einstein, Freud oder Marx) ist die vorzeigefähige Verkleidung der Freude darüber, daß die Juden tot sind . . . und schon ist die antisemitische Seele entsorgt.«[49]

Dem neuen Vorsitzenden der SED, die sich nun PDS nennt, Gregor Gysi, wurde Ende 1989 nicht zuletzt wegen seiner jüdischen Herkunft einige Aufmerksamkeit zuteil, und der jüdische Romancier und Nobelpreisträger Elie Wiesel sorgte sich sogleich, daß eine neue »antisemitische Welle« hochschwappen könnte, sollte Gysi wirksam gegen die deutsche Wiedervereinigung opponieren. »Viele Deutsche werden einfach sagen: Schaut euch diesen Juden an! Wir wollen die Wiedervereinigung, und dieser Jude ist dagegen.«[50]

Charlotte Knobloch, die agile Vorsitzende der Jüdischen Gemeinde in München, bereut um ihrer Kinder willen, daß sie nach dem Zweiten Weltkrieg in der Bundesrepublik geblieben ist. »Wenn wir in die USA emigriert wären, wäre das Leben weniger kompliziert gewesen« seufzt sie und führt ihre Tochter als Beispiel an. Als diese einem ahnungslosen Freund gesagt habe, sie sei Jüdin, habe dieser verblüfft geantwortet: »Ich dachte, die Juden hätten Hörner.«[51]

Am anderen Ende der Altersskala steht Erich Friedenthal, ein jüdischer Arzt um die Achtzig. Er verbringt einen ruhigen Lebensabend in einem modernen Altersheim im pfälzischen Weinort Neustadt an der Weinstraße. Er hat ein bewegtes Leben hinter sich – und heute reichlich Zeit zum Nachdenken. Dr. Friedenthal, ein zerbrechlich wirkender alter Herr mit regem Geist und schelmischem Humor, wurde durch die Judenverfolgung gezwungen, seine florierende Praxis in Berlin aufzugeben. 1940 emigrierte er nach Palästina, und während des Zweiten Weltkriegs diente er, wie so viele deutsche Juden, in den Reihen der britischen Armee. In den fünfziger Jahren kehrte er nach Berlin zurück, und rund zwanzig Jahre später setzte er sich mit einer auskömmlichen »Wiedergutmachungspension« in Neustadt an der Weinstraße zur Ruhe. Mit seiner inzwischen verstorbenen Frau verlebte er neun Jahre in einem kleinen jüdischen Altersheim in der Stadt, ehe er nach dem Ableben der meisten Mitbewohner 1987 in das größere Privatheim umzog. Dort lebt er in einer hotelartigen Atmosphäre, und sein Zimmer bietet einen traumhaften Ausblick über die Weinberge.

Der tägliche Umgang mit älteren Deutschen ist freilich nicht nach Friedenthals Geschmack. Überall im Speisesaal könne er ehemalige Nazis ausmachen: »Wenn ich ihre Gesichter sehe, Leute in meinem Alter, dann weiß ich sofort, welche (als Nazis) aktiv waren. Mit denen wollte ich schon damals nichts zu tun haben, und das trifft auch heute noch zu.« Als ich ihn frage, ob er sich als Deutscher oder als Jude fühle, antwortet Dr. Friedenthal: »Vor Hitler fühlte ich mich als Deutscher, heute als Jude.«[52]

Nur wenige Jahre noch, dann wird es in vielen deutschen Kleinstädten wie Neustadt keine Juden mehr geben. Die Schuld, die Deutsche und Juden seit dem Ende des großen Krieges aneinander gebunden hat, stirbt mit den Tätern und mit den Opfern. Und es ist wenig in Sicht, das beide künftig verbinden könnte.

XI
Besetztes Land

Warum muß all dieser Schrecken über eine schöne, grüne Erde kommen? ... weil auf den dunklen, kalten, nördlichen Ebenen von Deutschland eine Autokratie besteht, die ein großartiges Volk täuscht, sein Bewußtsein von Generation zu Generation vergiftet und die Tugend und Notwendigkeit des Krieges predigt. Und bis diese Autokratie entweder ausgelöscht oder entmachtet ist, kann es keinen Frieden auf der Erde geben.

James Gerard, US-Botschafter in Deutschland, 1917[1]

Die bedingungslose Kapitulation eines Landes gibt dem Land, dem gegenüber sie ausgesprochen wurde, nicht das Recht, das Land auf ewige Zeit besetzt zu halten.

Konrad Adenauer, 1950[2]

Wir sind zwar souverän, keine Frage, aber die Amerikaner machen eben, was sie wollen. Sie fragen unsere Regierung, ob sie tun dürfen, was sie schon gemacht haben.

Dieter Hildebrandt, 1982[3]

Als die alliierten Truppen 1945 das verwüstete Deutschland besetzten, versicherten sie den Besiegten auf öffentlichen Anschlägen: »Wir kommen als Eroberer, aber nicht als Unterdrücker.«[4] Tatsächlich verfolgten die Sieger eine zum Teil inkonsequente und widersprüchliche Politik, bestehend aus Zwang, Umerziehung und Kontrolle. So definierten sie etwa die totale Entmilitarisierung Deutschlands als unabdingbare Voraussetzung für die Rückkehr des Landes zur Eigenstaatlichkeit, praktizierten später jedoch das schiere Gegenteil: Die Bundesrepublik erhielt 1955 ihre Souveränität nur unter der Bedingung, daß sie im Rahmen eines internationalen Sicherheitssystems eine eigene Armee aufstellte und die Präsenz fremder Truppen auf ihrem Territorium duldete – eine der paradoxesten Konsequenzen des Kalten Krieges. Auf diesem Wege wurden die Besatzer zu Partnern. Heute freilich, nach mehr als vierzig Jahren, ist die militärische Präsenz der Westalliierten nicht mehr unabdingbare

Voraussetzung für die Sicherheit Deutschlands. Denn seit Michail Gorbatschow die Politik des Kreml bestimmt, fühlen sich die Deutschen weniger von den Waffen des Warschauer Pakts als von den Arsenalen ihrer eigenen Verbündeten bedroht. Der Schlüssel zur Deutschen Frage liegt im militärischen Bereich.

Ramstein ist eine Pfälzer Kleinstadt im Westen der Bundesrepublik. Das umgebende Waldgebiet nahe der französischen Grenze war jahrhundertelang bevorzugtes Durchzugsgebiet für eindringende oder abziehende Heere. In den Quellen erscheint Ramstein erstmals im Jahr 1215. Im Dreißigjährigen Krieg wurde das Städtchen völlig zerstört, in den Napoleonischen Kriegen von den Franzosen besetzt und 1816 von Bayern annektiert, schließlich nach dem Ersten Weltkrieg wieder von den Franzosen eingenommen. Im Zweiten Weltkrieg nutzte die deutsche Luftwaffe die nahegelegene Autobahn als Startbahn für ihre Militärmaschinen, und seit den fünfziger Jahren ist es ein Stützpunkt der Amerikaner. Vor den Augen der 18000 Einwohner entstand auf rund 1200 Hektar Land ab 1951 die größte Basis der US Air Force in Europa, und es war nur konsequent, daß dieser riesige Stützpunkt 1972 zum Hauptquartier der amerikanischen Luftstreitkräfte in Europa erhoben wurde.

Heute beherbergt Ramstein außerdem Einrichtungen der Bundesluftwaffe und der Luftstreitkräfte von fünf weiteren NATO-Partnerländern. Man schätzt, daß durch den Stützpunkt jährlich rund 300 Millionen Dollar in die Wirtschaft der Region fließen. Insgesamt leben um Ramstein und Kaiserslautern 70000 Amerikaner, davon 25000 Militärpersonen, der Rest deren Angehörige. Es ist dies die größte amerikanische Kolonie außerhalb des Mutterlandes und doch nur ein kleiner Teil der insgesamt fast 560000 Köpfe starken US-amerikanischen Präsenz in der Bundesrepublik, die sich aus 240000 Militärpersonen, 30000 Zivilangestellten und 290000 Familienangehörigen zusammensetzt.

Gemäß einem ungeschriebenen Gesetz, wonach jedes deutsche Wort mit mehr als zwei Silben für amerikanische Zungen unaussprechlich ist, heißt Kaiserslautern im Jargon der GIs »K-Town«. Die massive amerikanische Präsenz in der Pfalz wird nicht nur durch den Lärm der im Tiefflug über die Landschaft donnernden F 16-Jagdbomber unterstrichen, sondern nicht weniger durch die Massierung von McDonalds und Kentucky Fried Chicken Filialen sowie durch amerikanische Auto-, Video, Versicherungs- und Immobilienagenturen.

Horst Gieb, Eigentümer des durchgestylten Rosenhof Hotels,

klagte 1987 im Gespräch mit mir, daß des schwachen Dollars wegen die Geschäfte mit den US-Armeeangehörigen schlecht gingen. Auch für 1988 erwartete er keine Besserung, und die Entwicklung gab ihm recht.[5]

Trotz gelegentlicher Kritik von sozialdemokratischer oder kirchlicher Seite waren die jährlichen Flugtage in Ramstein viele Jahre lang eine Attraktion für die Flugbegeisterten ganz Süddeutschlands. Am letzten Augustsonntag 1988 begann die Show bei strahlendem Sonnenschein, und sie endete schrecklich: Um vier Uhr nachmittags stießen drei Jets der italienischen Kunstflugstaffel »Frecce Tricolori« in mittlerer Höhe über den Köpfen der mehr als 200 000 Zuschauer zusammen und stürzten in die Menge. Im Flammeninferno starben über dreißig Menschen, rund vierhundert erlitten Verletzungen.

Der Unfall geschah zu einem besonders unglücklichen Zeitpunkt. Denn in den Monaten zuvor hatten sich zunehmend Stimmen von Politikern und Ortsansässigen erhoben, die gegen den Fluglärm und die durch Tiefflugübungen ausgehenden Gefahren protestierten. Der Bonner Verteidigungsminister Rupert Scholz, damals noch ein Neuling auf dem Ministersessel, verhängte sofort ein Verbot aller Kunstflugvorführungen einschließlich jener der Alliierten über bundesdeutschem Boden. Politiker beider Couleur schoben sich gegenseitig die Verantwortung für die Katastrophe in die Schuhe. Bei einem emotionsgeladenen Gedenkgottesdienst in der Pfarrkirche von Ramstein zitierte der amerikanische Botschafter Richard Burt das Goethewort »Der Tod ist eine Unmöglichkeit, die plötzlich Wirklichkeit wird«, versprach eine gründliche Untersuchung und erinnerte die Deutschen daran, daß die US Air Force für ihre Freiheit fliege.[6]

Als die Zahl der Opfer in den folgenden Monaten auf siebzig anstieg und sich die Bundesregierung Schadenersatzforderungen in Millionenhöhe gegenüber sah, wurde klar, daß die Katastrophe von Ramstein eine Trennlinie zwischen den Bundesdeutschen und der NATO gezogen hatte. Meldungen über katastrophale Mängel im Zusammenwirken der deutschen und amerikanischen Rettungsmannschaften machten die Runde. Obwohl es durch Maschinen der italienischen Luftwaffe verursacht wurde, die keine Einheiten in der Bundesrepublik stationiert hat, verschärfte das Unglück die öffentliche Diskussion um Sinn und Unsinn der militärischen Tiefflugübungen, von denen jährlich 68 000 Stunden über dem Gebiet der Bundesrepublik abgeleistet wurden – davon ein Drittel von der Bundesluftwaffe, zwei Drittel von den Luftstreitkräften der Bündnispartner. Zu einer Zeit, da die Supermächte ihre nuklearen Arsenale reduzierten und der Kreml offen nach Entspannung verlangte, wurden den Bundesdeutschen die Verteidigungslasten in zunehmendem Maße lästig, und manche bezweifelten sogar die Notwendigkeit eigener Streitkräfte schlechthin. Schließlich führte Ramstein zum Wiederaufleben der alten Debatte, ob die Bundesrepublik mit ihrem NATO-Beitritt ihre Souveränität erlangt habe oder ob sie, wie Politiker der Rechten wie der Linken behaupteten, ein besetztes Land geblieben sei.

Wenn alle Spuren des Nazismus und Militarismus nachhaltig und endgültig ausgelöscht sein werden«, sagte Winston Churchill 1945, »dann wird eines Tages für die Deutschen ein Platz in der Gemeinschaft der Nationen sein.«[7] Deutschland hat seinen Platz wieder eingenommen. Preußen und sein Militarismus sind von der Landkarte verschwunden. Bundesrepublik und DDR entstanden aus den Besatzungszonen als getrennte Staaten, jeder Partner seines jeweiligen Militärbündnisses und Wirtschaftssystems. Alle Punkte des Potsdamer Besatzungsstatuts wurden erfüllt bis auf eines, das einst als das wichtigste erachtet worden war: »die vollständige Entwaffnung und Entmilitarisierung Deutschlands«. Überall, auf den »kalten nördlichen Ebenen« ebenso wie in den südlichen Wäldern und Tälern blieben die Besatzer präsent. Im Gegenteil wurden die allenthalben stationierten Streitkräfte sogar noch verstärkt, als in den frühen fünfziger Jahren der Korea-Krieg die Konfrontation zwischen den USA und der Sowjetunion noch verschärfte.

In der DDR steht die Westgruppe der Roten Armee mit 380 000 Mann mit Hauptquartier in Zossen-Wünsdorf südlich Berlins – nicht weit von Großbeeren entfernt, wo das preußische Heer im August 1813 einen Sieg über die Truppen Napoleons errang. Die sowjetischen Luftstreitkräfte auf deutschem Boden werden auf 40 000 Mann geschätzt. Hinzu kamen die 172 000 Soldaten der Nationalen Volksarmee zu Lande, zur See und in der Luft, die rund zur Hälfte aus Wehrpflichtigen gebildet wird. In der Bundesrepublik unterhalten sechs NATO-Staaten – die USA, Großbritannien, Frankreich, Belgien, Kanada und die Niederlande – rund 400 000 Mann an militärischem Personal, darunter über 55 000 Luftwaffensoldaten. Weitere 12 000 Mann haben die USA, Großbritannien und Frankreich in ihren jeweiligen Berliner Sektoren stationiert. Diese Streitkräfte ergänzen die 490 000 Soldaten der Bundeswehr, von denen rund 45% Wehrpflichtige sind.[8]

Auf dem Boden des geteilten Deutschland konzentrierten beide Militärblöcke die gewaltigsten Waffenarsenale der Welt. Allein

21 000 Kampfpanzer – nahezu ein Drittel des Gesamtbestandes zwischen Atlantik und Ural – standen sich dort gegenüber, dazu 7400 Artilleriegeschütze und Granatwerfer, 2250 Kampfflugzeuge und nahezu 900 Hubschrauber. Mehr als 2000 nukleare Sprengköpfe, davon die meisten für Artillerie geeignete Gefechtsfeldwaffen, vermutete man auf bundesdeutschem Boden, nicht weniger in der DDR.

Somit belief sich die Gesamtzahl der in beiden Deutschland aufmarschierten Streitkräfte auf 1,4 Millionen Mann an militärischem Personal – nicht gerechnet die Reserven. In der Bundesrepublik und West-Berlin standen 685 000 Mann zuzüglich 160 000 Mann Luftwaffenpersonal, in der DDR waren es rund eine halbe Million, dazu 80 000 Mann der Luftstreitkräfte. Ein Vergleich mit der Situation im Jahr 1938 erscheint angezeigt. Damals hielt Deutschland auf einem Gebiet, das einschließlich Österreich knapp vierzig Prozent größer war als die beiden deutschen Staaten, etwas über eine Million Mann unter Waffen.[9] Die Truppenkonzentration in den beiden deutschen Staaten – zusammen etwa halb so groß wie der amerikanische Bundesstaat Texas – war also fast doppelt so hoch wie in dem Jahr, in dem Hitler den totalen Krieg vorbereitete. Kein Wunder, daß die Bundesdeutschen schon lange bevor das Wiedervereinigungsfieber ausbrach auf eine Beschleunigung der Wiener Abrüstungsverhandlungen drängten.

Als Vertreter der NATO sind die in Westdeutschland stationierten fremden Truppen Garanten für Freiheit und Demokratie. Doch demonstrierten sie auch auf peinliche Weise, daß Deutschland im großen strategischen Schachspiel zwischen den Supermächten die Rolle sowohl eines Bauern als auch des Schachbretts zugedacht war, sobald es zu einer wie auch immer gearteten militärischen Auseinandersetzung käme.

Der denkwürdige Vertragsabschluß zwischen den USA und der Sowjetunion über den Abbau ihrer nuklearen Mittelstreckenraketen vom Dezember 1987 rückte die immer noch beträchtlichen Bestände an konventionellen und nuklearen Gefechtsfeldwaffen auf deutschem Boden wieder ins Bewußtsein der Bevölkerung. Der historische Brückenschlag zwischen dem Kreml und dem Weißen Haus beeindruckte die Bundesdeutschen – und machte sie begierig auf weitere Abrüstungsschritte. Dabei konzentriert sich die Aufmerksamkeit nunmehr auf die atomaren Kurzstreckenraketen, die nach der Übereinkunft der Supermächte in Europa verblieben – eine Waffengattung, die von den Briten und Amerikanern besonders sorgfältig gehütet wird. Denn im Kriegsfall würden diese Waffen mit ihrer Reichweite von unter 500 Kilometern aus geographischen Gründen alle auf deutschem Boden detonieren.

Der Sozialdemokrat Egon Bahr war einer der ersten prominenten Politiker, die sich offen für eine atomwaffenfreie Zone in Mitteleuropa ausgesprochen haben – eine Politik, die den strategischen Absichten der Briten und Amerikaner gänzlich zuwiderläuft. »Wir sind nicht tapferer als die Japaner«, stellt er fest. »Nach den ersten zehn atomaren Explosionen wäre jeder Wille zur Verteidigung gebrochen.«[10] Helmut Schmidt hat den Wert derartiger nuklearer Kurzstreckenwaffen lange Zeit bezweifelt.[11] Zu mir sagte er: »Was man taktische Waffen nennt, wird denselben psychologischen Effekt auf die Nation der Verteidiger haben wie Hiroshima auf die Japaner. Wenn man einmal eine dieser sogenannten taktischen Waffen anwendet, werden die Deutschen sogleich die Hände hochheben.«[12]

Diese Meinung wird auf der politischen Rechten durchaus geteilt. Volker Rühe, einer der führenden christdemokratischen Wehrexperten, der 1989 als CDU-Generalsekretär zur rechten Hand Helmut Kohls aufstieg, brachte das Problem mit folgenden Worten auf den Punkt: »Je kürzer die Reichweite, desto toter die Deutschen.«

Alfred Dregger, der ultrakonservative Führer der CDU/CSU Bundestagsfraktion, selbst Ostfront-Veteran der deutschen Wehrmacht, glaubt, daß die Bundesrepublik im Konfliktfall Opfer ihrer eigenen Waffen würde. Aus diesem Grunde graut ihm vor allem vor den sogenannten »Gefechtsfeldwaffen«, die gegebenenfalls von der überall in der Bundesrepublik aufgestellten Artillerie der NATO-Partner verschossen werden könnten. »Atomare Artillerie ist eine Waffe, die nur von einem Expeditionskorps in einer Wüste oder in einem Land, um das man sich nicht kümmert, eingesetzt werden kann. Denken Sie daran, was geschehen würde, wenn diese Artillerie von unserer Armee aus Wehrpflichtigen gegen eine unverteidigte Bevölkerung (in Deutschland) eingesetzt würde. Der Krieg wäre vorbei.«[13]

Für viele Deutsche in Ost und West symbolisiert diese geballte Militärmacht auf deutschem Boden eine Nachkriegsordnung, die keinerlei Rücksichten auf die Lebensinteressen der Deutschen nimmt. Die Deutschen befinden sich hier in einer Zwickmühle: Die fremden Armeen stehen sowohl für die Erinnerung an als auch für den Schutz vor den Folgen der eigenen Geschichte, und als 1990 die Mauern zwischen den beiden deutschen Staaten fielen, tauchte sogleich ein neues Problem auf: Wie läßt sich die Anwesenheit fremder Truppen auf deutschem Boden mit der deutschen Einheit vereinbaren? Zum Teil wurde diese Frage im Juli 1990 beantwortet, als Gorbatschow einem Abzug der sowjetischen Truppen bis 1994 im

Rahmen eines Abkommens zustimmte, das dem wiedervereinigten Deutschland zu voller Souveränität verhelfen soll. Als Gegenleistung wird Deutschland seine aus Bundeswehr und Nationaler Volksarmee gebildeten Streitkräfte auf 370 000 Mann abbauen. Mit dem Abzug der sowjetischen West-Gruppe beginnt automatisch der Countdown für den Abzug auch der ausländischen NATO-Einheiten. So sind schon für die nächsten Jahre drastische Verringerungen der amerikanischen, britischen und französischen Truppenkontingente auf westdeutschem Boden geplant. Die USA freilich wollen ungeachtet des totalen sowjetischen Abzugs weiterhin eine Streitmacht von 70 000–100 000 Mann im Westen Deutschlands unterhalten – quasi als Garantie gegen eine Destabilisierung der politischen Lage in Mitteleuropa. Ob der amerikanische Steuerzahler – oder die Deutschen angesichts ihrer neugewonnenen Souveränität – eine solche Politik hinnehmen werden, bleibt abzuwarten.

Die militärische Besetzung Deutschlands endete offiziell am 5. Mai 1955 mit dem Inkrafttreten des Deutschland-Vertrags, durch den die Bundesrepublik »die volle Macht eines souveränen Staates über ihre inneren und äußeren Angelegenheiten« erhielt. Am 6. Mai wurde der westdeutsche Staat Mitglied der NATO. Gleichzeitig ersetzten Vereinbarungen über die Stationierung alliierter Truppenkontingente das bis dahin gültige Besatzungsstatut, das die Militärpräsenz der Alliierten geregelt hatte. In den nächsten vier Jahren wurde eine detaillierte Übereinkunft zur Festlegung der »speziellen Bedingungen« für die Stationierung ausländischer Truppen auf bundesdeutschem Boden ausgearbeitet. Dieses Zusatzabkommen zum NATO-Truppenstatut zwischen der Bundesrepublik und den sechs NATO-Partnerstaaten, die Kontingente auf westdeutschem Boden unterhalten, trat 1963 in Kraft. Seither laufen alle operativen militärischen Maßnahmen in der Bundesrepublik auf der Basis einer nahezu reibungslos funktionierenden internationalen Zusammenarbeit ab.

In der Folge der Katastrophe von Ramstein freilich begannen bundesdeutsche Politiker die alten Verträge noch einmal zu prüfen und stellten unter Wehklagen fest, daß die NATO-Einheiten zumindest teilweise außerhalb des deutschen Rechts stehen. Denn das Zusatzabkommen billigte den NATO-Truppen – wenn auch mit Einschränkungen, um die bundesdeutschen Interessen und die Rechtsprechung zu wahren – folgende Rechte zu:

- Eine Truppe, ein ziviles Gefolge, ihre Mitglieder und Angehörigen sind berechtigt, mit Land-, Wasser- und Luftfahrzeugen die Grenzen der Bundesrepublik zu überqueren sowie sich in und über dem Bundesgebiet zu bewegen (Artikel 57).

- Eine Truppe hat das Recht, Manöver und andere Übungen im Luftraum in dem Umfang durchzuführen, der zur Erfüllung ihrer Verteidigungsaufgabe erforderlich ist und mit dem von dem Obersten Befehlshaber der verbündeten Streitkräfte in Europa oder einer anderen zuständigen Behörde der Nordatlantikvertragsorganisation etwa herausgegebenen Befehlen oder Empfehlungen übereinstimmt (Artikel 46).
- Eine Truppe und ein ziviles Gefolge können innerhalb der ihnen zur ausschließlichen Nutzung überlassenen Liegenschaften die zur befriedigenden Erfüllung ihrer Verteidigungspflichten erforderlichen Maßnahmen treffen (Artikel 53).

Rudolf Scharping, der Vorsitzende der rheinland-pfälzischen SPD, der seit Jahren an der Spitze einer Kampagne gegen die übergroße amerikanische Militärpräsenz in diesem Bundesland steht, beklagt, daß die NATO-Vereinbarungen »die westdeutsche Souveränität beschränken«. Stimmen aus dem rechten Lager stimmten sogleich in diesen Tenor ein. Eine Woche nach der Katastrophe von Ramstein witterte die konservative Frankfurter Allgemeine Zeitung in einem bitteren Leitartikel gar eine Art Verschwörung zwischen den Bundespolitikern und der NATO-Spitze: »Anders als ihre Bündnispartner ist die Bundesrepublik nicht voll souverän. Dieser den Fachleuten geläufige Sachverhalt ist von den Politikern in der öffentlichen Diskussion stets weitgehend ausgespart und mit Schweigen übergangen worden.«[14] Und ähnlich der teilweisen Übereinstimmung zwischen Dregger und Bahr ergab sich auch über dieser Frage ein Konsens zwischen Linken und Rechten. So stieß der linksorientierte STERN ins gleiche Horn: »Fast ein halbes Jahrhundert nach Kriegsende ist die Bundesrepublik noch immer ein Staat minderer, eingeschränkter Souveränität. Verträge, die in wichtigen Passagen geheim sind, degradieren die Deutschen zu einer Art Juniorpartner in der Allianz, räumen fremden Staaten Hoheitsrechte auf dem Gebiet der Bundesrepublik ein.«[15]

Alfred Mechtersheimer, der Wehrexperte der Grünen, diente einst als Leutnant in der Bundesluftwaffe. Bezüglich der Stellung seines Landes zur NATO vertritt er eine kompromißlose Auffassung, die gleichwohl von vielen Normalbürgern geteilt wird: »Wenn ausländische Truppen in einem Land stehen«, postuliert er, »kann das Land nicht souverän sein. Zu denken, daß die Präsenz ausländischer Streitkräfte hier unsere Sicherheit verstärkt, ist einfach nur das Verdrängen unangenehmer Gedanken aus unseren Köpfen. Wir werden das Schlachtfeld sein! Wir würden zerstört werden!«[16]

Selbst Kanzlerberater Horst Teltschik goß in dieser Frage Öl ins Feuer, als er sich 1988 gegenüber dem amerikanischen Botschafter Richard Burt darüber beklagte, daß seine Nachmittagsschläfchen während eines Urlaubs am Tegernsee durch tieffliegende Militärmaschinen empfindlich gestört worden seien.

Burt weiß die Belastungen, denen die Menschen in der Bundesrepublik durch die hohe Militärpräsenz ausgesetzt sind, durchaus richtig einzuschätzen. Schon 1986 hat er den enormen Einsatz der Bundesrepublik für die Belange der NATO hervorgehoben: Kein anderes Land habe »eine solche Dichte von Militärpersonal, militärischen Einrichtungen oder militärischen Aktivitäten auf seinem Boden«. Westdeutschland, so stellte er fest, stelle den alliierten Streitkräften 4000 militärischen Einrichtungen und Übungszonen kostenlos zur Verfügung, und jedes Jahr fänden im bundesdeutschen Luftraum 50000 Einsätze der sieben alliierten Luftwaffen statt. »Diese Belastung der westdeutschen Bevölkerung mit Lärm, Verkehrsbehinderungen, Manöverschäden und anderen Unannehmlichkeiten ist einzigartig.«[17]

Diese Einzigartigkeit hat mitunter schlimme Folgen. Nur vier Monate nach Ramstein stürzte ein amerikanisches »Thunderbolt« Tiefangriffsflugzeug bei einem Übungsflug über Remscheid ab, tötete sechs Menschen, verletzte fünfzig und hinterließ Verwüstungen wie nach einem Luftangriff. Es war dies in jenem Jahr der dreißigste Flugunfall, an dem eine Militärmaschine beteiligt war – dreimal hatten abstürzende Kampfflugzeuge westdeutsche Atomkraftwerke nur knapp verfehlt. Kein Wunder, daß sich inzwischen 89 Prozent der Bevölkerung für eine Beendigung der Tiefflugübungen über deutschem Boden aussprechen. Denn auch wenn die Jets am Himmel bleiben, tummeln sie sich dort nicht ohne Folgen: Nach Berichten der Gesundheitsbehörden leidet die Bevölkerung in Tieffluggebieten an Gehörschäden und Kreislaufproblemen.

Um die Gemüter zu beruhigen, sprach sich auch die Bundesregierung für eine Reduzierung der Tiefflugübungen aus, während die NATO-Luftstreitkräfte darauf beharrten, daß eine Reduzierung der Übungsflüge unter 450 Metern ihre Gefechtsbereitschaft beeinträchtigen würde. In seltener Eintracht unterstützten alle politischen Parteien die Aussetzung aller militärischen Tiefflüge zumindest bis zum Jahreswechsel, und Dutzende lokaler Protestbewegungen erhoben sich für ein endgültiges Verbot. Eine der aktivsten befindet sich in dem malerischen Weinort Deidesheim, nicht weit vom Schauplatz der Tragödie von Ramstein entfernt und direkt unter einer vielbenutzten Luftstraße der dort stationierten Jets. Renate Wittkugel-Hiller ist die Initiatorin der inzwischen 120 Mitglieder zählenden Initiative. »Das hat nichts mit antiamerikanischen Gefühlen zu tun«, erklärte sie mir – und in der Tat: sie ist selbst mit einem Amerikaner verheiratet, der ein Pfälzer Weingut mitbewirtschaftet. »Das ist eine Frage des Prinzips – es ist eine große Belastung.« Durch den Fluglärm untertags könnten die Kinder des nachts nicht mehr schlafen. Am besten wäre es, wenn Ramstein völlig geschlossen würde.[18]

Doch danach sieht es nicht aus. Denn trotz mancher wohlklingenden Verträge, die das Klima zwischen Siegern und Besiegten normalisieren sollten, wurden die Besatzungsrechte der einstigen Kriegsgegner nie ganz außer Kraft gesetzt.

Die ausländischen Militärrechte über »Deutschland als Ganzes« zeigten sich am augenfälligsten in Berlin, wo die vier Siegermächte die Oberhoheit innehatten. Aber Reste der einstigen Besatzungsrechte traten auch in der Bundesrepublik sowie in der DDR zutage. So unterhielt die Sowjetunion drei Militärmissionen mir rund fünfzig Mann an militärischem Personal auf bundesdeutschem Boden, nämlich in Frankfurt, Bünde (Westfalen) und Baden-Baden, also den ehemaligen Hauptquartieren der einstigen westlichen Besatzungszonen. Im Gegenzug unterhielten Großbritannien, Frankreich und die USA ihre Militärmissionen in der alten preußischen Königsstadt Potsdam. Die Angehörigen der Militärmissionen galten allgemein als Mitglieder der jeweiligen militärischen Nachrichtendienste. Sie unterstanden nicht der west- oder ostdeutschen Gerichtsbarkeit, sondern waren ausschließlich dem Oberkommandierenden der jeweiligen Besatzungsmacht verantwortlich.

Ebenso wurde die Hoheit an der deutsch-deutschen Grenze nicht etwa von der Bundeswehr, sondern von den amerikanischen und britischen Streitkräften ausgeübt. Jahrzehntelang wurden die US-Basen in der Bundesrepublik ohne Zustimmung der Bonner Behörden zur logistischen Unterstützung amerikanischer Militäraktionen auf der ganzen Welt genutzt, angefangen vom Vietnamkrieg bis hin zu den Aktionen gegen Libyen oder dem Aufmarsch am Persischen Golf. Die Alliierten erfreuen sich auch weitgehender Rechte über die militärischen Übungsplätze, die ihnen nach dem Krieg garantiert wurden. Von den zwanzig großen Manöverplätzen der Bundesrepublik – viele davon noch aus königlich preußischen Zeit – wurden dreizehn von der Bundeswehr, sieben von den Alliierten betrieben. Ein Prozent des gesamten Territoriums der Bundesrepublik ist militärischen Zwecken vorbehalten. Dabei haben die Bundesbürger zwar Anspruch auf Ersatz der entstandenen Manöverschäden, aber die alliierten Streitkräfte können deshalb nicht rechtlich belangt werden. In Rechtsstreitigkeiten über militärische Angelegenheiten mußten die Geschädigten stellvertretend gegen die Bonner Regierung klagen.

Doch nicht erst seit Ramstein fühlen sich die Bundesdeutschen in der westlichen Allianz alleingelassen. So löste das 1987 zwischen den Supermächten ausgehandelte Abkommen zur Abschaffung nuklearer Mittelstreckenraketen heftige Diskussionen aus, und zwar nicht nur über die verbliebenen Atomwaffen, sondern nicht weniger über neue Raketen, die Großbritannien und die USA anstelle der alten in der Bundesrepublik zu stationieren gedachten. In seltener Eintracht stellten sich sowohl die Christdemokraten als auch die Sozialdemokraten gegen die Pläne der beiden nuklearen Vormächte der Allianz, in den neunziger Jahren eine neue Generation verbesserter Atomraketen aufzustellen.

Die westdeutschen Proteste zeigten Anfangs nur wenig Wirkung. Im Gegenteil verteidigten der amerikanische NATO-Oberkommandierende in Europa, General John Galvin, vehement die Pläne seiner Regierung, die veralteten Lance-Raketen mit ihrer Reichweite von 150 Kilometern und einer Sprengkraft von einer bis zehn Kilotonnen TNT durch neue Waffen mit einer Reichweite von 450 Kilometern zu ersetzen. Mit einem jener arg volkstümlichen Vergleiche, wie sie unter amerikanischen Vier-Sterne-Generalen so beliebt sind, erklärte er anläßlich eines öffentlichen Auftritts in Bonn, daß die amerikanische Nachrüstung nichts anderes sei, als wenn ein Reiseveranstalter einen Teil seines Omnibus-Fuhrparks durch neuere Modelle ersetzt. »Die neuen Busse werden besser und bequemer als die alten sein.«[19]

Die britische Premierministerin Margaret Thatcher sieht in den deutschen Empfindlichkeiten nur eine ursächliche Folge der Niederlage im Zweiten Weltkrieg. »Die Deutschen haben die wichtigen Armeen auf ihrem Boden, weil sie an der Front sind. Das ist Geographie kombiniert mit Geschichte«, erklärte sie einem britischen Fernsehmoderator und fügte hinzu: »Wenn man an der Front ist, dann würde man, wenn sie (der Feind) diese Front überschreiten, natürlich das erste Opfer werden, sofern man nicht alle Schlachten gewinnt. Schauen Sie auf die Geschichte. Man kann die Geschichte nicht leugnen. Man kann nicht abstreiten, daß es Hitler war, der den letzten Weltkrieg auslöste, der besiegt werden mußte, und daß für die

Deutschen die Freiheit an dem Tag begann, an dem der Westen gesiegt hatte. Die Deutschen wissen das. Es ist ihre Geographie, es ist ihre Geschichte. Sie stehen an der Front, und je größer ihr Widerstandswillen, desto sicherer der Frieden.«[20]

Frau Thatchers Taktlosigkeit in der Nachrüstungsfrage wurde von einigen schweren politischen Fehlern begleitet, die dem Foreign Office im Winter 1988/89 unterliefen. Man unterschätzte in London die Zwickmühle, in der Bundeskanzler Kohl in der Nachrüstungsfrage steckte, und erwartete fälschlicherweise, er werde Anfang 1989 eine rasche Entscheidung zugunsten einer Modernisierung der Lance-Raketen erzwingen. Auf diese Weise verlor Großbritannien in einer kritischen Phase der bundesdeutschen Politik entscheidend an Einfluß. Entgegen den Erwartungen Londons lehnte die Bundesregierung im Frühjahr 1989 den Plan Großbritanniens und der USA zur sofortigen Modernisierung des Lance-Waffensystems erfolgreich ab. Mit der deutschen Wiedervereinigung erübrigte sich das Nachrüstungsvorhaben, und 1990 wurde der Plan auf Drängen der USA auch von der Nato zu den Akten gelegt.

Doch ungeachtet des versöhnlichen Ausgangs ist eine Narbe zurückgeblieben. Denn die Auseinandersetzung hat mit dazu beigetragen, daß das NATO-Konzept der nuklearen Abschreckung – also die Option, einen konventionellen Angriff des Warschauer Paktes auf die Bundesrepublik mit Atomwaffen zu beantworten – in der bundesdeutschen Öffentlichkeit rasant an Glaubwürdigkeit verlor. Einer Meinungsumfrage aus dem Jahr 1988 zufolge, setzen nur noch 20 Prozent der Bevölkerung Vertrauen in die Abschreckung.[21] Immerhin wünschen noch drei Viertel der Bundesbürger, daß ihr Land in der NATO verbleibt, und immer noch ist eine Mehrheit davon überzeugt, daß die amerikanischen Truppen in Europa über den Frieden wachen. Doch schon spricht sich eine wachsende Minderheit für einen amerikanischen Truppenabzug aus. 37 Prozent würden eine solche Entwicklung begrüßen, 38 Prozent fänden sie bedauerlich.[22] Dementsprechend ist die Furcht vor einem Angriff des Warschauer Paktes drastisch zurückgegangen. Während auf dem Höhepunkt des Kalten Krieges 1961 über 60 Prozent mit einem solchen Angriff rechneten und sich Anfang der achtziger Jahre immer noch 45 Prozent über die militärische Bedrohung aus dem Osten sorgten, taten dies 1990 nur noch ganze 18 Prozent.

Mit dem Gefühl der Bedrohung schwand auch die Bereitschaft, Verteidigungslasten hinzunehmen. Ende 1988 setzten nur noch 67 Prozent der Bevölkerung Vertrauen in die Bundeswehr – recht wenig angesichts der üblichen 75 Prozent in den zwei Jahrzehnten zuvor.

Entsprechend gesunken ist auch das Ansehen des Militärs. Knapp 40 Prozent der jungen Männer im wehrpflichtigen Alter halten die Soldaten der Bundeswehr für »potentielle Mörder«, und 40 Prozent der Gesamtbevölkerung befürworten eine Kürzung der Verteidigungsausgaben – gegenüber 20 bis höchstens 30 Prozent seit den sechziger Jahren. Ein weiterer Indikator für das Anwachsen pazifistischer Strömungen ist der Anstieg der Wehrdienstverweigerer. 1988 leistete jeder achte Wehrpflichtige dem Einberufungsbefehl nicht Folge.

Schon über ein Jahr, bevor die Berliner Mauer fiel, stellte Bundesverteidigungsminister Rupert Scholz das Dahinschwinden des Konsens über die Notwendigkeit der Verteidigung vor unüberwindliche Probleme. Der gebürtige Berliner des Jahrgangs 1937 war der neunte Amtsträger seit Einführung der Bundeswehr und des Bundesverteidigungsministeriums 1955. Professor für Verfassungsrecht, steif und bebrillt, war Scholz, der nie gedient hatte, einer der unkriegerischsten Verteidigungsminister in der Geschichte der Bundesrepublik. Doch ließ er nur selten eine Gelegenheit aus, von seinen Jugenderinnerungen an die Bombennächte in Berlin zu berichten – und er war auch jener Inhaber dieses Ministersessels, der denselben am schnellsten wieder verließ. Denn schon im April 1989 fiel er einer Kabinettsumbildung Bundeskanzler Kohls zum Opfer.

Scholz war gewiß alles andere als ein Militarist. Dennoch galt er bald als arrogant, und er verscherzte sich die Gunst der Wähler, indem er sich weigerte, der Tatsache Rechnung zu tragen, daß sich die Stimmung im Land zunehmend gegen das Militär wandte. Nach nur elf Monaten Amtszeit wurde er durch den vormaligen Finanzminister Gerhard Stoltenberg ersetzt, den angesichts sinkender Etats und Mannschaftsstärken eine undankbare Aufgabe erwartete.

Mag Scholz auch an der Aufgabe einer allgemeinen Klimaverbesserung zugunsten der Bundeswehr gescheitert sein, so erkannte er doch sehr scharfsinnig, welche Gründe hinter der zunehmenden Unzufriedenheit der Bundesdeutschen mit dem militärischen Status quo stehen. Der westdeutsche Verteidigungskonsens sei nach dem Krieg unter dem Eindruck einer latenten Bedrohung aus dem Osten aufgebaut worden, setzte mir Scholz auf der Hardthöhe auseinander.[23] Nachdem durch Gorbatschows Entspannungspolitik dieses Gefühl der Bedrohung schwinde, müsse sich die Bundeswehr zunehmend Fragen nach »Legitimität und Notwendigkeit der Verteidigung« stellen. Scholz beklagte, daß »viele Westdeutsche sich nicht genügend bewußt sind, daß Verteidigung ein selbstverständlicher Teil der Staatlichkeit ist. Das spiegelt die Tatsache wider, daß für viele Jahre die Bundesrepublik durch die Teilung Deutschlands einen provisorischen Charakter hatte.« Die Bundesdeutschen hätten eine »empfindliche Psyche«, erklärt Scholz weiter, die ihr Verlangen nach Frieden und Freiheit noch steigere. Denn »der Zweite Weltkrieg ist nicht vergessen. Er wurde nicht aus dem Bewußtsein der Menschen getilgt. Unbewußt lebt er noch immer weiter. Die Katastrophe 1945, der schreckliche Krieg und die schreckliche Zeit des Nationalsozialismus sind im Bewußtsein der Menschen noch immer gegenwärtig.«

Scholz ist auch ein sensibler Mann. Als er im Oktober 1988 in Begleitung Bundeskanzler Kohls nach Moskau reiste, sagte er vor einem Auditorium von sowjetischen Panzeroffizieren: »Ich war niemals Soldat, aber ich kenne die Schrecken des Krieges aus eigener Erfahrung. Mein Vater fiel 1943 in Stalingrad. Damals war ich ein Kind. Und als Kind lebte ich im Zweiten Weltkrieg in Berlin. Ich bin mir meiner Verantwortung heute voll bewußt, meine ganze Kraft der Sicherheit, der Verhinderung eines Krieges und dem Frieden zu widmen.«[24]

Es war dies eine Ansprache, der auch in der Bundesrepublik kaum ein Mensch widersprochen hätte. Nur – werden die Deutschen den Frieden erhalten, wenn sie weniger denn je bereit sind, eine Armee zu unterhalten?

Die in der Bundesrepublik stationierten NATO-Truppen stehen in acht Operationssektoren gegliedert entlang den Grenzen zur DDR und zur Tschechoslowakei. Britische, niederländische, belgische und bundesdeutsche Einheiten bilden die nördliche Armeegruppe, US-Truppen und das Gros der Bundeswehr die zentrale Armeegruppe. Im Süden stehen kanadische und französische Einheiten, im Norden eine amerikanische Brigade als Reserven bereit. Ihnen standen an der 1380 Kilometer langen deutsch-deutschen Grenze an sowjetischen Kerntruppen die 2. Gardepanzerarmee im Norden, die 3. Gardearmee im Zentrum und die 8. Infanteriearmee im Süden gegenüber.

Das Nervenzentrum der amerikanischen Streitkräfte in Europa befindet sich in Stuttgart. Dort ist das Hauptquartier der US-Streitkräfte seit 1967 im Vorort Vaihingen in Kasernen untergebracht, die einst dem 7. Panzerregiment der deutschen Wehrmacht als Unterkunft dienten. Das US-Europa-Kommando verfügt über 326 000 Mann militärisches Personal, verteilt auf Land-, See- und Luftstreitkräfte. Drei Viertel davon leisten ihren Dienst in der Bundesrepublik, verteilt auf 211 Heeres- und 13 Luftwaffenstützpunkte. Tapfer erklärt sich das Kommando für nicht weniger als 77 Länder in Europa, Afrika und dem Nahen Osten verantwortlich, darunter auch alle Mitgliedsländer des Warschauer Pakts.

Die wichtigste Einsatzzentrale der amerikanischen Streitkräfte befindet sich ebenfalls in Stuttgart. Sie ist in einem Barackenkomplex im Vorort Möhringen untergebracht, den die Wehrmacht zur Ausbildung von Luftwaffenhelferinnen benutzte. Heute bildet er das Hauptquartier für die 70 000 auf Bayern und Baden-Württemberg verteilten Soldaten des VII Corps, die dort mit rund 90 000 Familienangehörigen leben. Das Corps stieß nach der Invasion in der Normandie bis nach Deutschland vor, kehrte 1945 in die USA zurück und kam als Teil der amerikanischen Truppenverstärkungen in der Folge des Koreakriegs wieder nach Deutschland.

General Ronald Watts, der Kommandeur des VII Corps, ein hohlwangiger Offizier, setzt mir auseinander, daß die Erfahrung des Zweiten Weltkriegs »uns lehrt, starke Streitkräfte auch in Friedenszeiten zu unterhalten«.[25] Seine Truppen benötigten einen hohen Grad an Einsatzbereitschaft, mögen die Deutschen auch noch so sehr über Manöverschäden klagen. »Die Washington Redskins gehen schließlich auch nicht ohne Training zu ihren Spielen.« Und militärisch knapp fügt er hinzu: »Wir sind bereit zu kämpfen, wann immer es nötig ist, und Feindseligkeiten auf für die Allianz vorteilhafte Weise zu beenden.« Um der nachlassenden Wachsamkeit der Bundesdeutschen gegenüber der Bedrohung aus dem Osten zu begegnen, gab Watts regelmäßige »Gefahrenberichte« an Geschäftsleute und einflußreiche lokale Gruppen. Er betont, daß der Warschauer Pakt 90 Divisionen oder rund eine Million Mann gegen die europäischen NATO-Armeen hat aufmarschieren lassen. Der Pakt besitzt eine Überlegenheit von 3 zu 1 bei Panzern und von 3–4 zu 1 bei der Artillerie. »Wir müssen versuchen, die Öffentlichkeit über unsere Sicht der Dinge aufzuklären«, meint General Watts. »Wir können die Bedrohung nicht nach unseren Wünschen formen, sondern müssen sie nehmen, wie sie ist.«

Doch wie fügen sich die amerikanischen Soldaten in das Leben der Städte und Gemeinden? Der Verfall des Dollar hat in den letzten Jahren die Kaufkraft der Armeeangehörigen beschnitten, hat das Gemeinschaftsleben der Soldaten behindert und aller Welt den Niedergang der amerikanischen Wirtschaft vor Augen geführt. Schon haben einige süddeutsche Taxifahrer Sondertarife für die Not leidenden GIs eingeführt, und 1987 wirkte die amerikanische Botschaft an einer Spendenaktion mit, die in bundesdeutschen Wirtschaftskreisen 4 Millionen Mark erbrachte, die dazu bestimmt waren, die oft dürftigen Kontakte der Soldaten mit den Bundesbürgern zu verbessern.

Die US Army bemühe sich, den Soldaten auch in der Fremde ein Zuhause zu bieten, erklärt General Watts und weist energisch die Vorstellung zurück, seine Männer würden in einem Ghetto leben.Im übrigen sei die Qualität seiner Soldaten »die beste, die ich je gesehen habe in 32 Jahren... Sie haben Sprachkurse absolviert – das macht sie nicht zu Linguisten, aber sie können nach dem Bahnhof fragen oder sich eine Mahlzeit bestellen.«

Könnte der Tag kommen, an dem man die amerikanischen Truppen in Deutschland nicht mehr braucht? Der General schüttelt den Kopf: »Nur wenn eine Situation entsteht, die das enorme militärische Potential, das uns bedroht, zum Verschwinden bringt. Doch dafür sehe ich keinerlei Anzeichen.«

Die zweite Kerntruppe der US-Army in Deutschland ist das V. Corps, als Einheit ebenfalls ein Veteran aus dem Zweiten Weltkrieg. Einer Einheit des V. Corps gelang 1945 die historische Vereinigung mit den Russen an der Elbe. 1951 kehrte das Corps wieder nach Deutschland zurück, und seit 1952 befindet sich sein Hauptquartier in Frankfurt am Main. General John Woodmansee, der Kommandeur, befehligt seine Truppe von einem Gebäude nordwestlich der City, das eine denkwürdige Geschichte hat. Dort nämlich residierte einst die Geschäftsleitung des Chemiegiganten I.G.-Farben. Woodmansee ist ein hagerer, extrovertierter Mann, der an diesem Tag gerade vom Jogging im Regen zurückgekommen ist. Er redet schnell und ist umgeben von einem Stab nicht minder flinker Ordonnanzen.

Bei den massiven Bombenangriffen, die Frankfurt zum größten Teil in Schutt und Asche legten, blieb das massive Bauwerk, das man anstelle einer ehemaligen Nervenklinik in die schöne Parklandschaft gesetzt hatte, merkwürdigerweise verschont. Es heißt, daß die Amerikaner es schon während des Krieges als ihr künftigen Hauptquartier ins Auge gefaßt und deshalb verschont hätten. 1945 wurden hier sowohl das Hauptquartier der alliierten Streitkräfte in Europa als auch der US-Militärgouverneur untergebracht. Sieben Jahre später zog der Stab des V. Corps ein.

Auf seinem Lageplan zeigt General Woodmansee auf, warum er und die 60000 Soldaten seines Corps immer noch hier stationiert sind: »Es ist sicher kein Zufall, daß man die Verteidigung der gefährdetsten Einfallstraße im Zentrum der Front dem V. Corps übertrug.« Diese Einfallstraße wird auch der »Hessische Korridor« genannt. Sie erstreckt sich vom Thüringer Wald bis zum Ballungsraum um die Finanzmetropole Frankfurt. Auf diesem Weg würde die sowjetische 8. Infanteriearmee im Konfliktfall vorstoßen. »Wenn sie bis zu Rhein und Main vorstoßen und die wichtigsten Luftstützpunkte besetzen würden, wäre der Krieg vorbei«, meint Woodmansee. »Ich glaube nicht einmal, daß es größere Schäden gäbe. Wäre ich die sowjetische 8. Armee, würde ich mich nicht mit Frankfurt aufhalten. Ich würde die Parade anführen wollen. Aber ich würde die größeren Anlagen nicht in Schutt und Asche legen.«[26]

Würde denn der Einsatz nuklearer Waffen nicht großflächige Verwüstungen mit sich bringen? Woodmansee antwortet, daß sowohl die Lance-Raketen als auch seine atomare Artillerie oder die Sprengköpfe der Air Force nur die allerletzte Karte darstellten: »Nur wenn alles andere versagt, hauen wir ihnen Atomwaffen um die Ohren. Viel lieber würden wir dieses Gebiet im Ernstfall konventionell verteidigen. Wir glauben auch, daß dies ein erreichbares Ziel ist ... Wenn es uns gelingt, die 8. Armee in den ersten Kriegstagen östlich des Vogelsbergs zu zerschlagen – warum sollten wir dann noch Öl ins Feuer gießen, indem wir mit Atomwaffen um uns werfen?«

Natürlich gibt es auch alternative Planspiele, die zu einem Einsatz von Kernwaffen führen würden – und dies ist genau die Situation, die den Bundesdeutschen schlaflose Nächte bereitet. Woodmansee spricht das Dilemma mit unwiderlegbarer militärischer Logik aus: »Sollte es der 8. Armee gelingen, das Gros des V. Corps zu zerschlagen, in zwei Tagen zu Rhein und Main vorzustoßen, die Luftherrschaft zu gewinnen und so den Nachschub auf dem Lufweg abzuschneiden und sollte General Saint (der in Heidelberg stationierte Oberkommandierende der amerikanischen Streitkräfte in Europa) über keine Reserven mehr verfügen, dann ist die Situation da, in der wir uns fragen müssen, ob wir kapitulieren oder Atomwaffen einsetzen wollen.«

In diesem Fall, so meint er, läge die Entscheidung bei den Politikern. Da diese Frage über das Schicksal von Millionen Menschen in einer der höchstentwickelten Regionen entscheiden würde, sieht sich Woodmansee außerstande, irgendwelche Spekulationen darüber anzustellen, wie eine solche Entscheidung gegebenenfalls aussehen würde.

Woodmansee ist klar, daß die Bundesdeutschen die militärischen Aktivitäten seiner Soldaten als lästig empfinden – auch die Politiker. Schließlich konkurrieren Christdemokraten wie Sozialdemokraten um die Stimmen verärgerter Anwohner: »Man hört vermehrt von Lokalpolitikern in der Umgebung, denen es nicht gefällt, daß ab und an ein Hubschrauber ein erntereifes Feld verwüstet, die Frage, ob all diese Manöver wirklich nötig sind, ob es sein muß, daß wir in der

Nacht Schüsse abfeuern. Die Last, Waffen zu tragen und kampfbereit zu sein, erscheint größer als der Vorteil, beschützt zu werden. Die Deutschen wollen auch gar nicht, daß wir abziehen. Sie wollen uns nur nicht in ihrer Nachbarschaft haben.«

Daß die Deutschen den amerikanischen Truppen mit sehr gemischten Gefühlen gegenüberstehen, wurde 1990 deutlich, als die Amerikaner weitgehende Truppenreduzierungen in Europa ankündigten. 60 000 amerikanische Soldaten werden in den nächsten Jahren Deutschland verlassen.Die US-Streitkräfte bringen der deutschen Wirtschaft einen geschätzten Jahresumsatz von jährlich 12 Milliarden Mark. 170 000 Bundesbürger finden durch die Stationierung direkt oder indirekt ihr Auskommen. Daß gerade Rheinland-Pfalz, wo 22 000 Bundesbürger in acht NATO-Luftwaffenstützpunkten beschäftigt sind – unter anderem auch in Ramstein –, die größten Verluste an Arbeitsplätzen zu erwarten hat, ist eine Ironie des Schicksals. Woodmansee hat Verständnis für die Empfindlichkeiten der Westdeutschen: »Es ist nicht normal, daß ein Land dauernd Streitkräfte einer fremden Macht auf seinem Territorium stationiert hat. Das ist kein Dauerzustand ... Deshalb muß man diplomatisch sein, wenn man in der amerikanischen Armee dient.«

Als im April 1945 französische Einheiten auf Baden-Baden vorrückten, fürchteten geschichtskundige Einwohner eine Wiederholung der Ereignisse von 1689, als das berühmteste deutsche Thermalbad von den Truppen Ludwigs XIV. geschliffen worden war. Zum Glück ließ sich unmittelbar vor dem Zusammenbruch ein deutscher General dazu überreden, die Stadt entgegen seinen Befehlen nicht zu verteidigen. So hatte ihre Eleganz kaum gelitten, als die Franzosen sie zum Sitz der Militärregierung ihrer Besatzungszone erkoren.

In Paris erfreut sich Baden-Baden traditionsgemäß eines ausgezeichneten Rufes als komfortabler Erholungsort. So verdoppelte sich rasch die Bevölkerungszahl, als die französische Armee mit ihrem Troß an Verwaltungspersonal einzog. Die Franzosen nannten ihre Neuerwerbung ein »zweites Vichy« und belegten rasch sämtliche Hotels und Thermaleinrichtungen, Garagen, Geschäfte und das Theater. Sie requirierten Villen und Wohnungen und schlugen die umliegenden Wälder, um die in Frankreich herrschende Energieknappheit zu mildern.

Die Ortsansässigen haben diese Eskapaden der Besatzer noch nicht vergessen, doch General Louis Brette, ein zäher, grauhaariger Sechziger, Fallschirmjäger und Veteran der Fremdenlegion, der die französischen Streitkräfte in der Bundesrepublik seit 1987 kommandiert, beharrt darauf, daß die Beziehungen seiner Soldaten zu ihren deutschen Gastgebern ein Muster an Eintracht und Geselligkeit sind.[27] Die fünf Töchter des Generals lernten Deutsch als erste Fremdsprache. Brette ist der Typ des französischen Bonvivants mit Geschmack und Manieren. Im Gespräch in seinem lichten, großzügigen Büro im Baden-Badener Hauptquartier kommt er geradezu ins Schwärmen: »Die Aufnahme hier ist nicht nur ermutigend, sie ist geradezu enthusiastisch. Anhand seines großen Terminkalenders zeigt er mir, zu wievielen festlichen Diners und gesellschaftlichen Anlässen er geladen ist – meist zusammen mit dem Bürgermeister.

Die 48 000 französischen Soldaten mit ihren 300 Panzern, die in der Bundesrepublik stationiert sind, gehören zur 1. Armee mit Hauptquartier in Straßburg. Weitere 2700 Mann stehen als Besatzungstruppen in West-Berlin. Seit Frankreich 1966 seine Einheiten dem gemeinsamen Oberkommando der NATO entzogen hat, sind die französischen Einheiten keinem bestimmten Operationsfeld zur Verteidigung der Bundesrepublik mehr zugeordnet. Rechtlich beschränkt sich ihre Rolle auf die Verteidigung des französischen Staatsgebietes. Unter der Regierung Mitterrand würden die französischen Einheiten jedoch im Konfliktfall der Bundesrepublik beistehen, und französische Truppen nehmen wieder an Übungen mit der Bundeswehr und anderen NATO-Einheiten teil. Dennoch ist grundsätzlich ungeklärt, wie sich die Franzosen im Kriegsfall verhalten würden, und auch regelmäßige beruhigende Erklärungen aus Paris haben die bundesdeutschen Befürchtungen nicht zerstreuen können, daß Frankreich seine atomaren Kurzstreckenraketen notfalls auch auf Ziele in Deutschland richten würde.

General Brette hebt hervor, daß seine Soldaten, von denen drei Viertel Wehrpflichtige sind, regelmäßig mit Bundeswehrverbänden üben. Verständigungsprobleme und die Schwierigkeiten hinsichtlich der Kompatibilität der unterschiedlichen Waffensysteme spielt er herunter: »Es ist egal, ob es eine britische oder eine französische Kugel ist, solange sie ihr Ziel trifft.« Angesprochen auf die unvermeidlichen Manöverschäden, antwortet er: »Wir sind sehr darauf bedacht, der Bevölkerung so wenig Unannehmlichkeiten wie möglich zu bereiten. Wir versuchen klarzustellen, daß die französischen Streitkräfte nicht hier stehen, um die Westdeutschen zu überwachen, sondern in einer Verteidigungsmission – um Frieden, Freiheit und Unabhängigkeit zu verteidigen.«

Es scheint, als fände der General die Deutschen ebenso bewundernswürdig wie verwirrend, zum Beispiel in Umweltfragen: »Die Franzosen sind viel risikofreudiger. Ein Franzose wird in den Bergen zum ersten Gebirgsbach gehen, auf den er stößt, und das Wasser trinken – er ist nicht so mißtrauisch.«

Könnte eine Zeit kommen, in der die französischen Einheiten in Deutschland nicht mehr gebraucht werden? Der General hält einen kleinen Vortrag, wie die verbündeten Armeen seit 1945 den Frieden in Europa bewahrt haben, und rückt dann mit gallischem Realismus die teutonischen Träume wieder zurecht: »Wir wären alle gern im Garten Eden – aber das wird nicht morgen und nicht übermorgen sein. Wir sollten uns vor Träumen und frommen Hoffnungen hüten.« Den Franzosen jedenfalls gefällt es in Baden-Baden. Lange Zeit hatten sie gar nicht den Wunsch abzuziehen – doch im September 1990 gab Mitterrand endgültig bekannt, daß binnen weniger Jahre fast alle französischen Truppen aus dem wiedervereinigten Deutschland abgezogen werden.

Nach den deutschen Kapitulation richteten die Briten die Heeres- und Luftwaffenhauptquartiere für ihre Besatzungszone in zwei westfälischen Kurorten ein: Bad Oeynhausen und Bad Eilsen. Da damit zu rechnen war, daß die Stationierung von längerer Dauer sein würde, baute die britische Armee 1952 bis 54 ein neues Hauptquartier westlich des Rheins nahe der holländischen Grenze. Man wählte hierzu ein Waldgelände nahe Rheindahlen bei Mönchengladbach.

Englische Truppen in dieser Gegend sind nichts Neues. Schon 1703 nutzte der Herzog von Marlborough im Spanischen Erbfolgekrieg den Wald bei Rheindahlen als Biwak für einen Teil seiner 19000 Rotröcke auf dem Marsch zur Belagerung der von den Franzosen besetzten Stadt Bonn.

Heute ist der Stützpunkt Rheindahlen eine kleine englische Stadt – eine Ansammlung von Kasernen, Unterkünften, Schulen, Kirchen, Geschäften und Sportplätzen. Er ist das Hauptquartier für 55000 Armee- und 11000 Luftwaffenangehörige in Deutschland – nahezu ein Drittel der Armeekräfte , die Großbritannien in Friedenszeiten unterhält, und 40 Prozent aller frontfähigen Kampfflugzeuge der Royal Air Force. Weitere 3000 Mann sind in Berlin stationiert. Mit Zivilpersonal und Familienangehörigen umfaßt die britische Gemeinde in der Bundesrepublik 180000 Seelen. General Sir Brian Kenny, ein Offizier mit lockigem Haar und athletischem Körperbau, ist der Oberkommandierende der britischen Rhein-Armee, die mit 600 Challenger und Chieftain-Panzern ausgerüstet ist. Über die Beziehungen zu den Gemeinden der Region meint er anerkennend. sie seien »besser denn je zuvor«,[28] und »die geringere Toleranz der Bevölkerung gegenüber militärischen Übungen ist eine Frage des modernen Lebens. Der Lebensstandard der westdeutschen Bevölkerung ist gestiegen, und die Erfahrung des Krieges liegt weit zurück.«

Ein Kernpunkt der Auseinandersetzung ist das britische Übungsgelände in der ländlichen Gegend von Senne in Westfalen, das bereits 1890 für die königlich preußische Armee erstmals der militärischen Verwendung zugeführt worden ist. 1945 wurde es den Briten übergeben, verblieb jedoch offiziell im Besitz des Bundes. Nun hat eine Bürgerinitiative versucht, der Bau einer »Gefechtsstadt« zum Training im Straßenkampf zu verhindern. Da sie jedoch die britische Armee nicht vor Gericht zitieren kann, mußte sie die Bundesregierung verklagen – ein Verfahren, das die betroffenen Anrainer zunehmend frustriert. Gelegentlich wird die Rheinarmee auch in kleinere Scharmützel mit Umweltschützern verwickelt, die sich gegen ihre Übungen in der Lüneburger Heide wenden, die ja – anders als Senne – kein geschlossenes Manövergebiet, sondern eine offene Landschaft ist. Auch der Terrorismus bereitet dem Kommandeur einiges Kopfzerbrechen. Zwar werden die Sicherheitsbestimmungen sorgfältig beachtet, aber sporadische Anschläge der IRA auf Unterkünfte und Soldaten außer Dienst sind zu einer unerfreulichen Begleiterscheinung britischen Lebens in der Bundesrepublik geworden.

Eine besondere Art des Rückzugsgefechts hat der Oberkommandierende der Royal Air Force in Westdeutschland zu bestehen: Sir Anthony Skingsley, ein gebildeter Mann, kämpft gegen die Beschränkung der Tiefflugübungen. »Das Problem, das uns die Entwicklung in der Sowjetunion – Gorbatschow und sein Glasnost – beschert hat, ist daß nun alle Welt meint, der Frieden sei ausgebrochen«, grübelt er. »Dies ist aber nicht der Fall. Wir müssen klarstellen, daß wir keine Verminderung der Bedrohung feststellen konnten.«

Skingsley ist für sieben Geschwader Tornado-Jagdbomber verantwortlich – und diese müssen den Tiefflug üben, um das feindliche Radar unterfliegen zu können. In den letzten sechs Jahren habe die RAF die Zahl der Übungstiefflüge bereits um 14 Prozent gekürzt. Trotz der deutschen Proteste wegen der Lärmbelastung besteht er unerbittlich darauf, daß weitere Kürzungen nicht zu vertreten sind.

General Kenny verfolgt die lebhaften Debatten um die Modernisierung der Lance-Kurzstreckenraketen, die einen Teil des britischen nuklearen Arsenals in der Bundesrepublik bilden, mit besonderer Spannung. Er plädiert für die Einführung eines neuen Waffensystems mit größerer Reichweite, das es der Armee ermöglichen würde, einige ihrer Atomhaubitzen zu verschrotten. »Konventionelle Waffen allein können einen Krieg nicht verhindern. Wir brauchen ein Minimum an Kernwaffen, um die NATO-Strategie des flexiblen Gegenschlags glaubwürdig zu halten«, führt er aus. Auch Skingsley glaubt, daß seine Tornados in den neunziger Jahren mit neuen nuklearen Luft-Boden-Raketen ausgerüstet werden müssen.

In den kommenden Jahren werden weder die Amerikaner noch die Briten noch die Franzosen in der Lage sein, den Deutschen zu sagen, welche Waffen auf ihrem Boden stationiert werden müssen. Deutschland und die Sowjetunion haben bereits einen Nichtangriffspakt angekündigt. Und sobald dies geschieht, werden die Deutschen in Ost und West anfangen, nach Sinn und Zweck der NATO zu fragen. Die NATO hat Deutschland über vierzig Nachkriegsjahre hinweg ein wohlbehütetes Dasein gesichert – doch das neue Deutschland wird sie schon in wenigen Jahren nicht mehr brauchen ...

XII
Die Waffenschmiede

Daß die Marine durch ihre in Deutschland erteilten Bauaufträge von Anfang an der Schiffbauindustrie den wesentlichsten und entscheidendsten Impuls gegeben hat, ist den Kennern der Geschichte des deutschen Schiffbaus bekannt.

Alfred von Tirpitz, 1899[1]

Fühlen Sie sich als Industrie, die die Luftwaffe aufzubauen hat, die mit der Luftwaffe bis ins Letzte verbunden ist. Verstehen Sie, daß hier jedes persönliche Interesse zurückzutreten hat. Was bedeutet Ihr Name gegenüber der Nation? ... Was bedeutet das alles, wenn Sie eines Tages Nachttöpfe machen? Das ist ja einerlei.

Hermann Göring in einer Rede vor Luftfahrtindustriellen, 1938[2]

Soll das wiedervereinigte Deutschland das Deutschland von Messerschmitt Bölkow-Blohm, Mercedes und Herrhausen sein?

Stefan Heym, 1989[3]

Als Alfried Krupp von Bohlen und Halbach 1951 aus der Festung Landsberg in Bayern heraus in die Freiheit trat, gab er den Fotografen und Journalisten, die ihn umdrängten, eine improvisierte Pressekonferenz. Gemeinsam mit 28 anderen Kriegsverbrechern hatte man Krupp im Rahmen einer amerikanischen Amnestie vorzeitig entlassen – als Goodwillaktion gegenüber dem westdeutschen Staat, der nunmehr ein Partner im Kampf gegen den Kommunismus geworden war. Zweieinhalb Jahre hatte Krupp in Landsberg verbracht – dem Gefängnis, in dem Hitler 1924 »Mein Kampf« schrieb. Zählt man die Untersuchungshaft hinzu, so hatte er nahezu sechs Jahre hinter Gittern verbracht. Natürlich stellte ihm einer der wartenden Reporter die naheliegende Frage: Würde Krupp wieder Kanonen bauen? Zweifellos dachte er an den zu jener Zeit tobenden Koreakrieg, als er antwortete: »Ich hoffe für Krupp, daß es nie wieder nötig sein wird, zum Waffengeschäft zurückzukehren. Aber was eine Fabrik produziert, hängt schließlich nicht vom Willen des Besitzers ab, sondern von der Politik der Regierung.«[4]

1949 erklärte der junge christlich-soziale Politiker Franz Josef Strauß: »Jedem Deutschen, der noch einmal eine Waffe in die Hand nimmt, soll die Hand abfallen.«[5] Nichtsdestoweniger war der Bayerische Ministerpräsident vor seinem Tod im Herbst 1988 der wirksamste Lobbyist der waffenexportierenden Industrieunternehmen der Bundesrepublik geworden, deren viele sich im Umkreis der schnell wachsenden bayerischen Landeshauptstadt München niedergelassen haben. In den letzten drei Jahrzehnten seit dem NATO-Beitritt der Bundesrepublik haben die deutschen Waffenschmiede zu ihrer alten Meisterschaft zurückgefunden. Eingedenk der Zurückhaltung, die sich die Bundesrepublik nach dem Zweiten Weltkrieg beim Aufbau einer neuen Rüstungsindustrie auferlegte, hat die Bundesregierung zumindest formaljuristisch eine restriktive Politik bei Waffenverkäufen ins Ausland beibehalten. Doch in den achtziger Jahren stieg die Bundesrepublik zum fünftgrößten Waffenlieferanten nach der Sowjetunion, den USA, Frankreich und Großbritannien auf. Zwischen 1983 und 1987 verkaufte das Land Rüstungsgüter im Wert von 7,6 Milliarden Dollar ins Ausland.[6]

Am eindrucksvollsten hat sich dabei der Automobilgigant Daimler-Benz zu einem der mächtigsten Luftfahrt- und Rüstungskonzerne Europas entwickelt. Mit der spektakulären, von der Bundesregierung unterstützten Übernahme von Messerschmidt-Bölkow-Blohm, dem größten Luft- und Raumfahrtkonzern des Landes, löste Daimler-Benz 1988/89 eine der heftigsten Kontroversen in der deutschen Wirtschaftsgeschichte aus. Das Vermächtnis des Dritten Reiches sorgt dafür, daß Waffengeschäfte in der Bundesrepublik mit einer gewissen Heimlichtuerei, ja sogar Verlegenheit betrieben werden. Und mögen die Deutschen inzwischen auch wieder ausgezeichnete Panzer, Gewehre und Kampfflugzeuge bauen, so sind sich jedenfalls nicht mehr stolz darauf.

Professor Ulrich Gabler steht für eine hochqualifizierte Sparte der deutschen Rüstungsindustrie, die sich zudem besonderer Beständigkeit erfreut. Der Diplomingenieur und U-Boot-Veteran des Zweiten Weltkriegs, heute in den Siebzigern, ist ein mitteilungsfreudiger Mann mit dem Flair des Seebären. Vor mehr als vier Jahrzehnten gründete er das Ingenieurkontor Lübeck (IKL), ein Unternehmen, das einige der fortschrittlichsten konventionell betriebenen U-Boote der Welt entwickelt hat – und symbolisch für den Wiedereintritt der Bundesrepublik in die Spitzengruppe der Waffenschmieden steht.

Entlang der Umzäunung, die die flachen Büros des U-Boot-

Unternehmens umfriedet, wachsen wilde Blumen. Das IKL unterhält seine Zentrale in den hafenwärtigen Vororten Lübecks, jener idyllischen mittelalterlichen Stadt in Schleswig-Holstein, die Thomas Mann in seinem Roman »Buddenbrooks« unsterblich gemacht hat. Die Wurzeln des Unternehmens reichen bis in die Zeit vor dem Ersten Weltkrieg zurück, und heute durchstreifen die Produkte des IKH alle Weltmeere der nördlichen wie der südlichen Hemisphäre. Zweimal – nach den Niederlagen in den beiden Weltkriegen – wurden die deutschen U-Boot-Kapazitäten von den Siegern vernichtet, und jedesmal spielte der Professor beim Wiederaufbau eine Rolle.

Schon 1946 von Gabler wiedergegründet, hat das IKL 105 U-Boote für die Bundesmarine und die Seestreitkräfte weiterer fünfzehn Länder – von Israel, Indien, Norwegen und der Türkei bis hin zu einer Reihe lateinamerikanischer Länder wie Argentinien, Brasilien und Chile – konstruiert. Und durch eine Nacht und Nebel Aktion, die einen parlamentarischen Untersuchungsausschuß des Bundestages beschäftigte, scheinen Pläne des IKL auch nach Südafrika gelangt zu sein.

Heute wacht Gabler in beratender Funktion väterlich über seine einstige Firma, was ihn täglich für zwei oder drei Stunden in deren Büros führt. Ende 1987 hat er das Unternehmen für 3,5 Millionen Mark an drei seiner leitenden Mitarbeiter verkauft. »Ich hätte es um dreimal mehr an die Amerikaner verkaufen können«, bekennt er, »doch ich wollte, daß es unabhängig bleibt.«[7]

In den ersten Jahren des Zweiten Weltkriegs hat er als stellvertretender Kommandant eines U-Boots alliierte Schiffe gejagt und 36 davon versenkt. »Ich war so etwas wie ein Ass - schrecklich!« seufzt er und verzieht das Gesicht. 1942 hat man ihn dann aus dem Frontdienst zu den U-Boot-Konstrukteuren versetzt. In der Entwicklungsabteilung des deutschen U-Boot Entwicklungszentrums in Blankenburg im Harz – lange Zeit jenseits der deutsch-deutschen Grenze – arbeitete er an der Konstruktion so antriebsstarker Boote wie der legendären Typen 21 und 23 mit, die gegen Kriegsende in Dienst gestellt wurden und die direkten Vorläufer der modernen konventionellen Modelle sind. Er war auch an der Entwicklung des revolutionären Typs 26 beteiligt, der bei Kriegsende noch im Reißbrettstadium war. Es war dies eines der zahlreichen hochentwickelten Waffensysteme der deutschen Rüstungsindustrie, die dem Krieg eine andere Wendung hätten geben können, wenn sie früher einsatzfähig gewesen wären. Gabler, seit dreißig Jahren eine geachtete Kapazität in den U-Boot-Kreisen der NATO kommentiert diese Spitzenleistung des damaligen Schiffbaus mit dem lapidaren Satz: »Gott sei Dank kam es nicht zum Einsatz.«

Das IKL führt seine Entstehungsgeschichte bis auf die legendäre Kieler Germaniawerft des Krupp-Konzerns zurück, die bereits 1902 mit ihrer »Forelle« ein Boot baute, das als erstes batteriegetriebenes und voll funktionstüchtiges Unterwasserfahrzeug der Welt gilt. Das Modell wurde zur Demonstration der Leistungsfähigkeit des Unternehmens nach Rußland verkauft. Im Ersten Weltkrieg sammelte Deutschland auf Grund seiner militärischen Lage weit mehr Erfahrungen im Bau von Unterseebooten als jede andere kriegführende Macht. Obwohl der Versailler Vertrag im Zuge des allgemeinen Bannes über die deutsche Rüstungsindustrie auch die U-Boot-Produktion untersagte, gab Krupp 1922 sein Fachwissen an eine niederländische Firma im Haag weiter – nur eines von vielen Beispielen, wie das Deutsche Reich die Entwicklungs- und Produktionsbeschränkungen für Rüstungsgüter umging.

Krupps holländische »Zweigstelle« verkaufte U-Boote an zahlreiche Marinen, darunter die japanische, die niederländische, finnische, türkische, russische, schwedische und rumänische. Und nachdem Hitler den Versailler Vertrag gekündigt hatte und die deutsche Wiederbewaffnung somit hochoffiziell betrieben werden konnte, übersiedelte Krupps U-Boot-Firma 1935 unter dem Namen »Ingenieurkontor für Schiffbau« (IFS) zuerst nach Bremen, später nach Lübeck. Gabler trat 1938 als frischgebackener Ingenieur in das IFS ein, ehe er zum Militär eingezogen wurde.

Gabler erklärt ironisch, man habe Lübeck auf Grund seiner zentralen Lage an den langen deutschen Küsten zum Sitz des U-Boot-Zentrums ausgewählt, die sich schließlich bis Königsberg hinzögen. Nach der Kapitulation wurde Gabler von den Briten eingesetzt, um an der Versenkung der Reste der deutschen U-Boot-Waffe mitzuwirken. Lübeck lag nicht mehr zentral, sondern an einem abseitige Ende der Bundesrepublik, nahe der noch vor kurzem befestigten Grenze zur DDR, und Königsberg befindet sich unter dem Namen Kaliningrad noch immer in sowjetischer Hand.

Das IKS wurde 1946 liquidiert, doch Gabler, der schon nach kurzer Internierung entlassen wurde, gründete noch am selben Tag das IKL, um die Geschäfte mit demselben Personal weiterzuführen. Die nächsten zehn Jahre überbrückte er mit zivilen Aufträgen wie der Konstruktion von Masten für das drahtlose Telefonnetz. Die Wende kam 1956, als es der Bundesrepublik im Rahmen ihrer NATO-Aufgaben gestattet wurde, kleine U-Boote zum Einsatz in der Ostsee zu bauen. Drei Exemplare der modernsten Typen des Weltkriegs – zwei des

Typs 23 und eines des Typs 21 wurden gehoben und spielten eine beträchtliche Rolle beim Wiederaufbau der U-Boot-Waffe für die neuetablierten bundesdeutschen Marine. 1961 lieferte das IKL die ersten drei Boote der neu entwickelten »Klasse 201« an die Bundesmarine aus – und Deutschland spielte wieder mit im internationalen U-Boot-Geschäft.

Der Verkaufsschlager des Ingenieurkontors Lübeck ist die dieselelektrisch betriebene 1200–1400 Tonnen schwere »Klasse 209«. Das mit acht Torpedos bewaffnete und für fünfzigtägige Einsatzfahrten ausgelegte Boot wird vom wichtigsten Industriepartner des IKL, den Kieler Howaldtswerken, die zum Salzgitter-Konzern gehören, gebaut. Derzeit arbeitet das IKL an der Entwicklung der »Klasse 212«, einer neuen Generation von U-Booten für die Bundesmarine. Die Indienststellung der ersten Exemplare ist für die Mitte der neunziger Jahre vorgesehen – vorausgesetzt, es kommt nicht zu haushaltsbedingten Verzögerungen.

Das IKH und die Howaldtswerke gerieten in den letzten Jahren in den Verdacht, 1984/85 Mikrofilme mit den Konstruktionsplänen für Boote der Klasse 209 nach Kapstadt verschoben und so das UN-Waffenembargo gegen Südafrika unterlaufen zu haben. Der Handel schlug in Bonn hohe Wellen, als die oppositionellen Sozialdemokraten und Grünen lamentierten, Kanzler Kohl hätte die Hand mit im Spiel gehabt. Ein parlamentarischer Untersuchungsausschuß konnte jedoch keinen handfesten Beweis dafür erbringen.

Ein weiteres unkonventionelles U-Boot-Geschäft leistete sich das IKL in den siebziger Jahren, als es die Pläne für drei Schiffe nach Israel lieferte, die dann von der britischen Vickers-Werft realisiert wurden. Das bundesdeutsche Gesetzbuch verbietet Waffenlieferungen in Spannungsgebiete wie den Nahen Osten – und damit auch nach Israel. Unter Berücksichtigung der besonderen Beziehungen mit Israel sanktionierte Bundeskanzler Brandt schließlich den Handel.

Gabler erinnert sich nicht ohne Vergnügen: »Wir sprachen mit Vickers und sagten: ›Wir haben einen Kunden. Der Kunde hat Geld. Wollt ihr es bauen oder nicht?‹ Natürlich wollten sie.«

In den siebziger Jahren verkaufte das IKL auch zwei Boote der Klasse 209 an Argentinien, die im Falklandkrieg zum Einsatz kamen. »Wir wußten damals nicht, daß Argentinien einen Krieg mit England beginnen würde.« meint Gabler lakonisch. Der Professor war auch noch in ein paar andere konfliktträchtige Geschäfte verwickelt, einschließlich mißglückter Versuche, U-Boote an Pakistan, Taiwan und Saudi Arabien zu verkaufen, die jeweils politische Verwicklungen verursachten.

Die Geschäftsbeziehungen des IKL mit Israel wurden in den achtziger Jahren wieder aufgenommen. Um noch mehr Boote verkaufen zu können, wurde erwogen, gleichzeitig in Lübeck und Haifa zu produzieren und die Schiffe von der US-Regierung finanzieren zu lassen. Auch dieses Geschäft erregte den Unwillen der Sozialdemokraten und könnte aus diesem Grund auf Eis gelegt werden. Gabler erinnert sich, daß einer der israelischen Offiziellen, die seine Firma besuchten, ein aus Köln gebürtiger deutsche Jude war, der den Holocaust überlebt hatte. Doch habe dies die Geschäftsbeziehungen nicht behindert. »Wir haben mit den Israelis keine Schwierigkeiten«, sagt er. »Das sind ganz normale Kunden.«

Als 1961 der US-Präsident Dwight D. Eisenhower vor der »Gewinnung eines unerwünschten Einflusses – ob gewollt oder ungewollt – durch den Militärisch-Industriellen Komplex« warnte,[8] griff er ein Problem auf, das es keineswegs nur in den USA gibt. In allen Ländern die sich in ihrer Politik nicht dem Pazifismus verschrieben haben, bestehen enge Verbindungen zwischen Regierungskreisen und der Verteidigungslobby – und die Gefahr, daß es zu ungesunden Abhängigkeiten zwischen diesen Kräften kommt.

Die Grundlagen für den forcierten Aufbau der preußisch-deutschen Rüstungsindustrie unter Kaiser Wilhelm II. wurden in den letzten Jahren des 19. Jahrhunderts gelegt. Alfred von Tirpitz, Staatssekretär im kaiserlichen Marineministerium, war die treibende Kraft hinter der letztlich verhängnisvollen deutschen Flottenpolitik, die zur See eine Parität mit England anstrebte. Schon damals war die Rüstungslobby kaum beliebter als heute, und 1899 ergoß sich über Tipitz eine wahre Flut von Beschwerden wegen der angeblichen »Beutegier« der Stahlwerke und Werften, die von dieser ehrgeizigen Flottenpolitik profitierten.[9] 1900 sah sich Krupp in Person veranlaßt, bei Tirpitz gegen »diese gehässigen und vielfach direkt beleidigenden Angriffe«durch die Presse zu protestieren, denn die Firma war durch den Abschluß lukrativer Verträge über die Belieferung der Marine mit Panzerstahlplatten ins Kreuzfeuer der öffentlichen Meinung geraten. Und kurz vor Kriegsausbruch nannte der Arbeiterführer und sozialdemokratische Reichtagsabgeordnete Karl Liebknecht Gustav Krupp, der 1909 die Leitung des Konzerns übernommen hatte, einen »Matador in der internationalen Rüstungsindustrie ... des blutigen internationalen Handels mit dem Tod«.[10]

Auch die übrigen Waffengattungen sahen es nicht gern, daß sich die Allerhöchste Großzügigkeit so vorrangig über die Marine ergoß. So rief der deutsche Generalstab 1907 zu einem industriellen Förderungsprogramm für die deutsche Luftfahrt auf. Der Elektrokonzern Siemens entwickelte daraufhin einen noch sehr gebrechlich wirkenden Doppeldecker und erprobte diesen Aeroplan 1909 in den Vororten Berlins. Doch die Firma verfolgte das Konzept weiter, konstruierte und baute in ihrem Berliner Werk Flugzeuge und Flugmotoren und brachte 1918 gigantische Fluggeräte mit sechs Motoren und fünfzig Metern Spannweite heraus.[11]

Ein besonders erlesenes Produkt des Krieges waren die Bayerischen Motorenwerke, die 1916 unter dem Namen Bayerische Flugzeugwerke gegründet worden waren, um militärisches Fluggerät herzustellen. Das runde, weiß-blaue Emblem, das heute die Autos aus diesem Hause ziert, stammt noch aus dem Ersten Weltkrieg und symbolisiert die Scheibe, die durch den rotierenden zweiblätterigen Propeller gebildet wird.[12]

Am Ende des Krieges gab es in Deutschland 35 Flugzeugfabriken und 20 Flugmotorenhersteller. Gemäß den Versailler Friedensbedingungen mußten fast alle deutschen Militärmaschinen zerstört werden, doch der Vertrag, der die deutsche Luftrüstung knebeln sollte, hatte einige Schlupflöcher. Anthony Fokker, der geniale holländische Flugzeugkonstrukteur, der mit dem Bau von Jagdflugzeugen für die deutsche Fliegertruppe ein Vermögen gemacht hatte, ging 1918 zurück in die Niederlande, und mit Hilfe des deutschen Kriegsministeriums, das über jede Möglichkeit zur Umgehung der Friedensbedingungen hocherfreut war, gelang es ihm später, einige Hundert Flugzeuge und Motoren aus seinen Werken in Schwerin per Bahn über die holländische Grenze der Zerstörung zu entziehen.

Ernst Heinkel, der sich ebenso wie Fokker während des Krieges einen Namen als Flugzeugkonstrukteur gemacht hatte, erwies sich als ähnlich geschickt im Umgang mit den Versailler Bestimmungen. In einer ehemaligen Grammophonfabrik bei Travemünde nahe der Küste bei Lübeck nahm er die verbotene Flugzeugproduktion wieder auf und baute ein Wasserflugzeug für die schwedische Luftwaffe. 1922 gründete Heinkel eine neue Firma in einem leerstehenden Schuppen bei Rostock. So umging er die alliierten Kontrolleure und baute Flugzeuge für die Reichswehr und für die japanischen Luftstreitkräfte. In seinen Memoiren schrieb er, mit dem Versailler Vertrag »versuchten die Sieger, dem besiegten Volk soviel strenge Fesseln wie möglich anzulegen und es auf einem Status der Machtlosigkeit und Einflußlosigkeit zu halten. Damit allerdings erreichten sie meist das Gegenteil.«[13]

Einen anderen Weg, den Versailler Vertrag zu umgeben, bot die militärische Zusammenarbeit mit der Sowjetunion. Nach vorsichtigen Anfängen im Jahr 1919 war diese Kooperation bereits in vollem Gang, als Deutschland und die Sowjetunion 1922 den Vertrag von Rapallo unterzeichneten.[14] So errichteten die Junkers Werke bei Fili nahe Moskau ein Flugzeugwerk, und in Lipetsk, 400 Kilometer südwestlich der russischen Hauptstadt, unterhielt das Deutsche Reich ein militärisches Übungsgelände zur Flugerprobung und Pilotenausbildung. Doch eine Fülle von Schwierigkeiten machte es für Deutschland unmöglich, in der Sowjetunion in großem Stil Rüstungsgüter zu produzieren, und in den ersten drei Jahren des Dritten Reiches wurde die Zusammenarbeit vollends eingestellt. Das Engagement von Junkers in der Sowjetunion hatte ein denkwürdiges Nachspiel, denn die Junkers Flugzeugwerke in Dessau an der Elbe gehörten 1945 zu den ersten Opfern der Demontage durch die Rote Armee.

Weitaus wirkungsvoller für die deutsche Wiederaufrüstung waren allerdings die in den zwanziger Jahren erfolgten Zusammenschlüsse bedeutender Unternehmen zu Großkonzernen, namentlich auf dem Chemie- und Motorensektor. Dabei spielte Georg Emil von Stauß als damals einflußreichstes Vorstandsmitglied der Deutschen Bank eine Schlüsselrolle. Er sprach sich schon früh für die »Motorisierung« der deutschen Wirtschaft aus, wie sie dann im Dritten Reich vollzogen wurde. Stauß war auch die treibende Kraft hinter dem 1926 vollzogenen Zusammenschluß der Firmen Daimler und Benz und einer der ersten Wirtschaftführer, die Kontakte zu den Nazis aufnahmen. Eine besonders enge Beziehung verband ihn mit Hermann Göring, Hitlers späterem Reichsmarschall und Chef der deutschen Luftwaffe.[15] Obwohl es Stauß nicht gelang, die beiden Automobilhersteller Daimler-Benz und BMW zu einem Großkartell ähnlich der I.G.-Farben zusammenzuschweißen, trug er doch wesentlich dazu bei, daß sich beide Unternehmen rechtzeitig auf die Bedürfnisse der sich abzeichnenden Kriegswirtschaft umstellten. Auch behauptete er seine Position als Aufsichtsratsvorsitzender beider Unternehmen bis zu seinem Tod 1942.

Die massive Steigerung der Rüstungsausgaben im Dritten Reich war der eigentliche Motor des Wirtschaftsaufschwungs in den dreißiger Jahren. Dieser Kostenfaktor stieg von 0,7 Prozent am Bruttosozialprodukt 1933 auf 15,5 Prozent 1938. Im gleichen Zeitraum stieg das Bruttosozialprodukt selbst um 75 Prozent.[16] Die von Hitler angeordnete Konzentration auf den Motorenbau hatte sowohl militärische als auch wirtschaftliche Konsequenzen. Die in großem Maßstab betriebene Produktion von Kraftfahrzeugen schuf zusammen mit den Anfängen einer Industrie zur Produktion synthetischen Gummis und synthetischer Treibstoffe die technischen Grundlagen für den »Blitzkrieg«, und der Aufbau eines Autobahnnetzes verbesserte die Möglichkeiten zur raschen Verschiebung größerer Truppeneinheiten. Hierzu stellte Hitler 1942 fest: »Alle Militärstraßen sind durch Tyrannen erbaut worden, die römischen, die preußischen, die französischen. Sie gehen kerzengerade, während alle anderen Prozessionswege gehen, so daß man dreimal soviel Zeit braucht.«[17]

Hitler hatte eine Schwäche für sportliche Wagen. Seit den zwanziger Jahren benutzte er ausschließlich Mercedes-Fahrzeuge und wurde von Daimler-Benz zu großzügigen Rabatten mit den jeweils neuesten Luxusfahrzeugen versorgt. Seit 1933 eröffnete er jedes Jahr in Person die Internationale Automobil- und Motorradausstellung in den Berliner Ausstellungshallen am Kaiserdamm. Dabei waren der Stolz, daß das Automobil eine deutsche Erfindung war, und die Sorge, die deutsche Automobilindustrie könne hinter den Rest der industrialisierten Welt zurückfallen, regelmäßig wiederkehrende Themen. 1935 erklärte er zu diesem Anlaß, Gottlieb Daimler und Carl Benz gehörten »zu den großen Pionieren der Menschheit auf dem Gebiet des Transports«. 600000 Menschen arbeiteten in den verschiedenen Branchen des Kraftfahrzeugbaues, weitere 400000 am Ausbau des deutschen Straßennetzes, und er schloß mit den Worten: »Unsere Wagen und Motorräder sind nicht nur die schnellsten, sondern, wir können mit Stolz sagen, die besten der Welt.« Die Ingenieure und Arbeiter, die sie bauten, könnten stolz darauf sein, solche Wagen zu bauen. Und die Deutschen sollten stolz genug sein, sie auch zu fahren.[18]

An der Notwendigkeit einer raschen Motorisierung gab es kaum Zweifel. So sprach sich Generalleutnant Horst von Metzsch, einer der geachtetsten Militärexperten in den dreißiger Jahren, nachdrücklich für eine große und dank ausreichender Motorisierung rasch bewegliche Armee aus: »Eine zeitgemäße Armee sollte genügend motorisierte Einheiten besitzen, um den Ausgangspunkt ihrer Operationen auf feindlichem Boden bilden zu können und so die Heimat vor Gegenangriffen zu beschützen.« Und ahnungsvoll fügte er hinzu: »Der Motor wird der Meuchelmörder des Friedens sein.«[19]

Bezeichnenderweise profitierten auch zwei amerikanische Multis durch ihre jeweiligen deutschen Tochterunternehmen an der Motorisierung des Reiches, nämlich General Motors, das 1929 die Adam Opel AG gekauft hatte,[20] und Ford über seine 1930–31 gegründete Fabrik in Köln.[21] Gemeinsam produzierten Opel und Daimler-Benz rund 100000 Lastwagen des Typs Opel Blitz – das Arbeitspferd der deutschen Wehrmacht.[22] Auch Ford, bald vollständig unter deutschem Management, wurde zu einem wichtigen Lieferanten für Geländewagen und Armee-Transportfahrzeuge.[23]

Durch die Fusion der Daimler und Benz Automobilfabriken 1926 wurde der neue Konzern zum zweitgrößten deutschen Automobilhersteller nach Opel[24] und war damit prädestiniert, in besonderer Weise von der staatlich verordneten Motorisierung zu profitieren. »Unnennbar groß ist die Anzahl der Menschen, die sich auf der ganzen Welt zu Erde, Luft und Wasser dem Mercedes-Benz-Stern anvertrauen ... Denn der Zusammenklang von Höchstleistung in Konstruktion, Material und Arbeit mit dem steten Bewußtsein hoher Verantwortung hat ... den Mercedes-Benz-Stern zum Wahrzeichen der Vollkommenheit und unbedingten Zuverlässigkeit gemacht.«[25] So steht es in einer Daimler-Benz Anzeige im offiziellen Programm zum Nürnberger Reichsparteitag des Jahres 1936 zu lesen. Doch gegen Ende der dreißiger Jahre sah man den Mercedes-Stern tatsächlich zunehmend an der Seite des Hakenkreuzes.[26] Daimler-Benz wurde zu einem Allround-Waffenkonglomerat, das Militärlastwagen und Panzer ebenso baute wie Flug- und Schiffsmotoren oder Torpedoköpfe und Teile der V2, Hitlers revolutionärster »Wunderwaffe«.[27]

Hitlers am weitesten in die Gegenwart reichende wirtschaftliche Leistung war jedoch das Volkswagenkonzept. Es war dies Teil eines großangelegten Plans zur Massenmotorisierung mit Hilfe eines besonders preiswerten und damit auch für den Durchschnittsbürger erschwinglichen Automobils. Der schöne Plan, der unter der Nazi-Parole »Kraft durch Freude« (KdF) lief, wurde freilich nicht im ursprünglichen Sinn verwirklicht. Statt dessen lieferte das Werk in großem Umfang Kraftfahrzeuge für die Wehrmacht. Nach dem Krieg jedoch eroberte der »KdF-Wagen« als VW-Käfer den Weltmarkt, und sein Hersteller, das Volkswagenwerk, wurde der bekannteste Industriekonzern der Bundesrepublik.

Der Volkswagen wurde 1934 von Professor Ferdinand Porsche entwickelt, dem brillanten Fahrzeugkonstrukteur und Gründer des gleichnamigen Stuttgarter Sportwagenwerks. Der in Nordböhmen geborene Porsche zählt zu den Pionieren der österreichischen Automobilindustrie und war zwischen 1923 und 1929 technischer Direktor bei Daimler-Benz. Porsche trat sowohl der NSDAP als auch der SS bei und beriet Hitler während des Krieges auch auf dem Gebiet des Panzerbaues. Doch scheinen seine Empfehlungen nicht immer sehr glücklich gewesen zu sein; denn mehr als einmal belasteten sie seine Beziehungen zum Rüstungsminister Albert Speer.[28]

1935 fuhrt der erste Prototyp des KdF-Wagens, und 1938 wurde das Volkswagenwerk gegründet. In einem großzügigen neuen Automobilwerk nahe der kleinen Stadt Fallersleben, zwischen Hannover und Magdeburg gelegen, sollten die Autos in großen Stückzahlen gebaut werden. Bei der Grundsteinlegung im Mai 1938 erklärte Hitler: »Damit hört der Kraftwagen auf, ein klassentrennendes Mittel zu sein... Für diese breite Masse nun ist dieser Wagen geschaffen worden. Ihrem Verkehrsbedürfnis soll er entsprechen, und hier soll er Freude bereiten.«[29]

Bei Kriegsausbruch immer noch unvollendet, wurde die neue Fabrik sogleich auf Militärfahrzeuge umgestellt und produzierte für die Wehrmacht 51000 der berühmten »Kübelwagen« und 15000 Amphibienfahrzeuge, dazu Panzerteile, Bombenmäntel und Minen. Ab 1943 fertigte das Werk auch die V 1-Flügelbombe, jenes strahlgetriebene unbemannte Fluggerät, das bis Kriegsende in London Zerstörungen anrichtete. Für das Volk ging der Volkswagen erst nach dem Krieg in Produktion – dann aber in solchen Mengen, daß er mit insgesamt 20 Millionen Einheiten zum erfolgreichsten Fahrzeugtyp in der Automobilgeschichte wurde.[30]

Albert Speer beklagt in seinen Memoiren, die »typisch deutsche, durch das autoritäre System noch potenzierte Bürokratie« hätten Deutschland nach dem Krieg daran gehindert, aus den im Krieg entwickelten technischen Neuerungen entsprechend Kapital zu schlagen. In diesem Zusammenhang hält er die alliierten Bombenangriffe sogar für nützlich, hätten sie doch das Improvisationsvermögen angespornt.[31] Andererseits bot jedoch auch die verstreute und dezentralisierte Industriestruktur dem Land klare Vorteile für eine schwer ausschaltbare Kriegswirtschaft. So verteilte sich der Maschinenbau, die Schlüsselindustrie in jeder Kriegswirtschaft, auf nicht weniger als 6000 überwiegend kleinere Werke. Sie konnten sich ohne größere maschinelle Umrüstungen auf militärische Aufträge einstellen, was ihnen eine Flexibilität verlieh, die – zum Glück für die Alliierten – in den anderen Bereichen der deutschen Kriegsmaschinerie nicht vorhanden war.[32]

Auf Grund der Vergangenheit des Daimler-Benz Konzerns drängten sich während der Fusionsverhandlungen mit Messerschmitt-Bölkow-Blohm Vergleiche mit dem Dritten Reich geradezu auf. Edzard Reuter, der Vorstandsvorsitzende von Daimler-Benz, ein Mann mit kurzem Haar und scharfem Verstand, mußte sich einer breit gefächerten Kritik stellen, die auf die Befürchtung hinauslief, daß der Konzern damit eine für das Wohl des Landes ungesunde Größe erreichen würde. Der geplante Deal führte zu einem schweren Zusammenstoß mit dem Bundeskartellamt, das schließlich entschied, daß die Fusion dem neuen Großkonzern eine marktbeherrschende Stellung auf dem Rüstungssektor verschaffen würde. Auch von sozialdemokratischer Seite hagelte es Proteste, was besonders pikant ist, da Reuter der Sohn eines führenden Sozialdemokraten ist – sein Vater, Ernst Reuter, war der erste Regierende Bürgermeister von West-Berlin nach dem Krieg und ein Mann, der vor den Nachstellungen der Nazis ins Ausland fliehen mußte. Reuter ist mit Ex-Bundeskanzler Helmut Schmidt befreundet und gehört seit der Rückkehr seiner Familie aus dem türkischen Exil der SPD an. Heute freilich genießt er im Kreise der Genossen nur noch wenig Wohlwollen. Auch seine Jahreseinkünfte belaufen sich auf ganz und gar unsozialistische 1,5 Millionen Mark.

Im Gespräch in seinen großzügigen Büroräumen in der Untertürkheimer Firmenzentrale hoch über dem Stuttgarter Industrievorort erklärt er, er finde es beunruhigend, wenn der Flirt seiner Firma mit MBB mit einer Wiederbelebung des Faschismus assoziiert werde.[33] Noch heute sei er von den Erinnerungen an die Flucht seiner Familie vor den Nazis geprägt: »Ich habe eine bestimmte Aversion gegen Worte wie Vaterland; ich fühle mich als Europäer stärker zu Hause.«

In diesem Unternehmen, das nun zur größten Aktiengesellschaft der Bundesrepublik wurde, an die Schalthebel der Macht zu gelangen, ist unmöglich ohne die Unterstützung der Deutschen Bank. Entsprechend ihrer nunmehr sechzig Jahre währenden Rolle als Wächterin über das Wohl des Automobilkonzerns nimmt der Vorstandssprecher der Bank traditionell auch den Vorsitz im Aufsichtsrat von Daimler Benz ein.

Reuter begann seine Karriere bei Daimler-Benz 1964 und stieg Ende 1979 zum Finanzdirektor auf. Seine Mitgliedschaft in der SPD mag seinen weiteren Aufstieg an die Spitze des Unternehmens verzögert haben, jedenfalls solange der Konservative Wilfried Guth an den Schlüsselstellen der Deutschen Bank saß, der 1983 Reuters Berufung zum Vorstandsvorsitzenden verhinderte. Als jedoch 1985 Alfred Herrhausen an die Spitze der Deutschen Bank trat, verbesserten sich Reuters Karten, und Herrhausen war es auch, der Reuter 1987 durch einen Sitzungscoup im Aufsichtsrat an seine heutige Position hievte, was das Aus für den bisherigen Daimler-Chef Werner Breitschwerdt bedeutete. Als man ihn einige Monate später nach seiner Meinung zur Entscheidung seines Nachfolgers Herrhausen in dieser Sache fragte, antwortete Wilfried Guth sibyllinisch: »Ich hoffe, sie wird sich als richtig erweisen.«[34]

Für Reuters Strategie, die Aktivitäten des Daimler-Benz Konzerns zunehmend auf die Bereiche Luftfahrt und Rüstungstechnik auszudehnen, war die Rückendeckung durch Herrhausen eine Grundvoraussetzung. Dessen Ermordung beraubte Reuter somit mehr als nur eines Geschäftspartners. In einer emotionsgeladenen Stellungnahme kurz nach dem Attentat bezeichnete Reuter den Anschlag denn auch als eine »gegen unsere ganze politische und wirtschaftliche Ordnung« gerichtete Tat.[35] Doch schon 1985 hatte Daimler-Benz die ersten Schritte in diese Richtung unternommen, als der Konzern mit AEG, dem Luftfahrunternehmen Dornier und dem Triebwerkhersteller MTU drei Traditionsfirmen unter seine Fittiche nahm, die auf dem Rüstungssektor wohletabliert waren. Mit der Übernahme von MBB hofft Daimler sein Imperium noch weiter auszudehnen. Als ausgedehnter Rüstungskonzern, in dem sich die Namen von zwei der berühmtesten Flugzeughersteller der Zeit vor und während des Zweiten Weltkrieges verbanden, entwickelte MBB zwar Spitzentechnologie, litt aber unter schlechtem Management und ungenügender Kapitalausstattung. So unterstützte die Bundesregierung diese Fusion, verhieß sie doch eine gesteigerte Konkurrenzfähigkeit der Bundesrepublik auf den Gebieten der Luft- und Raumfahrttechnik. Das in Ottobrunn bei München angesiedelte Unternehmen bildete im Zuge einer jahrzehntelangen Entwicklung mit wiederholten Fusionen eine Art Amalgam, in dem neben den drei Namen, die das Kürzel »MBB« beinhaltet, auch Focke Wulf, Heinkel und Junkers eingegangen sind. Die Geschäfte teilen sich zu annähernd gleichen Teilen in den zivilen und militärischen Bereich. So vertritt MBB die Bundesrepublik im von vier Nationen gebildeten Airbus-Konsortium.[36] Die Rüstungsaktivitäten reichen von der Mitarbeit beim deutsch-englisch-italienischen Jagdbomber »Tornado« und dem von Deutschland, Großbritannien, Italien und Spanien gemeinsam entwickelten Projekt »Jäger 90« bis zu Raketen und Militärhubschraubern. MBB hielt auch eine Beteiligung an Krauss-Maffei, der Herstellerfirma des berühmten bundesdeutschen Kampfpanzers »Leopard«. Als Vorbedingung für die Genehmigung der Fusion mit Daimler-Benz mußte sich MBB freilich von diesem Aktienpaket trennen.

Reuter betont, daß die Aktivitäten seines Großkonzerns – mit einem Jahresumsatz von rund 80 Milliarden D-Mark – auch nach der Fusion mit MBB zu rund sechzig Prozent im Bereich des Fahrzeugbaus lägen. Er glaubt auch, daß sich an diesem Verhältnis in den nächsten zehn Jahren nicht viel ändern wird. Rüstungstechnologien sollen bis dahin aber nur noch zehn Prozent ausmachen. Nichtsdestoweniger werden sich die Rüstungsaktivitäten von Daimler-Benz durch den Zusammenschluß auf ein breites Spektrum von modernen nichtatomaren Waffensystemen ausdehnen, das von Kampfflugzeugen, Triebwerken, Radar und Raketen bis zu U-Booten und Militärlastwagen reicht. Noch nie strahlte der Mercedes-Stern so weit.

Reuter glaubt an die Kombination von fahrzeug- und luftfahrttechnischem Fachwissen: »Das System-Know how rund um die Mikroelektronik wird eine große Rolle in der Zukunft des Automobils spielen wie auch in der Technik der Verkehrsüberwachung«, prophezeit er. Auch Herrhausen war dieser Idee verbunden: »Daimler-Benz sucht die Zukunft. Daimler-Benz sucht Zukunftsmärkte. Daimler-Benz verläßt sich nicht allein darauf, Automobilunternehmen zu sein, weil jedes erfolgreiche Automobilunternehmen der Zukunft in den Bereich von hoher Technologie hinein muß.«[37]

Viele Deutsche sehen in der Verbindung von Daimler-Benz und MBB freilich eher die größte Konzentration wirtschaftlicher Macht, die es in der Bundesrepublik je gegeben hat. Wolfgang Kartte, der langjährige Präsident des Kartellamts, stellte sich nicht nur aus wirtschaftlichen Erwägungen gegen diese Transaktion, sondern äußerte auch tiefes persönliches Unbehagen über eine solche Machtzusammenballung. »Ich kann das emotional verstehen, aber nicht mit dem Verstand«, meint Reuter.

Er verweist in diesem Zusammenhang auf die europäische Dimension und behauptet, der Zusammenschluß werde die Position der europäischen Luft- und Raumfahrtindustrie gegenüber den Amerikanern stärken. Als NATO-Mitglied brauche Deutschland eine leistungsfähige Rüstungsindustrie, und philosophisch fügt er hinzu: »Ich bin unglücklich (über die Kampagne gegen die Fusion). Auf der anderen Seite ist es vielleicht gar nicht falsch, daß es in Deutschland eine Diskussion gibt, die uns dazu zwingt, uns klar als Teil der NATO zu bekennen. Und es ist auch etwas Gutes, daß wir jetzt eine Diskussion über Europa und seine Konsequenzen haben.«

Als ich Reuter im April 1990 wieder interviewte, gab er zu, daß ihm die Probleme mit dem EFA (Jäger 90) inzwischen ernste Sorgen bereiteten: »Ich gehe davon aus, daß die Bundesregierung und die beteiligten Regierungen, sollten sie sich dazu entschließen, schließlich den Jäger 90 nicht zu bauen, daß sie dann natürlich in der Verantwortung sind, für eine Übergangszeit Beschäftigung anderer Art zu sichern oder die Konsequenzen des Wegfalls der Beschäftigung auf sich zu nehmen. Hier sind Entwicklungs- und Produktionskapazitäten für militärische Flugzeuge aufgebaut worden auf Grund einer politischen Entscheidung. Wenn jetzt die politische Entscheidung so lauten sollte, daß die Kapazitäten nicht mehr benötigt werden, dann ist der Staat in der Verantwortung dafür, eine transitorische Periode abzusichern.«[38]

Es sind somit zwei Hauptsorgen, die Reuter derzeit plagen: Zum einen befürchtet er, daß bei einem allgemeinen Anwachsen der politischen Desillusionierung bezüglich der NATO und der Landesverteidigung schlechthin die Opposition gegen die Fusion seines Unternehmens mit MBB dazu führen könnte, daß große Rüstungsprogramme wie der »Jäger 90« einfach gestrichen werden. Zum anderen erwartet er, daß fast übermenschliche Managementanstrengungen erforderlich sein werden, um die Ehe mit MBB zum Funktionieren zu bringen. Was auch immer geschehen mag, der bundesdeutsche Spitzenmanager wird sich an einen Stammplatz in den Schlagzeilen gewöhnen müssen.

Nach dem Beitritt der Bundesrepublik zur Nato und zur westeuropäischen Gemeinschaft lockerte sich in den fünfziger Jahren Zug um Zug das 1945 durch die Siegermächte verhängte Herstellungsverbot für Rüstungsgüter. 1961 verabschiedete die Regierung Adenauer im Rahmen der bundesdeutschen Waffengesetze eine Kontrollregelung, die in bewußt vage gehaltener Formulierung alle Waffenexporte untersagte, die geeignet seien, »die friedliche Koexistenz der Völker der Welt (zu) stören«. Nachdem sich in den sechziger Jahren ein blühender Handel mit Kriegsschiffen, Raketen und Kanonen aus westdeutscher Fertigung entwickelt hatte, entschloß sich die 1969 gebildete sozialliberale Regierung Brandt zu einer Verschärfung der Exportbestimmungen. Im Juni 1971 erklärte ein Kabinettsbeschluß Waffenexporte in »Spannungsgebiete« grundsätzlich für unzulässig. Die Entscheidung, welche Regionen unter diese Kategorie fallen sollten, lag beim Bundesaußenminister, doch gingen die Bestrebungen generell dahin, Rüstungsexporte auf NATO-Mitgliedsländer zu beschränken.

Die Entwicklung des bundesdeutschen Waffenhandels wurde durch diese Bestimmung freilich nie ernsthaft behindert – weder im Hinblick auf klassische Rüstungsgüter noch auf die sogenannten »zweiseitigen«, also sowohl im militärischen als auch im zivilen Bereich verwendbaren Produkte. Vor allem die bundesdeutschen Maschinenbauunternehmen haben die Dritte Welt in reichem Maße mit technischen Einrichtungen zur Waffenherstellung versorgt, die natürlich nicht als Rüstungsgüter klassifiziert wurden.

Ein Hauch von Unwirklichkeit, um nicht zu sagen Scheinheiligkeit umgibt die gesamte bundesdeutsche Rüstungsbranche. Als sich der bayerische Ministerpräsident Franz Josef Strauß vor den Bundestagswahlen 1987 dafür stark machte, bundesdeutsche Waffenexporte in Länder wie Saudi Arabien zu legalisieren, wurde dieser Vorstoß äußerst reserviert aufgenommen. In der Öffentlichkeit glaubte man weithin, Strauß wolle damit eine bestehende Beschränkung des Rüstungsexports auf NATO-Staaten aufheben. In Wahrheit aber war die Bundesrepublik mit ihren Waffenexporten in Entwicklungsländer schon zwischen 1982 und 1986 erfolgreicher als beispielsweise Großbritannien. Nach Angaben der amerikanischen Rüstungskontrollbehörde ACDA beliefen sich die einschlägigen westdeutschen Exporte in diesem Zeitraum – einschließlich der Verkäufe in das NATO-Mitgliedsland Türkei – auf 5,5 Milliarden Dollar, während die Briten nur 5,1 Milliarden Dollar umsetzten.[39] Dabei lagen die Schwerpunkte auf der Lieferung von Marinefahrzeugen, z. B. Unterseebooten, an lateinamerikanische Länder sowie von Kampfpanzern an die Türkei. In beiden Bereichen sind die Umsätze inzwischen zurückgegangen. Hauptkunden in diesem Zeitraum waren Argentinien (1,4 Milliarden Dollar), die Türkei (850 Millionen Dollar), Kolumbien (675 Millionen Dollar) und der Irak (625 Millionen Dollar). Als Beweis für die Allgegenwart der bundesdeutschen Waffenhändler mag wiederum die ACDA-Liste gelten, die zwischen 1982 und 1986 nicht weniger als 33 Entwicklungsländer als Käufer westdeutscher Rüstungsgüter ausweist – wenn auch oft nur in sehr bescheidenem Umfang.

Tatsächlich liegt diese Schätzung aber noch zu niedrig. Beträchtliche Posten im bundesdeutschen Waffenhandel tauchen in dieser Statistik gar nicht auf, weil sie durch internationale Konsortien an Drittländer verkauft werden, so etwa der »Tornado«-Jagdbomber, der gemeinsam mit Großbritannien und Italien gebaut wird. Hanns Arnt Vogels, der Vorstandsvorsitzende von MBB, gibt offen zu, daß die bundesdeutschen Waffenexportbeschränkungen in der Praxis lange nicht so restriktiv sind, wie sie nach außen erscheinen. So bemüht sich MBB in zunehmendem Maße, Waffensysteme wie Kampfhubschrauber auch nach Indonesien, Thailand und Südkorea zu verkaufen, und auf einer Luftfahrtschau in Singapur stellte das Unternehmen sogar eine militärische Tankerversion des Airbus vor: »Aus innenpolitischen Gründen wird die Regierung die restriktive Politik immer in den Vordergrund stellen«, bekennt er im Gespräch in seiner schwerbewachten Villa in den bayerischen Alpen. »Aber in großen Teilen der Welt – sei es als Folge der europäischen Partnerschaftsverträge oder wegen der Öffnung bestimmter Regionen in Südostasien – bewährt sie sich in der Praxis als nicht sonderlich restriktiv.«[40]

MBB ist eines der Unternehmen, die bevorzugt in den Verdacht geraten, die Schlupflöcher in den bundesdeutschen Waffenexportbestimmungen auszunutzen. Und da die Bundesrepublik ohne Zweifel unter den am üppigsten sprudelnden Quellen für den grauen und schwarzen Waffenmarkt zu finden ist, gehören Verstöße gegen diese Bestimmungen sicherlich zum Alltag. So erregten in den letzten Jahren mehrfach kleinere Firmen wegen des Verdachts illegaler Waffenexporte in den Iran und den Irak das Interesse des Staatsanwalts, und eine Tochtergesellschaft von MBB geriet in den Verdacht, einigen Entwicklungsländern Zugang zu ballistischer Raketentechnologie verschafft zu haben.

Bundesdeutsche Unternehmen pflegen ihr Rüstungsengagement auf vielfältige Weise zu verschleiern. So erscheinen elektronische Geräte in den veröffentlichten Bilanzen oder anderen Informationsbroschüren gern unter der Rubrik »Spezialausrüstung«, und die von MTU gefertigten Panzermotoren werden als »Motoren für schwere Fahrzeuge« klassifiziert. Daimler-Benz rüstet Länder wie Irak, Iran und Südafrika mit Militärtransportern aus, die offiziell als zivile Lastkraftwagen geführt werden. Die antimilitärischen Empfindlichkeiten der bundesdeutschen Öffentlichkeit verbieten es den rüstungstechnisch engagierten Unternehmen, ihre einschlägigen Produkte entsprechend zu bewerben. So beklagen sich leitende Mitarbeiter von Daimler-Benz und MBB neidisch über den unverhohlenen Stolz, mit dem britische und französische Rüstungsunternehmen ihre Produkte anpreisen. Spezialwerbung für einzelne Waffensysteme, wie sie etwa British Aerospace durchführt, ist in der Bundesrepublik tabu.

Ein Rüstungsunternehmen, das geradezu verzweifelte Anstrengungen unternimmt, sein Image zu ändern, ist die Düsseldorfer Firma Rheinmetall. Einst in Berlin beheimatet, gehört das Unternehmen zu den traditionellen deutschen Kanonengießern seit Kaisers Zeiten. Heute freilich bezeichnet es seine Rüstungsproduktion schüchtern als »Verteidigungstechnik«, und anläßlich des hundertsten Jahrestags der Firmengründung im Mai 1989 wurde die Rolle als Waffenschmiede in beiden Weltkriegen unübersehbar heruntergespielt.

Bei Rheinmetall gibt man zu, daß sich die Firma noch nicht von den Folgen eines lange währenden Waffenschmuggelskandals in den achtziger Jahren erholt hat. 1986 waren vier Führungskräfte des

Hauses für schuldig befunden worden, zwischen 1977 und 1980 illegal Waffen an Argentinien, Saudi Arabien und Südafrika geliefert zu haben. So verlagert das Unternehmen derzeit seine Aktivitäten so schnell wie möglich in Bereiche wie den Bau von Maschinen und Industrierobotern. Man hat sogar erwogen, den traditionsreichen Namen zu ändern, um endlich den Ruf der Waffenschmiede loszuwerden. Denn laut Raimund Germershausen, dem für die Rüstungsproduktion zuständigen Direktor, hat sich das Klima für Waffenproduzenten im Vergleich zu den späten siebziger Jahren sogar noch verschlechtert.[41] Krauss Maffei, beheimatet in den nordwestlichen Außenbezirken Münchens, ist ein weiterer wohlbekannter Rüstungsbetrieb, der einen Kurswechsel versucht. Seit Mitte der sechziger Jahre Generalunternehmer für die Produktion der »Leopard«-Kampfpanzer, erwähnt das Unternehmen in seinen Werbebroschüren gleichwohl diesen Geschäftszweig erst an letzter Stelle und betont eindringlich und ausführlich den rein defensiven Charakter seiner Erzeugnisse. In ihren Anzeigen sieht sich die Firma als freundlich blickenden Igel auf einer grünen Blumenwiese.

Krauss Maffei leidet unter ernsthaftem Auftragsmangel für seine Panzer seitens der Bundeswehr und der anderen NATO-Kunden. Hoffnungen, den modernen Leopard II nach Saudi-Arabien exportieren zu dürfen, mußten 1987 wieder begraben werden. Burckhard Wollschläger, der joviale Vorstandsvorsitzende des Unternehmens, klagt über sinkende Verteidigungsausgaben in Bonn. Um den Rückgang im Rüstungsgeschäft auszugleichen, expandiert er fieberhaft in zivile Bereiche wie die Umwelttechnologie und CD-Pressen. Seiner Firmentradition entsprechend liefert das Unternehmen auch Lokomotiventeile für die neuen Hochgeschwindigkeitszüge der Bundesbahn. Wollschläger meint, daß die Phase der Konzentration auf den Bau von Panzern, die 1965 mit der Auslieferung des ersten »Leopard I« begann, nur eine Episode in der langen Geschichte des bayerischen Traditionsunternehmens sei.[42]

Die bundesdeutschen Waffenschmiede drückt das Gewissen schneller als ihre Kollegen in anderen Ländern, und gerade die tüchtigsten Rüstungsproduzenten betonen, daß sie lieber Schwerter zu Pflugscharen schmieden würden.

XIII
Die Rätsel der Kernenergie

Eure Radiumresultate sind sehr verblüffend ... Aber wir haben in der Kernphysik so viele Überraschungen erlebt, daß man auf nichts ohne weiteres sagen kann: Es ist unmöglich.

Lise Meitner an Otto Hahn, Dezember 1938[1]

Das deutsche Volk werde ich in wenigen Wochen atombewußt machen.

Franz Josef Strauß, 1955[2]

Nach Tschernobyl ist die Frage nicht, ob sowas wieder passieren könnte, sondern wann es passiert. Alles andere ist reiner Kinderglaube.

Oskar Lafontaine, 1987[3]

Deutschland und die Atomphysik wandelten auf ähnlich verschlungenen Pfaden. Neun Monate vor Ausbruch des Zweiten Weltkriegs entdeckten deutsche Wissenschaftler die Spaltung des Atomkerns bei Uran – und konnten es zunächst selbst nicht glauben. Dieser Durchbruch machte den Weg frei gleichermaßen für Massenvernichtungswaffen wie für Atomreaktoren, die der Menschheit den Traum von der unbegrenzt verfügbaren, billigen Energie eröffneten. In den folgenden Monaten und Jahren verbreitete sich die Folgen dieser Entdeckung über die ganze Welt – als Vision wie als Alptraum, und ihre Nachwirkungen verfolgen Deutschland mit besonderer Hartnäckigkeit.

Deutsch-jüdische Wissenschaftler, im Dritten Reich aus ihrer Heimat vertrieben, gaben die Initialzündung für die Bemühungen der USA, jene Bomben zu bauen, die dann Hiroshima und Nagasaki vernichteten. Nach dem formellen Verzicht auf die Herstellung von Kernwaffen 1954 widmete sich die Bundesrepublik ganz der friedlichen Nutzung der Kernenergie. Dies bedeutete einerseits einen Bruch mit der kriegerischen Vergangenheit, andererseits aber Kontinuität auf dem Wissenschaftssektor; denn jene Physiker und Wirtschaftsunternehmen, die bereits an den deutschen Kernforschungsanstrengungen während des Krieges Anteil gehabt hatten, spielten auch im bundesdeutschen Atomprogramm der fünfziger Jahre die Hauptrollen.

Da man Zugang zu Reaktoren, Know how und Uran benötigte, wurde die amerikanische Unterstützung im Rahmen von Eisenhowers »Atom für den Frieden«-Programm 1953 in der Bundesrepublik begeistert aufgenommen. Nichtsdestoweniger waren die deutsch-amerikanischen Beziehungen im Bereich der Kerntechnologie nie frei von Spannungen. Deutscherseits trauerte man der verlorenen Spitzenposition in der Atomphysik nach, und vereinzelt wurden Stimmen laut, die beklagten, daß durch den Verzicht der Bundesrepublik auf Kernwaffen die Entwicklung einer leistungsfähigen Atomtechnologie im Vergleich zu den USA, Großbritannien und Frankreich behindert werde. Im Gegenzug keimte in den USA von Zeit zu Zeit der Verdacht, die Bundesrepublik leiste der Verbreitung von Atomwaffen Vorschub oder trage sich gar mit der Absicht, ein eigenes nukleares Waffenarsenal aufzubauen.

Unter der sozialliberalen Koalition wurden die bundesdeutschen Anstrengungen in den siebziger Jahren intensiv gesteigert. Dies geschah unter dem Eindruck der ersten Ölkrise, die den Mangel des Landes an eigenen Energieressourcen schmerzlich in Erinnerung rief. Bis in die Mitte der siebziger Jahre wurden diese Anstrengungen von einem breiten politischen Konsens getragen, der danach rasch abbröckelte. In der Folge des Reaktorunfalls auf Three Mile Island 1979 und der Katastrophe von Tschernobyl 1986 wie auch einer Reihe von Skandalen in der einheimischen Nuklearindustrie wandte sich die öffentliche Meinung in der Bundesrepublik vehement gegen die Kernkraft.[4]

Das Unbehagen über die friedliche Nutzung der Kernenergie korrespondierte mit der wachsenden Ablehnung atomarer Waffen. Zivile und militärische Nutzung der Kernenergie werden dabei vielfach als ein Thema angesehen. Anders als in den fünfziger und sechziger Jahren sind die Kühltürme der Kernkraftwerke nicht mehr Symbole des Fortschritts, sondern Vorboten des Untergangs. Aus der Sicht der Industrie hat diese Widerstandsbewegung die Bemühungen der Bundesrepublik, den durch deren späten Start verursachten technologischen Rückstand aufzuholen, schwer behindert und vielleicht sogar zunichte gemacht. Auf politischer Ebene beherrscht das Thema die Wahldebatten, wobei kaum zwischen militärischer und friedlicher Nutzung der Kernenergie unterschieden wird. So hat die SPD gegenüber ihrer positiven Haltung in den siebziger Jahren eine totale Kehrtwendung vollzogen und propagiert nunmehr den

Ausstieg aus der Kerntechnik, den sie im Falle ihrer Rückkehr an die Macht innerhalb von zehn Jahren durchführen will. Der Widerstand gegen die Kernkraft erfaßte auch weite Teile der konservativen Parteien.

Dieser Umschwung der öffentlichen Meinung hat die Fertigstellung der im Bau befindlichen Leichtwasserreaktoren in den letzten Jahren freilich nicht verhindern können. An der bundesdeutschen Stromversorgung sind die Atomkraftwerke mittlerweile mit knapp 40 Prozent beteiligt, doch sieht es so aus, als sollten für den Rest dieses Jahrhunderts keine neuen Bauaufträge mehr erteilt werden. Hinzu kommt, daß Ende der achtziger Jahre zwei Projekte der wachsenden politischen Opposition sowie der finanziellen Unsicherheit zum Opfer fielen, die geeignet gewesen wären, die technologische Kluft zu den drei westlichen Atommächten zu schließen und die von daher mit einiger Symbolik behaftet waren. Der Bau der geplanten Wiederaufbereitungsanlage in Wackersdorf wurde eingestellt, und den Schnellen Brüter in Kalkar am Niederrhein erwartet mit großer Sicherheit das gleiche Schicksal. Die Einstellung beider Projekte bedeutet für die bundesdeutsche Atomlobby den schwersten Rückschlag seit dreißig Jahren.

Für die neunziger Jahre stehen weitere schwierige Entscheidungen ins Haus, wenn die erste Generation von Atomkraftwerken aus den siebziger Jahren zur Erneuerung ansteht. Je nachdem, ob die Energiepreise weltweit steigen oder fallen, könnten die Ausstiegstendenzen wieder unaufhaltsam an Schubkraft gewinnen.

Wie auch immer, die Bundesrepublik bleibt hier in einem Teufelskreis gefangen. Denn begänne man auf internationaler Ebene mit dem Abbau der Atommeiler, müßte man auf Kohlekraftwerke ausweichen – mit allen negativen Auswirkungen auf die Umwelt. Worin läge das größere Übel? Der Inkaufnahme weiterer Atomunfälle oder der Gefahr einer katastrophalen Klimaveränderung durch den Treibhauseffekt, der durch die verstärkte Verbrennung von organischen Materialien zwangsläufig beschleunigt würde. Die Deutschen wissen besser als die meisten anderen Völker, daß es keine einfache Alternative gibt.

Es entbehrt nicht einer gewissen Komik, daß Frankreich die Bemühungen der bundesdeutschen Kernkraftgegner konterkariert, indem es seine Bemühungen um den Export billigen Atomstroms in das östliche Nachbarland verstärkt. Doch was geschieht, wenn die bundesdeutsche Anti-Kernkraft-Bewegung auf andere Länder übergreift? Schon beginnt diese im Zuge der Wiedervereinigung ganz Mitteleuropa zu erfassen. Angesichts der Aufdeckung katastrophaler Sicherheitsmängel an den ostdeutschen Kernkraftwerken ist damit zu rechnen, daß diese alsbald abgeschaltet werden. Zumindest bis zur nächsten Energiekrise steht das Land, das die Kernspaltung entdeckte, an der Spitze der Bewegung, die deren Nutzung verhindern will.

Karl Heinz Beckurts, Vorstandsmitglied des Siemens Konzerns und nahezu dreißig Jahre lang ein Stützpfeiler der bundesdeutschen Kerntechnik, begann einen längeren Presseartikel über die Folgen des Unfalls von Tschernobyl mit nüchternen Worten: »Der schwere Reaktorunfall in der Sowjetunion hat Ängste und Sorgen ausgelöst. Wohl niemanden, der ernsthaft über die Nutzung der Kernenergie nachdenkt, hat das Unglück von Tschernobyl unbeeindruckt gelassen. Dabei war und ist die Beunruhigung in der Öffentlichkeit der Bundesrepublik Deutschland weitaus stärker als in irgendeinem anderen Land der Welt.«[5]

Der damals 56jährige Beckurts war aus dem atomaren Forschungszentrum Jülich zur Industrie gekommen und rasch zum für die Forschung verantwortlichen Direktor des Siemens-Konzerns aufgestiegen. Diesem Gehört auch die Kraftwerk-Union (KWU) an und mithin eine der dominierenden Kräfte in der deutschen Kerntechnologie. Als diese Zeilen im Druck erschienen, war Beckurts schon über eine Woche tot – in einem südlichen Vorort von München waren er und sein Chauffeur in ihrem gepanzerten BMW mit einer technisch ausgefeilten Zehn-Kilo-Bombe in die Luft gejagt worden.

In einem siebenseitigen Brief bekannte sich die Rote Armee Fraktion (RAF) zu dem Anschlag. Es war der bislang letzte in einer Reihe von Morden an bundesdeutschen Spitzenmanagern und Beamten seit den siebziger Jahren. Die Terroristen bekannten, sie hätten Beckurts auf Grund seiner Stellung in »Westdeutschlands größtem Hochtechnologiekonzern und der drittgrößten Atom-Gruppe der Welt« ausersehen. Das Attentat hat bewiesen, welch ungeheuere kriminelle Energie aus der Kernkraft-Gegnerschaft erwachsen kann.[6] Die ZEIT beschloß, Beckurts Artikel posthum zu drucken, um die Debatte über einen Ausstieg aus der Kernenergie weiterzutreiben. Beckurts hatte darin behauptet, daß das Risiko, an Krebs zu sterben, für die Bundesbürger durch Tschernobyl nur um 0,01 Prozent gestiegen sei. Gleichzeitig hatte er gewarnt, daß sich durch jede Abschaltung eines Kernkraftwerks die Emission von Stickoxyden und Schwefel in die Atmosphäre erhöhen würde, ganz zu schweigen von den Kosten: »Ein sofortiger nuklearer Ausstieg bis zum Ende des Jahrhunderts (würde) die Volkswirtschaft rund 250

Milliarden Mark kosten.« Beckurts hatte sich in diesem Artikel sichtlich um Ausgewogenheit bemüht und mit einem Appell an die Vernunft geschlossen: »Wohl niemand in der Bundesrepublik ist dabei auf Kernkraftwerke versessen. Das galt auch schon lange vor Tschernobyl. Aber eine umsichtige Nutzung von Kernenergie ist und bleibt verantwortbar und notwendig. Ein voreiliger Verzicht würde einen zu hohen Preis fordern.

Beckurts vorsichtige Wortwahl zeigt, wie sehr sich die bundesdeutschen Kernkraftlobbyisten schon in der Defensive befanden. Als der Konsens über den Ausbau der Kernenergienutzung in den siebziger Jahren abbröckelte, war Siemens die erste Institution, die den Kampf mit den Kernkraftgegnern aufnahm. Falls man nicht mehr Atomkraftwerke baue, so hieß es, würden in Deutschland die Lichter ausgehen. In einer der für diese Auseinandersetzung typischen Übertreibungen erklärte 1979 der damalige Siemens Vorstandsvorsitzende Bernhard Plettner, daß Deutschland infolge des Versäumnisses, weitere Atomkraftwerksprojekte zu genehmigen, in eine »Katastrophe« schlittern würde, und warnte: »Wir werden die Grenzen der Kapazität 1983–84 erreichen.«[7]

1986 hatte die Atomindustrie schon viel von ihrer Glaubwürdigkeit verloren, und Tschernobyl versetzte ihr einen weiteren Schlag. Die Explosion in der Ukraine kostete 31 Menschen unmittelbar das Leben, bedroht Tausende mit einem vorzeitigen Krebstod, zwang 135 000 Anrainer, ihre verseuchten Wohnstätten zu verlassen, und schickte eine radioaktive Wolke über 2000 Kilometer und zwanzig Staaten. Im Vergleich etwa mit dem Erdbeben im Kaukasus, das Ende 1988 25 000 Menschen den Tod brachte, waren die unmittelbaren Verluste an Menschenleben durch Tschernobyl gering, doch der Schock, den der Vorfall auslöste, reichte erheblich weiter – und nirgendwo war die Beunruhigung größer als in der Bundesrepublik.

Dort hielt man die Kinder von den öffentlichen Spielplätzen fern, warf tausende von Tonnen kontaminiertes Gemüse auf den Müll, und die Psychiater registrierten ein dramatisches Ansteigen akuter Phobien. Der Verbrauch an Wild ging rapide zurück aus Angst, es könne sich um Tiere aus den verseuchten bayerischen Wäldern handeln, und die Regierung beschlagnahmte 250 Eisenbahnwagen voll beladen mit belastetem Milchpulver. In den zwölf Monaten nach dem Unfall zahlten die bundesdeutschen Behörden insgesamt 434 Millionen Mark an Entschädigungen, überwiegend an landwirtschaftliche Betriebe.[8] Schlußendlich kostete Tschernobyl den bundesdeutschen Steuerzahler stolze 600 Millionen Mark.[9]

Im Nachbarland Frankreich ging das Leben dagegen auch nach

dem Atomunfall seinen gewohnten Gang. Mit typisch gallischem Selbstvertrauen akzeptierte die Bevölkerung regierungsamtliche Verlautbarungen, wonach die radioaktive Wolke, einer Laune der Natur folgend, den Rhein nicht überschritten habe – was sich freilich als unwahr herausstellte. Pierre Strohl, der stellvertretende Generaldirektor der internationalen Nuclear Energy Agency (NEA) in Paris, erklärte mir, warum Deutsche und Franzosen so völlig unterschiedlich reagiert hätten: »Die Franzosen neigen mehr als andere Völker dazu, der Staatsmacht zu vertrauen. Sie interessieren sich mehr für guten Wein und Sex als für die Kernenergie.«[10] In der Bundesrepublik sorgten einander widersprechende Aussagen von Bundes- und Länderbehörden über das Ausmaß der Belastung für zusätzliche Verwirrung. Wie es die Alliierten 1945 beabsichtigt hatten, erwies sich die politische Dezentralisierung der Bundesrepublik tatsächlich als schweres Hindernis für eine wirksame Kontrolle der Bundesregierung über die öffentliche Meinung.

Das Grundvertrauen der Bevölkerung in die Kernenergie hat in der Bundesrepublik durch Tschernobyl weit nachhaltiger gelitten als in Frankreich oder Großbritannien. Nach einer Gallup-Umfrage sprachen sich in der zweiten Hälfte des Jahres 1986 80 Prozent der Bundesbürger gegen den Bau weiterer Kernkraftwerke aus – doppelt soviel wie zu Anfang des Jahrzehnts. In Großbritannien und Frankreich befürworteten zur gleichen Zeit immer noch 40 Prozent die friedliche Nutzung der Kernenergie.[11] Erhard Eppler, einer der SPD-Parteistrategen und Kernkraftgegner der ersten Stunde, schrieb wenige Wochen nach Tschernobyl, daß sich der Trend weg von der Atomkraft durch den Unfall beschleunigen werde. Unter dem Titel: »Ende der Akzeptanz« setzte er sich mit Wirtschaftsprognosen auseinander, die von einem – seinerzeit von der SPD unterstützten – Ausbau der Kerntechnik ausgingen: »Man hat den Atomgegnern häufig vorgeworfen, sie lebten von der Angst und appellierten an Ängste. Dabei war ihre Furcht offenbar besser begründet als die Angst vor der Energielücke, vor ausgehenden Lichtern, mit der bis an die zweite Hälfte der siebziger Jahre gearbeitet wurde.«[12]
Das französische Magazin »Documents« bezeichnete die Reaktion auf Tschernobyl östlich des Rheins als »eine deutsche Apokalypse« und behauptete, die Deutschen würden »das Trauma von 1945 wiedererleben«. Und während die Umsätze mit Heim-Geigerzählern nach oben schnellten und zahlreiche schwangere Frauen aus Angst vor Mißbildungen abtreiben ließen, entdeckte ein Münsteraner Slawistikprofessor, daß das Wort »Tschernobyl« im Ungarischen ein Wermutgewächs, nämlich den Beifuß, bezeichnet. Wermut aber, so

führte er mit morbidem Behagen aus, sei der Name des Sterns, der im achten Kapitel der Offenbarung des Johannes brennend zur Erde fällt, um die Wasser zu vergiften und vielen Menschen den Tod zu bringen.[13]

Dieser Stern ging 1938 in Berlin auf, kurz vor Weihnachten. Nach vier Jahrzehnten, in denen Wissenschaftler in Europa und den USA daran gearbeitet hatten, die Rätsel des Atomkerns zu ergründen, gab dieser das größte seiner Geheimnisse preis. Gelüftet würde es von einem 58jährigen Strahlenchemiker namens Otto Hahn, der das Kaiser-Wilhelm-Institut für Chemie in Dahlem leitete. In enger Zusammenarbeit mit seinem jüngeren Kollegen Fritz Straßmann gelang Hahn der experimentelle Durchbruch, der das Atomzeitalter einläutete.

Mehrere Jahre lang hatte er experimentiert, um die Substanzen zu bestimmen, die beim Beschuß von Uran, dem schwersten der in der in der Natur vorkommenden Elemente, mit Neutronen entstehen. Seit 1934 hatte er dabei mit Lise Meitner zusammengearbeitet, einer österreichischen Jüdin, die dem Physik-Department des Instituts vorstand. Sie floh im Juli 1938 nach Skandinavien, da sie nach dem Anschluß Österreichs unter die antijüdischen Bestimmungen der NS-Regierung fiel. Am späten Abend des 19. Dezember schrieb Hahn an Lise Meitner nach Stockholm, daß sich die Isotope, die aus dem Neutronenbeschuß von Uran entstanden und die man zunächst für Radium hielt, chemisch wie Barium verhielten. Das schien unerklärlich. Denn bis dahin hatten die Wissenschaftler die Theorie vertreten, daß der von einem Neutron getroffene Atomkern dieses entweder anlagern oder daß das Neutron einen kleinen Teil des Atomkerns herausschlagen würde. Somit mußten beim Beschuß von Uran mit Neutronen entweder ein geringfügig schwereres transuranisches Element entstehen oder ein Element, das ein etwas geringeres Atomgewicht als Uran aufweist. Ein Element wie Barium, das etwa das halbe Atomgewicht von Uran aufweist, kann nur entstehen, wenn der Kern geteilt wird. In seinem Konzept für die Veröffentlichung dieser Ergebnisse in der Berliner Fachzeitschrift »Naturwissenschaften« schrieb Hahn, daß seine Ergebnisse »gegen alle bisherigen Gesetze der Nuklearphysik« wären.[14]

Lise Meitner erhielt Hahns Brief während der Weihnachtstage, die sie mit ihrem Neffen Otto Frisch, ebenfalls einem Physiker, an der Küste verlebte. Gemeinsam erarbeiteten sie die physikalische Erklärung für die Versuchsergebnisse von Hahn und Straßmann. Das grundsätzlich instabile Uranatom hatte sich in zwei kleinere Teile gespalten – ein Prozeß, bei dem gewaltige Energiemengen frei werden mußten, wie Einstein 1905 mit seiner berühmten Gleichung mathematisch bewiesen hatte, nach der Masse und Energie austauschbar sind. Auf der Suche nach einer Bezeichnung für dieses neue Phänomen schlug Frisch im Januar 1939 in Anlehnung an die Teilung biologischer Zellen den Begriff »Kernspaltung« vor.

Hahns Ergebnisse wurden am 6. Januar 1939 in Berlin veröffentlicht. In den Folgemonaten wurden seine Versuche von Wissenschaftlern diesseits und jenseits des Atlantik wiederholt, und Ende März hatten mindestens 18 verschiedene Forschergruppen aus Deutschland, Frankreich und den USA unabhängig voneinander die Kernspaltung nachgewiesen. Die Versuchsergebnisse bildeten den Grundstock für die Auslösung von Kettenreaktionen für Bomben und Reaktoren, und die grundlegende Erkenntnis, daß die Spaltung von Uran durch thermische Neutronen in dem seltenen Uran-Isotop mit der Masse 235 erfolgt, wurde in einer Flut von Veröffentlichungen ausgeführt.

Welche Möglichkeiten sich hinter der Entdeckung Hahns verbargen, wurde erstmals im August 1939 von Siegfried Flügge, einem Wissenschaftler vom Kaiser-Wilhelm-Institut für Physik, ebenfalls in Berlin-Dahlem und nahe dem Laboratorium Hahns gelegen, in allgemein verständlicher Weise dargestellt. Flügge schrieb, daß die in einem Kubikmeter Uran enthaltene Energie ausreiche, um einen Kubikkilometer Wasser 27 Kilometer hoch zu heben. Anders ausgedrückt könnte man mit dieser Energie den Wannsee in die Stratosphäre schicken. Obwohl er vor allem die Möglichkeiten zur Energieproduktion durch eine »Uran-Maschine« erörterte, wies Flügge auch darauf hin, daß »wir uns mit einer Explosion beschäftigen, die die geschätzte Kraft einer vulkanischen Eruption hat«. Daß er hinzufügte, diese Entdeckung werde wohl »vor die Augen der ganzen Menschheit kommen«, mutet wie eine düstere Prophezeiung an.[15]

Der Zeitpunkt dieser Entdeckung regt zu einigen interessanten Spekulationen an. Wäre nämlich der Krieg bereits im Herbst 1938 ausgebrochen, was vor dem Münchener Abkommen, das Hitler die Besetzung des Sudetenlandes erlaubte, durchaus im Bereich des Möglichen lag, so wären Hahns Ergebnisse sicherlich nicht sofort – wenn überhaupt – veröffentlicht worden. Deutschland hätte auf dem Gebiet der Kerntechnologie einen entscheidenden Vorsprung gewonnen, und das amerikanische Manhattan-Projekt zum Bau der Atombombe, das 1942 startete – das erste Beispiel für einen wissenschaftlichen Großeinsatz zu militärischen Zwecken – wäre vielleicht nie begonnen worden. Noch ehe die Größenordnung des amerikanischen Zwei-Milliarden-Dollar-Projekts bekannt wurden, erkannten die Nazis, daß sie durch Geheimhaltung wertvolle Zeit gewonnen hätten. So beklagte Hermann Göring im Juli 1942 in einer Rede, daß »die Kollegen unserer Wissenschaftler in Großbritannien, Frankreich und Amerika im Detail wissen, was für eine Art Ei ihre deutschen Kollegen ausgebrütet haben«.[16]

Andererseits hätte der wissenschaftliche Durchbruch auch schon Jahre vorher stattfinden können. Angefangen mit Enrico Fermi, dem italienischen Physiker, der später den Nobelpreis erhielt, hatten schon mehrere Physiker herauszufinden versucht, was geschieht, wenn man Uran mit Neutronen beschießt. Doch nur Hahn hatte die experimentellen Fachkenntnisse, die es ihm erlaubten nachzuweisen, daß Barium entsteht.Schon 1934 hatte eine deutsche Chemikerin, Ilse Noddack, die These vertreten, daß Atomkerne unter Neutronenbeschuß in Teile zerbersten könnten, doch hatte man diese Vorstellung nicht ernst genommen. Hätte man die Tragweite dieser Theorie in den frühen Jahren des Dritten Reiches schon begriffen – der Krieg und vielleicht sogar die ganze Weltgeschichte wären anders verlaufen.[17]

Die Hauptursache, daß es im Sommer 1945 zum ersten Test einer Plutoniumbombe in der Wüste Neu-Mexikos und in der Folge zur Vernichtung zweier japanischer Städte kam, liegt jedoch in der Furcht Großbritanniens und der USA, die Deutschen könnten eine solche Waffe entwickeln. So spielten auch europäische Wissenschaftler, die von den NS-Rassengesetzen aus ihrer Heimat vertrieben worden waren, eine wichtige Rolle beim Zustandekommen des Bombenprogrammes. Einer der vielen, die im Ausland Zuflucht suchten, war der jüdische ungarische Physiker Leo Szilard, der schon Anfang 1933 Berlin verließ.[18] Szilard erfuhr im Januar 1939 in New York vom Forschungserfolg Hahns und war angesichts der Möglichkeit, daß die Nazis als erste die Atombombe haben könnten, zutiefst beunruhigt. Als Hitlers Armeen im Mai 1940 in Belgien einmarschierten, fürchtete er darüber hinaus, die Nazis könnten auf diesem Wege Zugriff auf die Uranvorkommen in Belgisch-Kongo erhalten.

Szilard war es auch, der Einstein bewog, im August 1939 seinen berühmt gewordenen Brief an Präsident Roosevelt zu schreiben, in dem er diesen beschwor, die amerikanischen Forschungsanstrengungen zu forcieren. Sechs Jahre zuvor hatte Einstein seine deutsche Staatsbürgerschaft (zum zweiten Mal) aufgegeben und einen Posten am Princeton's Institute for Advanced Study in New Jersey angenommen. Gegen Ende des Krieges erklärte er schließlich: »Politisch haßte ich Deutschland seit meiner Jugend, und ich empfand immer die Gefahr, die die Welt von seiner Seite bedrohte.[19] Roosevelt zeigte sich in seinem Antwortschreiben vom Oktober interessiert, doch dauerte es noch zwei Jahre, ehe die USA ernsthaft mit ihren Forschungen begannen.[20]

Auch der italienische Physiker Fermi weilte in den USA, nachdem er das faschistische Italien verlassen hatte, weil er mit einer Jüdin verheiratet war. Als Mitarbeiter am Manhattan-Projekt entwickelte er Ende 1942 in Chikago den ersten funktionsfähigen Atomreaktor der Welt.

Auch die beiden Physiker, die hinter einer entscheidenden Denkschrift an die britische Regierung standen, waren jüdischer Herkunft. Rudolf Peierls, ein Emigrant aus Berlin, und Lise Meitners bereits erwähnter Neffe Otto Frisch, die beide Anfang 1940 an der Birmingham University lehrten, legten dar, daß eine Fünf-Kilo-Superbombe aus reinem Uran 235 die Sprengkraft von Tausenden Tonnen Dynamit haben würde. Die Denkschrift ging in einen Regierungsbericht ein, der 1941 an die USA übermittelt wurde und das Manhattan-Projekt inspirierte.[21]

Zum Glück für die Menschheit hatte Deutschland dem nichts entgegenzusetzen. Tatsächlich war die deutsche Atomphysik während des Krieges nach Ziel und Organisation äußerst zersplittert. Der Einsatz an Forschergeist, industriellem und finanziellem Aufwand, der in das Manhatten-Projekt investiert wurde, bewegte sich in völlig anderen Dimensionen. Dennoch setzten die deutschen Kernphysiker ihre Forschungen beharrlich bis wenige Wochen vor der Kapitulation fort, doch gelang es ihnen nie, eine sich selbst erhaltende Kettenreaktion auszulösen. Zu Kriegsbeginn lagen diesen Forschungen in Deutschland und den USA durchaus ähnliche Motive zu Grunde. Nach dem Krieg freilich wurden die deutschen Forschungen mit Mythen verbrämt, um zu verschleiern, daß die deutschen Physiker ebenso wie die britischen und amerikanischen ursprünglich vor allem eines im Auge hatten: die Bombe.[22]

Schon vor Kriegsausbruch hatten deutsche Wissenschaftler die grundsätzliche Verwendbarkeit der Kernenergie für Sprengkörper erkannt. Bereits im April 1939 wurde die Wehrmachtsführung von ihrem Berater für chemische Sprengstoffe, dem jungen Hamburger Professor Paul Harteck, auf die Möglichkeit hingewiesen, die Kernenergie zur Herstellung von Bomben zu nutzen, die »viele Größenordnungen stärker sind als konventionelle«. Ein Atomforschungsprogramm unter Aufsicht des Heereswaffenamtes wurde ins Leben gerufen, doch gelang es der Wehrmacht nie, alle Programme am Berliner Kaiser-Wilhelm-Institut für Physik zu konzentrieren. Den

Kriegsanstrengungen fehlte auch das experimentelle Element – nicht zuletzt auf Grund des Übergewichts, das die von Werner Heisenberg geführten Vertreter der theoretischen Richtung über die experimentellen Physiker gewonnen hatten. Heisenberg, Professor für Theoretische Physik an der Universität Leipzig, der 1932 den Nobelpreis erhalten hatte, war nach dem Exodus der jüdischen Wissenschaftler der führende deutsche Physiker. Er wurde Berater am Kaiser-Wilhelm-Institut für Physik und spielte eine Schlüsselrolle in den militärischen Forschungsprogrammen. Die Dahlemer Bemühungen um den Bau eines Atomreaktor wären wahrscheinlich erfolgreicher gewesen, wenn anstelle der theoretischen die experimentellen Physiker federführend gewesen wären.[23]

Das deutsche Atomprogramm litt freilich auch unter der Knappheit an Rohstoffen und Ausrüstung. Dabei erwies sich das Fehlen eines Zyklotrons, eines Teilchenbeschleunigers, wie ihn die mit Plutonium experimentierenden amerikanischen Wissenschaftler besaßen, als besonders schwerwiegendes Handicap. Entscheidend war jedoch, daß weder die Wehrmacht noch die Partei uneingeschränkt hinter dem Projekt standen.[24] Denn solange Hitlers Armeen Europa überschwemmten, glaubte die Wehrmacht, daß der Krieg auch ohne Atombomben gewonnen werden würde. Obwohl führende Unternehmen wie I.G.-Farben (Uran-Hexafluorid und Schweres Wasser), Degussa (Uran), Anschütz (Zentrifugen) und Siemens (Arbeiten am Zyklotron) an den Forschungsbemühungen im Krieg beteiligt waren, wurde doch nie eine so enge Zusammenarbeit zwischen Wissenschaft und Industrie erreicht wie in den USA.

Bis 1941/42 liefen die deutschen Fortschritte in den theoretischen Grundlagen und Vorbereitungen zum Bau einer Atombombe in vieler Hinsicht parallel zu den britischen und amerikanischen. Dann jedoch trennten sich die Wege. Denn Anfang 1942 erklärte das Heereswaffenamt die Kerntechnik als unmaßgeblich für die Kriegführung und gab die Leitung des Projekts an die Kaiser-Wilhelm-Gesellschaft zurück. Zwar standen weiterhin Mittel für die Kernforschung zur Verfügung, aber im Grunde ging das Projekt, zunehmend durch Bombenangriffe, Versorgungs- und Personalmangel behindert, seinem Ende entgegen.

Nach 1945 war den besiegten Deutschen die atomare Forschung während des Krieges eher peinlich. Die Wissenschaftler, die daran teilgehabt hatten – und die in vielen Fällen die führenden Köpfe der bundesdeutschen Atomindustrie darstellten - behaupteten wenig glaubwürdig, sie wären aus moralischen Bedenken an der Aufgabe, die Bombe zu bauen, gescheitert. Dabei kann man den deutschen

Wissenschaftlern ohne weiteres abnehmen, daß sie nicht dazu in der Lage waren, doch die Gründe dieses Scheiterns lagen eher im politischen, technologischen und wirtschaftlichen als im moralischen Bereich.

Nach dem Krieg behauptete Heisenberg, seine offensichtliche Zusammenarbeit mit dem Regime habe nur der Tarnung seines Widerstands gedient. Doch selbst wenn unterstellt werden darf, daß er kein Anhänger des Nationalsozialismus war, klingt diese Entschuldigung nicht sehr überzeugend. Es war der Schriftsteller Robert Jungk – der heute zu den schärfsten Kritikern der deutschen Atomlobby zählt –, der in den fünfziger Jahren die Legende in die Welt setzte, die deutschen Wissenschaftler hätten aktiv versucht, den Bau einer Atombombe zu verhindern.[25] Heute gibt Jungk zu, daß er sich bei seinem Versuch, die deutschen Atomphysiker als Pazifisten zu zeichnen, in die Irre hatte führen lassen. Er berichtete mir, daß er seine Eindrücke in Gesprächen sowohl mit Heisenberg, der 1976 starb, als auch mit Carl Friedrich von Weizsäcker gewonnen habe.[26] Als älterer Bruder des Bundespräsidenten ist Weizsäcker heute einer der geachtetsten Philosophen der Bundesrepublik. Im Krieg war er einer der wichtigsten Mitarbeiter Heisenbergs am Kaiser-Wilhelm-Institut für Physik. Obwohl selbst nicht Mitglied der NSDAP, hatte er als Sohn des Staatssekretärs im Reichsaußenministerium Ernst von Weizsäcker gute politische Beziehungen. Weizsäcker tritt heute als gefeierter Künder des Weltfriedens auf[27] – im Dritten Reich freilich scheint er anderer Auffassung gewesen zu sein.

Im deutschen Kernforschungsprogramm des Dritten Reiches spielte Weizsäcker keine gewichtige Rolle. Im Sommer 1940 erarbeitete er theoretisch eine Methode zur Gewinnung spaltbaren Materials, die die schon bekannte Verfahrensweise der Anreicherung von natürlichem Uran mit Uran-235 ergänzte –, wobei er sich teilweise auf veröffentlichte Ergebnisse aus den USA stützen konnte. Sein Verfahren basierte auf Umwandlung des relativ häufigen Uran-Isotops-238 durch Bestrahlung in einem Reaktor in ein transuranisches spaltbares Element. Die Amerikaner nannten dieses neue Element Plutonium. Weizsäcker gab seine Ergebnisse im Juli 1940 in einem fünfseitigen Bericht an das Heeresbeschaffungsamt weiter.[28]

Während des Krieges kam Deutschland freilich nicht annähernd soweit, die Anreicherung von Uran oder die Herstellung von Plutonium durch Bestrahlung technologisch zu beherrschen. Immerhin waren es diese beiden Methoden, die auch die Amerikaner anwendeten – die Anreicherungstechnik in Oak-Ridge, die Plutoniumgewinnung im Hanford-Reaktor –, um »Little Boy« und »Fat Man« zu bauen, die Bomben, die Hiroshima und Nagasaki vernichteten.

Weizsäcker zeigte in diesem Bericht erstmals den Dualismus der Kernkraft auf, der seitdem Wissenschaftler, Politiker und Aufsichtsbehörden beschäftigt. Ein »ziviler« Reaktor, der durch eine gesteuerte Kettenreaktion Energie für friedliche Zwecke produziert, erzeugt auch Plutonium, das zur Waffenherstellung verwendet werden kann. Für die Bundesrepublik, die ja der Produktion eigener Kernwaffen abgeschworen hat, brachte diese »doppelte Verwendbarkeit« in den folgenden Jahrzehnten eine Reihe von Problemen mit sich.

Am 6. August 1945 verlas der BBC-Nachrichtensprecher in den 18-Uhr-Nachrichten die Mitteilung von der Zerstörung Hiroshimas durch eine Atombombe und gab dabei auch einen Einblick in den industriellen Aufwand, den die USA zu diesem Zweck getrieben hatten. Unter den Zuhörern waren auch zehn deutsche Kernphysiker, die man in Farm Hall, einem englischen Landhaus in Huntingdon interniert hatte, darunter Hahn, Heisenberg, Weizsäcker und Harteck. Sie waren bei Kriegsende vom britischen Geheimdienst eingesammelt und nach England gebracht worden – zum Teil auch aus der Befürchtung heraus, sie könnten von den Amerikanern erschossen werden. Britische Geheimdienstoffiziere hörten die Reaktionen der deutschen Fachleute auf diese Nachricht mit versteckten Mikrophonen ab,[29] doch das vollständige Protokoll dieses Gesprächs wird von der Britischen Regierung noch immer als Verschlußsache behandelt.[30]

Hahn schrieb später: »Ich war unsagbar erschrocken und niedergeschlagen«. Nach der Nachrichtensendung mußte ihm ein Gin verabreicht werden, um seine Nerven wieder zu beruhigen.[31] Einer seiner Kollegen wachte bis tief in die Nacht hinein bei ihm, da man befürchtete, er werde versuchen, sich das Leben zu nehmen. Doch dürfte der Schock der deutschen Physiker in Farm Hall nicht allein durch die fürchterlichen Menschenverluste in Japan ausgelöst worden sein, sondern nicht minder durch deren Ernüchterung, daß den Amerikanern gelungen war, was sie selbst für unrealisierbar gehalten hatten.

Carl-Friedrich von Weizsäcker ist heute ein ehrwürdiger, silberhaariger alter Herr mit buschigen Brauen, doch sanftem Wesen. Daß er nach dem Krieg dazu beitrug, den Eindruck zu erwecken, die deutschen Wissenschaftler hätten den Bau der Bombe aus moralischen Erwägungen verhindert, ist ihm heute ein wenig peinlich. Der zeitliche Abstand hat ihn aufrichtiger werden lassen, und so gibt er ohne weiteres zu, daß moralische Skrupel für die Ergebnisse der deutschen Kernforschung irrelevant waren: »(Selbst) wenn wir den dringenden Wunsch gehabt hätten, Atomwaffen zu machen, und wenn uns die Regierung jede mögliche Hilfe gewährleistet hätte, wäre es uns nicht so schnell gelungen wie den Amerikanern«, gesteht er. »Das haben wir erkannt. Wir waren Ende 1940 sicher, daß wir es nicht schaffen könnten.«[32]

Weizsäcker schätzt, daß im Frühjahr 1939 weltweit ungefähr zweihundert Wissenschaftler erkannt hatten, daß eine Atombombe möglich war: »Ich hoffte, daß Hitler keine Chance haben würde, die Bombe im Krieg zu benutzen. Aber wenn die Bombe kommen würde, kommt sie. Hitler würde nicht ewig da sein – aber die Bombe würde bleiben.«

Die Motive der am Forschungsprojekt beteiligten deutschen Wissenschaftler seien unterschiedlich gewesen, berichtet er weiter: »Hahn wollte sein (Kaiser-Wilhelm-)Institut retten. Andere von uns wollten herausfinden, ob sie (die Kettenreaktion) überhaupt zu machen wäre, und wenn ja, so helfe uns Gott. Aber wir waren zu dem Schluß gekommen, daß der notwendige Aufwand so enorm war, daß niemand in der Welt dies ausführen könnte. Wir wußten nichts von Oak-Ridge, ... wir haben nicht geglaubt, daß die Amerikaner so etwas Phantastisches (wie das Manhattan-Projekt) während des Krieges unternehmen könnten.«

Und unter dem Hinweis auf seine Beziehungen zur höchsten Entscheidungsebene fügt er zweideutig hinzu: »Wenn ich geglaubt hätte, daß wir in der Lage wären, die Bombe zu machen, und wenn ich dies gewollt hätte, hätte ich eine Audienz bei Hitler schaffen können ...«

Die letzten vergeblichen Versuche der Deutschen, einen funktionsfähigen Atomreaktor zu bauen, fanden an einem höchst merkwürdigen Ort statt, nämlich in einer Höhle, die man in ein Felsmassiv mitten in einem malerischen schwäbischen Städtchen gehauen hatte. Als Anfang 1945 die Luftangriffe auf Berlin an Intensität noch zunahmen, lagerte man die Versuchsaufbauten für den Uran-Schwerwasser-Reaktor von Dahlem nach Haigerloch südlich von Stuttgart aus. Die Gegend wurde im April 1945 von den Amerikanern erobert. Im Gefolge der US Army kamen Angehörige der »Alsos«, einer wissenschaflichen Einheit des Geheimdienstes, um nach Spuren deutscher Kernforschungsprojekte zu suchen. Diese nahmen die Creme der deutschen Atomphysik im Umkreis fest, bauten die Versuchsanordnungen ab und jagten den Rest in die Luft.

Bevor er mit den anderen nach Frankreich und von dort aus nach

Farm Hall gebracht wurde, verriet Weizsäcker den Amerikanern noch, daß wichtige Unterlagen zu den deutschen Atomprojekten in der Senkgrube seines Hauses verborgen lagen. Heute sagt er über das Haigerloch-Experiment: »Verglichen mit dem Reaktor von Fermi war dies sehr primitiv... Der Krieg war verloren, die Situation sehr schlecht. Wir glaubten, es wäre gut für unser Land, eine billige Energiequelle zu haben, die man in der Zukunft zum Vorteil einsetzen könnte.«

Mittlerweile wurde die Höhle von Haigerloch renoviert und 1980 als »Atom-Keller« für die Öffentlichkeit freigegeben. Er ist heute die Haupttouristenattraktion des Städtchens. Eine kleine Broschüre informiert knapp über die Ziele dieses militärischen Forschungsprojekts und stellt ebenso beruhigend wie irreführend fest: »Die Atombombe stand nicht auf dem Programm.«[33] Pater Marquard Gulde, damals Gemeindepfarrer von Haigerloch, heute im Ruhestand, steuerte eine bizarre Marginalie zu dieser Episode bei: Im April 1945 überredete er einen amerikanischen Offizier, von der befohlenen Sprengung des ganzen Felsens abzusehen, und rettete so seine Kirche. Pater Gulde, heute in den Achtzigern und etwas schwerhörig, erinnert sich noch heute mit unverhohlener Freude daran, wie er 1945 die »Atomprofessoren« beschimpfte, daß sie mit ihren gefährlichen Experimenten den Frieden seiner Landgemeinde störten.[34]

In den Trümmern des besiegten Deutschlands war das Überleben wichtiger als die Wissenschaft. 1946 untersagten die vier Besatzungsmächte jegliche Aktivität in neun Schlüsseltechnologien. Unter diesen stand die »Angewandte Atomphysik« an erster Stelle.[35] In Berlin und der sowjetisch besetzten Zone wurden jene Kernphysiker, die nicht hatten fliehen können oder wollen, von den Russen vereinnahmt. Viele gingen mit guten Verträgen in die Sowjetunion und halfen tatkräftig beim Bau einer sowjetischen Atombombe,[36] darunter Manfred von Ardenne, der in Berlin an der elektromechanischen Isotopentrennung gearbeitet hatte, Gustav Hertz, der 1925 den Nobelpreis für die Entwicklung eines Verfahrens zur Trennung von Gasen erhalten hatte, und Peter-Adolf Thießen, der Leiter des Kaiser-Wilhelm-Instituts für Physikalische Chemie in Berlin, der die NS-Regierung bezüglich Forschung und Entwicklung auf dem Gebiet der Chemie beraten hatte. Thießen war bis 1956 für die Sowjetunion tätig und wurde dann Vorstand der Akademie der Wissenschaften der DDR. Ardenne, dessen Entwicklungen während des Krieges verblüffende Ähnlichkeiten mit der in Oak-Ridge verwendeten Technologie aufwiesen, kehrte 1955 aus der Sowjetunion zurück, um in seinem eigenen Forschungslabor in Dresden weiterzuarbeiten. In seinen Achtzigern immer noch aktiv, ist Ardenne heute der Doyen der ostdeutschen Wissenschaft.

In der Bundesrepublik erkannte die Regierung Adenauer rasch die Bedeutung der Kernenergie für den Wiederaufbau. Noch ehe 1955 die Beschränkungen auf dem Gebiet der Angewandten Atomphysik offiziell aufgehoben wurden, nahmen die Wissenschaftler, die in Farm Hall interniert gewesen waren, ihren Platz an der atomaren Tafelrunde wieder ein. Sie paßten sich ihren neuen politischen Herren rasch an und beeinflußten diese recht wirkungsvoll. Auf Drängen der britischen Besatzungsmacht wurde die Kaiser-Wilhelm-Gesellschaft 1946 in »Max-Planck-Gesellschaft umbenannt. Die Leitung sollte Otto Hahn übertragen werden, der diese Position aus Altersgründen jedoch nur sehr widerwillig annahm. Karl Wirtz vom Kaiser-Wilhelm-Institut für Physik – auch er ein »Gast« auf Farm Hall – stieg zum Vorsitzenden einer der drei 1952 gebildeten Expertenkommissionen auf, die sich mit der Konstruktion von Kernreaktoren beschäftigten. Dabei arbeitete er mit Karl Winnacker zusammen, der während des Krieges in leitender Position für die I.G.-Farben tätig gewesen war. Winnacker stand im Verdacht, an den Giftgasprogrammen seines Unternehmens beteiligt gewesen zu sein, doch haben ihm die Amerikaner nie etwas zur Last gelegt. Beide Männer wurden zu den treibenden Kräften der bundesdeutschen Kerntechnologie nach dem Krieg.

1956 gehörten Heisenberg und Hahn zu den Gründungsmitgliedern der Atomkommission in der Bundesrepublik, einem Gremium von Spitzenwissenschaftlern, Industriellen und Funktionären unter dem Vorsitz des Atomministers Franz Josef Strauß. Ihre Rolle war beratend, doch bald gewann sie dominanten Einfluß auf alle Entscheidungen. Eines ihrer prominentesten Mitglieder war Hermann Josef Abs von der Deutschen Bank.[37] Siemens, AEG, Hoechst und Bayer – sie alle hatten ihre Vertreter in der Kommission. Diese war bis 1971 tätig. Dann wurde sie von der sozialdemokratisch geführten Bundesregierung aufgelöst.[38]

Die bundesdeutschen Atompioniere wurden immer wieder von divergierenden Interessen hin- und hergerissen – ein Dilemma, das sich die nächsten drei Jahrzehnte mit schöner Regelmäßigkeit wiederholte: Einerseits wollten sie eine eigenständige und von amerikanischem Technologietransfer unabhängige Atomindustrie aufbauen. Andererseits strebten sie danach, von den amerikanischen Erfahrungen im Bau von Leichtwasserreaktoren zu profitieren. Tatsächlich erwies sich der späte Start der Bundesrepublik in die Kerntechnologie als ein Handicap, das nie völlig überwunden werden konnte.

Einen Vorgeschmack auf die Nachteile ihrer Abhängigkeit von den USA bekamen die Bundesdeutschen schon 1956, als ihnen die Amerikaner zusicherten, angereichertes Uran zu liefern – freilich nur in Mengen, die zwar für den Bau von Forschungsreaktoren, nicht aber von Kernkraftwerken ausreichten. Um Engpässe bei der Versorgung mit angereichertem Uran zu vermeiden, beschlossen die Deutschen, ihren ersten selbstkonstruierten Reaktor auf der Basis von natürlichem Uran und Schwerem Wasser zu entwickeln. Dabei konnten sie unmittelbar an die während des Krieges in Dahlem und später in Haigerloch gewonnenen Erfahrungen anknüpfen. Das Projekt lief unter der Bezeichnung »FR2«[39] und wurde im 1956 eröffneten ersten voll funktionsfähigen kerntechnischen Forschungsinstitut in Karlsruhe entwickelt.[40] 1961 wurde der Reaktor kritisch.

Auch in Fragen der atomaren Bewaffnung der Bundeswehr gerieten die Bundesdeutschen in den fünfziger Jahren mit den Amerikanern in Konflikt. Obwohl die Bundesrepublik auf die Produktion von Atomwaffen verzichtet hatte, forderte Adenauer, die Bundeswehr müsse über die gleichen Waffensysteme verfügen wie die Rote Armee, also auch atomare. So führte Franz Josef Strauß in seiner Eigenschaft als Verteidigungsminister Ende der fünfziger Jahre Gespräche mit den Franzosen über eine nukleare Kooperation, die jedoch im Sande verliefen. Strauß vertrat die These, Atomraketen für die Bundeswehr seien ein »ethischer« Weg, die Sowjetunion vom Einsatz der ihren abzuschrecken, und 1960 warf er die Frage auf, ob die Bundeswehr nicht amerikanische Polaris-Raketen erwerben solle. Die Amerikaner stimmten schließlich in den sechziger Jahren zu, die Bundeswehr mit atomwaffenfähigen Trägersystemen (Flugzeuge und Raketen) auszurüsten, während die nuklearen Sprengköpfe in amerikanischer Hand blieben.

Um dem Ziel einer weitgehenden atomaren Unabhängigkeit näherzukommen, schlug die Atomkommission 1958 vor, bis 1965 fünf verschiedene Reaktortypen mit einer Gesamtkapazität von 500 Megawatt ausschließlich aus bundesdeutschen Forschungs- und Entwicklungskapazitäten zu bauen. Zur gleichen Zeit freilich setzte AEG den Technologieimport aus Übersee fort, indem der Konzern von General Electric Lizenzen für den Bau von Siedewasserreaktoren erwarb. Der erste von einer Serie industriell gefertigter Siedewasserreaktoren ging 1966 im bayerischen Gundremmingen ans Netz.

Das 1958 beschlossene Programm war offenkundig zu anspruchsvoll. Das Soll von fünf Reaktortypen aus eigener Entwicklung wurde nie erfüllt. Siemens baute auf den Erfahrungen des FR2 auf und hielt am Schwerwasserreaktor fest. Degussa weitete das Uran-Experiment aus dem Krieg aus und lieferte durch die Tochtergesellschaft Nukem in Hanau Brennelemente. Die Erzeugung von Schwerem Wasser durch die Firmen Linde und Hoechst durch Verfahren, an denen beide Firmen schon während des Krieges gearbeitet hatten, ist ein weiterer Beweis für die historische Kontinuität in der bundesdeutschen Kerntechnologie.[41]

Nach dem FR2 baute Siemens noch zwei Schwerwasserreaktoren für die Bundesrepublik, ehe die Weiterentwicklung dieses Reaktortyps eingestellt wurde. Immerhin brachte diese Entwicklungslinie der Bundesrepublik den ersten Exportauftrag ein, denn 1962 unterzeichnete Siemens einen Kontrakt mit Argentinien über den Bau eines Schwerwasserreaktors in Atucha, der 1974 ans Netz ging. Ähnlich den Bundesdeutschen wollten auch die Argentinier die Entwicklung dieses für natürliches Uran geeigneten Typs weitertreiben, um sich von angereichertem Uran aus US-amerikanischer Produktion unabhängig zu machen. Argentinien, das den Atomwaffen-Sperrvertrag nicht unterzeichnet hatte, baute auch Anreicherungs- und Wiederaufbereitungsanlagen, um sich so eine Option auf eigene Kernwaffen offenzuhalten.

Nach Aufgabe der Schwerwasser-Reaktorenfamilie hatte auch Siemens keine andere Wahl als den Technologieimport aus den USA. Unter Verwendung von Westinghouse-Lizenzen baute Siemens im baden-württembergischen Obrigheim den ersten Druckwasserreaktor. Es war dies der erste einer Serie, die in der Bundesrepublik wie auch in anderen europäischen Ländern die Dominanz der amerikanischen Druckwasserreaktoren begründete. Anfang 1989 bestand das bundesdeutsche Kernenergiepotential aus 22 kommerziell betriebenen Kernkraftwerken. Davon waren 13 Druckwasser- und 8 Siedewasserreaktoren. Allein der 300-Megawatt-Hochtemperaturreaktor im westfälischen Hamm basierte auf hausgemachter Technologie – und ausgerechnet über dieses Kraftwerk wurde 1989 wegen stark gestiegener Betriebskosten und einer politischen Diskussion über mögliche Sicherheitsmängel der Stab gebrochen: Die endgültige Schließung steht bevor – betrübliches Postskriptum zu dreißig Jahren bundesdeutscher Kerntechnologie.

Nachdem die Entscheidung zugunsten amerikanischer Leichtwasserreaktoren für die bundesdeutsche Stromversorgung gefallen war, strebten die Deutschen nach eigenen Kapazitäten zur Anreicherung von Uran, und wieder griff man auf Erfahrungen aus dem Krieg zurück. Auf der Grundlage von Experimenten, die Paul Harteck und

Wilhelm Groth 1941 in Hamburg durchgeführt hatten, und ergänzt durch Forschungsergebnisse des deutschen Wissenschaftlers Gerhard Zippe in der Sowjetunion, entwickelten die Westdeutschen eine Gaszentrifuge zur Gewinnung von Uran-235. Damit eröffnete sich ein billigerer Weg zur Gewinnung spaltbaren Materials als mittels der in Amerika entwickelten Gasdiffusionstechnik, die weit mehr Energie verbraucht. In den USA befürchtete man, das Verfahren könnte einen einfachen Weg zur Produktion von Kernwaffen erschließen. So wurde Degussa als federführendes Unternehmen 1960 von den USA dazu gezwungen, seine Arbeiten im Geheimen fortzusetzen. Die Bundesregierung leitete daraus das Recht zur kommerziellen Nutzung der Ergebnisse ab und gründete 1971 gemeinsam mit Großbritannien und den Niederlanden die Firma »Urenco« mit dem Ziel, in allen drei Ländern Gaszentrifugen zu bauen.

Als zweitem Großprojekt der Nukleartechnik wandten sich die Westdeutschen dem Schnellen Brüter zu. Dieser Reaktortyp verbrennt Plutonium, das als Nebenprodukt in den üblichen Kernkraftwerken entsteht. Da der Schnelle Brüter die Fähigkeit hat, mehr Plutonium zu erzeugen, als er verbraucht, kann er theoretisch sechzigmal wirtschaftlicher arbeiten als ein Kernkraftwerk der ersten Generation. Nachdem die Atomkommission Mitte der sechziger Jahre grünes Licht gegeben hatte, wurde 1971 in Karlsruhe eine erste kleine Anlage des neuen Typs in Betrieb genommen. Gleichzeitig nahm an gleicher Stelle eine Pilot-Wiederaufbereitungsanlage zur Gewinnung von Plutonium aus verbrauchtem Uran-Brennstoff die Arbeit auf, die in den vergangenen Jahren reichlich eine Tonne Plutonium erzeugt hat.

Die Karlsruher Anlage ist strengen Sicherheitsbestimmungen seitens der Internationalen Atomenergiebehörde und der Euratom unterworfen, um sicherzustellen, daß kein Plutonium für militärische Zwecke abgezweigt wird. Die Sicherheitsvorkehrungen folgen auch den Bestimmungen des Atomwaffen-Sperrvertrags, den Bonn 1969 unterzeichnet und nach einigen parlamentarischen Querelen 1974 endlich ratifiziert hat. Obwohl niemand dem erklärten bundesdeutschen Verzicht auf eine eigene Kernwaffenproduktion abschwören wollte, enthielt dieser Vertrag doch einige schwer verdauliche Passagen. So klagten denn auch führende konservative Politiker – einschließlich ehemaliger und künftiger Verteidigungsminister –, daß der Vertrag die Entwicklung der atomaren Forschung und Technologieentwicklung nichtatomar bewaffneter Staaten in unfairer Weise einschränke.[42]

Noch immer ist bisweilen Unzufriedenheit mit dem Vertrag spürbar. So klagten Karlsruher Wissenschaftler, die Sperrklauseln hätten die Bundesrepublik an der Durchführung von Forschungsprojekten gehindert, obwohl diese unter den gleichen Geheimhaltungsbestimmungen durchgeführt worden wären wie bei den Atommächten. Ein Wissenschaftler, mit dem ich dort sprach, erklärte freilich, daß Inspektoren aus Ländern wie Indien oder der Sowjetunion im Forschungszentrum nach Herzenslust Industriespionage treiben könnten.[43]

Das Forschungszentrum steht in der Tat im Ruf der Durchlässigkeit. So dürften Karlsruher Forschungen zum »Druckröhren«-Trennungsverfahren Südafrika in die Lage versetzt haben, in den späten sechziger Jahren eigene Uran-Anreicherungskapazitäten aufzubauen.[44]

Auf dem Höhepunkt des bundesdeutschen Atom-Booms gründeten Siemens und AEG 1969 als gemeinsame Tochtergesellschaft die Kraftwerk-Union (KWU), ein Unternehmen zum Bau von Kraftwerken, das im In- und Ausland Druckwasserreaktoren vermarkten sollte.[45] Die Lizenzbindungen an Westinghouse wurden abgebrochen.

1975 zeigte die Bundesrepublik erstmals ihre neugewonnene Schubkraft auf dem internationalen Energiemarkt und schloß einen Kontrakt mit Brasilien ab über die Lieferung von acht 1300 Megawatt Kernkraftwerken sowie Anreicherungs- und Wiederaufbereitungsanlagen. Und wie schon bei dem Geschäft mit Argentinien beschwerten sich die Amerikaner, daß sich die Bundesrepublik eigenmächtig über die Bestimmungen des Atomwaffensperrvertrags hinwegsetze und mit Brasilien einen weiteren Nicht-Signatarstaat mit militärisch nutzbarem spaltbarem Material beliefere.[46] Obwohl Brasilien sich die Option auf eigene Kernwaffen im Rahmen eines nationalen Forschungsprogramms offenhält, legten sich die Bedenken Washingtons, nachdem die bundesdeutschen Lieferungen unter IAEA-Aufsicht gestellt und im Umfang stark reduziert worden waren.[47]

Weitere Differenzen mit den USA ergaben sich 1977, als Präsident Carter versuchte, die Alliierten der USA mit dem Argument, ein internationaler Handel mit Plutonium erhöhe das Risiko der Verbreitung von Kernwaffen, zur Aufgabe aller nationalen Pläne zum Bau von Wiederaufbereitungsanlagen zu zwingen. Dieses Ansinnen verschärfte noch die Spannungen zwischen dem US-Präsidenten und Bundeskanzler Helmut Schmidt, die bereits über Fragen der Rüstungsbeschränkung aufgetreten waren. Die Querelen mit den USA fielen noch dazu in eine Phase, da in Schmidts SPD die

Brüche über dem Gesamtkompex der Kernenergie immer weiter auseinanderklafften.

Als Reaktion auf den weltweiten drastischen Anstieg der Energiepreise im Jahr 1973 setzte sich die sozialdemokratisch geführte Bundesregierung im Folgejahr das Ziel, die Kapazitäten zur Erzeugung von Atomstrom bis 1985 auf 45 000 Megawatt hochzufahren, doch zeigte es sich rasch, daß dieses Ziel bei weitem zu hoch gesteckt war. Als Folge der vielfältigen Möglichkeiten für Kernkraftgegner, neue Projekte auf dem Rechtsweg zu blockieren, sowie eines starken Rückgangs der Nachfrage stiegen die bundesdeutschen Kapazitäten bis 1985 nur auf 16 000 Megawatt. Da in der Zwischenzeit weitere Kraftwerke ans Netz gingen, stieg diese Zahl bis 1989 auf 24 000 Megawatt. Nachdem der Stromverbrauch im vergangenen Jahrzehnt nicht annähernd mit den Prognosen Schritt hielt, stimmen heute Elektrizitätswerke und Kraftwerkbauer in der Auffassung überein, daß die Bundesrepublik auf dem Gebiet der Stromerzeugung beträchtliche Überkapazitäten aufweist.

Im Rückblick gesteht Klaus Barthelt, der langjährige Vorstandsvorsitzende der Kraftwerk-Union, daß die Atomindustrie Fehler gemacht hat.[48] Bis zu Beginn der siebziger Jahre, sagt er, »hatten wir – und das war schlecht – geradezu eine Euphorie über die Kernenergie; ich würde mal sagen: Ende der sechziger und Anfang der siebziger Jahre war die Kernenergie offenbar das Allheilmittel ... In dieser Zeit, wo die Leute positiv zur Kernenergie eingestellt waren, hätte man mehr machen sollen, um diese Technik verständlich zu machen.« Im Gespräch über den nationalen Stimmungsumschwung in der Folge von Tschernobyl meint er: »Auf die Folgen ist nirgendwo auf der Welt so hysterisch wie in der Bundesrepublik Deutschland reagiert worden, wenn man vielleicht einmal von Österreich absieht ... Ich bin der Meinung, daß noch einige Zeit vergehen wird, bis wir zum Konsens zurückkommen. Wir sind leicht emotional erregbar, und das hält dann auch eine ganze Weile an.« Und mit einer Distanz, die bei einem Mann, der Jahrzehnte seines Lebens im Dienst der Kernenergie verbracht hat, geradezu seltsam anmutet, fügt er hinzu: »Ob wir uns von der Kernenergie verabschieden, ist für die Belange der Welt völlig gleichgültig – sowohl hinsichtlich der Anbindung der Kernenergie als auch hinsichtlich des Baues von Anlagen. Wenn wir nicht mehr da sind, fehlt ein Wettbewerber auf dem Markt, von dem wir glauben, daß er jedenfalls gute Kraftwerke gebaut hat.«

Im Mai 1986, einen Monat nach Tschernobyl hielt Bundespräsident Richard von Weizsäcker eine Rede, in der er den langfristigen Ausstieg aus der Kernenergie forderte – zum Vergnügen von SPD und Grünen, zum Verdruß der Kernkraftbefürworter: »Ich habe die Zuversicht, daß die Technik, die stark genug war, uns den Weg zum Reaktor zu weisen, auch stark genug sein wird, und langfristig über diesen Weg hinaus in eine Energieversorgung ohne Radioaktivität zu führen.«[49]

Nicht alle brachten ihre Ansichten auf so milde Weise zum Ausdruck. In der Folge von Tschernobyl kam es zu massiven Protesten auf dem Gelände der geplanten Wiederaufbereitungsanlage in Wakkersdorf, gegen den Druckwasserreaktor im schleswig-holsteinischen Brokdorf oder vor dem Hanauer Werk für Brennelemente. Sie hinterließen eine breite Spur von Knochenbrüchen und sonstigen Verletzungen durch die eingesetzten Wasserwerfer. In den Monaten nach dem Atomunfall in der Ukraine schätzte das Bundesinnenministerium, daß ein harter Kern von rund 3000 mit Knüppeln und Schleudern bewaffneten Kernkraftgegnern für Protestaktionen bereitstehe. 1986 registrierte das Ministerium 164 übergriffe auf Stromversorgungseinrichtungen, hauptsächlich durch Umsägen von Hochspannungsmasten. Diese Zahl ging 1987 auf 93 und 1988 auf nur noch 43 zurück.

Der frühere SPD-Wissenschaftsminister Volker Hauff, heute einer der entschiedensten Kernkraftgegner seiner Partei, meint freilich, daß man die Atomindustrie besser mit wirtschaftlichen Mitteln als durch den Einsatz von Gewalt bekämpfen solle. 1989 führte Hauff die Sozialdemokraten in den hessischen Kommunalwahlen zum Sieg und wurde Oberbürgermeister von Frankfurt am Main. Er vertritt die Auffassung, daß die Kernenergie mit der Zeit ihre Konkurrenzfähigkeit verlieren werde, da die Erzeuger zunehmend mit Kosten für Sicherheitsvorkehrungen und die Beseitigung atomarer Abfälle belastet würden. Obwohl selbst die ältesten bundesdeutschen Kernkraftwerke immer noch beträchtlich günstiger Energie produzieren als Kohlekraftwerke, hoffen die Kernkraftgegner, daß sich die Betreibergesellschaften durch steigende Kosten davon werden abbringen lassen, die in den neunziger Jahren zur Erneuerung anstehenden Kernkraftwerke durch Neubauten zu ersetzen.

Angesichts seiner vormaligen ministeriellen Verantwortung für die Kerntechnologie in den Jahren 1978 bis 1980 hat Volker Hauff ein Glaubwürdigkeitsproblem. Er behauptet, seine Abwendung von der Kernkraft sei eine geradezu religiöse Erfahrung gewesen, und sie habe sich Schritt für Schritt im fast allabendlichen Gespräch mit

Kernkraftgegnern überall im Land vollzogen – etwa in Wyhl, einem geplanten Reaktorstandort bei Freiburg, dessen Bau nach massiven lokalen Protesten aufgegeben wurde. Ein weiterer Wendepunkt sei ein Besuch in den USA im Jahr 1979 gewesen. Dort nämlich habe ihm das State Department eröffnet, daß man mutmaße, Pakistan habe auf dem Weg über die Bundesrepublik spaltbares Material zum Bau von Bomben erhalten – nur ein Beispiel für eine Fülle von Klagen seitens der USA in den vergangenen Jahren, die vermuten lassen, daß die Bundesrepublik für die Dritte Welt eine üppig sprudelnde Quelle für illegales Kernwaffen-Know how gewesen sei. »Die Risiken der Kernenergie sprengen die menschlichen Maßstäbe. Dies ist nicht verantwortbar«, sagte mir Hauff.[50]

Die Grünen weisen darauf hin, daß im Umfeld fast jedes bundesdeutschen Kernkraftwerkes zwischen 300 000 und einer Million Menschen innerhalb einer Dreißig-Kilometer-Zone leben. Im Falle eines ernsthaften Unfalls wäre eine Evakuierung praktisch unmöglich – eine Vorstellung, die vielen schlaflose Nächte bereitet. Umfragen ergaben, daß über 80 Prozent der Bundesdeutschen befürchten, daß sich eines Tages ein schwerer Atomunfall in Deutschland ereignen wird,[51] und 1988 wurde das Vertrauen in die Kerntechnik zusätzlich durch einen Korruptionsskandal bei Transnuklear, dem führenden bundesdeutschen Transportunternehmen für atomare Abfälle, erschüttert. Das im Hanauer Brennelementekomplex ansässige Unternehmen hatte in großem Umfang spaltbares Material illegal weitergegeben, was in der Öffentlichkeit einen wahren Aufschrei zur Folge hatte und die Bundesregierung zwang, die Hanauer Betriebe teilweise zu schließen und neu zu organisieren.

Um die Desillusionierung der Deutschen hinsichtlich der Kernkraft auszuloten, ist das nach Hahn und Meitner benannte Berliner Forschungsinstitut ein ganz besonderer Ort. Das in den südlichen Außenbezirken West-Berlins nahe der Glienicker Brücke gelegene und aus öffentlichen Mitteln finanzierte Institut wurde 1958 gegründet und verfügt über einen der ersten Forschungsreaktoren des Landes. Heute konzentriert es sich auf Arbeitsfelder, die mit Kerntechnologie wenig oder nichts mehr zu tun haben, etwa die Solarenergieforschung oder die Untersuchung von Materialien unter Neutronenbeschuß. Das Wort »Nuklear« wurde vor einigen Jahren aus dem Namen gestrichen.

Der Direktor des Hahn-Meitner-Instituts, Professor Hans Stiller, warnt vor einem Ausstieg aus der Kernenergie, da durch die dann erforderliche Verbrennung von noch mehr Kohlenwasserstoffen die Umwelt ruiniert würde.[52] Offensichtlich ist er besorgt über das

Aufwallen der Anti-Atom-Welle in Berlin. Schon haben die Grünen versucht, den Forschungsreaktor des Instituts stillzulegen, und diesem vorgeworfen, die geplante Kooperation zwischen dem Hahn-Meitner-Institut und der größten Kernforschungseinrichtung Ostdeutschlands in Rossendorf bei Dresden diene möglicherweise militärischen Zwecken. Professor Armin Henglein, ein Kernphysiker, der sich im Auftrag des Instituts mit Solarenergie beschäftigt, meint, daß die Politiker für dieses Gebiet nur deshalb Mittel zur Verfügung stellen, weil sie damit die Ängste der Öffentlichkeit vor der Kernkraft beschwichtigen zu können meinen. Wütend fügt er hinzu, dies sei reiner »Wahlbetrug«. Solarenergie werde in der Bundesrepublik nie in rentabler Weise nutzbar sein.

Im Dezember 1988 gedachte Berlin stilvoll der fünfzigsten Wiederkehr des Tages, an dem Otto Hahn sein großer wissenschaftlicher Durchbruch gelang. Der Regierende Bürgermeister hielt eine Ansprache, in der er über Atomwaffen und Abrüstung sprach, aber die zivile Nutzung der Kernenergie nicht erwähnte. Wenige Stunden später stürmten und verwüsteten radikale Kernkraftgegner eine Gedächtnisausstellung in einem Neorenaissancehof der Technischen Universität.[53] Die ausgestellten Nachbildungen von Hahns Versuchsaufbau wurden zertrümmert, rote Farbe verspritzt. Als sich die bestürzten Würdenträger der Atomindustrie einen Weg durch die Trümmer bahnten, besetzten rund hundert Demonstranten die Galerie der Halle, brüllten »Tschernobyl« und »Hiroshima«, schlugen Trommeln, bliesen Trompeten und sangen Parodien auf das Deutschlandlied.

Die ungewisse Reise in die zweite Hälfte des ersten nuklearen Jahrhunderts hat begonnen, und wie nicht anders zu erwarten, sind die ewig faustischen Deutschen an vorderster Front zu finden.

XIV
Das Ergrünen der Deutschen

Wir sind beunruhigt über Deutschland, über die Naturgewalt, die dem Land anhaftet, über diese mächtigen doch nebelhaften Instinkte.

Charles de Gaulle, 1934[1]

Erschreckende Untersuchungsergebnisse zeigen, daß in Zusammenhang mit der Verschmutzung von Luft und Wasser eine erschreckende Zunahme von Leukämie, Krebs, Rachitis und Blutbildveränderungen sogar schon bei Kindern festzustellen ist. Es ist bestürzend, daß diese Gemeinschaftsaufgabe, bei der es um die Gesundheit von Millionen Menschen geht, bisher völlig vernachlässigt wurde. Der Himmel über dem Ruhrgebiet muß wieder blau werden!

Willy Brandt, 1961[2]

Wo die gelben Wolken ziehen
wo die Giftfabriken blühen
wo das Wasser schwarz ist wie die Nacht
wo man uns langsam fertigmacht.

Udo Lindenberg, 1982[3]

Die Haltung der Deutschen gegenüber der Umwelt ist gekennzeichnet sowohl durch nüchternes, wirtschaftlich orientiertes Denken als auch durch einen Hang zum Irrationalen. Die Debatte über das richtige Verhältnis zwischen Umweltverschmutzung und Wohlstand wird in Deutschland leidenschaftlicher geführt als in jedem anderen europäischen Land. Die Umwelt wurde zum Symbol für die Unzufriedenheit mit einer unvollkommenen Welt, und der damit verbundene Wertewandel hat seine eigene Dynamik entwickelt. Die ökologisch orientierte Partei der Grünen hat die politische Landschaft entscheidend verändert. Umwelttechnologie wurde zu einem wichtigen wirtschaftlichen Faktor. Und als unvermeidliche Folge der dominierenden Rolle der Bundesrepublik innerhalb der Europäischen Gemeinschaft breitete sich die ökologische Bewegung über ganz Europa aus.

Mit den Umwälzungen im Osten entwickelte sich dieser Prozeß

noch eine Stufe weiter. Im November 1989 gründete sich in Ost-Berlin eine grüne Partei, und bald darauf folgte die erste gemeinsame Ost-West-Demonstration gegen Mülltransporte. Im ehemaligen Niemandsland an der innerdeutschen Grenze wird Brachland in gesamtdeutsches Naturschutzgebiet umgewandelt.

Die mittelalterlich wirkende Stadt Marktredwitz liegt in einem hügeligen, mit Fichtenwäldern bewachsenen Winkel Bayerns, unmittelbar an der Grenze zur Tschechoslowakei und dem früheren DDR-Grenzzaun. Auf den ersten Blick ein idyllischer Ort, bestens geeignet für Menschen, die Sehnsucht zurück zur Natur verspüren.

Marktredwitz war zu Kaisers Zeiten Kreuzungspunkt wichtiger europäischer Eisenbahnlinien. Noch vor einem halben Jahrhundert dampften hier tagtäglich die Züge durch, die Rom mit Leipzig, Paris mit Prag, Berlin mit Barcelona verbanden. Nach dem Zweiten Weltkrieg jedoch wurde Marktredwitz zu einer abgelegenen Provinzstadt im Schatten des Eisernen Vorhangs. Erst als dieser Ende 1989 fiel, verbreitete sich in der Region die Hoffnung auf einen Neubeginn. Die 20 000-Einwohner-Stadt war stets Standort von Firmen aus so unterschiedlichen Branchen wie Maschinenbau und Porzellanherstellung gewesen. Hans-Achaz von Lindenfels, der langjährige Bürgermeister, hatte sich immer tatkräftig bemüht, neue Investoren in diesen entlegenen Ort zu locken. Die negativen Schlagzeilen, die Marktredwitz in den vergangenen Jahren machte, haben diese Arbeit nicht gerade erleichtert.

Um die Attraktivität der Stadt als Industriestandort zu unterstreichen, wurde in den Werbebroschüren lange Zeit die traditionsreichste Fabrik von Marktredwitz besonders hervorgehoben: die Chemische Fabrik Marktredwitz, ein 200 Jahre altes Unternehmen direkt gegenüber dem Rathaus. Goethe, der 1822 diese Fabrik besuchte, beschrieb voll Bewunderung die dort praktizierte Technik, unter Verwendung von Quecksilber aus Spanien und Mexiko Buntglas zu erzeugen.

Heute hält Lindenfels die Firma nicht mehr für ein Vorzeigeobjekt. Melancholisch räumt er ein: »Unser Image hat gelitten.«[4] Die Chemischen Werke, die als älteste Chemiefabrik Deutschlands gelten, wurden 1985 geschlossen und machten seither landesweit Schlagzeilen als Zentrum eines Umweltskandals, der immer weitere Kreise zieht. Die Affäre veranschaulichte, wie leicht es ist, die strengen Umweltschutzbestimmungen der Bundesrepublik zu umgehen – mit horrend langfristigen Folgen. Als in den achtziger Jahren Wissenschaftler den alarmierend hohen Konzentrationen von Quecksilber in einem Bach in der Nähe der Fabrik nachgingen, entdeckten sie, daß die gesamte Fabrik hochgradig mit giftigen Chemikalien verseucht ist: mit Arsen, Antimon, Kadmium, Zyanid, Phenol und – vor allem – Quecksilber. Einige Jahrzehnte lang hatte man unter sträflicher Mißachtung der Sicherheitsbestimmungen zugelassen, daß diese Substanzen in Abfallbehältern gesammelt wurden und nach und nach die gesamte Fabrik, die Gebäude wie die Produktionsanlagen kontaminieren konnten.

Nach der Schließung wurde die Fabrik abgetragen, und das Gelände mit Stacheldraht umzäunt; die Einheimischen nannten es »Todeszone«. Entsorgungsspezialisten betraten das Gelände nur mit Gasmasken und Schutzanzügen. An die 3000 Tonnen verseuchten Materials wurden in versiegelten Stahlbehältern fortgeschafft, doch nach Schätzungen von Experten müssen in den kommenden Jahren noch insgesamt 80 000 Tonnen Schutt und verseuchte Erde entfernt werden. Es wurden Pläne ausgearbeitet, die ganze Fabrik unter einem riesigen Überdruckzelt abzutragen, um die Gefahr zu bannen, daß verseuchter Staub in die Atmosphäre gelangen kann.

In der Bevölkerung wuchs die Angst, daß die Chemikalien bereits bis ins Grundwasser durchgesickert sein könnten. Auf die tschechische Stadt Eger – zu der Marktredwitz fast 500 Jahre lang, bis Ende der napoleonischen Kriege gehörte – scheinen sich die giftigen Substanzen über einen Fluß bereits ausgebreitet zu haben. Rolf und Oskar Tropitzch, die Leiter des Familienbetriebs, wurden vor Gericht gestellt. Sie kamen nach dreimonatiger Verhandlung im Februar 1989 mit Geldstrafen von insgesamt 190 000 DM davon. Zwar hatte der Staatsanwalt Haftstrafen gefordert, doch die schwerwiegendsten Anklagepunkte waren aus Mangel an Beweisen fallengelassen worden. Als die politische Diskussion darüber begann, warum die Gemeindebehörden die Unregelmäßigkeiten nicht bereits Jahre früher entdeckt hatten, schätzten Experten, daß sich die Kosten für die gesamte Entseuchung auf mindestens 50 Millionen Mark belaufen würden. Da das Unternehmen in Konkurs ging, wird der Steuerzahler dafür zahlen müssen.

Die Behälter mit dem gefährlichen Abfall aus Marktredwitz wurden per Lastwagen 200 Kilometer in Richtung Nordwesten zu einer der absonderlichsten und giftigsten Mülldeponien der Welt transportiert: Zu der stillgelegten Salzmine bei Herfa-Neurode in der Nähe von Kassel. Das Gelände gehört dem Unternehmen Kali- und Salz, das selbst wiederum Teil des gigantischen BASF-Konzerns ist. Seit Anfang 1970 stellt diese Firma tief unter der Erdoberfläche liegende Höhlen zur Lagerung von bisher rund 600 000 Tonnen Industrie- und

Hausmüll aus der Bundesrepublik und anderen europäischen Ländern zur Verfügung.

Die Minen, Teil von Europas größten Vorkommen an Kaliumkarbonat, reichen unter der Grenze hindurch bis ins Gebiet der DDR. Sie sind durch ein Labyrinth von insgesamt 240 Kilometer langen Tunnels verbunden, die im Zweiten Weltkrieg auch als Munitionsdepot genutzt wurden. Die Gifte, die heute hier hinter Ziegelwänden in versiegelten Containern lagern, gehören zu den gefährlichsten Substanzen, die der Menschheit bekannt sind. Norbert Deisenroth, der freundliche Direktor des Lagers Herfa-Neurode, fährt Besucher in einem gelb lackierten Mercedes-Laster 550 Meter unter der Erdoberfläche herum. »Wir nennen uns selbst Chemikalienladen«, sagte er zu mir, als er mich durch die Kammern im Untergrund führte, in denen sich täuschend fröhlich aussehende rote, blaue und gelbe Tonnen mit Zyanidlösungen aus Autofabriken stapeln. Eine gelbe Tonne trägt die Aufschrift: »Verschlossen und für Kinder unzugänglich aufbewahren!«[5]

Die in der Mülldeponie in Herfa-Neurode gelagerte Abfallmenge ist eigentlich nicht sonderlich groß; die westlichen Industriestaaten produzieren pro Jahr immerhin rund 300 Millionen Tonnen gefährlichen Abfall, und das meiste davon endet irgendwo auf einer Müllhalde. Doch Herfa-Neurode ist wegen der Art der Substanzen, für deren Aufnahme es autorisiert ist, einzigartig auf der Welt: Es hat die Genehmigung, 2300 Arten von Müll, von Arsen bis Zyanid, von Teer und Insektiziden bis hin zu giftigen Haushaltsabfällen wie alten Batterien und Medikamenten aufzunehmen.

Die 250 Millionen Jahre alten Salzstöcke werden durch eine zehn Meter dicke Lehmschicht geschützt, die – wie Geologen sagen – jegliche Gefahr des Eindringens von Wasser bannt. Da die in einer Menge von 80 000 Tonnen jährlich nach Herfa-Neurode gebrachten Gifte hier Jahrtausende lang sicher lagern sollen, kann man nur hoffen, daß die Geologie des Geländes tatsächlich so stabil ist, wie die Experten behaupten.

Einer der unterirdischen Lagerräume enthält Regale voller Glasbehälter mit Proben der Substanzen, die in den Salzkammern gelagert sind; jeder ordentlich beschriftet und datiert. Damit soll gewährleistet werden, daß zukünftige Betreiber der Mine eine Vorstellung von den gefährlichen Rückständen haben, die von früheren Generationen hierhergebracht wurden. Vielleicht wird es irgendwann in der Zukunft brauchbare Technologien geben, um die Chemikalien aus dem Untergrund zu holen, aufzuarbeiten und wieder zu verwenden. Im Augenblick jedoch ist dies völlig illusorisch. So läßt auch Deisenroth beiläufig die Bemerkung fallen: »Die werden in tausend Jahren auch noch da sein.«

Das in Mexiko abgebaute Quecksilber, das in Marktredwitz verarbeitet und in Herfa-Neurode wieder der Erde zurückgegeben wurde, ist ein kleines, wenn auch nicht unbedeutendes Glied in der verwickelten Kette westdeutscher Umweltprobleme. Die Suche nach Lösungen wird durch Interessenkonflikte sehr erschwert. Die Verflechtung von Wohlstand, hoher Bevölkerungsdichte und intensiver Industrialisierung hat dazu geführt, daß die Deutschen von den Vorzügen des materiellen Fortschritts geradezu besessen sind und sich gleichzeitig vor seinen Folgeerscheinungen fürchten.

Als Hauptursache für die bestehenden Waldschäden gelten die Stickoxide, die von den oft sehr schnell fahrenden Automobilen ausgestoßen werden. Doch – wegen der ungewöhnlichen emotionalen Beziehung der Deutschen zu ihren Autos – hat noch keine Regierung jene Gegenmaßnahme veranlaßt, die zweifellos sehr wirksam wäre: eine Geschwindigkeitsbeschränkung auf Autobahnen. Zusätzlich propagiert die Automobilindustrie, die direkt oder indirekt rund vier Millionen Menschen in der Bundesrepublik Arbeit gibt (also circa jedem sechsten Arbeitnehmer), unermüdlich die Theorie, daß weniger Geschwindigkeit irgendwie auch weniger Arbeitsplätze bedeuten würde. Die launische öffentliche Meinung jedoch setzt die Politiker unter den großen Druck, rasche Ergebnisse vorzuzeigen, wodurch das Thema »Umwelt« noch brisanter wird.

Aufgrund der Lage Deutschlands in der Mitte Europas hat das Thema Umwelt natürlich auch eine außenpolitische Dimension. Denn Luftverschmutzung und verseuchte Flüsse machen naturgemäß an den Grenzen nicht halt – gleichgültig, ob sie nach Westen oder Osten fließen. Unter dem Druck der Öffentlichkeit und mit zunehmender Unterstützung seitens der Industrie versucht die Regierung in Bonn, innerhalb der EG schärfere Richtlinien gegen die Umweltverschmutzung durchzusetzen. Kleinere Staaten in Europa – darunter die skandinavischen Länder, die Schweiz und die Niederlande – haben ebenfalls Umweltschutzprogramme entwickelt, die im Verhältnis zu denen der Bundesrepublik in mancher Hinsicht weiter gehen und auch konsequenter durchgesetzt werden. Aber es war vor allem die wirtschaftlich sehr starke Bundesrepublik, die fördernd auf das Umweltbewußtsein auch in Großbritannien und Frankreich gewirkt hat.

Die aufsehenerregendsten Umweltkatastrophen innerhalb der

letzten Jahre in Europa ereigneten sich 1986: der Unfall im Atomkraftwerk Tschernobyl in der Ukraine und der Brand im Schweizer Pharmaunternehmen Sandoz. Obwohl die beiden Ereignisse also nicht in Deutschland stattfanden, war ihre Wirkung auf die öffentliche Meinung hier nachhaltiger als irgendwo sonst. Bei den Löscharbeiten in Basel wurden rund 30 Tonnen gefährliche agrochemische Substanzen in den Rhein geschwemmt, davon 200 kg Quecksilber. In der Bundesrepublik entfesselte dies einen Sturm öffentlicher Kritik an der eigenen mächtigen chemischen Industrie.

Die beiden Unfälle verstärkten noch die Sensibilität gegenüber solchen Gefahren, die bereits lange vorher geweckt worden war: durch die Explosion in einem Chemiewerk im italienischen Seveso 1976 und die Katastrophe im indischen Bhopal 1985 (als aus einer Pestizidfabrik von Union Carbide hochgiftige Gase entwichen und dadurch 2500 Menschen getötet und 40 000 schwer verletzt wurden). Die Deutschen fürchten mehr als die meisten anderen Völker, daß der wissenschaftliche Fortschritt der Menschheit nicht Perfektion beschert, sondern sie in an den Rand des Abgrundes führt.

Nun, da viele materielle Bedürfnisse befriedigt sind, verbreitet sich zunehmend das Gefühl, daß die Umweltzerstörung ein zu hoher Preis für das wirtschaftliche Wachstum sei. Dahinter steht der Glaube, daß die Herrschaft des Menschen über die Natur nur von kurzer Dauer ist, da die Natur immer das Ihre zurückfordern wird. Diese Ansicht schien in der Zeit des Wiederaufbaus in den fünfziger und sechziger Jahren fast völlig verschwunden gewesen zu sein. Heute versuchen die Deutschen, verlorene Zeit aufzuholen.

Das Bemühen, die Natur vor den zerstörerischen Auswirkungen durch die Industrie zu schützen, hat in Deutschland eine lange Tradition. Der Begriff »saurer Regen« beispielsweise stammt aus den frühen siebziger Jahren des 19. Jahrhunderts. Etwa zehn Jahre später wurden die ersten wissenschaftlichen Berichte über Waldschäden, verursacht durch Schadstoffemissionen der Fabriken, veröffentlicht und fanden weite Verbreitung. Aufgrund ihrer fast schon mythischen Beziehung zum Wald – die bis in die zweite Hälfte des letzten Jahrhunderts ein Viertel des Reiches bedeckte – setzt der Begriff »Waldsterben« bei den Deutschen Emotionen frei wie sonst bei keinem anderen Volk.

Willy Brandts berühmte Rede vom »blauen Himmel über der Ruhr« im Jahr 1961 war eines der ersten Anzeichen für wiedererwachtes Umweltbewußtsein. Die sozialdemokratisch geführten Regierungen der siebziger Jahre versäumten allerdings, der Umwelt entsprechend hohe Priorität einzuräumen. Der Gedanke des Umweltschutzes kam erst wieder aus den USA in die Bundesrepublik und wurde von der Studentenbewegung der sechziger Jahre und im folgenden Jahrzehnt von der anti-militaristischen Friedensbewegung aufgenommen. Die Partei der Grünen entstand 1980 aus einem Netz von unterschiedlichen, über das ganze Land verstreuten Protest- und Ökologiegruppen. Historisch gesehen wurzelt die Partei unter anderem in der sich »zurück zur Natur« sehnenden Jugendbewegung um die Jahrhundertwende. Diese war Sammelbecken junger Menschen, die sich nach der Industrialisierung in den letzten Jahrzehnten des 19. Jahrhunderts auf die Suche nach einem neuen Lebenssinn begaben.

Die Sorge um die Umwelt steht auf der Rangliste der Probleme, welche die Bundesbürger am meisten beschäftigen an zweiter Stelle; nur die Angst vor Arbeitslosigkeit rangiert noch höher.[6] Ökologisches Bewußtsein scheint manchmal ein Ersatz für Nationalbewußtsein zu sein. Auf der Verpackung von Kaugummi zum Beispiel der in der Bundesrepublik verkauft wird, kann der Käufer lesen: »Haltet die Umwelt sauber«, während in England die Botschaft »Haltet Euer Land rein« lautet. Die Deutschen neigen auch dazu, auf andere EG-Länder wegen ihres mangelnden Umweltbewußtseins herabzublikken, und besonders zu Großbritannien eröffnet sich da eine kulturelle Kluft. Daß die britische Regierung ihre ablehnende Haltung gegenüber der schrittweisen Abschaffung von Fluorchlorkohlenwaserstoffen (FCKW) in Kühlschränken, Treibgasen und Isolationsmaterialien schließlich aufgab, wurde zwar begrüßt, doch nach Auffassung der Bundesbürger hätte diese Entscheidung schon Jahre früher kommen sollen. (FCKW werden für die Zerstörung der Ozonschicht in der Stratosphäre verantwortlich gemacht, wodurch die Sonneneinstrahlung gefährlich erhöht wird.)

Eine Studentin aus der Bundesrepublik erzählte mir nach einem Englandaufenthalt von ihrer Verärgerung darüber, daß es dort keine Einrichtungen zur Entsorgung gebrauchter Batterien gab. Pflichtbewußt hatte sie die ihren in einem Elektrogeschäft abgegeben. Doch während in der Bundesrepublik Altbatterien gewöhnlich in eigenen Behältern gesammelt werden, um dann beispielsweise in den Katakomben von Herfa-Neurode zu enden, nahm der englische Verkäufer die Batterien frohgemut entgegen und warf sie kurzerhand in den Abfalleimer.

Besonders seitdem die Grünen 1983 in den Bundestag eingezogen sind, kann kein Politiker – gleichgültig ob rechter oder linker Couleur – sich mehr durchsetzen, wenn er der Umwelt nicht unerschütterliche Treue schwört. Kein Haushaltsprodukt – von elektrischen Geräten bis zu Waschmitteln – hat wirklich Chancen auf dem Markt, wenn der Hersteller nicht seine Umweltfreundlichkeit preist. Die in München beheimatete Umweltinitiative »David gegen Goliath«, ein steter Dorn im Fleisch der die Atomkraft befürwortenden bayerischen Staatsregierung, fordert ihre Mitglieder auf, elf Gebote zu befolgen. Das erste lautet: »Ich werde alles tun, um die Luft nicht zu verschmutzen.« Um zu demonstrieren, daß sie genauso engagiert ist wie die Grünen, entschied die Regierung Kohl 1987, den Umweltschutz als staatliche Aufgabe in der Verfassung zu verankern, obwohl sich drei Jahre später dieses fromme Ziel immer noch nicht durchgesetzt hat.

Meinungsumfragen ergaben, daß 75 Prozent der Bevölkerung Glas in die dafür bereitgestellten Container werfen, und 80 Prozent bekunden, daß sie Altpapier sammeln. Dieses wird dann von den lokalen Behörden im Rahmen von »Altpapiersammlungen« mit Lastwagen, die ständig die Straßen blockieren, abgeholt. Der größte Friedhof der Bundesrepublik – er liegt in Braunschweig – ist zu ökologischen Beerdigungen übergegangen: Plastikurnen wurden verbannt, und es sind nur mehr Särge aus leicht verrotbarem Holz zugelassen. Das Fernsehen sendet regelmäßig sogenannte »Ökotips«, wozu auch Ratschläge zur Bewahrung von Fauna und Flora in den Wäldern gehören. Nur in Westdeutschland kann das Fernsehen zur besten Sendezeit eine Schnulze senden, in der ein zwölfjähriges leukämiekrankes Mädchen im Mittelpunkt steht, das über tote Fische im Rhein nachdenkt und verkündet, kein Vertrauen mehr in die chemische Industrie zu haben. Wer Coca-Cola in Plastikflaschen kauft, muß eine Gebühr zur Finanzierung des Recycling bezahlen. Farbiges Toilettenpapier ist praktisch aus den Regalen der Supermärkte verschwunden, da die Farbstoffe angeblich das Grundwasser verschmutzen. Auf Anordnung des Verteidigungsministeriums übt die Marine die Klärung von verseuchtem Meerwasser. Manche Planungsstäbe im Bonner Verteidigungsministerium vertreten die Ansicht, daß angesichts der kommenden europäischen Friedensordnung die Bundeswehr irgendwann möglicherweise nur mehr Umweltschutzaufgaben innehaben werde.

Westdeutsche Floristen empfehlen, Blumen in normales Papier statt in nicht abbaubares Zellophan einzuwickeln. Daß Studenten, heutzutage seltener Wände mit Parolen besprühen, liegt nicht zuletzt an der Angst vor den Treibgasen, die das Ozonloch verursachen. Für die Verpackung von Hamburgern werden keine Fluorchlorkohlenwasserstoffe mehr verwendet. Es fällt auch auf, daß die westdeutschen McDonalds-Lokale gesunden Salaten denselben Stellenwert einräumen wie Hamburgern. Im Gegensatz zur Klischeevorstellung, die Deutschen seien ein Volk von militanten Fleischessern[7], sind sie in den letzten Jahren aus Angst vor Hormonen und anderen Gefahren immer mehr dazu übergegangen, weniger Fleisch und mehr Obst und Gemüse zu verzehren.[8] Hitler scheint die heutigen hohen Ansprüche der Deutschen vorweggenommen zu haben, als er prophezeite: »Die neue Welt wird vegetarisch sein.«[9]

Umweltschutz ist teuer, entwickelt sich aber auch zu einer wichtigen Wachstumsbranche. Konrad Henkel, der Eigentümer der gleichnamigen Chemiefirma stellte bereits 1972 fest, daß Umweltschutz gewinnbringend sein kann. »Neue Aufgaben führen zu neuen Lösungen; neue Herausforderungen zu neuen Märkten.«[10] Henkel bereitete dem phosphatfreien Persil den Weg, und heute sind drei Viertel der in der BRD verkauften Waschmittel stolz mit der Aufschrift »phosphatfrei« gekennzeichnet. In den Nachkriegsjahren lag die Bundesrepublik, was die Gesetzgebung Reinhaltung der Luft betraf, nicht nur hinter den USA und Japan, sondern auch hinter Großbritannien zurück. In den achtziger Jahren jedoch wurden entsprechende Maßnahmen zunehmend populär. Ein 1983 verabschiedetes Gesetz forderte von Kohlekraftwerken und Fabriken, die Emissionen von schädlichen Schwefel- und Stickoxiden zu senken, was bis 1993 Investitionen von 28 Milliarden DM für Filter und Reinigungsanlagen bedeutet.[11] Die westdeutsche Industrie gibt an, daß sie mehr als 22 Milliarden DM jährlich für allgemeinen Umweltschutz ausgibt, während sich die Kosten für die Entsorgung von Hausmüll und Industrieabfällen auf 12 Milliarden DM jährlich belaufen.

Man schätzt, daß 450 000 Menschen im Umweltschutz beschäftigt sind – 1,5 bis 2 Prozent der bundesdeutschen Arbeitskräfte. Während das gestiegene Umweltbewußtsein Arbeitsplätze im Bereich Umwelttechnologie schafft, zerstört es allerdings andere, da es die Industrie zu betrieblicher Rationalisierung und Kostensenkung zwingt. Peter Meurer, Mitglied im Vorstand der Dortmunder Firma Uhde und hervorragender Fachmann für Umweltschutz, begrüßt den ökologischen Trend in der Industrie. Dennoch glaubt er, daß zumindest für das Ruhrgebiet mit seiner traditionellen Schwerindustrie gilt: »Wir können nicht genügend Arbeitsplätze schaffen, um jene zu ersetzen, die durch die Umweltpolitik verlorengehen.«[12]

Kontroverse Meinungen gibt es auch innerhalb der Europäischen Gemeinschaft. Das Tauziehen um europaweite Richtlinien zum Schutz der Umwelt wurde bei den Verhandlungen zum europäischen Binnenmarkt 1992 zu einem der strittigsten Punkte zwischen Bonn und seinen Partnern. Die Öffentlichkeit in der Bundesrepublik befürchtet, daß Bonn im Rahmen der Harmonisierung der Wirtschaftspolitik niedrigere Umweltstandards akzeptieren müsse. Außerdem besteht eine entschiedene Ablehnung gegenüber Plänen der Gemeinschaft, ungehindert den Import von Lebensmitteln zuzulassen, die nicht den strengen bundesdeutschen Reinheitsgeboten entsprechen. In den letzten Jahren hat die Bundesrepublik erbittert geführte Auseinandersetzungen am Europäischen Gerichtshof verloren, als sie versuchte, Bier und Wurst aus dem Ausland wegen ihrer »Unreinheit« vom bundesdeutschen Verbraucher fernzuhalten. In dem »Bier-Urteil« entschied der Europäische Gerichtshof, daß die Freihandelsbestimmungen der Gemeinschaft Vorrang hätten vor dem Reinheitsgebot aus dem 16. Jahrhundert, wonach deutsches Bier nur aus Hopfen, Malz und Wasser gebraut werden darf.

Die Regierung in Bonn erwartet nun einen ähnlichen Streit beim Versuch, Importe von synthetischer Milch fernzuhalten, die aus Zutaten wie Soja hergestellt wird – was nach einem Gesetz von 1930 verboten ist. Auf der anderen Seite lehnen die weniger reichen Nachbarn der Bundesrepublik deren Bemühen, schärfere EG-weite Umweltstandards zu erzwingen, als Form des ökologischen Imperialismus ab. Das nationalistische geflügelte Wort aus dem 19. Jahrhundert, das Wilhelm II so sehr schätzte – »Und es mag am deutschen Wesen einmal noch die Welt genesen«[13] – hat eine neue, eine ökologische Bedeutung erhalten.

Bei der Bundestagswahl 1983 erhielten die Grünen 5,6 Prozent der Stimmen, im Jahre 1987 waren es 8,3 Prozent. Die Partei hat ihre Humorlosigkeit bis heute nicht abgelegt, dafür aber bereits zahlreiche interne Krisen hinter sich. Meist ging es um die Frage, ob sie eine reine Protestbewegung bleiben oder innerhalb von Koalitionen mit anderen Parteien auch Regierungsverantwortung übernehmen solle. Nichtsdestotrotz gewährt das Verhältniswahlrecht in einer zunehmend zersplitterten politischen Landschaft dieser Partei einen Einfluß, der in keiner Realation zu der dürftigen Zahl von nur 42000 Mitgliedern steht.

So naiv manche ihrer Vorschläge zum Umbau der Industriegesellschaft auch sein mögen, die Grünen haben einen wichtigen Beitrag dazu geleistet, den Umweltschutz ins Zentrum der politischen Auseinandersetzung zu rücken. Trotz allem Verbalradikalismus erkennt die Partei an, daß die westdeutsche Wirtschaft allmählich ihren Schwerpunkt von der traditionellen Schwerindustrie auf ausgeklügeltere, weniger energieintensive Produktionszweige verlagert. Die Produkte der Zukunft, in denen mehr Intelligenz als mechanische

Kraft stecken, werden die Umwelt weniger belasten. Angesichts der amorphen Struktur der Partei und ihrer Neigung zu internen Querelen ist die politische Position der Grünen in wichtigen Fragen wie der Mitgliedschaft in der NATO oder der Erweiterung der Europäischen Gemeinschaft noch immer nicht klar erkennbar. Ihre Ablehnung der orthodoxen Wirtschaftspolitik zusammen mit ihrem Hang zu einer wie auch immer gearteten deutschen Neutralität haben die Partei bis heute als seriösen, beständigen Koalitionspartner für die Sozialdemokraten disqualifiziert. Das könnte sich jedoch in den neunziger Jahren ändern, falls die Gemäßigten bei den Grünen die Oberhand gewinnen.

Nach wie vor besteht auch noch eine gute Chance, daß sich die Grünen durch ihre internen Streitereien selbst auslöschen. Da wesentliche Teile ihres ökologischen Grundsatzprogrammes inzwischen von den großen Parteien übernommen wurden, wäre das Verschwinden der Grünen aus dem Bundestag vermutlich kein allzu großer Verlust. Eine äußerst desillusionierte Petra Kelly, die zu den Gründerinnen der Partei zählt, sagte mir 1987, daß sich die Grünen zu einer »typisch deutschen« Partei mit theoretischen Fehden und Flügelkämpfen entwickelt hätten. Sie ärgerte sich besonders darüber, daß dieses kleinliche Gezänk ein schlechtes Beispiel für die noch im Aufbau befindlichen grünen Parteien in anderen europäischen Ländern darstellte.

Otto Schily, ehemals einer der bekanntesten Bundestagsabgeordneten der Grünen, vertrat mir gegenüber einmal die Ansicht, daß die wichtigste Leistung der Grünen vor allem in einem bestanden habe: Sie hätten die Leute dazu gebracht, nicht nur den durch wirtschaftlichen Fortschritt erzielten materiellen Gewinn zu sehen, sondern auch die Kosten, die durch die gesamte Palette der Produktion entstehen. Eine wissenschaftliche Studie schätzte die jährlichen ökologischen Schäden – von den Kosten der Luftverschmutzung bis zu den Ausgaben für die Opfer von Verkehrsunfällen – auf etwa zehn Prozent des Bruttosozialproduktes der Bundesrepublik.[15] Schily erklärte, im bestehenden Wirtschaftssystem würde man die Kosten nicht zählen, die durch notwendige Umweltmaßnahmen entstünden. Es sei aber nicht akzeptabel, daß ein Gewerbezweig die schädlichen Produkte herstelle und andere sich um die Beseitigung der Schäden zu kümmern hätten. Bruttosozialprodukt gegen sterbene Wälder – das sei keine Lösung. Vielmehr müsse der ökologische Aspekt in die Wachstumspolitik eingebracht werden. Wir brauchen ein Krisenmanagement – aber wir müssen gleichzeitig die Ursachen der Krise bekämpfen.[16]

Daß es notwendig ist, den gesamten industriellen Kreislauf kritisch zu untersuchen, wird heute als Teil des kapitalistischen Credos akzeptiert. Man hat eingesehen, daß es auch wirtschaftlich unsinnig ist, wenn eine Industriegesellschaft die Zerstörung von Flüssen, Boden oder Wäldern zunächst in Kauf nimmt und dann hinterher für die Schadensbekämpfung bezahlt, anstatt den Schaden von vornherein zu vermeiden. Westdeutsche Unternehmer haben erkannt, daß umweltfreundliches Verhalten wie Energiesparen und Müllvermeidung sowohl die Rentabilität als auch die Gewinne in die Höhe treiben kann – und noch dazu zu einer besseren Arbeitsmoral führt. Gerhard Vollheim, Leiter der Abteilung für angewandte Forschung der Chemie- und Metallfirma Degussa, erzählt ganz enthusiastisch von den großen Erfolgen seiner Firma bei der Entwicklung von Katalysatoren für Automobile (ein Bereich, in dem die BRD lange den USA und Japan hinterherhinkte) und bei der Entwicklung von phosphatfreien Waschmitteln. Seiner Erfahrung nach sind besonders jüngere Wissenschaftler hochmotiviert, wenn ihre Arbeit zur Vermeidung von Umweltverschmutzung beiträgt. »Wir freuen uns, wenn wir etwas Positives tun können«, sagte er zu mir.[17]

Schily gehörte zu den prominenten Persönlichkeiten des pragmatischen »Realo«-Flügels der Grünen und befand sich damit oft in scharfem Widerspruch zu den »Fundamentalisten« in der Partei, die jede Zusammenarbeit mit dem Establishment ablehnen. Der Anwalt mit der Miene eines spöttischen Kobolds gilt als ausgesprochen schlagfertig, seit er in den sechziger Jahren Mitglieder der Baader-Meinhof-Gruppe verteidigt hat. Er ist ausreichend orthodox, um dem durchschnittlichen Unternehmer nicht gleich Furcht einzujagen. Der Streitereien mit den »Fundis« müde, brachte Schily das gemeinsame Boot der Grünen ordentlich ins Wanken, als er im November 1989 zur SPD übertrat. Sein Abgang hat die Überlebenschancen der Grünen nicht gerade verbessert.

Zu den Grünen, die in Direktionsetagen zweifellos Alpträume hervorrufen, gehört Jutta Ditfurth, die lebhafte Führerin des fundamentalistischen Flügels. Allerdings scheinen diese Alpträume bereits einiges an Schrecken eingebüßt zu haben. Ditfurth wurde landesweit berühmt, als sie während eines Fernsehduells kurz vor den Wahlen 1987 Franz Josef Strauß gelassen bat, »sich zu beruhigen«. Damit lief sie selbst Petra Kelly den Rang als bekanntester Medienfigur bei den Grünen ab. Die Sozialwissenschaftlerin Ditfurth, die aus einer liberal-bürgerlichen Frankfurter Familie stammt (das Adelsprädikat »von« vor ihrem Nachnamen hat sie gestrichen), verfügt sowohl über das Talent, andere zu beschimpfen, als auch über ein ausgezeichnetes Gedächtnis für Fakten und Personen. Sie sagt, daß sie gerne an Podiumsdiskussionen mit Vertretern der Elektrizitätswirtschaft teilnehme, »weil ich die gewöhnlich gewinne«. Sie erzählte mir auch, daß sie ein einfaches Rezept habe, wie man die Umweltgefährdung durch die chemische Industrie des Landes beschränkten könne: »Ein Drittel sollte weitermachen, ein Drittel ihre Produktion umstellen und ein Drittel den Betrieb einstellen.«[18]

Als die Grünen Anfang 1989 bei den meisten Themen auf einen »Realo«-Standpunkt umschwenkten, zog Ditfurth die Konsequenzen und verabschiedete sich von der aktiven Politik. Das beraubte die Gegner der Grünen einer brauchbaren Zielscheibe. »Die Grünen wollen in der Postkutsche zurück in die Vergangenheit«, erklärte mir Bundessozialminister Norbert Blüm, ein Mann von rundlicher Statur und einer der wenigen Mitglieder in Kohls Kabinett, der auch in der Politik einen Sinn für Humor bewahrt hat. »Aber sie beschweren sich, wenn der Zug drei Minuten Verspätung hat. Und wenn sie krank sind, wollen sie selbstverständlich in die modernsten Krankenhäuser.«[19]

Dennoch zeigt die westdeutsche Industrie ein erstaunliches Maß an Sympathie für ökologische Ideen »grünen Typs«, die inzwischen quer durch die Parteien gehen. So meint Helmut Lang, Geschäftsführer von Thyssen-Engineering (einer Tocher des riesigen Stahlkonzerns), die im Bereich der Schadstoffbeseitigung gute Geschäfte macht, die Grünen würden dazu tendieren, Umweltprobleme zu dramatisieren – doch der Gesamteffekt ihrer Aktivitäten sei positiv gewesen.[20]

Die westdeutschen Chemieunternehmen geben jährlich an die fünf Milliarden DM für den Umweltschutz aus und klagen auch gelegentlich darüber, doch erzielten die »Großen Drei«, die Chemiegiganten BASF, Bayer und Hoechst, in den achtziger Jahren außergewöhnlich hohe Gewinne. Die Manager der Chemieindustrie mögen es nicht, wenn ihre Produkte von der Presse und von Politikern kritisiert werden. »Die Deutschen diskutieren über die Umwelt wie über eine Wagner-Oper. Aber wir können nicht alles dem Umwelt-Gott opfern«, sagt Herwig Hulpke, zuständig für den Umweltschutz bei Bayer.[21] Aufs Ganze gesehen hat das gestiegene Umweltbewußtsein der chemischen Industrie jedoch Vorteile verschafft. Es hat die Unternehmen gezwungen zu rationalisieren und sich von verschmutzungsintensiven Massenchemikalien auf saubere und gewinnträchtigere Hochtechnologieprodukte umzustellen. »Die Lebenskraft der westdeutschen Chemieindustrie scheint größer gewesen zu sein als die Nachteile, die sie durch Umweltschutzmaßnahmen hinnehmen mußte«, sagt Hans-Georg Peine, der Umweltschutzbeauftragte der BASF.[22]

Rudolf von Bennigsen-Foerder, ehemals Vorstandsvorsitzender des Energie- und Chemiegiganten Veba, meinte: »Die Deutschen neigen zur Übertreibung« und daß »... ein maßvolleres Vorgehen der Industrie vielleicht die Chance geben würde, preisgünstigere Lösungen zu finden«. Doch glaubte er auch, daß der öffentliche Druck in Richtung strengere Umweltschutzauflagen letztlich heilsam sei. Bennigsen-Foerder zog eine Parallele zu den Zerstörungen durch Bomben im letzten Krieg, die Westdeutschland den Weg zu seiner industriellen Wiedergeburt ebneten. In ähnlicher Weise, könne die auch Umweltgesetzgebung langfristig der Bundesrepulik einen Vorteil vor der Konkurrenz verschaffen.[23] Er hielt es für unausweichlich, daß die Harmonisierung der Wirtschaftspolitik innerhalb der Europäischen Gemeinschaft auch Länder wie Großbritannien und Frankreich zwingen werde, die vorbildlichen Standards der Bundesrepublik zu übernehmen. »Strenge Umweltrichtlinien stellen eine Last dar, doch andere Länder, in denen sie noch nicht so streng sind, werden eines Tages aufholen müssen. Lasten können sich zu einem späteren Zeitpunkt manchmal in Vorteile verwandeln.«

Der Mann, den der Druck von Seiten der Industrie und der Öffentlichkeit letztendlich trifft, ist Klaus Töpfer, seit Mai 1987 Umweltminister in Bonn. Bundeskanzler Kohl rief das Umweltministerium im Juni 1986 unter dem Eindruck der durch Tschernobyl verursachten Panik ins Leben. Daß Bonn sich relativ spät der Ökologie zuwandte, zeigt sich unter anderem darin, daß das Wort »Umwelt« im Jahr 1970 zum ersten Mal in der Regierung gebraucht wurde, als im Innenministerium eine Abteilung für Umweltschutz eingerichtet wurde. Nach einer 1970 durchgeführten Meinungsumfrage verbanden damals nur 41 Prozent der Bundesbürger eine konkrete Vorstellung mit dem Wort »Umweltschutz« – eine Unwissenheit, die heute natürlich undenkbar wäre. Töpfer ist ein energischer und extrovertierter Professor mit schlesischem Stammbaum und einer Vorliebe für Bier und öffentliche Selbstdarstellung. Seine Kritiker unter den Grünen – die einen viel härteren Kurs gegenüber der Industrie wünschen – bezichtigen ihn, hauptsächlich Symptome anstatt Ursachen zu bekämpfen. Doch zumindest bringt Töpfer ein gewisses Quantum guter Laune in die westdeutsche Politik, was diese dringend nötig hat. Da in seinen Verantwortungsbereich auch die Sicherheit von Atomkraftwerken fällt, kommt Töpfer selten aus den Schlagzeilen. Von besorgten Bundesbürgern erhält er mehr als 50 000 Briefe pro Jahr – das bevorzugte Thema 1988 war der Abbau der

Ozonschicht – und versucht, so viele wie möglich persönlich zu beantworten. Da er bei ökologisch bedeutsamen Unfällen häufig an den Ort des Geschehens eilt, hat er inzwischen den Spitznamen »Katastrophen-Klaus« weg. So schwamm er 1988 nach einer verlorenen Wette durch den Rhein, um die mißtrauische Öffentlichkeit von der gestiegenen Qualität des Wassers zu überzeugen – ein von Fotografen überaus gut besuchtes Ereignis. 1988 wurde er an der Nordseeküste von zahlreichen Fernsehkameras beäugt, als Hunderte von Seehunde an einer mysteriösen, durch die Wasserverschmutzung ausgelösten Krankheit verendeten. Der Tod der Robben lenkte die Aufmerksamkeit der Öffentlichkeit auf die 11 000 Tonnen Blei und 28 000 Tonnen Zink, 950 Tonnen Arsen, 335 Tonnen Kadmium und 75 Tonnen Quecksilber, die jährlich in die Nordsee gelangen.[24] An die 100 000 Tonnen Chemikalien werden jedes Jahr auf See verbrannt, davon rund 60 Prozent auf Schiffen aus bundesdeutschen Häfen. Zur Verschmutzung der Nordsee tragen außerdem die riesigen Mengen Düngemittel bei, die europäische Bauern auf die Felder kippen: 1,5 Millionen Tonnen stickstoffhaltige Substanzen und 100 000 Tonnen Phosphate werden jedes Jahr in die Nordsee geschwemmt, hauptsächlich von Rhein und Elbe. Die Anrainerstaaten der Nordsee hatten 1987 beschlossen, die Menge der eingebrachten Schadstoffe bis 1995 um 50 Prozent zu vermindern – doch das Robbensterben führte der bundesdeutschen Öffentlichkeit hautnah vor, daß dies nicht ausreichte, und der Beschluß um einiges zu spät gekommen war. Innerhalb der Europäischen Gemeinschaft herrscht ein Konflikt zwischen der Intensiv-Landwirtschaft – hervorgegangen aus dreißig Jahren gemeinsamer EG-Agrarpolitik – und der Notwendigkeit, die Wasserbelastung zu vermindern. Es überrascht nicht, daß die Bundesrepublik bei der Werbung für eine »grüne« Landwirtschaft (bei der die Verwendung von Düngemitteln stark eingeschränkt werden soll) die führende Rolle innerhalb der EG übernommen hat – ein Schritt, der den Steuerzahler natürlich einiges kostet, da man den Bauern einen Ausgleich für die Ernteausfälle bezahlen muß.

Töpfer hat sicher recht, wenn er sagt, daß eine energische Umweltpolitik »auf Dauer die einzige Möglichkeit ist, um Arbeitsplätze und Industrie in einer modernen Welt zu sichern. Alles deutet darauf hin, daß Länder, die in Fragen der Umweltpolitik eher nachlässig sind, am Ende für jeden der Vorteile, den sie dadurch zunächst haben, teuer bezahlen werden.«[25] Aber allzu oft macht Töpfer selbst den Eindruck, unter Zwang auf Ereignisse zu reagieren, anstatt von sich aus Umweltpolitik zu gestalten. »Warum sorgt sich die Bundesrepublik so viel mehr um die Umwelt als andere Länder?« fragte ich ihn. Zunächst antwortete er mit dem üblichen Hinweis auf Bevölkerungsdichte und hohe Industrialisierung, dann fügte er noch einen weiteren, speziell für die Bundesrepublik zutreffenden Grund hinzu: »Auch wenn sie es nicht offen zeigen, viele Deutsche haben ein Schuldgefühl, weil sie seit dem Krieg in so kurzer Zeit einen so hohen Lebensstandard erreicht haben.«

Töpfer räumt ein, daß das Interesse des Landes an Umweltschutz bis in die siebziger Jahre unzulänglich war. »Auch die wirtschaftliche Erholung nach dem Krieg fand zum großen Teil auf Kosten der Natur statt. Es wurden eine Menge Schäden verursacht, verseuchte Industriegelände und so weiter. Diese Altlasten nachträglich zu beseitigen kostet weit mehr, als wenn wir die Probleme von Anfang an angepackt hätten.«

Man kann sich darauf verlassen, daß Töpfer regelmäßig Initiativen ankündigt, von der Senkung des FCKW-Ausstoßes und Importbeschränkungen für tropische Hölzer aus bedrohten Regenwäldern bis hin zu Bemühungen, die Emissionswerte der Kraftwerke in anderen europäischen Ländern dem Standard der Bundesrepublik anzupassen. Doch Töpfer hat stets mit einem großen Problem zu kämpfen: Sein politisches Gewicht im Kabinett ist zu gering, um eine Verschärfung der Gesetzgebung – sei es auf Bundesebene oder in der Europäischen Gemeinschaft – durchzusetzen. Auch der Einfluß des bundesdeutschen Umweltministers auf die Länderpolitik ist begrenzt. Nicht immer kann er sich auf die Bundesländer verlassen, die für die Durchführung der Umweltbestimmungen verantwortlich sind. Dazu kommt – wie der Fall Marktredwitz nur allzu deutlich zeigte – daß Verstöße gegen Umweltgesetze vor Gericht meist nur mit verhältnismäßig geringen Strafen geahndet werden. Der Umweltminister tröstet sich jedoch damit, wie sehr das ökologische Bewußtsein das Image der Bundesrepublik im Ausland gestärkt hat. Das ist vielleicht eine gute Art, unangenehme Erinnerungen zu löschen. »Jedesmal, wenn ich die Grenze überquere, nach Westen oder Osten, mache ich die Erfahrung, daß die Bundesrepublik wegen ihres umweltpolitischen Engagements an vorderster Front ein hohes Ansehen genießt. Überall werden wir als Partner geschätzt.« Schon zwei Jahre vor dem Fall der Mauer hatte Töpfers Ministerium begonnen, Geldmittel und Technologie nach Ostdeutschland und andere Teile Osteuropas zu transferieren, um die Luft- und Wasserverschmutzung, die unter anderem über die Elbe ins Land kommt, einzudämmen. Die Verbreitung von Umwelt-Know-how in den Osten scheint sich zu einem neuen deutschen Exportgut zu entwickeln.

Wenn Deutsche über die Umwelt reden, bekommt ihre Sprache schnell einen apokalyptischen Beiklang. Im Bündnisprogramm der Grünen von 1980 beispielsweise steht:

Die Rohstoffe verknappen sich, Giftskandal reiht sich an Giftskandal, Tiergattungen werden ausgerottet, Pflanzenarten sterben aus, Flüsse und Weltmeere wandeln sich in Kloaken, der Mensch droht inmitten einer späten Industrie- und Konsumgesellschaft zu verkümmern, wir bürden der nachfolgenden Generation eine unheimliche Erbschaft auf.[26]

Ein Brief, den die Umweltschutzorganisation Greenpeace mit der Bitte um Spenden an Tausende Haushalte verschickt hat, enthielt eine Warnung der Cree-Indianer an den weißen Mann: »Wenn ihr den letzten Baum gerodet, den letzten Fluß vergiftet und den letzten Fisch gefangen habt, dann werdet ihr erkennen, daß man Geld nicht essen kann.« Hans-Dietrich Genscher ist sicherlich kein Fundamentalist; doch wenn er über Ökologie spricht, dann beschwört auch er den Weltuntergang:

Wir stehen vor der Aufgabe, die Menschheit vor den Vernichtungsgefahren zu schützen, die der Mensch selbst geschaffen hat. Im weitesten Sinne geht es um das Überleben der Menschheit. Die Atombomben von Hiroshima und Nagasaki, die Atomkatastrophe von Tschernobyl, sterbende Seen und Wälder, vergiftete Flüsse, unsere gefährdete Nordsee, die uns täglich ihre Giftopfer an die Küsten spült, sind ein immer größer werdendes Menetekel, mit dem wir konfrontiert werden.[27]

Als Diplomaten der Bonner Botschaft in Mexiko-City wegen der schwierigen Lebensverhältnisse in dieser Stadt eine Verkürzung der Dienstzeit verlangten, waren zunächst alle Bitten vergeblich. Beschwerden über Streß, gesundheitliche Probleme und die hohe Kriminalitätsrate stießen im Auswärtigen Amt auf taube Ohren. Doch dann berichteten die Diplomaten, daß die Schwefeldioxidbelastung der Luft in Mexiko-City so schlimm sei, daß Vögel tot vom Himmel fallen. Nun ließ sich Genschers Ministerium erweichen und genehmigte eine Kürzung der Dienstzeit von den üblichen drei bis vier Jahren auf zwei Jahre.

Jutta Ditfurth bezeichnet die Vergiftung der Flüsse gerne als »schleichende, verdrängte Katastrophe«[28]. Sozialdemokratische Politiker greifen zu Bildern aus dem Mittelalter und prangern Chemiekonzerne als »Brunnenvergifter« an. Carl-Friedrich von Weizsäcker, der philosophisch orientierte ältere Bruder des Bundespräsidenten, während des Krieges eine Schlüsselfigur des deutschen Atomprojektes, stellt fest: »Die Menschheit ist in einer Krise, deren katastrophaler Höhepunkt vermutlich noch vor uns liegt.«[29]

Tatsächlich klingen die Statistiken furchterregend. Laut Waldschadensbericht, der seit 1982 in einem alljährlichen Ritual vom Landwirtschaftsministerium veröffentlicht wird, sind knapp die Hälfte aller Bäume in der Bundesrepublik bereits mehr oder weniger geschädigt. Die Zerstörung ihres natürlichen Lebensraumes ist der hauptsächliche Grund, warum 52 Prozent der Vogelarten des Landes, 53 Prozent der Säugetiere, 71 Prozent der Fische und 75 Prozent der Reptilien offiziell als gefährdet eingestuft werden. Rund 70000 Grundstücke im ganzen Land gelten als verseucht. Vor allem Menschen, die in der Nähe ehemaliger Mülldeponien oder stillgelegter Industrieanlagen leben, sind von diesem Altlastenproblem betroffen. Die wichtigste ökologische Lobby-Organisation, der BUND, hat eine Landkarte herausgebracht, auf der 72 ehemalige Standorte von Munitionsdepots aus dem Dritten Reich verzeichnet sind. Weitere 39 solcher Orte, von denen eine große gesundheitliche Gefährdung ausgehen kann, sind auf dem Gebiet der ehemaligen DDR bekannt.[30] Der BUND forderte auch die 15 Millionen Hobbygärtner in der Bundesrepublik auf, Insektizide aus ihren Gärten zu verbannen und so ihre Blumen- und Gemüsebeete zu »chemiefreien Zonen« zu machen.

Auf der Suche nach Wegen aus dem Umwelt-Dilemma entpuppen sich die Deutschen oft als Weltmeister im Erfinden von kontraproduktiven Lösungen. Durch eine verquere Kette von Ereignissen erhöhte beispielsweise der Unfall im Atomkraftwerk Tschernobyl indirekt das Waldsterben: Aus Angst vor der radioaktiven Belastung des bayerischen Wildes durch den Fallout aus der Ukraine sank die Nachfrage nach Wild in den Jahren 1986 und 1987 sehr stark. Der folgende Rückgang der Abschußzahlen wiederum erhöhte die Anzahl der in den bayerischen Wäldern lebenden Tiere – und die Baumschäden durch Wildverbiß.

In der Bundesrepublik glauben viele Menschen, daß Einkaufstüten aus Papier umweltfreundlicher sind als solche aus Polyäthylen. Das Umweltbundesamt sah sich schließlich zu der Bekanntgabe genötigt, daß bei der Beseitigung von Papiertüten insgesamt mehr gefährliche Chemikalien freigesetzt werden. Die Richtlinien zur Reduzierung von Schadstoffemissionen aus Kraftwerken führten oft nur zu einer Verschiebung anstelle einer Lösung des Problems. Filteranlagen für Schwefeldioxid in Kohlekraftwerken produzieren jährlich mehrere Millionen Tonnen Gips. Diese Nebenprodukte zu lagern, ohne dabei das Grundwasser zu vergiften, wurde für die

Elektrizitätsfirmen zu einer beinahe ebenso schwierigen Aufgabe wie ursprünglich das Herausfiltern des Schwefeldioxids.

Am widersprüchlichsten ist die Haltung der Deutschen, wenn es ums Autofahren geht. Meinungsumfragen zufolge sehnen sie sich zurück zur Natur . . . und wollen so schnell wie möglich mit dem Auto dorthin.[31] Das Automobil, Symbol für die Sehnsucht der Deutschen nach Selbstdarstellung und Freiheit, gehört zu den schlimmsten Umweltverschmutzern. Es fordert außerdem eine große Anzahl Menschenleben, die im Gegensatz zur Medienpräsenz der ökologischen Bedrohung allerdings nur selten Schlagzeilen macht. 1989 starben insgesamt 7985 Menschen auf den Straßen, (2,8 Prozent weniger als im Jahr zuvor), 449213 wurden verletzt (0,2 Prozent mehr), und die Zahl der Unfälle insgesamt fiel um 1 Prozent auf knapp 2 Millionen.

Zweifellos wurde das Autofahren, zumindest statistisch gesehen, in den letzten Jahren sicherer. Die jährliche Zahl der Verkehrstoten fiel seit Anfang der fünfziger Jahre um mehr als die Hälfte. In den achtziger Jahren ging die Gesamtzahl der Unfälle deutlich zurück und – was noch bedeutender ist – auch die Anzahl der Verkehrstoten pro gefahrenem Kilometer. Es bleibt aber festzuhalten, daß die Zahl der Unfalltoten pro gefahrenem Kilometer in der Bundesrepublik noch immer deutlich höher ist als in Großbritannien oder in den USA, wenngleich die Todesrate niedriger ist als jene in Frankreich, Italien, Österreich oder Spanien.[32]

Die Bundesregierung bemüht sich seit langem um ein Konzept zur Verringerung der Umweltverschmutzung durch das Automobil, nicht zuletzt deshalb, weil Europa diesbezüglich noch immer den USA und Japan hinterherhinkt. Doch die Aufforderung an die Autofahrer, auf Autobahnen freiwillig langsamer zu fahren und damit den Schadstoffausstoß zu vermindern, hatte nur wenig Erfolg. Stickstoffoxide aus Autoabgasen sind auch dafür verantwortlich, daß im Sommer bei Sonnenschein die Ozonkonzentration in den Städten stark ansteigt, was nicht ungefährlich ist. Denn während das Ozon in der Stratosphäre zur Abwehr gefährlicher ultravioletter Strahlung beiträgt, verursacht es am Boden beim Menschen Atembeschwerden und Asthma, zersetzt allmählich jede Art von organischen Materialien wie Gummibänder, Autoreifen und Textilien auf und beeinträchtigt das Wachstum von Pflanzen und Bäumen.

Die Europäische Gemeinschaft bemühte sich sehr, einen Weg durch den Dschungel begründeter unterschiedlicher Länderinteressen zu schlagen, um Zustimmung zur europaweiten Einführung des den »Drei-Wege-Katalysators« für Neuwagen zu erzielen. Dieser hält Kohlenmonoxid, und Stickoxide zurück und ist in den USA für Neuzulassungen bereits seit 1981 verbindlich vorgeschrieben. Bonn förderte den Kauf von Katalysatorautos mittels Steuervergünstigungen und bewirkte durch Steuersenkungen auch einen beträchtlichen Anstieg des Verkaufs von bleifreiem Benzin. Doch diese sehr begrenzten Maßnahmen konnten die Umweltbelastung durch Autoabgase nicht entscheidend vermindern. Wegen der steigenden Zahl von Fahrzeugen stieg die Gesamtmenge der von Automobilen ausgestoßenen Stickoxide eher an. Auch Bonns Steuervergünstigungen für Dieselfahrzeuge dürften eher das Gegenteil dessen bewirkt haben, was beabsichtigt war. Denn Diesel enthält zwar keine Bleizusätze und erzeugt bei der Verbrennung weniger Stickstoff und andere Schadstoffe, doch es gibt ein wesentliches Problem: Die Rußpartikel in den Dieselabgasen werden immer häufiger als eindeutig krebserregend eingestuft.

Unter dem Druck der Öffentlichkeit hat die Regierung in Bonn vorgeschlagen, den Katalysator nach US-Norm von 1991 an auch in der Bundesrepublik bei Neuzulasungen von Autos vorzuschreiben. Doch obwohl Fahrzeuge, die den strengen US-Standards entsprechen, bereits jetzt rund drei Viertel aller Neuzulassungen ausmachen, sind nur 3 Millionen der knapp 30 Millionen Automobile auf bundesdeutschen Straßen damit ausgerüstet. Der Plan, bereits den Herstellern den Einbau des Katalysators vorzuschreiben, traf bei der bundesdeutschen Automobilindustrie auf heftigen Widerstand. Sie argumentierte, daß Kunden, die für Katalysatoren nicht extra bezahlen wollten, sich billigeren ausländischen Wagen zuwenden würden. Trotzdem wurde die Strategie der Regierung in Bonn 1989 durch die Entscheidung der Europäischen Gemeinschaft bestätigt, Katalysatoren auch für Kleinwagen von 1992 an vorzuschreiben.

Ein noch größeres Hindernis für eine wirkungsvolle Bekämpfung der Umweltbelastung durch Abgase ist die weitverbreitete ablehnende Haltung gegenüber einer Geschwindigkeitsbegrenzung auf Autobahnen. Eine von der Bonner Regierung in Auftrag gegebene Studie stellte 1985 fest, daß eine Begrenzung der zulässigen Höchstgeschwindigkeit auf Autobahnen auf 100 Stundenkilometer die Gesamtemission von Stickoxiden um rund 10 Prozent senken würde. Im Gegensatz zu anderen EG-Ländern gibt es in der Bundesrepublik nämlich überhaupt keine generelle Geschwindigkeitsbeschränkung auf Autobahnen. Die Behörden »empfehlen« zwar Tempo 130, doch diese Geschwindigkeit scheinen die Autofahrer eher als Minimum denn als Maximum zu betrachten. In der Vergangenheit begegnete die Auto-Lobby Vorschlägen zur Einführung von Geschwindigkeitsbegrenzungen mit der Maxime »Freie Fahrt für freie Bürger«. Diese Parole ist populär, aber absurd. Die USA werden in der Bundesrepublik von politisch rechts Orientierten weithin als Vorbild für Freiheit hochgehalten – trotz der Geschwindigkeitsbegrenzung auf 90 Stundenkilometer. Ein bemerkenswerter Effekt der Revolution in der DDR war ein starkes Ansteigen der Geschwindigkeit auf den dortigen Autobahnen, denn die Wartburg- und Trabantfahrer verloren plötzlich den Respekt vor der von der kommunistischen Regierung verfügten Geschwindigkeitsbegrenzung auf 100 Stundenkilometer. Da die Ostdeutschen inzwischen begonnen haben, ihre tuckernden Zweitakter gegen Opel, Ford und BMW einzutauschen, wird die Auto-Lobby ohne Zweifel im Zuge der Wiedervereinigung auch die Freiheit auf der Straße durchsetzen wollen.

Die Grünen analysieren diesen Hang zum Rasen mit Begriffen aus der Psychiatrie. Der bei Tempo 200 sich mit der Lichthupe freie Bahn schaffende Mercedesfahrer mag tatsächlich, wie die Grünen gerne behaupten, ein sexuell frustrierter Schwächling sein, der gerade seinen Trieb – andere Leute auf der Überholspur zu dominieren – auslebt. Aber wie dem auch sei, die Experten, die 1985 den Bericht für die Regierung erstellten, kamen zu dem Ergebnis, daß bei Einführung einer Begrenzung auf 100 Stundenkilometer sich nur 30 Prozent der Bevölkerung daran halten würden.

Diese Art der Resignation wird von den Grünen verspottet. Joschka Fischer, einer der schillerndsten »Realos« der grünen Partei und ehemaliger Umweltminister der rotgrünen Koalition in Hessen, meinte einmal zynisch zu mir: »Die Deutschen sind ein ordnungsliebendes Volk. Wenn man ihnen aufträgt, schnell zu fahren, tun sie es. Wenn man ihnen aufträgt, langsam zu fahren, dann tun sie das auch.«[34] Der endgültige symbolische Test, ob es den Deutschen wirklich ernst ist mit dem Umweltschutz, könnte durchaus auf den Autobahnen stattfinden – in Ost und West.

XV
Ein Land im Wandel

Deutschland hat eine jährliche Bevölkerungszunahme von nahezu neunhunderttausend Seelen. Die Schwierigkeit der Ernährung dieser Armee von neuen Staatsbürgern muß von Jahr zu Jahr größer werden und einmal bei einer Katastrophe enden, falls eben nicht Mittel und Wege gefunden werden, noch rechtzeitig der Gefahr dieser Hungerverelendung vorzubeugen.

Adolf Hitler, 1925[1]

Deutschland ist keine Insel. Niemand hat es nötiger, politisch und wirtschaftlich weit über die Grenzen hinauszudenken, als die Deutschen. Alles was in der Ferne geschieht, zieht seine Kreise bis ins Innere Deutschlands.

Oswald Spengler, 1933[2]

Es ist ausgesprochen unwahrscheinlich, daß eine kinderarme Gesellschaft sich kinderfreundlich verhält... Es wird eine kalte Gesellschaft vieler Einzelner und Einsamer sein, und ausländische Besucher spüren Ansätze davon schon heute in unserem Land.

Wolfgang Schäuble, 1987[3]

Deutschland, das Land in der Mitte Europas, ist heute wieder einmal ein Land im Wandel. Das vereinigte Deutschland wird mit einem doppelten bevölkerungspolitischen Problem konfrontiert sein. Eine stagnierende Geburtenrate führte in den letzten zehn Jahren zu einem stetigen Rückgang der bundesdeutschen Bevölkerung. Gleichzeitig hatte die Bundesrepublik die schwierige Aufgabe zu bewältigen, eine unerwartet hohe Zahl von Immigranten aus Osteuropa und aus krisengeschüttelten Ländern der Dritten Welt aufzunehmen. Der Massenexodus aus der DDR in die Bundesrepublik seit dem Herbst 1989 veränderte die Bevölkerungsstruktur allerdings weniger, als viele erwartet hatten. Innerhalb weniger Monate siedelten rund 300 000 Menschen in den westlichen Teil Deutschlands über, viele von ihnen im Alter zwischen 25 und 35 Jahren. Insgesamt wuchs die Bevölkerung 1989 durch Immigration aus dem Osten und aus der Dritten Welt um mehr als 800 000 Menschen an. Solange jedoch die Geburtenrate niedrig bleibt, wird der Zustrom nur geringe Auswirkungen auf die generelle Entwicklung der Alterspyramide haben.[4] Vielmehr bringt die DDR, aus der vierzig Jahre lang immer wieder Menschen in den Westen abwanderten, demographische Probleme in den vereinten Staat mit ein. Und es kann durchaus sein, daß diese noch größer sind als jene der Bundesrepublik.

Die Entwicklung eines einheitlichen Sozialversicherungs- und Rentensystems für das vereinigte Deutschland wird eine der dringendsten Aufgaben der künftigen gesamtdeutschen Regierung sein. Die steigende Lebenserwartung – zur Zeit liegt sie bei 70 Jahren für Männer und 77 Jahren für Frauen – wird den prozentualen Anteil der über Sechzigjährigen weiter vergrößern. Die insgesamt schrumpfende, alternde Bevölkerung wird das soziale Netz stark strapazieren, auf dem Arbeitsmarkt für Probleme sorgen und die Fundamente des kostenintensiven bundesdeutschen Rentensystems ins Wanken bringen. Außerdem dürfte sich der Generationenkonflikt noch verschärfen, wenn eine steigende Zahl älterer Menschen von einem sinkenden Anteil jüngerer Einkommensbezieher mitfinanziert werden muß. Der Bevölkerungsrückgang könnte zwar sehr wohl zu einer Verminderung der Umweltbelastung führen und dem Staat helfen, die Ausgaben in Bereichen wie Ausbildung und Familienbeihilfen zu vermindern, doch insgesamt überwiegen die Nachteile. Der wachsende Anteil älterer Menschen verringert die Flexibilität und Mobilität der Gesellschaft und gefährdet dadurch die wirtschaftliche Dynamik. Mit immer weniger Kindern wird aus Deutschland ein Land werden, wo die Menschen noch weniger lachen als heute – und sich noch mehr Sorgen machen.

Die Einwanderungswelle konnte – so möchte man auf den ersten Blick meinen – das Problem des Geburtenrückgangs langfristig lösen. Doch die Neuankömmlinge, die Ende der achtziger Jahre in die Bundesrepublik strömten, waren größtenteils unerwünscht. Eine große Anzahl ausländischer Flüchtlinge versuchte, die liberalen Asylbestimmungen der Bundesrepublik zu nutzen, um sich auf westdeutschem Boden neues Leben aufzubauen. Zur selben Zeit bewirkten wirtschaftliche Schwierigkeiten in Osteuropa – einhergehend mit der Liberalisierung der Ausreisebestimmungen – daß eine immense Zahl deutschstämmiger Emigranten aus den ehemals kommunistischen Nachbarländern in die Bundesrepublik kamen und immer noch kommen. Die nach Westdeutschland auswandernden Flüchtlinge sind zwar allesamt potentielle Zahler in die Rentenkasse, doch muß der Staat auch Milliarden für sie ausgeben – für Wohnraum, Verpflegung und Ausbildung.[5] In einer Zeit, in der rechtsextreme Parteien nach Sündenböcken für die anhaltende Arbeitslosigkeit und die in vielen Städten herrschende Wohnungsnot suchen, verschlimmert die Flüchtlingswelle die bereits sehr angespannte Situation.

Der Einwanderungsstrom zeigt, wie dringlich bei dem »Land in der Mitte« die Probleme der Welt an die Tür pochen. Aus Gründen, die mit ihrer Geschichte und ihrer geographischen Lage zu tun haben, wirken sich Umwälzungen im Ausland erstaunlich schnell auf die Bundesrepublik aus. Der einzige Weg, den Bevölkerungsrückgang auszugleichen, wird die Integration von mehr Einwanderern sein. Doch in der Mehrzahl lehnen die Deutschen die Aufnahme von noch mehr Ausländern ab. Dazu kommt, daß die DDR vierzig Jahr lang von der Außenwelt praktisch abgeschlossen war. Die Eingliederung der 16 Millionen ehemaligen DDR-Bürgern wird wahrscheinlich dazu führen, daß sich Deutschland den Ausländern gegenüber, die sich hier auf Dauer niederlassen wollen, noch weniger gastfreundlich verhält.

Es war schon mehr als nur ein Anflug von Irritation im Mienenspiel von Bundeskanzler Kohl zu erkennen. Gerade, als man in der Bundesrepublik begonnen hatte, sich wegen der Überalterung der Gesellschaft Sorgen zu machen, strömten Tausende von Rentnern aus dem kommunistischen Teil Europas ins Land. In vielen Fällen stammten die Neuankömmlinge von deutschen Familien ab, die in vergangenen Jahrhunderten nach Osteuropa übergesiedelt waren. Nachdem Deutschland den Zweiten Weltkrieg verloren hatte, wurden diese Deutschen oft sehr schlecht behandelt und zwangsweise umgesiedelt, beispielsweise in der Sowjetunion. Ende der achtziger Jahre setzte sich die Armee der Deutschen aus dem Osten erneut in Bewegung.

In einem Nebengebäude der bundesdeutschen Botschaft in Moskau stand Kohl im Oktober 1988 einer kleinen Gruppe überdurchschnittlich betagter Aussiedler gegenüber. (Als »Aussiedler« werden zurückkehrende Deutschstämmige aus dem Osten bezeichnet, während Immigranten aus der DDR – die einen automatischen Anspruch auf die bundesdeutsche Staatsbürgerschaft haben – »Übersiedler« genannt werden.) In Folge der wirtschaftlichen Erschütterungen, die das kommunistische Staaten-System zu sprengen begannen, kamen 1988 etwa 200 000 Emigranten aus der Sowjetunion und anderen osteuropäischen Ländern in den Westen. Das war die größte Einwanderungswelle seit den Flüchtlingsströmen unmittelbar nach Kriegsende. Doch 1989 wurden alle bisherigen Einwanderungsrekorde gebrochen: die Zahl der Aussiedler und Übersiedler wuchs auf 720 000 Personen.

Diese Menschen – Treibgut auf den Wogen der Geschichte – kamen in ein Land, das sie als ihre Heimat betrachteten, in dem sie aber eher mit Mißtrauen als mit offenen Armen empfangen wurden. Die Deutschen im Osten, die man in Polen oder in der Sowjetunion oft abschätzig als »Fritz« tituliert hatte, werden im Land ihrer Vorfahren als »Polen« oder »Russen« angesehen. Der Kanzler, der sich bemühte, auch rhetorisch eine neue Art von deutschem Patriotismus zu fördern, hieß in seinen Reden häufig die deutschen »Mitbürger« aus dem Osten willkommen.[7] Doch als er auf jene Gruppe in Moskau traf, war Kohl in einer weitaus weniger herzlichen Stimmung. Seine Schroffheit war ein Beleg für die gemischten Gefühle der Bundesdeutschen gegenüber den Immigranten: sind sie Segen oder ein Fluch?

Die dreißigköpfige Gruppe, die da ehrerbietig auf den Kanzler wartete, bestand aus Deutschstämmigen verschiedener sowjetischer Republiken. Einige waren Nachfahren von deutschen Bauern und Bergarbeitern, die sich im 18. Jahrhundert während der Zeit Katharinas der Großen in Rußland angesiedelt hatten. Sie alle hatten ihr Ausreisevisum, oft nach jahrelangem Warten, erst kurz zuvor erhalten. Nun warteten sie auf ihren Lufthansaflug in die Bundesrepublik – in jenen Staat, den sie offensichtlich als ihr gelobtes Land betrachteten.

Einige aus der Gruppe waren bereits einige Tage durch den asiatischen Teil der Sowjetunion unterwegs gewesen. Die meisten waren älter als sechzig Jahre, wenn auch einige jüngere Menschen und sogar ein Baby unter ihnen waren. Viele von ihnen machten sich ein völlig überholtes Bild von Deutschland und hatten die aufrüttelnde Konfrontation mit der modernen Wirklichkeit noch vor sich. Kohl warnte, daß sie »Geduld« brauchen würden bei der Eingewöhnung in die neue Heimat. Ihre Hoffnungen würden sich nicht »über Nacht« erfüllen. Er wünschte ihnen alles Gute, doch er betonte auch, daß sich die heutige Bundesrepublik vom Land ihrer Vorfahren sehr unterscheide. »Sie kommen aus einer ganz anderen Welt«, meinte er.

Der dreinundsiebzigjährige Rubin Schlack, ein vom Alter gebeugter Mann aus Kasachstan im sowjetischen Teil Zentralasiens, erhob sich und dankte dem Kanzler im Namen aller für die Hilfe aus Bonn. Es schien dem Kanzler zu gefallen, als Schlack das alte deutsche Sprichwort zitierte: »Der Deutsche hat nicht nur Rechte, er hat auch

Pflichten«, doch seine lange, improvisierte Ansprache war Kohl offensichtlich ein wenig lästig. »Wir sind alt, aber wir wollen in unsere Heimat zurückkehren«, erklärte er. Seine vierundsiebzigjährige Frau Antoine schluchzte leise, als ihr Ehemann erzählte, wie er am Ende des Zweiten Weltkrieges in Ostdeutschland in Gefangenschaft geraten war. Insgesamt sieben Jahre lang verbrachte er in russischer Gefangenschaft. Während des Krieges hatte er zwei Jahr bei einem der großen Flugzeughersteller in Würzburg gearbeitet, doch nach den amerikanischen Bombenangriffen war er evakuiert worden.

Nun, nach vierzig harten Jahren in der Sowjetunion, war es der sehnlichste Wunsch der Schlacks, ihren Lebensabend im »Vaterland« zu verbringen. Sie hofften, daß ihre Kinder, die in der Sowjetunion zurückgeblieben waren, ihnen bald würden folgen können. Schlack hielt mir seine flache Hand entgegen, um mir ein eigenartiges Erinnerungsstück zu zeigen: ein kleines Kugellagerteil, das er mehr als vier Jahrzehnte nach seiner Arbeit in der Würzburger Rüstungsfabrik noch immer aufbewahrte. Was für ein passend zwiespältiges Souvenir aus einem Land, das seine neue Heimat werden sollte!

Der Flüchtlingsstrom Ende der achtziger Jahre war die Fortsetzung der großen Wellen, die nach dem Endes des Zweiten Weltkrieges nach Deutschland gekommen waren. Erstaunlicherweise integrierte die Bundesrepublik nach 1945 nicht nur rund zwölf Millionen Flüchtlinge, sie zog sogar ökonomische Vorteile aus diesem Prozeß. In ihrer Doppelfunktion als Arbeitskräfte und Konsumenten halfen die Neuankömmlinge damals, das Wirtschaftswunder anzukurbeln. Als nach dem Bau der Berliner Mauer 1961 der Flüchtlingsstrom aus Ostdeutschland abrupt versiegt war, deckte die Bundesrepublik ihren Bedarf an billigen Arbeitskräften durch mehrere Millionen »Gastarbeiter« aus dem südlichen Europa. Sie kamen vor allem aus der Türkei, aber auch aus Jugoslawien, Italien, Griechenland und Spanien.

Die Bundesrepublik verhielt sich – zumindest offiziell – sehr gastfreundlich: 1964 wurde dem millionsten Gastarbeiter, einem Portugiesen, bei seiner Ankunft im Rahmen einer großen Zeremonie ein Moped als Geschenk überreicht. Das Anwerben von ausländischen Arbeitskräften hatte jedoch ein Ende, als 1973/74 die Wirtschaft zu stagnieren begann. Daraufhin wurde ein Teil der Gastarbeiter mit Rückzugsprämien zur Heimkehr ermutigt. Trotzdem stieg die Zahl der in der Bundesrepublik lebenden Ausländer an – eine Folge ihrer relativ hohen Geburtenrate sowie des Nachzugs von Familienangehörigen aus den jeweiligen Heimatländern. Ende der achtziger Jahre gab es rund 4,3 Millionen Ausländer in der Bundesrepublik, was einem Bevölkerungsanteil von sieben Prozent entspricht.

Die Neuankömmlinge in den achtziger Jahren kamen in ein Land, in dem mit dem Wohlstand auch Egoismus und Intoleranz gediehen waren. Die Gruppe Deutschstämmiger aus der Sowjetunion, mit der Kohl während seines Besuches in Moskau zusammentraf, repräsentierte eine kleine Auswahl der 47 000 Deutschen, die 1988 die Sowjetunion in Richtung Westen verließen – die größte Zahl seit der Gründung der Bundesrepublik im Jahre 1949. Unter den 200 000 Deutschen, die 1988 insgesamt aus Osteuropa in die Bundesrepublik kamen, waren außerdem 140 000 Auswanderer aus Polen sowie 13 000 aus Rumänien. 1989 kamen 98 000 Deutschstämmige aus der Sowjetunion, 250 000 aus Polen, 2 000 aus der Tschechoslowakei und 23 000 aus Rumänien. Insgesamt waren es 377 000 Aussiedler – zusätzlich zu den 344 000 Übersiedlern aus der DDR.

Vorausgesetzt, sie können beweisen, daß zumindest einer ihrer Großeltern deutsch war, haben Deutschstämmige aus Osteuropa das Recht auf die deutsche Staatsbürgerschaft. Das Grundgesetz erkennt ausdrücklich all jene als Deutsche an, die »Abkömmlinge« von Menschen sind, die innerhalb des Deutschen Reiches in den Grenzen von 1937 als Deutsche anerkannt waren. Das hat zur Folge, daß zwischen 3,5 und 4 Millionen Einwohner der Sowjetunion und anderer Teile Osteuropas heute ein Recht auf die deutsche Staatsbürgerschaft haben.

Vermutlich die Hälfte davon können als potentielle Auswanderer betrachtet werden. Jahrelang hatte die Regierung in Bonn die kommunistischen Regierungen im Osten aufgefordert, diesen Menschen die Ausreise in die Bundesrepublik zu gestatten.[9] Doch seit 1987/88 war mit einem Mal die Zahl der erteilten Ausreisegenehmigungen wesentlich höher als von Bonn gefordert, und entsprechend größer waren auch die Probleme, die Zugezogenen nach ihrer Ankunft im »Vaterland« zu integrieren. Die offizielle Bekundung der Regierung, die Aussiedler seien zurückgekehrte Brüder und Schwestern, erwies sich zunehmend als hohle Phrase. Bezeichnenderweise änderte Bonn 1989 seine Haltung und unternahm in Moskau und in anderen kommunistischen Staaten diplomatische Anstrengungen, um potentielle Aussiedler zu bewegen, in ihren bisherigen Heimatländern zu bleiben. Im Juli 1989 wurden auch die Sozialleistungen für Aussiedler gekürzt.

Durch Freunde und Verwandte sowie aus westdeutschen Fernsehsendungen wissen die Aussiedler, daß sie im reichen Westen Arbeitsplätze und ein gut organisiertes soziales Netz erwartet. Tatsächlich kann, vom materiellen Standpunkt aus gesehen, ein Leben als Arbeitsloser oder Rentenbezieher in der Bundesrepublik wesentlich angenehmer sein als die Arbeit in einer Fabrik in Polen. Doch haben viele »Deutsche« aus Osteuropa sehr wenig mit den Menschen in der Bundesrepublik gemeinsam. Die Bemühungen, den Nachweis deutscher Abstammung zu erbringen, wecken oft unangenehme Erinnerungen.

Polnischen Staatsbürgern beispielsweise wird oft der Aussiedlerstatus eingeräumt, wenn sie – nach vielen Jahren – »entdecken«, daß ihre Großväter während des Krieges in der Wehrmacht gekämpft haben. Nach der Besetzung Polens 1939 waren damals nämlich auch viele Polen zwangsweise »germanisiert« worden, und als Soldaten für Hitler rekrutiert worden. Nach ihrer Übersiedlung in die Bundesrepublik wurden ältere Polen mitunter zur Zielscheibe erbitterter Ressentiments. Nach einem Rentenabkommen von 1975 haben Polen nämlich uneingeschränkten Anspruch auf bundesdeutsche Rentenleistungen, auch wenn sie während ihres Arbeitslebens niemals in die Rentenkasse einbezahlt haben. In einigen Fällen sind diese Ansprüche sogar höher als die vergleichbarer bundesdeutscher Rentner. Viele Ausiedler, besonders jene aus Polen, sprechen auch kein deutsch. Eine großer Teil der Bundesbürger betrachtet sie eher als Ausländer denn als Mitbürger, und die öffentliche Meinung stellt sie oft mit den im ganzen Land in Pensionen und Schlafsälen untergebrachten Asylbewerbern auf eine Stufe. Und tatsächlich gibt es einen gemeinsamen historischen Grund für beide Arten der Immigration.

So wie der Zuzug der Aussiedler eine verzögerte kleine Welle der großen Bevölkerungsumwälzungen nach dem Zweiten Weltkrieg ist, so ist auch die Flut der Asylbewerber letztendlich eine indirekte Folge des Hitlerreiches. Gemäß Artikel 16 des Grundgesetzes »genießen politisch Verfolgte Asylrecht«. Dieser Passus sollte ein deutliches Zeichen setzen für die radikale Abkehr von der Naziideologie. Er stand außerdem in Zusammenhang mit dem Bemühen, die aus den Verbrechen gegen die Juden resultierende Schuld zu mildern. Der Artikel 16 sollte garantieren, daß politisch Verfolgte sich des Schutzes der damals neugegründeten Bundesrepublik sicher sein konnten – so wie viele aus dem Dritten Reich geflohene Juden in den USA eine neue Heimat gefunden hatten. In Verbindung mit der verfassungsrechtlich gesicherten Gewährung von Rechtsschutz an Asylbewerber räumt der Artikel Ausländern, die sich an der Grenze als Asylsuchende bezeichnen, de facto ein zeitlich begrenztes Aufenthaltsrecht ein.

Dieses System macht die Bundesrepublik in der Tat zu einem Hafen für die Opfer politischer Verfolgung, öffnet aber auch dem Mißbrauch Tür und Tor. Bürgerkriege in vielen Entwicklungsländern in den achtziger Jahren bewirkten, daß politische Verfolgung plötzlich nicht mehr einzelne Menschen, sondern ganze Völker betraf. Hand in Hand mit dem Ausbau des internationalen Fugverkehrs ließ dies die Zahl heimatloser Menschen aus der Dritten Welt, die eine offene Tür in den Westen suchen, gewaltig ansteigen. Diesen internationalen Nomaden erscheint die Bundesrepublik – mit ihrem Reichtum, ihren offenen Grenzen und ihrem umfassenden Sozialversicherungssystem – als idealer Zufluchtsort.

Die Regierung in Bonn behauptet, daß die große Mehrheit der Asylbewerber nicht wirklich aufgrund politischer Verfolgungen, sondern aus wirtschaftlichen Gründen in das Land strömt. Viele von ihnen leben jahrelang in der Bundesrepublik, wo sie darauf warten, daß ihre Anträge geradezu kafkaeske Gesetzeshürden überwinden. In den vergangenen Jahren wurden nicht einmal zehn Prozent der Asylanträge positiv beschieden.[11] Ihres liberalen Rufes überdrüssig, sehen die Deutschen die ausländischen Asylbewerber zunehmend als unwillkommene Almosenempfänger. Viele in ländlichen Gegenden lebende Bundesbürger sind zum ersten Mal mit dunkelhäutigen Menschen in ihrer eigenen Gegend konfrontiert.

Noch gesteigert wurde die Verwirrung um die beiden Arten von Flüchtlingen durch die große Zahl von Polen sowohl unter den Asylsuchenden als auch unter dem Kontingent der Aussiedler. In der Praxis wird ein Immigrant aus Osteuropa zuerst versuchen, als Deutscher anerkannt zu werden, und dann, falls dies abgelehnt wird, den Asylantenstatus anstreben. Es ist eine Ironie, daß in dem Land, das lobenswerte Bemühungen unternommen hat, die rassistische Paranoia des Dritten Reiches zu überwinden, die Rasse das erste Kriterium bei der Anerkennung eines Menschen als Einwanderer ist.

Norbert von Nieding, ein zuvorkommend wirkender Anwalt, ist Chef des Bundesamtes für die Anerkennung ausländischer Flüchtlinge mit Sitz in Zirndorf bei Nürnberg. Er ist verantwortlich für die Maschinerie, die sämtliche Asylverfahren abwickelt. Familien aus dem Nahen Osten und Afrika laufen ziellos draußen vor seinem Hauptquartier herum – einem umzäunten Gebäudekomplex, in dem zeitweise auch Flüchtlinge untergebracht sind. Eine iranische Familie beschwert sich über das Essen in Zirndorf, erzählt mir aber, daß ihnen die Kehlen durchgeschnitten würden, falls sie nach Teheran zurückkehren würden. Nieding weist darauf hin, daß 1949 in dem vom Krieg erschütterten Deutschland niemand hatte voraussehen können, daß das Land vierzig Jahre später als Zufluchtsort vor Kriegen in aller Welt angesehen würde. »Die Grundlage des Artikel 16 war der Tod von sechs Millionen Juden«, sagte er mir. »Doch rechneten die Väter des Grundgesetzes nicht damit, daß die Zahl der Hilfesuchenden jemals so hoch sein würde.«[12]

Der Großteil der 250 000 Asylbewerber in den Jahren 1986/88 kam aus etwa einem Dutzend Länder – unter anderem aus Polen, Jugoslawien, der Türkei, Iran, Sri Lanka, Pakistan, dem Libanon und Afghanistan. 1989 betrug der Zustrom an Asylbewerbern 121 000 Personen – ein neuer Rekord –, und in den ersten acht Monaten des Jahres 1990 kamen weitere 120 000 ins Land. Ein wachsendes Problem wurde die massenhafte Ankunft von Kindern ohne Begleitung. Sie kommen vor allem aus Ländern wie Sri Lanka oder Pakistan und kommen am Flughafen Frankfurt an, oft mit gefälschten oder manipulierten Pässen . Rund 2600 solcher Ankömmlinge wurden 1988 registiert, und in den ersten Monaten 1989 stieg die Zahl erneut an. Sie stellten die Einwanderungsbehörden vor nahezu unlösbare Probleme.

Welche bürokratischen Hürden die Asylbewerber überwinden müssen, zeigt die Tatsache, daß es nur rund 80 000 von ihnen bisher gelang, den offiziellen Status als politisch Verfolgte – und damit uneingeschränktes Aufenthalts- und Arbeitsrecht – zu erlangen. In etwa entspricht dies den Zahlen von Frankreich und Großbritannien. Viele bleiben jedoch auch dann in der Bundesrepublik, wenn ihr Antrag abgelehnt wurde. Denn zum einen gibt es die Möglichkeit, das gesetzliche Verfahren zu verlängern, und zum anderen zögern die Behörden oft, Flüchtlinge in Bürgerkriegsgebiete zurückzuschicken. Während des langwierigen Asylverfahrens erhalten die Immigranten 60 Mark Taschengeld im Monat sowie Unterkunft und Verpflegung. Wenn auch einige über den Schwarzmarkt eine Beschäftigung finden, dürfen Asylbewerber offiziell nicht arbeiten. Mit dieser Regelung will man nicht nur der Angst begegnen, die Neuankömlinge könnten zur Arbeitslosigkeit beitragen. Sie soll gleichzeitig eine Integration in die lokale Bevölkerung verhindern, was eine mögliche Ausweisung schließlich erschweren würde.

Das knappe Dutzend Asylbewerber aus Ghana, mit dem ich mich in der kleinen bayerischen Ortschaft Pressath unterhielt, hatte offensichtlich keine große Freude an ihrem Aufenthalt. Sie lebten in einer überfüllten Baracke und erzählten, sie würden das von der Gemeinde gelieferte Essen nicht vertragen. Deshalb hatten sie begonnen, ihre eigenen afrikanischen Mahlzeiten zuzubereiten. »Das ist nicht unser Land, und wir sind nicht zu unserem Vergnügen hier, sondern weil wir zu Hause Probleme haben«, sagte Alexander, einer der jungen Ghanaer. Er weigerte sich, genau zu erklären, warum er Ghana verlassen hatte, und lehnte es ab, mir seinen vollen Namen zu nennen. Offensichtlich befürchtete er, etwas Falsches zu sagen und damit seinen Aufenthalt in der Bundesrepublik zu gefährden. »Als ich fortging, war meine Frau schwanger«, erzählte er. »Inzwischen erhielt ich einen Brief, in dem stand, daß sie das Baby bekommen hat. Wir beten zu Gott, daß die Zukunft besser wird, daß ich eines Tages die Nachricht erhalte, daß mein Fall geklärt ist.«[13]

Pressath, ein kleiner Ort in der Nähe eines ausgedehnten amerikanischen Truppenübungsplatzes, zeigte den Ghanaern gegenüber bemerkenswerte Toleranz. Mehrere Bürger der 4000-Seelen-Gemeinde organisierten eine öffentliche Petition gegen die Pläne der bayerischen Staatsregierung, die Afrikaner in ein größeres Flüchtlingslager zu verlegen. Einer der Sprecher dieser Bürger – Richard Murr, ein vierundzwanzigjähriger Angestellter – sagte mir: »Ich sehe nicht ein, warum wir mit dem Recht auf Asyl nachlässiger umgehen sollten, nur weil die Schuldgefühle wegen des Krieges inzwischen geringer geworden sind.« In anderen Gegenden Bayerns, die ich besucht habe, führte die Anwesenheit von Immigranten jedoch durchaus zu Problemen. In München, wo hunderte Asylsuchende in öffentlichen, zu Behelfsunterkünften umgewandelten Gebäuden im Stadtzentrum untergebracht sind, verdächtigt man die Asylbewerberheime, Zentren des Drogenhandels zu sein. Ein ehemaliges Amtsgebäude der Regierung, das ich besuchte, beherbergte 463 Menschen aus zehn verschiedenen Ländern. Rund einhundert Tamilen aus Sri Lanka hatte man eine Arbeitsgenehmigung erteilt, vor allem für Hamburger-Restaurants in Münchner. Der für das Wohnheim zuständige Sozialarbeiter nannte seine Schützlinge »einen netten Haufen«, räumte jedoch ein, daß Homosexualität unter den Bewohnern ein Problem sei.[14]

Das an der Grenze zur DDR und zur Tschechoslowakei gelegene Hof gehört zu den Städten, in denen überdurchschnittlich viele Flüchtlinge untergebracht wurden. Die zurückgehende Zahl von Einheimischen hatte dazu geführt, daß im Stadtzentrum Wohnraum verfügbar wurde. Die Anwohner protestierten, als 250 Farbige in Wohnungen eingewiesen wurden, die ursprünglich für bayerische Beamtenanwärter gedacht waren. Beschwerden über Diebstähle in Supermärkten und Prostitution von Frauen aus Ghana häuften sich. Im ganzen Land wurden Asylbewerberheime Ziel von Brandanschlägen rechtsradikaler Extremisten. Aber auch von den Flüchtlingen kommt Kritik: Zum Beispiel von Zbigniew Szafranski, ein bärtiger dreiundsechzigjähriger Aktivist der polnischen »Solidarität«, den ich in einer überfüllten Wohnung in Hof traf. Er erzählte mir, daß er gerade, nach sechsjähriger juristischer Auseinandersetzung, den offiziellen Flüchtlingsstatus erhalten habe. Seine Frau steckte noch mitten im Anerkennungsverfahren. »Westdeutschland ist gut«, meinte er. »Aber die Bürokratie ist hundertmal schlimmer als im Kommunismus.«[15]

Die Regierung in Bonn versuchte mehrere Jahre lang, vorhandene Schlupflöcher für Asylbewerber zu schließen. Im Oktober 1986 gelang es ihr, die DDR-Regierung zu überreden, den Weg für Flüchtlinge, die aus der Dritten Welt über Berlin in die Bundesrepublik kamen, zu versperren. Tausende von Flüchtlingen aus Bürgerkriegsgebieten, die hohe Gebühren an skrupellose Schlepperorganisationen gezahlt hatten, waren am Ostberliner Flughafen Schönefeld gelandet und dann über die Grenze in der geteilten Stadt in den Westen gelangt.

Da das Asylrecht einen wichtigen Bestandteil der freiheitlichen demokratischen Grundordnung repräsentiert, ist es sehr unwahrscheinlich, daß der Artikel 16 des Grundgesetzes gestrichen wird. Für eine solche Änderung wäre eine Zweidrittelmehrheit im Bundestag notwendig, und sie würde beträchtliche politische Aufregung verursachen. Bonn sucht auch nach Wegen, die Zahl der Asylbewerber durch die Anpassung der Einwanderungsbestimmungen an die restriktiveren Gesetze anderer EG-Staaten zu reduzieren. Doch es wird vermutlich noch eine geraume Zeit dauern, bis dies in die Praxis umgesetzt wird. Vorerst kommen jeden Tag neue Immigranten ins Land – und der Regierung fehlt es an brauchbaren Ideen.

Im Laufe der letzten Jahrzehnte wurde die bevölkerungspolitische Debatte in Deutschland mit mit sehr unterschiedlichen Gewichtungen geführt. Nach dem Ersten Weltkrieg war Deutschland die jüngste Industrienation in Europa, heute ist es dabei, zur ältesten zu werden. In den dreißiger Jahren drehten sich die Sorgen der Nazis darum, zusätzlichen »Lebensraum« für das deutsche Volk zu finden. Hitler stellte fest, Deutschland müsse dort ansetzen, »wo man vor sechs Jahrhunderten endete« und die ehemaligen osteuropäischen Kolonialgebiete wieder in Besitz nehmen: »Wenn wir heute in Europa von neuem Grund und Boden reden, können wir in erster Linie nur an Rußland und die ihm untertanen Randstaaten denken.« Vermutlich bezog sich Hitler auf Bevölkerungtheorien von Thomas Robert Malthus, nach denen die Bevölkerung schneller wächst als die Nahrungsmittelproduktion. Hitler verbreitete unaufhörlich die

These, daß die hohe Konzentration von 140 Menschen pro Quadratkilometer allmählich die Resourcen des Dritten Reiches erschöpfen würde.[17] Eine wachsende deutsche Bevölkerung wurde als Quelle der Vitalität, aber auch als bedenklich angesehen. 1942 verkündete Hitler:

»Der Gefahr einer zunehmenden Stagnation ist Frankreich ausgeliefert worden durch das Zwei-Kinder-System ... Daß wir immer Überschuß an Kindern haben, wird unser Glück sein. Denn das schafft uns Not. Und die Not zwingt, sich zu regen ... Die Not zwingt uns, uns immer an der Spitze zu halten, was den technischen Fortschritt anbelangt. Sie allein sichert den Vorsprung.«[18]

Am Ende des Zweiten Weltkriegs war Deutschland nicht größer, sondern kleiner geworden. Millionen Menschen strömten in die angeblich bereits überbevölkerten Gebiete Westdeutschland, mehr als nötig gewesen wären, um die im Krieg Umgekommenen zu ersetzen. Heute, erstmals in seiner Geschichte, sieht sich Deutschland einer Bevölkerung gegenüber, die nicht mehr wächst, sondern auf längere Sicht schrumpft. So haben die Deutschen eine neue Beschäftigung: Zwei Generationen nach Hitler sorgen sie sich, daß sie langsam aussterben könnten.

Historisch gesehen steckt einige Ironie hinter dieser Angst. Westdeutschland hat heute eine Bevölkerungsdichte von 245 Menschen pro Quadratkilometer, 75 Prozent mehr als jene Dichte, von der Hitler fürchtete, sie würde zur Katastrophe führen. Sogar im relativ dünn besiedelten Ostdeutschland leben 154 Menschen pro Quadratkilometer. Als Folge der Immigration nach dem Krieg und dem Babyboom in den späten fünfziger und sechziger Jahren stieg die Bevölkerung in Westdeutschland zwischen 1939 bis 1987 um 42 Prozent, von 43 Millionen auf 61 Millionen.

Die inzwischen niedrige Geburtenrate bewirkt eine Korrektur dieser gewaltigen Bevölkerungszunahme. Zwar sanken die Geburtenzahlen in allen industrialisierten Ländern in Ost und West, doch nirgends so stark wie in der Bundesrepublik.[19] Um die Bevölkerung konstant zu halten, müßte laut Statistik jede Frau 2,1 Kinder gebären. In der Bundesrepublik fiel diese Zahl seit 1960 auf beinahe die Hälfte, nämlich 1,3. Dabei spielten ganz unterschiedliche Ursachen eine Rolle, beispielsweise der Rückgang der Eheschließungen (seit 1963), längere Zeiten der Ausbildung und beruflicher Weiterbildung, effektivere Geburtenkontrolle, schwindendes Ansehen der Familie, wachsendes Karrierebewußtsein von verheirateten Frauen und – unvermeidlich – die Angst vor der Welt, in die zukünftige Generationen hineinwachsen werden.

Der steigende Anteil von Frauen im gebärfähigen Alter Ende der achtziger Jahre (eine Folge des Babybooms der sechziger Jahre) bewirkte eine geringe Erhöhung der Geburtenzahlen. 1988 wurden 674000 Geburten registriert – also deutlich mehr als Anfang der achtziger Jahre, als die Geburtenrate mit 600000 einen Tiefpunkt erreicht hatte – doch liegt auch dies weit unter dem Jahresdurchschnitt von einer Million in den sechziger Jahren. Diese Entwicklung mag sich zwar geringfügig ändern, doch da die Faktoren, die dazu führten, vermutlich bestehen bleiben, sieht es kaum nach einer Trendwende aus. Damit die Bevölkerung in den nächsten Jahren nicht zurückgeht, müßte der Prozentsatz der verheirateten Paare, die mehr als drei Kinder haben wollen, auf 40 Prozent ansteigen – und das scheint so gut wie unmöglich.

Die Anzahl der Frauen im gebärfähigen Alter kann bis zum Jahr 2010 ziemlich genau vorhergesagt werden, da sie zum überwiegenden Teil bereits geboren sind. Obwohl das Ausmaß der Immigration eine unbestimmbare Größe bleibt, können Vorhersagen über die Bevölkerungsentwicklung in den ersten Jahrzehnte des nächsten Jahrtausend mit einem hohen Wahrscheinlichkeitsgrad getroffen werden – und sie weisen alle auf einen dramatischen Rückgang hin. Nach einer offiziellen Schätzung des Innenministeriums von 1987 wird die Bevölkerung der Bundesrepublik in den nächsten vierzig Jahren um rund 20 Prozent sinken, von 61 Millionen Ende der achtziger Jahre auf knapp 48 Millionen im Jahr 2030. Der prozentuale Ausländeranteil wird voraussichtlich kräftig ansteigen: Während die Anzahl der Deutschen von 57 Millionen auf 42,6 Millionen absinkt, wird gleichzeitig die der Ausländer von 4 auf 5,8 Millionen anwachsen, was beinahe einer Verdoppelung ihres prozentualen Anteils gleichkommt.

Mit Sicherheit wird die hohe Immigration aus den Entwicklungsländern, Osteuropa und dem Rest der Europäischen Gemeinschaft, was den Bevölkerungsrückgang betrifft, stark kompensatorisch wirken. Ein offenes, reiches Land wie die Bundesrepublik wird in einer zunehmend überbevölkerten und interdependeten Welt kaum zu einer Insel werden. Die Weltbevölkerung wird Ende dieses Jahrhunderts sechs Milliarden Menschen zählen, Nahrungsmittel- und Rohstoffknappheit werden ziemlich sicher die Wanderungsbewegung von Süd nach Nord verstärken. Dazu kommt, daß die westdeutsche Industrie (wie schon in den sechziger Jahren) sehr wohl ein Interesse an billigen Arbeitskräften aus anderen Ländern haben dürfte, denn für die neunziger Jahre wird ein Mangel an Arbeitskräften erwartet.

Das Deutsche Institut für Wirtschaftsforschung (DIW) in Berlin sagte unter der Annahme relativ hoher Immigration in den kommenden Jahren für das Jahr 2030 eine Bevölkerung von 50 Millionen voraus – zwei Millionen mehr, als von der Regierung prognostiziert. Der Unterschied zwischen den beiden Projektionen besteht darin, daß die Voraussage des DIW von einem um zwei Millionen größeren Ausländerzuzug ausgeht.[21]

Trotz der erwarteten Einwanderungsströme dürfte der prognostizierte Bevölkerungsrückgang außerordentlich ernste Konsequenzen nach sich ziehen. Laut der Organisation für Wirtschaftliche Zusammenarbeit und Entwicklung (OECD) wird die Bevölkerung der Bundesrepubulik in den kommenden fünfzig Jahren um rund 25 Prozent zurückgehen – mehr als in jedem anderen Mitgliedsland der OECD. Im Jahr 2040 wird der Prozentsatz der über Sechzigjährigen (er betrug 9,4 Prozent im Jahr 1950 und 15,5 Prozent im Jahr 1980) bei 28 liegen – erneut der höchste Anteil unter allen industrialisierten Ländern.[22] Die Prognose macht weitreichende Veränderungen der Organisationsstruktur der Bundesrepublik notwendig. Kurt Biedenkopf, einer der Intellektuellen in der christdemokratischen Partei, hatte sich auf die Position eines einsamen Denkers am Rande der Partei zurückgezogen, konnte im Oktober 1990 mit der Wahl zum Ministerpräsidenten von Sachsen aber ein Comeback verzeichnen. Er meint, daß das Land nur sehr langsam von der demographischen Krise Notiz nimmt:

Das Sozialversicherungssystem der fünfziger Jahre basierte auf einer armen, relativ jungen und wachsenden Bevölkerung. Heute ist die Gesellschaft überwiegend vermögend, alternd und zahlenmäßig abnehmend. Aber wir machen noch immer auf der Grundlage der alten Struktur weiter.[23]

Als Konsequenz dieser Entwicklung wird sich seiner Ansicht nach der Generationenkonflikt verschärfen. Er erläutert dies anhand seiner eigenen Familie: »Meine Enkel werden sich weigern, meinen Kindern die Renten zu zahlen. Wenn meine Kinder ins Rentenalter kommen, wird ihre Altersgruppe 35 bis 40 Prozent der deutschen Wähler ausmachen.« Die Last für die nächste Generation, für die Älteren zu sorgen, könnte für die Beitragszahler unerträglich hoch werden, meint Biedenkopf. »Wenn meine Kinder eine umfassende Altersversorgung erwarten, werden meine Enkel aus dem System ausbrechen.«

Die Bundesrepublik wird in der Lage sein, ihre Bevölkerungsprobleme zu lösen, wenn sie in Zukunft einen größeren produktiven Nutzen aus älteren Menschen zieht. Das Heraufsetzen des Rentenalters scheint unvermeidlich. Dazu wird die Bundesrepublik, um den zunehmenden Anteil von Alten, Inaktiven und Gebrechlichen unterhalten zu können, um so dringender die Erhöhung der Dynamik und Produktivität des arbeitenden Teils der Bevölkerung brauchen. Angesichts dessen erscheinen die Anzeichen von zunehmender Immobilität und Inflexibilität besonders beängstigend. Die Deutschen werden unausweichlich nicht nur an Jahren, sondern auch geistig älter. Innenminister Wolfgang Schäuble verweist darauf, daß nach dem Krieg die Anzahl der unter Zwanzigjährigen doppelt so groß war wie die der über Sechzigjährigen. Heute sind diese Anteile ungefähr gleich; im Jahr 2030 wird es knapp zweieinhalbmal mehr alte als junge Menschen geben. Das wird Konsequenzen haben, die alle Lebensbereiche erfassen.

»Alte Menschen neigen zu Vorsicht und Angst, hegen Furcht, Dinge zu verlieren, scheuen Risiken, sind notwendigerweise mehr selbstbezogen. Und die eine oder andere dieser Charakterisierungen können Sie an der heutigen Gesellschaft und manchmal schon am Verhalten manches Fünfundzwanzigjährigen beobachten. Natürlich mag es gut sein, wenn sich Fünfundzwanzigjährige Gedanken über ihre Absicherung im Alter machen; aber ob es für die Zukunft unserer Gesellschaft, für Fortschritt und Innovation gut ist, das würde ich nicht mit der gleichen Sicherheit unterschreiben. Langfristig jedenfalls wird die bundesdeutsche Gesellschaft nicht nur zahlenmäßig, sondern auch psychologisch altern.«[24]

Was kann getan werden, um die Geburtenrate anzuheben? Die Regierung hat es bisher vermieden, entsprechende durchgreifende Maßnahmen, etwa Steuererleichterungen und Beihilfen, wie sie in Frankreich üblich sind, zu beschließen. Es besteht der starke, beinahe fatalistische Glaube, wenn die Gesellschaft als Ganzes nicht geneigt sei, Kinder zu produzieren, dann sei es nicht nur vergeblich, sondern auch falsch, wenn die Regierung eine Trendwende herbeizuführen versuche. Offizielle Bemühungen, die Einstellung der Gesellschaft zur Familie zu ändern, nehmen deshalb klar von unmittelbarer Propaganda Abstand. Statt dessen tendieren sie dazu, die Verpflichtung der Gesellschaft für die bereits geborenen Kinder hervorzuheben. Das Ministerium für Jugend und Familie zum Beispiel, lanciert Werbekampagnen, die traurige Bilder von Kindern zeigen, die alleine spielen. Eines dieser Bilder, das in Zeitungen und auf Plakatwänden veröffentlicht wurde, zeigt ein verlassen wirkendes kleines Mädchen, das allein auf einer Treppe sitzt. Darunter steht: »Ich kann allein schlafen und essen. Aber wer spielt mit mir? . . . Kinder freuen sich über einfache Gesten. Das nimmt den Kleinen das Gefühl, allein zu sein.«

Die Politiker wissen, daß Aufforderungen an die Wähler, mehr Kinder zum »Wohle Deutschlands« zu gebären, hoffnungslos mit Erinnerungen an die Mutterschaftsprogramme des Dritten Reiches belastet wären. Die Minister beschränken sich deshalb lieber darauf, die Bevölkerung sporadisch zu bitten, »kinderfreundlich« zu sein. Kanzler Kohl hat feierlich verkündet, Kinder seien der »unverzichtbare Beitrag zum Generationsvertrag«[25], ein Appell, dem es gelang, gleichzeitig unbeholfen, verzweifelt und nicht sehr überzeugend zu klingen.

Um kinderreiche Familien zu fördern, wurde versuchsweise am Steuer- und Rentensystem herumgebastelt. So erhöhte man beispielsweise die Zahl der auf die Rente anrechenbaren Kindererziehungsjahre für die Mütter. Doch Maßnahmen dieser Art bleiben gewöhnlich weitgehend halbherzig. Es ist bezeichnend, daß die 1988 als Ministerin für Jugend und Familie in die Regierung Kohl berufene Ursula Lehr Professorin für Altenforschung ist, die sich auf die Problem der über Sechzigjährigen spezialisiert hat.

Ein Gebiet, in dem die bundesdeutschen Behörden gänzlich gescheitert sind, ist die Unterstützung von berufstätigen Müttern. Die Kinder werden im Alter von sechs oder sieben Jahren eingeschult und kommen dann meist mittags nach Hause, was es für Mütter sehr schwierig macht, auch nur eine Teilzeitarbeit auszuüben. Zum Teil wegen der noch immer weit verbreiteten Auffassung, der Platz einer Frau sei zu Hause bei den Kindern, ist die Versorgung mit Kinderhorten und Kindergärten nicht annähernd so gut wie etwa in Frankreich. Das ist einer der Gründe, warum in der Bundesrepublik weniger Frauen berufstätig sind als in den USA, Großbritannien, Frankreich, Kanada oder Japan.[26] Für verheiratete Frauen, die Kinder und Karriere kombinieren wollen, stellt dies eine schwierige Hürde dar, und aufgrund des Geburtenrückgangs wird in den kommenden Jahren die Zahl der Kindertagesstätten möglicherweise weiter sinken.

Die Deutschen werden auf jeden Fall lernen müssen, mit den Ausländern in ihrer Mitte ein wenig besser auszukommen. Unter ihnen und ihren Familien in der Bundesrepublik befinden sich etwa 1,5 Millionen Türken, gefolgt von Jugoslawen, Italienern und Griechen. Zwei Drittel leben hier seit mehr als zehn Jahren, siebzig Prozent der ausländischen Kinder wurden in der Bundesrepublik geboren. Doch Ausländer, die die deutsche Staatsbürgerschaft erlangen wollen, sehen sich großen Hindernissen gegenüber. Die Gründe hierfür sind vielfältig und kompliziert, sie reichen von anhaltendem Mißtrauen gegenüber Fremden bis zur Zurückhaltung der Deutschen selbst gegenüber allem, was nach deutschem Patriotismus klingt.

Die Gastarbeiter der sechziger Jahre leisteten einen bedeutenden Beitrag zum wirtschaftlichen Aufschwung. Obgleich der Staat in den siebziger und achtziger Jahren die türkischen Arbeitnehmer zur Rückkehr in ihre Heimat ermuntert hat, sind unter anderem die Stahl- und Automobilbranche sowie der Bergbau noch immer sehr auf ausländische Arbeitnehmer angewiesen. Trotz des vor allem von Rechtsextremen entfachten Grolls auf die Gastarbeiter, weil diese angeblich Deutschen die Arbeit wegnehmen, erkennen doch die meisten, daß die Ausländer notwendige Arbeiten verrichten, die Deutsche größtenteils nicht übernehmen wollen.

Im öffentlichen Leben sind die Gastarbeiter so gut wie nicht präsent. Sie haben kaum jemanden, der ihre Anliegen der Öffentlichkeit vorträgt, kaum Vertreter in der Politik und nur eine sehr leise oder gar keine Stimme in den Medien. Zwar sind mehr als 100 000 Ausländer selbständig, aber es ist noch immer eine Tatsache, daß ausländische Arbeitnehmer in einem Teufelskreis stecken: Allzu häufig schiebt man ihnen die schlecht bezahlten, minder qualifizierten und eintönigen Arbeiten zu. Für junge Türken beispielsweise ist es wesentlich schwieriger, eine Lehrstelle zu finden, als für gleichaltrige Deutsche. »Die Zugehörigkeit zu dieser ethnischen Gruppe signalisiert Bereitschaft für Überstunden, größere Arbeitsdisziplin, Annahme unqualifizierter, monotoner, belastender und schlecht bezahlter Arbeit; doch steht sie auch für schlechte Deutschkenntnisse, mangelnde Beherrschung kultureller Standards und nur geringe Fähigkeiten zur Anpassung«, heißt es in einem von der Freien Universität Berlin 1988 veröffentlichten Bericht über Gastarbeiter.[27]

Anfang 1990 machten sich die Gastarbeiter große Sorgen, daß der neue Ansturm von Ostdeutschen auf dem Arbeitsmarkt die Arbeitsplätze für Nicht-Deutsche noch weiter reduzieren könnte. Die Türken in der Bundesrepublik scheinen oft merkwürdig zurückgezogen zu leben – eingeschüchtert von der vorherrschenden ihnen fremden Kultur, gehemmt durch tatsächliche oder eingebildete Diskriminierung und durch die Furcht vor möglicher Ausweisung. Jüngere, in der Bundesrepublik geborene Türken kämpfen mit der Angst, auf halbem Weg zwischen türkischem und westdeutschen Lebensstil steckenzubleiben – von beiden Gemeinden mißtrauisch betrachtet und zu keiner zugehörig. Türken der zweiten oder dritten Generation in Deutschland nehmen eine weniger ehrfürchtige Haltung den Deutschen gegenüber ein als ihre Eltern. Sie sind eher bereit, ihre Unzufriedenheit über die Ungleichbehandlung auszudrücken.

Die Zahl der Türken in Deutschland dürfte im nächsten Jahrhundert auf zwei Millionen ansteigen, falls nicht ein türkisches Wirtschaftswunder viele von ihnen in die Heimat zurücklockt. Obwohl die Geburtenrate unter türkischen Einwanderern zurückgegangen ist – ein Zeichen ihrer Anpassung an den deutschen Lebensstil – so ist sie doch noch immer höher als die der Deutschen. Außerdem hält die Immigration von Asylbewerbern und der Nachzug von Familienangehörigen nach wie vor an. Eine Möglichkeit zur besseren Integration von Ausländern läge drin, ihnen vermehrt die deutsche Staatsbürgerschaft zu geben. Seit Beginn der achtziger Jahre wurden jedoch nur 2000 Ausländer in der Bundesrepublik eingebürgert. Die größten Hürden sind die Gebühren, die sich auf bis zu 5000 DM belaufen, sowie die Bedingung, daß die Bewerber ihre ursprüngliche Staatsbürgerschaft aufgeben müssen. Weniger als ein Prozent der Türken unternahm diesen Schritt. Einige SPD-regierte Länder versuchten, die Integration von Ausländern durch das Wahlrecht bei Kommunalwahlen zu verbessern, doch ist diese Maßnahme politisch sehr umstritten.

In den nächsten Jahren wird es ziemlich sicher den Versuch geben, mehr Türken, Jugoslawen, Griechen und Portugiesen zur Annahme der deutschen Staatsbürgerschaft zu bewegen. Die ausländischen Arbeitnehmer haben jedoch den einzigartigen Mangel an Nationalstolz in Deutschland bemerkt. Und solange dieser Zustand anhält, wird der Anreiz für Gastarbeiter, Deutsche zu werden, vermutlich sehr niedrig bleiben. Sollten die Deutschen andererseits im Zuge der Wiedervereinigung eine neue und entschiedenere Form nationaler Identität finden, werden die Ausländer vielleicht entdecken, daß sie noch weniger willkommen sind.

Das demographische Trauma wird eine gründliche Überprüfung des westdeutschen Renten- und Gesundheitssystems erzwingen, dessen Wurzeln bis zur Bismarckschen Sozialgesetzgebung in den achtziger Jahren des 19. Jahrhunderts zurückreichen. Dies und die Notwendigkeit, Ostdeutschland zu integrieren, wird in den kommenden Jahren eine beträchtliche Erhöhung der Sozialversicherungsbeiträge erfordern. Die gesetzliche Rentenversicherung gewährt einem Arbeitnehmer nach vierzig Jahren Arbeit eine Rente, die rund 65 Prozent seines Bruttoverdienstes beträgt. Die Renten werden nach einem 1957 eingeführten System berechnet, das davon ausging, daß das damals hohe Wirtschaftswachstum geradezu unbegrenzt anhalten und die Zahl der Arbeitskräfte stetig steigen würde. Dazu kommt, daß Renten und Pensionen weitgehend steuerfrei sind. Ein Anfang wurde gemacht, einige Beihilfen gekürzt und Kosten beschnitten, besonders im Gesundheitswesen, wofür die Regierung in Bonn Kritik von allen Seiten einstecken mußte. Doch sicherlich sind noch viel nachhaltigere Maßnahmen nötig, um das Bedürfnis nach umfassender sozialer Absicherung mit den vorhandenen finanziellen Kapazitäten in Einklang zu bringen.

Das gesetzliche Rentensystem, finanziert durch Abgaben von Arbeitnehmern und Arbeitgebern sowie durch Bundeszuschüsse, umfaßt die Renten von rund 90 Prozent der Bevölkerung. Sie werden nicht – im Gegensatz zur Absicherung im privaten Bereich – aus Kapitalerträgen finanziert, sondern durch einen sogenannten Generationenvertrag: Danach bezahlt die gerade im Arbeitsleben stehende Generation die Renten ihrer Väter und Großväter. Das funktionierte in den vergangenen Jahrzehnten auch gut, doch langsam werden alarmierende Engpässe offenkundig.

Wie in anderen Ländern erwartet der Markt für private Altersvorsorge steigende Zuwächse. Angesichts privaten Vermögens von weit über 2000 Milliarden DM besteht an Investitionsrücklagen kein Mangel. Andererseits haben die Westdeutschen es lange versäumt, größere Rentenfonds aufzubauen, die Zahlungen aus Kapitalerträgen leisten und nicht auf gegenwärtige Zuflüsse angewiesen sind. In den USA und Großbritannien ist dies längst weit verbreitet. Der Rückstand der Bundesrepublik bei der Entwicklung ihres Kapitalmarktes erscheint hier als Nachteil.

Die Notwendigkeit einer Anpassung des Krankenversicherungssystems ist sogar noch größer. 1883 gegründet, hat dieses System die Turbulenzen des letzten Jahrhunderts ohne radikale Reformen mit erstaunlicher Kontinuität überstanden. Unzulänglichkeiten kamen zwar immer wieder zum Vorschein, doch wurden alle Bemühungen, strukturelle Änderungen vorzunehmen, abgeblockt. Die steigende Zahl von älteren Menschen, die längere und kostspieligere medizinische Versorgung benötigen, stellt bereits eine gewaltige finanzielle Belastung dar. Von 1970 bis 1986 verdreifachten sich die jährlichen Ausgaben für Gesundheit auf rund 250 Milliarden DM – das entspricht rund einem Siebtel des Bruttosozialproduktes der Bundesrepublik. Die Betreuung alter Menschen zu Hause oder in Altenheimen verschlingt bereits ein Drittel des Sozialversicherungsbudgets und wird in den kommenden Jahren schneller denn je anwachsen.

Wegen des dezentralen Aufbaus des Gesundheitssystems erwiesen sich die stark steigenden Kosten als praktisch unkontrollierbar. Die Kosten für Krankenhausaufenthalte stiegen rund zweimal so schnell wie die Löhne und Gehälter, die Ausgaben für Medikamente dreimal so schnell. Arzneimittel sind in der Bundesrepublik durchschnittlich um knapp 50 Prozent teurer als in den an anderen Ländern der Europäischen Gemeinschaft und kosten doppelt soviel wie in Frankreich.

In der Vergangenheit wurden Finanzierungsprobleme gewöhnlich dadurch gelöst, daß die Beiträge, die Arbeitnehmer und Arbeitgeber zu zahlen haben, erhöht wurden. Inzwischen allerdings scheint diese Möglichkeit nicht sehr ergiebig. Doch trotz aller Hinweise darauf, daß die Bundesrepublik hier über ihre Verhältnisse lebt, bringen Ansätze zur Reformierung des Gesundheitssystems jede Regierung ins Kreuzfeuer der Kritik. Dabei kommen Klagen nicht nur von den Konsumenten, sondern auch von einer Armee mächtiger Interessengruppen – von Arzneimittelherstellern über Ärztevereinigungen bis zu Krankenhausbetreibern. Alle haben von den behaglichen Verhältissen jahrelang profitiert – und sie verspüren keineswegs den Wunsch, daran etwas zu verändern. Auch andere Länder wie Großbritannien blicken voller Bewunderung und Neid auf das deutsche Gesundheitssystem, dem ein gewisser Hang zur Perfektion zugrunde liegt. Doch es ist durchaus begründet, Zweifel anzumelden, ob dieses System auch langfristig überleben wird.

Wenn es überhaupt eine Lösung der Finanzierungsprobleme des Renten- und Gesundheitssystems gibt, dann bahnt sie sich in einem wirklich sehr außergewöhnlichen Ort an: in Friedland, einer kleinen Stadt im Norden der Bundesrepublik, nicht weit von der alten Universitätsstadt Göttingen entfernt. Dort, nur wenige Kilometer westlich der ehemals scharf bewachten innerdeutschen Grenze, befindet sich das Durchgangslager für Flüchtlinge. Seit dem Ende des Zweiten Weltkriegs war Friedland Übergangsstation für insgesamt mehr als drei Millionen entwurzelter Menschen, die in den Westen kamen. Im September 1945 wurde es von der britischen Besatzungsmacht in den ehemaligen Ställen der Tierforschungsanstalt der Universtät eingerichtet.

In vier Jahrzehnten wurde Friedland zu einer Ansammlung moderner, von Blumenrabatten umgebenen Gebäude ausgeweitet. Die Einwanderungswelle Deutschstämmiger aus dem Osten Ende der achtziger Jahre füllte das Lager bis zum letzten Platz. Obwohl die Ankommenden – besonders die älteren Menschen – zunächst eine Belastung für das bundesdeutsche soziale Netz sind, bilden sie langfristig ein Reservoir von Arbeitskräften, die das wirtschaftliche Rückgrat des Landes stärken könnten. Sehr viele Rentner sind dort zu sehen, aber die meisten Auswanderer sind zwischen 25 und 45

Jahre alt. Sie sind äußerst arbeitswillig und bereit, dorthin zu gehen, wo sie eine Stelle bekommen können. Aus Angst, daß die Auswanderer das herrschende Lohnniveau unterbieten könnten, betrachten manche Gewerkschafter den Zustrom allerdings mit Mißtrauen oder sogar Feindseligkeit.

Pater Peter Görlich, der Gemeindepfarrer in Friedland, dessen rote Ziegelkirche am Rand des Lagers bei der sonntäglichen Messe mit Flüchtlingen überfüllt ist, kommentiert trocken: »Ihre Probleme beginnen erst nach Friedland.«[28] Im Zuge der Vertreibung der Deutschen aus Schlesien kam Pater Görlich selbst als Flüchtling in den Westen und erinnert sich noch gut daran, wie schwer ihm und seiner Mutter es damals fiel, ihre Heimat zu verlassen. »Wir waren gezwungen zu gehen«, sagt er. »Heute kommen die Menschen aus freiem Willen. Sie kommen in ein Land mit fremder Kultur, dessen Sprache sie nicht verstehen. Sie müssen also gute Gründe dafür haben.« In den vierziger Jahren, so seine Erfahrung, waren die Menschen durch das Gefühl einer gemeinsamen Krise verbunden. »Die Polizei beschlagnahmte Räume für uns, als wir ankamen. Würde sie das heute machen, gäbe es einen Aufstand.« Obwohl er für Spenden für den Flüchtlingsfonds des Lagers dankbar ist, bemerkt Pater Görlich, daß die Spender oft in erster Linie ihr schlechtes Gewissen beruhigen wollen.

Einige der Auswanderer in den Unterkünften in Friedland haben eine strapaziöse Reise aus dem sowjetischen Teil Zentralasiens hinter sich. Anders als sie sprechen viele der polnischen Ankömmlinge wenig oder gar kein Deutsch. Das ist vor allem eine Folge der Unterdrückung des deutschen Sprachunterrichtes nach dem Krieg, sagt aber nicht viel aus über die Intensität der Verbundenheit der Neuankömmlinge mit dem »Vaterland«. Die Polen haben keinen guten Ruf bei den ansässigen Geschäftsleuten. Einer beschrieb sie als »unverschämt«, und ein Gastwirt sagte mir, sie wären einfach hinter dem westdeutschen Geld her. Mehrere Polen, mit denen ich in einem völlig überfüllten, zur Behelfsunterkunft umfunktionierten Gymnasium in Göttingen sprach, verstanden nicht einmal die einfache, aber wesentliche Frage: »Sind Sie Deutsche?« Sprachprobleme sind auch eine Ursache dafür, daß die Arbeitslosenrate unter Aussiedlern Ende 1988 bei rund 30 Prozent lag – dreimal so hoch wie in der Gesamtbevölkerung.[29]

Die Zurückhaltung, mit der die Neuankömmlinge aus dem Osten empfangen werden, spiegelt sich in den Ergebnissen einer Umfrage des Allensbacher Instituts für Demoskopie von Ende 1988 wider. 44 Prozent der bundesdeutschen Bevölkerung glaubte demzufolge, daß es die Pflicht ihres Landes sei, die osteuropäischen Zuwanderer aufzunehmen, während 35 Prozent sich ablehnend dazu äußerten. 38 Prozent der Bevölkerung vertrat die Ansicht, daß die Aussiedler Deutsche seien, während 36 Prozent sie als Fremde bezeichnete.[30]

Eckart van Hooven, Vorstandsmitglied der Deutschen Bank, mußte nach dem Krieg selbst die Heimat seiner Familie an der Grenze zu Pommern und Mecklenburg verlassen. Er blickt beinahe wehmütig auf die harten Nachkriegsjahre zurück: »Man konnte mit einer Orange in der Hand durch ganz Deutschland reisen«, sagt er. »Denn das zeigte, daß man Kontakt zu den Alliierten hatte.« Hooven meint, verglichen mit heute sei es 1945 vermutlich einfacher gewesen, Flüchtling zu sein:

> Vom menschlichen Standpunkt aus war diese Zeit produktiver. Wir hatten noch keine durch den Reichtum geteilte Gesellschaft; alle waren mehr oder weniger gleich. Es kam auf die Fähigkeiten eines Menschen an, nicht auf seinen Opportunismus. Damals fand ich meine besten Freunde. Diese Millionen Flüchtlinge waren unser großes Kapital. Die Menschen halfen dem ganzen Land, nach dem Krieg wieder integriert zu werden. Die Aussiedler heute haben sehr romantische Ideen und – stoßen auf eine ganz andere Realität.[31]

Die Aussiedler werden tatsächlich, wie Deutschland selbst, zwischen Romantik und Realität hin und her gerissen. Die Auswanderer sind Teil der deutschen Geschichte, die das Land nun einholt. Die Menschen aus dem Osten ermöglichen einen einzigartigen Blick darauf, woher Deutschland kommt und, vielleicht, wohin es geht.

XVI
Brückenschlag

Deutschland ist eine unteilbare demokratische Republik; sie baut sich auf den deutschen Ländern auf. Die Republik entscheidet über alle Angelegenheiten, die für den Bestand und die Entwicklung des deutschen Volkes in seiner Gesamtheit wesentlich sind.

Artikel 1 der ersten Verfassung der DDR, 1949[1]

Das SED-Experiment wird fürchterlich enden, mit einem moralischen Katzenjammer und einer sittlichen Vernichtung derer, die einmal aus ehrlichen Absichten kommunistische oder sozialistische Vorstellungen solcher Art zu realisieren versucht haben.

Herbert Wehner, 1964[1]

Das Deutsche Reich nach dem Dreißigjährigen Krieg bestand aus dreihundert Territorien. Das wichtigste Ziel heute ist, daß die Grenze durchlässig sein sollte.

Hans Heun, Bürgermeister von Hof, 1987[3]

Über vierzig Jahre hatten die beiden Deutschland Zeit zu lernen, mit der häßlichen Grenze zu leben, die sie trennte. Dann ist sie gefallen. Sowohl der Osten als auch der Westen hätten es vorgezogen, wenn die Berliner Mauer erst überwunden worden wäre, nachdem Ostdeutschland vorzeigbare Erfolge bei der Verbesserung des Lebensstandards und der Überwindung des Stalinismus hätte aufweisen können. Statt dessen enthüllte der Fall der Mauer und des 1384 Kilometer langen Maschendrahtzaunes, der sich vom Baltikum bis zur Tschechoslowakei gewunden hat, das volle Ausmaß des politischen und wirtschaftlichen Bankrotts in Ostdeutschland. Die Deutschen, aber auch die übrige Welt wurden mit einem Machtvakuum konfrontiert. Vor den Breschen in der Mauer stauten sich die DDR-Bürger, die es westwärts in die Freiheit zog. Später verließen sie in hellen Scharen ihr Land, um sich eine Nische im prosperierenden Westen zu suchen, ehe es zu spät sein würde. Die deutsche Einheit zog herauf, und die Ostdeutschen liefen davon, um ihren Konsequenzen zu entkommen.

Die Grenze zwischen Ost- und Westdeutschland war die mörderischste der Welt: brutal, still, perfekt und armiert mit Chromnickeldraht aus westdeutscher Produktion für fünf Mark pro Meter – undurchdringlich für jede Drahtschere. Gemäß dem deutsch-deutschen Vertrag von 1972, der »gutnachbarliche Beziehungen« zwischen den beiden Staaten herstellen sollte, gab es zehn Grenzposten für Straßenübergänge, acht für Eisenbahnen und zwei für Wasserstraßen. eine fünf Kilometer breite Sperrzone, übersät mit ausgeklügelten elektronischen und akustischen Überwachungseinrichtungen verhinderte, daß sich dieser Grenze jemand aus östlicher Richtung nähern konnte. Dörfer, die in diesem Bereich lagen, wurden rigoros abgesperrt oder in einigen Fällen dem Erdboden gleich gemacht.[4]

Unter den Grenzzonen, die ich 1987 besuchte, war auch das Gebiet um Hof in Nordbayern, wo sich die Grenze an der träge dahinfließenden Saale entlangzog. Am östlichen Ufer erhob sich wie eine Festung die Lederfabrik Hirschberg. Einst die größte ihrer Art in Deutschland, läßt sie sich bis auf das Jahr 1741 zurückverfolgen. Nach dem Krieg wurde sie auf der kommunistischen Seite der Saale praktisch von der Außenwelt abgeschnitten. Auf der westlichen Seite fließt die Saale in einen Stausee, der die Knopffabrik der Familie Martin im Grenzort Untertiefengrün mit Energie versorgt. Nur ein paar hundert Meter entfernt ragt die Hirschberg-Fabrik wie ein surrealistisches Gebilde auf, abgeschottet durch eine häßliche Mauer aus Beton-Fertigteilen. Waltraud Martin, die hier seit 1968 in einer sechshundert Jahre alten Mühle lebt, sagte mir, daß sie inzwischen Ruhe und Frieden zu schätzen wisse. Auf die Frage, wann sie mit dem Fall der Mauer rechne, meint sie: »Wir werden das nicht erleben, unsere Kinder auch nicht - und vielleicht auch nicht die Enkelkinder.«[5]

Eine andere Grenzstadt, Philippsthal in Hessen, 160 Kilometer nördlich von Tiefengrün, vermittelt eine ähnlich gespenstische Atmosphäre. Sie wurde von ihrer Schwestergemeinde Vacha durch eine Mauer getrennt, die sich quer über eine Sandsteinbrücke über die Werra zieht. Ein Zaun taucht wie eine überdimensionierte Hummerreuse tief ins schmutzige Wasser, um Schwimmern den Weg zu versperren. Hans Hiltrup, dessen Druckerei genau auf der Grenzlinie lag, gestand mir: »Ich denke nur an die Grenze, wenn ich danach gefragt werde.«[6] Die Wiedervereinigung wäre möglich, wenn »die kleinen Leute das Sagen hätten«. Die »großen Fische« an den Schalthebeln östlich und westlich der Mauer müßten etwas von ihrer Macht abgeben – und ein vereinigtes Deutschland wäre sowohl für die USA als auch für die Sowjetunion zu groß. »Keiner von ihnen will uns zusammen haben.«

Landauf landab haben Orte wie Philippsthal und Verra, Hirschberg und Tiefengrün plötzlich wieder zusammengefunden. Die Grenze scheint im Dunkel der Geschichte verschwunden zu sein – und doch hat sie ein Vermächtnis hinterlassen. Die Geschichte, wie die Deutschen diese Grenze unterliefen, ehe sie verschwand, ist wie ein Wegweiser in eine unabsehbare Zukunft.

Die Straße in das tausendjährige Meißen, die Heimat des europäischen Porzellans, ist mit Widersprüchen gepflastert. Sie schlängelt sich durch heruntergekommene sächsische Dörfer, die sich in den Nebel und Schlamm der ostdeutschen Landschaft schmiegen. Bei der Einfahrt nach Meißen kurvt der Wagen um Gänse, die gemütlich auf der Straße spazieren. Die schwarzen Spitzen der gotischen Kathedrale erheben sich über das staatliche Kombinat, das mit Plakaten verziert ist, auf denen die Arbeiter aufgefordert werden, den Frieden zu bewahren und »die thermonukleare Katastrophe zu verhindern«. Es ist eine Mischung aus Panikmache und humorlosem Fanatismus, die aus den ostdeutschen Fabrikaufschriften spricht. Im September 1989 stieß man auf den Straßen um Meißen immer wieder auf ein rot bemaltes Plakat mit der Aufschrift: »Mein Arbeitsplatz – Kampfplatz für den Frieden«.

Es ist nicht zu übersehen, daß Meißen heruntergekommen und baufällig geworden ist. Nichtsdestoweniger ist es Sitz des größten Devisenbringers in der DDR. Die Meißener Porzellanmanufaktur stellt seit 1710 teures, edles Porzellan her. Ihre Wurzeln im Heiligen Römischen Reich stehen auch für die Kontinuität der deutschen Geschichte. Ein Denkmal für Johann Friedrich Böttger, den Alchimisten, der 1708 das Porzellan erfand, steht vis-à-vis dem Haupteingang der Meißener Porzellanwerke. Böttger gründete die Manufaktur auf Geheiß des sächsischen Kurfürsten August des Starken auf Schloß Albrechtburg an der Elbe. Ihre Tradition und die Kunstfertigkeit ihrer Produkte haben Hunderttausende westlicher Besucher in das Werksmuseum gelockt.

800 von den rund 1900 Mitarbeitern der Manufaktur sind hochqualifizierte Maler, die ihre Kunst in staubigen, hohen Räumen, vollgestopft mit Zimmerpflanzen und Soft-Porno-Postern, ausüben. Ein Spitzenkönner verdient 2000,– Ostmark im Monat. Das Durchschnittseinkommen liegt bei 1100,– Ostmark. Dafür arbeitet man 43¾ Stunden pro Woche. Die Meißener Produkte indessen findet man fast ausschließlich in den Wohnzimmern westlicher Wohlstands-

bürger. In der Bundesrepublik, wo die Manufaktur mit rund 40 Millionen Mark fast die Hälfte ihres Gesamtumsatzes macht, kostet das billigste Meissener Kaffeeservice für sechs Personen 1800,– D-Mark – zu Schwarzmarktkursen sind das in Ostmark immerhin sechs Monatsgehälter.

Hannes Walter, der Geschäftsführer, ein in der Tschechoslowakei gebürtiger Wissenschaftler mit stechendem Blick, begrüßt mich in der holzgetäfelten Ausstellungshalle. Der 46jährige Walter übernahm diese Position, nachdem sein Vorgänger Reinhold Fichte, ein hochdekorierter Technokrat mit guten Verbindungen zur SED-Spitze, im Februar durch seine Flucht in die Bundesrepublik für Schlagzeilen gesorgt hatte. Fichte macht seinem früheren Arbeitgeber nun von jenseits der Grenze Konkurrent – als Geschäftsführer einer bayerischen Porzellanmanufaktur in Familienbesitz.

Der neue Chef erklärt, daß die Stärke Meißens in seiner unerreichten Vielfalt von mehr als 150 000 Mustern liege, die zum Teil auf Entwürfe aus dem 18. Jahrhundert zurückgehen. Von dem sowjetischen General, der die Manufaktur durch die turbulenten Jahre zwischen 1945 und 49 führte, spricht er mit Hochachtung – bevor sie in »Volkseigentum« übergeführt wurde, war sie kurze Zeit eine sowjetische Kapitalgesellschaft. Walter behauptet, daß die künstlerische Qualität unter dem Kommunismus aufblühe: »Wir sind ein Kind der Deutschen Demokratischen Republik.«[7] Er lobt auch die sorgfältige Ausbildung und das Lehrlingsprogramm: »Unser Zeichen ist Qualität!«

Walter war seit 1975 Mitglied der SED. Die Flucht Fichtes und den Exodus vieler Arbeitskräfte in der Fluchtwelle vom Herbst 1989 spielt er herunter. »Jeder, der geht, ist einer zuviel«, erklärt er zahm. Des Paradoxons, daß ein sozialistischer Betrieb so exklusive Waren fertigt, ist er sich wohl bewußt, fügt aber hinzu, daß Meißens Handelsverbindungen zu allen Zeiten international gewesen seien: »Handel war immer ein deutliches Zeichen für friedliche Koexistenz.« Die handgemalten gekreuzten Schwerter, das weltberühmte Signet Meissens, zieren dessen Porzellan sein 1723. »Unsere Schwerter sind die friedlichsten auf der Welt«, erklärt Walter, und man merkt, daß er damit auf eine immer wieder aufgeworfene Frage reagiert.

Ein Besuch in den Verkaufsräumen der Manufaktur am restaurierten Meissener Marktplatz zeigt, wie wenig von der Produktion normale DDR-Bürger auch nur zu Gesicht bekommen. Es gibt ein jugendlich wirkendes Bild Erich Honeckers neben der Tür, aber nur sehr wenig Porzellan. Als ich die Verkäuferin nach jenen berühmten Figurinen frage, die im Westen für über tausend Mark verkauft werden, entgegnet sie schroff: »Das ist für den Export.«

Walter erzählt mir, daß die Auftragsbücher der Manufaktur bis 1990 gefüllt seien, und daß es für einzelne Erzeugnisse Lieferzeiten zwischen zwei und fünf Jahren gebe. Nichtsdestoweniger versucht man die Marktposition im Westen durch eine Werbekampagne in anspruchsvollen Periodika weiter auszubauen, die im Herbst 1989 startete und jährlich eineinhalb bis zwei Millionen Mark kosten dürfte. Angesprochen wird dabei vor allem die Zielgruppe der jüngeren Käufer zwischen 35 und 40 Jahren: »Es kommt die Zeit, in der die ältere Generation von Kunden aussterben wird. Wir müssen die jüngeren Leute mobilisieren«, sagt Jürgen Rotauge von der Firma Bock in Konstanz am Bodensee, die das Meissener Porzellan in der Bundesrepublik vertreibt.[8] Eigenartigerweise habe das Renommee Meissens durch vier Jahrzehnte Sozialismus nicht gelitten, fährt er fort. »Das ist eine schwer zu beschreibende Faszination.« Auch hätten die letzten vierzig Jahre angesichts der dreihundertjährigen Tradition Meissens »absolut keine Bedeutung«.

Die Einnahmen der DDR durch das Meissener Porzellan wurden nur noch durch die Erlöse aus einer ganz anders gearteten Form von Geschäften übertroffen, die aber ebenfalls ausschließlich in harter Währung abgewickelt wurden: dem Menschenhandel. Der Freikauf politischer Gefangener begann – zunächst als befristete Lösung – schon 1963, wurde aber bald zu einer festen Größe in der ostdeutschen Wirtschaftsplanung. Die Zahl der auf diese Weise aus eigenen Haftanstalten in Brandenburg, Cottbus, Bautzen und Naumburg sowie dem Frauengefängnis Hoheneck Befreiten schwankte jährlich zwischen 1000 und 2000, lag aber in den letzten Jahren eher am unteren Limit. Der Kopfpreis lag zwischen 90 000 und 100 000 D-Mark und wurde in der Regel in Gütern wie Metallen, Früchten, Getreide und Erdöl beglichen. Seit dem Umsturz sind solche Transaktionen freilich nicht mehr notwendig. So enthüllte die Bundesregierung denn auch zum ersten Mal, wieviel diese Geschäfte gekostet haben. Einschließlich manch anderer dubioser »humanitärer« Transaktionen zur Befreiung von Menschen aus dem Osten belasteten die Freikäufe das bundesdeutsche Budget in den späten achtziger Jahren mit durchschnittlich 300 bis 400 Millionen D-Mark pro Jahr.[9]

Die Schlüsselrolle bei der Organisation dieser Form des Menschenhandels spielte Wolfgang Vogel, ein ostdeutscher Rechtsanwalt mit dem gebräunten Aussehen eines Neurochirurgen aus Hollywood. Im sechsten Lebensjahrzehnt, mit mitleidsvoller Miene, wachsam und mit durchdringenden blauen Augen hinter halbrunden Brillengläsern, hat Vogel im vergangenen Vierteljahrhundert rund 34 000 politischen Gefangenen den Weg ins Gelobte Land gebahnt. Seine Geschäfte haben der DDR in all den Jahren weit über eine Milliarde in harter D-Mark eingebracht. Nur das kommunistische und das kapitalistische Deutschland mit ihren so besonders miteinander verknüpften Schicksalen waren in der Lage, ein solches System in dieser Weise zu perfektionieren.

Vogel lebt recht komfortabel, an einem See, eine Autostunde südöstlich von Berlin. Seine Geschäfte führt er von seiner Kanzlei aus, die in einem dreistöckigen grünen Haus in der Reiler Straße 4 im Ost-Berliner Bezirk Friedrichsfelde untergebracht ist. Die S-Bahn ist gleich um die Ecke. Sein Büro ist so plüschig, überladen und behaglich provinziell wie der Aufenthaltsraum einer englischen Privatpension. An den Erlösen des Menschenhandels hat Vogel keinen direkten Anteil, doch das internationale Renommee, das er dadurch gewonnen hat, verschafft seiner Kanzlei auskömmliche Einnahmen. Zahlen zu nennen, lehnt er höflich, aber bestimmt ab, läßt aber durchblicken, daß er einen verdienstbezogenen Mitgliedsbeitrag von monatlich 150 Ostmark an die Parteikasse der SED abführt, der er erst 1982 beitrat. Der Schnitt seines karierten Jacketts und seine Vorliebe fürs Wasserskifahren beweisen, daß er es sich leisten kann.

Vogel, lange Zeit Vertrauter Erich Honeckers, fungierte bei all diesen »Humanitären Angelegenheiten« als »offizieller Vertreter« der DDR-Regierung. Diese seine Rolle behielt er bis in die letzten Tage der Regierungszeit Honeckers. Noch im Oktober 1989 wurde er mit der demütigenden Aufgabe betraut, die um das Gelände der bundesdeutschen Botschaft in Prag kampierenden »Republikflüchtlinge« zur Rückkehr zu bewegen – und scheiterte. Der gebürtige Schlesier war auch in Bonn sowohl für die Rechten als auch für die Linken eine geachtete Vertrauensperson. Mit führenden Sozialdemokraten wie Helmut Schmidt und Herbert Wehner verband ihn ein besonders gutes Verhältnis. Als Liebhaber von Skiurlauben in Österreich, dem Land, in dem er am liebsten leben würde, gab es für Vogel keine Staatsgrenzen. Ein US-Diplomat in Ost-Berlin, der ihn gut kennt, beschreibt ihn als »kompetent, verläßlich, mit guten Verbindungen«. Über gelegentlich auftauchende Gerüchte, Vogel sei ein Sowjetspion, berichtet er lachend und mit einer ungläubigen Miene, die man ihm fast – aber nicht ganz – abnimmt.

Sicher ist, daß Vogel sowohl in Washington als auch in Moskau wohlbekannt ist. Eine zentrale Rolle spielte er bei zahllosen ostwestlichen Übereinkünften zum Austausch gefangengenommener

Agenten, angefangen mit dem 1960 über der Sowjetunion abgeschossenen U 2-Piloten Gary Powers, der 1962 befreit wurde. Vogel hatte seine Hand im Spiel, als der britische Agent Greville Wynne gegen den KGB-Agenten Gordon Lonsdale ausgetauscht wurde, und er half bei der Befreiung des sowjetisch-jüdischen Dissidenten Anatoli Tscharannskij, der im Februar 1986 in einem Verfahren, das weltweite Beachtung fand, vor laufenden Kameras auf der Glienicker Brücke im Berliner Süden, dem traditionellen Schauplatz solcher Handlungen, in die Freiheit entlassen wurde.

Vogels Tagesarbeit vollzog sich jedoch über Jahre hinweg außerhalb der Fernsehscheinwerfer. Jahrelang rollten ganze Busladungen von freigekauften politischen Gefangenen anonym über den Grenzübergang Wartha-Herleshausen und weiter ins bundesdeutsche Aufnahmelager Gießen. Der Kaufpreis wurde ursprünglich bar in dicken Umschlägen übergeben. Später wurden die Gelder vom Ministerium für innerdeutsche Beziehungen auf ein Konto des Diakonischen Werks, der Wohlfahrtsorganisation der evangelisch-lutherischen Kirche, in Stuttgart überwiesen.[10] Die Guthaben dienten dann zum Kauf dringend benötigter Güter nach Listen aus Ost-Berlin.

Vogel sagte mir bereits 1988, daß er es nicht mehr für sinnvoll halte, die Freikäufe zu verheimlichen.[11] »Ich glaube, daß es nicht mehr wahr ist zu sagen, daß Reden die Leute verletzen würde. Die Entspannungspolitik würde hoffentlich einen »zivilisierteren« Weg für Übereinkünfte zur Befreiung Gefangener eröffnen: »Ich wünsche mir, eines Tages zu einem System zu kommen, in dem es keine politischen Gefangenen gibt. Das hängt vom Verhältnis zwischen Washington und Moskau ab – alles hängt davon ab.« Immer wenn es Probleme gab, dachte er zurück an die frühen sechziger Jahre und tröstete sich mit den inzwischen erreichten Fortschritten: »Die Häftlinge bekamen damals lebenslänglich – das war der Kalte Krieg. Alles war viel schlimmer.«

Merkwürdigerweise kommen einige der schärfsten Kritiker des Freikaufverfahrens, des »Sklavenhandels des 20. Jahrhunderts«, wie sie es nennen, aus den Reihen derer, die selbst davon profitierten. Wulf Rothenbächer, vormals Arzt in der DDR, wurde 1971 aus einem ostdeutschen Gefängnis freigekauft, nachdem er im Jahr zuvor mit seiner Frau beim Versuch, über Rumänien in den Westen zu fliehen, gefaßt worden war. Die DDR unterdrückt und wird dafür bezahlt«, sagt er verbittert.[12]

Sibylle Ludwig, eine junge Frau, die zwei Jahre und zehn Monate im Gefängnis saß, nachdem sie einen Ausreiseantrag gestellt hatte, durfte anläßlich der Amnestie 1987 ausreisen. Sie sagte mir, daß sie es grundsätzlich für falsch halte, Gefangene wie »Butterpakete« zu kaufen. »Die Opposition sollte eigentlich im Land bleiben. Sonst wird sich nichts ändern.« Wenn die DDR-Opposition nach dem Sturz des Honecker-Regimes im Herbst 1989 keine prominenten Vertreter zur Bildung einer Gegenregierung auftreiben konnte, so lag dies in der Tat nicht zuletzt an dem Umstand, daß so viele Dissidenten vom Westen ausgelöst worden waren. Ottfried Hennig, Staatssekretär im Ministerium für innerdeutsche Beziehungen, sprach dies auch unverblümt aus, als er sagte: »Die Leute im Widerstand? Wir haben sie vor Jahren freigekauft!«[13]

Ludwig Rehlinger, von 1982 bis 1988 Staatssekretär im gleichen Ministerium, war lange Zeit beauftragt, mit Wolfgang Vogel die Freilassung von Häftlingen und eine Menge anderer Vereinbarungen bis hin zum Austausch von Agenten auszuhandeln. Rehlinger berichtet mir, daß er in Zeiten der Hochkonjunktur bisweilen fünfmal am Tag mit Vogel telefoniert und Gespräche geführt habe, die vermutlich alle vom Nachrichtendienst der DDR abgehört worden seien.[14] Rehlinger, ein umgänglicher Berliner, zwei Jahre jünger als Vogel, gibt zu, daß diese Geschäfte nach Erpressung riechen: »Wir geben Geld, die DDR gibt Menschen. Ich stimme zu, das ist nicht moralisch. Aber diejenigen, die das Geld geben, um unschuldige Menschen herauszubringen, sind moralischer als jene, die den Verkauf betreiben. Ich bin, nach der Verfassung und als Mensch, verpflichtet, unschuldigen Deutschen, die in Schwierigkeiten sind, zu helfen.«
Kanzler Kohl hat angesichts solcher Geschäfte keine Bedenken. »Ist das nicht etwas geradezu Unmoralisches?« fragte ich ihn, doch er antwortete:
»Wieso ist das unmoralisch? Wissen Sie, das ist eine theoretische Betrachtung. Die können Sie in Ihrem Redaktionsbüro anstellen, weil Sie keine Verantwortung haben. Wir zahlen auch Geld nach Rumänien dafür, daß die Deutschen herauskommen. Soll ich jetzt hier an meinem Schreibtisch sitzen, in der Bequemlichkeit der Bundesrepublik, und soll das persönliche Schicksal und die Heimsuchung und die entsetzlichen Opfer, die diese Leute leiden, einfach verdrängen?«[15]

Ostdeutsche Übersiedler, die in den Westen kommen, empfinden die Unterschiede in den Kulturen teils anregend, teils beängstigend. Wolfgang Mischnick, altgedienter liberaler Politiker und 1961–63 Vertriebenenminister in der Regierung Adenauer, ist in Dresden geboren und floh selbst 1948 in den Westen. Er erzählte mir 1988, daß viele Ostdeutsche, die in den Westen kamen, über die Kälte und den Materialismus klagten, der dort herrsche:

»Viele Menschen (aus der DDR) sehen mehr Nachteile als Vorteile. Alles hier ist sehr hektisch. Es ist nicht leicht für sie, auf sich selbst gestellt zu sein. In der DDR ist man daran gewöhnt, daß vieles automatisch erledigt wird, was man hier selbst tun muß. Der Wohlstand hier brachte auch eine Art Vereinzelung der Menschen. Die menschliche Wärme geht verloren.«[16]

Vielen bringt die Flucht jedoch große Erleichterungen. Anneliese Stahlbaum, die 1984 mit ihrem Mann und ihren zwei Kindern ausreisen durfte, erzählt mir über die bürokratischen Schikanen, denen sie vor ihrer Emigration ausgesetzt war. Die Familie sieht den Hauptgrund für den Entschluß, die DDR zu verlassen, in den Diskriminierungen, denen sie als praktizierende Christen in den Schulen ausgesetzt waren: »Wir gingen, weil wir dachten, daß die Kinder keine Chance haben würden.«[17] Über das Leben in West-Berlin war sie hingegen voll des Lobes. Die Behörden halfen bei der Wohnungssuche, vermittelten einen Kredit über 10 000,– Mark für die Möblierung und einiges Geld von der Sozialversicherung. Anfang 1988 durften – nach Zahlung einer nicht unbeträchtlichen Summe durch die Bonner Regierung – auch die ältere Tochter und der jüngere Sohn ausreisen. Heute singt Frau Stahlbaum zweimal wöchentlich im Kirchenchor und freut sich, daß sie auch ihre im Osten zurückgebliebenen Freunde nicht mehr missen muß.

Kristin Seetge, eine junge Dissidentin, der 1988 die Ausreise zu Bruder und Onkel in die Bundesrepublik erlaubt wurde, schildert das Verhältnis der DDR-Bürger zu ihrem Staat: »Man bleibt ein Baby, hoffnungslos abhängig von der Mutter; man ist nicht selbständig; man darf niemand anderen lieben.«[18] Ein junger Mann, der 1983 aus einem ostdeutschen Gefängnis freigekauft worden war, führte im Westen jahrelang das Leben eines Landstreichers. Im November 1987 zündete er aus Frustration das Frankfurter Opernhaus an und verursachte einen Schaden von 130 Millionen Mark.

Nicht alle Emigrantenschicksale haben so kostspielige Folgen, doch soziale Probleme gibt es oft. Viele Übersiedler stoßen bei der Integration in Schule und Arbeitsplatz auf Ablehnung, bleiben überdurchschnittlich lang ohne Beschäftigung und haben hohe Kreditschulden. Die Ausreisewelle der Jahre 1989 und 1990 spülte eine brisante Mischung aus tiefer Unzufriedenheit einerseits und fast grenzenlosen Erwartungen andererseits in den Westen. Dieter Schröder, Kanzleichef des sozialdemokratischen Regierenden Bürgermeisters von West-Berlin und ein Mann mit jahrzehntelanger

Erfahrung im Umgang mit humanitären Problemen zwischen den beiden deutschen Staaten, erklärte mir, daß viele Übersiedler für ihre persönlichen Probleme den Staat und nicht sich selbst verantwortlich machten. Wenn sie in den Westen gehen, ergänzt er zynisch, »werden sie sich sowieso scheiden lassen«.[19]

Wie ihre Rolle im Freikaufgeschäft zeigt, ist die evangelisch-lutherische Kirche eine beständige Brücke zwischen Ost- und Westdeutschland. Eine Art symbolischen Eckstein bildet hierbei das Bistum Ratzeburg in Schleswig-Holstein am nordöstlichsten Ende der Bundesrepublik. Der romanische Dom, ein roter Backsteinbau aus dem 12. Jahrhundert, von Heinrich dem Löwen erbaut, von Seen umgeben, ist ein einzigartiges Monument deutsch-deutscher Ökumene. Denn dies ist die einzige westdeutsche Kirche, die formal zu Ostdeutschland gehörte. Uwe Steffen, seit 1976 Dompropst der Pfarrei, unterbricht unser Gespräch, um einen streunenden Esel auf der Wiese zum See einzufangen, ehe er mir diese Geschichte erzählt.[20] Als Ergebnis des Krieges und seiner geographischen Lage ist der Dom noch immer Teil der evangelisch-lutherischen Kirche von Mecklenburg.

So nimmt Steffen an den üblichen kirchlichen Veranstaltungen im Osten teil und meint: »Die Verbindung kommt aus einer langen Geschichte.« Die Ratzeburger Gemeinde trieb durch Kirchenkonzerte und Spenden aus Wirtschaftskreisen mehr als 10000,– Mark auf, um die Kosten für das Einrüsten dringend renovierungsbedürftiger Kirchen in der DDR abzudecken, doch Steffen sagt, daß der menschliche Kontakt das wichtigste sei: »Christen im Osten brauchen das mehr als wir im Westen. Wir leben im Überfluß, sie in Unsicherheit.«

Die nach Mecklenburg geleiteten Gelder sind freilich nur ein sehr kleiner Teil der finanziellen Unterstützung, die der östlichen Bruderkirche zufließt. Laut Bischof Martin Kruse, dem Vorsitzenden des Rats der evangelischen Kirche in Deutschland, gehen die Summen in die »Millionen D-Mark. Niemand kennt den Gesamtbetrag«.[21]

Bis 1969 bildete die evangelische Kirchenorganisation in beiden deutschen Staaten eine Einheit. Dann bildeten die acht Landeskirchen in der DDR eine eigene Dachorganisation. Eine der ersten Reaktionen auf den Fall der Mauer im November 1989 bildete die Entscheidung, die alte Einheit wiederherzustellen.

Bischof Kruse meint, daß die finanzielle Unterstützung zusammen mit dem in Ost und West gleichermaßen vorhandenen Netz kirchlicher karitativer Einrichtungen – Krankenhäuser, Kinder- und Altersheime, Familienzentren und so weiter – »eine Brücke des Verstehens« bildeten. So geht zum Beispiel ein Drittel der Sonntagskollekte der West-Berliner Gemeinden an den Osten. Der größte Teil der Mittel zur Restauration des evangelischen Ost-Berliner Doms – rund dreißig Millionen – kam aus dem Westen. Kruse erklärte 1988, der Freikauf von Häftlingen, bei dem die Kirche eine Vermittlerrolle spielte, »kann und darf nicht die allgemeine Regel werden. Das sind Notstandsregeln, die einer gründlichen moralischen Überprüfung wirklich nicht standhalten.« Immerhin gab er zu, daß dieser Handel über ein Vierteljahrhundert konkrete Wirklichkeit war, und setzte hinzu: »Wenn man es genauer betrachtet, so hat die DDR ein wirtschaftliches Interesse an harter Währung. Ohne dieses Interesse wären viele Vereinbarungen zwischen Ost- und Westdeutschland nicht möglich gewesen.«

Am 10. April 1945 brach die Apokalypse über Plauen herein. Ein schwerer britisch-amerikanischer Bombenangriff – der vierzehnte seit dem September 1944 – tötete 500 Menschen und zerstörte drei Viertel der mittelalterlichen Stadt, die, einst im Herzen des Deutschen Reiches gelegen, für ihre Klöppelspitzen berühmt war. Die 27 Kilometer entfernte Nachbarstadt Hof schickte ihre Feuerwehren zu Hilfe, um das Flammeninferno zu bekämpfen. Nur wenige Monate später war die Straße, die die Löschzüge genommen hatten, von der Demarkationslinie zwischen der amerikanischen und der sowjetischen Besatzungszone unterbrochen. Die Teilung Europas war der Anfang einer schmerzlichen Trennung zweier Gemeinden, deren wirtschaftliche und kulturelle Verbindungen neunhundert Jahre in die Vergangenheit zurückreichen.

Die Menschen in den beiden Städten sprechen die gleiche Mundart, und ihnen schmeckt das gleiche Bier. Lange vor Öffnung der Grenze haben Hof und Plauen deshalb erste Schritte unternommen, die alten Verbindungen wiederanzuknüpfen. Sie gründeten eine Städtepartnerschaft und organisierten gegenseitige Besuche von Musikkapellen, Sportlern und Schulklassen.

Im wiederaufgebauten Rathaus von Plauen sprach ich 1988 mit dem Bürgermeister Norbert Martin, einem energischen Mann von 49 Jahren, der seit 1957 der SED angehörte und seit 1981 das Bürgermeisteramt innehat. Er erwartet mich hinter einem großen Tisch, auf dem eine kleine britische Flagge steht.[22] Mit Entschiedenheit betont er, daß es »keine Verwischung dieser Trennlinie zwischen den beiden gesellschaftlichen Systemen geben« wird. Aber »wir müssen lernen, gute Nachbarn zu werden. Kapitalismus und Kommunismus mögen sich wie Feuer und Wasser vertragen – aber wir brauchen nicht aufeinander zu schießen.« Während eines improvisierten Frühstücks mit Wurstbroten zeigt er mir einen Stoß Fotos, die Stadtansichten von Plauen nach dem vernichtenden Bombenangriff zeigen. Ich empfinde es als bemerkenswerte Höflichkeit, daß er die Amerikaner und nicht die Briten für den Angriff verantwortlich macht. Im Zuge des Wiederaufbaues entstanden zahlreiche hohe Wohnblocks, und die Stadt macht noch immer einen etwas verwahrlosten Eindruck. Später zeigt mir ein freundlicher Funktionär im Zuge einer kurzen Stadtbesichtigung die Stelle, an der man die Leichen aus dem Luftschutzkeller des Bahnhofs gefunden hat. Heute steht dort ein Reisebüro, das Ferienreisen nach Kuba anbietet.

Die Bevölkerungszahl Plauens betrug vor dem Krieg 126 000 und ist inzwischen auf 80 000 zurückgegangen – eine Entwicklung, deren positive Seiten Martin gebührend unterstreicht: »Die Planwirtschaft hat Plauen in die Lage versetzt, eine stetige wirtschaftliche Entwicklung zu sichern.« Die Stadt hat die Spitzenklöppelei zu neuer Blüte geführt und Fabriken für Elektronik und Spezialmaschinen angesiedelt. Die Prawda wird auf Druckmaschinen aus Plauen gedruckt. »Hof hat eine Arbeitslosigkeit von acht Prozent«, setzt der Bürgermeister nicht ohne Selbstgefälligkeit hinzu. »Das kennen wir nicht.«

Den Gedanken, daß Ost- und Westdeutschland nur Teile ein und derselben Nation seien, weist Martin entschieden zurück. Er hält sich dabei an die Verfassung der DDR, die zweimal überarbeitet wurde, um sich um ebendiesen heiklen Punkt herumzudrücken: »Nationale Identität ist mehr als eine gemeinsame Sprache, ein Stück geschichtliche Vergangenheit. Dazu gehört auch eine ganz andere politische Grundlage des Staates.«

Am Nachmittag desselben Tages besuchte ich Hans Heun, seit 18 Jahren Bürgermeister der Stadt Hof, in seinem Rathaus, das an einer belebten Straße voll von Rentnern auf dem Einkaufsbummel liegt.[23] Die Stadt hat heute 52 500 Einwohner, das sind fast 10 000 weniger als nach dem Krieg, als die Einwohnerzahl durch die Fluchtwelle aus dem Osten vorübergehend stark anstieg. Der sechzigjährige Heun ist ein gewichtiger Mann und gehört der CSU an. Er war der Initiator der Städtepartnerschaft und hat sie durchgesetzt, indem er 1986 mit einer ganzen Busladung Hofer Stadträte nach Plauen fuhr.

Heun erklärt, daß er auf die ungebrochene Kraft der Freien Marktwirtschaft vertraue, setzt aber anerkennend hinzu, daß die Planwirtschaft Industrien nach Plauen gebracht habe, die bislang an Hof vorbeigegangen seien. Vor dem Krieg seien bis zu 80 Prozent der Hofer Erzeugnisse, vor allem Bier und Textilien, im östlichen Hinterland von Sachsen und Thüringen abgesetzt worden – Märkte, die durch die Teilung verlorengegangen seien. Zwischen 1928 und 1932 pflegte das Plauener Theaterensemble mit rund sechzig Aufführungen pro Jahr in Hof zu gastieren.

Hofs ausgedehnter, aber ziemlich ausgestorbener Bahnhofskomplex wurde einst errichtet, um den Zugverkehr in die entferntesten Winkel des Deutschen Reiches und Österreich-Ungarns abzuwikkeln. 1988 sah er nur noch eine Handvoll Züge täglich, doch im Herbst 1989 auf dem Höhepunkt der Unruhen in der DDR, war er plötzlich wieder zum Bersten voll mit Flüchtlingen, die von den ratlosen SED-Machthabern die Ausreiseerlaubnis erhalten hatten. »Wir sind fünfzig Jahre lang abgesperrt worden«, stellte Heun traurig fest. »Wir sind diejenigen, die keine Besucher in unseren Gasthöfen, am Fußballplatz, im Theater haben.« Wenn wieder düstere Wolken über den deutsch-deutschen Beziehungen aufziehen sollten, würde wohl auch die Hof-Plauener Städtepartnerschaft verkümmern, meinte er, setzte aber hoffnungsfroh hinzu: »Ein Rad ist in Bewegung gekommen, das nicht zu bremsen ist. Ich glaube, daß die Leute das Zusammengehörigkeitsgefühl in einer Nation noch besitzen. Sie wissen, daß sie zur Zeit nichts ändern können, aber wir haben eine gemeinsame Geschichte, die nicht auszuradieren ist.«

Ost- und Westdeutschland waren immer ein dankbares Betätigungsfeld für Spione. Der außerplanmäßige Informationsaustausch über die Aktivitäten der Geheimdienste der beiden Staaten erschien mitunter als eine besonders abstruse Form der Vertrauensbildung zwischen den Blöcken. Der Bundesnachrichtendienst (BND) und das Bundesamt für Verfassungsschutz (BfV) als Spionageabwehrorganisation standen seit Bestehen der beiden deutschen Staaten vor Aufgaben, die nicht mit denen anderer westlicher Geheimdienste zu vergleichen sind.

Angesichts der gemeinsamen Grenze, der gemeinsamen Sprache und der in der bundesdeutschen Verfassung festgelegten Auffassung, daß alle Deutschen eine gemeinsame Staatsbürgerschaft haben, stand das Tor in die Bundesrepublik für alle Agenten des Ost-Berliner Ministeriums für Staatsssicherheit (MfS) sowie des sowjetischen KGB weit offen. Auf Grund der grenzüberschreitenden persönlichen und familiären Bindungen verfügte der DDR-Geheimdienst über eine Fülle von Möglichkeiten, durch Erpressung oder andere Formen der »Überredung« Bundesbürger als Agenten anzuwerben. Dies traf natürlich auch in umgekehrter Richtung auf den BND zu. Die Ende 1989 beschlossene Auflösung des MfS, einer

Organisation, die immerhin 85 000 Vollzeitangestellte und 109 000 Teilzeitagenten beschäftigte – meist zur Kontrolle der eigenen Bevölkerung –, hat eine Menge an Arbeitsplätzen gekostet.

Die Aufdeckung des ostdeutschen Unterdrückungsapparates bringt für die dortige Bevölkerung aber auch eine psychologische Belastung mit sich. Denn viele, die mit dem gestürzten SED-Regime kollaboriert oder dieses sogar aktiv unterstützt haben, finden sich plötzlich auf der anderen Seite wieder. Holger Börner, der langjährige sozialdemokratische Ministerpräsident des Bundeslandes Hessen, dessen Vater in den dreißiger Jahren von den Nazis hingerichtet worden ist, hat bezüglich der ostdeutschen Rechtspflege seine eigene Meinung: »Die Justiz in der DDR erinnert mich an die Leute, die meinen Vater verurteilt hatten. Vierzehn Jahre lang sind sie Honecker in den Hintern gekrochen – und jetzt wollen sie ihn verurteilen.«[2]

Demokratische Kontrollen und das dem föderalistischen Nachkriegssystem eigene Gleichgewicht der Kräfte legen den bundesdeutschen Nachrichtendiensten schärfere Beschränkungen auf als in anderen westeuropäischen Ländern, vom Ostblock ganz zu schweigen. Die Leiter der beiden Sicherheitsdienste – Hans-Georg Wieck, ein weltgewandter Mann und früherer Botschafter in Teheran und Moskau, beim BND sowie Gerhard Boeden, ein bulliger ehemaliger Polizeichef, beim BfV – sind Persönlichkeiten des öffentlichen Lebens. Boeden gibt gelegentlich im Zusammenhang mit Spionageaffären sogar Interviews im Fernsehen. In Großbritannien hingegen sind die Namen der Leiter der Spionageabwehr MI5 und des Auslandsnachrichtendienstes MI6 Staatsgeheimnisse, und es ist unvorstellbar, daß sich einer von beiden im Fernsehen zeigt.

In der Vergangenheit wurde die bundesdeutsche Gegenspionage vielfach durch das Kompetenzgerangel zwischen den beiden Diensten behindert – eine Rivalität, die auf den ganz und gar unterschiedlichen Wurzeln beruht. Der BND, der direkt dem Bonner Kanzleramt untersteht, basiert auf einem höchst unkonventionellen Nachrichtendienst der Deutschen Wehrmacht, den Generalmajor Reinhard Gehlen 1942 an der Ostfront organisierte. Als er erkannte, daß Deutschland den Krieg nicht mehr gewinnen konnte, deponierte er Unterlagen auf Mikrofilm über seine nachrichtendienstlichen Operationen im sowjetisch kontrollierten Europa in einem Versteck in den bayerischen Alpen. 1946 kam er mit der amerikanischen Besatzungsmacht überein, einen deutschen Nachrichtendienst aufzubauen, der sich auf die Spionage in Osteuropa spezialisieren sollte.[25]

Der als »Organisation Gehlen« bekanntgewordene Nachrichtendienst bezog 1947 ein hoch ummauertes Anwesen in Pullach südlich von München. Das 60 000 Quadratmeter große Gelände mit seinen paar Dutzend Häusern und Bürogebäuden war 1936 für den Stab von Rudolf Heß, dem »Stellvertreter des Führers«, eingerichtet worden und diente später auch dem Parteisekretär der NSDAP, Martin Bormann, als Residenz. Es war natürlich kein Zufall, daß die Organisation Gehlen in ihren frühen Jahren verschiedenen Schätzungen zufolge um die 50 ehemalige Parteimitglieder, darunter Angehörige des »Sicherheitsdienstes der SS« (SD) bzw. des späteren »Reichssicherheitshauptamts«, beschäftigte.

Gehlen, der dem BND bis 1968 vorstand, richtete sich selbst in Bormanns zweistöckigem »Weißen Haus« im Zentrum des Anwesens ein. Offiziell freilich gibt es den BND erst seit April 1954, also nach dem Ende der Besatzungszeit und dem Beitritt der Bundesrepublik zur NATO. Der elegante Bau mit seiner holzgetäfelten Eingangshalle, geschmückt mit den Portraits der bisherigen Dienststellenleiter, ist auch heute noch das Nervenzentrum des BND. Dieser beschäftigt in Pullach und verschiedenen Außenstellen rund 6000 Mitarbeiter. Sein Jahresetat beläuft sich auf über 240 Millionen Mark.

Das Kölner »Bundesamt für Verfassungsschutz« wurde demgegenüber schon 1950 ins Leben gerufen. Unter der Aufsicht des Bundesinnenministeriums beschäftigt die Behörde 2300 Mitarbeiter. Weitere 3000 sind in den Verfassungsschutzdienststellen der Bundesländer tätig – freilich weit mehr von den Länderbehörden als der Kölner Zentrale kontrolliert. Aufgabe des BfV ist es, ein wachsames Auge auf alle links- und rechtsextremen Organisationen in der Bundesrepublik zu haben und sich mit allen Geheimdiensten des ehemaligen Ostblocks herumzuschlagen.

Beide bundesdeutschen Nachrichtendienste haben eine schillernde Vergangenheit aufzuweisen,[26] und im Rahmen der unverhofften Entspannung beträchtliche Etatkürzungen zu erwarten. Nicht weniger als fünf frühere Behördenleiter des BfV mußten ihren Dienst unter ungewöhnlichen Umständen quittieren. Der erste, Otto John, der dem Kreis der Verschwörer gegen Hitler vom 20. Juli 1944 angehört hatte, verschwand 1954 und tauchte unvermittelt in Ost-Berlin wieder auf. Als er über ein Jahr später auf ebenso merkwürdige Weise wieder in den Westen zurückkehrte, verschanzte er sich hinter der Behauptung, DDR-Geheimdienstleute hätten ihn unter Drogen gesetzt und in bewußtlosem Zustand in den Osten verschleppt. Seine Darstellung fand keinen Glauben, und John wurde zu vier Jahren Gefängnis verurteilt. Johns Nachfolger, Hubert Schrübbers, hatte das Amt immerhin 17 Jahre inne, ehe er über Enthüllungen aus seiner NS-Vergangenheit stolperte. Und Günther Nollau, der langjährige Abwehr-Experte des BfV, der 1972 an dessen Spitze trat, mußte in der Folge des Skandals um die Enttarnung Günter Guillaumes, des Spions im Kanzleramt, seinen Hut nehmen. Er tat dies voller Groll und unter heftigem Beschuß durch die Presse, die eine alte Anschuldigung, Nollau sei selbst Ost-Agent, wieder aufwärmte, später aber wieder zurücknehmen mußte. Daß Nollau in seinen Erinnerungen den BND beschuldigt, er habe die Abwehr behindert, indem er falsche Informationen verbreitete,[27] zeugt von der gegenseitigen Verbitterung, die zwischen den beiden Diensten herrschte.

Den schwersten Schlag versetzte dem BfV jedoch dessen oberster Agentenjäger Hans-Joachim Tiedge, der 1985 in den Osten überlief und dabei Unterlagen über mehr als 800 geheime Untergrundoperationen gegen Ost-Berlin mitnahm. Tiedge war schwer verschuldet und litt unter erheblichen Alkoholproblemen, so daß sein Vorgesetzter, der damalige BfV-Chef Herbert Hellenbroich, unter schweren Beschuß geriet, weil er es versäumt hatte, das Bundesinnenministerium über seine Zweifel an der Zuverlässigkeit Tiedges zu informieren.

Boeden, der das BfV 1987 mit der Maßgabe übernahm, die Moral zu verbessern, sagte mir, es sei »schrecklich wichtig«, daß seine Organisation ein »menschliches Gesicht« zeige. Tiedge sei übergelaufen, weil niemand ein Ohr für seine Probleme gehabt habe. So hat Boeden eine Art »Sprechstunde« eingeführt. In diesem Rahmen empfängt er wöchentlich etwa drei seiner Mitarbeiter, um über deren Probleme zu sprechen. »Es ist kaum vermeidbar, daß in einer Organisation wie der unseren Mitarbeiter Probleme haben können.«[28]

Der zunehmende deutsch-deutsche Reiseverkehr hat es den Ostdeutschen leichter gemacht, ihre Agenten einzuschmuggeln. Auf der anderen Seite jedoch wurde eine zunehmende Zahl kommunistischer Agenten enttarnt. Konnte das BfV 1985 nur ganze 18 Agenten dingfest machen, so waren es 1986 43, 1987 34 und 1988 um die 60.[29] Und selbst nachdem das Ost-Berliner Ministerium für Staatssicherheit bereits deutliche Auflösungserscheinungen zeigte, warnte Boeden immer noch vor dessen fortdauernder Spionageaktivität.[30] Der DDR-Nachrichtendienst erscheint vor diesem Hintergrund wie ein Monster, das sich weiter windet, nachdem ihm der Kopf abgeschlagen wurde. Tatsächlich enthüllte die Bundesregierung Anfang 1990, daß ostdeutsche Sicherheitsorgane noch immer routinemäßig den

Telefonverkehr bundesdeutscher Behörden abhörten – nicht anders wird es freilich auch der BND in Ostdeutschland gehalten haben.

In den vergangenen Jahren kam noch eine Methode zur Agentenwerbung ans Tageslicht, die als Spezialität deutsch-deutscher Spionagetätigkeit gelten darf. Dabei wurden alleinstehende Sekretärinnen angeworben, um in Bonner Amtsstuben zu spionieren. Man bediente sich hierzu in der Regel sogenannter »Romeo-Agenten«, die nach einer Spezialausbildung im MfS den einsamen, nach Liebe und Zweisamkeit suchenden Frauen den Hof machten. Die rund 50 spionierenden Sekretärinnen, die seit 1949 enttarnt worden sind, verschafften den Ostdeutschen Einblick in das politische Denken Bonner Stellen, obwohl es sich dabei vielfach nur um Routineinformationen gehandelt haben wird.[31]

Natürlich verwendet der BND ähnliche Methoden. So sagte mir ein hoher BND-Beamter: »Es ist nicht so leicht, Sekretärinnen zu rekrutieren, wie in Bonn. Aber wir haben einen guten Überblick über die Vorgänge.[32]

Ein guter Teil der BND-Agenten landete mit den Jahren im Gefängnis von Bautzen in Sachsen. Es ist dies ein düsterer, fünfstöckiger Bau aus der Zeit um die Jahrhundertwende – vielleicht das berüchtigste Symbol für den alles vereinnahmenden ostdeutschen Polizeistaat. Zum Zeichen der neuen ostdeutschen »Glasnost« führte mich im Dezember Leutnant Horst Alex, der Kommandeur von Bautzen 2 – so genannt, um die Anstalt von einem anderen Gefängniskomplex der Stadt zu unterscheiden – durch die Haftanstalt.[33] Das neugotische Bauwerk, Teil eines Gebäudekomplexes, den sich das Gefängnis mit den örtlichen Justiz- und Stasidienststellen teilte, ist ein Ort der Gebrechlichkeit und des Verfalls. Der Warteraum, in den ich geführt werde, riecht nach Desinfektionsmitteln, und überall sind Kameras installiert. Alex ist ein vorzeitig ergrauter Mann mir stechendem Blick, gehüllt in eine mit Goldknöpfen verzierte Uniform. Er ist gerade im Begriff, die meisten seiner Insassen zu entlassen – einschließlich einem Dutzend BND-Agenten, die im Rahmen eines weihnachtlichen Austauschs in die Bundesrepublik entlassen werden. »Wir tun alles, um Weihnachten einzuhalten, erklärt er. Alex führt mich durch den gelb gestrichenen Zellenkomplex und führt mir stolz die 6,4 Quadratmeter großen Zellen vor, die mit Bett, Regal, Waschbecken, einer Toilette mit grünem Sitz und sechs Plastikwandhaken ausgestattet sind. Er behauptet, daß die Zustände in Bautzen besser seien als in den anderen Haftanstalten der DDR: »Wir haben die Möglichkeit, für individuelle Gegebenheiten zu sorgen.«

Alex ist seit 4½ Jahren Anstaltsleiter: »Wir haben saubere Hände.

Ich kann sagen, daß ich nach bestem Gewissen gearbeitet habe. Wir distanzieren uns von Vorwürfen, daß wir Psychoterror ausgeübt haben.« Ungeachtet seiner seit 1976 währenden SED-Mitgliedschaft räumt Alex jedoch ein, »daß es überzogene Urteile gegeben hat, das gebe ich zu. Manche Untersuchungen wurden nicht korrekt gemacht.«

Es scheint, als begreife er noch nicht die volle Tragweite der Veränderungen zwischen den beiden deutschen Staaten, denn er erzählt, Bautzen erwarte in absehbarer Zeit eine neue Gruppe verurteilter bundesdeutscher Spione. »Jedes Land braucht einen eigenen Nachrichtendienst.« Wie viele in der DDR bemüht sich Alex, ein neues Leben vorzubereiten, indem er von dem System, dem er diente, abrückt. Die Partei will er zwar nicht verlassen, »aber ich bin tief enttäuscht über die Kluft zwischen der Basis und der Parteiführung.« Und mit einem Unterton der Verzweiflung fügt er hinzu: »Wir brauchen ein Konzept, um aus dem Chaos herauszukommen« – vielleicht ein Abgesang auf den Staat, dem er auf seine kleine Weise geholfen hat, so lange durchzuhalten.

XVII
Deutschlands Schicksal

Was die Deutschen betrifft, so bedürfen sie weder der Freiheit noch der Gleichheit. Sie sind ein spekulatives Volk, Ideologen, Vor- und Nachdenker, Träumer, die nur in der Vergangenheit und in der Zukunft leben und keine Gegenwart haben ... Gar wunderlich sind doch die Menschen! Im Vaterlande brummen wir, jede Dummheit, jede Verkehrtheit dort verdrießt uns, wie Knaben möchten wir täglich davonlaufen in die weite Welt; sind wir endlich wirklich in die weite Welt gekommen, so ist es uns wieder zu weit, und heimlich sehnen wir uns oft wieder nach den engen Dummheiten und Verkehrtheiten der Heimat, und wir möchten wieder dort in der alten, wohlbekannten Stube sitzen und uns, wenn es anginge, ein Haus hinter den Ofen bauen und warm darin hocken und den »Allgemeinen Anzeiger der Deutschen« lesen.

Heinrich Heine, 1828[1]

Ich weiß allerdings, daß die Auffassung besteht, man könne auch wirtschaftlich die Welt erobern. Das ist aber einer der größten und grimmigsten Trugschlüsse, die es gibt.

Adolf Hitler, 1932[2]

Am 19. April 1945, einen Tag vor Hitlers 56. Geburtstag, als die Rote Armee unerbittlich auf das zerstörte Berlin vorrückte und das Dritte Reich unmittelbar vor dem Untergang stand, hielt Joseph Goebbels eine letzte Rundfunkansprache. Dabei entwickelte er die Vision einer Idylle, die einst aus den Trümmern entstehen sollte:

»Deutschland wird nach diesem Kriege in wenigen Jahren aufblühen wie nie zuvor. Seine zerstörten Landschaften und Provinzen werden mit neuen, schöneren Städten und Dörfern bebaut werden, in denen glückliche Menschen wohnen. Ganz Europa wird an diesem Aufschwung teilnehmen. Wir werden wieder Freund sein mit allen Völkern, die guten Willens sind, werden mit ihnen zusammen die schweren Wunden, die das edle Antlitz unseres Kontinents entstellen, zum Vernarben bringen. Auf reichen Getreidefeldern wird das tägliche Brot wachsen, das den Hunger der Millionen stillt, die heute darben und leiden. Es wird Arbeit in Hülle und Fülle geben, und aus ihr wird als der tiefsten Quelle menschlichen Glücks Segen und Kraft für alle entspringen. Das Chaos wird gebändigt werden! Nicht die Unterwelt wird diesen Erdteil beherrschen, sondern Ordnung, Frieden und Wohlstand.«[3]

Achtzehn Monate später unternahm der britische Verleger Victor Gollancz eine Reise durch das nördliche Deutschland, die ihn zutiefst erschütterte. Eine seiner Beschreibungen kam aus dem zu 93 Prozent zerstörten Jülich:

»An etwas, das einmal eine Straße gewesen war, stand ein Teil eines kleinen Hauses – ein Raum im Erdgeschoß und zwei Zimmer darüber, verbunden durch eine intakte Treppe, die nunmehr freilich eine Außentreppe war. Der Rest des Hauses war nur noch ein Haufen Ziegel, darüber der offene Himmel. Eine Mutter mit ihrer Tochter bewohnte das kleine Erdgeschoßzimmer, und ich kann sie nicht vergessen. Die Tochter war ein schwerer Fall von offener Tuberkulose – mit glühenden Augen und einem halbgeöffneten Mund. Die Mutter sah so grau und sorgenzerquält aus, daß ich mich frage, warum ich erschrak, als sie sagte, daß sie sterben wolle. Sie war Witwe, und die beiden hatten so gut wie nichts zum Leben. Die Frau ging barfuß, da sie nur einen kaputten Schuh besaß. Ich bat sie vor die Tür, um sie mit dem Schuh in der Hand zu fotografieren, aber sie weigerte sich, ans Tageslicht zu kommen und erklärte, sie wolle sich nicht zur Schau stellen.[4]

Gollancz, ein Jude deutscher Abstammung, warnte vor den Folgen der Halsstarrigkeit, mit der sich Großbritannien dem besiegten Deutschland verweigerte, und schrieb: »Wenn wir den Weg der Zerstörung statt den des Aufbaus nehmen, wenn wir die Deutschen mit Verzweiflung statt mit Hoffnung erfüllen, wenn wir sie dazu bringen, uns zu hassen und zu verachten – in einem Augenblick, da sie zu ganz anderen Gefühlen bereit gewesen wären –. dann haben die Nazis am Ende doch gesiegt, und die Welt von morgen wird nach ihrem und nicht nach unserem Muster sein.«[5]

Man kann sich keinen größeren Gegensatz vorstellen als das heutige Deutschland, verglichen mit dem Elend der frühen Nachkriegszeit – und doch gibt es einige subtile Parallelen. Im Westen scheint es, als sei das von Goebbels prophezeite Arkadien Wirklichkeit geworden, Gollancz' Apokalypse nur noch eine längst verblaßte Erinnerung. Im Osten freilich wiegt die Last der Ruinen noch immer schwer. In der DDR haben die Menschen viereinhalb Jahrzehnte damit verbracht, die Kriegsfolgen zu beseitigen. Nun räumen sie den Schutt des

Kommunismus beiseite. Sehnsuchtsvoll blickten sie in der Hoffnung auf ein besseres Leben nach Westen – der Fall der Berliner Mauer hat es in Sichtweite gebracht.

Seit dem 9. November 1989 hat die Wirklichkeit in Ostdeutschland Einzug gehalten. Das totalitäre Regime, das die fälschlicherweise so genannte Deutsche »Demokratische« Republik vierzig Jahre lang zusammengehalten hatte, wurde durch zwei offenbar unausweichliche äußere Einflüsse gestützt: dem Interesse der Sowjetunion, ihren Einfluß in Osteuropa zu behaupten, und der unausgesprochenen Übereinkunft zwischen Ost und West, wonach die deutsche Teilung die Konsequenz und der Preis für Hitlers verlorenen Krieg sei. Inzwischen wurde der erste Faktor durch den Bankrott des Kommunismus in Osteuropa ausgehöhlt, der 1989 zu einer Serie von Regierungswechseln führte, der zweite durch das gewachsene Selbstbewußtsein und die Stärke der Deutschen selbst. Nicht Panzer und Raketen, sondern das Einsickern westlicher Ideen und der Druck der D-Mark haben die Fundamente des ostdeutschen Staates zum Zusammenbruch gebracht. Polen, Ungarn und die Tschechoslowakei blieben, auch nachdem sie sich des Kommunismus entledigt hatten, intakte Nationen. Ostdeutschland aber, dem es von jeher an nationaler Identität und Legitimation gebrach, sah sein Existenzrecht dahinschwinden. Fast über Nacht kam die Alternative zur DDR in Sicht, und sie heißt Deutschland.

Die deutsche Einheit hat den Abbau militärischer Spannungen und die Ausbreitung westlicher Ideale über Osteuropa ins Blickfeld gerückt. Dem steht das Risiko gegenüber, ein System von Bündnissen zu erschüttern, das Europa die längste Friedensperiode seit dem Mittelalter beschert hat. Während sich Europa an das deutsche Selbstbestimmungsstreben gewöhnt, sollte es sich gleichzeitig die Lehren der Vergangenheit in Erinnerung rufen. Die von allen Bundeskanzlern seit 1949 verfolgte Politik der Integration der Bundesrepublik in das System der westlichen Demokratien, brachte dem Land einen kometenhaften Wiederaufstieg, für den es in der Geschichte keine Parallele gibt – ein Gewinn für den Westen und ein Triumph für die Deutschen. Doch der Erfolg war schwer erarbeitet, und es gibt keine Garantie für seine Dauerhaftigkeit. Drei elementare Voraussetzungen haben diese Leistung erst ermöglicht: Erstens hat der Westen aus der Erfahrung der zwanziger Jahre gelernt, daß es nicht zum gewünschten Ziel führt und gefährlich ist, das besiegte Deutschland an die Wand zu drücken. Zweitens machte der amerikanisch-sowjetischen Gegensatz die Stärkung Westdeutschlands zu einer Grundvoraussetzung amerikanischer Politik und drittens zeigte das deutsche Volk eine erstaunlich viel Elan und Leistungsfähigkeit beim Wiederaufbau seines verwüsteten Landes.

Vier Jahrzehnte später muß die politische Landkarte Europas neu gezeichnet werden. Gemeinsam hat der Westen die Chance, Deutschlands Platz auf derselben so festzulegen, daß eine friedliche internationale Zusammenarbeit in wachsendem Umfang möglich wird. Doch Deutschland und seine Alliierten werden dieselbe Entschlossenheit und Voraussicht beweisen müssen, wie sie diese – unter völlig anderen Voraussetzungen – in den fünfziger Jahren gezeigt haben. Das Gleichgewicht der Kräfte, von dem die Stabilität Deutschlands und Europas abhängt, ist nicht nur eine militärische und territoriale Frage, sondern umfaßt auch die Welt der Ideen. Wenn sich die Hoffnungen, Ängste und Sehnsüchte der Deutschen in andere Richtungen entwickeln als bei ihren Nachbarn, wird sich das Gleichgewicht kaum länger erhalten lassen – und das »europäische Haus«, von dem Deutschland der Eckstein ist, wird zusammenstürzen.

Ein Grund für die Dimensionen dieser Problematik liegt in dem Umstand, daß Europa neuerdings wieder ein Gefühl für die wahre Stärke Deutschlands entwickelt. Die Teilung der Nachkriegszeit war gleichbedeutend sowohl mit dem Wirtschaftswunder in der Bundesrepublik als auch mit dem politischen Scheitern der deutschen Nation. Nun, da die Gegensätze zwischen den Supermächten mehr und mehr schwinden, gibt die wirtschaftliche Macht der Bundesrepublik den Deutschen ein wirksames Mittel in die Hand, diesen Makel zu überwinden. So könnte mit der Teilung auch das zählebige Vermächtnis Hitlers abgeschüttelt werden. Doch die Wirtschaftskraft, die den Vereinigungsprozeß vorangetrieben hat, schürt gleichzeitig die Sorgen der Nachbarn vor dessen Konsequenzen. Es ist schließlich kein Zufall, daß das Wirtschaftwachstum der Bundesrepublik 1989 – dem Jahr der deutschen Revolution – erstmals seit einem Jahrzehnt über dem Durchschnitt der Industrienationen lag. Hätte die Wachstumsflaute der frühen achtziger Jahre angehalten – sowohl die Anziehungskraft auf den Osten als auch die Sorgen der Nachbarn vor deutscher Dominanz wären ein Gutteil geringer gewesen.

Doch auch für die Deutschen selbst sind durch den Wirtschaftserfolg noch längst nicht alle Fragen beantwortet. Wird sie das Erreichen ihrer wirtschaftlichen Ziele zu besseren oder schlechteren Demokraten machen? Kann anstelle der NATO, die den deutschen Belangen nicht mehr entspricht, ein neues europäischen Sicherheitskonzept gefunden werden? Wie kann ein langjähriger »Juniorpartner« die anspruchsvollere Rolle des Seniorpartners annehmen, ohne die Beziehungen zu Partnern und Nachbarn zu belasten? Läßt sich die Nation wieder schaffen, ohne gleichzeitig jene Konflikte wieder heraufzubeschwören, die zu ihrer Teilung führten? Die entscheidenden Fragen zur nationalen Identität Deutschlands und seiner Rolle in der Welt wurden vier Jahrzehnte lang verschleiert statt gelöst; nun fordern sie eine Antwort.

Die Retuschen auf der politischen Landkarte haben offensichtlich dazu geführt, daß die Deutschen ihre Geographie wiederentdeckt haben. Die Mitgliedschaft in der NATO machte die Bundesrepublik mit dem Augenblick ihres Inkrafttretens 1955 zum Frontstaat, bot aber gleichzeitig Schutz durch die konzentrierte militärische Macht seiner Bündnispartner. Dieses Gleichgewicht ist nun ins Wanken geraten. Doch schon vor den Ereignissen im Herbst 1989 standen die Deutschen in Ost und West der von den Supermächten betriebenen Politik, das Kriegsrisiko in Europa möglichst auf deutschen Boden zu begrenzen, zunehmend ablehnend gegenüber. Und es sieht nicht so aus, als könne sich die NATO rasch genug selbst reformieren, um den deutschen Wünschen nach einem neuen europäischen Sicherheitssystem entgegenzukommen, das den Lebensinteressen Deutschlands besser gerecht wird.

Die Deutschen sind der Maxime Ciceros überdrüssig, wonach man zum Krieg rüsten müsse, wenn man den Frieden erhalten will. Aufgewachsen mit Schuld und Schande des Dritten Reiches, sehen die deutschen Wähler einen engen Zusammenhang zwischen Rüstung und Krieg, und so haben sie die Forderung nach Abrüstung sozusagen verinnerlicht. Demgegenüber müssen die Erfahrungen etwa Englands und Frankreichs in den dreißiger und vierziger Jahren die dortigen Wähler zu völlig gegensätzlichen Schlüssen führen. Für die Sieger des Zweiten Weltkriegs sind starke Streitkräfte ein Mittel zur Vermeidung von Konflikten, und gerade in Zeiten des Umbruchs – wie sie in den frühen neunziger Jahren bevorstehen – hält man sie für besonders unerläßlich. In den kommenden Jahren werden die aus Europa abziehenden Truppen und Panzer der USA über den Atlantik verschwinden, die sowjetischen Streitkräfte werden über die Weichsel zurückgenommen. In einer Periode, in der die Sowjetunion zwar keine unmittelbare Bedrohung mehr darstellen, wohl aber die militärische Vormacht in Europa bleiben wird, könnte es für die NATO unmöglich werden, die auseinanderstrebenden Perspektiven zu überbrücken.

Heute sieht Deutschland in der Sowjetunion eher den Partner als den militärischen Gegner. Zwar erklärt Deutschland regelmäßig, daß es niemals die Torheit begehen würde, seine Bindungen an den Westen aufzugeben, aber die deutsch-sowjetische Annäherung vom Juli 1990 war nichtsdestoweniger eine unvermeidliche Folge des deutschen Einigungsprozesses. In den neunziger Jahren werden sich die politischen Gewichte verschieben. Nicht mehr die Achse Bonn-Paris, sondern das Verhältnis zwischen Bonn und Moskau wird die europäische Politik bestimmen. Das wiedervereinigte Deutschland und die Sowjetunion ziehen einander durch Kräfte an, deren Wurzeln in der Geschichte, in der Geographie und in vagen Sehnsüchten liegen – in Bereichen also, die für den Westen oft schwer nachvollziehbar sind.

In den neunziger Jahren wird Deutschland reale wirtschaftliche Macht über die Länder ausüben, die einst das kommunistische Europa bildeten. Als Zahlmeister der Europäischen Gemeinschaft hat sie die finanzielle Schubkraft, auch Westeuropa auf jeden Weg zu drängen, den sie als verträglich sowohl mit ihrer Ost- als auch mit ihrer Westpolitik ansieht.

Innerhalb weniger Jahre wurde Deutschland zu einem bedeutenden internationalen Kreditgeber – dem größten nach Japan. Demgegenüber wandelten sich die USA vom größten Banker zum größten Schuldner der Welt.[6] Es ist undenkbar, daß sich diese Verschiebung des wirtschaftlichen Kräftepotentials nicht in den deutsch-amerikanischen Beziehungen niederschlagen wird, auch wenn bis dahin noch einige Zeit vergehen kann – schließlich hat es auch Jahre gedauert, ehe der Vertrauensschwund der Deutschen in die atomare Abschreckung konkrete Ergebnisse zeitigte.

Deutschlands Bedürfnis, unter dem militärischen Schirm der USA Zuflucht zu suchen, schwindet mit deren Fähigkeit, diesen zu finanzieren. In Deutschland wie in Amerika betreten neue Generationen von Wählern und politischen Entscheidungsträgern die politische Bühne. Sie stellen die Grundlagen der Bande in Frage, die Deutschland in der Nachkriegszeit an die USA ketteten. Tendenzen zu einem neuen Isolationismus in Amerika und antiamerikanische Strömungen in Europa könnten sich in unheilvoller Weise multiplizieren. Mehr und mehr werden sich die »deutschen Interessen« in den Vordergrund schieben, und der deutsche Einfluß ist nicht zuletzt auch Ergebnis der unter den Westalliierten verbreiteten Furcht vor den Erschütterungen, die eintreten würden, sollte sich Deutschland aus dem westlichen Bündnis lösen. Bonn wird zu beweisen haben, daß es diesen Einfluß weise zu nutzen versteht.

Die Möglichkeiten eines vereinigten Deutschland sind größer als je zuvor – aber es ist auch verwundbarer geworden. Wird Deutschland der gefährlichen Versuchung widerstehen können, Ost und West gegeneinander auszuspielen? Ungeachtet ihrer Integration in die Europäische Gemeinschaft und der Orientierung ihrer Wirtschaft auf die internationalen Märkte war die Bundesrepublik während der achtziger Jahre zunehmend introvertiert, statt nach außen zu blicken. Angesichts der wirtschaftlichen und sozialen Probleme der Wiedervereinigung wächst jetzt das Risiko, daß Deutschland in den neunziger Jahren noch mehr mit sich selbst beschäftigt sein wird.

Unter den Papier gewordenen Vorkriegsgedanken des Staatssekretärs im Auswärtigen Amt Ernst von Weizsäcker befindet sich ein denkwürdiger Entwurf zu einer politischen Konzeption aus dem Jahr 1937. Dort heißt es:
»Ohne große europäische Erschütterungen wird Deutschland auf dem europäischen Kontinent seine unzulängliche territoriale Lage nicht verbessern können ... Man kann als Ziel höchstens ganz allgemein an ein föderatives Großdeutschland denken, das Ostpreußen mit Deutschland wieder direkt verbände, Österreich und das Sudetendeutschtum nahe an uns anschlösse und gewisse Grenzkorrekturen in Oberschlesien, vielleicht auch bei Tondern, bei Eupen usw. aufwiese. Alle solche Pläne setzen aber einen überwältigenden Sieg der deutschen Sache voraus, der keineswegs dann zu haben wäre, wenn diese Ziele oder auch nur die Absicht auf sie vorher bekannt wären. Deutschland bedarf eines friedlichen Gesichts, um eintreffendenfalls um so überraschender handeln zu können. Es bedarf einer ganz anderen Position, als sie heute besteht – militärisch, wirtschaftlich, finanziell und politisch. Es benötigt den Ruf der Stärke, der Stabilität, der Verläßlichkeit und der Würde.«[7]

Mehr als ein halbes Jahrhundert später und nach einer vernichtenden Niederlage anstelle des »überwältigenden Sieges« hat sich Deutschland – zumindest dessen westlicher Teil – tatsächlich in der Welt den »Ruf der Stärke, der Stabilität, der Verläßlichkeit und der Würde« erworben. Es war dies ein Erfolg des Friedens, nicht des Krieges. Die Deutschen haben die Welt nicht mit den Waffen, sondern mit den Mitteln der Wirtschaft erobert. Doch um seiner Geschichte willen bleibt Deutschland bei seinen Auslandsaktivitäten die Wohltat des altrömischen Rechtsgrundsatzes »in dubito pro reo« noch immer versagt. Um jedem Verdacht vorzubeugen, die Bundesrepublik könne ein Doppelspiel entsprechen dem vom älteren Weizsäcker beschriebenen spielen, hat die Bonner Regierung außenpolitisch stets eine klare und über alle Zweifel erhabene Linie vertreten.

Anfang der neunziger Jahre freilich mußte der Zusammenbruch des Kommunismus östlich der Elbe die Ambivalenz der Deutschen hinsichtlich ihrer internationalen Beziehungen unausweichlich erhöhen. Es war stets ein vorrangiges außenpolitisches Ziel, einen Keil zwischen die strategischen Interessen der USA und der Bundesrepublik zu treiben. Obwohl die Sowjets mittlerweile dem Verbleib Deutschlands in der NATO zugestimmt haben, kann mit großer Wahrscheinlichkeit vorausgesagt werden, daß sich die Wiedervereinigung langfristig für die Sowjetunion positiver auswirken wird als für den Westen. Ein vereinigtes Deutschland wird auf Dauer für die Sowjetunion ein stärkerer und nützlicherer Partner werden, als es die DDR je war.

Wie soll der Westen reagieren? Eine Antwort wäre, zu den Wurzeln zurückzukehren. Der Antrieb zur Integration Westdeutschlands in die westliche Staatengemeinschaft in den späten vierziger und frühen fünfziger Jahren ergab sich aus den Sachzwängen des Kalten Krieges – man brauchte in Europa ein Bollwerk gegen das weitere Vordringen des Kommunismus. Unter der Voraussetzung, daß das ideologische und militärische Tauwetter zwischen den Supermächten anhält, läßt sich die Bindung Deutschlands an den Westen weniger aus den Erfordernissen einer gemeinsamen Verteidigungsstrategie als aus dem Bekenntnis zu den gleichen demokratischen Werten motivieren. Das Recht auf Selbstbestimmung ist einer der Grundpfeiler dieses Wertesystems. Es gilt für Deutschland nicht weniger als für andere Staaten. Es mag paradox erscheinen, aber der beste Weg, die Bindungen Deutschlands an den Westen zu sichern, besteht darin, die Möglichkeit offenzuhalten, sie auch zu lockern.

1869 stellte Bismarck seine berühmt gewordene Maxime über die Herbeiführung der deutschen Einheit auf: »Wir können unsere Uhren vorstellen, doch deswegen vergeht die Zeit nicht schneller, und die Fähigkeit zu warten, bis sich die Verhältnisse entwickeln, ist eine Requisite der praktischen Politik.«

In einer Epoche, da sowohl die Sowjetunion als auch die USA dabei sind, ihre Rollen in der Welt neu zu definieren, hat die Uhr, die die Geschicke Deutschlands mißt, ihren Gang auf eine Weise beschleunigt, die man selbst im Herbst 1989 noch für undenkbar halten mußte.

Der Westen vertritt die 1955 vertraglich fixierte und wiederholt bestätigte Position, daß ein vereinigtes Deutschland Bestandteil der europäischen Gemeinschaft sein muß. So gibt es keinen Grund, warum das Wiederentstehen einer Nation von 77 Millionen Menschen zwangsläufig den ganzen Kontinent destabilisieren muß. Im Gegenteil kann Deutschlands Leistungsfähigkeit und Tatkraft, seine Begabung und Technologie von entscheidender Bedeutung für den Wiederaufbau der darniederliegenden Volkswirtschaften im östlichen Europa werden. Der Westen hat das Ziel der deutschen Wiedervereinigung stets unter dem Aspekt verfolgt, eine potentielle Konfliktquelle auszutrocknen. Die Reduzierung des militärischen Potentials auf deutschem Boden wird weitere Kräfte zu friedlichen Zwecken freisetzen, doch sind die Bedingungen, unter denen sich die Wiedervereinigung vollzieht, nicht unproblematisch. Zwar konnte die Regierung Kohl einen großen diplomatischen Erfolg verbuchen, indem es ihr gelang, Gorbatschow für den Verbleib Gesamtdeutschlands in der NATO zu gewinnen, aber wie Deutschland mit seiner neuen Rolle zurechtkommt, auf dem Scheideweg zwischen Ost und West balancieren zu müssen, bleibt abzuwarten.

Viele der heutigen Deutschen lehnen es ab, noch immer für Hitlers Krieg geradestehen zu müssen, doch angesichts der Tatsache, daß Grenzen fallen, die vier Jahrzehnte lang Bestand hatten, kann es nicht ausbleiben, daß Deutschlands Nachbarn nach den Motiven und Zielen des Landes fragen.

Vierzig Jahre waren eine lange Zeit für die Menschen in Ostdeutschland, die ja die Hauptlast der Teilung zu tragen hatten und deren Schrei nach Freiheit die ostdeutsche Revolution von 1989 auslöste, doch im Leben und Gedächtnis der Völker sind sie nur eine Episode. In der Europäischen Gemeinschaft ebenso wie in der NATO sind Flexibilität und Phantasie gefordert, und was am schwierigsten ist: Die Welt wird in die Standfestigkeit und Vernunft der Nachkriegsdeutschen mehr Vertrauen setzen müssen, als diese selbst.

Drei Prinzipien sind zu beachten, wenn es darum geht, die Stabilität und Westorientierung des neuen Deutschland zu sichern:

1. Die Realisierung der westeuropäischen Wirtschaftsunion darf sich nicht verlangsamen. Die deutsche Vereinigung muß dem nach 1992 entstehenden Binnenmarkt angepaßt werden. Die deutsche Währungsunion hat gegenüber der europäischen einen beträchtlichen zeitlichen Vorsprung. Daß die letztere dadurch nicht von ihrem Kurs abgebracht wird, läßt sich am besten sicherstellen, wenn ganz Europa – und nicht nur Westdeutschland – tatkräftigen Anteil am wirtschaftlichen Wiederaufbau im Osten des neuen Deutschland nimmt.

2. Die notwendige Umstrukturierung des europäischen Bündnissystems muß unter Berücksichtigung der Sicherheitsinteressen aller

Staaten vor sich gehen, die von der deutschen Wiedervereinigung berührt werden. Es wäre ein verhängnisvoller Fehler, wenn daraus einer der vier Siegermächte des Zweiten Weltkriegs oder Deutschland selbst erkennbare Nachteile entstünden. Eine einfühlsame Politik würde dafür sorgen, daß auch nach dem Abzug der sowjetischen Streitkräfte in Ostdeutschland bis 1994 eine kontinuierliche Präsenz der NATO auf deutschem Boden – einschließlich amerikanischer Truppen – erhalten bleibt. Diese Truppenpräsenz sollte sich auf bewegliche multinationale Einheiten stützen, denen die deutsch-französische Brigade als Vorbild dienen könnte. Natürlich ist es unvermeidlich, daß die Stärke der stationierten Fremdtruppen gegenüber dem Stand von 1990 drastisch reduziert werden muß. Und sollte in fernerer Zukunft die NATO gar aufgelöst werden, so werden die vier Siegermächte und Deutschland gleichberechtigte Signatarstaaten jener neuen europäischen Friedensordnung sein, die an ihre Stelle tritt. Eine neue, nach westdeutschem Vorbild aufgebaute deutsche Armee wird als Teil der Streitmacht, die dieses neue europäische Sicherheitssystem garantiert, eine wichtige Rolle spielen, auch wenn sie kaum halb so stark sein wird wie die heutige Bundeswehr.

3. Das neue Deutschland, ein Staat, der nach denselben föderativen Prinzipien wie die erfolgreiche Bundesrepublik organisiert ist, wird seine Beziehungen zum übrigen Europa vertraglich regeln müssen – einschließlich des schwierigen Verhältnisses zu Polen. Ein Vertrag, der die Unverletzlichkeit der Oder-Neiße-Linie garantiert, muß auf dem Arbeitsplan des neuen gesamtdeutschen Parlaments 1991 ganz oben stehen. Sollten sich die Deutschen im Laufe der neunziger Jahre für Berlin nicht nur als Hauptstadt, sondern auch als Regierungssitz entscheiden, so wären sie gut beraten, dieser Stadt eine Art internationalen Status zu verleihen, etwa in Form einer besonderen Rolle innerhalb des in Helsinki vereinbarten KSZE-Prozesses der internationalen Zusammenarbeit. Berlin war ein halbes Jahrhundert lang eine Quelle des Übels und ein Schauplatz des Leides. Diese Stadt zu einer Stätte des Friedens zu machen und mit der übrigen Welt zu teilen, würde das neue Deutschland am schönsten symbolisieren.

Vierzig Jahre Wirtschaftsblüte, Demokratie und Stabilität in der Bundesrepublik haben den Weg zur Einheit gebahnt. Diese Errungenschaften auf den Osten zu übertragen, ist das Gebot der Stunde. Wenn dieses Vorhaben gelingt, wird es zum Wohle ganz Europas sein, scheitert es, sind Ost und West gleichermaßen in Gefahr. Denn Deutschlands Schicksal wird die Zukunft Europas bestimmen.

Anmerkungen

1. Kapitel

1 Heinrich Heine, Deutschland, 1840
2 Rede im Britischen Unterhaus am 13. 7. 1934, zit. nach: Der Zweite Weltkrieg
3 Interview mit dem Autor am 9. 11. 1987 in Bonn
4 Benannt nach dem Leipziger Arzt Daniel Gottlob Schreber (1808–1861)
5 Bisweilen ist die formale Unabhängigkeit der Währungshüter von der Regierung keine hinreichende Voraussetzung für die Erhaltung des Geldwerts (vgl. Kapitel 6)

2. Kapitel

1 Friedrich Meinecke, Die deutsche Katastrophe, 1946, S. 6
2 Rede vor dem parlamentarischen Rat in Bonn am 8. 5. 1949
3 Interview mit DIE WELT, 10. 7. 1990
4 Interview mit dem Autor in Frankfurt am 21. 2. 1989
5 Horst Krüger, Das zerbrochene Haus. Eine Jugend in Deutschland. 1966
6 Interview mit dem Autor am 8. 3. 1990 in Groß Schönebeck
7 Interview mit dem Autor am 7. 3. 1990 in Schwerin
8 Diese Zahl wurde von Prof. Dr. Jürgen Falter, F.U. Berlin, bestätigt.
9 Ralph Giordano (Die zweite Schuld, 1987, S. 148), 1923 geboren, ist einer der schärfsten Kritiker der bundesdeutschen Strafverfolgungspraxis gegen Naziverbrecher. Trotz des immensen Aufwands an Untersuchungsbeamten seien die Bemühungen der Bundesrepublik um eine wirksame Strafverfolgung von NS-Verbrechen »eine Farce« geblieben.
10 Symposium in Ludwigsburg am 8. und 9. September 1988
11 Das Document Center bewahrt rund 30 Millionen Dokumente, darunter die gesamten SS-Personalakten auf – unter recht primitiven Bedingungen in einer alten, einst von der Gestapo genutzten Villa in Berlin-Zehlendorf. 1988 geriet es in die Schlagzeilen, als der Diebstahl von rund 10000 Akten entdeckt wurde, die an braune Andenkenhändler verschachert wurden. Der Leiter der Vervielfältigungsstelle wurde wegen seiner Verwicklung in diese Diebstähle zu zwei Jahren Haft verurteilt.
Normalerweise steht das BDC nur autorisierten Fachhistorikern offen. Rechtsextreme Gruppierungen haben aber versucht, sich Zugang zu den Akten zu verschaffen, um eventuell für Hetzkampagnen gegen Politiker geeignetes Material aufzustöbern. Der Bundestag forderte daraufhin die Bundesregierung auf, das Document Center in eigener Verantwortung zu übernehmen. Die Entscheidung darüber steht noch aus, doch scheint es, daß die Bundesregierung nicht darüber entscheiden

will, ob die Akten lebender Persönlichkeiten der Öffentlichkeit zugänglich gemacht werden sollen.

12 Konferenz in Königswinter am 9. 3. 1989

13 Dieser Film, der das Schicksal einer jüdischen Familie schildert, spülte Emotionen an die Oberfläche, die dreißig Jahre lang verschüttet waren. 30000 Anrufe als Reaktion auf die Ausstrahlung wurden allein bei der verantwortlichen Sendeanstalt registriert.

14 Jedes der drei Unternehmen hat im Chemiebereich einen höheren Umsatz als der US-Chemiegigant DuPont. Dessen Vorsprung im Gesamtumsatz ergibt sich aus seinem Engagement auf dem Energiesektor.

15 auf einer Pressekonferenz am 24. 11. 1986 in Leverkusen

16 auf einer Pressekonferenz am 26. 11. 1986 in Ludwigshafen

17 Mitte der sechziger Jahre wurde ihm eine Position im Vorstand eines Chemiekonzerns angeboten. Er beschloß jedoch, seine politische Laufbahn fortzusetzen.

18 auf einer Pressekonferenz in Bonn am 17. 11. 1986

19 Bayer AG, Meilensteine, 1988, S. 299

20 Schrader wurde nach dem Krieg Direktor der Forschungslaboratorien für Insektizide der Bayer AG in Wuppertal.

21 Degesch lieferte das Gas an die Firma Tesch und Stabenow (Testa), die ihrerseits die SS belieferte. Obwohl zwei leitende Mitarbeiter von Testa nach dem Krieg wegen ihrer maßgeblichen Beteiligung an der Judenvernichtung von der britischen Militärregierung gehängt wurden, sprach ein US-Militärgericht die I.G. Farben-Geschäftsleitung von dem Vorwurf frei, das Gas wissentlich für kriminelle Zwecke geliefert zu haben.

22 Bis in die späten achtziger Jahre führten die Masseverwalter der I.G. Farben, die von einem Büro in einem Frankfurter Vorort aus eine noch immer an der Frankfurter Börse notierte Treuhandgesellschaft führen, in ihrem Geschäftsbericht eine Eventualschuld von mehreren Millionen DM an offenen Forderungen seitens ehemaligen KZ-Insassen auf.

23 Adenauers Entscheidung zur Wiedergutmachung war bei den Wählern alles andere als populär. Laut einer Allensbach-Umfrage 1952 bezeichneten 44% der Befragten die Drei-Milliarden-Hilfe an Israel als überflüssig, nur 33% hielten die Geste für angemessen.

24 wie Daimler-Benz, so leisteten unter anderen auch Krupp (10 Mio., AEG (4 Mio), Siemens (7 Mio) und Rheinmetall (2,5 Mio) Entschädigungszahlungen an ihre früheren Arbeitssklaven. Im Namen der Firma Flick gingen 1986 5 Mio. DM an die Jewish Claims Conference. Daimler-Benz räumt für das Jahr 1944 die Beschäftigung von 29.500 Zwangsarbeitern ein – fast die Hälfte der Belegschaft.

25 Interview mit dem Autor am 27. 11. 1986 in München

26 William Safire in The New York Times, 11. 1. 1989

27 In einem Interview mit dem Autor am 7. 2. 1989 erklärte der Kanzler wörtlich: »In Fragen der Chemie sind wir Nummer eins in der Welt. Wenn ich einen Teil der Äußerungen in den USA – ich spreche nicht von der Administration – sehe, dann geht es in Wahrheit nicht nur um diese Sache, sondern es geht in Wahrheit um die Frage der deutschen Konkurrenz. Wir sind nicht blind, um nicht zu sehen, worum es da geht.«

28 dort zu finden unter dem Stichwort »Blausäure« in den Ausgaben 1967 und 1988.

29 Er befand sich dabei in guter Gesellschaft. Viele prominente Nachkriegsjournalisten hatten während des Krieges in Propagandafunktionen gearbeitet, darunter so unterschiedliche Persönlichkeiten wie Jürgen Eick (später Mitherausgeber der FAZ) und Henri Nannen, der Begründer des STERN.

30 Terence Prittie, My Germans, 1983, S. 187

31 Interview mit dem Autor am 17. 10. 1988 in Rodenkirchen

32 Interview mit dem Autor am 6. 12. 1988 in Hamburg

33 Interview mit dem Autor am 3. 2. 1988 in Bonn

34 Nach Berichten aus dem Jahr 1949 befanden sich von den Hauptkriegsverbrechern noch mindestens 40 auf freiem Fuß; unter den in Baden-Württemberg tätigen Richtern und hohen Justizbeamten hatten 61 für Nazi-Gerichte gearbeitet. Noch 1951 befanden sich unter den Beamten des Bonner Auswärtigen Amtes 134 ehemalige Nazis. Doch wie meinte ein Sprecher des Ministeriums? »Unter unsere Vergangenheit sollte ein Schlußstrich gezogen werden!« (Terence Prittie, Germany Divided, S. 230, 247)

35 Kiesinger pflegte sich damit zu entschuldigen, er habe eine »positive Wirkung« auf die Partei ausüben wollen.

36 Blessing war das erstaunliche Exemplar eines Bankers mit besten Verbindungen nach beiden Seiten. Es gelang ihm, unter den Nazis seine Position zu behalten und gleichzeitig mit der Opposition Fühlung zu halten. Von 1937–39 war er ein Direktor der Reichsbank, bis er mit anderen Direktoren entlassen wurde, nachdem sich die Herren in einem Memorandum gegen die unsolide Finanzierung der Wiederaufrüstung gewandt hatten.

37 Emminger führte das Parteibuch Nummer 5226547. Seine Parteimitgliedschaft begann am 1. Mai 1937

38 Fritz Stern, Dreams and Declusions. The Drama of German History, 1987, S. 121/2

39 Ansprache auf einer Versammlung in Erfurt am 20. 2. 1990

40 Nicht zuletzt dank seiner vorzüglichen Ghostwriter redet Kohl heute sensibler über die Nazizeit als bei seinem Amtsantritt. Seine Formulierung von der »Gnade der späten Geburt«, die er 1984 bei einem Besuch in Israel verwendete, löste Proteste der Juden aus, da diese fürchteten, die Deutschen könnten der Erinnerung an die Nazis einfach müde sein.

41 Umfrage des Emnid-Institutes, veröffentlicht im SPIEGEL, April 1989. Das Allensbach-Institut stellte viele Jahre lang regelmäßig die Frage nach der Einschätzung Hitlers. Daß dieser ohne den Krieg und die Judenverfolgung als großer Staatsmann in die Geschichte eingegangen wäre, glaubten 1955 48%, 1960 34%, 1967 32% und 1978 nur noch 31% (Allensbach Jahrbuch der Demoskopie VIII, 1983)

42 Albert Speer, Erinnerungen, 1974

43 Der Morgenthau-Plan wurde im August/September 1944 entwickelt, aber schon im Oktober fallengelassen.

44 Golo Mann, Deutsche Geschichte 1919-1945, 1968

45 Aidan Crawley, The Rise of Western Germany, 1973, S. 25

46 William Manchester, The Arms of Krupp, 1968, Einleitung

47 Hitlers private und politische Testamente, 29. 4. 1945

48 Amt der Militärregierung für Deutschland, Economic Developments since the Currency Reform, November 1948

49 Hermann Wallich, Paul Wallich, Zwei Generationen im deutschen Bankwesen 1833–1914, 1978, S. 27

50 Henry Wallich in: The Yale Review, Juni 1855, Seiten 503-519

51 Rede in Stuttgart am 6. 1. 1946

52 am 16. 11. 1987

53 Sebastian Haffner, Anmerkungen zu Hitler, 1987

54 Interview mit dem Autor am 18. 7. 1988 in Bonn

55 Predigt zum 40. Jahrestag des Kriegsendes in der St. Hedwigs-Kathedrale in Ost-Berlin am 5. 3. 1985. Meisner, geboren in Breslau, war von 1980–1989 katholischer Bischof von Berlin. Seine Diözese umfaßte beide Teile der geteilten Stadt und das umgebende Brandenburg. 1989 wurde er vom Papst gemäß den Bestimmungen des vatikanischen Konkordats mit Preußen aus dem Jahr 1929, das auch nach der Auflösung Preußens durch die Alliierten in Kraft geblieben war, zum Erzbischof von Köln ernannt.

56 Interview mit dem Autor am 14. 3. 1989 in Düsseldorf

57 Nach DDR-Diktion verfolgten die Verschwörer des 20. Juli nur das Ziel der Wiederherstellung des deutschen Imperialismus. Der antifaschistische Widerstand ging danach nur von den – realiter weitgehend wirkungslosen – kommunistischen Widerstandsgruppen aus. Erst seit Anfang der achtziger Jahre wird Stauffenberg auch von dieser Seite akzeptiert.

58 Eine möglicherweise bessere Alternative wäre die Proklamation des 23. Mai, des Jahrtags des Grundgesetzes, zum Nationalfeiertag. So schreibt Josef Joffe: »Während Amerikaner oder Franzosen mit dem ›Star-Sprangled Banner Day‹ (Unabhängigkeitstag am 4. Juli) und dem ›Sturm auf die Bastille‹ (14. Juli) auswachsen, hatte die Nachkriegsgeneration Westdeutschlands nicht einmal einen anständigen Nationalfeiertag oder irgendwelche andere Symbole oder Traditionen, die das Individuum mit seinem Volk verbinden.« (Encounter, Juni 1987)

59 Interview mit dem Autor am 23. 6. 1988 auf der Burg Hohenzollern

60 Als Hinweise auf eine Beteiligung Rommels an der Verschwörung vom 20. Juli vorlagen, ließ Hitler seinem hervorragendsten Heerführer die Wahl zwischen Selbstmord und einer Verhandlung vor dem Volksgerichtshof. Um seine Familie zu schonen, entschied sich Rommel für den Freitod. Offiziell an Herzversagen gestorben, erhielt er ein Staatsbegräbnis.

61 Da die Reste der Deutschen Wehrmacht im Frühjahr 1945 fast nur noch an der Ostfront Widerstand leisteten, rückten die Amerikaner viel weiter vor als im Herbst 1944 – bei Festlegung der Besatzungszonen – vorgesehen. Nach der Kapitulation zogen sie sich auf die vereinbarten Linien zurück und gaben damit alle Gebiete westlich der Linie Wismar-Magdeburg-Torgau-Dresden mit rund 8,7 Millionen Menschen preis. Gemäß denselben Vereinbarungen zogen Anfang Juli 1945 britische und amerikanische Truppen in die von der Roten Armee geräumten Westsektoren Berlins ein.

62 Im Bundestagswahlkampf 1980 pflegte Franz Josef Strauß auf seinen Versammlungen Störern zuzurufen: »Ihr seid die besten Nazis, die es je gegeben hat!« In jüngerer Vergangenheit fühlte sich Heiner Geißler von einem unruhigen Auditorium an der Frankfurter Universität an die SA erinnert. Helmut Kohl bezichtigte 1988 die sozialdemokratische Opposition der »Volksverhetzung« und handelte sich damit erheblichen Ärger ein, da ebendieses Argument 1933 den Nazis zum Verbot der SPD gedient hatte.

63 Das Institut für deutsche Sprache zählt derzeit 80 Bücher und Fachaufsätze zu diesem Themenkreis.

64 Interview mit dem Autor am 3. 5. 1988 in Fehmarn

65 Auf dem Parteitag der CDU am 25. 5. 1983

66 Rede am 1. 3. 1933

67 Wolfgang Bergsdorf, Herrschaft und Sprache, 1983

68 Diese Eigenschaft teilt er mit dem Kanzler, der ebenfalls zu taktlosen Entgleisungen neigt. So verglich er 1986 in einem Imterview des US-Magazins »Newsweek« Michail Gorbatschow indirekt mit Joseph Goebbels, dem »Reichspropagandaminister«. Das war nicht böse gemeint, sondern eher symptomatisch für Kohls

Mangel an gedanklicher Präzision. Der von den Sozialdemokraten entfachte Aufschrei genügte jedenfalls, das deutsch-sowjetische Verhältnis mehrere Monate lang zu belasten.

69 Rede Jenningers im Deutschen Bundestag am 8. 11. 1988

70 Nach seinem Rücktritt erklärte Jenninger, er sei für seine Offenheit bestraft worden. Seine eigene Familie habe unter den Nazis gelitten. So sei die familieneigene Druckerei geschlossen worden.

71 Interview mit dem Autor am 27. 3. 1987 in Düsseldorf

72 Interview mit dem Autor am 26. 6. 1987 in Hamburg

73 Ernst von Weizsäcker war einer der vielen Diener des Dritten Reiches, die später ihr Memoiren schrieben und dabei – meist nicht sehr überzeugend – ihre innere Opposition gegenüber dem Regime hervorhoben. Ohne Zweifel aber war er einer der schärfsten Gegner der Ribbentropschen Kriegspolitik im Auswärtigen Amt. In einem der wenigen Kommentare zu seinem Vater bezeichnete ihn der jüngere Weizsäcker gegenüber dem New York Times-Magazin (23. 6. 1985) als »sehr ehrlich, aber nicht sehr stark«.

74 Frankfurter Allgemeine Zeitung vom 6. 6. 1986

75 Interview mit dem Autor am 3. 3. 1988 in Frankfurt

3. Kapitel

1 Ansprache am 28. 1. 1927 vor der Reichskonferenz der Reichszentrale für Heimatdienst

2 Dokument in einem Brief an Heinrich Weitz, Bürgermeister von Duisburg, 31. 10. 1945 in: Adenauer Briefe 1945–47, S. 130

3 Michail Gorbatschow, Perestroika, 1987, S. 262

4 Interview mit dem Autor am 1. 7. 1988 in Hamburg

5 Der Historiker Gordon Craig schrieb, daß unter Stresemann »die europäische Situation Geduld, Zweideutigkeit und Opportunismus zu Erfordernissen der deutschen Außenpolitik machten« – Eigenschaften, die zuletzt auch für die Außenpolitik der Bundesrepublik zutrafen. Craig, Deutschland und der Westen, 1981

6 Adolf Hitler, Mein Kampf, 1925–1929, S. 749

7 Aufgesetzt am 12. 9. 1944 in London

8 US-Außenministerium, auswärtige Beziehungen der USA: The Conferences at Malta and Yalta 1945, 1956

9 Roosevelt erklärte, daß die USA alle norwendigen Schritte zur Sicherung des Friedens unternehmen, sich aber nicht an den Kosten zur Erhaltung einer großen Armee in Europa beteiligen wollten. (Churchill, Der Zweite Weltkrieg VI)

10 Es dauerte tatsächlich mehrere Monate, ehe die Westmächte die ihnen zugeteilten Sektoren tatsächlich verwalten konnten.

11 Am 4. 6. 1945 beschwor Churchill seinen Verbündeten Truman, die amerikanischen Verbände unter keinen Umständen zurückzunehmen, und erklärte, dies würde »die sowjetische Macht ins Herz Europas und das Niedergehen eines eisernen Vorhanges zwischen uns und allem im Osten« bringen. (H. S. Truman, Year of Decision, 1955, S. 224 f.)

12 Differenzen zwischen Charles de Gaulle und Stalin verhinderten die Teilnahme einer französischen Delegation.

13 Churchill, Der Zweite Weltkrieg, a. a. O, S. 563

14 Documents on the Status of Berlin, 1959, S. 34–41

15 erste und sicherlich übertriebene Schätzungen gaben die Zahl der Opfer von Flucht und Vertreibung mit sechs Millionen an.

16 Die Angaben über die Zahl der Flüchtlinge, die sich nach dem Krieg in der Bundesrepublik niederließen, sind angesichts der ungeordneten Verhältnisse in der ersten Nachkriegszeit höchst unsicher. Vermutlich sind die ersten offiziellen Statistiken stark überhöht, da sie auch Kinder von Flüchtlingen miteinschließen, die bereits im Westen geboren sind. Die Gesamtzahlen der Flüchtlinge in der Folge des Zweiten Weltkriegs belaufen sich auf rund sieben Millionen Deutsche aus den Gebieten östlich der Oder-Neiße-Linie, auf fünf Millionen aus anderen Teilen Osteuropas, als größte Gruppe rund 3 Millionen Sudetendeutsche, und etwa 3 Millionen Flüchtlinge aus der DDR.

17 Der Außenministerrat umfaßte neben den Außenministern der »Großen Drei« auch jene Frankreichs und Chinas. Der letztere wurde hinzugezogen, um zur nach der Kapitulation Japans notwendigen Neuordnung im Fernen Osten beizutragen.

18 Rede im Reichstag am 6. 2. 1888, zit. nach C. Grant Robertson, Bismarck, 1918, S. 47.

19 Edgar Alexander, Adenauer, 1957, S. 17

20 Rede in Oslo am 11. 12. 1971

21 Interview mit dem Autor am 3. 11. 1986 in Bonn

22 Helmut Schmidt, Menschen und Mächte, 1987, S. 459

23 Diese Zahlen stützen sich auf eine Umfrage des Meinungsforschungsinstitutes INFAS. Nach einer davon unabhängigen Umfrage des Allensbach Institutes wollten 1987 sogar nur 17 Prozent der Bevölkerung engere Bindungen an die USA gegenüber 40 bis 60 Prozent in den siebziger und frühen achtziger Jahren. In einer anderen Umfrage ermittelte Allensbach 1987, daß 44 Prozent eine Neutralität gegenüber der Bindung an den Westen bevorzugen würden, während 1981 nur 31 Prozent dieser Meinung waren. Nur 32 Prozent wollten sich eng an die USA anschließen gegenüber noch 56 Prozent 1980. Der Anteil, der sich für eine enge Kooperation mit der Sowjetunion aussprach, bleib jedoch mit 5 Prozent sehr klein.

24 Nach einer Umfrage des ZDF vom 11. 6. 1989

25 ZDF-Umfrage am 11. 6. 1989 und Umfrage des Instituts für Praxisorientierte Sozialforschung vom März 1990

26 Einer Umfrage der EG vom Frühjahr 1990 nach hielten in der Bundesrepublik nur 44 Prozent der Befragten den für Ende 1992 geplanten Binnenmarkt für eine gute Sache. Die übrigen Mitgliedsländer zeigten mit einer Durchschnittsquote von 53 Prozent weit mehr Begeisterung (»Eurobarometer«-Umfrage des Europarats vom Mai 1990).

27 Diese Auffassung ist nicht unberechtigt. Als Ergebnis des von der Gemeinschaft 1988 beschlossenen Budgetpakets stellt die Bundesrepublik, die ohnehin die weitaus höchsten Beitragsleistungen erbringt, der EG für die Fünfjahresperiode 1988–1992 mindestens weitere 30 Milliarden DM zur Verfügung.

28 Interview mit dem Autor am 7. 2. 1989 in Kronberg.

29 Die Ergebnisse werden von einer Allensbach-Umfrage bestätigt, nach der im Oktober 1988 nur noch 25 Prozent der Bevölkerung die »Vereinigten Staaten von Europa« für ein »sehr wichtiges« Ziel hielten, während 1983 noch 33 Prozent positiv auf diese Frage reagierten.

30 Nach Umfragen der Europäischen Gemeinschaft im Frühjahr 1990 halten nur 44 Prozent der Bundesdeutschen den kommenden Binnenmarkt für eine gute Sache. Dies waren weniger als in England (48 Prozent) und beträchtlich weniger als im Durchschnitt der Gemeinschaft mit 53 Prozent (Eurobarometer, Mai 1990)

31 Bemerkungen bei einem Essen in Bonn am 14. 5. 1987

32 Rede in Wien zur Eröffnung der Ost-West-Abrüstungsverhandlungen am 7. 3. 1989
33 Rede in Aachen am 1. 11. 1988
34 Rede in Leningrad am 9. 7. 1987
35 Als Genscher im Juli 1989 eine Herzattacke erlitt, glaubten viele schon seine Zeit als Minister abgelaufen, doch kehrte er nach den Sommerferien wieder auf seinen aufreibenden Posten zurück.
36 Rede am 11. 6. 1988 in Potsdam
37 So sagte Margaret Thatcher im kleinen Kreis unverblümt, daß sie Genscher mißtraue – eine Äußerung, die ihn tief verletzte, als sie ihm zu Ohren kam. In den USA hat man ihn u. a. als »Meister der Wortverdrehung« bezeichnet (Schlagzeile eines Beitrags der »Washington Post« im August 1988), was Genscher sehr verdroß, da ihm das Blatt mangelnde Integrität bezüglich seiner Verpflichtungen gegenüber dem Westen vorwarf.
38 Interview mit dem Autor am 9. 11. 1987 in Bonn
39 Interview mit dem Autor am 7. 2. 1989 in Bonn
40 Der Begriff »Sonderweg«, geschaffen von deutschen Historikern nach der Reichsgründung 1871, wurde im Ersten Weltkrieg von der britischen Propaganda aufgegriffen, um die autoritären Züge im deutschen Regierungssystem zu brandmarken.
41 »Es besteht für uns kein Zweifel, daß wir nach unserer Herkunft und unserer Gesinnung zur westeuropäischen Welt gehören.«„ Ansprache im Deutschen Bundestag vom 20. 9. 1949
42 Rede im Deutschen Bundestag vom 18. 3. 1987
43 Auf einer Pressekonferenz am 26. 10. 1988
44 Interview in Le Monde am 20. 1. 1988
45 Rede in Paris vom 17. 1. 1990
46 Pressekonferenz in Schelesnowodsk am 16. 7. 1990
47 Interview mit dem Autor am 20. 1. 1988 in Bonn
48 Rede im Deutschen Bundestag am 27. 4. 1989
49 Rede am 24. 5. 1989
50 Der »Deutschlandvertrag« aus dem Jahr 1955 zwischen der Bundesrepublik, den USA, Großbritannien und Frankreich beendete den Besatzungsstatus und ermöglichte den Beitrag der Bundesrepublik zur NATO. Dort heißt es: »Bis zum Abschluß der friedensvertraglichen Regelung werden die Unterzeichnerstaaten zusammenwirken, um mit friedlichen Mitteln ihr gemeinsames Ziel zu verwirklichen: ein wiedervereinigtes Deutschland, das eine freiheitlich-demokratische Verfassung, ähnlich wie die Bundesrepublik, besitzt und das in die europäische Gemeinschaft integriert ist.« Dieser Beschluß wurde von den Signatarstaaten anläßlich des 25. Jahrestages dieses Vertrages 1980 wiederholt.
51 Die französische Haltung beschreibt vielleicht am besten das berühmte Bonmot von François Mauriac: »Ich liebe Deutschland so sehr, daß ich froh bin, daß es zwei davon gibt.« Diese Haltung hat in Frankreich Tradition. So erklärte schon 1866 der französische Staatsmann Adolphe Thiers in der Abgeordnetenkammer fest: »Das höchste Prinzip europäischer Politik ist, daß Deutschland aus unabhängigen Staaten gebildet werden soll, die nur durch ein lockeres föderatives Band verbunden sind. Das war das Prinzip, das von ganz Europa beim Westfälischen Frieden beschlossen wurde.«
52 Tischrede Gorbatschows im Kreml am 24. 10. 1988
53 Pressekonferenz am 26. 10. 1988 in Moskau
54 Zu Bundespräsident Richard von Weizsäcker anläßlich dessen Besuch in Moskau 1987. Er wiederholte die Feststellung in seinem Buch »Perestroika«, S. 260/61.

55 Erklärung in Moskau vom 31. 1. 1990
56 Erklärung Bundeskanzler Kohls in Moskau am 10. 2. 1990
57 Pressekonferenz in Schelesnowodsk am 16. 7. 1990
58 Rede in Bonn am 25. 5. 1990
59 Bericht von der 6. Tagung der Deutsch-Englischen Gesellschaft, 14. – 17. 4. 1955
60 Paul Weymar, Konrad Adenauer, 1955, S. 356
61 Rede Egon Bahrs vor der Evangelischen Akademie in Tutzing am 15. 7. 1963
62 Interview mit dem Autor in Hamburg
63 Unter Einschluß der anderen europäischen Länder, deren Währungen informell mit dem EWS verbunden sind (Österreich, die Schweiz, Skandinavien), werden heute fast 70% des bundesdeutschen Handels zu quasi-fixierten Wechselkursen abgewickelt.
64 Sofres-Institut, Herbst 1988
65 auf einer Pressekonferenz in Paris am 4. 2. 1965
66 Interview in Die Welt, 18. 1. 1988
67 Pressekonferenz anläßlich eines Besuchs in Bonn am 3. 11. 1989
68 Interview in Paris Match vom 23. 11. 1989
69 Pressekonferenz in Ost-Berlin am 22. 12. 1989
70 Interview im französischen Fernsehen am 15. 10. 1989
71 Rundfunkinterview am 3. 1. 1990
72 »Ein Lebewohl den Brüdern im Osten«, 2. 1. 1952
73 Interview mit dem Autor am 6. 12. 1988 in Hamburg

4. Kapitel

1 Thomas Mann, Betrachtungen eines Unpolitischen, 1918
2 Ralf Dahrendorf, Gesellschaft und Demokratie in Deutschland, 1985, S. 372
3 Rede in Gotha am 27. 1. 1990
4 Rede im Bundestag am 12. 9. 1949
5 Rede im Deutschen Bundestag am 10. 9. 1986
6 Interview mit dem Autor am 19. 3. 1987 in Kiel
7 Barschel hatte damit fast buchstabengetreu eine Empfehlung der „Deutschen Gesellschaft für humanes Sterben« befolgt, einer Selbsthilfegruppe, die sich u. a. gebildet hat, um Schwerkranken und Verzweifelten ein Sterben in Würde zu ermöglichen. In diesem Zusammenhang gibt sie auch Empfehlungen für schmerzfreie und sichere Selbstmordmethoden heraus. So empfiehlt sie dem Selbstmordkandidaten, der sich mit einer Überdosis Schlaftabletten töten will, sich in eine volle Badewanne zu legen, damit sie nach Eintreten der Bewußtlosigkeit unter Wasser rutschen und ertrinken.
8 Artikel in Bild am Sonntag, 18. 10. 1987. Jenninger war bereits der vierte Bundestagspräsident, der von diesem Amt zurücktrat. Sein Vorgänger Rainer Barzel fiel 1984 über die Anschuldigung, er habe in den siebziger Jahren von der Flick-Gruppe 1,7 Millionen DM kassiert.
9 Rede im Bundestag am 27. 11. 1987
10 Interview mit dem Autor am 12. 11. 1987 in Bonn
11 INFAS-Umfrage vom Oktober 1987
12 Interview mit Financial Times am 29. 11. 1989
13 Ansprache am 6. 12. 1989
14 Interview mit dem Autor am 3. 5. 1988 in Fehmarn

15 Noch am Ende der Weimarer Republik begünstigte Flick eindeutig jene Parteien, die Brüning und Hindenburg gegen Hitler unterstützten. 1932 überwies er 780 000,– RM an die bürgerlichen Parteien, hauptsächlich zur Unterstützung des Wahlkampfes, dagegen nur 100 000,– RM an die Nazis. 1934 wurde Flick Mitglied des »Freundeskreises Reichsführer SS«, und 1937 trat er – am gleichen Tag wie Reichsbanker Karl Blessing – der NSDAP bei. Flick hat über den »Freundeskreis« zwischen 1936 und 1940 jährlich 100 000,– RM beigetragen. Vogelsang op. cit.

16 Auf Grund einer lang zurückreichenden Verbindung mit dem Unternehmen hielt die Deutsche Bank bereits ein Daimler Benz-Depot. Sie trat als Käufer auf, um die Anteile im Land zu halten, da zu dieser Zeit der Iran auf der Suche nach interessanten Anlageobjekten für seine Ölmilliarden suchte. Der größte Teil des Pakets wurde von der Bank an »genehme« Partner aus der bundesdeutschen Industrie- und Finanzwelt abgegeben.

17 Lambsdorff hat beharrlich geltend gemacht, daß die Anklage gegen ihn nur aus politischen Gründen erhoben worden sei, da Verfahren gegen andere beschuldigte Politiker niedergeschlagen bzw die Probleme außergerichtlich geregelt worden seien. Die Verurteilung hinterließ jedoch einen häßlichen Flecken auf dem Ruhmesschild des Grafen, der seitdem entschlossen darum bemüht ist, diesen wieder abzuwischen.

18 Laut einer Schätzung von Fortune vom September 1989

19 Nach der regelmäßigen EG-Umfrage »Eurobarometer« waren Ende 1988 30 Prozent der Bundesdeutschen mit dem Funktionieren ihres politischen Systems unzufrieden (Anfang des Jahrzehnts 20 bis 25 Prozent). Im EG-Durchschnitt erklärten sich jedoch 47 Prozent als unzufrieden, in Großbritannien 50 Prozent und in Frankreich gar 53 Prozent.

20 Traditionell ist die Wahlbeteiligung in Deutschland sehr hoch. Schon im halbparlamentarischen System des Bismarck-Reiches lag sie nie unter 75 Prozent, in den dreißiger Jahren stets über 80 Prozent. In der Bundesrepublik bewegte sich die Wahlbeteiligung seit der ersten Bundestagswahl 1949 (78,5 Prozent) zwischen 84 und 91 Prozent.

21 Während seiner dritten Regierungsperiode von 1957 bis 1961 regierte Adenauer zeitweilig durch eine nominelle Koalition mit der Deutschen Partei.

22 John Le Carré, A Small Town in Germany, 1968

23 Ralf Dahrendorf, op. cit.

24 Churchill gibt die Geschichte wieder, wie sie ihm von Stalin in Jalta 1945 erzählt worden ist. Er soll sie im Juli 1945 in Potsdam wiederholt haben. (Churchill, Der Zweite Weltkrieg VI)

25 Nach einer Umfrage der Konrad-Adenauer-Stiftung im Januar 1987 erklärten nur noch 48 Prozent der Befragten, sie würden immer für die gleiche Partei stimmen, gegenüber 60 Prozent 1980. Dies belegt eindeutig den Trend zu einem geänderten Wählerverhalten.

26 Die DDR bestand bei Gründung 1949 aus fünf Ländern: Brandenburg, Mecklenburg, Sachsen, Sachsen-Anhalt und Thüringen. 1952 wurde der Staat zentralisiert, die Verwaltung in 14 Bezirke gegliedert.

27 Interview mit dem Autor am 23. 2. 1988 in Stuttgart

28 Meinungsumfrage des Allensbach-Institutes, veröffentlicht am 23. 2. 1988

29 So Friedrich Zimmermann im Vorwort zum Verfassungsschutzbericht 1987, veröffentlicht im Juni 1988

30 Richard von Weizsäcker, Die deutsche Geschichte geht weiter, Berlin, Seite 158

31 Die Entscheidung für Bonn fiel im August 1948, und sie fiel vor allem deswegen, weil Bonn gegenüber dem favorisierten Frankfurt weit weniger zerstört war.

Adenauer scheint die CDU-Parlamentarier mit dem Argument auf Bonn eingeschworen zu haben, eine Entscheidung für das »rote« Frankfurt sei ein Sieg für die SPD. In den Jahren der CDU-Bundesregierungen wurde Bonn stets als »Provisorium« angesehen, wodurch der Anspruch auf Wiedervereinigung und Rückverlegung des Regierungssitzes in die alte Reichshauptstadt Berlin aufrechterhalten werden sollte. Erst mit dem Abschluß des Grundlagenvertrages wurde der provisorische Charakter offiziell fallengelassen (am 8. 1. 1973).

32 Le Carré, op. cit

33 Interview mit dem Autor am 1. 7. 1988 in Hamburg

34 Interview mit dem Autor am 11. 10. 1988 in Bonn

35 Interview mit dem Autor am 13. 10. 1988 in Bonn

36 Interview mit dem »General-Anzeiger« am 25. 1. 1990

37 Interview mit dem Autor am 26. 1. 1990 in Bonn

38 Ansprache in Bonn am 2. 5. 1989

39 Ansprache am 29. 6. 1990 in Ost-Berlin

40 Laut Statistik des Bundestages lag der Anteil der Abgeordneten aus Industrie, Landwirtschaft und freien Berufen 1969 noch bei 37 Prozent und sank auf 34 Prozent 1987. Eine größere Untersuchung, die insgesamt 2930 Abgeordnete aus Bundestag und den Länderparlamenten umfaßte, ergab einen Anteil von 40 Prozent Beamten oder anderen Angehörigen des Öffentlichen Dienstes.

41 Nach einer von Hildegard Hamm-Brücher präsentierten Aufstellung hält der Bundestag jährlich nur 60 öffentliche Plenumssitzungen ab gegenüber 75 in Schweden, 90 in Frankreich, 160 im amerikanischen Repräsentantenhaus, 180 in Großbritannien und 185 in Kanada. Abgeordnete müssen sich in eine Sprecherliste eintragen, ehe sie in eine Debatte eingreifen dürfen, und es ist den Ministern erlaubt, sich bei der Beantwortung von Fragen der Abgeordneten von Staatssekretären vertreten zu lassen.

42 Interview mit dem Autor am 16. 6. 1988 in Bonn

43 In diesem Zeitraum erhielten aus öffentlichen Mitteln: CDU 360 Mio.; SPD 380 Mio.; CSU 100 Mio.; FDP 62 Mio.; die Grünen 76 Mio.

44 Dieses Finanzierungssystem ähnelt jenem, das schon 1828 vom damaligen Reichsaußenminister Gustav Stresemann vorgeschlagen worden war. Der Gründer der Deutschen Volkspartei (DVP) beklagte, daß seine Partei zunehmend von den Spenden der Industrie (einschließlich des Hauses Flick) abhängig werde. Er schlug vor, die Parteien aus öffentlichen Mitteln proportional zur Zahl ihrer Sitze im Reichstag zu finanzieren, doch gewann sein Vorschlag nur wenige Anhänger.

45 Traditionell verfolgte die Deutsche Bank einen Kurs der Neutralität, d. h. sie pflegte Parteien sowohl der Rechten als auch der Linken zu unterstützen. 1987 stellte sich jedoch ihre Zahlungen an die SPD ein. Im gleichen Jahr versorgte sie die CDU mit 544 000,– DM, die CSU mit 100 000,– DM und die FDP mit 160 000,– DM. Der Rückgang an Industriespenden traf besonders die CDU. Hier sank das Spendenaufkommen von durchschnittlich 35 Millionen jährlich zwischen 1980 und 1983 auf 29 Millionen zwischen 1984 und 1987. Dieser Rückgang wurde fast genau durch die Steigerung der öffentlichen Gelder kompensiert, die im Jahresdurchschnitt von 53 Millionen auf 58 Millionen stiegen.

46 Für die CDU ergab sich in der Zwischenzeit eine andere Form der wirtschaftlichen Abhängigkeit in Form rapide steigender Bankschulden. Das Schuldenkonto der Christdemokraten stieg von 11 Millionen 1984 auf stattliche 70 Millionen 1987.

47 Interview mit dem Autor am 11. 11. 1988 in Düsseldorf

48 Interview mit dem Autor am 25. 2. 1988 in München

49 Amos Elon, Journey through a Haunted Land, 1967

50 Die »National-Zeitung« ist die Nachfolgerin der »Deutschen Soldaten-Zeitung«, die 1951 mit finanzieller Hilfe der USA gegründet wurde, um den geplanten westdeutschen Beitrag zur europäischen Verteidigung propagandistisch zu unterstützen. Die scharfe antisowjetische Linie des Blattes veranlaßte 1954 die amerikanische wie die bundesdeutsche Regierung zur Einstellung der Förderung. 1963 wurde der Name dann in »National-Zeitung« geändert. 1969 versuchte die Große Koalition das Blatt wegen Mißbrauchs der Pressefreiheit zu verbieten, scheiterte aber an einem Urteil des Verfassungsgerichts.

51 Diese These hat Irving unter Berufung auf recht fadenscheinige Quellen in seinem 1976 erschienenen Buch »Hitlers Krieg« aufgestellt. Die praktisch einhellige Ablehnung seiner These durch die Fachwelt bestärkte Irving nur in seinem Wahn, daß er und Hitler die Opfer einer Verschwörung geworden seien.

52 Telephoninterview mit dem Autor im März 1988. Freys Vorhaben war nicht neu. Zu den zahlreichen Publikationen seines Verlages gehören auch zwei jeweils 500 Seiten starke Bände, die unter dem Titel »Prominente ohne Maske« die NS-Vergangenheit führender Bundesbürger aufrollen. Frey gibt an, daß ein Mitarbeiterstab von 20 Personen weltweit in allen bedeutenden Archiven nach Hinweisen geforscht hätte. Sein bevorzugtes Ziel ist Bundespräsident Richard von Weizsäkker, den Frey gern an seinen Militärdienst und an die Rolle seines Vaters Ernst im diplomatischen Korps des Großdeutschen Reiches erinnert.

53 Interview mit dem Autor am 25. 11. 1988 in Stuttgart

54 Interview mit dem Autor am 14. 11. 1988 und 17. 7. 1989 in München

5. Kapitel

1 Goethe, Zu Reinhard, 1807

2 Zitat aus einer Rede aus dem Jahr 1942, hier zit. nach Aidan Cawley, The Rise of West-Germany, S. 32. Diese Rede wird auch von Gorbatschow im Interview mit dem SPIEGEL im Oktober 1988 zitiert.

3 Gespräch mit dem Autor am 19. 12. 1989 in Dresden

4 Verlag Random House, New York 1987

5 Veröffentlicht 1970

6 Rede in Bonn am 23. 5. 1986

7 Die Bundesrepublik hatte 1990 62 Millionen Einwohner, um 10 Millionen mehr als 1950 und um 18 Millionen mehr, als 1939 auf dem gleichen Gebiet lebten. Die Bevölkerung der DDR zählt heute rund 16,2 Millionen, zwei Millionen weniger als 1950 und ungefähr ebensoviel wie 1939. Quelle: Ministerium für innerdeutsche Beziehungen.

8 Zuvor hatten Willy Brandt Erfurt und Helmut Schmidt Güstrow besucht (1970 und 1981). Der Autor begleitete Helmut Kohls nach Dresden im Dezember 1989.

9 Dieser Besuch in Gotha, Weimar, Erfurt und Dresden hatte im Mai 1988 stattgefunden. Um den privaten Charakter zu betonen, waren weder Journalisten noch Fernsehteams zugelassen worden, doch hatte man die Wagen Kohls durch DDR-Sicherheitsbeamte sorgfältig abschirmen lassen.

10 Pressekonferenz in Bonn am 10. 1. 1990. Tatsächlich jedoch ergaben – wenig verwunderlich – in der DDR durchgeführte Umfragen höchst widersprüchliche Ergebnisse. So Kamen der SPIEGEL und das ZDF im Dezember 1989 zu dem Ergebnis, daß nur 27 Prozent die Wiedervereinigung wünschten, während die BILD-Zeitung auf 52 Prozent Einheitsbefürworter kam.

11 Gespräche mit dem Autor auf dem Dresdener Weihnachtsmarkt am 18. 12. 1989
12 Gespräche mit dem Autor in Dresden am 7. 10. und 14. 11. 1989
13 Als er am 11. 1. 1990 in der Volkskammer (möglicherweise zu niedrig geschätzte) Zahlen zur Ausreisewelle bekanntgab, räumte Modrow ein, daß 1989 1800 Ärzte und 5000 Krankenschwestern die DDR verlassen hätten.
14 Gespräch mit dem Autor am 13. 11. 1989 in Dresden
15 Rede in Ost-Berlin am 15. 2. 1981
16 Rede in Ost-Berlin am 6. 10. 1989. Honeckers Anspielung auf die »Steine«, die der DDR in den Wege gelegt worden seien, war wohl nicht nur auf den »Klassenfeind« gemünzt. Gegenüber Westdeutschland mit 21 Prozent verlor Mitteldeutschland im Krieg nur 15 Prozent seiner Produktionskapazität (DDR-Schätzung). Die Demontage durch die Sowjets war jedoch mehr als doppelt so hoch wie die Demontagen durch die Westalliierten. Das die in den demontierten Fabriken verbliebenen Maschinen großenteils unbrauchbar waren, wird der Produktivitätsverlust in der sowjetisch besetzten Zone auf knapp 50 Prozent gegenüber 1939 geschätzt.
17 Gorbatschows deutliche Worte wurden in einer Presseinformation von dessen Sprecher Genadij Gerassimow preisgegeben, der völlig unbewegtem Gesicht erklärte, Honecker habe für den Rat „Dankbarkeit« ausgedrückt.
18 Das Selbstbewußsein Honeckers wurde auch durch einige wenige westliche Bewunderer gestärkt. So hatte der Eigentümer des »Daily Mirror«, Robert Maxwell, Honecker nur wenige Tage vor der denkwürdigen Feier interviewt und, offenbar blind gegenüber dem heraufziehenden Sturm, geschrieben, daß Honecker nach wie vor das Vertrauen der großen Mehrheit der DDR-Bürger besitze.
19 Interview mit dem Autor in Dresden am 7. 10. 1089
20 Willy Brandt, der gute Kontakte zum Kreml hat, behauptete im Dezember 1989, daß nur dank der Haltung der Sowjetunion ein Massaker an jenem 9. Oktober vermieden worden sei. Er sagte, dieses Datum werde als ein besonderer Tag in die Geschichte der deutsch-sowjetischen Freundschaft eingehen, »da an diesem Tag sowjetische Offiziere ein Blutbad in Leipzig verhinderten« (interview mit dem Autor am 11. 12. 1989 in Bonn).
21 »Tageszeitung« vom 19. 10. 1989. Biermann meine, der Wechsel an der DDR-Spitze sei eine »welterschütternde Nichtigkeit« und beschrieb Krenz als »versoffenen FDJ-Veteranen« und »optimistischen Idioten«.
22 Interviews mit dem Autor am 19. 10. 1989 in Duisdorf
23 Rede in Ost-Berlin am 19. 1. 1989
24 Gespräch mit dem Autor in Ost-Berlin am 12. 11. 1989
25 Das Interesse der Sowjets galt dabei vor allem den Uranvorkommen der Gegend. Für deren Abbau wurde die Firma Wismut als deutsch-sowjetisches Gemeinschaftsunternehmen gegründet, und die erste sowjetische Atombombe enthielt Uran aus Schwarzenberg. Im August 1990 wurde die Schließung des Unternehmens angekündigt.
26 Interview mit dem Autor am 14. 11. 1989 in Schwarzenberg
27 Gespräch mit dem Autor am 14. 11. 1989 in Karl-Marx-Stadt
28 Über den fünftägigen Aufenthalt Honeckers in der Bundesrepublik vom 7. bis 11. 9. 1987 berichtete der Autor für die Financial Times
29 DIE ZEIT vom 24. 7. 1987
30 Ansprachen beim Bankett am 7. 9. 1987
31 Interview in München am 25. 2. 1988
32 Honecker, Aus meinem Leben, S. 68
33 Interview mit dem Autor am 22. 6. 1987 in Wiebelskirchen
34 Allensbach Institut, Juli 1986

35 1988 wies ein Kölner Gericht eine Klage gegen einen jungen Mann wegen »Verunglimpfung der Nationalhymne« mit der Begründung ab, daß eine solche rechtlich nicht existiere. Da der Briefwechsel zwischen Adenauer und Heuß keine Gesetzeskraft habe, könne der Klage nicht stattgegeben werden. In der Zwischenzeit gab es auch verschiedenen Initiativen, die erste Strophe wieder zuzulassen.
36 Schreiben an Adenauer vom 2. 5. 1952
37 Rede in Ost-Berlin am 4. 1. 1960
38 Honecker, op. cit., S. 203
39 Erklärung an das Kulturkomitee der Volkskammer vom 28. 11. 11989
40 Erklärung im DDR-Rundfunk am 19. 8. 1989
41 Interview mit dem Autor am 24. 8. 1989 in Soltau
42 Diese Denkschrift vom 26. 11. 1989 wurde jedoch nur von einem verschwindend geringen Teil der Bevölkerung mitgetragen.
43 Interview mit dem Autor am 24. 11. 1989 in Ost-Berlin
44 Interview mit dem Autor am 3. 10. 1989 in Ost-Berlin
45 Interview mit dem Autor am 29. 6. 1989 in Ost-Berlin
46 Deutschland-Archiv, Dezember 1987 und April 1988. Eine im Juni 1989 für die Illustrierte QUICK durchgeführte Meinungsumfrage kam zu dem Ergebnis, daß 87 Prozent der Westdeutschen die Wiedervereinigung befürworteten.
47 Nach einer Schätzung des Bonner Ministeriums für Innerdeutsche Beziehungen
48 Rund 70 Millionen Briefe gehen jährlich aus der Bundesrepublik in die anderen europäischen Länder. An zweiter Stelle stehen jedoch die USA mit 12 Millionen Sendungen.
49 Gespräch in Münster am 21. 11. 1988
50 Rede im Deutschen Bundestag am 20. 9. 1949
51 Rede im Deutschen Bundestag am 29. 10. 1957
52 Rede im Deutschen Bundestag am 10. 11. 1965
53 Rede im Deutschen Bundestag am 29. 10. 1969
54 Rede im Deutschen Bundestag am 16. 12. 1976
55 Rede im Deutschen Bundestag am 24. 11. 1980
56 Rede im Deutschen Bundestag am 13. 10. 1982
57 Rede im Deutschen Bundestag am 18. 3. 1987
58 Interview mit dem Autor am 7. 2. 1989 in Bonn
59 Erklärung im Deutschen Bundestag vom 28. 11. 1989
60 Besuch des Autors am 2. 7. 1990 in Wittenberg, Potsdam und Dessau
61 Interview mit dem Autor am 3. 11. 1986 in Bonn. Brandts Position zum Vaterland scheint unentschieden zu sein. In Ergänzung seiner Abschiedsrede als SPD-Vorsitzender sprach er von »unserem kleiner gewordenen Vaterland«. Wie so oft bei ihm wurde aber nicht klar, ob er nur die Bundesrepublik oder Bundesrepublik und DDR zusammen meinte.
62 Interview mit dem Autor am 3. 3. 1988 in Frankfurt
63 Interview mit dem Autor am 14. 3. 1989 in Düsseldorf
64 Interview mit dem Autor am 22. 11. 1988 in Frankfurt
65 Interview mit dem Autor am 23. 2. 1988 in Stuttgart
66 Interview mit dem Autor am 7. 2. 1989 in Frankfurt
67 Interview mit dem Autor am 24. 11. 1987 in Bonn
68 Interview mit dem Autor am 16. 9. 1988 in Frankfurt
69 Interview mit dem Autor am 28. 4. 1988 in Bonn
70 Interview mit dem Autor am 25. 11. 1988 in Stuttgart
71 Interview mit dem Autor am 1. 7. 1988 in Hamburg
72 Brandt selbst erklärte in einer Rede am 14. 9. 1988, daß »... die Hoffnung auf

Wiedervereinigung geradezu zu einer Lebenslüge der zweiten deutschen Republik (wurde)«. Nur knapp ein Jahr später warnte er die Alliierten, durch mangelnde Rücksicht auf die »Seele der Deutschen« den »Nationalismus« zu schüren (Interview mit dem Autor am 11. 12. 1989 in Bonn). In ähnlichem Ton schrieb Johannes Groß, der konservative Kommentator, in einem im Sommer 1989 veröffentlichten Buch, daß »die ›Nation‹ eine Irrlichtsvokabel (ist)... Sie ist unserer tradition und unserem politischen Denken fremd geblieben (Graß, Phoenix in Asche, S. 159). Im Januar 1990 freilich wechselte er abrupt den Ton und warnte: »Der Versuch einer Verhinderung der Vereinigung würde wie der Versuch eines neuen Versailles empfunden und mit einer nationalistischen Welle beantwortet werden können.« (FAZ, 3. 1. 1990)

73 Rudolf Augstein traf den Nagel auf den Kopf, als er kurz nach dem Fall der Mauer schrieb: »Es mag von Bonner Seite aus taktisch klug sein zu erklären, die Deutschen wollten gar keine Wieder- oder Neuvereinigung und sie zögen in jedem Fall ein vereintes Europa einem vereinten Deutschland vor... Taktisch klug mag das sein. Aber die Wahrheit ist es nicht.« (DER SPIEGEL 47, 1989)

6. Kapitel

1 Ansprache in Unterhaching an die Arbeiter an der neuen Autobahn zwischen München und der Staatsgrenze mit Österreich am 21. 3. 1934

2 Rede in Paris am 7. 12. 1954, zit. nach Ludwig Erhard, Deutsche Wirtschaftspolitik, 1962, S. 255

3 Rede in London am 21. 3. 1990

4 Nur in den Jahren 1950 und 1951 war die bundesdeutsche Handelsbilanz negativ. Leistungsbilanzdefizite waren in den Jahren 1950, 1962, 1965, 1979, 1980 und 1981 zu verzeichnen.

5 Schon 1958 löste die Bundesrepublik Großbritannien in der Rolle der zweitgrößten Exportnation ab. 1986 stieg sie erstmals zum größten Exporteur auf. 1988 stand sie mit einem Außenhandelsumsatz von 323 Milliarden Dollar zum dritten Mal an der Spitze der Exportländer vor den USA mit 322 Milliarden Dollar. Die Exporte der Bundesrepublik hatten einen Anteil von 11,3 Prozent am Welthandel. 1989 aber hatten die USA mit einer Ausfuhr von 364 Milliarden Dollar erneut Platz 1 inne (Bundesrepublik: 341 Milliarden Dollar).

6 Mitte 1989 hatte die Bundesrepublik externe Aktiva von 427 Milliarden DM netto.

7 Der Vergleich ist hier nicht ganz einfach, denn die Vergleichszahlen des Bruttonationalprodukts pro Kopf können auf Grund schwankender Wechselkurse großen Veränderungen unterliegen. Laut OECD hatte die Bundesrepublik 1988 ein BNP pro Kopf von 19575 Dollar gegenüber 19513 Dollar in den USA, 16.950 Dollar in Frankreich, 14232 Dollar in Großbritannien und 23184 Dollar in Japan.

8 1987 verteilte sich das bundesdeutsche Bruttonationalprodukt zu 42 Prozent auf die Industrie und zu 56 Prozent auf Dienstleistungen. Die Vergleichszahlen betragen für Großbritannien 38 und 60 Prozent, für Frankreich 35 und 61 Prozent. Die bundesdeutsche Industrieproduktion war daher um 85 Prozent höher als die Großbritanniens und Frankreichs zusammmengenommen.

9 1987 wurden insgesamt 295000 Firmenneugründungen registriert, deutlich mehr als die 178000 des Jahres 1980. Doch auch die Zahl der Zusammenbrüche stieg entsprechend von 135000 auf 249000.

10 OECD – Organisation für Wirtschaftliche Zusammenarbeit und Entwicklung, ein

Zusammenschluß der 24 wichtigsten Industriestaaten der Welt. Deren Durchschnittswachstum hat die Bundesrepublik nur in den Jahren 1971, 1976, 1979 und 1989 übertroffen – 1989 mit 4% gegenüber 3,6% im OECD-Durchschnitt.

11 In den fünf Jahren von 1986 – 1989 stiegen die Handelsüberschüsse (in Milliarden DM) auf 75, 112, 118, 128 und 135. In denselben Jahren belief sich der Leistungsbilanzüberschuß auf 48, 85, 81, 85 und 99 Milliarden DM, was einem Jahresdurchschnitt von 80 Milliarden entspricht. Der Handelsbilanzüberschuß ist stets größer als der Leistungsbilanzüberschuß, da er den Abfluß von Mitteln ins Ausland durch »unsichtbare« Vorgänge wie Geldtransfers und Tourismuskosten, bei denen die Bundesrepublik ein großes Defizit hat, unberücksichtigt läßt.

12 Aus den OECD-Statistiken 1980-89

13 Erhard war fast 15 Jahre für ein Nürnberger Wirtschaftsinstitut mit stark mittelständischer Orientierung tätig. Anfang der dreißiger Jahre unterstützte er staatliche Eingriffe in die Wirtschaft – aber nur zum Zweck der Bekämpfung von Monopolisierungstendenzen der Industrie. Die Beobachtung der NS-Wirtschaftspolitik bekehrte ihn endgültig zum Liberalismus (s. Norbert Walter, Was würde Erhard heute tun? 1986, S. 9 f.)

14 Ein Grund für die rasche Erholung lag auch in der Tatsache, daß Deutschland insgesamt weniger schwer zerstört war als zunächst angenommen. Bei Beendigung der Feindseligkeiten schätzte man die irreparablen Schäden an Industrieanlagen auf 15–20 %. Allerdings hatte die Produktionskapazität auf Grund der kriegsbedingten Kapazitätserweiterungen bis 1944 gegenüber 1936 um 20% zugenommen. Bereits 1953 wurde der durchschnittliche Lebensstandard von 1939 übertroffen.

15 Vorgängerin der Bundesbank war die »Bank deutscher Länder«, 1948 unter Aufsicht der Alliierten gegründet und bis 1951 von diesen kontrolliert. Das Bundesbankgesetz von 1957 sicherte die Unabhängigkeit der Institution von allen Regierungsweisungen und verpflichete sie auf die Wahrung der Geldwertstabilität. Artikel 3 des Bundesbankgesetzes definiert die Aufgaben so. »Die Deutsche Bundesbank regelt mit Hilfe der währungspolitischen Befugnisse, die ihr nach dem Gesetz zustehen, den Geldumlauf und die Kreditversorgung der Wirtschaft mit dem Ziel, die Währung zu sichern ...« Artikel 12 befugt die Bundesbank, die »allgemeine Wirtschaftpolitik der Bundesregierung zu unterstützen« – doch nur, wenn diese mit ihren Aufgaben in Artikel 3 übereinstimmt. Weiterhin setzt der Artikel fest, daß die Bundesbank »von Weisungen der Bundesregierung unabhängig« ist.

16 Das Aalener Programm der CDU von 1947, das die Grundlage der Regierungen Adenauers bildete, formulierte das »Ziel der sozialen und wirtschaftlichen Erneuerung« sei nicht in der »kapitalistischen Begierde nach Profit und Macht«, sondern im »Wohlstand unseres Volkes« zu sehen.

17 Interview mit dem Autor am 6. 10. 1987 in Köln

18 Interview mit dem Autor am 15. 6. 1988 in Bonn

19 In der Bundesrepublik besitzen nur 40 Prozent der Haushalte ein Eigenheim gegenüber 60 Prozent in Großbritannien.

20 Rede am 16. 9. 1987 in West-Berlin

21 Die nicht ausgeschütteten Gewinne in der Bundesrepublik werden mit rund sechzig Prozent besteuert – rund dem doppelten Satz wie in Großbritannien, Spanien oder den Niederlanden. Diese Unternehmensbesteuerung ist mit ein Grund, warum die westdeutschen Betriebe im internationalen Vergleich eher geringe Gewinne ausweisen – das verdiente Geld wird, wo immer möglich, vor der -steuer in den Bilanzen »versteckt«.

22 Von den großen europäischen Nationen weist nur Schweden mit einer Jahres-

arbeitszeit von durchschnittlich 1486 Stunden niedrigere Werte aus, während die Japaner im Durchschnitt 2163 Stunden jährlich arbeiten – immerhin 33 Prozent mehr als die Bundesbürger (1988).

23 Durch Arbeitskampfmaßnahmen gingen 1988 in der Bundesrepublik pro 1000 Beschäftigten 2 Tage verloren gegenüber 64 in Frankreich, 164 in Großbritannien und 44 in den USA. Selbst in Japan lag die Zahl mit 4 doppelt hoch.

24 Die Lohnnebenkosten betrugen 1988 83,60 DM pro 100,– DM Lohnkosten. Nach einer Studie des Instituts der deutschen Wirtschaft liegt die Bundesrepublik damit im internationalen Vergleich der Lohnkosten hinter der Schweiz auf Platz 2.

25 Eine Woche nach der Novemberrevolution 1918 kamen Vertreter der Arbeiterschaft und der Industrie überein, nationale und regionale Gremien zu gründen, um die Zusammenarbeit beider Seiten in der Wirtschaft zu ermöglichen. Die beiden prominentesten Signatare dieses Abkommens waren Hugo Stinnes, damals bedeutendster Industriemagnat an der Ruhr, und der Führer der sozialistischen oder »Freien« Gewerkschaft, Carl Legien. Vorbereitet wurde diese Annäherung durch eine Initiative der Reichsregierung, die zur Aufrechterhaltung der Kriegswirtschaft die Arbeitgeber de facto zur Anerkennung der Gewerkschaften als legitime Interessenvertretung der Arbeitnehmerschaft zwang.

26 J. H. Clapham, Economic Developments in France and Germany 1815–1914, S. 84

27 Generell sind in der Bundesrepublik wesentlich weniger Betriebe verstaatlicht als etwa in Großbritannien oder in Frankreich. Dennoch versuchte Bonn sich von einigen Beteiligungen zu trennen, wovon die größte ein Paket der VEBA war. Andere Privatisierungsvorschläge wurden Gegenstand politischer Kontroversen. So wurde der Plan, die staatlichen Beteiligungen an der Lufthansa zu veräußern auf Wunsch der Bayerischen Staatsregierung zurückgestellt.

28 Interview mit dem Autor am 8. 10. 1987 in Jesteburg.

29 Der gegenwärtige Exportanteil ist ein historischer Höchststand. 1880 machten die Exporte 17,7% des Bruttosozialprodukts aus, die Vergleichszahlen für die Jahre 1890, 1900, 1910 und 1930 betrugen 14,3%, 12,8%, 16,2% und 14,8% . In der NS-Zeit lag die Exportquote bei 5,8% (1938) bis 5,3% (1939). In den fünfziger und sechziger Jahren stieg der Exportanteil dann auf 12 und 19%.

30 Zahlen der Bundesbank vom April 1990

31 The Siemens Company. Its Historical Role, 1972

32 Financial Times, 3. 3. 1989

33 J. M. Keynes, The Economic Consequences of the Peace, 1919

34 1914–1919 stiegen die Schulden der Reichsregierung von 5,2 auf 156 Milliarden Mark, zwischen 1933 und 1945 stiegen sie von 11,7 auf 380 Milliarden RM.

35 »Hitlers Tischgespräche, 11. 8. 1942.« Hitlers bornierte Bemerkungen über künftige Wechselkurse zwischen der östlichen und der westlichen Zone des Reiches haben bei aller Torheit angesichts der heutigen Situation fast etwas Prophetisches: Laut Protokoll eines seiner Monologe im »Führerhauptquartier« sagte er: »Wir werden eine eigene Ostmark haben. Ist der Umrechnungssatz 1:5, so bekommt einer, wenn er hier herüberreist mit hundert Reichsmark, dafür hundert Ostmark. Die Differenz nimmt das Reich.«

36 Deutsche Bundesbank, Währung und Wirtschaft in Deutschland 1876–1975, 1976

37 Die Rentenmark wurde als neue Währung einfach durch Streichung von 12 Nullen eingeführt.

38 Nach Zahlen des Statistischen Bundesamtes lag der Selbstmordrate 1923 bei 21,3 pro 100000 Einwohner. sie stieg in den folgenden Jahren auf 23,1 (1924), 24,5 (1925), 26,2 (1926), 25,3 (1927) und erreichte ihren Höhepunkt mit 28-29 im Dritten Reich.

39 The Course of German History, 1945, S. 228

40 Die Währungsreform war notwendig geworden, um die gewaltigen in Umlauf befindlichen Geldmengen zu reduzieren. Da die Besatzungsmächten das System der Preiskontrollen einstweilen fortführten, bildete sich ein florierender schwarzer Markt. Uneinigkeit zwischen den USA und der Sowjetunion verhinderte eine Ausdehnung der Währungsreform auf alle Besatzungszonen – zum Teil auch deswegen, weil die USA und Großbritannien bereits zur Schaffung eines eigenen Staates aus ihren beiden Zonen tendierten. Nach dem am 20. Juni eingeführten Währungsplan wurden an jeden Deutschen zunächst DM 40,– und einen Monat später weitere DM 20,– ausgegeben. Bargeld und Bankguthaben wurden zum genannten Kurs umgetauscht. Der ursprünglich geplante Umtauschkurs lag bei 1:10, doch hätte sich daraus keine ausreichende Reduzierung der Geldmenge ergeben. Dagegen wurde Schulden im Verhältnis 1:10 bewertet, so daß die Gläubiger verhältnismäßig gut davonkamen. Der niedrige Umtauschkurs verärgerte zwar die Sparer, legte aber den Grundstein für die Gesundheit der DM. Obwohl sich die Russen nicht an der Reform beteiligten, haben sie diese doch mit herbeigeführt, indem sie nach 1945 große Mengen an Reichsmark in der SBZ druckten.

41 Nur zwei Reichsbankdirektoren blieben im Amt. Schacht leistete damals bereits seine zweite Amtszeit als Reichbankpräsident. Nachdem er diese Position von 1923–1930 innegehabt hatte, war er 1933 von Hitler wieder berufen worden. 1939 wurde er durch Walter Funk ersetzt. Vocke überstand den Krieg in Zurückgezogenheit, während Blessing weiterhin eine aktive Rolle in der deutschen Wirtschaft spielte. Zusätzlich zu seiner Funktion bei der Kontinentale Öl war Blessing von 1943–1945 stellvertretender Aufsichtsratsvorsitzender bei Daimler Benz. Außerdem erscheint er als Mitglied einer Gruppe im »Reichsministerium für Bewaffnung und Munition«, die in den Jahren 1944/45 angesichts der sich abzeichnenden Niederlage begann, Vorbereitungen für die Nachkriegszeit unter amerikanischer Oberhoheit zu treffen.

42 Ziel der Siegermächte war es, die Reichsbank so weit wie möglich der Kontrolle durch die Reichsregierung zu entziehen. Der Präsident und das Direktorium wurden zu diesem Zweck nicht mehr von der Reichsregierung bestimmt, sondern von einem »Generalausschuß« gewählt dessen Mitglieder zur Hälfte Ausländer waren. Obwohl die Reichsbank der Form nach bis 1937 unabhängig blieb, stand sie doch faktisch seit 1933 unter der Kontrolle der Reichsregierung.

43 Adenauer hielt nicht allzuviel von einer unabhängigen Zentralbank. Schon Im Oktober 1950 versuchte er eine erhöhung des Leitzinses durch die Bank Deutscher Länder zu verhindern, konnte sich damit jedoch nicht durchsetzen. Und als die Bundesbank im Mai 1956 abermals den Diskontsatz erhöhte, klagte er, daß die Zentralbank damit die Klein- und Mittelbetriebe guillotiniere.

44 Es entstehen ziemlich regelmäßig Meinungsverschiedenheiten über Sinn oder Unsinn von DM-Aufwertungen, etwa 1961, 1969 und in denn Jahren großer Währungsturbulenzen 1972/73. Eine besonders tiefgehende Verstimmung gab es im letzten Jahr der Regierung Schmidt, als die Bundesbank gegen den ausdrücklichen Wunsch der Regierung den Leitzins erhöhte, um einer Abwertung der DM vorzubeugen.

45 Zum Teil ist dies gewiß eine Folge seines Scheiterns als Kanzler an der unnachgiebigen Haltung der Bundesbank. Denn seitdem tritt er als deren Kritiker auf. Schmidt hatte bereits während seiner Amtszeit gegen die Bundesbank Front gemacht, als er sie Mitte der siebziger Jahre zu zwingen versuchte, Teile der westdeutschen Währungsreserven als Darlehen bei der sowjetischen Staatsbank zu deponieren (s.

Schmidt, Menschen und Mächte, S. 78). In den Monaten vor der Gründung des Europäischen Währungssystems 1978–79 drohte Schmidt der Bundesbank inoffiziell sogar mit einem Abbau ihrer Unabhängigkeit. Ende der achtziger Jahre beschuldigte Schmidt die Bundesbank wiederholt, sie hemme die Entwicklung zur Währungsunion, und nach wie vor Klagt er, sie halte künstlich Inflationsängste am Leben, um das betreiben zu können, was er als »überrestriktive Geldpolitik« bezeichnet. Das Argument könnte durchaus etwas für sich haben, doch wurde es von keiner anderen Persönlichkeit des öffentlichen Lebens bislang aufgegriffen.

46 Interview mit dem Autor am 19. 7. 1987 in Bonn

47 Interview mit dem Autor am 30. 9. 1987 in Berlin

48 Interview mit dem Autor am 14. 10. 1987 in Bonn

49 1950 waren es noch magere DM 1600,–

50 Zahlen vom statistischen Bundesamt

51 Interview mit dem Autor am 13. 10. 1987 in Köln

52 Zum Beispiel bei einer Rede in Düsseldorf am 20. 4. 1988

53 Interview mit dem Autor am 17. 11. 1988 in Mannheim

54 In der heutigen Bundesrepublik leben nur noch 40% der Einwohner in kleinen Orten und Dörfern unter 20000 Einwohner. Nur noch 3,8 von 61 Millionen wohnen in Dörfern unter 2000 Einwohner.

55 1870 verfügte Deutschland über 19500 km Eisenbahnstrecke gegenüber 24500 km in Großbritannien, 1910 war das Verhältnis 61000 km zu 38000 km.

56 Michael Balfour, West Germany. A Contemporary History, 1983, S. 41

57 Clapham, op. cit., S. 390

58 Hermann J. Abs, Konzentrationsbestrebungen im deutschen Bankwesen (Vortrag 1977)

59 Gegründet 1938 und 1929

60 FINANCIAL TIMES, 23. 1. 1990

61 Clapham, op. cit., S. 309

62 V. I. Lenin, Imperialism, the Highest Form of Capitalism, in: Lenin on the US of America

63 Wilhelm Treue und Hans Pohl, Die Konzentration in der deutschen Wirtschaft seit dem 19. Jahrhundert, Wiesbaden 1978

64 Bullock, op. cit., Kap. 3, VIII. In vielen Geschichtswerken wird die Bedeutung der finanziellen Unterstützung Hitlers durch Männer wie Fritz Thyssen übertrieben dargestellt. In einem auf andere Weise erschütternd prophetischen Buch aus dem Jahr 1934 überschätzt Ernst Henri (Hitler over Europe) die bedeutung Thyssens dramatisch, wenn er behauptet: »Nicht Hitler, sondern Thyssen, der große Magnat von der Ruhr, ist der wirkliche Betreiber des deutschen Faschismus.«

65 Die Rolle der Industrie in der Weimarer Zeit beleuchtet sorgfältig Henry Ashby Turner Jr., German Big Business and the Rise of Hitler, 1985.

66 Ansprache am 27. 1. 1932, zit. nach Hitler's Speeches, op. cit.

67 zum Beispiel am 15. 3. 1934, als er sagte: »Das sogenannte ›freie Spiel der Kräfte des Marktes‹ muß durch das Prinzip des gesellschaftlichen Profits kontrolliert werden, das vor dem individuellen, egoistischen Profit kommen muß.«

68 Hitler, Mein Kampf, S. 256

69 Rauschning, Gespräche mit Hitler, S. 25. Die Zuverlässigkeit dieser Quelle wird allerdings heftig angezweifelt.

70 Rede in Wilhelmshaven am 1. 4. 1939

71 Bei Tisch am 15. 10. 1941, Hitlers Tischgespräche, op. cit.

72 Karl Krauch von der I.G. Farben wurde von Hermann Göring als dessen stellvertretender Wirtschaftsdirektor angeworben.

73 Zum Beispiel landwirtschaftliche Forschungsarbeiten zur Kunststoffherstellung in Schleswig-Holstein
74 Karl Holdermann, Im Banne der Chemie. Carl Bosch, Leben und Werk, 1953
75 Kurt Pritzkoleit, Männer, Mächte, Monopole, 1953, S. 117
76 Turner, op.cit, S. 339
77 Interview mit dem Autor am 9. 10. 1987 in Kiel. Donges wechselte 1989 an die Universität Köln
78 Allensbach Umfrage, 1. 10. 1987
79 Telefoninterview mit dem Autor am 9. 1. 1990
80 Umfrage von »Portfolio Management«, München, vom Januar 1988
81 DER SPIEGEL Nr. 47, 1989
82 Wall Street Journal, 20. 11. 1989
83 Financial Times, 9. 5. 1988
84 Interview mit dem Autor am 6. 7. 88 in Bonn
85 Abs und andere Wirtschaftsberater versuchten Adenauer von der im März 1961 schließlich durchgeführten Aufwertung abzuhalten. Abs wiederholte seine Intervention gegen die Aufwertung 1969, war aber ebenso erfolglos. Im Oktober 1969 wurde die DM schließlich aufgewertet, nachdem ein anhaltender Streit über diese Frage mit zum Bruch der Großen Koalition geführt hatte. S. Otmar Emminger, D-Mark, Dollar, Währungskrisen, 1986, S. 109, 154

7. Kapitel

1 Madame de Staël, De l'Allemagne, Paris 1813
2 Rede im Reichstag, 9. 10. 1878
3 In einem Brief an eine deutsche Schulklasse vom 1. 3. 1961, zit. nach Erhard. op. cit.
4 Elisabeth Noelle-Neumann/Renate Köcher, Die verletzte Nation, 1987. Der Umfrage liegen 16000 Interviews in zehn europäischen Ländern und des USA zugrunde.
5 Die durch die Kartenermäßigung entgangenen Erlöse werden der Bundesbahn vom Bund erstattet.
6 Interview mit dem Autor am 15. 12. 1987 in Göppingen
7 Interview mit dem Autor am 25. 2. 1987 in Frankfurt.
8 Emnid-Institut / Tourismus-Berichte, Januar 1988
9 Noelle-Neumann, op. cit.
10 Noelle-Neumann, op. cit.
11 Cecely Wedgwood, Der Dreißigjährige Krieg, 1938
12 Konferenz in Königswinter am 9. 3. 1989
13 Zitiert nach Ursula Nuber, Heiko Ernst, Die traurige Generation. In: Psychologie heute, April 1989
14 Interview mit dem Autor am 16. 9. 1988 in Frankfurt
15 Bundesweite Studie des Max Planck-Instituts für Psychiatrie, September 1988. Dabei wurde festgestellt, daß 7,5 Prozent der Erwachsenen in Westdeutschland an »starken Gefühlen der Angst« litten, die sich in Panik und chronischer Neurose ausdrückten.
16 STERN, 6. 4. 1989
17 Umfrage unter 1010 Kindern. Das Ergebnis dürfte durch eine entsprechend suggestive Fragestellung beeinflußt sein. WIENER-Magazin, Januar 1989

18 DIE ZEIT, 5. 9. 86
19 Financial Times, 1. 8. 1988
20 Fortune, 11. 9. 1989
21 Interview mit dem Autor am 12. 7. 1988 in Hamburg
22 Interviews mit dem Autor auf Burg Hohenzollern am 12. 7. 1988 und am 4. 8. 1990
23 85 Prozent sahen im Bundespräsidenten das geeignete Staatsoberhaupt, und nur 8 Prozent waren unentschieden. Allensbach, September 1976.
24 Interview mit dem Autor am 9. 3. 1989 in Bonn
25 Johannes Groß, Die Deutschen, 1967
26 Schon im Mai 1975 erkannte die bundesdeutsche Spionageabwehr, daß Jahre zuvor aufgefangene Funksignale aus der DDR zu den Lebensdaten Guillaumes und seiner Familie paßten. Diese Signale stammten noch aus dem Jahr 1957, in dem Guillaume in die Bundesrepublik »übersiedelt« war. Doch der damalige Innenminister Hans-Dietrich Genscher nahm den aufkeimenden Verdacht nicht ernst genug, verzichtete darauf, Kanzler Brandt über das mögliche Sicherheitsrisiko zu informieren – und der Top-Spion wirkte noch ein weiteres Jahr, ehe er endlich entlarvt und gefaßt werden konnte. (S. Günter Nollau, Das Amt, 1978, S. 225)
27 Interview mit dem Autor am 2. 3. 1989 in Köln
28 Dieter Hildebrandt, Was bleibt mir übrig?, 1986

8. Kapitel

1 Im Gespräch mit Offizieren beim Essen im Mai 1942, zitiert in »Hitlers Tischgespräche«, S. 480.
2 Bei der Abschiedsrede als Generaldirektor des Nordwestdeutschen Rundfunks, November 1948.
3 Interview mit dem Autor in Frankfurt/M., 22. 11. 88.
4 Interviews mit dem Autor in Hamburg, 6. .12. 88 und 7. 2. 1990.
5 Seit mehreren Jahren versucht der Stern, seinen durch die Affäre beschädigten Ruf wieder aufzubessern. Der Stern hatte die angeblichen »Tagebücher« Hitlers gekauft und veröffentlicht, ohne zu erkennen, daß sie eine Fälschung waren.
6 Renate Köcher, Allensbacher Institut, »Spürhund und Missionar«, 1985.
7 Laut einer Allensbach-Umfrage sagten 76 Prozent, daß sie Ärzte, 47 Prozent, daß sie Priester, und 38 Prozent, daß sie Universitätsprofessoren respektierten. Weniger anerkannt als Journalisten waren nur Armeeoffiziere (11 Prozent) und Politiker (12 Prozent).
8 Interviews mit dem Autor in Hamburg, 6. 12. 1988 und 7. 2. 1990.
9 Eine Schilderung, wie die ersten Zeitungen entstanden, bietet Wolfgang Bergsdorf, »Die vierte Gewalt«, 1980.
10 Auflagenzahlen beziehen sich auf das vierte Quartal 1989.
11 Günter Wallraff, »Der Aufmacher. Der Mann, der bei Bild Hans Esser war«, 177.
12 Die Zahlen stammen vom Bundesverband deutscher Zeitungsverleger.
13 »Media Perspektiven«, 1987.
14 Heinrich Böll, »Die verlorene Ehre der Katharina Blum«, Köln 1974.
15 Heinrich Böll, »Bild, Bonn, Boenisch«, 1984.
16 Interview mit dem Autor in Bonn, 8. 11. 1988.
17 Interview mit dem Autor in Hamburg, 12. 7. 1988.
18 Interview mit dem Autor in Hamburg, 7. 2. 1990.
19 Interview mit dem Autor in Bonn, 14. 12. 1988.

20 Mehr als 500 westdeutsche Journalisten sind in Bonn als Mitglieder des offiziellen Journalistenverbandes akkreditiert. Es gibt rund 400 Auslandskorrespondenten (von denen aber nicht alle in der Hauptstadt residieren). Nach dem Bau der Berliner Mauer wurden Korrespondenten aus der DDR aus der ersteren Gruppe ausgeschlossen und erhielten 1973 offiziell den Rang von Auslandskorrespondenten.
21 Umfrage der Financial Times unter 19 Bürochefs wichtiger Zeitungen und Fernseh- und Radiosendern. Umfragen von Allensbach und einer Forschungsgruppe der Universität Leicester (Köcher, op. cit.) ergaben, daß 30 Prozent eines großen Teils der westdeutschen Journalisten älter als 50 Jahre waren, im Unterschied zu nur 17 Prozent in Großbritannien.
22 Interview mit dem Autor in Bonn, 10. 10. 1988.
23 Interview in Berlin, 27. 9. 1988. Bölling war der am längsten amtierende Chef des Bundespresse- und Informationsamtes. Unter Bundeskanzler Schmidt hatte er diese Aufgabe zwei Amtsperioden lang inne, insgesamt sieben Jahre. Die hohe Bedeutung, die die nachfolgenden Regierungen der Informations- und Öffentlichkeitsarbeit beimaßen, läßt sich daran erkennen, daß sie dem Regierungssprecher seit 1958 den Rang eines Staatssekretärs einräumten.
24 Interview mit dem Autor in Bonn, 11. 10. 1988.
25 Interview mit dem Autor in Hamburg, 6. 12. 1988.
26 Interview mit dem Autor in Bonn, 26. 1. 1990.
27 Ein ähnlicher Hang, althergebrachte Traditionen zu bewahren, herrscht auch auf anderen journalistischen Gebieten. Das System der »Sperrfristen« zum Beispiel, das es den Journalisten erlaubt, bei Wirtschaftspressekonferenzen ihre Artikel oft mehrere Tage lang vorzubereiten, geht bis in die achtziger Jahre des 19. Jahrhunderts zurück. Das System – das eindeutig zum illegalen »Insider-Handel« an der Börse einlädt – wird nun zumindest langsam aufgegeben.
28 Umfragen von ARD und ZDF.
29 In Ergänzung zu den Sendern der Länder wurden in den fünfziger Jahren auch in Berlin und im Saarland Rundfunkstationen gegründet
30 Ende 1988 wurden von den neun Landesrundfunkanstalten der ARD und dem ZDF insgesamt zwei (Saarländischer Rundfunk und Radio Bremen) von SPD-Intendanten geleitet. Sechs Sender hatten Intendanten, die der CDU bzw. (in Bayern) der CSU angehörten. Zwei Intendanten (Westdeutscher Rundfunk und Hessischer Rundfunk) waren Parteilose.
31 Interview mit dem Autor in Bonn, 18. 7. 1988.
32 Interview mit dem Autor in Frankfurt, 22. 11. 1988.
33 Interview mit dem Autor in Bonn, 10. 11. 1988.

9. Kapitel

1 Rede in München, 31. 7. 1932, zitiert in Dr. Joseph Goebbels, »Revolution der Deutschen«, 1933
2 A. J. P. Taylor, a. a. O.
3 Interview in der Neue Rhein/Neue Ruhr-Zeitung«, 5. 2. 1988.
4 Interview mit dem Autor in Kronberg, 7. 2. 1989.
5 Funk schied 1930 aus der Berliner Börsen-Zeitung aus und begann in der wirtschaftspolitischen Abteilung der NSDAP zu arbeiten. Er trat der Partei im Juni 1931 bei.
6 Pöhl hat nicht vergessen, daß Schmidts erste Wahl bei der Ablösung von Emminger

auf Wilfried Guth von der Deutschen Bank fiel. Erst als sich im Sommer 1979 die Wahl Guths als unmöglich herausstellte, wandte sich Schmidt seinem ehemaligen Stellvertreter im Finanzministerium zu.

7 In einem Interview mit dem Autor in Hamburg nannte Schmidt Pöhl geringschätzig »einen Techniker hohen Kalibers«, 1.7.1988.

8 Interview mit dem Autor am 27. 6. 1989 in Frankfurt.

9 Interview am 27. 6.

10 Pressekonferenz in Bonn, 9. 2. 1990.

11 Interview mit dem Autor am 20. 6. 1990 in Frankfurt.

12 Interview mit dem Autor in Jesteburg, 8. 10. 1987.

13 Die Mitglieder des Direktoriums der Bundesbank (einschließlich des Präsidenten und des Vizepräsidenten) werden normalerweise für eine achtjährige Amtsperiode gewählt. Der Gouverneur der Bank of England und sein Stellverteter werden, zum Vergleich, für eine fünfjährige Amtsperiode ernannt.

14 Schlesinger gehört keiner Partei an, doch seine Sympathien liegen eindeutig bei den Christdemokraten. Johann Wilhelm Gaddum, CDU-Mitglied, Freund von Helmut Kohl und früherer Finanzminister von Rheinland-Pfalz, kam 1986 in das Direktorium. Um auch den Freien Demokraten einen Sitz im Direktorium zu verschaffen, wurde 1987 der Bankier Günter Storch, Mitglied der FDP, berufen; er stammt ebenfalls aus Rheinland-Pfalz. Als der für internationale Angelegenheiten zuständige Direktor Leonhard Gleske 1989 das Pensionsalter erreichte, wurde auf seinen Posten Tietmeyer berufen. Tietmeyer hat in Bonn sowohl unter SPD- als auch CDU-Regierungen gearbeitet, er ist CDU-Mitglied, und er scheint entschlossen, das Gewicht der Konservativen innerhalb der Bundesbank zu stärken.

15 Bevor Emminger 1977 Präsident der Bundesbank wurde, war er viele Jahre lang der für internationale Währungsfragen zuständige »Außenminister« der Zentralbank. In den siebziger Jahren arbeitete er bei internationalen Finanzmeetings zwar oft mit Pöhl zusammen, aber zwischen den beiden entwickelte sich kein freundschaftliches Verhältnis. In seinen Memoiren beschreibt Emminger auf gehässige Weise, wie Pöhl, seinerzeit Staatssekretär im Finanzministerium, Anfang März 1973, während einer entscheidenden Phase der Währungsturbulenzen, sich in Gstaad beim Skifahren aufhielt. (In Wirklichkeit war Pöhl damals in Zermatt.) Otmar Emminger, »D-Mark, Dollar, Währungskrisen«, Stuttgart 1986, S. 240.

16 Interview mit dem Autor in Bonn, 3. 12. 1986.

17 Interview mit dem Autor in Bonn, 7. 2. 1989.

18 Interview mit dem Autor in Hamburg, 6. 12. 1988.

19 Interview mit dem Autor in Hamburg, 6. 12. 1988.

20 Pressekonferenz am 17. 7. 1990.

21 Telefongespräch mit dem Autor am 14. 9. 1990.

22 Interview mit dem Autor in Düsseldorf, 14. 3. 1989.

23 Neben dem Deutschen Gewerkschaftsbund (DGB) sind die wichtigsten Gewerkschaften: der Deutsche Beamtenbund (DBB) mit ungefähr 780000 Mitgliedern, die Deutsche Angestellten-Gewerkschaft (DAG) mit 500000 Mitgliedern und der Christliche Gewerkschaftsbund (CGB) mit 308000 Mitgliedern.

24 Die Unternehmensbeteiligungen des DGB, einschließlich der »Neuen Heimat«, liefen über eine Holdinggesellschaft, der Beteiligungsgesellschaft für Gemeinwirtschaft (BGAG). Der Finanzier der BGAG, die Bank für Gemeinwirtschaft, entstand 1958 durch die Fusion von sechs regionalen Gewerkschaftsbanken.

25 Interview mit dem Autor in Köln, 14. 3. 1989.

26 Weitere hochrangige SPD-Beamte unter Schmidt, die in die Industrie überwechselten, sind Detlev Rohwedder, heute Vorsitzender des Stahlkonzerns Hoesch,

und Ernst Pieper, Vorsitzender des Salzgitter-Stahlkonzerns. Heinz Ruhnau, von Schmidt zum Staatssekretär im Verkehrsministerium ernannt, wurde 1982 Vorsitzender der Lufthansa.
27 Interview mit dem Autor in Bonn, 19. 9. 1988.
28 Interview mit dem Autor in Ludwigshafen, 5. 10. 1987.
28 Interview mit dem Autor in Düsseldorf, 7. 6. 1988.

10. Kapitel

1 Luther, Von den Juden und ihren Lügen, 1543
2 Hitler, op. cit., S. 335
3 Interview mit dem Autor am 14. 11. 1988 in München
4 Brief an Rudolf Chritiani, 1824
5 Hierzu vergleiche man die Beschreibungen von jüdischen Synagogen und Friedhöfen in Berlin in dem ausgezeichneten Reiseführer »Wegweiser durch das jüdische Berlin, 1987
6 Für Erläuterungen zur Geschichte des Friedhofs an der Schönhauser Allee danke ich Gerd Kern.
7 Der Begriff wurde durch ein von Wilhelm Marr, einem Linken, der dann zum populistischen Antisemiten wurde, 1879 veröffentlichtes Buch populär gemacht.
8 Brief an Emil Ludwig 1916, zit. nach Gerhard Hecker, Walther Rathenau und sein Verhältnis zu Militär und Krieg, 1983
9 100 Jahre Hertie, Hertie Waren- und Kaufhaus GmbH, 1982
10 DER SPIEGEL 52, 1987
11 Die offiziellen Festschriften zum jeweils hundertsten Gründungstag der beiden Großbanken – 100 Jahre Deutsche Bank, Frankfurt 1970, und: Chiffren einer Epoche, Frankfurt 1972, erwähnen die Übernahme jüdischer Bankhäuser in der dreißiger Jahren nicht.
12 Deutsche Bankengeschichte, Institut für bankhistorische Forschungen, Bd. 3, S. 179
13 Interview mit dem Autor am 6. 7. 1988 in Bonn
14 Die Braunkohlenwerke Petschek wurden vom Reichswerk »Hermann Göring« enteignet, einem Eisen- und Stahlkombinat, das 1939 nach der I.G. Farben und den Vereinigten Stahlwerken drittgrößte Kapitalgesellschaft des Deutschen Reiches war.
15 Krüger, op.cit.
16 Nevile Henderson, Failure of a Mission. 1940
17 Rede vor dem Reichstag am 30. 1. 1939
18 Werner Stephan, Joseph Goebbels. Dämon einer Diktatur, 1949, S. 249 f.
19 Hitler, Mein Kampf, S. 772. Hitler war im Ersten Weltkrieg bei Ypres in einen Gasangriff geraten und durch die Einwirkung von Senfgas vorübergehend erblindet.
20 Rede im Bundestag über die Wiedergutmachungszahlungen an Juden in der Bundesrepublik, 27. 9. 1951
21 Rede zum 40. Jahrestag der Reichskristallnacht am 9. 11. 1978 in Köln
22 Rede am 9. 11. 1988 in Frankfurt
23 Rede im Deutschen Bundestag am 10. 11. 1988
24 Vor allem vom Vorsitzenden der jüdischen Gemeinden in Niedersachsen, Michael Fürst. Dieser machte sich mit seinen Äußerungen bei den anderen jüdischen Führern in der Bundesrepublik so unbeliebt, daß er als Stellvertreter Heinz Galinskis zurücktreten mußte.
25 Das Statistische Bundesamt wies Ende 1987 65 jüdische Gemeinden mit 272

Mitgliedern aus. Viele nichtreligiöse Juden lassen sich nicht bei ihren Gemeinden registrieren, andere haben auf Grund der Erfahrungen in der Vergangenheit Bedenken, in irgendwelchen jüdischen Listen zu erscheinen.

26 Interview mit dem Autor am 22. 4. 1988 in West-Berlin

27 Interview mit dem Autor am 25. 4. 1988 in Ost-Berlin

28 Interview mit dem Autor am 25. 4. 1988 in Ost-Berlin

29 Interview mit dem Autor am 11. 2. 1988 In Frankfurt

30 Interview mit dem Autor am 8. 11. 1988 in Frankfurt.

31 Dieser Satz wurde im Dezember 1977 von dem Verwaltungsbeamten Walter Reinhard von der Bundeswehrverwaltung in München geprägt. Dieser wurde daraufhin vom Bundesverteidigungsministerium gerügt.

32 Der in Israel geborene Dan Kiesel geriet in der Stadt Gedern in eine unglaubliche Haßkampagne.

33 Umfrage des Allensbacher Institutes zusammen mit dem »Zentrum für Antisemitismusforschung«der Technischen Universität Berlin.

34 Analyse von Shakespeares Jessica, 1838

35 Rudolf Walter Leonhard, X-mal Deutschland, 1961, S. 150

36 Interview mit dem Autor am 14. 11. 1988 in München

37 Interview mit dem Autor am 6. 12. 1988 in Hamburg

38 Interview mit dem Autor am 2. 7. 1988 in Bonn

39 Interview mit dem Autor am 17. 12. 1987 in Bonn

40 in den Mitteilungen der Frankfurter Jüdischen Gemeinde vom Juni 1990

41 Erklärung anläßlich eines Symposiums in West-Berlin, 1. 2. 1990

42 Interview mit dem israelischen Rundfunk am 26. 7. 1990

43 Besuch in Bergen-Belsen am 6. 4. 1987

44 Rede in Frankfurt am 9. 11. 1988

45 Interview mit dem Autor am 9. 11. 1988 in Hamburg. In der Schmidt-Biographie von Jonathan Carr bleibt dieser Bereich unklar. Vielfach wird daher bezweifelt, ob Schmidts jüdische Abstammung wirklich gesichert ist. In seinen auf englisch geführten Gesprächen verwendet Schmidt das Wort »Jude« gern als Synonym für »Sündenbock«. So sagte er im September 1988 im Gespräch mit japanischen Journalisten: »Die Japaner laufen Gefahr, von der Welt als die neuen Juden angesehen zu werden.«

46 In einem Brief an Bundestagspräsident Philipp Jenninger vom 12. 7. 1988

47 Interview mit dem Autor am 29. 6. 1988 in München

48 Interview mit dem Autor am 4. 5. 1988 in Hannover

49 Henryk Broder, Die unheilbare Liebe deutscher Intellektueller zu toten und todkranken Juden, 1988

50 Interview in DER SPIEGEL, Januar 1990

51 Interview mit dem Autor am 14. 11. 1988 in München

52 Interview mit dem Autor am 27. 11. 1988 in Neustadt

11. Kapitel

1 James Gerard, My Four Years in Germany, 1917, S. 317

2 Gespräch mit den alliierten Hochkommissaren im Dezember 1950, zit. nach Weymar, op. cit., S. 575

3 Sketch am 14. 1. 1982

4 Crawley, op. cit.

5 Besuch in Ramstein am 21. 12. 1987
6 Rede in Ramstein am 3. 9. 1988
7 Rede im Unterhaus am 27. 2. 1945
8 Diese Zahlen stammen aus der Militärbilanz 1988/89 des Internationalen Instituts für strategische Studien und anderen Publikationen. Sie berücksichtigen nicht die 1990 erfolgten Reduzierungen der sowjetischen und ostdeutschen Streitkräfte.
9 Das Handbuch zur deutschen Militärgeschichte, Band 4, weist für 1938 760 000 Wehrmachtssoldaten einschließlich der fünf österreichischen Divisionen und 275 000 Mann Luftwaffenpersonal aus.
10 Rede im ZDF am 18. 1. 1989
11 Am 11. 11. 1961 schrieb er: »(Eine) tatsächliche Verteidigung gegen eine nichtnukleare, konventionelle Aggression in Europa mit Hilfe taktischer Nuklearwaffen wäre ... mit hoher Wahrscheinlichkeit gleichbedeutend mit weitgehender Zerstörung Europas, jedenfalls Deutschlands.« (Schmidt, Verteidigung oder Vergeltung, 1961)
12 Interview mit dem Autor am 26. 6. 1987 in Hamburg
13 Interview mit dem Autor am 13. 2. 1989 in Bonn
14 FAZ, 5. 9. 1988
15 STERN, September 1988
16 Interview mit dem Autor am 1. 12. 1988 in Bonn
17 Brief an das Wall Street Journal, 12. 8. 1986
18 Interview in Deidesheim am 30. 8. 1988
19 Rede in Bonn am 2. 11. 1988
20 Interview in den ITV-NEWS nach dem NATO-Gipfel in Brüssel am 3. 3. 1988
21 Umfrage der Meinungsforschungsinstitute Allensbach, Emnid, Infas und Sinus, zusammengestellt von der Konrad-Adenauer-Stiftung. Die Daten basieren auch auf einer Meinungsumfrage der Süddeutschen Zeitung vom 28. 1. 1989 (J. Joffe)
22 Diese Zahlen sind insofern bemerkenswert, als seit den frühen siebziger Jahren die Zahl der Befürworter eines Abzugs der US-Truppen mit rund 20 Prozent relativ konstant geblieben ist, während 50 bis 60 Prozent einen solchen bedauert haben würden. Nur 1956 – auf dem Höhepunkt der Kontroverse über die Schaffung der Bundeswehr – war die Opposition gegen die Stationierung der Amerikaner mit 51 Prozent noch größer. Damals hätten nur 22 Prozent einen Abzug bedauert.
23 Interview mit dem Autor am 30. 9. 1988 in Bonn
24 Rede in Moskau am 25. 10. 1988
25 Interview mit dem Autor am 28. 11. 1988 in Möhringen
26 Interview mit dem Autor am 29. 11. 1988 in Frankfurt
27 Interview mit dem Autor am 24. 11. 1988 in Baden-Baden
28 Interview mit dem Autor am 30. 5. 1988 in Rheindahlen

12. Kapitel

1 Erklärung vor der Budgetkommission des Reichstages zur wirtschaftlichen Bedeutung des Flottenbaus im Winter 1899, zit. nach Volker R. Berghahn/ Wilhelm Deist, Rüstung im Zeichen der wilhelminischen Weltpolitik, 1988
2 Geheimrede bei der Konferenz am 8. 7. 1938, zitiert in den Dokumenten zu den Nürnberger Prozessen
3 Pressekonferenz in Ost-Berlin am 28. 11. 1989

4 Norman Mühlen, Die Krupps, 1960
5 Zitiert nach Crawley, op. cit.
6 Es ist schwierig festzustellen, welche Höhe die bundesdeutschen Waffenexporte in Wahrheit erreichen. Die Bonner Regierung erklärte im April 1988, daß sich die Waffenexporte zwischen 1984 und 1986 auf rund 2 Milliarden Mark jährlich beliefen. Sie gab jedoch keine weitere Aufschlüsselung und behauptete, daß Zahlen für 1987 nicht verfügbar wären. Detaillierte Zahlen sind in den Jahresberichten der Waffenkontroll- und Abrüstungsagentur (Arms Control and Disarmament Agency – ACDA) der US-Regierung sowie dem internationalen Friedensforschungsinstitut (International Peace Research Institute – SIPRI) in Stockholm zu erfahren. Gemäß dem SIPRI-Jahrbuch 1988 machen die bundesdeutschen Exporte zwischen 1983 und 1987 insgesamt 7,6 Milliarden Dollar aus. Im Vergleich dazu exportieren die Sowjetunion Waffen im Wert von 53 Milliarden, die USA 52 Milliarden, Frankreich 20 Milliarden, Großbritannien 8,3 Milliarden und die Volksrepublik China 5,9 Milliarden. Der nächstgrößte Exporteur auf der Liste sind die Niederlande mit 1 Milliarde Dollar.
7 Interview mit dem Autor am 12. 7. 1988 in Lübeck
8 Eisenhowers Abschiedsrede am 17. 1. 1961
9 Berghahn, op. cit.
10 Machester, op. cit.
11 G. W. Hadow, P. M. Grosz, The German Giants. The Story of the R-Planes, 1962
12 Horst Mönnich, Vor der Schallmauer. BMW – eine Jahrhundertgeschichte, 1983
13 Ernst Heinkel, Ein stürmisches Leben, 1953
14 Barton Whaley, Covert German Rearmament 1919–1939
15 1930 zog Stauß für Stresemanns Deutsche Volkspartei als Abgeordneter in den Reichstag ein. Göring war damals Fraktionsvorsitzender der inzwischen stark angewachsenen NSDAP-Fraktion. Auch im handverlesenen Reichstag der Nazis erhielt Stauß Sitz und Stimme, und 1934 wurde er Vizepräsident der Kammer (s. Turner, op. cit. S. 144).
16 Dietmar Keese, Die volkswirtschaftlichen Gesamtgrößen für das Dritte Reich in den Jahren 1925–1936, 1967
17 Picker, Hitlers Tischgespräche, Äußerung am 26. 2. 1942
18 Rede am 14. 2. 1935 in Berlin, zit. nach Baynes, Hitler's Speeches 1922–1939
19 1932 veröffentlichter Essay, zit. nach A. Müller, Germany's War Machine, 1936
20 Im Rahmen einer allgemeinen Expansion des Konzerns auf die europäischen Märkte kaufte GM Im März 1929 80 Prozent der Opel-Aktien und 1931 den Rest für insgesamt 33,3 Millionen Dollar.
21 Die deutsche Ford-Tochter entstand aus einem Aktiengeschäft, in dem die Ford Motor Company Anteile einer amerikanischen ›Tochter der I.G. Farben übernahm, während der deutsche Chemiegigant 35 Prozent einer neuen deutschen Ford-Tochtergesellschaft übernahm. Der Kaufvertrag über das künftige Werksgelände wurde im September 1929 mit der Stadt Köln abgeschlossen, für die ihr Bürgermeister Konrad Adenauer unterzeichnete.
22 Der Opel Blitz wurde erstmals 1935 in den Brandenburger Opel Werken gebaut. Als der US-Geheimdienst 1947 die Verbindungen zwischen GM und Daimler-Benz aufdeckte, sah sich der US-Konzern heftiger Kritik im eigenen Lande ausgesetzt.
23 Hans-Peter Rosellen, Und trotzdem vorwärts. Ford in Deutschland 1903–1945, 1986
24 Drittgrößte Automobilgruppe im Dritten Reich war die Auto-Union mit Sitz in

Chemnitz. Der Konzern entstand 1931 durch den Zusammenschluß von DKW in Zschopau, Horch in Zwickau, Audi in Chemnitz und den Automobilwerken der ebenfalls in Chemnitz ansässigen Wanderer-Gruppe.

25 Programm zum Reichsparteitag 1936, S. 69

26 Auf Fotos von Besuchen Hitlers bei Paraden und Aufmärschen sieht man diesen immer wieder in Mercedeswagen, und wie bei anderen großen Unternehmen auch, wehte an Tagen mit verordneter Beflaggung das Hakenkreuz neben dem Firmenemblem. Der Zeitgeschichtler Hans Mommsen, eine Autorität auf dem Gebiet der Unternehmensgeschichte im Dritten Reich, stellt fest: »Die Daimler-Benz Manager waren ohne Ausnahme gegen die republikanische Ordnung Weimars, begrüßten Hitlers ›Abschaffung‹ des Parteienstaats und unterstützten emphatisch eine Revision von Versailles, wobei sie keinesfalls kriegsähnliche Mittel ausschlossen. Die Beschleunigung der deutschen Bewaffnung, die bereits 1931-32 begann, trieb sie mit logischen Konsequenz in die Arme des Hitler-Regimes.« (DER SPIEGEL 20, 1987)

27 Das Daimler-Benz Buch, 1987

28 Ferry Porsche, der Sohn des Automobilkonstrukteurs, beschreibt, wie Porsche anläßlich einer Reihe von Fabrikinspektionen in Österreich zusammen mit Speer auf dem Weg zu einem mit Hilfe von Häftlingen betriebenen Steinbruch an einem Konzentrationslager vorbeifuhr. Speer habe sarkastisch bemerkt: »Wenn Sie uns nicht folgen, Herr Professor – hier ist noch ein Platz für Sie.« (Ferry Porsche, Porsche. Ein Traum wird Wirklichkeit, 1978, S. 227)

29 Rede in Fallersleben, 26. 5. 1938

30 Eine Idee macht Geschichte. Die Volkswagenchronik, 1988

31 Speer, op. cit.

32 Edward Zilbert, Albert Speer and the Nazi Ministry of Arms, 1981

33 Interview mit dem Autor am 25. 11. 1988 in Stuttgart

34 Interview mit dem Autor am 2. 10. 1987 in Frankfurt

35 Stellungnahme vom 30. 11. 1989. Angesichts der Reihe von Anschlägen auf deutsche Industrielle bevorzugt aus dem Rüstungsbereich hatte Reuter bereits 1988 eine gewisse Nervosität spüren lassen, als er erklärte: »Ein Begriff, gegen den ich mich auch wehre, ist der berühmte ›Militärisch-Industrielle Komplex‹, die angebliche Kumpanei zwischen öffentlichem Mord und Privatwirtschaft. Das ist die Terminologie der Terroristen.« (Interview mit der Stuttgarter Zeitung vom 10. 9. 1988)

36 Partner im Airbus-Konsortium sind die Bundesrepublik und Frankreich mit jeweils 37,9 Prozent, Großbritannien mit 20 Prozent und Spanien mit 4,2 Prozent.

37 Interview mit dem SPIEGEL, Nr. 31, 1988

38 Interview mit dem Autor am 18. 4. 1990 in Stuttgart

39 ACDA-Jahresbericht April 1988

40 Interview mit dem Autor am 28. 3. 1988 in Mittenwald

41 Gespräch mit dem Autor am 22. 6. 1988 in Düsseldorf

42 Interview mit dem Autor am 19. 7. 1988 in München

13. Kapitel

1 Brief an Hahn vom 21. 12. 1938 nach dem Erhalt seiner Ergebnisse, die eine Kernspaltung anzeigten, zit. nach Otto Hahn, Mein Leben, 1968, S. 152)

2 Zitiert von Lydia Martin-Endinghaus in: Bild der Wissenschaft 4, 1977. Strauß war

Minister für atomare Angelegenheiten von der Gründung dieses Ministeriums im Oktober 1955 bis zu seiner Ernennung zum Bundesverteidigungsminister im Oktober 1956.

3 Pressekonferenz am 28. 11. 1986 in Bonn

4 Die Entwicklung der deutschen Kerntechnik nach dem Krieg wird nachgezeichnet bei: Joachim Radkau, Aufstieg und Krise der deutschen Atomwirtschaft 1945-1975, 1983

5 In DIE ZEIT am 18. 7. 1986

6 Im Februar 1985 war, nur wenige Kilometer vom Tatort entfernt, der MTU-Vorstandsvorsitzende Ernst Zimmermann ebenfalls von RAF-Terroristen ermordet worden. Auch in Frankreich wurde im November 1986 mit Georges Besse, dem Vorstandsvorsitzenden von Renault, ehemals einer der Spitzenmanager der französischen Atomindustrie, eine Symbolfigur für die Kernkraft ermordet.

7 FINANCIAL TIMES, 9. 2. 1979

8 Das bundesdeutsche Atomgesetz sieht eine Haftung des Staates bei Atomunfällen vor. Sollte sich ein Unfall wie Tschernobyl in einem bundesdeutschen Kernkraftwerk ereignen, wären die Kosten astronomisch. Dagegen zahlte Großbritannien, das vom Schauplatz des Unfalls freilich erheblich weiter entfernt liegt, in den 12 Folgemonaten nur 4 Millionen Pfund aus – meist als Entschädigung für Notschlachtungen von Schafen.

9 Nach Bundeskanzler Kohl in einer Erklärung am 31. 8. 1988

10 Interview mit dem Autor am 12. 9. 1986 in Paris

11 FINANCIAL TIMES, April 1987

12 DIE ZEIT, 9. 5. 1986

13 Zitiert nach »German Comments«, Konrad-Adenauer-Stiftung

14 Als der Beitrag drei Wochen später erschien, hatte Hahn erkannt, daß er die Naturwissenschaft in eine neue Epoche geführt hatte, und die entsprechende Passage vorsichtig in »entgegen aller vorheriger Wissenschaft« geändert (s. Robert Rhodes, The Making of the Atomic Bomb, 1986).

15 Deutsche Allgemeine Zeitung vom 15. 8. 1939

16 David Irving, The Virus House, 1967

17 Prof. Margaret Gowing, How Nuclear Power Began, CEGB-Vortrag, Universität von Southhampton 1987

18 Eine Würdigung bei Spencer Weart/Gertrud Weiß/Szilard (Hsg), Leo Szilard: His Version of the Facts. Selected Recollections and Correspondence, 1978

19 Der 1879 in Ulm geborene Einstein legte seine deutsche Staatsbürgerschaft erstmals mit 15 Jahren ab, als er zum Abschluß seiner Schulausbildung von Mailand nach Zürich übersiedelte. Das Zitat stammt aus: Ronald W. Clarke, Einstein. The Life and Times, 1971, S. 315

20 Gegen Ende des Krieges war Einstein an einem erfolglosen Versuch beteiligt, den Einsatz der Bombe zu verhindern. Weitgehend von der praktischen Forschung im Krieg ausgeschlossen, schrieb Einstein seinen zweiten berühmt gewordenen Brief an Roosevelt, nachdem er Szilard dem Präsidenten im Frühjahr 1945 vorgestellt hatte. Da Deutschland kurz vor der Niederlage stand, wollte Szilard den Präsidenten bewegen, die Bombe weder zu testen noch gar einzusetzen. Seine Hauptargumente waren freilich nicht moralischer, sondern wirtschaftlicher Natur: Die Detonation würde die Aufmerksamkeit der Russen auf diese Technologie ziehen und einen ungeheueren Rüstungswettlauf auslösen. Doch Roosevelt starb im April 1945, noch ehe ein Treffen stattfinden konnte. Szilard traf schließlich mit Truman zusammen, aber seine Argumente wurden zurückgewiesen. General Leslie Groves, der Leiter des Manhattan-Projekts, schrieb später: »Nachdem wie immer noch

mehr an Geld und Anstrengungen in dieses Projekt steckten, war die Regierung letztendlich zum Einsatz fast verpflichtet.« (Leslie Groves, Now It Can Be Told, 1962, S. 265).

21 »The Frisch-Peierls-Memorandum« und »The Maud Report 22, abgedruckt in Margaret Gowing, Britain and Atomic Energy 1939–45, 1969, S. 289–436

22 Mark Walter, German National Socialism and The Quest for Nuclear Power, 1939–49. Dieses Werk enthält eine sachkundige und sorgfältige Zusammenfassung der deutschen Kernforschung und analysiert kritisch die Entschuldigungen der deutschen Wissenschaftler nach dem Krieg.

23 Heisenberg hielt zwar das Interesse der Wehrmacht am Atombombenprojekt am Köcheln, wies jedoch jeden Gedanken an eine rasche Realisierbarkeit weit von sich. So erklärte er Feldmarschall Milch bei einer Konferenz von Rüstungsoffizieren im Juni 1942, daß die Sprengladung einer solchen Bombe nicht größer als eine Ananas sein werde. Er fügte jedoch hinzu, daß zwar die Amerikaner mit Hochdruck an der Entwicklung dieser Waffe arbeiteten und wohl innerhalb von zwei Jahren zu einem Ergebnis kommen würden. Für Deutschland sei es aber wirtschaftlich nicht möglich, in der gleichen Zeitspanne die Bombe zu bauen (Irving, op. cit. S. 120).

24 Nach Albert Speer tauchte das Thema Kernspaltung unter 2200 aufgezeichneten Gesprächen mit Hitler nur einmal auf (Speer, op. cit.).

25 In seinem 1956 erstmals erschienenen Buch »Heller als tausend Sonnen« schrieb Jungk, Heisenberg und andere führende Atomphysiker hätten versucht, die Kontrolle über die Nuklearforschung zu behalten, um deren Mißbrauch durch Hitler zu verhindern. Er zitiert in diesem Zusammenhang Heisenbergs fragwürdigen Ausspruch, daß »in der Diktatur aktiver Widerstand nur von denen praktiziert werden kann, die vorgeben, mit dem Regime zu kollaborieren«. Jungk deutet Heisenbergs zwielichtiges Gespräch mit dem dänischen Physiker Niels Bohr in Kopenhagen im Oktober 1941 fälschlicherweise als Friedenssondierung. Später behauptete er, er habe auf diesem Wege Großbritannien und den USA signalisieren wollen, daß Deutschland nicht die Absicht habe, eine Atombombe zu bauen. Bohr freilich hatte den gegenteiligen Eindruck und glaubte, daß Heisenberg durch die Blume habe mit der Bombe drohen wollen.

26 Jungk erzählt heute, daß ihm Weizsäcker nach dem Krieg die Version »Verkauft« habe, wonach die deutschen Physiker eher „Pazifisten« als »Aktivisten« gewesen seien. Da die Wissenschaftler die Bombe nicht hätten bauen können, habe Weizsäcker behauptet, daß sie es nicht gewollt hätten. Jungk erklärt, daß er diese Geschichte zum Teil auch deshalb akzeptiert habe, da er glauben wollte, daß Wissenschaftler auch in einem totalitären Regime Handlungsfreiheit haben könnten. In den letzten Jahren freilich habe Weizsäcker seine eigene Version geändert und sei dem Eingeständnis der Wahrheit nähergekommen: »Schauspieler ändern ihre Geschichte je nach der Wirkung«, sagte mir Jungk am 19. 1. 1989 am Telefon.

27 1979 wäre Carl-Friedrich von Weizsäcker als Kandidat für das Amt des Bundespräsidenten von der SPD unterstützt worden. Er ließ den Gedanken an eine Kandidatur jedoch fallen. 1984 wurde sein acht Jahre jüngerer Bruder Bundespräsident. In den letzten Jahren wurde Carl-Friedrich zu einem einflußreichen Mahner zu internationaler Kooperation bei Abrüstung und Umweltschutz als einziger Chance zur Abwendung einer globalen Katastrophe. Er tritt entschieden für eine Friedenskonferenz der Weltkirchen ein, um »Gerechtigkeit, Frieden und die Bewahrung der Schöpfung« zu sichern.

28 s. Walker. op. cit.

29 R. V. Jones, der Leiter der Wissenschaftsabteilung im britischen Geheimdienst,

berichtete in seinem Buch »Most Secret War«, daß er die Idee hatte, die Mikrophone zu installieren, „so daß wir ihre Reaktionen hören konnten, wenn sie erkannten, wie weit die Amerikaner und wir selbst bereits gekommen waren«.

30 Auszüge daraus wurden bei Groves, op. cit., veröffentlicht. Möglicherweise glaubt das britische Außenministerium, eine Freigabe und Veröffentlichung des Dokuments könnte die deutsch-britischen Beziehungen belasten.

31 Otto Hahn, Mein Leben, 1968, S. 152

32 Interview mit dem Autor am 14. 9. 1987 in Bonn

33 Diese beruhigende Erklärung kam von Karl Wirtz, einem Physiker des Kaiser-Wilhelm-Instituts, der das Atomprogramm nach dem Krieg weiterführte, anläßlich der Eröffnung des Kellers am 16. Mai 1980.

34 Interview mit dem Autor im August 1987 in Haigerloch

35 Verfügung des Kontrollrats für Deutschland Nr. 25 vom 30. 4. 1946. Darüber hinaus umfaßte das Verbot z. B. die Flugzeugbau- Schiffbau- und Raketentechnik.

36 So entschied sich z. B. Hertz, in die Sowjetunion zu gehen, da die USA bereits sehr viele Spitzenphysiker aufgenommen hatten. Er war sich daher ziemlich sicher, daß seine Kenntnisse von den Russen beträchtlich höher geschätzt würden als von den Amerikanern (s. David Holloway, The Soviet Decision to Built the Atomic Bomb 1939–45).

37 Abs, Heisenberg und Winnacker, der Vorstandsvorsitzende von Hoechst zwischen 1952 und 1969, gehörten der Kommission von 1956 bis 1971 ununterbrochen an.

38 Karl Winnacker und Karl Wirtz schildern in ihrem Buch »Nuclear Energy in Germany«, 1979, die Entwicklung der bundesdeutschen Kerntechnik. Ihr Standpunkt ist der leidenschaftlicher Befürworter der Kernenergie – schließlich gehörten beide jahrzehntelang zum innersten Kreis der einschlägigen Entscheidungsträger.

39 Ursprünglich sollte ein Reaktor aus natürlichem Uran, Schwerem Wasser und einem Neutronenreflektor aus Graphit unter der Bezeichnung »FR1« in Göttingen erbaut werden. Das Projekt wurde jedoch nie verwirklicht.

40 Daß ausgerechnet Karlsruhe als Standort gewählt wurde erklärt sich aus den komplizierten politischen Erwägungen Adenauers, der den Reaktor aus strategischen Gründen so weit wie möglich vom Eisernen Vorhang entfernt haben wollte und die Entscheidung mit dieser Begründung schließlich auch durchsetzte. Heisenberg und andere Physiker hätten Garching bei München als Standort bevorzugt. Dort konzentriert sich heute die bundesdeutsche Fusionsforschung. Angesichts der später getroffenen Entscheidung, die (inzwischen eingestellte) Wiederaufbereitungsanlage im ostbayerischen Wackersdorf nahe der Grenze zur Tschechoslowakei zu erreichten, erscheinen diese Motive heute eher merkwürdig.

41 1944 riß durch die alliierten Luftangriffe die Versorgung der deutschen Industrie mit Schwerem Wasser aus den norwegischen Norsk-Hydro-Elektrolysewerken ab. Daraufhin wurden die I.G. Farben und Linde beauftragt, alternative Versorgungsquellen zu erschließen – ein Auftrag, dessen Ausführung durch den militärischen Zusammenbruch Deutschlands vereitelt wurde.

42 Als der Bundestag das Vertragswerk 1974 ratifizierte, stimmten einige konservative Abgeordnete dagegen, darunter Franz Josef Strauß, Walter Wallmann, der spätere Ministerpräsident von Hessen, und Manfred Wörner, später Bundesverteidigungsminister und NATO-Generalsekretär.

43 Besuch im Karlsruher Forschungsinstitut am 11. 11. 1986

44 Leonard Spector, The Undeclared Bomb, 1988

45 Als Siemens 1977 50 Prozent Anteile an AEG erwarb, gewann der Konzern die alleinige Kontrolle über die KWU

46 Laut Karl Kaiser, dem Direktor des Forschungsinstitutes der deutschen Gesell-

schaft für Außenpolitik, war der Konflikt über das Kraftwerksgeschäft mit Brasilien »die ernsteste Auseinandersetzung in den amerikanisch-deutschen Beziehungen nach dem Krieg.« Foreign Policy, Frühling 1978)

47 1985 erklärte Brasilien, daß von den bestellten acht Reaktoren nur zwei fertiggestellt und die Wiederaufbereitungsanlage auf unbestimmte Zeit verschoben werde. Auch sollte nur die erste Stufe der Anreicherungsanlage gebaut werden.

48 Interview mit dem Autor am 13. 3. 1987 in Erlangen

49 Rede vor dem Deutschen Gewerkschaftsbund am 25. 5. 1986 in Hamburg

50 Interview mit dem Autor am 12. 11. 1986 in Bonn

51 Forschungsgruppe Wahlen, Dezember 1988 sowie Allensbach, April 1988

52 Interview im Hahn-Meitner-Institut am 28. 11. 1988

53 Die Demonstration fand am 2. 12. 1988 statt. Bericht eines Augenzeugen

14. Kapitel

1 Charles de Gaulle, Ver l'armée de metier, 1934, Kapitel II.

2 Rede in Bad Godesberg, 18. 4. 61.

3 Pop-Song der Gruppe The Rats, 1982.

4 Telefongespräch mit dem Autor, 23. 2. 89.

5 Besuch in Herfa-Neurode, 26. 5. 87.

6 Umfragen des Meinungsforschungsinstitut Emnid von 1986 und 1987 ergaben zum Beispiel, daß die Arbeitslosigkeit von rund 80 Prozent der Bevölkerung als eines der dringlichsten Probleme angesehen wurde. Zwischen 65 und 70 Prozent ordneten die Umweltproblematik in diese Kategorie ein.

7 Der US-Botschafter in Berlin vor und während des Ersten Weltkrieges, James Gerard, schrieb, daß »übermäßiges Essen und der hohe Genuß von Wein und Bier den deutschen Nationalcharakter negativ beeinflußt und die Menschen aggressiver und unsicherer gemacht haben, was wiederum ihre Bereitschaft, sich auf einen Krieg einzulassen, vergrößert. Der Einfluß der Ernährung auf den Nationalcharakter sollte nicht unterschätzt werden. Fleischessende Nationen haben immer über Vegetarier geherrscht.« (My Four Years in Germany, S. 30)

8 Laut statistischem Bundesamt verwndete ein durchschnittlicher Vier-Personen-Haushalt 1970 43 Prozent seiner Nahrungsmittel-Ausgaben für Fleisch, Milch und andere tierische Produkte aus, 1987 war dieser Anteil auf 34 Prozent gesunken.

9 Hitlers Tischgespräche (11. 11. 41). Hitler war strikter Nichtraucher und Abstinenzler, aß kein Fleisch und hatte einen auf vegetarische Kost spezialisierten Koch. Trotz des höheren Lebensstandards ist laut offiziellen Statistiken der Fleischkonsum der Bundesrepublik mit 90 Kilogramm pro Kopf und Jahr niedriger als der in der DDR mit 96 Kilogramm pro Kopf und Jahr.

10 Rede vor dem Umweltschutzforum, 19. 9. 72.

11 Die Regelung zielt darauf ab, den Schwefeldioxidausstoß zwischen 1982 und 1993 um 75 Prozent und den Stickstoffausstoß um 70 Prozent zu reduzieren.

12 Interview mit dem Autor in Dortmund, 4. 2. 87.

13 Aus Emanuel Geibels Gedicht Deutschlands Beruf, 1861.

14 Interview mit dem Autor in Bonn, 16. 12. 87.

15 Studie des Wissenschaftszentrums Berlin, März 1988. Sie kam zu dem Schluß, daß die Wiedergutmachung der 1985 angerichteten ökologischen Schäden 160 Milliarden Mark kosten würde. Das Bruttosozalprodukt dieses Jahres belief sich auf 1840 Milliarden DM.

16 Interview mit dem Autor in Bonn, 24. 6. 87.
17 Interview mit dem Autor in Hanau, 5. 3. 87.
18 Interview mit dem Autor in Frankfurt, 30. 1. 87.
19 Interview mit dem Autor in Bonn, 9. 4. 87.
20 Interview mit dem Autor in Essen, 18. 12. 86.
21 Interview mit dem Autor in Leverkusen, 9. 3. 87.
22 Interview mit dem Autor in Ludwigshafen, 17. 3. 87.
23 Interview mit dem Autor in Düsseldorf, 27. 3. 87.
24 Nordseebericht der Bonner Regierung, September 1987.
25 Interview mit dem Autor in Bonn, 29. 11. 88.
26 Die Grünen, Bündnisprogramm, Bonn, 1980.
27 Rede in Oslo, 6. 9. 88.
28 Jutta Ditfurth, Die tägliche legale Verseuchung unserer Flüsse, 1987.
29 Carl-Friedrich von Weizsäcker, Die Zeit drängt, 1986.
30 Bund für Umwelt und Naturschutz Deutschland, Juni 1987.
31 Eine im Januar 1989 publizierte Allensbach-Umfrage zeigte, daß 80 Prozent der Bevölkerung die Idee »Zurück zur Natur« unterstützen und 73 Prozent »schnelle Autos« mochten.
32 Nach Angaben des Verbandes der deutschen Automobilhersteller (hauptsächlich für 1987) belief sich die Zahl der Verkehrstoten pro 100 Millionen gefahrenen Kilometern auf 6,9 in Spanien, 3,8 in Griechenland, 2,7 in Österreich, 2,6 in Frankreich und Italien, 3,2 in Kanada, 1,7 in Japan, 2,0 in der Bundesrepublik Deutschland und in der Schweiz, 1,6 in Großbritannien, 1,5 in den USA und 1,3 in Schweden. Dies zeigt, daß die Todesrate in den achtziger Jahren gesunken ist, denn noch 1983 waren statistisch gesehen 3,4 Menschen pro 100 Millionen gefahrenen Kilometern auf bundesdeutschen Straßen umgekommen.
33 Einer der verständlicheren Beiträge in einem Bericht vom Kongreß der Grünen über »die Psychologie der Automobilgesellschaft« (abgehalten in Wolfsburg im Oktober 1988) kam zu dem Schluß, daß Raserei »die soziale Kompensation von Frustration, Aggression, Sexualität und Impotenz« darstellt.
34 Interview mit dem Autor in Wiesbaden, 14. 10. 86.

15. Kapitel

1 Hitler, a. a. O., S. 143-4.
2 Oswald Spengler, Jahre der Entscheidung, 1933.
3 Rede in Osnabrück, 11. 12. 87.
4 Wie Schäuble es (in einem Interview mit dem Autor, 18. 10. 89) ausdrückte: »Wo jetzt junge Deutsche sind, werden wir später alte Deutsche haben.«
5 Die bundesdeutschen Länder, die die Aufgabe haben, Unterkünfte für die Immigranten bereitzustellen, gehen davon aus, daß der Wohnungsbau für die Aussiedler in den nächsten Jahren vier Milliarden DM kosten wird. Das kommt zu den zwei Milliarden DM hinzu, die jährlich benötigt werden, um die Asylbewerber aus der Dritten Welt zu versorgen.
6 Die Szene wurde vom Autor in Moskau am 26. 10. 88 beobachtet.
7 Wenn Kohl deutschstämmige Einwanderer begrüßt, wiederholt er stets, daß die Bundesrepublik »kein Einwanderungsland« sei.
8 Trotz des ausgefeilten deutschen Anmeldungssystems sind die Statistiken über Ausländer im Land für ihre Ungenauigkeit berüchtigt. Auf der Basis der Zahlen

der Meldebehörden glaubte die Regierung 1988, die Zahl der Ausländer in der Bundesrepublik liege bei etwa 4,7 Millionen. Die 1987 durchgeführte Volkszählung ergab jedoch die wesentlich niedrigere Zahl von 4,1 Millionen. Die tatsächliche Zahl liegt vermutlich bei 4,2 bis 4,3 Millionen.

9 Bonn setzte sich vor allem sehr stark für die Ausreisemöglichkeit Deutschstämmiger aus Rumänien ein. Sie leben dort in Siedlungen, die teilweise schon im 12. Jahrhundert gegründet wurden. Angesichts zunehmender Diskriminierung von Minderheiten in Rumänien in den letzten Jahrzehnten zahlte die Bonner Regierung seit 1978 rund eine Milliarde DM an Bukarest, um die Auswanderung von 120000 Deutschstämmigen seit 1987 zu ermöglichen.

10 Laut dem deutschen Verband der Rentenversicherer betrug 1988 die durchschnittliche Rente von Polen deutscher Abstammung 1791 DM, für Bundesdeutsche dagegen 1661 DM. Der Unterschied wurde darauf zurückgeführt, daß die Polen eine durchschnittlich höhere berufliche Qualifikation besaßen.

11 1988 wurden nur 8,6 Prozent der Anträge auf Asyl positiv beschieden.

12 Interview mit dem Autor in Zirndorf, 23. 4. 87.

13 Gespräch mit dem Autor in Pressath, 23. 4. 87.

14 Gespräch mit dem Autor in München, 26. 3. 87.

15 Gespräch mit dem Autor in Hof, 24. 4. 87.

16 Hitler, a. a. O., S. 742.

17 Fest, a. a. O., S. 1034.

18 Hitlers Tischgespräche, 28./29. 1. 42.

19 Ende der achtziger Jahre registrierte Italien eine niedrigere Zahl von Lebendgeburten pro 1000 Einwohner als die Bundesrepublik – 9,8 Prozent gegenüber 10,2 Prozent (Zahlen von 1986). Doch die bundesdeutsche Geburtenrate, die seit Ende der sechziger Jahre stetig abnahm, stagniert inzwischen länger als in allen anderen Ländern.

20 Innenministerium, 10. 2. 87.

21 DIW, Berlin, 11. 8. 88.

22 Während 1980 die Zahl der Bundesdeutschen, die 65 Jahre und älter waren, nur 23 Prozent der Bevölkerung im arbeitsfähigen Alter (zwischen 15 und 64 Jahren) entsprach, wird sich dieser Anteil bis zum Jahr 2040 auf mehr als 48 Prozent verdoppelt haben. Laut OECD wird das Verhältnis zwischen alten Menschen und der Bevölkerung im arbeitsfähigen Alter bis zum Jahr 2040 in Großbritannien von 23 Prozent auf 33 Prozent steigen, in den USA von 17 auf 32 Prozent, in Frankreich von 22 auf 38 Prozent, in Japan von 14 auf 38 Prozent und in Italien von 21 auf 41 Prozent. OECD, Ageing Populations: The Social Policy Implications, 1988.

23 Interview mit dem Autor in Bonn, 16. 6. 88.

24 Rede in Bonn, 10. 5. 88.

25 Rede in Bonn, 9. 11. 87.

26 Laut OECD (Zahlen von 1984) liegt der Prozentsatz von berufstätigen Frauen in der Bundesrepublik bei 49 Prozent gegenüber 63 Prozent in den USA, 61 Prozent in Kanada, 59 Prozent in Großbritannien, 57 Prozent in Japan und 55 Prozent in Frankreich.

27 Institut für Politikwissenschaft, Freie Universität, Dezember 1988.

28 Interview mit dem Autor in Friedland, 8. 9. 88.

29 Statistik der Bundesanstalt für Arbeit.

30 Allensbach, 28. 12. 88.

31 Interview mit dem Autor in Frankfurt, 22. 2. 89.

16. Kapitel

1 Siegfried Mampel, Die Verfassung der sowjetisch besetzten Zone, 1965
2 Erklärung am 8. 1. 1964
3 Interview mit dem Autor am 24. 4. 1987 in Hof
4 1984 bauten die DDR-Grenzer Tausende von SM 70 Selbstschußanlagen ab, 1985 räumten die Minenfelder entlang der Grenze. Es waren dies Konzessionen der DDR im Rahmen deren Bemühungen, ihr schlechtes Image im Westen zu verbessern, gleichzeitig Gegenleistung für die erfolgreichen Bemühungen der Bundesregierung, für die DDR einen Kredit über eine Milliarde Mark mit bundesdeutschen Banken auszuhandeln.
5 Interview mit dem Autor in Unter Tiefengrün am 24. 4. 1987
6 Interview mit dem Autor am 26. 5. 1987 in Philippsthal
7 Interview mit dem Autor am 28. 9. 1989 in Meißen
8 Telefoninterview mit dem Autor am 5. 10. 1989
9 Aussage von Manfred Carstens, Staatssekretär im Bundesinnenministerium, a 14. 2. 1990 vor dem Deutschen Bundestag. In den letzten Jahren beliefen sich die bundesdeutschen Hilfszahlungen an die DDR auf 3,5 bis 4 Milliarden Mark jährlich. Diese Zahlen beinhalten Transfers von Bargeld und Gütern sowohl von staatlicher als auch von privater Seite. Die von Bundesbürgern anläßlich von DDR-Besuchen mitgebrachten oder an Angehörige verschickten Geschenke machen allein eine Nettotransfer von einer Milliarde Mark pro Jahr aus.
10 Zur Entwicklung der Häftlingsfreikäufe siehe Jens Schmidthammer, Rechtsanwalt Wolfgang Vogel, 1987
11 Interview mit dem Autor am 29. 3. 1988 in Ost-Berlin
12 Interview mit dem Autor am 18. 3. 1988 in Königstein
13 auf einer Konferenz am 1. 2. 1990 in West-Berlin
14 Interview mit dem Autor am 10. 3. 1988 in Bonn
15 Interview mit dem Autor am 7. 2. 1989 in Bonn
16 Interview mit dem Autor am 21. 3. 1988 in Bonn
17 Interview mit dem Autor am 16. 9. 1987 in West-Berlin
18 Interview mit dem Autor am 18. 3. 1988 in Königstein
19 Interview mit dem Autor am 28. 6. 1989 in West-Berlin
20 Interview mit dem Autor am 3. 5. 1988 in Ratzeburg
21 Interview mit dem Autor am 28. 4. 1988 in Bonn
22 Interview mit dem Autor am 25. 1. 1988 in Plauen
23 Interview mit dem Autor am 25. 1. 1988 in Hof
24 Interview mit dem Autor am 15. 2. 1990 in Bonn
25 Die »Organisation Gehlen« wurde zwar von der CIA kontrolliert und anfangs auch finanziert, stand aber unter rein deutscher Leitung. Sie war damit eines der ersten Beispiele deutsch-amerikanischer Zusammenarbeit nach dem Krieg.
26 Der schwerste Schlag für Gehlen und seinen BND war die Enttarnung Heinz Felfes als KGB-Spion. Dieser ein ehemaliger SS-Mann war angeworben worden, um die Gegenspionage des BND in der Sowjetunion zu kontrollieren. Um seine Glaubwürdigkeit zu wahren, hatte ihn der KGB mit echtem Material »gefüttert« Man schätzt, daß seine Tätigkeit als Doppelagent den BND 96 seiner Agenten im Ostblock gekostet hat. Felfe wurde 1963 zu 14 Jahren Haft verurteilt, aber schon 1969 ausgetauscht. Später lehrte er Kriminologie an der Humboldt-Universität in Ost-Berlin, und 1986 veröffentlichte er seine Erinnerungen.
27 Günther Nollau, Das Amt, 1978, S. 204
28 Interview mit dem Autor am 15. 7. 1988 in Köln

29 Einer der wichtigsten Fänge der letzten Jahre gelang 1984 mit der Enttarnung von Manfred Rosch, einem leitenden Ingenieur bei MBB. Dieser gestand, seit 1953 für den KGB gearbeitet zu haben. In seiner Position war er in der Lage, geheime Daten über das »Tornado«-Kampfflugzeug und andere Waffensysteme weiterzugeben. 1986 wurde er zu 8½ Jahren Haft verurteilt, zum Verdruß des BfV aber nur ein Jahr später im Rahmen eines von Ludwig Rehlinger und Wolfgang Vogel organisierten Austauschs in den Osten entlassen.
30 Interview mit DPA vom 5. 1. 1990
31 Nur wenige Bereiche des Bonner Regierungsdschungels entgingen der Aufmerksamkeit des MfS. Fälle von Spionage durch Sekretärinnen für MfS und KGB gab es im Wissenschaftsministerium (1970 enttarnt), im SPD-Hauptquartier (1974, im Auswärtigen Amt (1976), im Verteidigungsministerium (1978), im CDU-Hauptquartier (1979), im Kanzleramt (1985 und 1988), im Wirtschaftministerium (1985) und im Amt des Bundespräsidenten (1985). Die Enttarnung des Agentenpaares Renate und Lothar-Erwin Lutze führte 1978 zum Rücktritt von Verteidigungsminister Georg Leber. 1979 wurde der Ehemann zu 12 Jahren Haft verurteilt und damit fast ebenso hart bestraft wie Günther Guillaume (13 Jahre). Guillaume wurde 1981 ausgetauscht, Lutze erst 1987.
32 In den fünfziger Jahren konnte der BND unter anderem auf den stellvertretenden DDR-Verteidigungsminiwster Hermann Kastner als Informanten zurückgreifen. Wichtige Informationern kamen auch von einem Sekretär im Büro des ersten DDR-Ministerpräsidenten Otto Grotewohl. Der größte Coup gelang dem BND allerdings in den letzten Jahren mit der Arbeit des Doppelagenten Werner Stiller, der als Oberstleutnant im MfS tätig war – zeitweilig in der Führungsabteilung für DDR-Agenten in westlichen Atomforschungszentren. Stiller setzte sich 1979 endgültig in den Westen ab und brachte Unterlagen mit, die zur Enttarnung von rund zwei Dutzend DDR-Agenten führten. Rund die Hälfte davon konnte sich freilich der Verhaftung durch die Flucht entziehen.
33 Interview mit dem Autor in am 20. 12. 1989 in Bautzen

17. Kapitel

1 Heinrich Heine, Englische Fragmente, 1828
2 Rede in Düsseldorf am 27. 1. 1932
3 Rundfunkansprache am 19. 4. 1945, zit. nach: Goebbels-Reden 1939–45, Düsseldorf 1972
4 Victor Gollancz, In Darkest Germany, 1947
5 In Daily Herald, 23. 22. 1946, abgedruckt in dem unter Anm. 4 zitierten Buch
6 Während die bundesdeutschen Nettoauslandsguthaben 1982 nur 37 Milliarden Dollar betrugen, stiegen sie bis Ende 1988 auf 206 Milliarden Dollar. Bis Ende 1990 dürfte der Anstieg mindestens weitere 100 Milliarden betragen. Die USA hatten Ende 1982 noch 137 Milliarden Dollar an Nettoauslandsguthaben. Ende 1988 standen sie bereits mir einer Nettoauslandsschuld von über 500 Milliarden Dollar in der Kreide – eine Summe, die bis Ende 1990 auf mindestens 700 Milliarden Dollar ansteigen dürfte.
Memorandum vom 7. 1. 1937

Literatur

Balfour, Michael, West Germany, A Contemporary History, London, 1983.
Baynes, Norman (Hrsg.), The Speeches of Adolf Hitler (April 1922 - August 1933), London, 1942.
Benz, Wolfgang, Die Bundesrepublik Deutschland, (3 Bde.), Frankfurt, 1983.
ders.: Von der Besatzungsherrschaft zur Bundesrepublik, Frankfurt, 1984.
Broszat, Martin, Nach Hitler: Der schwierige Umgang mit unserer Geschichte, München, 1986.
Bullock, Alan, Hitler – Eine Studie über Tyrannei, Düsseldorf, 1953.
Churchill, Winston S., Der 2. Weltkrieg, Bern, 1948–54.
Craig, Gordon Alexander, Die preußisch-deutsche Armee 1640–1945. Staat im Staate, Düsseldorf, 1960.
ders.: Deutsche Staatskunst von Bismarck bis Adenauer, Düsseldorf, 1961.
ders.: Deutsche Geschichte 1866–1945. Vom Norddeutschen Bund bis zum Ende des Dritten Reiches, München, 1980.
Crawley, Aidan, The Rise of Western Germany, London, 1973.
Dunlop, J. K., A Short History of Germany, Bielefeld, 1954.
Fest, Joachim, Hitler, Frankfurt, 1973.
François-Poncet, André, Als Botschafter in Berlin 1931–1938, Mainz, 1947.
Gerard, James, My Four Years in Germany, London, 1917.
Goebbels, Joseph, Revolution der Deutschen, Oldenburg, 1933.
ders.: Tagebücher 1945, Hamburg, 1977.
Gollancz, Viktor, In Darkest Germany, London, 1947.
Haffner, Sebastian, Anmerkungen zu Hitler, Frankfurt, 1987.
Henderson, Nevile, Endgültiger Bericht von Sir Nevile Henderson über die Umstände, die zur Beendigung seiner Mission in Berlin führten. Berlin, 20. September 1939, Basel, 1939.
Henri, Ernst, Hitler over Europe, London, 1934.
Hitler, Adolf, Mein Kampf, München, 1925–27.
Hitlers Tischgespräche im Führerhauptquartier 1941–42, Henry Picker (Hrsg), im Auftrag des Deutschen Instituts für die Geschichte der nationalsozialistischen Zeit geordnet, eingeleitet und veröffentlicht von Gerhard Ritter, Bonn, 1951.
Kohn, Hans, Wege und Irrwege. Vom Geist des deutschen Bürgertums, Düsseldorf, 1962.
Mann, Golo, Deutsche Geschichte 1919–1945, Frankfurt, 1968.
Maser, Werner, Deutschland: Traum oder Trauma, München, 1984.
Meinecke, Friedrich, Die deutsche Katastrophe, Wiesbaden, 1946.
Piper Verlag, Historikerstreit. Die Dokumentation der Kontroverse um die Einzigartigkeit der nationalsozialistischen Judenvernichtung, München, 1987.
Robertson, C. Grant, Bismarck, London, 1918.
Settel, Arthur (Hrsg.), Das ist Germany, Frankfurt, 1950.
Shirer, William, Aufstieg und Fall des Dritten Reiches, Köln, Berlin, 1961.

Speer, Albert, Erinnerungen, Berlin, 1969.
Spengler, Oswald, Die Stunde der Entscheidung, München, 1933.
de Staël, Germaine, Über Deutschland, Stuttgart, 1962 (Erstveröffentlichung 1813).
Stephan, Werner, Joseph Goebbels, Dämon einer Diktatur, Stuttgart, 1949.
Stern, Fritz, Der Traum vom Frieden und die Versuchung der Macht, Berlin, 1988.
Taylor, Alan John Percival, The Course of German History. A Survey of the Development of Germany since 1815, London, 1945.
Wedgwood, Cecily Veronica, Der Dreißigjährige Krieg, München, 1967.

Politik/Gesellschaft

Allemann, Fritz René, Bonn ist nicht Weimar, Köln, 1956.
Ardagh, John, Germany and the Germans, London, 1987.
Bahr, Egon, Zum europäischen Frieden, Berlin, 1988.
Bergsdorf, Wolfgang, Die vierte Gewalt, Mainz, 1980.
ders.: Über die Macht der Kultur, Stuttgart, 1988.
Bölling, Klaus, Bonn von außen betrachtet, Stuttgart, 1986.
Carr, Jonathan, Helmut Schmidt, Düsseldorf, 1985.
Craig, Gordon, Über die Deutschen, München, 1985.
Dahrendorf, Ralf, Gesellschaft und Demokratie in Deutschland, München, 1965.
Elon, Amos, In einem heimgesuchten Land. Reise eines israelischen Journalisten in beide deutsche Staaten, München, 1966.
Engelmann, Bernt, Deutschland ohne Juden, Köln, 1988.
Filmer, Werner und Schwan, Heribert, Helmut Kohl, Düsseldorf, 1985.
ders.: Hans-Dietrich Genscher, Düsseldorf, 1988.
Giordano, Ralph, Die zweite Schuld, Hamburg, 1987.
Gross, Johannes, Die Deutschen, Frankfurt, 1967.
Grosser, Alfred, Das Deutschland im Westen, München, 1985.
ders.: Mit Deutschen streiten, München, 1987.
Koch, Peter, Willy Brandt, Frankfurt, 1988.
von Krochow, Christian Graf und Lösche, Peter (Hrsg.), Parteien in der Krise, München, 1986.
Laqueur, Walter, Was ist los mit den Deutschen, Frankfurt, 1985.
Leonhard, Rudolf Walter, X-mal Deutschland, München, 1961.
Lücke, Paul, Ist Bonn doch Weimar, Frankfurt, 1968.
Noelle-Neumann, Elisabeth und Köcher, Renate, Die verletzte Nation, Stuttgart, 1987.
Prittie, Terence, Germany Divided, Boston, 1960.
ders.: Willy Brandt, Biographie, Frankfurt, 1973.
ders.: My Germans, London, 1983.
Riese, Hans-Peter, Der Griff nach der vierten Gewalt, Köln, 1984.
Sauzay, Brigitte, Die rätselhaften Deutschen, Stuttgart, 1986.
Schmidt, Helmut, Eine Strategie für den Westen, Berlin, 1985.
ders.: Menschen und Mächte, Berlin, 1987.
Schulze, Hagen, Wir sind, was wir geworden sind, München, 1987.
Schweitzer, Carl-Christoph e. a., Politics and Government in the Federal Republic of Germany, Leamington, 1984.
Simonian, Haig, The Privileged Partnership: Franco-German Relations in the European Community, Oxford, 1985.
Watt, Donald Cameron, England blickt auf Deutschland.

Deutschland in Politik und öffentlicher Meinung Englands seit 1945, Tübingen, 1965.
von Weizsäcker, Richard, Die deutsche Geschichte geht weiter, Berlin, 1983.
von Westernhagen, Dörte, Die Kinder der Täter, München, 1987.
Weymar, Paul, Konrad Adenauer, München, 1955.

Zwei Deutschland

Bundesministerium für Innerdeutsche Beziehungen, Zahlenspiel: BRD/DDR, Bonn, 1987.
Calleo, David, Legende und Wirklichkeit der deutschen Gefahr. Neue Aspekte zur Rolle Deutschlands in der Weltgeschichte von Bismarck bis heute, Bonn, 1980.
Fritsch-Bournazel, Renata, Confronting the German Question, New York, 1988.
Gaus, Günter, Wo Deutschland liegt, Hamburg, 1983.
Honecker, Erich, Aus meinem Leben, Berlin, 1980.
Merseburger, Peter, Grenzgänger, München, 1988.
Mommsen, Hans, History and National Identitiy: The Case of Germany, German Studies Review, Oktober 1983.
Schmidthammer, Jens, Rechtsanwalt Wolfgang Vogel, Hamburg, 1987.
Shears, David, Die häßliche Grenze, Stuttgart, 1970.
Stürmer, Michael, Jenseits des Nationalstaats – Bemerkungen zum deutschen Kontinuitätsproblem, Politik und Kultur, Berlin, 1975.
ders.: Deutsche Frage und europäische Integration, Sankt-Augustin, 1988.

Wirtschaft/Handel

Blessing, Karl, Die Verteidigung des Geldwertes, Frankfurt, 1960.
Clapham, John Harold, The Economic Development of France and Germany 1815–1914, Cambridge, 1928.
Deutsche Bundesbank, Währung und Wirtschaft in Deutschland, 1876–1975, Frankfurt, 1976.
Donges, Juergen B. und Schatz, Klaus-Werner, Staatliche Intervention in der Baundesrepublik Deutschland. Umfang, Struktur, Wirkungen, Kiel, 1986.
Erhard, Ludwig, Deutsche Wirtschaftspolitik, Düsseldorf, 1962.
Emminger, Otmar, D-Mark, Dollar, Währungskrisen, Stuttgart, 1986.
Feyerabend, Joachim, Die leisen Milliarden. Das Imperium des Friedrich Karl Flick, Düsseldorf, 1984.
Gilbert, Milton, Quest for World Monetary Order, New York, 1980.
Herchenröder, K. H. e. a., Die Nachfolger der Ruhrkonzerne, Düsseldorf, 1953.
Hörster-Philipps, Ulrike, Im Schatten des großen Geldes: Flick-Konzern und Politik, Köln, 1985.
Holtfrerich, Carl-Ludwig, Die deutsche Inflation 1914–23, Berlin, 1980.
Kilz, Hans-Werner und Preuss, Joachim, Flick – Die gekaufte Republik, Reinbek, 1983.
Köhler, Otto, Die Geschichte der I. G. Farben und ihrer Väter, Hamburg, 1986.
Laitenberger, Volkhard, Ludwig Erhard: Der Nationalökonom als Politiker, Göttingen, 1986.
Lochner, Louis P., Die Mächtigen und der Tyrann. Die deutsche Industrie von Hitler bis Adenauer, Darmstadt, 1955.

Ortlieb, Heinz-Dietrich, Glanz und Elend des deutschen Wirtschaftswunders, München, 1974.
OMGUS, Ermittlungen gegen die Deutsche Bank. Ermittlungen gegen die Dresdner Bank. Ermittlungen gegen I. G. Farben, (Bearb.: Hamburger Stiftung für Sozialgeschichte des 20. Jahrhunderts, 3 Bde.), Nördlingen, 1987.
Office of Military Governement for Germany, Economic Developments since the Currency Reform, 1948.
Pohl, Manfred, Geschäft und Politik – Deutsch-Russisch/sowjetische Wirtschaftsbeziehungen, Mainz, 1988.
Pfeiffer, Hermannus, Das Imperium der Deutschen Bank, Frankfurt, 1987.
Pritzkoleit, Kurt, Männer, Mächte, Monopole, Düsseldorf, 1953.
Sasuly, Richard, I. G. Farben, Berlin, 1952.
Seidenzahl, Fritz, 100 Jahre Deutsche Bank, Frankfurt, 1970.
Treue, Wilhelm und Pohl, Hans (Hrsg.), Die Konzentration der deutschen Wirtschaft seit dem 19. Jahrhundert, Wiesbaden, 1978.
Treue, Wilhelm, Herbert Quandt, Bad Homburg, 1980.
Turner, Henry Ashby, Die Großunternehmer und der Aufstieg Hitlers, Berlin, 1985.
Veblen, Thorstein, Imperial Germany and the Industrial Revolution, Westport, 1984 (Erstveröffentlichung 1915).
Verg, Erik, Meilensteine: 125 Jahre Bayer, Gütersloh, 1988.
Vocke, Wilhelm, Memoiren, Stuttgart, 1973.
Vogelsang, Reinhard, Der Freundeskreis Himmler, Göttingen, 1972.
Walter, Norbert (Hrsg.), Was würde Erhard heute tun?, Stuttgart, 1986.
Wallich, Henry, Triebkräfte des deutschen Wiederaufstiegs, Frankfurt, 1955.

Rüstung

Berghahn, Volker und Deist, Wilhelm, Rüstung im Zeichen der wilhelminischen Weltpolitik. Grundlegende Dokumente 1890–1914, Düsseldorf, 1988.
Gabler, Ulrich, Unterseebootbau. Entwurf und Bau von Unterseebooten, Koblenz, 1987 (Erstveröffentlichung 1964).
Hamburger Stiftung für Sozialgeschichte, Das Daimler-Benz Buch, Nördlingen, 1987.
Hecker, Gerhard, Walther Rathenau und sein Verhältnis zu Militär und Krieg, Boppard/Rhein, 1983.
Heinkel, Ernst, Ein stürmisches Leben, Stuttgart, 1953.
Ishoven, Armand van, Messerschmitt, München, 1978.
International Institute for Strategic Studies, The Military Balance 1988–89, London, 1988.
Jones, Reginald Victor, Most Secret War, London, 1978.
Mechtersheimer, Alfred und Barth, Peter, Militarisierungsatlas der Bundesrepublik, Darmstadt, 1986.
Meinck, Gerhard, Hitler und die deutsche Aufrüstung 1933–37, Wiesbaden, 1959.
Manchester, William, Krupp. 12 Generationen, München, 1968.
Mason, Herbert Molloy, Die Luftwaffe. Aufbau, Aufstieg und Scheitern im Sieg, Wien, Berlin, 1976.
Mühlen, Norman, Die Krupps, Frankfurt, 1960.
Müller, Albert, Hitlers motorisierte Stoßarmee, Paris 1936.
Spielburger, Walter, Die Motorisierung der Deutschen Reichswehr 1920–35, Stuttgart, 1979.
Stockholm International Peace Research Institute, Annual Report, Stockholm, 1988.

US Arms Control and Disarmament Agency, World Military Expenditures and Arms Transfers, Washington, 1988.
Zilbert, Edward, Albert Speer and the Nazi Ministry of Arms, London, 1981.

Atom

von Ardenne, Manfred, Mein Leben für Forschung und Fortschritt, Frankfurt, 1986.
Beyerchen, Alan D., Wissenschaftler unter Hitler. Physiker im Dritten Reich, Köln, 1980.
Clarfield, Gerald und Wiecek, William M., Nuclear America, New York, 1984.
Clark, Ronald W., Albert Einstein. Leben und Werk. Eine Biographie, Esslingen, 1974.
Goldschmidt, Bertrand, Le Complex Atomique, Paris, 1980.
Groves, Leslie, Jetzt darf ich sprechen. Die Geschichte der ersten Atombombe, Köln, Berlin, 1965.
Hahn, Otto, Mein Leben, München, 1968.
Heisenberg, Werner, Der Teil und das Ganze, München, 1969.
Irving, David, Der Traum von der deutschen Atombombe, Gütersloh, 1967.
Jungk, Robert, Heller als tausend Sonnen. Das Schicksal der Atomforscher, Stuttgart, 1956.
Lemmerich, Jost, Die Geschichte der Etndeckung der Kernspaltung, Berlin, 1988.
Plettner, Bernhard, Kernkraftnutzung nach Tschernobyl?, München, 1986.
Pringle, Peter und Spiegelmann, James, Die Atom-Barone. Die unbekannte Geschichte des nuklearen Abenteuers, Zürich, 1983.
Radkau, Joachim, Aufstieg und Krise der deutschen Atomwirtschaft 1945–75, Reinbek, 1983.
Rhodes, Richard, Die Atombombe oder Die Geschichte des 8. Schöpfungstages, Nördlingen, 1988.
Spector, Leonhard, The Undeclared Bomb, New York, 1988.
Walker, Mark, Die Uranmaschine. Mythos und Wirklichkeit der deutschen Atombombe, Berlin, 1990.
Winnacker, Karl und Wirtz, Karl, Das unverstandene Wunder: Kernenergie in Deutschland, Düsseldorf, 1975.
Wirtz, Karl, Im Umkreis der Physik, Karlsruhe, 1988.

Geheimdienste

Bauer, Ulrich, Wozu Geheimdienste?, München, 1985.
Felfe, Heinz, Im Dienst des Gegners, Hamburg, 1986.
Gehlen, Reinhard, Der Dienst, Mainz, 1971.
Nollau, Günther, Das Amt, München, 1978.
Schlomann, Friedrich-Wilhelm, Operationsgebiet Bundesrepublik, München, 1984.
Stiller, Werner, Im Zentrum der Spionage, Mainz, 1986.

Deutsche Staatsmänner seit 1871

Deutsches Reich

Kanzler
Otto von Bismarck 1871–90
Leo von Caprivi 1890–94
Chlodwig zu Hohenlohe-Schillingsfürst 1894–1900
Bernhard von Bülow 1900–09
Theobald von Bethmann Hollweg 1909–17
Georg Michaelis 1917
Georg von Hertling 1917–18
Max von Baden 1918

Kaiser
Wilhelm I. 1871–88
Friedrich III. 1888
Wilhelm II. 1888–1918

Weimarer Republik

Kanzler
Friedrich Ebert (Sozialdemokratische Partei) 1918–19
Philipp Scheidemann (Sozialdemokratische Partei) 1919
Gustav Bauer (Sozialdemokratische Partei) 1919–20
Hermann Müller (Sozialdemokratische Partei) 1920
Konstantin Fehrenbach (Zentrumspartei) 1920–21
Joseph Wirth (Zentrumspartei) 1921–22
Wilhelm Cuno (parteilos) 1922–23
Gustav Stresemann (Deutsche Volkspartei) 1923
Wilhelm Marx (Zentrumspartei) 1923–25
Hans Luther (parteilos) 1925–26
Wilhelm Marx (Zentrumspartei) 1926–28
Hermann Müller (Sozialdemokratische Partei) 1928–30
Heinrich Brüning (Zentrumspartei) 1930–32
Franz von Papen (parteilos) 1932
Kurt von Schleicher (parteilos) 1932–33

Präsidenten
Friedrich Ebert 1919–25
Paul von Hindenburg 1925–33

Das Dritte Reich

Kanzler
Adolf Hitler (NSDAP) 1933–45

Präsidenten
Paul von Hindenburg 1933–34
Adolf Hitler 1934–45
Karl Dönitz 1945

Bundesrepublik

Kanzler
Konrad Adenauer (Christlich Demokratische Union) 1949–63
Ludwig Erhard (Christlich Demokratische Union) 1963–66
Kurt Georg Kiesinger (Christlich Demokratische Union) 1966–69
Willy Brandt (Sozialdemokratische Partei) 1969–74
Helmut Schmidt (Sozialdemokratische Partei) 1974–82
Helmut Kohl (Christlich Demokratische Union) 1982

Präsidenten
Theodor Heuss (Freie Demokratische Partei) 1949–59
Heinrich Lübke (Christlich Demokratische Union) 1959–69
Gustav Heinemann (Sozialdemokratische Partei) 1969–74
Walter Scheel (Freie Demokratische Partei) 1974–79
Karl Carstens (Christlich Demokratische Union) 1979–84
Richard von Weizsäcker (Christlich Demokratische Union) 1984

Deutsche Demokratische Republik

Generalsekretär der Sozialistischen Einheitspartei
Walter Ulbricht 1953–71
Erich Honecker 1971–89
Egon Krenz 1989

Vorsitzender des Staatsrates (Staatsoberhaupt)
Wilhelm Pieck 1949–60
Walter Ulbricht 1960–73
Willi Stoph 1973–76
Erich Honeckler 1976–89
Egon Krenz 1989
Manfred Gerlach 1989–90

Register

H

I

J

K